21世纪高等职业技术教育规划教材

U0682453

信息处理技术实用教程

XINXI CHULI JISHU
SHIYONG JIAOCHENG

主　编　王成华

副主编　马东邦　刘　亮　李艳荣

西南交通大学出版社
·成都·

内容提要

本书内容包括信息技术与计算机基础知识、Windows 7 操作系统、文档信息处理 Word 2010 的使用、电子表格处理 Excel 2010 的使用、信息演示 PowerPoint 2010 的使用、计算机网络与 Internet 应用、图像信息处理技术、计算机信息处理常用工具软件八个模块。为适应教学和便于学生自学，书中配有大量随堂实训和拓展实训。

本书可作为高等职业院校各专业学生学习计算机基础的教材，也可作为社会培训班的培训教材，同时也是广大电脑爱好者学习与应用计算机的很好的自学教材和参考书。

图书在版编目（ＣＩＰ）数据

信息处理技术实用教程/王成华主编. —成都：
西南交通大学出版社，2013.8
21 世纪高等职业技术教育规划教材
ISBN 978-7-5643-2532-9

Ⅰ. ①信… Ⅱ. ①王… Ⅲ. ①信息处理－高等职业教育－教材 Ⅳ. ①G202

中国版本图书馆 CIP 数据核字（2013）第 182540 号

21 世纪高等职业技术教育规划教材

信息处理技术实用教程

主编　王成华

*

责任编辑　李芳芳
特邀编辑　李　丹
封面设计　本格设计
西南交通大学出版社出版发行
成都市金牛区交大路 146 号　邮政编码：610031　发行部电话：028-87600564
http://press.swjtu.edu.cn
成都中铁二局永经堂印务有限责任公司印刷
*
成品尺寸：185 mm×260 mm　　印张：29.75
字数：743 千字
2013 年 8 月第 1 版　　2013 年 8 月第 1 次印刷
ISBN 978-7-5643-2532-9
定价：49.80 元

前　言

随着计算机科学和信息技术的飞速发展，高等职业院校各专业对学生的计算机信息处理能力提出了更高的要求。为了适应这种新发展，以社会需求为导向，以实际应用为中心，许多学校修订了计算机公共基础课程的课程标准，课程内容不断推陈出新。我们根据劳动和社会保障部信息处理能力标准，结合新版全国计算机等级考试一级"计算机基础及 Microsoft Office 应用"的要求，编写了本教材。

信息处理技术是非计算机专业高职教育职业核心能力必修课程，是学习其他计算机相关技术课程的前导和基础课程。本书编写的宗旨是使学生较全面、系统地了解信息技术与计算机基础知识，具备计算机信息处理实际应用能力，能在各自的工作岗位灵活应用并解决相关实际问题。本教材照顾了不同专业、不同层次学生的需要，在加强了基础知识讲解与随堂演练的同时，增加了拓展综合实训环节，突出学生动手能力的培养，以达到与工作岗位要求的零距离对接。

参加本书编写的作者是多年从事一线教学的教师，具有较为丰富的教学经验。在编写时注重实用性和可操作性；以实际工作需要出发选取经典案例；文字叙述深入浅出，通俗易懂，便于学生自主学习。

全书共八个模块，其中模块一、四、八由王成华编写，模块二、三由刘亮编写，模块五、六由李艳荣编写，模块七由马东邦编写。全书由王成华整理、修改和审定。

本教材在编写过程中，参阅了很多计算机应用基础方面的书籍，在此谨向各位同行专家们致以敬意和感谢！同时也得到了酒泉职业技术学院教务处领导的关注与指导，信息处理教研室的许多老师为此教材的编写提供了教学资料，并提出了宝贵意见，在此一并表示感谢。

由于信息技术发展迅速及编者水平有限，时间仓促，不妥之处，敬请批评指正。

编　者

2013 年 6 月

目 录

模块一

信息技术与计算机基础知识

当今世界，人类已步入信息社会，超高速信息公路的建设已取得实质性进展，信息产业正逐渐成为全球经济的主导产业。以计算机为核心的信息技术已经广泛地应用于社会生活和国民经济的各个领域，给人类生活带来了前所未有的深刻变革。信息同物质和能源一起，组成了人类社会物质文明的三大要素。信息技术已成为衡量一个国家科技实力和综合国力的关键技术之一。因此人们认识到，掌握信息处理工具计算机的使用，是有效学习和成功工作的基本技能。

【学习目标】

本模块从信息技术与计算机基础知识讲起。为进一步学习与使用计算机进行信息处理打下良好的理论基础。通过本模块的学习，应掌握以下几点：

（1）信息技术相关概念、信息技术发展、计算机特点、分类及应用。

（2）计算机内信息的表示与编码。

（3）微型计算机硬件系统的组成及各部分的功能。

（4）计算机软件系统的组成和功能。

（5）多媒体计算机的概念及应用。

（6）信息安全的概念，计算机病毒的概念和防治技术，信息安全道德规范与法规知识。

任务一　信息技术与计算机概述

一、信息与数据

人类社会最基本的三个要素是物质、能量和信息。物质是基础，能量是动力，而信息则是社会经济系统赖以构造和协调的纽带，是合理配置、正确调度的依据，是社会生产力的倍增器。任何社会活动都包含着对信息的采集、传输、存储、加工处理和利用。信息技术正从整体上影响着世界经济和社会发展的进程，信息技术的发展水平、应用水平和教育水平已经成为衡量社会进步程度的重要标志。

（一）信息的概念

信息是现代社会中广泛使用的一个概念，我们生活的环境中充满着信息。刮风下雨、春华秋实，表达了天气和季节变化的信息；喜怒哀乐，表现出人的情感活动信息；报纸、杂志、电视、计算机网络等媒体传载着更加丰富的信息。目前，人们普遍认为：这些用语言、文字、符号、场景、图像和声音等方式表达的新闻、消息、情报和数据等内容都是信息。

对于信息，一种比较流行的看法认为：信息是客观存在的一切事物及其运动状态的表征，信息通过物质载体以消息、情报、数据和信号等方式被表达并进行传递和交换。

（二）信息的特征

信息的巨大作用源于信息的基本特征。

（1）普遍性。无论是生命世界或无生命世界，还是社会生活或人类思维，信息都是无处不在、无时不有的。

（2）寄载性。物质是信息存在的基础，产生的源泉，即信息必须寄载于一定的物质载体上，信息不可能独立于物质之外。

（3）共享性。信息是一种资源，可以为人类所共享。

（4）时效性。即信息被利用的价值，会因时间、地点和对象而异。信息可能是此处有用他处无用；此时有用彼时无用；对你有用对他无用。

（5）可识别性。包括直接识别（通过人类的眼、耳、鼻、舌和身等感官）和间接识别（通过各种探测手段）。

（6）可表征性。世界上一切存在的事物及其运动都会产生信息，而信息正是表征这些存在的事物及其运动状态的一种普遍形式。对某事物及其运动，可以用事件发生来描述，事件发生前的平均信息量可用美国科学家香农的信息熵公式计算。可见，信息不仅表征事物，而且信息量（表征的能力）也是可以度量的。

（7）可处理性。对信息可进行存储、分析、转换、传递、压缩和再生等处理。

（三）信息与数据

所谓数据，是指存储在某种媒体上可加以鉴别的符号资料。这里所说的符号，不仅指文字、字母和数字等，还包括图形、图像、音频、视频等多媒体数据。数据是使用约定俗成的关键字，对客观事物的数量、属性、位置及其相互关系进行抽象表示。由于描述事物的属性必须借助于一定的符号，所以这些符号，就是数据的形式。同一个信息也可以用不同形式的数据表示，例如，同样是星期日，英文则用"Sunday"表示。

在一般用语中，信息和数据并没有严格的区分。但是，从信息科学的角度来看，它们是不等同的，数据是信息的具体表现形式，是信息的载体，而信息是对数据进行加工后得到的结果，它可以影响人们的行为、决策，或对客观事物的认知。

（四）信息处理

信息处理就是对信息的接收、存储、转化、传送和发布等。随着计算机科学的不断发展，计算机已经从初期的以"计算"为主的一种计算工具，发展成为以信息处理为主的，集计算和信息处理于一体的，与人们的工作、学习和生活密不可分的一个工具。

从计算机信息处理的过程看，信息的接收包括信息的感知、信息的测量、信息的识别、信息的获取以及信息的输入等；信息的存储就是把接收到的信息或转换、传送或发布，中间的信息通过存储设备进行缓冲、保存、备份等处理；信息转化就是把信息根据人们的特定需要进行分类、计算、分析、检索、管理和综合等处理；信息的传送把信息通过计算机内部的指令或计算机之间构成的网络从一地传送到另外一地；信息的发布就是把信息通过各种表示形式展示出来。

用计算机处理信息时，必须将现实世界中的信息转换为计算机能够识别、存储和处理的形式，即二进制的 0 和 1，以及其他各种经过转换的数据，然后经过加工处理，再将结果（新的信息）提供给外界。例如，数字视频技术就是将通过摄像机等获得的光学运动图像进行处理，转变为数字化图像，然后进行压缩，以便存储在磁盘、光盘等介质上，或通过电缆等其他方式传送出去。

二、信息技术

联合国教科文组织对信息技术的定义是：应用在信息加工和处理中的科学、技术与工程的训练方法和管理技巧；上述方面的技巧和应用；计算机及其与人、机的相互作用；与之相应的社会、经济和文化等诸种事物。

信息技术：Information Technology，简称 IT。

凡是能扩展人的信息功能的技术，都是信息技术。可以说，这就是信息技术的基本定义。它主要指利用电子计算机和现代通信手段实现获取信息、传递信息、存储信息、处理信息、显示信息、分配信息等的相关技术。

具体来讲，信息技术主要包括以下几方面的技术。

1. 感测与识别技术

它的作用是扩展人获取信息的感觉器官功能。它包括信息识别、信息提取、信息检测等技术。这类技术的总称是"传感技术"。它几乎可以扩展人类所有感觉器官的传感功能。传感技术、测量技术与通信技术相结合而产生的遥感技术，更使人感知信息的能力得到进一步的加强。

2. 信息传递技术

它的主要功能是实现信息快速、可靠、安全的转移。各种通信技术都属于这个范畴。广播技术也是一种传递信息的技术。由于存储、记录可以看成是从"现在"向"未来"或从"过去"向"现在"传递信息的一种活动，因而也可将它看作是信息传递技术的一种。

3. 信息处理与再生技术

信息处理包括对信息的编码、压缩、加密等。在对信息进行处理的基础上，还可形成一些新的、更深层次的决策信息，这称为信息的"再生"。信息的处理与再生都有赖于现代电子计算机的超凡功能。

4. 信息施用技术

信息施用技术是信息过程的最后环节，包括控制技术、显示技术等。

由上可见，传感技术、通信技术、计算机技术和控制技术是信息技术的四大基本技术，其中现代计算机技术和通信技术是信息技术的两大支柱。

三、信息技术发展

（一）信息技术的发展历程

人类进行通信的历史已很悠久。早在远古时期，人们就通过简单的语言、壁画等方式交换信息。千百年来，人们一直在用语言、图符、钟鼓、烟火、竹简、纸书等传递信息，古代人的烽火狼烟、飞鸽传信、驿马邮递就是这方面的例子。现在还有一些国家的个别原始部落，仍然保留着诸如击鼓鸣号这样古老的通信方式。在现代社会中，交通警察的指挥手语、航海中的旗语等不过是古老通信方式进一步发展的结果。这些信息传递的基础都是依靠人的视觉与听觉。下面我们来看看信息技术发展的历程：

（1）第一次信息技术革命是语言的使用。发生在距今 35 000 ~ 50 000 年前。

语言的使用——从猿进化到人的重要标志。

（2）第二次信息技术革命是文字的创造。大约在公元前 3 500 年出现了文字。

文字的创造——这是信息第一次打破时间、空间的限制。

（3）第三次信息技术革命是印刷的发明。大约在公元 1040 年，我国开始使用活字印刷技术。

（4）第四次信息技术革命是电报、电话、广播和电视的发明和普及应用。

（5）第五次信息技术革命始于 20 世纪 60 年代，其标志是电子计算机的普及应用及计算机与现代通信技术的有机结合。

随着电子技术的高速发展，军事、科研迫切需要解决的计算工具也大大得到改进，1946年由美国宾夕法尼亚大学研制的第一台电子计算机诞生了。

1946—1958 年，第一代电子计算机。

1958—1964 年，第二代晶体管电子计算机。

1964—1970 年，第三代集成电路计算机。

1971—20 世纪 80 年代，第四代大规模集成电路计算机。

至今正在研究第五代智能化计算机。随着计算机技术的发展，计算机越来越普及，现在，计算机已经成为人们最主要的信息处理工具。

（二）信息技术的主要发展趋势

信息技术推广应用的显著成效，促使世界各国致力于信息化，而信息化的巨大需求又驱使信息技术高速发展。当前信息技术发展的总趋势是以互联网技术的发展和应用为中心，从典型的技术驱动发展模式向技术驱动与应用驱动相结合的模式转变。

1. 微电子技术和软件技术是信息技术的核心

集成电路的集成度和运算能力、性能价格比继续按每 18 个月翻一番的速度呈几何级数增长，支持信息技术达到前所未有的水平。现在每个芯片上包含上亿个元件，构成了"单片上的系统"（SoC），模糊了整机与元器件的界限，极大地提高了信息设备的功能，并促使整机向轻、小、薄和低功耗方向发展。软件技术已经从以计算机为中心向以网络为中心转变。软件与集成电路设计的相互渗透使得芯片变成"固化的软件"，进一步巩固了软件的核心地位。软件技术的快速发展使得越来越多的功能通过软件来实现，"硬件软化"成为趋势，出现了"软件无线电""软交换"等技术领域。嵌入式软件的发展使软件走出了传统的计算机领域，促使多种工业产品和民用产品的智能化。软件技术已成为推进信息化的核心技术。

2．三网融合和宽带化是网络技术发展的大方向

电话网、有线电视网和计算机网的三网融合是指它们都在数字化的基础上在网络技术上走向一致，在业务内容上相互覆盖。电话网和电视网在技术上都要向互联网技术看齐，其基本特征是采用 IP 协议和分组交换技术；在业务上要从现在的话音为主或单向传输发展成交互式的多媒体数据业务为主。三网融合不能简单地理解为把三个网合成一个网，但它的确打破了原有的行业界限，将引起产业的重组与政策的调整。随着互联网上数据流量的迅猛增加，特别是多媒体信息的增加，对网络带宽的要求日益提高。增大带宽，是相当长时期内网络技术发展的主题。在广域网和城域网上，以密集波分复用技术（DWDM）为代表的全光网络技术引人注目，带动了光信息技术的发展。宽带接入网技术多种方案展开了激烈的竞争，"鹿死谁手"尚难见分晓。无线宽带接入技术和建立在第三代移动通信技术之上的移动互联网技术，正向信息个人化的目标前进。

3．互联网的应用开发是一个持续的热点

一方面，电视机、手机、个人数字助理（PDA）等家用电器和个人信息设备都向网络终端设备的方向发展，形成了网络终端设备的多样性和个性化，打破了计算机上网一统天下的局面；另一方面，电子商务、电子政务、远程教育、电子媒体、网上娱乐技术日趋成熟，不断降低对使用者的专业知识要求和经济投入要求；互联网数据中心（IDC），网站服务等技术的提出和服务体系的形成，构成了对使用互联网日益完善的社会化服务体系，使信息技术日益广泛地进入社会生产、生活各个领域，从而促进了网络经济的形成。

四、计算机的特点、分类与应用

（一）计算机的特点

曾有人说，机械可使人类的体力得以放大，计算机则可使人类的智慧得以放大。作为人类智力劳动的工具，计算机之所以应用广泛，是由它的特点决定的。

1．运算速度快

计算机的运算速度是计算机性能最重要的评价指标。从第一台 5 000 次每秒的计算机发展到目前高达 280 万亿次浮点运算的超级计算机，不仅大大加快了问题求解的速度，而且使某些过去靠人根本无法完成的计算工作有了完成的可能。例如，天气预报用一组数学微分方程描述天气的变化，需要快速实时地求解微分方程组的数值解，实质上是把复杂的数学公式化解为数以亿万次的四则运算。这些重复的、大量的简单运算，理论上人是可以用简单计算工具完成的，但实际上因工作量太大，不仅容易出错，而且在一个限定时间内是无法完成的。中长期天气预报对计算机运算速度要求更高，只有在百亿次以上的巨型机上才能按时完成。

2．运算精度高

运算精度是指数据在计算机内表示的有效位数。计算机上的单精度实数运算一般只有 7～8 位有效数字，双精度实数运算可提供 15～16 位有效数字。必要时可借助软件提高精度。

3. 存储容量大

目前计算机主存储器（内存）容量大大提高，达到 GB 的数量级，而且辅助存储器（外存）容量已达 TB 级。主存储器由半导体材料制成，其工作速度与中央处理器同步。辅助存储器包括磁带、磁盘和光盘，用来保存大量数据和资料，以实现海量存储。

4. 自动化程度高、可靠性好

计算机的运行是在程序控制下自动进行的，无需人工参与，而且可靠性好。

5. 严密的逻辑判断能力

计算机不仅可以完成数值计算，而且可以施行各种逻辑运算（如判断大小、异同和真假等）。例如，计算机可根据从人造地球卫星发送回来的大量数据和图片信息，判断地面农作物长势、病虫害，判断环境污染、森林火灾、江河水灾和军事设施等。

6. 联网通信，共享资源

计算机联成网络后，汇集了世界上所有的信息资源，为人们提供了一种有效及崭新的交流手段，便于世界各地的人们充分利用人类共有的知识财富。

（二）计算机的分类

计算机按应用特点可分为专用计算机和通用计算机；按机器规模大体上可分为巨型计算机、大型通用计算机、小型通用计算机和微型计算机。

1. 巨型计算机

巨型计算机又称超级计算机（super computer）或超高性能计算机。在各类计算机中，此类计算机运算速度最快，主存容量最大，不仅有标量运算，而且还有向量运算。它用来解决其他类计算机不能或难以解决的大型复杂问题，如中长期天气预报、石油勘探与开发的数值计算和科学研究的数据处理等问题。

2. 大型通用计算机

它是处理能力强大的通用计算机（mainframe computer），属于比较早期的机种，既适用于科学计算，又能进行大量数据处理。大型通用计算机一般拥有 4~8 个 CPU，最高处理速度高达 6 亿次每秒，它拥有多达百台大容量磁盘机，支持大型数据库，连接数百台用户终端，可实现分时处理。现代企业的管理信息系统（Management Information System，MIS）早期几乎都是建立在大型通用计算机的基础之上的。

3. 小型通用计算机

小型通用计算机又称超级小型计算机（mini computer），该机种除规模小一些外，与大型通用计算机的低档机型接近，其性能价格比高，适合广大中小企业使用。

4. 微型计算机

微型计算机又称个人计算机（Personal Computer，PC）。在各种类型计算机中，微型计算机发展最快，性能价格比最高，应用最广泛，最具发展前途，因而在各行各业得到普遍应用。微型计算机是以先进的微处理器作为 CPU，目前，奔腾微处理器 PⅣ 的主频已高达 3.8 GHz

以上，运行速度达20亿次每秒，内存容量主流是1 024 MB或2 048 MB，硬盘容量高达80 GB ~ 1 TB。当今微型计算机已发展出单片机、便携式微型计算机（笔记本）、台式微型计算机和工作站。工作站是一种小巧紧凑的计算机系统，它配有高速整数和浮点运算处理部件，有很大的虚拟存储空间、强有力的人机交互图形显示接口和网络通信接口，以及功能齐全的系统软件、支撑软件和应用软件。高档工作站的CPU可多达20多个。工作站具有比台式机更强的数据处理、图形图像处理和网络功能，因此，广泛应用于科学计算、软件工程、CAD/CAM和人工智能等领域。

今后随着多核微处理器技术和并行处理技术的发展，采用多处理器技术来研制巨型计算机已成为计算机研制中的一个重要方向。目前，计算机的研制正朝巨型计算机和微型计算机两个方向发展。巨型计算机的研制是国力的象征、世界其他尖端技术发展的需要；微型计算机的快速研制开发推动了计算机的普及与应用市场的需求。

（三）计算机在信息社会中的应用领域

计算机技术在人类社会生活中如此重要，已经形成了一种计算机文化。因此，人们有必要了解计算机在人们社会生活中的应用领域。计算机的主要应用领域归纳起来可以分为以下几个主要方面。

1. 科学计算

科学计算（scientific computing）也称数值计算，主要解决科学研究和工程技术中提出的数值计算问题。这是计算机最初的也是最重要的应用领域。世界上第一台计算机的研制就是为科学计算而设计的，当时这台计算机解决的科学计算问题都是人工计算望而却步的，有的更是人工计算无法解决的。随着科学技术的发展，各个应用领域的科学计算问题日趋复杂，使得人们不得不更加依赖计算机解决计算问题，如计算天体运动轨迹、处理石油勘探数据和天气预报数据、求解大型方程组等都需要借助计算机完成。科学计算的特点是计算量大、数据变化范围广。

2. 信息管理

信息管理指以计算机技术为基础，对大量数据进行加工处理，形成有用的信息。信息管理是非数值形式的数据处理。当今社会是信息社会，面对浩如烟海的各种信息，为了全面、深入、精确地认识和掌握这些信息所反映的事物本质，必须用计算机进行科学处理。目前，信息处理已广泛应用于办公自动化、事务处理、情报检索、企业管理和知识系统等领域。信息管理是计算机应用最广泛的领域。

3. 过程控制

过程控制（procedure control）又称实时控制，指用计算机实时采集控制对象的数据（有时是非数值量），对采集的数据进行分析处理后，按被控对象的系统要求对控制对象进行控制。

工业生产领域的过程控制是实现工业生产自动化的重要手段。利用计算机代替人对生产过程进行监视和控制，可以提高产品数量和质量，减轻劳动者的劳动强度，保障劳动者的人身安全，节约能源、原材料，降低成本，从而提高劳动生产率。目前，我国的许多生产企业（如钢铁厂、化工厂和生物制品厂等）都已广泛应用了生产过程的计算机控制系统。

交通运输、航空航天领域应用过程控制系统更为广泛，铁路车辆调度、民航飞机起降、火箭发射及其运行轨迹的实时调整都离不开过程控制。

4. 计算机辅助系统

计算机辅助系统（Computer-Aided System）包括计算机辅助设计（Computer Aided Design，CAD）、计算机辅助制造（Computer Aided Manufacturing，CAM）和计算机辅助教学（Computer Aided Instruction，CAI）等。

计算机辅助设计是指利用计算机帮助人们进行设计。由于计算机具有高速的运算能力及图形处理能力，使 CAD 技术得到广泛应用，如建筑设计、机械设计、集成电路设计和服装设计等领域都有相应的 CAD 应用软件。采用计算机辅助设计后，大大减轻了相应领域设计人员的劳动强度，提高了设计速度和设计质量。

计算机辅助制造是指利用计算机对生产设备进行管理、控制和操作。在产品的生产过程中，用计算机控制生产设备的运行、处理生产过程中所需的数据、控制和处理生产材料的流动，以及对产品进行检验等都属于计算机辅助制造技术。采用计算机辅助制造技术可以提高产品质量、降低成本、缩短生产周期、降低劳动强度（如用数控机床加工工件）。

计算机辅助教学是指利用计算机帮助教师教学，指导学生学习。目前，国内外 CAI 教学软件比比皆是，尤其是近年来计算机多媒体技术和网络技术的飞速发展，网上的 CAI 教学软件如雨后春笋，竞相争辉。

5. 人工智能

人工智能（Artificial Intelligence，AI）是指用计算机模拟人类的演绎推理和决策等智能活动。在计算机中存储一些定理和推理规则，设计程序让计算机自动探索解题方法和推导出结论是人工智能领域的基本方法。人工智能是计算机应用研究的前沿学科。人工智能领域的应用成果十分广泛，例如，模拟医学专家的经验对某一类疾病进行诊断；具有低等智力的机器人；计算机与人类进行棋类的对弈；数学中的符号积分和几何定理证明等。

6. 计算机网络与通信

利用通信技术，将不同地理位置的计算机互联，可以实现世界范围内的信息资源共享，并能交互式地交流信息，可谓是"一线联五洲"，这是传统通信手段难以达到的。Internet 的建立和应用使世界变成了一个"地球村"，它正在深刻地改变着我们的生活、学习和工作方式。

7. 多媒体技术应用

多媒体技术应用领域包括动画制作、影视合成、三维造型、平面设计、广告制作、多媒体软件设计等方面。多媒体技术的发展和应用日新月异，产品更新换代的周期很快。目前多媒体技术及其应用几乎覆盖了计算机应用的绝大多数领域，而且开拓了涉及人类生活、娱乐、学习等方面的新领域。

五、计算机的新技术

（一）嵌入式技术

嵌入式技术是将计算机作为一个信息处理部件，嵌入应用系统之中的一种技术。就是将软件固化集成到硬件系统中，将硬件系统和软件系统一体化。嵌入式技术具有软件代码小、高度自动化和响应速度快等特点，因而进入 21 世纪后，其应用越来越广泛。例如，各种家用电器如电冰箱、自动洗衣机、数字电视机、数码相机等都广泛应用这种技术。

嵌入式系统主要由嵌入式处理器、外围硬件设备、嵌入式操作系统以及特定的应用程序四部分组成，是集软件、硬件于一体的可独立工作的"器件"，用于实现对其他设备的控制、监视或管理等功能。嵌入式系统对功能、可靠性、成本、体积、功耗等有严格要求，以提高执行速度，同时，嵌入式系统要求具有实时性。

（二）网格计算

利用互联网把分散在不同地理位置的计算机组织成一个"虚拟的超级计算机"，其中每一台参与计算的计算机就是一个"节点"，而整个计算是由成千上万个"节点"组成的"一张网格"。所以这种计算方式称为网格计算。其优点是数据处理能力超强，能充分利用网上的闲置处理能力。

网格计算技术的特点是：

（1）能够提供资源共享，实现应用程序的互联互通。网格与计算机网络不同，计算机网络实现的是一种硬件的连通，而网格能实现应用层面的连通。

（2）协同工作。很多网格节点可以共同处理一个项目。

（3）基于国际的开放技术标准。

（4）网格可以提供动态的服务，能够适应变化。

（三）中间件技术

中间件是介于应用软件和操作系统之间的系统软件。在中间件诞生之前，企业多采用传统的客户机/服务器的模式，通常是一台电脑作为客户机，运行应用程序，另外一台电脑作为服务器。这种模式的缺点是系统拓展性差。到了 20 世纪 90 年代初，出现了一种新的思想：在客户端和服务器之间增加了一组服务，这种服务（应用服务器）就是中间件。这些组件是通用的，基于某一标准，所以它们可以被重用，其他应用程序可以使用它们提供的应用程序接口调用组件，完成所需的操作。例如，连接数据库所使用的开放数据库互联（Open Database Connectivity，ODBC）就是一种标准的数据库中间件，它是 Windows 操作系统自带的服务，可以通过 ODBC 连接各种类型的数据库。

六、计算机发展趋势

计算机技术是当今世界发展最快的科学技术之一，未来的计算机将以超大规模集成电路为基础，向巨型化、微型化、网格化、智能化与多媒体化的方向发展。

（一）巨型化

巨型化是指不断研制速度更快、存储量更大和功能更强大的超级计算机。因巨型计算机主要应用于天文、气象、地质和核技术、航天飞机、卫星轨道计算等尖端科学技术领域，所以，巨型计算机对于国家科学技术和国防建设都有着巨大的影响。研制巨型计算机的技术水平是衡量一个国家科学技术和工业发展水平的重要标志。

（二）微型化

微型化是指利用微电子技术和超大规模集成电路技术，把计算机的体积进一步缩小，价格进一步降低。计算机的微型化已成为计算机发展的重要方向。各种笔记本电脑、掌上电脑的大量使用，是计算机微型化的一个标志；嵌入式系统通常将微小的计算机系统埋藏在宿主设备中，此类计算机一般不被设备使用者所注意，亦称埋藏式计算机，这是计算机的微型化应用最多的领域，典型机种如微控制器、微处理器和 DSP 等。微型计算机也进入了大量的仪器、仪表、家用电器等小型仪器设备中，同时也作为工业控制过程的心脏，使仪器设备实现"智能化"。随着微电子技术的进一步发展，笔记本型、掌上型等微型计算机必将以更优的性能价格比受到人们的欢迎。

（三）网格化

目前大部分的计算机实现了联网，初步实现了资源的共享。但是，信息的搜索和整合还需要手工完成，效率较低。网格（Grid）技术可以更好地管理网上的资源，它把整个互联网虚拟成一台空前强大的一体化信息系统，犹如一台巨型计算机。在这个动态变化的网络环境中，实现计算资源、存储资源、数据资源、信息资源、知识资源、专家资源的全面共享，从而让用户从中享受可灵活控制的、智能的、协作式的信息服务，并获得前所未有的使用方便性和超强能力。目前，世界主要国家和地区都把发展网格技术放到了战略高度，纷纷投入巨资，抢占战略制高点。

（四）智能化

智能化是指使计算机具有模拟人的感觉和思维过程的能力。计算机成为智能计算机，是目前正在研制的新一代计算机要实现的目标。智能化的研究包括模拟识别、物形分析、自然语言的生成和理解、博弈、定理自动证明、自动程序设计、专家系统、学习系统和智能机器人等。目前已研制出多种具有人的部分智能的"机器人"，可以代替人在一些危险的岗位上工作。据专家预测，机器人将是继电脑普及后，下一个普及家庭的电器产品。

（五）多媒体化

多媒体计算机是当前计算机领域中最引人注目的高新技术之一。多媒体计算机就是利用计算机技术、通信技术和大众传播技术，来综合处理多种媒体信息的计算机。这些信息包括文本、视频图像、图形、声音、文字等。多媒体技术使多种信息建立了有机联系，并集成为一个具有人机交互性的系统。多媒体计算机将真正改善人机界面，使计算机朝着人类接受和处理信息的最自然的方式发展。

多媒体技术是我国信息化工程的接口技术，也是我国计算机产业的关键技术。多媒体技术是解决高清晰度电视、常规电视数字化、交互式电视、点播电视、多媒体电子邮件、远程教学、远程医疗、家庭办公、家庭购物、三电一体化等问题的最佳方法。另外，也是改造传统产业，特别是出版印刷、影视、广告、娱乐等产业的先进技术。

任务二　计算机内信息的表示与编码

一、数 制 及 其 转 换

用进位的原则进行计数称为进位计数制，简称进制。在一般情况下，人们习惯于用十进制来表示数。其实，在现实生活中也使用其他进制，如用六十进制计时，用十二进制作为月到年的进制等。在计算机科学中，不同情况下允许采用不同数制表示数据。在计算机内用二进制数码表示各种数据，但是在输入、显示或打印输出时，人们习惯于用十进制计数。在计算机程序编写中，有时还采用八进制和十六进制，这样就存在着同一个数可用不同的数制表示及它们相互之间转换的问题。在介绍各种数制之前，首先介绍数制中的几个名词术语。

（1）数码：一组用来表示某种数制的符号。如 1，2，3，4，A，B，C，Ⅰ，Ⅱ，Ⅲ，Ⅳ等。

（2）基数：数制所使用的数码个数称为"基数"或"基"，常用"R"表示，称 R 进制。如二进制的数码是 0，1，基为 2。

（3）位权：指数码在不同位置上的权值。在进位计数制中，处于不同数位的数码代表的数值不同。如十进制数 111，个位数上的 1 权值为 10^0，十位数上的 1 权值为 10^1，百位数上的 1 权值为 10^2。

（一）常用的进位计数制

1. 十进制（Decimal System）

十进制数是人们最熟悉的一种进位计数制，它由 0，1，2，…，8，9 这 10 个数码组成，即基数为 10。十进制的特点为：逢十进一，借一当十。一个十进制数各位的权是以 10 为底的幂。

2. 二进制（Binary System）

由 0，1 两个数码组成，即基数为 2。二进制的特点为：逢二进一，借一当二。一个二进制数各位的权是以 2 为底的幂。

3. 八进制（Octal System）

由 0，1，2，3，4，5，6，7 这 8 个数码组成，即基数为 8。八进制的特点为：逢八进一，借一当八。一个八进制数各位的权是以 8 为底的幂。

4. 十六进制（Hexadecimal System）

由 0，1，2，…，9，A，B，C，D，E，F 这 16 个数码组成，即基数为 16。十六进制的特点为：逢十六进一，借一当十六。一个十六进制数各位的权是以 16 为底的幂。

在书写时，一般用以下两种数制表示方法：

（1）把一串数用括号括起来，再加这种数制的下标，如 $(10)_{16}$，$(100100)_2$，$(120)_8$。对于十进制可以省略。

（2）用进位制的字母符号 B（二进制）、O（八进制）、D（十进制）、H（十六进制）来表示。注意：在不至于产生歧义时，可以不注明十进制数的进制。

例如：十六进制数 A2A0C 可表示为 A2A0CH。

十进制、二进制、八进制、十六进制之间的关系如表 1.1 所示。

表 1.1　十进制、二进制、八进制、十六进制之间的对应关系

十进制	二进制	八进制	十六进制	十进制	二进制	八进制	十六进制
0	0	0	0	8	1000	10	8
1	1	1	1	9	1001	11	9
2	10	2	2	10	1010	12	A
3	11	3	3	11	1011	13	B
4	100	4	4	12	1100	14	C
5	101	5	5	13	1101	15	D
6	110	6	6	14	1110	16	E
7	111	7	7	15	1111	17	F

（二）数制的转换

1. 二进制、八进制、十六进制数转化为十进制数

对于任何一个二进制数、八进制数、十六进制数，可以写出它的按权展开式，再按十进制进行计算即可。

例

$(1111.11)_2 = 1 \times 2^3 + 1 \times 2^2 + 1 \times 2^1 + 1 \times 2^0 + 1 \times 2^{-1} + 1 \times 2^{-2} = 15.75$

$(A10B.8)_{16} = 10 \times 16^3 + 1 \times 16^2 + 0 \times 16^1 + 11 \times 16^0 + 8 \times 16^{-1} = 41\ 227.5$

2. 十进制数转化为二进制数

十进制数的整数部分和小数部分在转换时需作不同的计算，分别求值后再组合。对于整数部分采用除 2 取余法，即逐次除以 2，直至商为 0，得出的余数倒排，即为二进制各位的数码。小数部分采用乘 2 取整法，即逐次乘以 2，从每次乘积的整数部分得到二进制数各位的数码。

例　将十进制数 100.125 转化为二进制数。

先对整数 100 进行转换：

$$
\begin{array}{llll}
2 & \underline{|\ 100} & 0 & \cdots a_0 \\
2 & \underline{|\ 50} & 0 & \cdots a_1 \\
2 & \underline{|\ 25} & 1 & \cdots a_2 \\
2 & \underline{|\ 12} & 0 & \cdots a_3 \\
2 & \underline{|\ 6} & 0 & \cdots a_4 \\
2 & \underline{|\ 3} & 1 & \cdots a_5 \\
2 & \underline{|\ 1} & 1 & \cdots a_6 \\
& 0 & &
\end{array}
$$

由上得出，100D = 1100100B。可通过按权展开式检验：

$$1 \times 2^6 + 1 \times 2^5 + 0 \times 2^4 + 0 \times 2^3 + 1 \times 2^2 + 0 \times 2^1 + 0 \times 2^0 = 64 + 32 + 4 = 100$$

对于小数部分 0.125 的转换：

$0.125 \times 2 = 0.250$	……0 $\rightarrow a_{-1}$
$0.25 \times 2 = 0.5$	……0 $\rightarrow a_{-2}$
$0.5 \times 2 = 1$	……1 $\rightarrow a_{-3}$

由上得出，$0.125_D = 0.001_B$。

将整数和小数部分组合，得出：$100.125_D = 1100100.001_B$。

3. 二进制数与八进制数的相互转换

二进制数转换成八进制数的方法是：将二进制数从小数点开始，对二进制整数部分向左每 3 位分成一组，对二进制小数部分向右每 3 位分成一组，不足 3 位的分别向高位或低位补 0 凑成 3 位。每一组有 3 位二进制数，分别转换成八进制数码中的一个数字，全部连接起来即可。

例 把二进制数 11111101.101 转化为八进制数。

二进制 3 位分组	011	111	101.	101
转换为八进制数	3	7	5.	5

所以，$11111101.101_B = 375.5_O$。

反过来，将八进制数转换成二进制数，只要将每一位八进制数转换成相应的 3 位二进制数，依次连接起来即可。

4. 二进制数与十六进制数的相互转换

二进制数与十六进制数的相互转换方法和二进制数与八进制数的转换类似。二进制数转换成十六进制数，只要把每 4 位分成一组，再分别转换成十六进制数码中的一个数字，不足 4 位的分别向高位或低位补 0 凑成 4 位，全部连接起来即可。反之，十六进制数转换成二进制数，只要将每一位十六进制数转换成 4 位二进制数，依次连接起来即可。

例 将 10110001.101_B 转换为十六进制数。

二进制 4 位分组	1011	0001.	1010
转换为十六进制数	B	1.	A

所以，$10110001.101_B = B1.A_H$。

其他数制之间的转换可以通过二进制数作为中间桥梁，先转化为二进制数，再转化为其他进制数。

（三）二进制的运算规则

在计算机中，采用二进制数可以非常方便地实现各种算术运算和逻辑运算。

1. 算术运算规则

加法规则：0+0 = 0；0+1=1；1+0=1，1+1=10（向高位有进位）。

减法规则：0 – 0=0；10 – 1=1（向高位借位）；1 – 0=1；1 – 1=0。

乘法规则：0×0=0；0×1=0；1×0 = 0；1×1=1。

除法规则：0/1=0；1/1=1。

2. 逻辑运算规则

逻辑与运算（AND）：$0 \wedge 0 = 0$；$0 \wedge 1 = 0$；$1 \wedge 0 = 0$；$1 \wedge 1 = 1$。

逻辑或运算（OR）：$0 \vee 0 = 0$；$0 \vee 1 = 1$；$1 \vee 0 = 1$；$1 \vee 1 = 1$。

逻辑非运算（NOT）：$\overline{1} = 0$；$\overline{0} = 1$。

逻辑异或运算（XOR）：$0 \oplus 0 = 0$；$0 \oplus 1 = 1$；$1 \oplus 0 = 1$；$1 \oplus 1 = 0$。

逻辑异或运算即实现按位加的功能，只有当两个逻辑值不相同时，结果才为1。

【课堂练习】

应用计算器进行数值计算与转换。

操作步骤：单击"开始"→"所有程序"→"附件"→"计算器"，打开"计算器"（见图 1.1），在"查看"菜单中选择"科学型"，即可进行数值计算和各种数制转换。

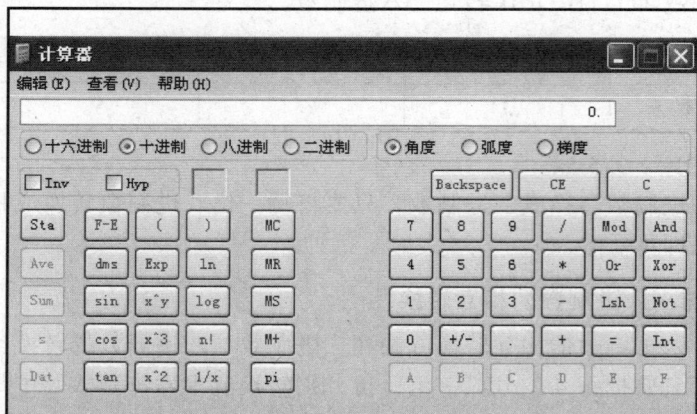

图 1.1　计算器

二、信息的编码

（一）计算机中数据的单位

计算机中的数据都要占用不同的二进制位。为了便于表示数据量的多少，引入数据单位的概念。

1. 位（bit）

位，简记为 b，也称为比特，是计算机存储数据的最小单位。一个二进制位只能表示 0 或 1，要想表示更大的数，就得把更多的位组合起来。每增加一位，所能表示的数就增大一倍。

2. 字节（byte）

字节来自英文 byte，简记为 B。规定 1 B=8 bit。字节是存储信息的基本单位。微型机存储器是由一个个存储单元构成的，每个存储单元的大小就是一个字节，所以存储器容量

大小也以字节数来度量。我们还经常使用其他的度量单位，即 KB，MB，GB 和 TB，其换算关系为

$$1 \text{ KB} = 2^{10} \text{ B}, \ 1 \text{ MB} = 2^{20} \text{ B}, \ 1 \text{ GB} = 2^{30} \text{ B}, \ 1 \text{ TB} = 2^{40} \text{ B}$$

3. 字（word）

计算机处理数据时，CPU 通过数据总线一次存取、加工和传送的数据称为字；计算机的运算部件能同时处理的二进制数据的位数称为字长。一个字通常由一个字节或若干个字节组成。由于字长是计算机一次所能处理的实际位数长度，所以字长是衡量计算机性能的一个重要指标。字长越长，速度越快，精度越高。不同微处理器的字长是不同的，常见的微处理器字长有 8 位、16 位、32 位和 64 位等。

（二）数值的表示

在计算机中，所有数据都以二进制的形式表示。数的正负号也用"0"和"1"表示。通常规定一个数的最高位作为符号位，"0"表示正，"1"表示负。这种采用二进制表示形式的连同数符一起代码化了的数据，在计算机中统称为机器数或机器码，而与机器数对应的用正、负符号加绝对值来表示的实际数值称为真值。例如，作为有符号数，机器数 01111111 的真值是 +1111111，也就是 127。

为了在计算机的输入、输出操作中能直观迅速地与常用的十进制数相对应，产生了用二进制代码表示十进制数的编码方法，简称 BCD 码或 8421 编码。例如，对于（239）$_{10}$ 的编码如下：

十进制数	2	3	9
8421 编码	0010	0011	1001

（三）文字信息的表示

计算机处理的对象必须是以二进制表示的数据。具有数值大小和正负特征的数据称为数值数据，而对于文字、声音、图形等数据，并无数值大小和正负特征，称为非数值数据。两者在计算机内部都是以二进制形式表示和存储的。

非数值数据又称为字符或符号数据。由于计算机只能处理二进制数，这就需要用二进制的 0 和 1 按照一定的规则对各种字符进行编码。

1. 字符编码

目前采用的字符编码主要是 ASCII 码，它是 American Standard Code for Information Interchange（美国标准信息交换代码）的缩写，已被国际标准化组织（ISO）采纳，作为国际通用的信息交换标准代码。ASCII 码是一种西文机内码，有 7 位 ASCII 码和 8 位 ASCII 码两种，7 位 ASCII 码称为标准 ASCII 码，8 位 ASCII 码称为扩展 ASCII 码。7 位标准 ASCII 码用一个字节（8 位）表示一个字符，并规定其最高位为 0，实际只用到 7 位，因此可表示 128 个不同字符。

字符的 ASCII 编码如表 1.2 所示。其中，编码 0 ~ 31 表示控制字符。

表 1.2　ASCII 字符编码表

b3 ~ b0 \ b6 ~ b4	000	001	010	011	100	101	110	111
0000	NUL	DLE	SP	0	@	P	`	p
0001	SOH	DC1	!	1	A	Q	a	q
0010	STX	DC2	"	2	B	R	b	r
0011	ETX	DC3	#	3	C	S	c	s
0100	EOT	DC4	$	4	D	T	d	t
0101	ENQ	NAK	%	5	E	U	e	u
0110	ACK	SYN	&	6	F	V	f	v
0111	BEL	ETB	'	7	G	W	g	w
1000	BS	CAN	(	8	H	X	h	x
1001	HT	EM	)	9	I	Y	i	y
1010	LF	SUB	*	:	J	Z	j	z
1011	VT	ESC	+	;	R	[	k	{
1100	FF	FS	,	<	L	\	l	|
1101	CR	GS	-	=	M	]	m	}
1110	SO	RS	.	>	N	^	n	~
1111	SI	US	/	?	O	_	o	Del

　　从 ASCII 码表中看出：有 34 个非图形字符（又称为控制字符）。例如，SP 编码是 0100000 空格；CR 编码是 0001101 回车；DEL 编码是 1111111 删除；BS 编码是 0001000 退格。

　　其余 94 个可打印字符，也称为图形字符。这些字符中，从数字 0 ~ 9、26 个大写字母 A ~ Z、26 个小写字母 a ~ z 都是顺序排列的，且同一个字母的 ASCII 值小写字母比大写字母大 32。这有利于大、小写字母之间的编码转换。如字符 A 的编码表示如图 1.2 所示。

b7	b6	b5	b4	b3	b2	b1	b0
0	1	0	0	0	0	0	1

图 1.2　字符 A 的编码

　　对应的十进制是 65，则"B"的编码值是 66；字符"a"的编码为 1100001，对应的十进制是 97；则"b"的编码值是 98。数字字符"0"的编码为 0110000，对应的十进制是 48；则"1"的编码值是 49。这些字符编码是容易记忆的。

　　特别需要指出的是，十进制数字字符的 ASCII 码与它们的二进制值是有区别的。

　　例如，十进制数 3 的七位二进制数为（0000011），而十进制数字字符"3"的 ASCII 码为 $(0110011)_2 = (33)_{16} = (51)_{10}$。由此可以看出，数值 3 与数字字符"3"在计算机中的表示是不一样的。数值 3 能表示数的大小，并可以参与数值计算；而数字字符"3"只是一个符号，它不能参与数值运算。

2. 汉字编码

　　所谓汉字编码，就是采用一种科学可行的办法，为每个汉字编一个唯一的代码，以便计算机辨认、接收和处理。早期的计算机无法处理汉字，但随着计算机在汉语言环境中的应用，我国计算机科学家也开始研究汉字信息的表达和处理的问题。经过 30 多年的发展，目前汉字的处理和信息表示已经相当成熟。

（1）汉字交换码。

由于汉字数量极多，一般用连续的两个字节（16 位）来表示一个汉字。1980 年，我国颁布了第一个汉字编码字符集标准，即《信息交换用汉字编码字符集基本集》（GB 2312—80）。该标准编码简称国标码，是我国内地及新加坡等海外华语区通用的汉字交换码。GB 2312—80 收录了 6 763 个汉字以及 682 个符号，共 7 445 个字符，奠定了中文信息处理的基础。在国家标准 GB 2312—80 中，每个汉字采用双字节表示。每个字节只用 ASCII 码中的低 7 位，最高位为 0，如图 1.3 所示。

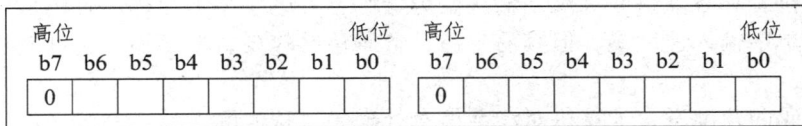

高位							低位	高位							低位
b7	b6	b5	b4	b3	b2	b1	b0	b7	b6	b5	b4	b3	b2	b1	b0
0								0							

图 1.3 汉字交换码的表示

（2）汉字机内码。

国标码 GB 2312 不能直接在计算机中使用，因为它没有考虑与基本的信息交换代码 ASCII 码的冲突。比如，"大"的国标码是 3473H，与字符组合 "4S" 的 ASCII 码相同，"嘉" 的汉字编码为 3C4EH，与码值为 3CH 和 4EH 的两个 ASCII 字符 "<" 和 "N" 混淆。为了能区分汉字与 ASCII 码，在计算机内部表示汉字时，把交换码（国标码）两个字节的最高位改为 1，称为机内码。这样，当某字节的最高位是 1 时，必须和下一个最高位同样为 1 的字节合起来，代表一个汉字，而某字节的最高位是 0 时，就代表一个 ASCII 码字符，以和 ASCII 码相区别。如果用十六进制来表述，就是把汉字国标码的每个字节上加一个 80H（即二进制数 10000000）。所以汉字的国标码与其内码有下列关系：

$$汉字的内码=汉字的国标码 + 8080H$$

例如，已知 "中" 字的国标码为 5650H，"华" 字的国标码为 3B2AH，则根据上述公式得

$$"中"字的内码="中"字的国标码 5650H+8080H=D6D0H$$

$$"华"字的内码="华"字的国标码 3B2AH+8080H=BBAAH$$

机内码是计算机内处理汉字信息时所用的汉字代码。在汉字信息系统内部，对汉字信息的采集、传输、存储、加工运算的各个过程都要用到机内码。机内码是真正的计算机内部用来存储和处理汉字信息的代码。

（3）汉字字形码。

汉字字形码是用来将汉字显示到屏幕上或打印纸上所需的图形数据。

汉字字形码记录汉字的外形，是汉字的输出形式。记录汉字字形通常有点阵法和矢量法两种方法，分别对应两种字形编码：点阵码和矢量码。所有的不同字体、字号的汉字字形构成汉字库。

点阵码是一种用点阵表示汉字字形的编码，它把汉字按字形排列成点阵，常用的点阵有 16×16、24×24、32×32 或更高。汉字字形点阵构成和输出简单，但是信息量很大，占用的

存储空间也非常大，一个 16×16 点阵的汉字要占用 32 个字节，一个 32×32 点阵的汉字则要占用 128 字节，而且点阵码缩放困难且容易失真。

矢量码使用一组数学矢量来记录汉字的外形轮廓，矢量码记录的字体称为矢量字体或轮廓字体。这种字体很容易放大缩小且不会出现锯齿状边缘，可以任意地放大缩小甚至变形，屏幕上看到的字形和打印输出的效果完全一致，且节省存储空间，如 PostScript 字库、TrueType 字库就是这种字形码。

（4）汉字输入码。

将汉字通过键盘输入计算机中采用的代码称为汉字输入码，也称为汉字外部码（外码）。目前我国的汉字输入码编码方案有上千种，在计算机上常用的也有多种。根据编码规则是按照读音还是字形，汉字输入码可分为流水码、音码、形码和音形结合码四种。智能 ABC、微软拼音、搜狗拼音和谷歌拼音等汉字输入法为音码，五笔字型为形码。音码借助汉语拼音编码，重码多、单字输入速度慢，但容易掌握；形码重码较少，单字输入速度较快，但学习和掌握较困难。

从汉字编码的角度看，计算机对汉字信息处理的过程实际上是各种汉字编码间的转换过程。这些编码主要包括汉字的输入码、汉字国标码、汉字内码和汉字字形码等。汉字处理过程中各种编码之间的关系如图 1.4 所示。

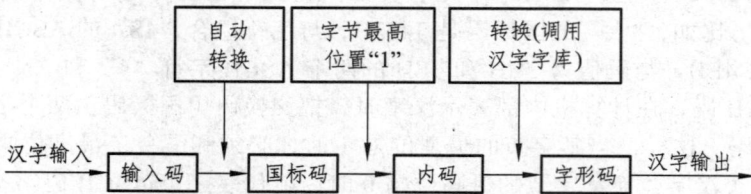

图 1.4　汉字处理过程

任务三　计算机硬件组成及其工作原理

一个完整的计算机系统包括计算机硬件系统和软件系统两部分。计算机硬件系统包括组成计算机的所有电子、机械部件；软件系统包括所有在计算机运行或使用的程序及数据。而程序是计算机完成指定任务的多条指令的有序集合。计算机运行程序时还需要相应的数据，这些数据通常称为文档。所以软件系统包括程序和文档。没有软件的计算机称为裸机，只有配备完善而丰富的软件的计算机才能充分发挥其硬件的作用。

一、计算机硬件组成及其工作原理

计算机硬件是计算机中的物理装置，是看得见、摸得着的实体。计算机的组成都遵循冯·诺依曼结构，由控制器、运算器、存储器、输入设备和输出设备 5 个基本部分组成，如图 1.5 所示。

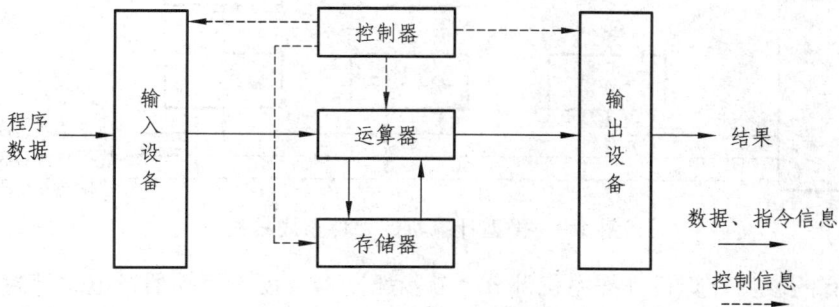

图 1.5　计算机的硬件组成结构

　　控制器是计算机的控制中心，向其他部件发出控制信号，指挥所有部件协调工作。运算器是进行算术运算、逻辑运算的部件；运算器中的一个运算单元能进行一位二进制数运算，运算单元的个数表示运算器的位数（即计算机的字长），现代的计算机一般使用 16 位、32 位或 64 位运算器。如今的大规模集成电路技术已将控制器和运算器集成在一块芯片中，这块芯片称为中央处理器（Central Processing Unit，CPU）。存储器是用来存放程序和数据的，分为内存（RAM、ROM）和外存（硬盘、光盘、U 盘等）。输入设备和输出设备是相对于 CPU 来讲的，输入设备（如键盘、鼠标、话筒、扫描仪等）用于输入程序或数据，输出设备（如显示器、打印机、音箱等）用于输出结果，有的设备（外存储器、触摸屏）可能兼有输入和输出的功能（如外存储器、触摸屏），这样的设备叫输入/输出设备（Input/Output devices，I/O 设备）。

　　计算机的工作原理是：它可以根据用户的要求编制计算机运行的程序，将程序和原始数据通过输入设备将它们转换成计算机能识别的二进制代码送入存储器中保存；然后，按照用户程序指令顺序由控制器发出相应的控制命令（即发出电脉冲信号序列），将已存入存储器中的数据取出送到运算器中进行运算；计算得出的中间结果或最后结果又由运算器送回存储器保存。如果需要显示或打印出结果，由控制器发出控制命令，从存储器中取出结果，经输出设备将计算机内部的二进制数转换成人们习惯的十进制数、文字、图形、图像、音频、视频等信号输出。

二、微型计算机的硬件组成

　　微型计算机的组成仍然遵循冯·诺依曼结构，它由微处理器、存储器、系统总线、输入/输出接口及其连接的输入/输出设备（外设）组成。由于把大规模集成电路技术引入微型计算机的设计中，使得微型计算机中的器件高度集成（控制器和运算器集成在微处理器中），器件功能相对独立，器件之间的信息交互利用总线实现。总线包括数据总线（Data Bus，DB）、地址总线（Address Bus，AB）和控制总线（Control Bus，CB）。这些设计特点使微型计算机产品实现了标准化、系列化，并具有通用性。微型计算机的硬件组成结构如图 1.6 所示。

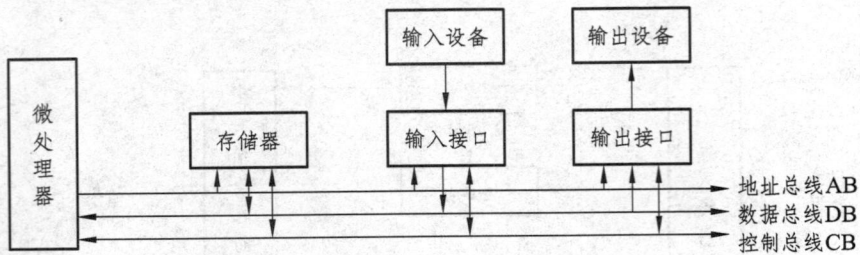

图 1.6   微型计算机的硬件组成结构

几乎所有的微型计算机都把主机部分、软盘驱动器、硬盘驱动器及电源等封装在主机箱内。从外观上看，有卧式、立式和笔记本等几种机型。典型的微型计算机如图 1.7 所示。

图 1.7   微型计算机外形

（一）主 板

主机由中央处理器和内存储器组成，用来执行程序、处理数据，主机芯片都安装在一块电路板上，这块电路板称为主机板（主板）。为了与外围设备连接，在主机板上还安装有若干个接口插槽，可以在这些插槽上插入与不同外围设备连接的接口卡。主板上有控制芯片组、CPU 插座、BIOS 芯片，内存条插槽，主板上也集成了软驱接口、硬盘接口、并行接口、串行接口、USB 接口、AGP 总线扩展槽、PCI 局部总线扩展槽、ISA 总线扩展槽、键盘和鼠标接口以及一些连接其他部件的接口等。主板是微型计算机系统的主体和控制中心，它几乎集合了全部系统的功能，控制着各部分之间的指令流和数据流。随着计算机的发展，不同型号的微型计算机的主板结构是不一样的。图 1.8 为主板外观示意图。

（二）中央处理器

中央处理器简称 CPU（Central Processing Unit），它是计算机硬件系统的核心，中央处理器包括运算器和控制器两个部件。运算器是对数据进行加工处理的部件。它不仅可以实现基本的算术运算，还可以进行基本的逻辑运算，实现逻辑判断的比较及数据传递、移位等操作。控制器是负责从存储器中取出指令，确定指令类型，并译码，按时间的先后顺序，向其他部件发出控制信号，统一指挥和协调计算机各器件进行工作的部件。它是计算机的"神经中枢"。

中央处理器是计算机的心脏，CPU 品质的高低直接决定了计算机系统的档次。能够处理的数据位数是 CPU 最重要的一个品质标志。人们通常所说的 16 位机、32 位机即指 CPU 可同时处理 16 位、32 位的二进制数据。IBM PC/AT 及 286 机均是 16 位机，386、486 及现在的奔腾系列机器均是 32 位机。其中，IBM PC/AT 的 CPU 芯片为 Intel 80286，而 386 机、486

机、奔腾系列机器的 CPU 芯片分别以 Intel 80386、80486、Pentium 系列为代表。图 1.9 为 P4 的 CPU。

图 1.8 主板示意图

图 1.9 CPU 示意图

（三）存储器

存储器的主要功能是存放程序和数据。使用时，可以从存储器中取出信息来查看、运行程序，称其为存储器的读操作；也可以把信息写入存储器、修改原有信息、删除原有信息，称其为存储器的写操作。存储器通常分为内存储器和外存储器。

1. 内存储器（内存）

内存又称为主存，它和 CPU 一起构成了计算机的主机部分，它存储的信息可以被 CPU 直接访问。内存由半导体存储器组成，存取速度较快，但一般容量较小。内存中含有很多的存储单元，每个单元可以存放 1 个 8 位的二进制数，即 1 个字节（byte，简称"B"）。通常 1 个字节可以存放 0～255 的 1 个无符号整数或 1 个字符的代码，而对于其他大部分数据可以用若干个连续字节按一定规则进行存放。内存中的每个字节各有一个固定的编号，这个编号称为地址。CPU 在存取存储器中的数据时是按地址进行的。存储器容量即指存储器中所包含的字节数，通常用 MB 作为存储器容量单位。图 1.10 为内存条示意图。内存储器通常可以分为随机存储器 RAM、只读存储器 ROM 和高速缓冲存储器 Cache 三种。

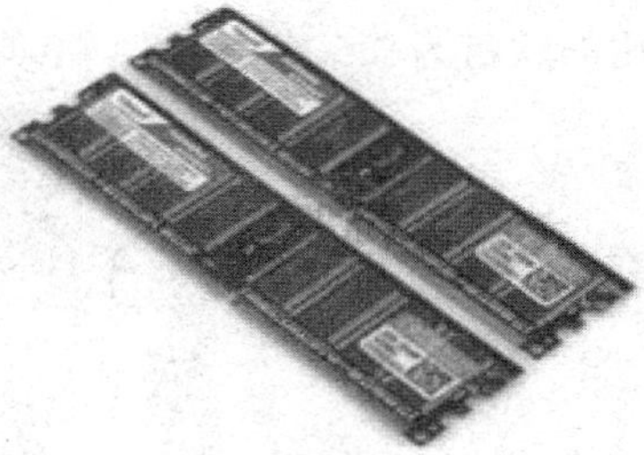

图 1.10 内存条示意图

（1）RAM 是一种读写存储器，其内容可以随时根据需要读出，也可以随时重新写入新的信息。这种存储器可以分为静态 RAM 和动态 RAM 两种。静态 RAM 的特点是，只要存储单元上加有工作电压，它上面存储的信息就将保持。动态 RAM 由于是利用 MOS 管极间电容保存信息的，因此随着电容的漏电，信息会逐渐丢失。为了补偿信息的丢失，要每隔一定时间对存储单元的信息进行刷新。不论是静态 RAM 还是动态 RAM，当电源电压去掉时，RAM 中保存的信息都将全部丢失。

（2）ROM 是一种内容只能读出而不能写入和修改的存储器，其存储的信息是在制作该存储器时就被写入的。在计算机运行过程中，ROM 中的信息只能被读出，而不能写入新的内容。计算机断电后，ROM 中的信息不会丢失，即在计算机重新加电后，其中保存的信息依然是断电前的信息，仍可被读出。它主要用于检查计算机系统的配置情况并提供最基本的输入/输出（I/O）控制程序。

（3）由于微型计算机的 CPU 速度不断提高，RAM 的速度很难满足高速 CPU 的要求，所以在读/写系统内存都要加入等待的时间，这对高速 CPU 来说是一种极大的浪费。Cache 是指在 CPU 与内存之间设置的一级或两级高速小容量存储器，称之为高速缓冲存储器，固化在主板上。在计算机工作时，系统先将数据由外存读入 RAM 中，再由 RAM 读入 Cache 中，然后 CPU 直接从 Cache 中取数据进行操作。Cache 的容量通常为 32～256 KB，存取速度为 15～35 ns（纳秒），而 RAM 存取速度一般要大于 50 ns。

2. 外存储器（外存）

外存储器又称为辅助存储器，它的容量一般都比较大，而且大部分可以移动，便于在不同计算机之间进行信息交流。在微型计算机中，常用的外存有软盘、硬盘、闪存和光盘 4 种。

（1）软盘存储器。

软盘存储器由软盘、软盘驱动器和软盘适配器三部分组成。软盘是活动的存储介质，软盘驱动器是读写装置，软盘适配器是软盘驱动器与主机连接的接口。软盘驱动器安装在主机箱内，软盘驱动器插槽暴露在主机箱的前面板上，可方便地插入或取出软盘。

① 软盘的结构。

软盘是一种涂有磁性物质的聚酯薄膜圆形盘片，它被封装在一个方形的保护套中，构成一个整体。当软盘驱动器从软盘中读写数据时，软盘保护套被固定在软盘驱动器中，而封套内的盘片在驱动电机的驱动下进行旋转以便磁头进行读写操作。软盘上的写保护口主要用于保护软盘中的信息。一旦设置了写保护，就意味着只能从该软盘中读信息，而不能再往软盘上写信息。常用的软盘为 3.5 英寸软盘（1 英寸 = 2.54 厘米），存储容量为 1.44 MB，如图 1.11 所示。

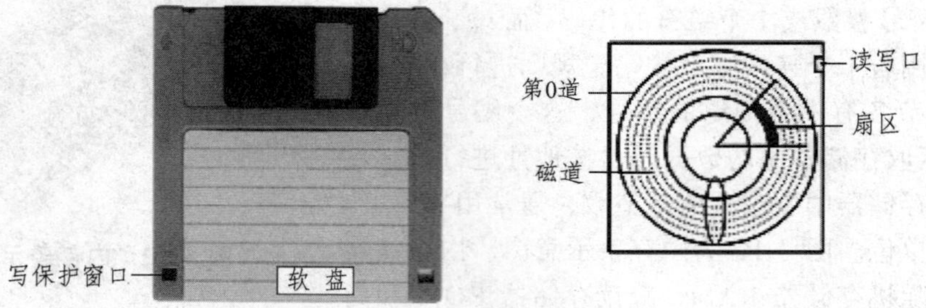

图 1.11　软盘与软盘磁道、扇区图

② 软盘片的存储格式。

软盘片按磁道和扇区来存储信息。磁道是由外向内的一个个同心圆，磁道号从外向内越来越大；每个磁道上又等分成若干个扇区；每个扇区可以存储若干个字节，扇区数与字节数由格式化程序来定。例如，1.44 MB 软盘有 80 个磁道，每个磁道有 18 个扇区，每个扇区存储 512 个字节，共有两面。当软盘插入软盘驱动器后，驱动器的电机通过离合器带动盘片在封套内旋转。封套上开有一个读写槽，磁头通过读写槽沿着磁道移动进行读写。

③ 软盘的格式化。

新软盘在使用前必须进行格式化，格式化后才能被系统识别和使用。格式化的目的是对磁盘划分磁道和扇区，同时还将磁盘分成四个区域：引导扇区（boot）、文件分配表（FAT）、文件目录表（FDT）和数据区。引导扇区，用于存放系统的自引导程序，主要为启动系统和存放磁盘参数而设置的。文件分配表，用于描述文件在软盘上的存放位置以及整个软盘扇区的使用情况。文件目录表即根目录区，用于存放软盘根目录下所有文件名和子目录名、文件属性、文件在软盘上存放的起始位置、文件的长度及文件建立或修改的日期与时间等。数据区即用户区，用于存放程序或数据，也就是文件。

④ 软盘的技术指标。

● 面数：只用一面存储信息的软盘称为单面软盘，双面存储信息的软盘称为双面软盘。

● 磁道：是以盘片中心为圆心的一些同心圆。每一圆周为一个磁道，数据存储在磁道内。通常软盘的磁道数为80，磁道从外层开始编号，编号从 0 开始，最内层为末磁道。

● 扇区：每个磁道被分成若干区域，每个区域为一个扇区。每个磁道上的扇区数可分为 8，9，15 或 18，扇区编号从 1 开始。扇区是软盘的基本存储单位，每个扇区的存储容量为 512 B。

● 存储密度：分为道密度和位密度。道密度是指沿磁盘半径方向单位长度的磁道数。位密度是每个磁道内单位长度所能记录的二进制数的位数。

● 容量：指软盘所能存储数据的字节数。存储容量通常指格式化容量，即软盘经格式化后的容量。如 3.5 英寸软盘有 80 个磁道，每道 18 个扇区，每个扇区 512 个字节，共有 2 面。该软盘总容量为 $80 \times 18 \times 512 \times 2 = 1\ 474\ 560$ B=1.44 MB。

（2）硬盘存储器。

硬盘存储器是由电机和硬盘组成的，一般置于主机箱内。硬盘是涂有磁性材料的磁盘组件，用于存放数据。硬盘的机械转轴上串有若干个盘片，每个盘片的上下两面各有一个读/写磁头，与软盘磁头不同，硬盘的磁头不与磁盘表面接触，它们"飞"在离盘片面百万分之一英寸的气垫上。硬盘是一个非常精密的机械装置，磁道间只有百万分之几英寸的间隙，磁头传动装置必须把磁头快速而准确地移到指定的磁道上。图 1.12 和 1.13 为硬盘示意图。

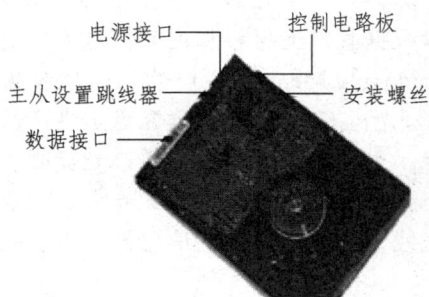

图 1.12　硬盘的背面

图 1.13　硬盘的内部

一个硬盘由多个盘片组成，所有的盘片串在一根轴上，两个盘片之间仅留出安置磁头的距离。柱面是指使盘的所有盘片具有相同编号的磁道。硬盘的容量取决于硬盘的磁头数、柱面数及每个磁道的扇区数，由于硬盘均有多个盘片，所以用柱面这个参数来代替磁道。每个扇区的容量为 512 B，硬盘容量为 $512 \times$ 磁头数 $\times$ 柱面数 $\times$ 每道扇区数。

不同型号的硬盘，其容量、磁头数、柱面数及每道扇区数均不同，主机必须知道这些参数才能正确控制硬盘的工作，因此安装新硬盘后，需要对主机进行硬盘类型的设置。硬盘在使用之前也需要进行格式化。

目前的硬盘有两种，一种为固定式，另一种为移动式。所谓固定式就是固定在主机箱内，它有很大的容量，容量常以千兆字节（GB）为单位。随着硬盘技术的发展，其容量已从几千兆提升至几百千兆字节，甚至更大，当容量不足时，可再扩充另一个硬盘。而移动式硬盘如同软盘一样，只是它的速度与容量都远远超过软盘。它可以轻松传输、携带、分享和存储资料，可以在笔记本和台式机之间，办公室、学校、网吧和家庭之间实现数据的传输，是私人资料保存的最佳工具。同时它还具有写保护、无驱动、无需外接电源、高速度读写、支持几百 G 大容量硬盘等特点。高速超薄型移动硬盘如图 1.14 所示。

（3）闪存。

闪存又名优盘，是在存储速度与容量上介于软盘与硬盘之间的一种外部存储器。它具有如下特点：兼顾了 USB2.0、USB1.1 接口的使用；具有写保护开关，用来防止误删除重要数据；无需安装设备驱动，Windows 98 系统以上方便使用；固态闪存可以使数据保存 10 年以上；抗震，数米以上自由落体的碰撞也能保证安全，持久存储数据；耐用，可重复擦写 100万次以上；铝制金属外壳，防老化、防划伤；小巧、轻便、即插即用、支持热插拔；容量有1 GB，2 GB，4 GB，8 GB，32 GB，64 GB 不等。图 1.15 为闪存示意图。

图 1.14　高速超薄型移动硬盘　　　　　　　图 1.15　闪存

（4）光盘（optical disc）

光盘的存储介质不同于磁盘，它属于另一类存储器。由于光盘具有容量大、存取速度较快、不易受干扰等特点，其应用越来越广泛。光盘根据其制造材料和记录信息方式的不同一般分为三类：只读光盘 CD-ROM（Compact Disk Read Only Memory）；一次写入型光盘 CD-R，也称 WORM（Write Once Read Many times）；可擦写光盘 CD-RW。只读光盘是生产厂家在制造时根据用户要求将信息写到盘上，用户不能抹除，也不能写入，只能通过光盘驱动器读出盘中信息。只读光盘以一种凹坑的形式记录信息。光盘驱动器内装有激光光源，光盘表面以凹坑的形式记录的信息，可以反射出强弱不同的光线，从而使记录的信息被读出。只读光盘的存储容量约为 650 MB。

一次写入型光盘可以由用户写入信息，但只能写一次，不能抹除和改写（像 Prom 芯片一样）。信息的写入通过特制的光盘刻录机进行，它是用激光使记录介质熔融蒸发穿出微孔或使非晶膜结晶化，改变原材料特性来记录信息。这种光盘的信息可多次读出，读出信息时使用只读光盘用的驱动器即可。一次写入型光盘的存储容量一般为几百 MB。

可擦写光盘可由用户自己写入信息，也可对已记录的信息进行抹除和改写，就像磁盘一样可以反复使用。它是用激光照射在记录介质上（不穿孔），利用光和热引起介质可逆性变化来进行信息记录的。可擦写光盘需插入特制的光盘驱动器进行读写操作，它的存储容量一般在几百 MB 至几 GB 之间。

光盘的特点是：

① 存储容量大，价格低。目前，微机上广泛使用的直径为 120 mm 光盘的存储容量达 650 MB。这样每位二进制的存储费用要比磁盘低得多。

② 不怕磁性干扰，所以光盘比磁盘的记录密度更高，也更可靠。

③ 存取速度快。目前，主流光驱位 50 倍速和 52 倍速（传输率 150 KB/s 为单倍速）。例如 50 倍速光驱的传输率为 50×150 KB/s=7 500 KB/s。

（5）DVD（Digital Versatile Disk）光盘。

DVD 光盘与 CD 光盘大小相同，但它存储密度高，单面光盘可以分单层或双层存储信息，一张光盘有两面，最多可以有 4 层存储空间，所以存储容量极大。120 mm 的单面单层 DVD 盘片的容量为 4.7 GB。DVD 光盘驱动器的单倍速为 1 350 KB/s。类似于 CD 光盘，DVD 光盘分为 DVD-ROM（PC 用光盘）、DVD-R（可录一次）、DVD-RW（可重录）、DVD-Video（DVD 视频）和 DVD-Audio（DVD 音频）5 类。光盘驱动器外形如图 1.16 所示。

图 1.16　光盘驱动器

（四）输入设备

输入设备是外界向计算机传送信息的装置。在微型计算机系统中，最常用的输入设备是键盘和鼠标，此外还有光电笔、数字化仪、图像扫描仪等。也可以用磁盘和磁带进行输入。

1. 键　盘

键盘是计算机最常用的输入设备之一。其作用是向计算机输入命令、数据和程序。它由一组按阵列方式排列在一起的按键开关组成，按下一个键，相当于接通一个开关电路，把该键的位置码通过接口电路送入计算机。

目前，微机上使用的键盘都是标准键盘（101 键、104 键等），键盘分为 5 个区：功能键区、主键盘区、编辑键区、辅助键区和状态指示区，如图 1.17 所示。

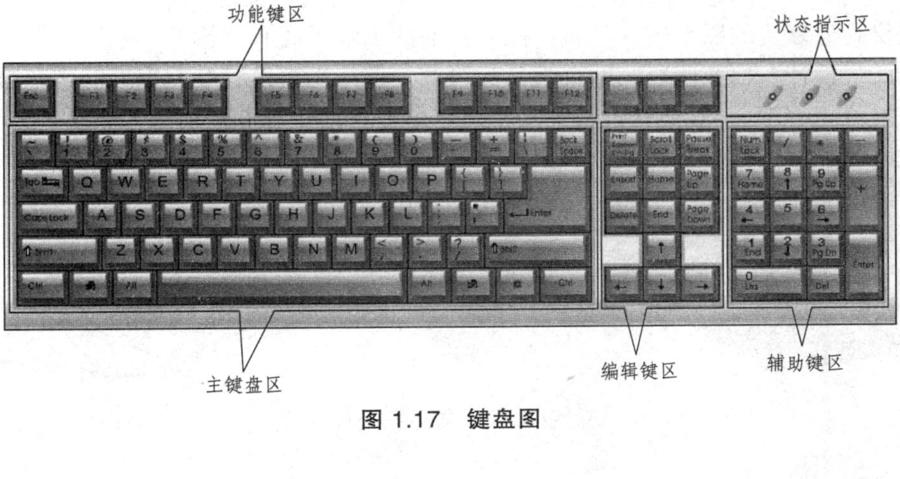

图 1.17　键盘图

　　键盘上各键符号及其组合所产生的字符和功能在不同的操作系统和软件支持下有所不同。在主键盘和小键盘上，大部分键面上，上下标有两个字符，这两个字符分别称为该键的上挡符和下挡符。主键盘第四排左右侧各有一个称为换挡符的 Shift 键（或箭头符号），用来控制上挡符与下挡符的输入。在按下 Shift 键不放的同时按下有上挡符的某键时，则输入的是该键的上挡符，否则输入的是该键的下挡符。字母的大小写亦可由 Shift 键控制，例如单按字母键 A 则输入小写字母 a，同时按下 Shift 键和 A 键则输入的是大写字母 A。小键盘上下挡键由 NumLock 键控制。下面列出几个常用键的功能：

　　（1）←（Backspace）——退格键，光标退回一格，即光标左移一个字符的位置，同时删除原光标左边位置上的字符，用于删除当前行中刚输入的字符。

　　（2）Enter——回车键，不论光标处在当前行中什么位置，按此键后光标将移至下行行首。也表示结束一个数据或命令的输入。

　　（3）Space——空格键，它位于键盘中下方的长条键，按下此键输入一个空格，光标右移一个字符的位置。

　　（4）Ctrl——控制键，用于与其他键组合成各种复合控制键。

　　（5）Alt——交替换挡键，用于与其他键组合成特殊功能键或控制键。

　　（6）Esc——强行退出键，按此键可强行退出程序。

　　（7）Print Screen——屏幕复制键，在 Windows 系统下按此键可以将当前屏幕内容复制到剪贴板。

2. 鼠　标

　　鼠标器简称鼠标，因其形状像老鼠，故而得名。鼠标也是一种常见的输入设备。当鼠标在桌面上滑动时，屏幕上的鼠标指针也跟着移动。目前，鼠标已成为计算机系统的必备输入设备之一。

　　最早期的鼠标是通过 RS-232C 串行口与主机相连接；后来大部分的鼠标是通过 PS/2 接口与主机相连，如今，大部分的鼠标使用 USB 接口或无线接口。

　　鼠标有三种类型：机械鼠标，带有一个滚球，其价格便宜，但准确性差；光学鼠标，需要一个专用的平板与之配合使用；光学机械鼠标，其原理兼有机械鼠标和光电鼠标的特点，无需专用平板，而且性能和价格都比较适宜。

　　鼠标有两键鼠标和三键鼠标，目前大部分使用的是三键鼠标，三键鼠标也称之为网际鼠标。

3. 扫描仪

　　扫描仪是计算机的图像输入设备。随着性能的不断提高和价格的大幅度降低，越来越多地使用于广告设计、出版印刷、网页设计等领域。按感光模式分可分为滚筒式扫描仪（CIS）和平板扫描仪（CCD）。扫描仪是利用光学扫描原理从纸介质上"读出"照片、文字或图形，把信息送入计算机进行分析处理。常见扫描仪如图 1.18 所示。

图 1.18　常见扫描仪

平板式扫描仪的工作原理是：将原图放置在一块很干净的有机玻璃平板上，原图不动，而光源系统通过一个传动机构水平移动，发射出的光线照射在原图上，以反射或透射后，由接收系统接收并生成模拟信号，通过模/数转换器（ADC）转换成数字信号后，直接传送至计算机，由后者进行相应的处理，完成扫描过程。

4. 数码相机

数码相机又叫数字式相机，英文全称为 Digital Camera，简称 DC，如图 1.19（a）所示。它是一种利用电子传感器把光学影像转换成电子数据的照相机。数码相机可以直接连接到计算机、电视机或者打印机上。在一定条件下，数码相机还可以直接连接到移动式电话机或者手持 PC 机上。数码相机的种类很多，大致可分为 3 种：普通数码相机、高档数码相机和专业数码相机。比之传统相机，数码相机的特点是：基于胶片的传统相机的分辨率是无穷的，数码相机的分辨率是有限的，传统相机的使用成本较高，需要购买胶卷、冲洗，而数码相机不需要这些，它采用完全不同的成像技术，数码相机能够生成计算机直接处理的图像。

5. 数码摄像机

数码摄像机就是 DV，即 Digital Video 的缩写，译成中文就是"数字视频"，它是由索尼、松下、胜利、夏普、东芝和佳能等多家著名家电巨擘联合制定的一种数码视频格式。然而，在绝大多数场合 DV 则是代表数码摄像机。按使用用途可分为：广播级机型、专业级机型、消费级机型。按存储介质可分为：磁带式、光盘式、硬盘式、存储卡式。数码摄像机外形如图 1.19（b）所示。

数码摄像机进行工作的基本原理，简单地说就是光—电—数字信号的转变与传输。即通过感光元件将光信号转变成电流，再将模拟电信号转变成数字信号，由专门的芯片进行处理和过滤后得到的信息还原出来就是我们看到的动态画面了。数码摄像机的感光元件能把光线转变成电荷，通过模数转换器芯片转换成数字信号，主要有两种：一种是广泛使用的 CCD（电荷耦合）元件；另一种是 CMOS（互补金属氧化物半导体）。

（a）数码相机　　　　　　　　（b）数码摄像机

图 1.19　数码相机和摄像机

（五）输出设备

输出设备的作用是将计算机中的数据信息传送到外部媒介，并转化成某种为人们所认识的表示形式。在微型计算机中，最常用的输出设备有显示器和打印机。此外，还有绘图仪等，也可以通过磁盘和磁带输出。

1. 显示器

显示器也称监视器，是微机中最重要的输出设备之一，也是人机交互必不可少的设备。

显示器用于微机或终端，显示的信息不再是单一的文本和数字，可显示图形、图像和视频等多种不同的信息。

（1）显示器的分类。

显示器按其显示器件可分为阴极射线管（CR）显示器和液晶（LCD）显示器两大类。目前大部分微型计算机使用的是 CRT 显示器，而便携式电脑则使用的是 LCD 显示器。不过随着 LCD 的降价，LCD 显示器作为微机的主要输出设备，逐步呈上升趋势。

显示器按颜色可分为单色显示器和彩色显示器两大类。单色显示器常用于金融及商业领域，而 CRT 显示器普遍用于微机及工作站。

（2）显示器的主要性能。

在选择和使用显示器时，应了解显示器的主要特性：

① 像素（pixel）与点距（pitch）：屏幕上图像的分辨率或者说清晰度取决于能在屏幕上独立显示点的直径，这种独立显示的点称作像素，屏幕上两个像素之间的距离叫点距。它直接影响显示效果。像素越小，在同一个字符面积下，像素数就越多，则显示的字符就越清晰。目前微机常见的点距有 0.31 mm，0.28 mm，0.25 mm 等。点距越小，分辨率就越高，显示器清晰度越高。

② 分辨率：每帧的线数和每线的点数的乘积（整个屏幕上像素的数目=列 X 行）就是显示器的分辨率，这个乘积数越大，分辨率就越高。分辨率是衡量显示器的一个常用指标。常用的分辨率是 640×480（256 种颜色），1 024×768，1 280×1 024 等。640×480 的分辨率是指在水平方向上有 640 个像素，在垂直方向上有 480 个像素。

③ 显存：显存与系统内存一样，显存越大，可以存储的图像数据就越多，支持的分辨率与颜色数也就越高。以下是计算显存容量与分辨率关系的公式：

$$所需显存=图形分辨率×色彩精度/8$$

如果显示 256 种颜色，每个像素需要 8 位（一个字节），当显示真彩色时，每个像素要用 3 个字节。能达到较高分辨率的显示器的性能较好，显示的图像质量更高。

④ 显示器的尺寸：它以显示屏的对角线来度量。按屏幕尺寸大小可分为 9 英寸、12 英寸、14 英寸、15 英寸、17 英寸、19 英寸、21 英寸等。

（3）显示卡。

微机显示系统由显示器和显示卡（display adapter）组成，如图 1.20 所示。显示卡又称显卡或显示适配器。显示器是通过"显示器接口"（简称显示卡）与主机连接的，所以显示器必须与显示卡匹配。不同类型的显示器要配用不同的显示卡。显卡主要由显示控制器、显示存储器和接口电路组成。显卡的作用是在显示驱动程序的控制下，负责接收 CPU 输出的显示数据、按照显示格式进行变换并存储在显示存储器中，再把显示存储器中的数据以显示器所要求的方式输出到显示器。

（a）CRT　　　　　　（b）LCD　　　　　　（C）显示卡

图 1.20　CRT、LCD 显示器和显示卡

2. 打印机

打印机是各种计算机的主要输出设备。它能将计算机的信息以单色和彩色字符、汉字、表格、图像等形式打印在纸上。打印机外形如图 1.21 所示。

打印机的种类很多，目前常见的有点阵击打式和点阵非击打式两种。非击打式又分为喷墨打印机和激光打印机。针式打印机由打印头、字车机构、色带机构、输纸机构和控制电路组成。打印头由若干根钢针构成，通过它们击打色带，从而在同步旋转的打印纸上打印出点阵字符。在汉字的输入中一般用 24 针打印机。

喷墨式打印机是通过向打印机的相应位置喷射墨水点来实现图像和文字的输出。其特点是噪声低、速度快。激光打印机是利用电子成像技术进行打印。当调制激光束在硒鼓下沿轴向进行扫描时，按点阵组字的原理，使鼓面感光，构成负电荷阴影。当鼓面经过带正电荷的墨粉时，感光部分就吸附上墨粉，然后将墨粉转印到纸上，纸上的墨粉经加热熔化形成永久性的字符和图形。它的特点是速度快、无噪声、分辨率高。喷墨式打印机和激光打印机的输出质量都比较高。

（a）　　　　　　　　（b）　　　　　　　　（c）

图 1.21　针式、喷墨和激光打印机

3. 其他输入/输出设备

目前，不少设备同时集成了输入/输出两种功能。例如，调制解调器（Modem），它是数字信号和模拟信号之间的桥梁。一台调制解调器能将计算机的数字信号转换成模拟信号，通过电话线传送到另一台调制解调器，经过解调，再将模拟信号转换成数字信号送入计算机，实现两台计算机之间的数据通信。又如，光盘刻录机可作为输入设备，将光盘上的数据读入

计算机的内存，也可作为输出设备将数据刻录到 CD-R 或 CD-RW 光盘。

（六）总线和接口

1. 总　线

计算机中传输信息的公共通路称为总线（BUS）。一次能够在总线上同时传输信息的二进制位数被称为总线宽度。CPU 是由若干基本部件组成的，这些部件之间的总线被称为内部总线；而连接系统各部件间的总线称为外部总线，也称为系统总线。

按照总线上传输信息的不同，可以分为数据总线（DB）、地址总线（AB）和控制总线（CB）三种。

（1）数据总线：用来传送数据信息，它主要连接了 CPU 与各个部件，是它们之间交换信息的通路。数据总线是双向的，而具体的传送方向由 CPU 控制。

（2）地址总线：用来传送地址信息。CPU 通过地址总线中传送的地址信息访问存储器。通常地址总线是单向的。同时，地址总线的宽度决定可以访问的存储器容量大小，如 20 条地址总线可以控制 1 MB 的存储空间。

（3）控制总线：用来传送控制信号，以协调各部件之间的操作。控制信号包括 CPU 对内存储器和接口电路的读写控制信号、中断响应信号，也包括其他部件传送给 CPU 的信号，如中断申请信号、准备就绪信号等。

2. 接　口

不同的外围设备与主机相连都必须根据不同的电气、机械标准，采用不同的接口来实现。主机与外围设备之间信息通过两种接口传输：一种是串行接口，如鼠标；另一种是并行接口，如打印机。串行接口按机器字的二进制位，逐位传输信息，传送速度较慢，但准确率高；并行接口一次可以同时传送若干个二进制位的信息，传送速度比串行接口快，但器材投入较多。现在的微机上都配备了串行接口与并行接口。

三、微型计算机的主要技术指标

评价一台微型计算机的指标很多，一般常用的指标如下：

（一）字　长

字长是指一台计算机所能处理的二进制代码的位数。微型计算机的字长直接影响到它的精度、功能和速度。字长越长，能表示的数值范围就越大，计算出的结果的有效位数也就越多；字长越长，能表示的信息就越多，机器的功能就更强。但是，字长又受到器件及制造工艺等的限制。目前常用的是 16 位和 32 位字长的微型计算机。

（二）运算速度

运算速度是指计算机每秒钟所能执行的指令条数，一般用 MIPS（Million of Instructions Per Second，每秒百万条指令）为单位。由于不同类型的指令执行时间长短不同，因而运算速度的计算方法也不同。

（三）主　频

主频是指计算机 CPU 的时钟频率，它在很大程度上决定了计算机的运算速度。一般时钟频率越高，运算速度就越快。主频的单位一般是 MHz（兆赫）或 GHz（吉赫），如微处理器 Pentium 4/2.0 GHz 的主频为 2×210 MHz。

（四）内存容量

内存容量是指内存储器中能够存储信息的总字节数，一般以 MB 为单位。内存容量反映了内存储器存储数据的能力。目前微型机的内存容量有 64 MB，128 MB，256 MB 等。

（五）外设配置

外设是指计算机的输入/输出设备以及外存储器，如键盘、显示器、打印机、磁盘驱动器、鼠标等。其中，键盘的质量反映在每一个按键的反应灵敏度与手感是否舒适；显示器有单色和彩色之分，也有高、中、低 3 种分辨率之分；磁盘有软盘与硬盘之分。

（六）软件配置

软件配置包括操作系统、计算机语言、数据库管理系统、网络通信软件、汉字软件及其他各种应用软件等。由于目前微型机的种类很多，特别是兼容机种类繁多，因此，在选购微型机时应以软件兼容比较好的为主。一般微型机之间的兼容性包括软盘格式、接口、硬件总线、键盘形式、操作系统和 I/O 规范等方面。

任务四　计算机软件系统

一、计算机软件系统的概述

（一）计算机软件的概念

所谓计算机软件是相对硬件而言的，一般是指计算机程序和对该程序的功能、结构、设计思想以及使用方法等整套文字资料的说明（即文档）。软件也可以看作是在硬件基础上对硬件的完善和扩充。从对计算机影响的意义上来讲，软件和硬件的作用是一样的。

（二）软件系统的分类

软件系统通常分为系统软件和应用软件两大类。系统软件一般是指计算机设计制造者提供的为使用和管理计算机的软件，计算机在运行这些软件时为其他程序的运行建立良好的运行环境和可靠的运行结果。应用软件是程序设计人员为解决用户特定的问题而设计的程序或购买的程序，其功能在某一领域内较强，但运行时一般应在系统软件如操作系统的支持下运行。软件系统的组成如图 1.22 所示。

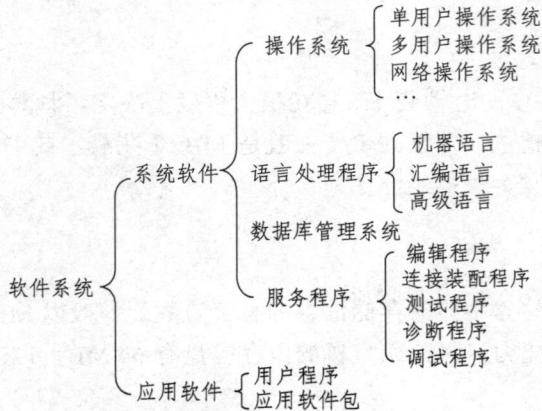

图 1.22　软件系统的组成

二、系统软件

系统软件是管理、监控和维护计算机资源的软件，是用来扩大计算机的功能，提高计算机的工作效率，方便用户使用计算机的软件。系统软件是计算机正常运转不可缺少的，是硬件与软件的接口。一般情况下系统软件分为 4 类：操作系统、语言处理系统、数据库管理系统和服务程序。

（一）操作系统

系统软件的核心是操作系统。操作系统是由指挥与管理计算机系统运行的程序模板和数据结构组成的一种大型软件系统，其功能是管理计算机的硬件资源和软件资源，为用户提供高效、周到的服务。操作系统与硬件关系密切，是加在"裸机"上的第一层软件，其他绝大多数软件都是在操作系统的控制下运行的，人们也是在操作系统的支持下使用计算机的。操作系统是硬件与软件的接口。常用的操作系统有 UNIX/Xenix、MS-DOS、Windows、Linux 和 OS/2 等。

（二）语言处理系统

随着计算机技术的发展，计算机经历了由低级向高级发展的历程，不同风格的计算机语言的不断出现，逐步形成了计算机语言体系。用计算机解决问题时，人们必须首先将解决该问题的方法和步骤按一定序列和规则用计算机语言描述出来，形成计算机程序，然后输入计算机，计算机就可按人们事先设定的步骤自动地执行。

语言处理系统包括机器语言、汇编语言和高级语言。这些语言处理程序除个别常驻在 ROM 中可独立运行外，都必须在操作系统支持下运行。

1. 机器语言

计算机中的数据都是用二进制表示的，机器指令也是用一串由 "0" 和 "1" 不同组合的二进制代码表示的。机器语言是直接用机器指令作为语句与计算机交换信息的语言。

不同的机器，指令的编码不同，含有的指令条数也不同。因此，机器指令是面向机器的。指令的格式和含义是设计者规定的，一旦规定好之后，硬件逻辑电路就严格根据这些规定设计和制造，所以制造出的机器也只能识别这种二进制信息。

用机器语言编写的程序，计算机能识别，可直接运行，但程序容易出错。

2. 汇编语言

汇编语言是由一组与机器语言指令一一对应的符号指令和简单语法组成的。汇编语言是一种符号语言，它将难以记忆和辨认的二进制指令码用有意义的英文单词（或缩写）作为辅助记符，使之比机器语言编程前进了一大步。例如，"ADD A，B"表示将 A 与 B 相加后存入 B 中，它能与机器语言指令 01001001 直接对应。但汇编语言与机器语言的一一对应，仍需紧密依赖硬件，程序的可移植性差。

用汇编语言编写的程序称为汇编语言源程序。经汇编程序翻译后得到的机器语言程序称为目标程序。由于计算机只能识别二进制编码的机器语言，因此无法直接执行用汇编语言缩写的程序。汇编语言程序要由一种"翻译"程序来将它翻译为机器语言程序，这种翻译程序称为编译程序。汇编程序是系统软件的一部分。

3. 高级语言

高级语言比较接近日常用语，对机器依赖性低，是适用于各种机器的计算机语言。用机器语言或汇编语言编程，因与计算机硬件直接相关，编程困难且通用性差。因此，人们需创造出与具体的计算机指令无关，其表达方式更接近于被描述的问题、更易被人们掌握和书写的语言，这就是高级语言。

用高级语言编写的程序称为高级语言源程序，经语言处理程序翻译后得到的机器语言程序称为目标程序。高级语言程序必须翻译成机器语言程序才能执行，计算机无法直接执行用高级语言编写的程序。高级语言程序的翻译方式有两种：一种是编译方式，另一种是解释方式。相应的语言处理系统分别称为编译程序和解释程序。

在解释方式下，不生成目标程序，而是对源程序按语句执行的动态顺序进行逐句分析，边翻译边执行，直至程序结束。在编译方式下，源程序的执行分成两个阶段：编译阶段和运行阶段。通常，经过编译后生成的目标代码尚不能直接在操作系统下运行，还需经过连接阶段为程序分配内存后才能生成真正可运行的执行程序。

高级语言不再面向机器而是面向解决问题的过程以及面向现实世界的对象。大多数高级语言采用编译方式处理，因为编译方式执行速度快，而且一旦编译完成后，目标程序可以脱离编译程序独立存在、反复使用。面向过程的高级语言种类很多，比较流行的高级语言有 Basic、Pascal 和 C 语言等。某些适合于初学者的程序，如 Basic 语言及许多数据库语言则采用解释方式。

1980 年左右开始提出的"面向对象（Object-Oriented）"的概念是相对于"面向过程"的一次革命。专家们预测，面向对象的程序设计思想将成为今后程序设计语言发展的主流，如 C++，Java，Visual Basic，Visual C 等都是面向对象的程序设计语言。"面向对象"不仅作为一种语言，而且作为一种方法贯穿于软件设计的各个阶段。

（三）数据库管理系统

数据库是将具有相互关联的数据以一定的组织方式存储起来，形成相关系列数据的集合。数据库管理系统就是在具体计算机上实现数据库技术的系统软件。随着计算机在信息管理领域中日益广泛深入的应用，产生和发展了数据库技术，随之出现了各种数据库管理系统（Data Base Management System，DBMS）。

DBMS 是计算机实现数据库技术的系统软件，它是用户和数据库之间的接口，是帮助用户建立、管理、维护和使用数据库进行数据管理的一个软件系统。

目前已有不少商品化的数据库管理系统软件，例如，DBase、Visual FoxPro 等都是在不同的系统中获得广泛应用的数据库管理系统。

（四）服务程序

现代计算机系统提供多种服务程序，它们是面向用户的软件，可供用户共享，方便用户使用计算机和管理人员维护管理计算机。

常用的服务程序有编辑程序、连接装配程序、测试程序、诊断程序、调试程序等。

（1）编辑程序（editor）：该程序能使用户通过简单的操作就可以建立、修改程序或其他文件，并提供方便的编辑环境。

（2）连接装配程序（linker）：用该程序可以把几个分别编译的目标程序连接成一个目标程序，并且要与系统提供的库程序相连接，才得到一个可执行程序。

（3）测试程序（checking program）：该程序能检查出程序中的某些错误，方便用户对错误的排除。

（4）诊断程序（diagnostic program）：该程序能方便用户对计算机维护，检测计算机硬件故障并对故障定位。

（5）调试程序（debug）：该程序能帮助用户在程序执行的状态下检查源程序的错误，并提供在程序中设置断点、单步跟踪等手段。

三、应 用 软 件

应用软件是为了解决计算机各类问题而编写的程序。它分为应用软件包与用户程序。它是在硬件和系统软件的支持下，面向具体问题和具体用户的软件。随着计算机应用的日益广泛深入，各种应用软件的数量不断增加，质量日趋完善，使用更加方便灵活，通用性越来越强。有些软件已逐步标准化、模块化，形成了解决某类典型问题的较通用的软件，这些软件称为应用软件包（Package）。它们通常是由专业软件人员精心设计的，为广大用户提供方便、易学、易用的应用程序，帮助用户完成各种各样的工作。目前，常用的软件包有字处理软件、表处理软件、会计电算化软件、绘图软件、运筹学软件包等。

应用软件是为解决特定应用领域问题而编制的应用程序，应用软件的种类繁多，用途非常广泛。不同的应用软件对运行环境的要求不同，为用户提供的服务也不同。

1. 文字处理应用软件

文字处理应用软件是对文字进行输入、编辑、排版及打印等处理的软件。如 Office 2010 是目前比较流行的办公套件，包括字处理软件、电子表格软件及演示文稿软件等。

2. 图形处理软件

微型计算机进入图形用户界面以来，图形处理逐渐成为计算机的重要功能之一。这类应用软件可进行复杂工程的设计、动画制作及平面设计等。常见的有 CAD、Flash 和 Photoshop 等。

3. 声音处理软件

随着多媒体技术应用的不断深化，对声音媒体的加工软件也逐渐开始推广。主要包括用于各种声音文件的软件、用于录音的软件和用于进行声音编辑的软件。

4. 影像处理软件

影像处理软件对于计算机的配置要求较高，主要用于影像的播放和转换。

5. 工具软件

随着计算机技术的高度发展，工具软件已经成为应用的一个重要组成部分，如压缩软件、文件管理、文件分割、电子阅读、文档管理、教学软件、个人管理、虚拟光驱等软件。它可以帮助用户更好地利用计算机以及帮助用户开发新的应用程序。在后面的有关章节里，我们将对一些常用的应用软件进行具体介绍。

系统软件和应用软件之间并不存在明显的界限。随着计算机技术的发展，各种各样的应用软件中有了许多共同的东西，把这些共同的部分抽取出来，形成一个通用软件，它就逐渐成为系统软件了。

任务五　多媒体技术基础

一、多媒体概念和特点

（一）什么叫多媒体技术

媒体（media）又称为介质，是存储、传播、表现信息的载体，是承载信息的有形物体。从信息的角度上讲，媒体主要指下列几种：感觉媒体，如声音、图像、图形、动画和文本等；存储媒体，如磁盘、光盘等；传输媒体，如同轴电缆、双绞线、光纤等；表示媒体，如字符编码和声音编码等；显示媒体，如显示器、音箱、打印机等输出媒体，以及键盘、鼠标等输入媒体。

多媒体技术（multimedia technology）是指能够综合处理文本、图形、声音、动画和视频等多种媒体数据的技术，使它们建立一种逻辑上的连接，集成为具有交互性的系统技术。它使计算机具有综合处理文本、图形、声音、动画和视频的能力，可以进行数据的压缩和解压缩，可以展现形象丰富的各种信息，具有很强的交互性，极大地改善了人机对话的界面，改变了计算机的使用方式，从而使计算机进入了人类的各个领域，给人们的工作、生活、学习和娱乐带来了巨大的变化。

（二）多媒体技术的特点

（1）集成性：多媒体技术必须将多种媒体集成为一个整体。

（2）实时性：是指对具有时间要求的媒体（如声音、动画和视频等），可以及时地进行加工处理、存储、压缩、解压缩和播放等操作。多媒体技术必须支持多种媒体的实时处理。

（3）交互性：是指人们可以参与到各种媒体的加工、处理、存储、输出等过程当中，能够灵活、有效地控制和应用各种媒体信息。即以人机交互这种较为自然的方式处理多媒体事物。

（4）计算机化：必须利用计算机作为处理媒体信息的工具。

（5）数字化：必须以数字技术为核心。

多媒体技术不仅充分利用了计算机，并采用更贴近人类习惯的信息交流方式，进一步开拓了信息空间，使之多维化。现在多媒体技术已日趋成熟，它将会给人们的生活带来极大的方便。

二、多媒体计算机

多媒体计算机（简称 MPC）是指在多媒体技术的支持下，能够实现多媒体信息处理的计算机系统。MPC 不但可以完成多媒体的输入、处理、存储和输出，还能够使人们的工作、学习与生活更加丰富，更加富有乐趣。

多媒体计算机的硬件系统构成可由公式 MPC=PC + 视频卡 + 音频卡 + CD-ROM 体现。也就是说，多媒体计算机硬件由 PC 机添加视频卡、音频卡及 CD-ROM 构成。其中视频卡（视频接口）可以将摄像机的视频图像信息转换为计算机能够处理的数字信号，并将处理完毕的视频传输到家用电视机上播放。CD-ROM 盘片及 CD-ROM 驱动器作为存储、读取多媒体信息的存储载体出现。音频卡（音频接口）作为采集声音并转换为数字信号的接口，还能够完成将数字化声音信息传送到音箱输出的功能。

多媒体计算机软件主要有 3 种：支持多媒体计算机工作的操作系统、多媒体编辑工具及多媒体应用软件。

通过多媒体计算机的硬件以及软件可构成以下 3 种多媒体系统：对多媒体对象具有编辑和播放功能的开发系统，对多媒体对象进行播放的演示系统以及以家用电视机为输出设备的家用系统。

三、多媒体技术的应用

多媒体技术与计算机技术有机结合，开辟了计算机新的应用领域。概括起来，多媒体技术的应用主要有以下几个方面：

（1）科技数据和文献的多媒体表示、存储及检索。它改变了过去只能利用数字、文字的单一方法，还可以描述对象的本来面目。

（2）多媒体电子出版物，为读者提供了"图文声像"并茂的表现形式。

（3）多媒体技术加强了计算机网络的表现力，无疑将更大程度地丰富计算机网络的表现能力。

（4）支持各种计算机应用的多媒体化，如电子地图。

（5）娱乐和虚拟现实是多媒体应用的重要领域，它利用计算机多媒体和相关设备把人们带入虚拟世界。

任务六　计算机信息安全

一、信息安全概述

（一）计算机信息安全的概念

人们从不同的角度对信息安全给出了不同的定义。从信息安全涉及层面的角度进行描述，计算机信息安全定义为"保障计算机及其相关的和配套的设备、设施（网络）的安全，运行环境的安全，保障信息安全，保障计算机功能的正常发挥，以维护计算机信息系统的安全"。因此，计算机信息系统的安全包括物理安全、运行安全与信息安全三个层面。从信息安全所涉及的安全属性的角度进行描述，计算机信息安全定义为"信息安全涉及信息的机密性、完整性、可用性、可控性。综合起来说，就是要保障电子信息的有效性"。

（二）信息安全面临的主要威胁

（1）信息泄露。进入信息社会以后，信息已成为一种重要的资源。对于国家而言，其军事、经济和政治情报是一个国家的重要机密信息；对于企业而言，其技术与经济信息是企业核心机密，是其进行市场竞争的重要资源。保护信息不被泄露成为信息安全的首要任务。

（2）完整性破坏。完整性破坏是指数据被错误更改、数据遗漏或存放顺序错乱。

（3）服务拒绝。服务拒绝是指系统在运行过程中不理睬合法用户的访问请求，不为其提供有效服务。在信息系统的使用过程中这种现象最为普遍，通常被称为"死机"，其主要原因是由于系统使用不当、系统自身潜在的缺陷或系统资源受到非法程序控制，造成信息服务能力下降或完全丧失。

（4）未授权访问。未授权访问是指未得到合法授权的用户访问计算机系统信息及数据信息。一般而言，现在的信息系统都有一个合法的用户群，其信息资源只对合法用户开放，只有经过合法授权的用户才能使用系统资源，并对指定的数据进行限定性的操作，不是合法的用户不能进入系统。

（三）网络黑客的概念

1. 黑客的含义

黑客（hacker），源于英语动词 hack，意为"劈，砍"，引申为"干了一件非常漂亮的工作"。在早期麻省理工学院的校园俚语中，"黑客"则有"恶作剧"之意，尤指手法巧妙、技术高明的恶作剧。早期的黑客通常具有硬件和软件的高级知识，并有能力通过创新的方法剖析系统。"黑客"能使更多的网络趋于完善和安全，他们以保护网络为目的，而以不正当侵入为手段找出网络漏洞。但后期黑客队伍的结构有所改变，其中有些人已成为信息安全的主要威胁。现在把威胁计算机信息系统安全的人员通称为黑客。

2. 黑客常用的攻击方法

为闯过网络信息系统的安全屏障进入系统内部，黑客们采用的手段是多种多样的，黑客常用的攻击方法有非法获取口令、放置特洛伊木马程序、WWW 的欺骗技术、电子邮件攻击、利用账号进行攻击等几种。

3. 黑客防范

黑客防范与病毒防范相同，也是预防胜于治疗，树立预防为主、消防结合的观念尤为重要。

（1）不运行来历不明的软件和盗版软件。

从黑客软件的运行机制中可以知道，黑客的服务器程序必须被安装在目标系统中，而运行来历不明的软件、盗版软件或 Internet 上下载的不知来路的软件，都会增加被黑客攻击的危险。

（2）使用反黑客软件。

要经常性地使用最新的、能够查解黑客的杀毒软件来检查系统。必要时应在系统中安装具有实时检测、拦截、查解黑客攻击程序的工具。

（3）使用防火墙。

重要系统应该使用防火墙，并认真设置防火墙的参数，这样能够在内外网之间提供安全的网络保护，降低网络安全风险。

（4）及时备份重要数据。

数据备份及时，即便系统遭到黑客进攻，也可以在短时间内修复，挽回不必要的经济损失。数据的备份最好放在其他电脑或者驱动器上，这样黑客进入服务器之后，破坏的数据只是一部分，因为无法找到数据的备份，对于服务器的损失也不会太严重。

一旦受到黑客攻击，管理员不仅要设法恢复损坏的数据，还要及时分析黑客的来源和攻击方法，尽快修补被黑客利用的漏洞。

（5）使用加密机制传输数据。

对于重要数据，在客户端与服务器之间的传送，应该先经过加密处理再进行发送，这样做的目的是防止黑客监听、截获。对于现在网络上流行的各种加密机制，都已经出现了不同的破解方法，因此在加密的选择上应该选用破解困难的，如 DES 加密方法等，黑客得到了这种加密处理后的文件，只能采取暴力破解法。个人用户选择一个优秀的密码，那么黑客的破解工作将会在无休止的尝试失败后终止。

（6）隔离内部网与 Internet 的连接。

为了确保重要信息不被窃取，最好的办法是重要信息应在非网络环境下工作。对于重要系统的内部网络应在物理上与 Internet 网隔离。

（四）防火墙技术

1. 防火墙的概念

防火墙（firewall）是汽车中一个部件的名称。在汽车中，利用防火墙把乘客和引擎隔开，以便汽车引擎一旦着火，防火墙不但能保护乘客安全，同时还能让司机继续控制引擎。而这里所说的防火墙是指在本地网络与外界网络之间的一道防御系统，是这一类防范措施的总称。防火墙是在两个网络通信时执行的一种访问控制尺度，它能允许"被同意"的人和数据进入你的网络，同时将"不被同意"的人和数据拒之门外，最大限度地阻止网络中的黑客来访问你的网络。因此，互联网上的防火墙是一种非常有效的网络安全模型，通过它可以使企业内部局域网与 Internet 之间或者与其他外部网络互相隔离、限制网络互访，从而达到保护内部网络的目的。

2. 防火墙的基本功能

（1）防火墙是网络安全的屏障。

一个防火墙（作为阻塞点、控制点）能极大地提高一个内部网络的安全性，并通过过滤不安全的服务而降低风险。由于只有经过精心选择的应用协议才能通过防火墙，所以网络环境变得更安全。

（2）防火墙可以强化网络安全策略。

通过以防火墙为中心的安全方案配置，能将所有安全软件（如口令、加密、身份认证、审计等）配置在防火墙上。与将网络安全问题分散到各个主机上相比，防火墙的集中安全管理更经济。

（3）对网络存取和访问进行监控审计。

如果所有的访问都经过防火墙，那么，防火墙就能记录下这些访问并做出日志记录，同时也能提供网络使用情况的统计数据。当发生可疑动作时，防火墙能进行适当的报警，并提供网络是否受到监测和攻击的详细信息。

（4）防止内部信息的外泄。

通过利用防火墙对内部网络的划分，可实现内部网重点网段的隔离，从而限制了局部重点或敏感网络安全问题对全局网络造成的影响。再者，隐私是内部网络非常关心的问题，一个内部网络中不引人注意的细节可能包含了有关安全的线索而引起外部攻击者的兴趣，甚至因此而暴露了内部网络的某些安全漏洞。使用防火墙就可以隐蔽那些透漏内部细节的服务，如 Finger、DNS 等。

二、计 算 机 病 毒

（一）计算机病毒的概念

1. 计算机病毒的定义

《中华人民共和国计算机信息系统安全保护条例》明确定义，计算机病毒（computer virus）是指"编制的或者在计算机程序中插入的破坏计算机功能或者破坏数据，影响计算机使用并且能够自我复制的一组计算机指令或者程序代码"。计算机病毒是一段特殊的计算机程序，可以在瞬间损坏系统文件，使系统陷入瘫痪，导致数据丢失。病毒程序的目标任务就是破坏计算机信息系统程序、毁坏数据、强占系统资源、影响计算机的正常运行。在通常情况下，病毒程序并不是独立存储于计算机中的，而是依附（寄生）于其他的计算机程序或文件中，通过激活的方式运行病毒程序，对计算机系统产生破坏作用。

2．计算机病毒的特点

计算机病毒之所以称为病毒，是因为它与生物病毒有许多相似的特征，归纳起来有以下几点：

（1）破坏性。计算机病毒感染了系统后，都会不同程度地破坏系统的正常运行。发作时轻则影响计算机运行速度，降低计算机的工作效率和稳定性，使用户不能正常使用计算机；重则破坏计算机的数据信息，甚至损坏计算机硬件。

（2）传染性。计算机病毒通过各种渠道从已被感染的计算机扩散到未被感染的计算机，在某些情况下造成被感染的计算机工作失常甚至瘫痪。计算机病毒可通过各种可能的渠道，如软盘、光盘、U盘和计算机网络去传染其他的计算机系统。当在一台计算机感染病毒时，往往曾在这台计算机上用过的软盘也会感染上病毒，通过局域网或 Internet 网，其他计算机可能也被该病毒传染。因此，传染性是判别一个程序是否为计算机病毒的最重要条件。

（3）潜伏性。感染系统之后，大多数的病毒不会马上发作，它潜伏在正常的计算机系统中，只有在满足其特定条件时才启动。

（4）寄生性。大多数计算机病毒不是以独立文件的形式存在，而是寄生在宿主（各种被感染的对象，如程序、文件、甚至操作系统）中，当宿主被激活时，病毒代码就会被执行。

（5）隐蔽性。计算机病毒具有很强的隐蔽性，它通常寄生在正常的程序之中或隐藏在磁盘的某个地方，甚至有些病毒采用了极其高明的手段来隐藏自己，而且部分病毒在感染了系统之后，计算机系统仍能正常工作，用户不会感到有任何异常。

3．计算机病毒的传播方式

计算机病毒的传播方式主要包括以下几种：

（1）存储介质。包括软盘、硬盘、磁带、移动硬盘和光盘等。在这些存储设备中，尤其以软盘和移动优盘是使用最广泛的移动设备，也是病毒传染的主要途径之一。

（2）网络。随着 Internet 技术的迅猛发展，Internet 在给人们的工作和生活带来极大方便的同时，也成为病毒滋生与传播的温床，当人们从 Internet 下载或浏览各种资料的同时，病毒可能也就伴随这些有用的资料侵入用户的计算机系统。

（3）电子邮件。当电子邮件（E-mail）成为人们日常生活和工作的重要工具后，电子邮件病毒无疑是病毒传播的最佳方式，近几年出现的危害性比较大的病毒几乎全是通过电子邮件方式传播。根据国际计算机安全协会（International Computer Security Association，ICSA）统计资料，现在 60% 以上的病毒都是通过电子邮件传播。

（二）计算机病毒的表现形式

虽然病毒形式多种多样，但它们发作的目的都是为了破坏程序的完整性，篡改文件使系统及其所支持的数据和服务失去功效。其主要的表现形式有：

（1）破坏文件分配表，使磁盘上的用户信息丢失。

（2）改变磁盘分配，造成数据的错误。

（3）删除磁盘上特定的文件，或破坏文件的数据。

（4）影响内存中的常驻程序。

（5）自我繁殖，侵占大量存储空间。

（6）改变正常运行程序。

（7）盗用用户的重要数据。

（三）计算机病毒的防治技术

1. 病毒防治策略

对于计算机病毒，要采用预防为主、管理为主、清杀为辅的防治策略。

（1）不使用来历不明的移动存储设备（如软盘、光盘、U盘等），不浏览一些格调不高的网站，不阅读来历不明的邮件。

（2）系统备份。要经常备份系统，防止万一被病毒侵害后导致系统崩溃。

（3）安装防病毒软件。

（4）经常查毒、杀毒。

2. 杀毒软件

随着世界范围内计算机病毒的大量流行，病毒编制花样不断变化，反病毒软件也在经受一次又一次的考验，并在与病毒程序的反复较量中不断发展。如国外的有 Norton 系列等，国内有瑞星、公安部的 KILL、超级巡警 KV 3000、金山毒霸等，其技术在不断更新，版本在不断升级。

杀毒软件一般由查毒、杀毒及病毒防火墙三部分组成。

（1）查毒过程。反病毒软件对计算机中的所有存储介质进行扫描，若遇某文件中某一部分代码与查毒软件中的某个病毒特征值相同时，就向用户报告发现了某病毒。

由于新的病毒还在不断出现，为保证反病毒程序能不断认识这些新的病毒程序，反病毒软件供应商会及时收集世界上出现的各种病毒，并建立新的病毒特征库向用户发布，用户下载这种病毒特征库才有可能抵御网络上层出不穷的病毒的侵袭。

（2）杀毒过程。在设计杀毒软件时，按病毒感染文件的相反顺序写一个程序，以清除感染病毒，恢复文件原样。

（3）病毒防火墙。当外部进程企图访问防火墙所防护的计算机时，或者直接阻止这样的操作，或者询问用户并等待用户命令。

当然，杀毒软件具有被动性，一般需要先有病毒及其样品才能研制查杀该病毒的程序，不能查杀未知病毒，有些软件声称可以查杀新的病毒，其实也只能查杀一些已知病毒的变种，而不能查杀一种全新的病毒。迄今为止还没有哪种反病毒软件能查杀现存的所有病毒，更无须说新的病毒。

3. 网络病毒的防治

（1）基于工作站的防治技术。工作站就像是计算机网络的大门，只有把好这道大门，才能有效防止病毒的侵入。工作站防治病毒的方法有3种：一是软件防治，即定期不定期地用反病毒软件检测工作站的病毒感染情况。软件防治可以不断提高防治能力。二是在工作站上插防病毒卡。防病毒卡可以达到实时检测的目的。三是在网络接口卡上安装防病毒芯片。它将工作站存取控制与病毒防护合二为一，可以更加实时有效地保护工作站及通向服务器的桥梁。实际应用中应根据网络的规模、数据传输负荷等具体情况确定使用哪一种方法。

（2）基于服务器的防治技术。网络服务器是计算机网络的中心，是网络的支柱。网络瘫痪的一个重要标志就是网络服务器瘫痪。目前，基于服务器的防治病毒的方法大都采用防病毒可装载模块，以提供实时扫描病毒的能力。有时也结合在服务器上安装防毒卡的技术，目的在于保护服务器不受病毒的攻击，从而切断病毒进一步传播的途径。

（3）加强计算机网络的管理。计算机网络病毒的防治，单纯依靠技术手段是不可能十分有效地杜绝和防止其蔓延的，只有把技术手段和管理机制紧密结合起来，提高人们的防范意识，才有可能从根本上保护网络系统的安全运行。首先应从硬件设备及软件系统的使用、维护、管理、服务等各个环节制定出严格的规章制度，对网络系统的管理员及用户加强法制教育和职业道德教育，规范工作程序和操作规程，严惩从事非法活动的集体和个人。其次，应有专人负责具体事务，及时检查系统中出现病毒的症状，在网络工作站上经常做好病毒检测的工作。

因此，网络病毒防治最重要的是：应制定严格的管理制度和网络使用制度，提高自身的防毒意识；应跟踪网络病毒防治技术的发展，尽可能采用行之有效的新技术、新手段，建立"防杀结合、以防为主、以杀为辅、软硬互补、标本兼治"的最佳网络病毒安全模式。

三、信息安全道德规范与法规

（一）信息网络安全道德建设

目前的信息犯罪有两个显著特点：一是互联网信息犯罪非常普遍；二是计算机病毒和黑客攻击对信息系统的破坏程度日益严重。

对于信息犯罪带来的新的法律问题，需要合理制定相关的法律法规并加强管理，但同时也必须加强网络道德建设，起到预防信息犯罪的作用。信息道德建设是一个全新的世界性课题，当前信息道德建设的主要问题在于处理好以下几个关系。

1. 虚拟空间与现实空间的关系

现实空间是大家熟悉并生活其中的空间，虚拟空间则是由于电子技术尤其是计算机网络的兴起而出现的人类交流信息、知识、情感的另一种空间，其信息传播方式具有数码化或非物体化的特点，信息传播的范围具有时空压缩化的特点。这两种空间共同构成人们的基本生存环境，它们之间的矛盾与网络空间内部的矛盾是信息网络道德形成与发展的基础。

2. 信息网络道德与传统道德的关系

在虚拟空间中，人的社会角色和道德责任都与现实空间有很大不同，他将摆脱各种现实直观角色等制约人们的道德环境，而在超地域的范围内发挥更大的社会作用。这意味着，在传统社会中形成的道德及其运行机制在信息社会中并不完全适用，而且不能为了维护传统道德而拒斥虚拟空间闯入人们的生活，但也不能听任虚拟空间的道德无序状态，或消极等待其自发的道德机制的形成，因为它将由于信息网络道德与传统道德的密切联系导致传统道德失范。如何在虚拟空间中引入传统道德的优秀成果和富有成效的运行机制，如何在充分利用信息高速公路对人的全面发展和道德文明的促进的同时抵御其消极作用，如何协调既有道德与网络道德之间的关系，使之整体发展为信息社会更高水平的道德，这些均是信息网络道德建设的重要内容。

3. 个人隐私与社会监督

在网络社会中，个人隐私与社会安全出现了矛盾：一方面，为了保护个人隐私，磁盘所记录的个人生活应该完全保密；另一方面，个人要为自己的行为负责，因此，每个人的网上行为应该记录下来，供人们进行道德评价和道德监督，有关机关也可以查寻，作为执法的证据，以保障社会安全。这就提出了道德法律问题：大众和政府机关在什么情况下可以调阅网上个人的哪些信息？如何协调个人隐私与社会监督之间的平衡？这些问题不解决，网络主体的权益和能力就不能得到充分发挥，网络社会的道德约束机制就不能形成，社会安全也得不到保障。

（二）软件知识产权保护

知识产权是指人类通过创造性的智力劳动而获得的一项智力性的财产权，知识产权不同于动产和不动产等有形物，它是在生产力发展到一定阶段后，才在法律中作为一种财产权利出现的，知识产权是经济和科技发展到一定阶段后出现的一种新型的财产权。计算机软件是人类知识、经验、智慧和创造性劳动的结晶，是一种典型的由人的智力创造性劳动产生的"知识产品"，一般软件知识产权指的是计算机软件的版权。

当购买一份软件时，不仅得到了软件本身，还得到了一份使用许可证（合同）。在合同中，除了要求使用者受版权法约束之外，用户还须接受以下几方面的限制：

（1）软件的版权将受到法律保护，不允许未经授权的使用。

（2）除非正版软件运行失败或已损坏以外，其他对软件的备份复制不允许使用。

（3）在未经版权所有人授权的情况下，不允许对软件进行修改。

（4）在未经版权所有人允许的情况下，禁止对软件目标程序进行解密或逆向工程的行为。

（5）未经版权所有人的许可，不允许软件的持有者在该软件的基础上开发新的软件等。

（三）相关法律法规

通过多年努力，我国已由全国人民代表大会常务委员会、国务院及国务院各部委发布了一系列维护信息安全的法律法规，包括《关于维护互联网安全的决定》、《中华人民共和国计算机信息系统安全保护条例》、《计算机信息网络国际联网安全保护管理办法》、《商用密码管理条例》、《金融机构计算机信息系统安全保护工作暂行规定》、《计算机信息系统国际联网保密管理规定》、《计算机信息系统安全专用产品检测和销售许可证管理办法》、《计算机信息系统安全专用产品分类原则》，这些文件为维护信息安全、打击计算机犯罪提供了法律武器。

📖 拓展实训1　初识微型计算机系统

1. 初步认识微型计算机系统的硬件设备

（1）观察你所使用的微机从外观上看具有哪些硬件设备：显示器、主机、键盘、鼠标等；

（2）观察主机箱内有哪些硬件设备：主板、内存条、CPU、硬盘、显卡、光驱等；

（3）正确识别各种外部硬件设备的用途；

（4）观察主机箱外部有哪些接口。

2. 熟悉微型计算机系统的基本配置

用鼠标右击桌面上"我的电脑"图标，从快捷菜单中选"属性"项，查看系统特性：

（1）了解本机系统及内存、CPU 型号；

（2）通过"设备管理器"熟悉本机的系统配置；

（3）通过"高级"选项设置微机的"性能"、"环境变量"等。

3. 掌握微型计算机系统的外部连接方法

（1）注意观察微机各种外设的连接方法：键盘、鼠标不同接口的连接方式等；

（2）注意观察各种类型的接口特征；

（3）实践动手操作外部设备的连接。

📖 拓展实训2　电脑的启动与 BIOS 设置程序

一、电脑的启动

电脑的基本操作中最简单的是开机与关机。电脑的开机与使用电器一样，也要接通电源后才能工作，但是由于电脑比家用电器复杂得多，因此，其开机与关机的过程中，要经过检测和一系列的初始化操作，所以这个过程也可叫作启动和正常关机。但是启动过程中，还可能存在着各种原因。比如由于非法操作而引起的死机等，因此，启动过程又分为冷启动、热启动和复位启动。

进行下面几种实训操作，并观察不同操作的结果。

（1）检查计算机是否连接好电源。

（2）打开显示器。

（3）按下主机的电源开关（一般都标有"Power"）后，系统首先进行自检（"Power on Self Test"，POST），直到启动操作系统（假设已经安装）。

（4）在计算机已经启动后，按下"Ctrl+Alt+Delete"组合键（如果一次不能重新启动，可以重复多次），观察计算机是不是重新启动。

（5）在计算机运行过程中，按主机箱上的 RESET 按钮来启动机器。

注意：复位启动与热启动的区别是，复位启动要运行自检程序，而热启动时不运行，因此热启动速度较快。一般来说，为避免反复开关主机而影响机器的工作寿命，只有在热启动无效的情况下才用复位启动。

二、进入 BIOS 设置程序

在使用计算机的过程中，都会接触到 BIOS。一台计算机的硬件组装成功后，在安装操作系统之前，要在 BIOS 中配置当前的硬件参数。下面进入 BIOS 的操作。

不同的 BIOS 类型进入其程序的方法也不一样，一般 Award BIOS 按 Del 键进入 BIOS 设置程序，AMI BIOS 则按 F2 或 Esc 键进入 BIOS 设置程序。而不同主板的 BIOS 界面也不完全相同。

（1）按下计算机的开机键，启动计算机。

（2）计算机电源接通后，进行自检，并且屏幕上会出现相应的提示文字，当左下角出现"Press DEL to enter SETUP"提示时，按下 Del 键，如图 1.23 所示。

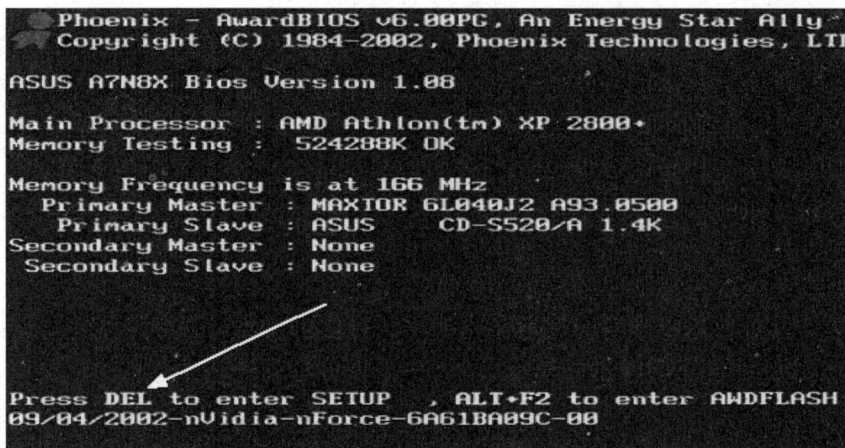

```
Phoenix - AwardBIOS v6.00PG, An Energy Star Ally
Copyright (C) 1984-2002, Phoenix Technologies, LTD

ASUS A7N8X Bios Version 1.08

Main Processor  : AMD Athlon(tm) XP 2800+
Memory Testing  :   524288K OK

Memory Frequency is at 166 MHz
    Primary Master : MAXTOR 6L040J2 A93.0500
    Primary Slave  : ASUS      CD-S520/A 1.4K
Secondary Master : None
  Secondary Slave : None




Press DEL to enter SETUP   , ALT+F2 to enter AWDFLASH
09/04/2002-nVidia-nForce-6A61BA09C-00
```

图 1.23　提示进入 BIOS 的按钮

（3）进入 BIOS 程序后，不同版本的 BIOS 其界面也不完全相同，这里以 Award BIOS 为例，如图 1.24 所示。

CMOS Setup Utility Copyright(C) 1984-2001 Award Software	
Standard CMOS Features Advanced BIOS Features Advanced Chipset Features Integrated Peripherals Power Management PnP/PCT Configurations PC Health Status	Frequency/Voltage Control Load Fail Safe Defaults Load Optimized Defaults Set Supervisor Password Setup Set User Password Save & Exit Setup Exit Without Saving
ESC:Quit F9: Menu in BIOS F10:Save&Exit Setup	↑ ↓ → ←: Select Item
Time, Date, Hard Disk Type...	

图 1.24　BIOS 程序界面

BIOS 设置方法可参见其他专业书籍。表 1.3 列出了一些 BIOS 设置的简单按键。

表 1.3　BIOS 设置的常用按键

按　键	功能说明
F1 或 Alt+H	显示一般求助窗口
Esc 或 Alt+X	取消当前菜单，转到上一层菜单或退出程序
左右方向键	用左右方向键移动光标，可以在菜单之间进行切换
上下方向键	向上或向下移动光标，用来选择需要修改的设置项
− 或 Page Down	将参数选项设置后移，即选中后面的参数选项
+ 或 Page UP	将参数选项设置前移，即选中前面的参数选项
Enter	进入被选中的高亮度显示设置项的次级菜单
F5	将当前设置项的参数设置恢复为第一次的设置值
F6	将当前设置项的参数设置为系统的安全默认值
F7	将当前设置项的参数设置为系统的最佳默认值
F10	保存 BIOS 设置

拓展实训 3　键盘指法训练

一、金山打字通 2013 介绍

金山打字通（type easy）是金山公司推出的两款教育系列软件之一，是一款功能齐全、数据丰富、界面友好、集打字练习和测试于一体的打字软件。

主要功能有：任务关卡模式、新手入门区、账号系统、全球排名、自定义课程、字根编码、拆码提示、界面换肤和进步曲线等。

执行金山打字通 2013 的启动程序进入其主操作界面时，会弹出一个用户登录窗口，提示创建一个昵称，输入或选择现有昵称后进入如图 1.25 所示的主界面。

图 1.25　金山打字通 2013 主界面

二、打字常识

（一）认识键盘

主键盘区（见图 1.26）是主要的数据输入区域，由字母键、数字键、符号键以及其他一些特殊控制键组成，这些按键用于输入各种符号。

图 1.26 主键盘区

（二）打字指法

准备打字时，除拇指外其余的八个手指分别放在基本键上，拇指放在空格键上，十指分工，包键到指，分工明确，如图 1.27 所示。

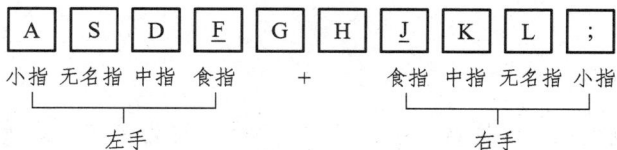

图 1.27 打字指法

掌握指法练习技巧：左右手指放在基本键上；击完它迅速返回原位；食指击键注意键位角度；小指击键力量保持均匀；数字键采用跳跃式击键。

（三）打字姿势

打字之前一定要端正坐姿。如果坐姿不正确，不但会影响打字的速度，而且很容易疲劳、出错。正确的坐姿应该是：

（1）两脚平放，腰部挺直，两臂自然下垂，两肘贴于腋边。

（2）身体可略倾斜，离键盘的距离为 20～30 厘米。

（3）打字教材或文稿放在键盘左边，或用专用夹夹在显示器旁边。

（4）打字时眼观文稿，身体不要跟着倾斜。

（四）打字练习的方法

初学打字，掌握适当的练习方法，对于提高自己的打字速度，成为一名打字高手是必要的。

（1）一定要把手指按照分工放在正确的键位上。

（2）有意识慢慢地记忆键盘各个字符的位置，体会不同键位上的字键被敲击时手指的感觉，逐步养成不看键盘的输入习惯。

（3）进行打字练习时必须集中注意力，做到手、脑、眼协调一致，尽量避免边看原稿边看键盘，这样容易分散记忆力。

（4）初级阶段的练习即使速度慢，也一定要保证输入的准确性。

总之：

正确的指法+键盘记忆+集中精力+准确输入=打字高手

三、英文打字

如图 1.28 所示，选择英文打字：从"单词练习"开始，过关斩将，循序渐进，趣味学习。

图 1.28　"英文打字"主界面

四、拼音打字

（一）汉字输入法

26 个英文字母也是我们的拼音文字。这 26 个字母排列整齐，有规律。所以，要将一篇英文资料输入计算机是比较容易的。但要想输入一篇汉字文章就完全不同了，汉字的字形结构复杂，同音字多，汉字输入法随之出现了。

一般情况下，Windows 操作系统都带有集中输入法，在系统装入时就已经安装了一些默认的汉字输入法，如微软拼音输入法、ABC 输入法、全拼输入法等。当然，用户可以自己选择添加或者删除输入法，通过 Windows 的控制面板可以实现该功能。具体操作如下：按"开始"→"设置"→"控制面板"→"输入法"，之后可以看到输入法属性窗口。通过其上的添加、删除按钮，可对列表中已有的输入法删除，同时还可以装入新的输入法；通过"属性"按钮可对各个输入法进行详细的设定。

热键窍门：

输入法的切换：【Ctrl+Shift】键，通过它可在已安装的输入法之间进行切换。

打开/关闭输入法：【Ctrl+Space】键，通过它可以实现英文输入和中文输入法的切换。

全角/半角切换：【Shift+Space】键，通过它可以进行全角和半角的切换。

（二）选择拼音打字

如图 1.29 所示，从"拼音输入法"开始，过关斩将，循序渐进，趣味学习。

图 1.29　"拼音打字"主界面

习　题

一、单选题

1. 日常所说的"IT"行业一词中，"IT"的确切含义是＿＿＿＿＿。
　　A. 信息技术　　　　B. 交互技术　　　C. 制造技术　　　D. 控制技术

2. 信息是一种＿＿＿＿＿。
　　A. 物质　　　　　　B. 能量　　　　　C. 资源　　　　　D. 知识

3. 现代信息技术不包括＿＿＿＿＿。
　　A. 微电子技术　　　B. 机械技术　　　C. 通信技术　　　D. 计算机技术

4. 微电子技术的核心是＿＿＿＿＿。
　　A. 电子管　　　　　B. 晶体管　　　　C. 集成电路（IC）　　　D. 光电子

5. 下列叙述中，正确的是＿＿＿＿＿。
　　A. 数据库管理系统 FoxBASE 不是系统软件
　　B. 汉字操作系统 UCDOS 是一个独立于 DOS 的操作系统
　　C. 一个汉字的输入码随输入方法的不同而不同
　　D. 一个汉字的字形码可用两个字节存储

6. CD-ROM 属于＿＿＿＿＿。
　　A. 大容量可读可写外部存储器　　　　　　B. 大容量只读外部存储器
　　C. 可直接与 CPU 交换数据的存储器　　　D. 只读内存储器

7. 下列四项内容中，不属于 Internet（因特网）基本功能的是＿＿＿＿＿。
　　A. 电子邮件　　　B. 文件传输　　　C. 远程登录　　　D. 实时监测控制

8. 将十进制数 77 转换为二进制数是＿＿＿＿＿。
　　A. 01001100　　　B. 01001101　　　C. 01001011　　　D. 01001111

9. 在微机系统中，对输入/输出设备进行管理的基本系统存放在＿＿＿＿＿中。
　　A. RAM　　　　　B. ROM　　　　　C. 硬盘　　　　　D. 高速缓存

10. 5 位无符号二进制数字最大能表示的十进制整数是＿＿＿＿＿。
　　A. 64　　　　　　B. 63　　　　　　C. 32　　　　　　D. 31

11. 十进制数 99 转换成二进制数是＿＿＿＿＿。
　　A. 01100011　　　B. 01100010　　　C. 01100100　　　D. 01100111

12. 显示或打印汉字时，系统使用的是汉字的＿＿＿＿＿。
　　A. 机内码　　　　B. 字形码　　　　C. 输入码　　　　D. 国标交换码

13. 一个 24×24 点的汉字字形码要用＿＿＿＿＿个字节存储它。
　　A. 16　　　　　　B. 32　　　　　　C. 64　　　　　　D. 72

14. Internet 提供的最简便、快捷的通信工具是＿＿＿＿＿。
　　A. 文件传送　　　B. 远程登录　　　C. 电子邮件（E-mail）　　　D. WWW 网

15. 中央处理器（CPU）可以直接访问的存储器是＿＿＿＿＿。
　　A. 内存储器　　　B. 硬盘　　　　　C. CD-ROM　　　　D. 软盘存储器

16. 计算机系统由＿＿＿＿＿两大部分组成。
　　A. 系统软件和应用软件　　　　　　　　B. 主机和外部设备

C. 主机和 I/O 设备　　　　　　　D. 硬件系统和软件系统

17. 存储一个 48×48 点的汉字字形码，需要_____字节。

　　A. 72　　　　　　B. 256　　　　　　C. 288　　　　　　D. 512

18. 下列存储器中，访问周期最短的是_____。

　　A. 硬盘存储器　　　　　　　　B. 高速缓冲存储器（Cache）

　　C. 内存储器（RAM）　　　　　D. 软盘存储器

19. 当前计算机感染病毒的可能途径之一是_____。

　　A. 从键盘上输入数据　　　　　B. 通过电源线

　　C. 所使用的软盘表面不清洁　　D. 通过 Internet 的 E-mail

20. 为防止计算机硬件的突然故障或病毒入侵的破坏，对于重要的数据文件和工作资料通常应_____。

　　A. 保存在硬盘之中　　　　　　B. 做定期备份，保存到软盘片中

　　C. 加密保存在硬盘中　　　　　D. 压缩后保存到硬盘中

二、思考题

1. 信息技术的发展经历了哪几个阶段？各阶段的主要特征是什么？

2. 信息与数据的区别是什么？

3. 什么是信息技术？

4. 计算机在信息社会中由哪些方面的应用？

5. 微型计算机由哪几部分组成？

6. 当前计算机病毒的防治方法有哪些？

7. 你认为我国信息网络安全道德建设主要包括哪些？

模块二

Windows 7 操作系统

操作系统（Operating System，OS）是管理电脑硬件与软件资源的程序，同时也是计算机系统的内核与基石。它管理计算机系统的全部硬件资源，包括软件资源及数据资源；控制程序运行；改善人机界面；为其他应用软件提供支持等，使计算机系统所有资源最大限度地发挥作用，为用户提供方便的、有效的、友善的服务界面。

计算机发展到今天，从微型机到高性能计算机，无一例外都配置了一种或多种操作系统，操作系统已经成为现代计算机系统不可分割的重要组成部分。本模块介绍典型的 Windows 7 操作系统的环境及使用方法。

【学习目标】

（1）掌握桌面、任务栏、菜单、窗口和对话框的基本操作。
（2）掌握使用资源管理器管理文件和文件夹。
（3）掌握个性化工作环境的设置。
（4）掌握基本的画图、写字板、记事本和计算器等实用程序的操作。

任务一　Windows 7 概述

Windows 7 是由微软公司开发的，具有革命性变化的操作系统。该系统旨在让人们的日常电脑操作更加简单和快捷，为人们提供高效易行的工作环境。Windows 7（开发代号：Blackcomb 以及 Vienna，后更改为"7"）可供家庭及商业工作环境、笔记本电脑、平板电脑、多媒体中心等使用。微软 2009 年 10 月 22 日于美国、2009 年 10 月 23 日于中国正式发布 Win7。

一、Windows 7 的安装与登录

1. Windows 7 的安装

Windows 7 的安装可以通过多种方式进行，通常使用升级安装、全新安装、双系统共存安装三种方式。由于 Windows 7 内置了高度自动化的程序安装向导，使整个安装过程更加简便、易操作，用户不需要做太多工作，除了输入少量的个人信息，整个过程几乎是全自动的。使用的安装方式不同，整个安装进行的步骤也就不同，可根据实际情况具体对待，只要按安装程序向导的提示进行即可成功安装 Windows 7。

使用 Windows 7 系统光盘安装步骤如下：

（1）在安装 Windows 7 旗舰版之前，首先要确定你的电脑已经准备好。这主要有两点，一是需要做好文件备份工作；二要检查你的电脑是否满足 Windows 7 的系统要求。

（2）Windows 7 旗舰版的安装相对于以前的操作系统简单了很多，如果你的电脑上已经安装了 Windows XP 或 Windows Vista 就可以直接进入系统，然后将光盘放到光驱中，进行安装。进入 Windows 7 旗舰版安装的初始画面。

（3）执行选择语言、安装类型选择（升级和自定义，如果要全新安装，请选择自定义）、安装盘符等选项命令后，Windows 7 开始复制文件。

（4）在经历"复制 Windows 文件"、"展开 Windows 文件"、"安装功能"、"安装更新"等几个过程后，电脑将重启，并显示"安装程序正在启动服务"界面。

（5）检查完视频特性后，将进入以下几个主要界面：

● "设置 Windows"界面：输入计算机名和用户名、密码。

● "输入产品密钥"界面：输入 Windows 7 旗舰版的产品密钥。

● "系统自动保护设置"界面：可以选择"使用推荐设置"项，这样 Windows 7 可以及时地更新，更有利于保护电脑不受木马、病毒的侵害。

● "时间设置"界面：设置时区和时间。

（6）Windows 7 系统完成安装，进入 Windows 7 系统的"欢迎"界面，如图 2.1 所示。至此，我们可以体验 Windows 7 的魅力了。

图 2.1　Windows7 旗舰版的"欢迎"画面

2. 登录 Windows 7 系统

"登录"过程用以确认用户身份。Windows 7 的登录界面是完全动态的。当 Windows 7 系统启动至登录窗口时，只要在用户名上单击一下，便会看见密码输入栏自动展开。另外，不同的用户可以用不同的图标来代替自己，既直观又实用。

二、桌面上的图标

"桌面图标"就是安装 Windows 7 后，启动计算机登录到系统后看到的整个屏幕界面，它是用户和计算机进行交流的窗口，上面可以存放用户经常用到的程序和文件夹图标，并可以根据自己的需求在桌面上添加各种快捷图标。

"图标"是指在桌面上排列的小图像，它包含图形和说明文字两部分。如果把鼠标放在图标上停留片刻，桌面上就会出现对图标所表示内容的说明或者是文件存放的路径，双击图标就可以打开相应的内容。

在默认的状态下，Windows 7 安装之后桌面上只保留了回收站的图标，那么如何找回桌面上的"我的电脑"、"我的文档"图标呢？在右键菜单中点击"个性化"按钮，然后在弹出的设置窗口中点击左侧的"更改桌面图标"选项，接下来就会看到相关的设置了。在 Windows 7 中，Windows XP 系统下"我的电脑"和"我的文档"已相应改名为"计算机"、"用户的文件"，因此在这里选择对应选项，桌面便会重现这些图标了。

随堂实训 1　桌面图标操作

（1）右击桌面，在弹出的快捷菜单中选择"个性化"命令。

（2）在打开的"个性化"设置窗口的左侧，点击"更改桌面图标"选项。

（3）弹出"桌面图标设置"对话框，如图 2.2 所示。

（4）在"桌面图标"选项组中选中"计算机"、"用户的文件"等复选框，单击"确定"按钮。在 Windows 7 中，XP 系统下"我的电脑"和"我的文档"已相应改名为"计算机"、"用户的文件"，因此，在这里选择对应选项，桌面便会重现这些图标了。

（5）关闭个性化窗口后，这时就可以看到系统的默认图标了。

（6）若取消鼠标右键菜单　"查看/显示桌面图标"命令前的"√"标志，桌面上将不显示任何图标。

图 2.2　"桌面图标设置"对话框

三、窗口的基本组成及操作

当打开一个文件或者是应用程序时，都会出现一个窗口。窗口是我们进行操作时的重要组成部分，熟练地进行窗口操作，将提高用户的工作效率。

在中文版 Windows 7 中有许多种窗口，其中大部分都包括了相同的组件。如图 2.3 所示是一个标准的窗口，它由标题栏、地址栏、搜索栏、菜单栏、状态栏、滚动条和工作区等几部分组成。

窗口操作在 Windows 7 系统中是很重要的，可以通过鼠标使用窗口上的各种命令来操作，也可以通过键盘来使用快捷键操作。基本的操作包括打开、移动、缩放、最大化及最小化、切换和关闭窗口等。

图 2.3   资源管理器窗口

🖇 随堂实训 2   窗口的基本操作

1. 打开窗口的方法

（1）双击打开：选中要打开的窗口图标，然后双击。

（2）右击打开：可以在选中的图标上右击，在弹出的快捷键菜单中选择"打开"命令，如图 2.4 所示。

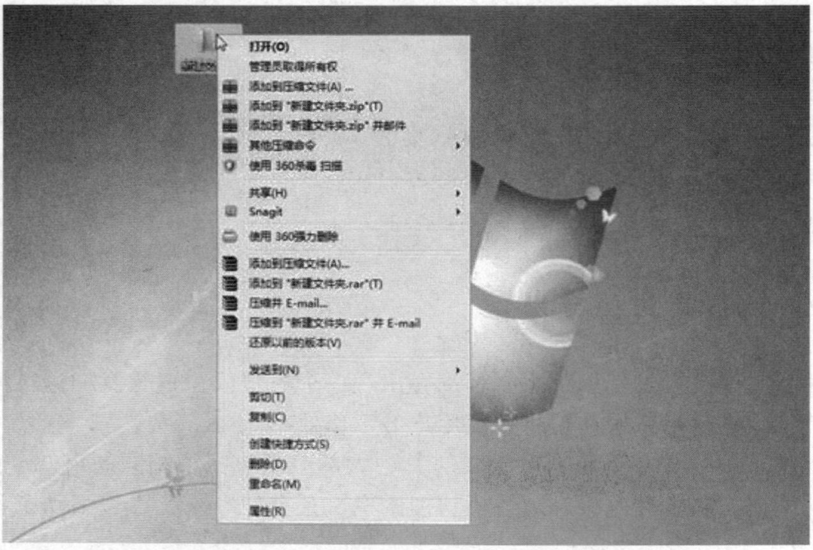

图 2.4   右击文件夹图标弹出的快捷菜单

2. 移动窗口的方法

（1）在标题栏上按下鼠标左键拖动，移动到合适的位置后再松开鼠标，即可完成移动的操作。

（2）如果需要精确地移动窗口，则在标题栏上右击，在弹出的快捷菜单中选择"移动"命令，当屏幕上出现移动标志时，再通过键盘上的方向键来移动，移动到合适的位置后用鼠标单击或者按 Enter 键确认。

3. 缩放窗口的方法

（1）当需要改变窗口宽度（或高度）时，可以把鼠标指针放在窗口的垂直（或水平）边框上，当鼠标指针变成双向箭头时，可以任意拖动。

（2）当需要对窗口进行等比缩放时，可以把鼠标指针放在边框的任意角上进行拖动。

（3）用户也可以用鼠标和键盘的配合来完成。在标题栏上右击，在弹出的快捷菜单中选择"大小"命令，通过键盘上的方向键来调整窗口的高度和宽度，调整至合适位置后，用鼠标单击或者按 Enter 键结束。

4. 最大化、最小化窗口的方法

（1）最小化按钮：在暂时不需要对窗口操作时，可以直接在标题栏上单击此按钮，窗口会以按钮的形式缩小到任务栏。

（2）最大化按钮：单击此按钮即可使窗口最大化，即铺满整个桌面，这时不能再移动或缩放窗口。

（3）还原按钮：当窗口最大化后单击此按钮，使窗口恢复到原来打开时的初始状态。

（4）在标题栏上双击可以进行最大化与还原两种状态之间的切换。

（5）窗口最大化：在窗口标题栏上按下鼠标左键向上拖动，直至鼠标碰到桌面上沿后松开鼠标，当前窗口最大化。窗口还原：在最大化窗口的标题栏上按下鼠标左键，向上拖动，直至鼠标离开桌面上沿后松开鼠标，当前窗口从最大化还原。

5. 切换窗口的方法

（1）当窗口处于最小化状态时，在任务栏单击所要操作窗口的按钮。当窗口处于非最小化状态时，在所选窗口的任意位置单击，该窗口弹出并激活，表明该窗口为当前窗口。

（2）在键盘上同时按下【Alt+Tab】键，屏幕上会出现切换任务栏，在其中列出了当前正在运行的窗口，用户这时可以按住 Alt 键，然后在键盘上按 Tab 键从切换任务栏中选择所要打开的窗口，选中后再松开两个键，选择的窗口即成当前窗口，如图 2.5 所示。

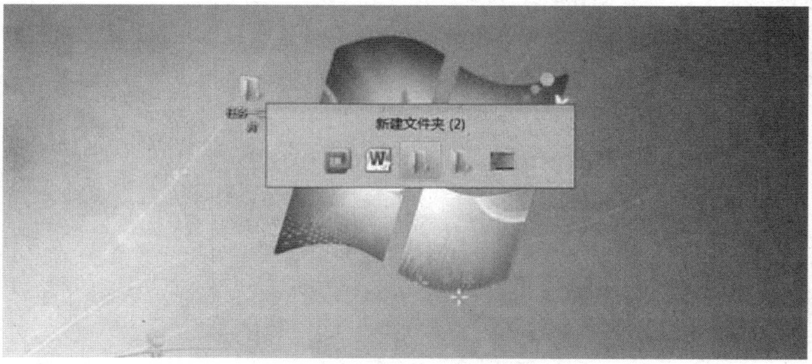

图 2.5 切换任务栏

（3）在键盘上同时按下【Win +Tab】键，屏幕上会出现切换任务 3D 展示，在其中列出了当前正在运行的窗口，用户这时可以按住 Win 键 ，然后在键盘上按 Tab 键从切换任务栏中选择所要打开的窗口，选中后再松开两个键，选择的窗口即成当前窗口，如图 2.6 所示。

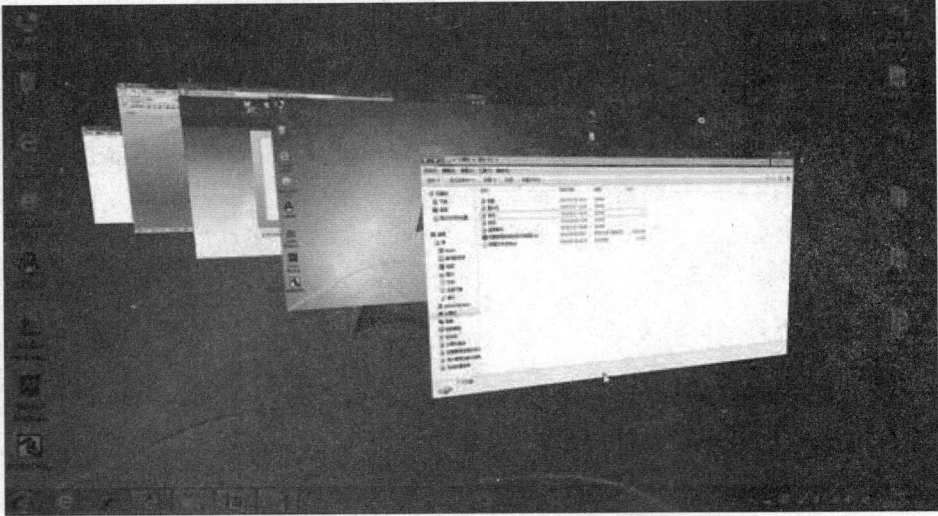

图 2.6 切换任务 3D 展示

6. 关闭窗口的方法

（1）直接在标题栏上单击"关闭"按钮。

（2）双击窗口左上角（Windows XP 系统中的窗口控制菜单按钮）。

（3）单击窗口左上角，在弹出的控制菜单中选择"关闭"命令。

（4）使用【Alt+F4】组合键。

（5）如果打开的窗口是应用程序，可以在文件菜单中选择"退出"命令，关闭窗口。

（6）如果所要关闭的窗口处于最小化状态，可以右击任务栏上该窗口的按钮，在弹出的快捷菜单中选择"关闭"命令。

7. 窗口的排列

在对窗口进行操作时若打开了多个窗口，而且需要全部处于全显示状态，这就涉及排列的问题，系统提供了层叠窗口、堆叠显示窗口、并排显示窗口三种排列方案。

具体操作是：在任务栏的空白区右击，会弹出一个快捷菜单，如图 2.7 所示。

图 2.7 任务栏快捷菜单

四、对话框

对话框是人与计算机系统之间进行信息交流的窗口。在对话框中用户通过对选项的选择，实现对系统对象属性的修改或者设置。

对话框的组成和窗口有相似之处，例如都有标题栏，但对话框要比窗口更简洁、直观，更侧重于与用户的交流，它一般包括标题栏、选项卡、文本框、列表框、命令按钮、单选按钮和复选框等几部分。

（1）标题栏：位于对话框的最上方，左侧标明了对话框的名称，右侧有相关按钮，有的对话框还有帮助按钮。

（2）选项卡：在系统中有很多对话框都是由许多选项卡构成的，选项卡上写明了标签，以便于区分。可以通过各个选项卡之间的切换来查看不同的内容，在选项卡中有不同的选项组。

（3）文本框：用于输入文本信息的一种矩形区域，如图 2.8 所示。例如，按下【Win+R】键，可以打开"运行"对话框，这是系统要求用户输入要运行的程序或者文件名称，一般在其右侧会带有向下的箭头，可以单击箭头，在展开的下拉列表框中查看最近曾经输入过的内容；还可以单击"浏览"按钮，选择要运行的程序。

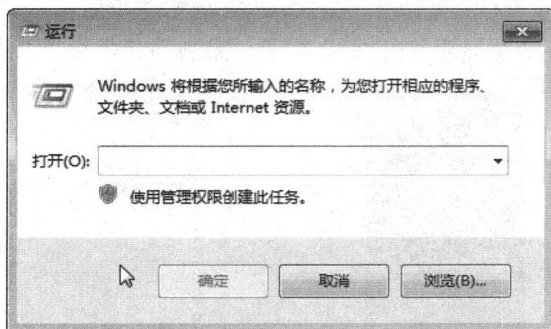

图 2.8　"运行"对话框

（4）列表框：它是一个显示多个选项的小窗口，用户可以从中选择一项或几项。

（5）命令按钮：指对话框中圆角矩形并且带有文字的按钮，常用的有"确定"等按钮。

（6）复选框：它通常是一个小正方形，在其后面也有相关的文字说明，当选中后，在正方形中间会出现一个绿色的"√"标志，它是可以任意选择的。

另外，有的对话框还可以调节数字的按钮，它由向上和向下的两个箭头组成，用户在使用时分别单击向上或向下箭头即可增加或减少数字。

对话框的操作包括对话框的移动、关闭、对话框中的切换及使用对话框的帮助信息等。对话框不能像窗口那样任意改变大小，在标题栏上也没有最小化、最大化按钮。

五、菜单和任务栏

（一）菜　单

在 Windows 7 中仍配有三种经典菜单形式："开始"菜单、下拉式菜单和弹出式快捷菜单。

1. "开始"菜单

单击任务栏上最左侧的"开始"按钮，打开"开始"菜单，如图 2.9 所示，便可运行程序、打开文档或执行其他常规任务，用户要求的所有功能几乎都可以由"开始"菜单提供。"开始"菜单的便捷性简化了频繁访问的程序、文档和系统功能的常规操作方式。

"开始"菜单从过去简单的按钮，变成晶莹剔透且带有动画效果的 Windows 徽标圆球。打开"开始"菜单，会发现更多外观上的变化：漂亮的 Aero 效果、晶莹的关机按钮、美观的个人头像和谐调的配色风格。不仅仅是外观，在易用性、功能等许多方面，Windows 7 "开始"菜单也不断地变化，有许多新的使用方式、新的功能被融入其中。

点击"所有程序"，将显示完整的显示列表，单击程序列表中的任意一项命令将运行其对应的程序。Windows 7 开始菜单的程序列表放弃了 Windows XP 中层层递进的菜单模式，而直接将所有内容置放到"开始"菜单中，通过点击下方的"所有程序"来进行切换。这样的变化虽然看似并不起眼，但是在长期的使用中用户会感到它的确更加方便。

在整个"开始"菜单显示中，我们可以通过关机按钮及右侧的扩展按钮快速让计算机重启、注销、进入睡眠状态，同时也可以进入 Windows 7 的"锁定"状态，以便在临时离开计算机时，保护个人的信息。

"开始"菜单下方的搜索框，可谓是 Windows 7 功能的一大"精华"，在其中依次输入"i"、"n"、"t"，发现开始面板中会显示出相关的程序、控制面板项以及文件，如图 2.10 所示。

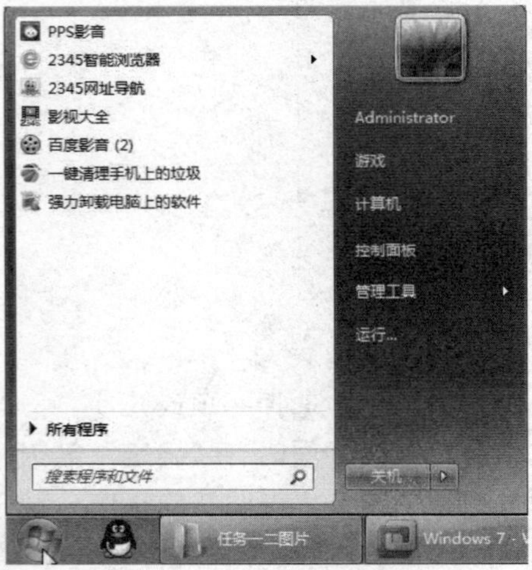

图 2.9　"开始"菜单 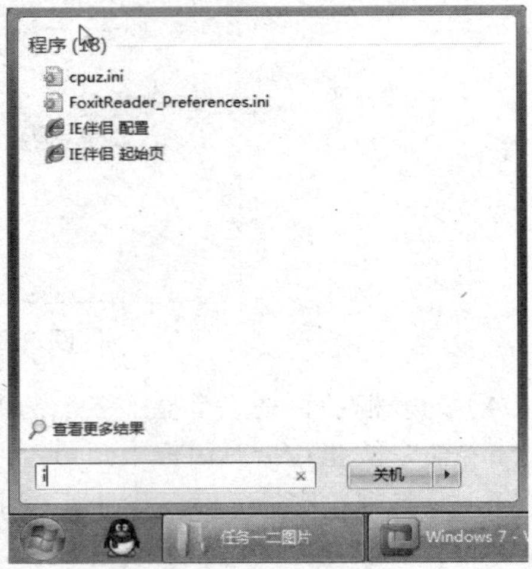　　　　图 2.10　"开始"菜单搜索栏搜索"i"结果

2. 下拉式菜单

位于窗口标题下方的菜单栏，其中菜单均采用下拉式菜单方式 。菜单中通常包含若干命令，这些命令按钮的功能分组，分别放在不同的菜单项里，组与组之间用一条横线隔开，当前能够执行的有效命令以深色显示。

3. 弹出式快捷菜单

这是一种随时随地为用户服务的"上下文相关弹出菜单"。将鼠标指向某个选项中对象或屏幕上的位置，单击鼠标右键，即可打开一个弹出式快捷菜单。该快捷菜单列出了与用户正在执行的操作直接相关的命令，即根据单击鼠标时指针所指的对象和位置的不同，弹出的菜单命令内容也不同。

快捷菜单中的这些特性体现面向对象的设计思想。快捷菜单有非常实用的菜单功能，请读者尽量尝试和体会它的含义。

在菜单中常见的符号约定如表 2.1 所示。

表 2.1　菜单中常见的符号约定

命　令	说　明
浅色的命令	不可选用
命令后带"…"	弹出一个对话框
命令前带"√"	命令有效，再选择一次"√"消失，命令无效
带符号（●）	被选中
带组合键	按下组合键直接执行相应的命令，而不通过菜单
带符号（▼）	鼠标指向它时，会弹出一个子菜单
双向箭头	鼠标指向它，会显示一个完整的菜单

（二）任务栏

任务栏位于桌面下方，既能切换任务，又能显示状态。所有正在运行的程序和打开的文件夹均以任务按钮的形式显示在任务栏上，如图 2.11 所示。要切换到某个应用程序或文件窗口，只需单击任务栏上相对应的按钮即可。任务栏分为"开始"菜单按钮、快速启动区、窗口按钮栏和通知区域等几部分。

图 2.11　任务栏

1. "开始"按钮

单击"开始"按钮，打开"开始"菜单，用户可从中选择需要的菜单命令或启动相应的应用程序。

2. 快速启动栏

单击该栏中的某个图标，可快速启动相应的应用程序。例如，用户单击"Windows 资源管理器"按钮，可打开"库"管理界面。

3. 已打开的应用程序区

该区域显示当前正在运行的所有程序，其中的每个按钮都代表已经打开的窗口，单击这些按钮即可在不同的窗口之间进行切换。另外，按住 Alt 键不放，然后依次按下 Tab 键可在不同的窗口之间进行快速切换。

4. 语言栏

该栏用来显示系统中当前正在使用的输入法和语言。

5. 时间及常驻内存的应用程序区

该区域显示系统当前的时间和在后台运行的某些程序。单击"显示隐藏的图标"按钮，可查看当前正在运行的程序。

6. 任务栏图标灵活排序

在 Windows 7 操作系统中，任务栏中图标的位置不再是固定不变的，用户可根据需要任意拖动图标的位置。

在 Windows 7 中，用户还会发现快速启动栏中的程序图标都变大了，事实上这已经不同于以往 Windows 版本的快速启动栏了。Windows 7 操作系统将快速启动栏的功能和传统程序窗口对应的按钮进行了整合，单击这些图标即可打开对应的应用程序，并由图标转化为按钮的外观，用户可根据按钮的外观来分辨未启动的程序图标和已运行程序窗口按钮的区别。

7. 任务进度监视

在 Windows 7 操作系统中，任务栏中的按钮具有任务进度监视的功能。例如，用户在拷贝某个文件时，在任务栏的按钮中同样会显示拷贝的进度，如图 2.12 所示。

图 2.12　任务进度监视

8. 显示桌面

当桌面上打开的窗口比较多时，用户若要返回桌面，则要将这些窗口一一关掉或最小化，不但麻烦而且浪费时间。其实在任务栏的右侧，Windows 7 操作系统设置了一个矩形按钮，当用户单击该按钮时，即可快速返回桌面。

六、使用帮助系统

Windows 7 提供了功能强大的帮助系统，在使用计算机的过程中遇到疑难问题无法解决时，可以在帮助系统中寻求解决问题的方法。在帮助系统中不但有相关 Windows 7 操作与应用的详尽说明，而且可以在其中直接完成对系统的操作。不仅如此，基于 Web 的帮助还能使用户通过互联网享受 Microsoft 公司的在线服务。

选择"开始"→"帮助和支持"命令后，即可打开"Windows 帮助和支持"窗口，在这个窗口中会为用户提供帮助主题、指南、疑难解答和其他支持服务。帮助系统以 Web 页面的风格显示内容，以超链接的形式打开主题，这样可以很方便地找到用户所需要的内容，快速了解 Windows 7 的新增功能及各种常见的操作。

在"Windows 帮助和支持"窗口的最上方是工具栏，其中的选项方便用户快捷地选择自己所需要的内容，如图 2.13 所示。

在"Windows 帮助和支持"窗口中，用户可以选择一个选项来查看帮助的内容。例如，用户想要查找关于电脑硬件的问题，可在"Windows 帮助和支持"窗口中单击"硬件、设备和驱动程序"选项，即可打开关于硬件的问题；可在"Windows 帮助和支持"窗口中单击"硬件、设备和驱动程序"选项，即可打开关于硬件的帮助内容。

若想返回到上一级目录，单击"返回"按钮；如果向前移动一页，单击"前进"按钮。当单击"主页"按钮时，会回到窗口的主页。

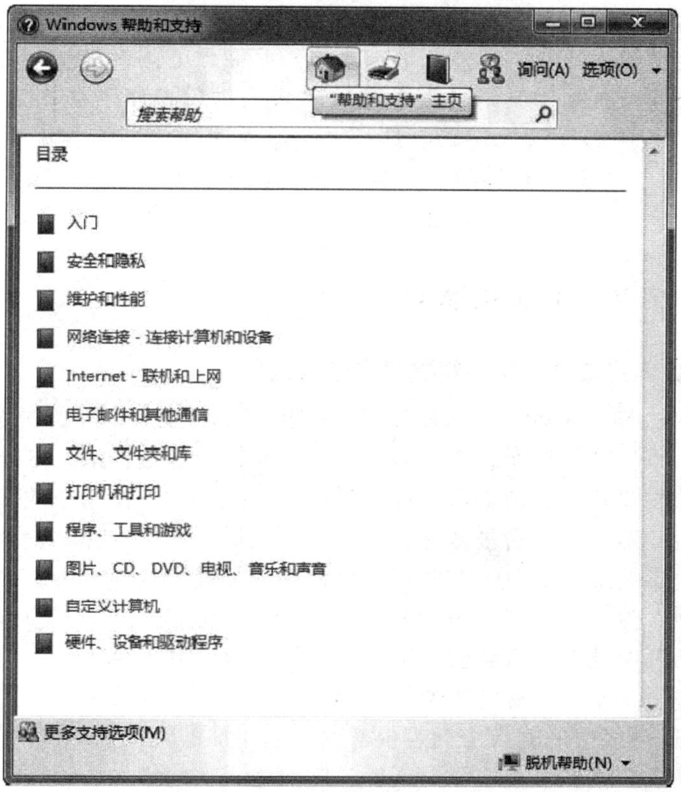

图 2.13 "Windows 帮助和支持"窗口

如果用户不知道某个问题在"Windows 帮助和支持"窗口中的具体位置，可以使用搜索功能来搜索问题。例如，用户要搜索关于"文件夹"的问题，可在"Windows 帮助和支持"窗口中的"搜索"文本框中输入"文件夹"，然后单击"搜索帮助"按钮或直接按下 Enter 键，系统即开始自动搜索关于"文件夹"的帮助内容，并显示搜索结果。

七、常用的中文输入法

随着计算机的发展，中文输入法也越来越多，掌握中文输入法已经成为我们日常使用计算机的基本要求。根据汉字编码的不同，中文输入法可以分为三种：字音编码法、字形编码法和音形结合编码法。

1. 拼音输入法

拼音输入法是以汉语拼音为基础的输入法，用户只要会用汉语拼音，就可以使用拼音输入法轻松地输入汉字。

目前常见的拼音输入法有：智能 ABC 输入法、微软拼音输入法、搜狗拼音输入法等。

2. 五笔字型输入法

五笔字型输入法是一种以汉字的构字结构为基础的输入法。它将汉字拆分成一些基本结构，并称它们为"字根"，每个字根都与键盘上的某个字母键相对应。要在电脑上输入汉字，就要先找到构成这个汉字的基本字根，然后按下相应的按键，即可输入。

常见的五笔字型输入法有：智能五笔输入法、万能五笔输入法和极品五笔输入法等。

中文版 Windows 7 操作系统自带了几种输入法供用户使用，如果用户想要使用其他类型的输入法，可使用添加输入法的功能，将该输入法添加到输入法循环列表中。用户可以使用【Ctrl+空格】键启动或关闭中文输入法，或者使用【Ctrl+Shift】键在各种输入法之间切换。

随堂实训 3　输入法操作

1. 在输入法循环列表中添加"微软拼音输入法"

微软拼音输入法是 Windows 7 默认的汉字输入法，它采用基于语句的整句转换方式，用户可以连续输入整句话的拼音，而不必人工分词和挑选候选词语，这样大大提高了输入的效率。另外，微软拼音输入法还提供了许多有特色功能，以方便用户的使用。

（1）在任务栏的语言栏上右击鼠标，在弹出的快捷菜单中选择"设置"命令。

（2）打开"文字服务和输入语言"对话框，在"常规"选项卡中单击"已安装的服务"选项区域的"添加"按钮，打开"添加输入语言"对话框。

（3）在该对话框中选中"微软拼音输入法"复选框，并确定。

（4）设置完成后，单击"确定"按钮，返回"文字服务和输入语言"对话框，此时可在"已安装的服务"选项区域的输入法列表中看到刚刚添加的输入法。

（5）单击"确定"按钮，关闭该对话框，完成输入法的添加。

2. 使用"微软拼音输入法"输入"天"字

（1）打开"记事本"窗口，然后单击任务栏中的输入法按钮，选择"微软拼音—新体验2010"选项。

（2）依次按下键盘上的 T, I, A, N 这 4 个键，则会自动出现多个同音的汉字，由于"天"位于第一位，直接按两次空格键，即可输入。

（3）在确认前，如果发现选错了字，可按下左方向键重新选择。

（4）如果要输入的汉字不在候选词的第一页，可按下 Page Down 键翻页查找。

任务二　Windows 7 资源管理

一、文件系统

计算机是以文件（file）的形式组织和存储数据的。简单地说，计算机文件就是用户赋予了名字并存储在磁盘上的信息的有序集合。

在 Windows 中，文件是组织文件的一种方式，可以把同一类型的文件保存在一个文件夹中，也可以根据用途将多个文件保存在一个文件夹中。它的大小由系统自动分配。计算机资源可以是文件、硬盘、键盘、显示器等。将计算机资源统一通过文件夹来进行管理，可以规范资源管理；用户不仅通过文件夹来组织管理文件，也可以用文件夹管理其他资源。如："开始"菜单就是一个文件夹；"设备"也被认为是一个文件夹。文件夹中除了可以包含程序、文档、打印机等设备文件和快捷方式外，还可以包含下一级文件夹。通过文件夹把不同的文件进行分组、归类管理。利用资源管理器可以很容易地实现创建、移动、复制、重命名和删除文件夹等操作。

在操作过程中，负责管理和存取文件信息的部分称为文件系统或信息管理系统。在文件系统的管理下，用户可以根据文件名访问文件，而不必考虑各种外存储器的差异，不必了解文件在外存储器上的具体物理位置以及存放方式。文件系统为用户提供了一种简单、统一的访问文件的方法，因此，它也被称为用户与外存储器的接口。

（一）文件的基本概念

计算机中的一切数据都是以文件的形式存放在其中的，而文件夹则是文件的集合。文件和文件夹是 Windows 操作系统中两个重要的概念，本节就来认识什么是文件和文件夹。

1. 什么是文件

文件是 Windows 中最基本的存储单位，它包含文本、图像及数值、数据等信息。不同的信息种类保存在不同的文件类型中。Windows 中的任何文件都是由文件名来标识的。

2. 文件名

在计算机中，任何一个文件都应该有文件名。文件名是存取文件的依据，即按名存取。一般来说，文件名分为文件名和扩展名两部分。文件类型是用文件的扩展名来区分的，根据保存的信息和保存方式的不同，将文件分为不同的类型，并在计算机中以不同的图标显示。例如，图片文件中，"海边"表示文件的名称；jpg 表示文件的扩展名，代表该文件是 jpg 格式的图片文件。

一般来说，文件名应该用有意义的词汇或是数字命名，顾名思义，以便用户识别。例如，Windows 中记事本的文件名为 Notepad. exe。Windows 文件的最大改进是使用长文件名，支持最长 255 个字符的长文件名，使文件名更容易识别。

不同的操作系统其文件命名规则有所不同。有的操作系统是不区分大小写的，如 Windows；而有的是区分大小写的，如 UNIX。

文件名可以使用的字符有：汉字字符、26 个大小写英文字母、阿拉伯数字 0～9 和一些特殊字符。

文件名不能使用的字符有：空格符，<，>，/，\，|，:，"，*，？。

不允许用户命名的文件名是：Aux，Com1，Com2，Com3，Com4，Con，Lpt1，Lpt2，Prn，Nul，因为系统已对这些文件名做了定义。

3. 文件类型

在绝大多数的操作系统中，文件的扩展名表示文件的类型。不同类型文件的处理方式是不同的。在不同的操作系统中，表示文件类型的扩展名并不相同。常见的文件扩展名及其表示的意义如表 2.2 所示。

表 2.2　文件扩展名及意义

文件类型	扩展名	意　　义
可执行程序	EXE，COM	可执行程序文件
源文件程序文件	C，CPP，BAS，ASM	程序设计语言的源程序文件
目标文件	OBJ	源程序文件经编译后生成的目标文件
Microsoft Office 文档文件	DOC，XLS，PPT	Microsoft Office 中 Word，Excel，PowerPoint 创建的文档
图像文件	BMP，JPG，GIF	图像文件，不同扩展名表示不同格式的图像文件
流媒体文件	WMV，RM，QT	能通过 Internet 播放的流式媒体文件，不需下载整个文件即可播放
压缩文件	ZIP，RAR	压缩文件
音频文件	WAV，MP3，MID	声音文件，不同的扩展名表示不同格式的音频文件
网页文件	HTM，ASP	一般来说，前者是静态的，后者是动态的

4. 文件属性

文件除了文件名以外，还有文件大小、占用空间等，这些信息称为文件属性。右击文件夹或文件对象，弹出如图 2.14 所示的"属性"对话框，包括如下属性：

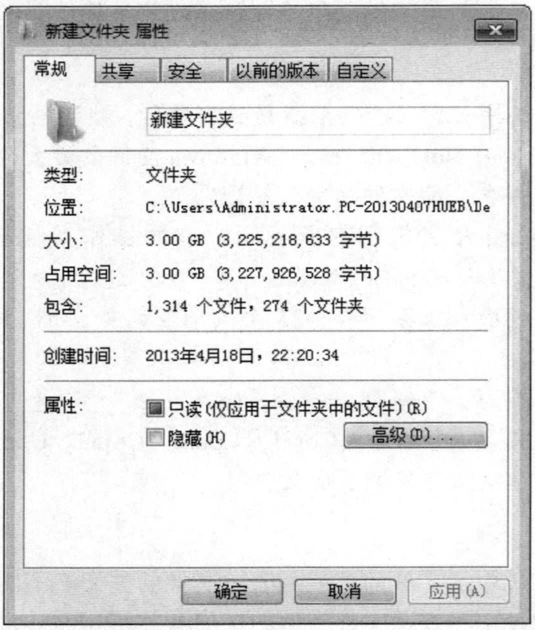

图 2.14　文件属性

只读：设置为只读属性的文件只能读，不能修改，当用户删除时会给出提示信息，起保护作用。

隐藏：具有隐藏属性的文件在一般情况下是不显示的。如果设置了显示隐藏文件，则隐藏的文件和文件夹是浅色的，以表明它们与普通文件不同。

存档：任何一个新建或修改的文件都有存档属性。当选择"附件"→"系统工具"→"备份"命令后，归类属性消失。

5. 文件名中的通配符

在对一批文件进行操作时，系统提供了通配符，即用来代表其他文字的符号，通配符有两个："？"和"*"。其中通配符"？"用来表示任意一个字符，通配符"*"表示任意多个字符。

6. 文件操作

一个文件中所储存的可能是数据，也可能是程序的代码，不同的文件通常都会有不同的应用和操作。文件的常用操作有新建文件、打开文件、写入文件、删除文件和属性更改等。

在 Windows 中，文件的快捷菜单中存放了有关文件的大多数操作，用户只需要右击打开相应的快捷菜单即可进行操作。

（二）目录结构

1. 磁盘分区

一个新硬盘安装到计算机后，往往要将磁盘划分成几个分区，即把一个磁盘驱动划分成几个逻辑上独立的驱动器。磁盘被称为卷。磁盘如果不分区，则整个磁盘就是一个卷。

在 Windows 中，一个硬盘可以分为磁盘主分区和磁盘扩展分区（可以只有一个主分区），扩展分区可以分为一个或几个逻辑分区。每一个主分区或逻辑分区就是一个逻辑驱动器，它们有各自的盘符。在 Windows 中，一个卷是指一个主分区或一个逻辑分区。主分区通常被称为 C 盘。如果用户有多个硬盘分区，则每个磁盘的编号由字母和后续的冒号来标定，从而使它可以像一个单独的驱动器那样被访问。当然多个分区也可以是多个物理硬盘。

随堂实训 1　磁盘的操作

磁盘分区后还不能直接使用，必须进行格式化。格式化的目的是：把磁道划分成一个扇形区，例如，每个扇区多占 512 B；安装文件系统，建立根目录。

为了管理磁盘分区，系统提供了两种启动"计算机管理"程序的方法：

（1）右击桌面上"计算机"图标，选择"管理"→"磁盘管理"命令。

（2）选择"开始"→"设置"→"控制面板"→"管理工具"→"计算机管理"→"磁盘管理"命令。

在 Windows 7 中，有两种方法可以对卷进行管理：

（1）在安装 Windows 7 时，可以通过安装程序来建立、删除或格式化磁盘主分区或逻辑分区。

（2）在"计算机管理"窗口中，对磁盘分区进行管理，如图 2.15 所示，可以看到，这个磁盘被分为 2 个驱动器。C 盘对应磁盘主分区安装的文件系统是 NTFS，其他盘符属于磁盘扩展分区。

图 2.15   "计算机管理"窗口

在图 2.15 中，右击 F 盘，在弹出的快捷菜单中选择"格式化"命令，出现"磁盘管理"对话框，提示格式化后，磁盘分区上的所有数据都会丢失。

（1）右击"是"按钮，出现"格式化 F:"对话框，如图 2.16 所示，在该对话框中，可以输入卷标名称，即给要格式化的磁盘命名。

（2）通过"文件系统"下拉列表框，Windows 7 可以将磁盘格式化成 NTFS 文件系统格式。通常，NTFS 文件系统的磁盘性能更强大。

（3）单击"分配单位大小"下拉箭头，从中可以选择实际需要的分配单元大小。

图 2.16   "格式化 F:"对话框

（4）参数设置完成后，单击"确定"按钮，系统再一次警告："格式化会清除该卷上的所有数据"，单击"确定"按钮，磁盘就开始格式化了。该对话框还可以选择是否使用快速格式化或启用压缩，启用压缩可以节省磁盘空间，但是会降低磁盘的访问速度。

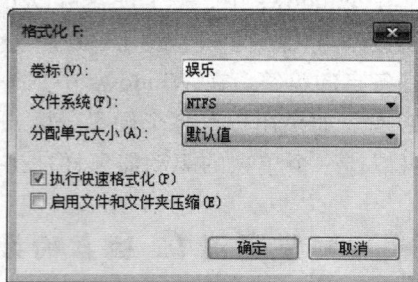

注意：Windows 7 不允许格式化系统分区和引导分区，已经打开的磁盘也不能进行格式化。格式化操作必然导致指定分区中所有数据的丢失，因此，进行格式化操作要格外慎重。快速格式化只能删除磁盘上的文件，不能扫描磁盘是否有扇形区。

2. 目录结构

一个磁盘上的文件成千上万，如果把所有的文件存放在根目录下会造成许多不便，为了有效地管理和使用文件，大多数的文件系统允许用户在根目录下再建子目录，在子目录下再建子目录，也就是将目录结构构建成树状结构，然后将文件分门类地存放在不同的目录中。这种目录结构像一棵倒置的树，树根为根目录，树中的每一个分支为子目录，树叶为文件。在树状结构中，可以将与同一个项目有关的文件放在同一个子目录中，也可以按文件类型或用途将文件分类存放；同名文件可以存放在不同的目录中，但不能放在同一目录中。

在 Windows 的文件夹树状结构中，处于顶层（树根）的文件夹是桌面，计算机上所有的资源都组织在桌面上，从桌面开始可以访问任何一个文件和文件夹，如图 2.17 所示。

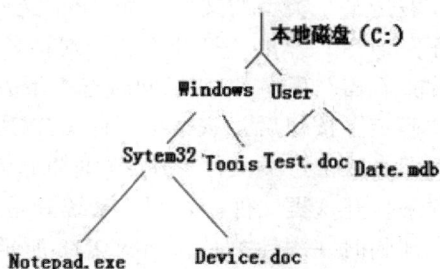

图 2.17　树状目录结构

3. 目录路径

当一个磁盘的目录结构被建立后，所有文件可以分门类地存放在所属的目录中，接下来的问题是如何访问这些文件夹。若要访问的文件不在同一个目录中，就必须加上目录路径，以便文件系统可以查找所需的文件。

目录路径有两种：绝对路径和相对路径。绝对路径是指从根目录开始，依序到该文件之前的名称。相对路径是指从当前目录开始到某个文件之前的名称。

假定有如图 2.17 所示的 Windows 系统目录结构。Notepad.doc 和 Text.doc 文件的绝对路径分别为 C：\Windows\Sytem32\Notepad.exe 和 C:\User\Test.doc。如果当前目录为 Sytem 32，则 Date.mdb 文件的相对路径为..\..\User\Date.mdb（用 ".." 表示上一级目录）。

（三）文件关联

文件关联是将一种类型的文件与一个可以打开它的应用程序建立一种依存关系。当双击该类型文件时，系统就会先启动这一应用程序，再用它来打开该类型文件。一个文件可以与多个应用程序发生关联，用户可以应用文件的"打开方式"进行关联程序的选择。当双击该文件时，操作系统会运行与文件默认关联的应用程序，然后由程序打开该文件。例如，BMP 位图文件在 Windows 中的默认关联程序是"画图"程序，当用户双击一个 BMP 文件时，系统会启动"画图"程序打开这个文件。也可以通过右击文件，从弹出的快捷菜单中选择"打开方式"子菜单中的某个关联程序打开该文件，比如 ACDSee 图片浏览器程序。

如果安装了另一个应用程序，如 Photo Impact，该程序接管了 BMP 文件的默认关联任务，则不仅 BMP 文件图标变为 Photo Impact 文档图标，而且双击 BMP 文件时，打开该文件的程序也变成了 Photo Impact。

熟悉和掌握文件关联的设置方法对初学者而言是十分必要的，下面具体介绍设置文件关联的一些方法。

1. 安装新应用程序

大部分应用程序会在安装过程中自动与某些类型文件建立关联，例如，安装 ACDSee 图片浏览器程序时，通常会与 BMP、GIF、JPG 等多种图形文件建立关联。程序安装完成以后，双击 BMP 图形文件时，系统将运行 ACDSee 将其打开。

注意： 系统只确认最后一个安装程序设置的文件关联。

2. 利用"打开方式"指定文件关联

右击某个类型的文件（如 JPG 文件），从弹出的快捷菜单中选择"打开方式"→"选择程序"命令，弹出"打开方式"对话框。从"程序"列表中选择合适的程序（如"Windows 照片查看器"程序），如果同时选中下方的"始终使用选择的程序打开这种文件"复选框，单击"确定"按钮后，该类型文件（JPG）就与"Windows 照片查看器"程序重新建立默认关联，即当双击这类文件（JPG）时将自动启动那个被选中的程序（"Windows 照片查看器"程序）来打开这类文件。否则，系统只是这一次用"Windows 照片查看器"程序打开该 JPG 文件，即临时一次性关联，如图 2.18 所示。

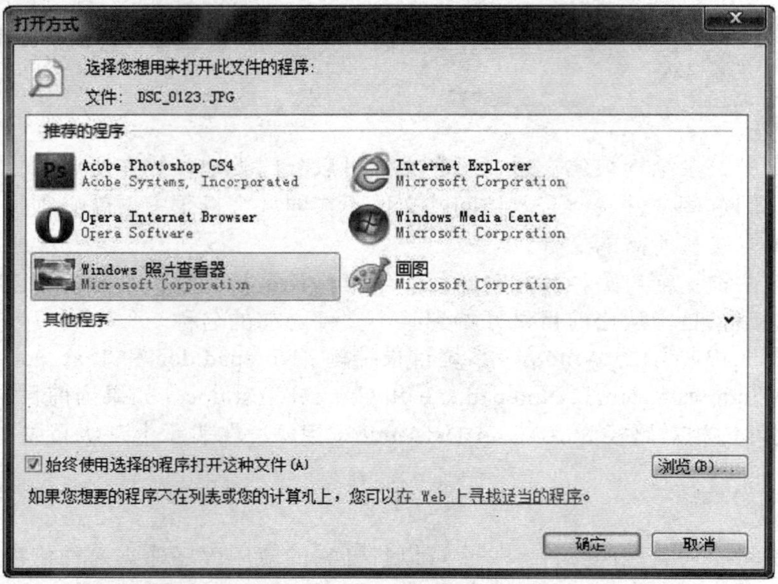

图 2.18　图片关联菜单

（四）文件夹的基本概念

1. 什么是文件夹

为了便于管理文件，在 Windows 系列操作系统中引入了文件夹的概念。简单地说，文件夹就是文件的集合。如果计算机中的文件过多，则会显得杂乱无章，要想查找某个文件也不太方便，这时用户可将相似类型的文件整理起来，统一放置在一个文件夹中，这样不仅可以方便用户查找文件，而且能有效地管理好电脑中的资源。

文件夹的外观由文件夹图标和文件名组成。

2. 文件与文件夹的关系

文件和文件夹都是存放在计算机磁盘中的，文件夹中可以包含文件和子文件夹，子文件夹中又可以包含文件和子文件夹，依此类推，即可形成文件和文件夹的树形关系。

文件夹中可以包含多个文件和文件夹，也可以不包含任何文件和文件夹。不包含任何文件和文件夹的文件夹被称为空文件夹。

二、Windows 资源管理器

Windows 7 提供了"资源管理器"这个实用工具，它可以以分层的方式显示计算机内所有文件夹的详细图表。使用资源管理器可以更方便地实现浏览、查看、移动和复制文件或文件夹等操作，用户可以不必打开多个窗口，而只在一个窗口中就可以浏览所有的磁盘和文件夹，便于查看和管理计算机上的所有资源。

（一）全新的 Windows 7 资源管理器

（1）资源管理器的新界面：Windows 7 全新的资源管理器界面，它主要由导航窗格、地址栏、搜索框、工具栏和详细信息栏等几部分组成。另外，用户单击资源管理器右上角的"显示预览窗格"按钮，可打开"预览窗格"。

（2）别致的地址栏：Windows 7 默认的地址栏用"按钮"的形式取代了传统的纯文本方式，并且在地址栏的周围取消了"向上"按钮，而仅有"前进"和"后退"按钮。

按钮形式的地址栏的好处是，用户可以轻松地实现跨越性目录跳转和并行目录快速切换，这就是 Windows 7 中取消"向上"按钮的原因。

（3）便捷的搜索框：在 Windows 7 中，搜索框位于资源管理器各种视图的右上角，当用户需要查找某个文件时，无需 Windows XP 中那样要先打开搜索面板，而是直接在搜索框中输入要查找的内容即可。

（4）变化的工具栏：工具栏位于地址栏的下方，当用户打开不同的窗口或选择不同类型的文件时，工具栏中的按钮也会有所变化，但是其中有 3 项始终不变，分别是"组织"按钮、"视图"按钮和"显示预览窗格"按钮。

- 通过"组织"按钮，用户可完成对文件和文件夹的许多常用操作，如剪切、复制、粘贴和删除等。
- 通过"视图"按钮，用户可调整文件和文件夹的显示方式。
- 单击"显示预览窗格"按钮，可以打开或关闭预览窗格。

另外，工具栏中除了上述通用的按钮外，当选中不同类型的文件或文件夹时，会出现一些对应的功能按钮，如"刻录"、"包含到库中"、"播放幻灯片"等。

（5）强大的导航窗格：相对于 Windows XP 的资源管理器来说，Windows 7 资源管理器中的导航窗格功能更加强大和实用。其中增加了"收藏夹"、"库"、"家庭组"和"网络"等节点，用户可通过这些节点快速地切换到需要跳转的目录。

其中比较值得一提的功能是"收藏夹"节点，它允许用户将常用的文件夹以链接的形式加入此节点，用户可通过它快速访问常用的文件夹。

"收藏夹"节点中默认有"下载"、"桌面"、和"最近访问的位置"几个目录，用户可根据需要将不同的文件夹加入相应的目录中。

（6）详细的信息栏：Windows 7 的详细信息栏可以看作是 Windows XP 系统中的状态栏的升级版，它能够为用户提供更为丰富的文件信息。

通过详细信息栏，用户还可直接修改文件的各种附加信息并添加标记，非常方便。

（7）方便的预览窗格：Windows 7 在资源管理器中新增了一个预览窗格，用户可通过该窗格方便地对某些文件进行预览。单击资源管理器右上角的"显示预览窗格"按钮，即可打开预览窗格。当用户选定某个文件时，在预览窗格中即会出现该文件的预览效果。

随堂实训 2　资源管理器基础操作

1. 在 Windows 7 中通过地址栏访问系统中的资源

（1）在桌面上双击"计算机"图标，打开"计算机"窗口。

（2）双击"本地磁盘（D：）"图标，进入 D 盘界面。

（3）双击"壁纸"图标，查看"壁纸"文件夹中的内容。

（4）当前文件夹的目录为"D：\壁纸"，在地址栏中共有 3 个按钮，分别是"计算机"、"本地磁盘（D：）"和"壁纸"。

（5）用户若要返回 D 盘的根目录，只需按下"后退"按钮即可。若要返回"计算机"界面，可直接单击"计算机"按钮，从而实现跨越式跳转。

（6）若要直接进入 C 盘的根目录，可单击"计算机"按钮右边的三角形按钮，在弹出的下拉菜单中选择"本地磁盘（C：）"即可。

2. 在 Windows 7 中使用搜索框搜索与 music 相关的文件或文件夹

（1）打开资源管理器，在搜索框中输入"music"。

（2）输入完成后，用户无需其他操作，系统即可自动搜索出与 music 相关的文件和文件夹，搜索结果中数据名称与搜索关键词匹配的部分会以黄色高亮显示。

3. 将 D 盘中的"电影"文件夹加入"收藏夹"节点中

（1）打开资源管理器，双击"本地磁盘（D：）"图标，进入 D 盘目录。

（2）拖动"电影"文件夹图标到"收藏夹"节点中，即可将"电影"文件夹以链接的形式加入"收藏夹"节点中。

（3）单击"收藏夹"节点中的"电影"链接，即可查看"电影"文件夹中的内容。

（二）文件的基础操作

要想把电脑中的资源管理得井然有序，首先要掌握文件和文件夹的基本操作方法。文件和文件夹的基本操作主要包括：新建文件和文件夹、文件和文件夹的选定、重命名、移动、复制、删除和排序等。

随堂实训 3　文件或文件夹基础操作一

1. 启动"资源管理器"

（1）选择"开始"→"所有程序"→"附件"→"Windows 资源管理器"命令。

（2）在快速启动栏上点击"Windows 资源管理器"图标。

（3）右击"开始"按钮，在弹出的快捷菜单中选择"资源管理器"命令。

2. 文件夹的浏览

在资源管理器中，左窗格显示了所有磁盘和文件夹的列表，右窗格用于显示选定的磁盘和文件夹下的内容。在左窗格中，有的文件夹图标左边有一小三角标记，有的则没有。有标记的表示此文件夹下包含有子文件夹，而没有三角标记的表示此文件夹不再包含有子文件夹。

（1）单击左窗格的文件夹图标，则打开该文件夹，内容显示在右窗格中。除了标准文件夹外，还有一种特殊的文件夹，确切地说它们是任务链接，如"库"。

（2）单击透明三角标记可以展开此文件夹，显示其下的子文件夹，同时透明三角标记变为黑色三角标记。

（3）单击黑色三角标记可以折叠此文件夹，同时标记变为透明。

3. 新建文件或文件夹

通常可以通过启动应用程序来新建文档。例如，在应用程序的新文档中写入数据，然后保存在磁盘上。也可以不启动应用程序，直接建立新文档。

（1）在桌面上或者某个文件夹中右击，在弹出的快捷菜单中选择"新建"命令，在出现的文档类型列表中选择一种类型即可，如图2.19所示。

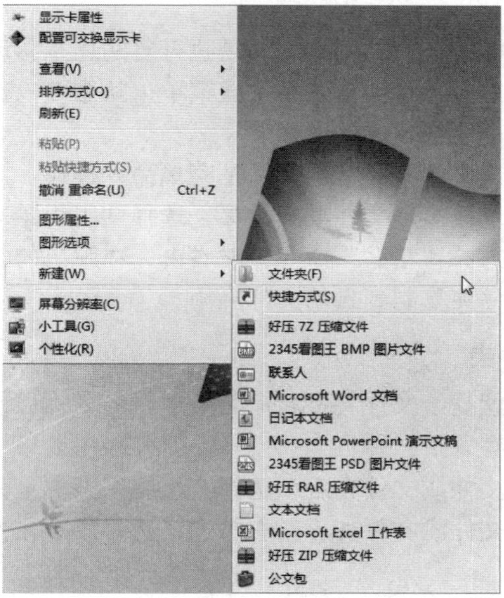

图 2.19　创建新文件

（2）每创建一个新文档或文件夹，系统都会自动给它一个默认的名字。

4. 选取文件或文件夹

在管理文件等资源的过程中，若要对多个文件或文件夹进行操作，必须首先选取要操作的文件或文件夹。

（1）选取多个连续对象。

如果文件或文件夹在窗口中的排列位置是不连续的，则可以在按下"Ctrl"键的同时，单击第1个文件或文件夹，然后按住 Shift 键的同时单击最后一个文件或文件夹，即可一次性选取多个连续文件或文件夹。

（2）选取多个不连续对象。

如果文件或文件夹在窗口中排列位置是不连续的，则可以采用按下"Ctrl"键的同时，单击需要选取的对象的方法来实现。若取消选取，再单击即可。

（3）全部选定。

选择"组织"→"全选"命令或者按【Ctrl + A】组合键，用于选取当前文件夹中的所有对象。

5. 移动或复制文件或文件夹

移动文件或文件夹就是将文件或文件夹放到其他地方，执行移动命令后，原位置的文件或文件夹消失，出现在目标位置；复制文件或文件夹就是将文件或文件夹复制一份，放到其他地方，执行复制命令后，原位置的文件或文件夹均有该文件或文件夹。

（1）复制和移动文件或文件夹对象，最简单的方法就是直接用鼠标把选中的文件图标拖放到目的地。至于鼠标"拖放"操作到底是执行复制还是移动，取决于源文件夹和目的文件夹的位置关系：在同一磁盘上拖放文件或文件夹默认执行移动操作；若拖放对象时按下 Ctrl 键则执行复制操作；在不同磁盘之间拖放文件或文件夹默认执行复制操作。若拖放文件时按下 Shift 键则执行移动操作。

如果希望自己决定鼠标"拖放"操作到底是执行复制还是移动，则可用鼠标右键把对象拖放到目的地。当释放右键时，将弹出一个快捷菜单，从中可以选择是移动还是复制对象，或者为该对象在当前位置创建快捷方式图标。

（2）复制或移动文件或文件夹的常规方法是菜单命令操作。

首先选取要复制的一个或多个文件或文件夹，选择"组织"→"复制"命令。然后打开目的文件夹，选择"组织"→"粘贴"命令；或右击，在弹出的快捷菜单中选择"粘贴"命令，即可将那些文件或文件夹复制到目的文件夹中。

6. 重命名文件或文件夹

重命名文件或文件夹就是给文件夹重新命名一个新的名称，使其更符合用户的要求。重命名文件或文件夹的方法有以下三种：

（1）菜单方式：选中文件或文件夹后，选择"组织"→"重命名"命令。

（2）右键方式：选中文件或文件夹后，右击选定的对象，在弹出的快捷菜单中选择"重命名"命令。

（3）二次选择方式：选中文件或文件夹后，再在文件或文件夹名字位置处单击。

采用上述三种方式之一的操作后，文件或文件夹的名称将处于编辑状态，直接输入新的名字后，按下 Enter 键即可。

7. 删除文件或文件夹

当不再需要某个文件或文件夹时，可将其删除掉。删除后的文件或文件夹将被放到"回收站"中，用户可以选择将其彻底删除或还原到原来的位置。删除的方法有如下三种：

（1）选定要删除的文件或文件夹，选择"组织"→"删除"命令，或右击，在弹出的快捷菜单中选择"删除"命令。

（2）选定要删除的文件或文件夹，按 Delete 键删除。

（3）选定要删除的文件或文件夹，用鼠标直接拖入"回收站"。

执行上述操作中的任意一种后，弹出"确定文件/文件夹删除"对话框，单击"是"按钮，则删除；否则单击"否"按钮。

三、文件或文件夹的管理

（一）文件夹内容的显示方式和排序方式

在"资源管理器"窗口中查看文件或文件夹时，系统提供了多种文件和文件夹的显示方式，用户可单击工具栏中的图标，在弹出的快捷菜单中有多种排列方式可供选择。下面就其中常用的方式做一下简单介绍。

1."超大图标"、"大图标"和"中等图标"方式

"超大图标"、"大图标"和"中等图标"这 3 种方式类似于 Windows XP 中的"缩略图"方式。它们将文件夹中所包含的图像文件显示在文件夹图标上，以方便用户快速识别文件夹中的内容。

2."小图标"方式

"小图标"方式类似于 Windows XP 中的"图标"方式。

3."列表"方式

"列表"方式下，文件或文件夹以列表的方式显示，文件夹的顺序按纵向方式排列，文件或文件夹的名称显示在图标的右侧。

4."详细信息"方式

"详细信息"方式下文件或文件夹整体以列表形式显示，除了显示文件图标和名称外，还显示文件的类型、修改日期等相关信息。

5."平铺"方式

"平铺"类似于"中等图标"显示方式，只是比"中等图标"显示更多的文件信息。

6."内容"方式

"内容"显示方式是"详细信息"显示方式的增强版，文件和文件夹将以缩略图的方式显示。

7. 文件和文件夹的排序

在 Windows 中，用户可方便地对文件或文件夹进行排序，例如按"名称"排序、按"修改日期"排序、按"类型"排序、按"大小"排序等。具体排序方法是在"资源管理器"窗口的空白处右击鼠标，在弹出的快捷菜单中，选择"排序方式"子菜单中的某个选项即可实现对文件和文件夹的排序。

（二）文件的隐藏

对于电脑中比较重要的文件，例如系统文件、用户的密码文件、用户的个人资料等，如果用户不想让别人看到并更改这些文件，可以将它们隐藏起来，等到需要时再将它们显示。

（1）隐藏文件和文件夹。

Windows 7 为文件和文件夹提供了 2 种属性，即只读和隐藏，它们的含义如下：

只读：用户只能对文件或文件夹的内容进行查看而不能进行修改。

隐藏：在默认设置下，设置为隐藏属性的文件或文件夹不可见。

当用户采用隐藏功能将文件或文件夹隐藏起来后，默认情况下被隐藏的文件或文件夹将不再显示在文件夹窗口中，从一定程度上保护了这些文件资源的安全。

（2）显示隐藏文件和文件夹。

文件和文件夹被隐藏后，如果想再次访问它们，那么可以在 Windows 7 系统中开启查看隐藏文件功能。

（三）删除或还原"回收站"中的文件或文件夹

"回收站"为用户提供了删除文件或文件夹的补救措施，用户从硬盘中删除文件或文件夹时，Windows 7 会将其自动放入"回收站"中，直到用户将其清空或还原到原位置。

双击桌面上回收站的图标，若要删除"回收站"中的所有文件或文件夹，可选择"清空回收站"命令；若要还原删除的文件或文件夹，可在选取还原对象后，再选择"还原此项目"命令。

右击"回收站"图标，在弹出的快捷菜单中选择"属性"命令，打开"回收站 属性"对话框，如图 2.20 所示。

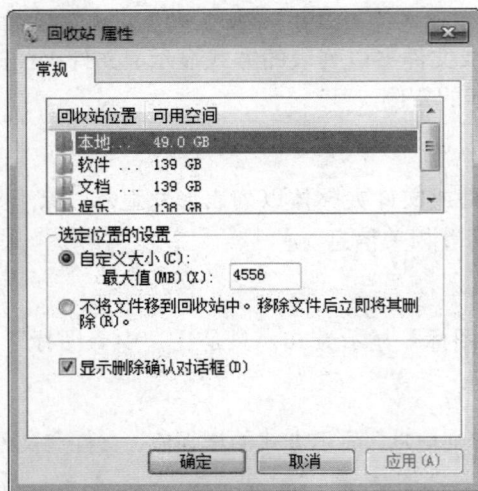

图 2.20　"回收站属性"对话框

"回收站"中的对象仍然占用硬盘空间并可以被恢复或还原到原位置，这些对象将保留到用户决定从计算机中永久地将它们删除为止。当"回收站"充满后，Windows 自动清除"回收站"中的空间以存放最近删除的文件或文件夹。

从图 2.20 中可以看出，"不将文件移到回收站中。移除文件后立即将其删除（R）。"选项被选中后文件或文件夹会被彻底删除，而不必放在"回收站"中。通常为安全起见，不使用该选项。回收站的默认空间是驱动器的 10%，是可调整的。

提示："回收站"是硬盘的一部分，所以如果媒体上删除的项目被彻底删除了，是不能还原的。如果想直接删除文件或文件夹，而不将其放入"回收站"中，可在删除的同时按下 Shift 键。

（四）使用 Windows 7 的库

在 Windows 7 中，新引入了一个库的概念，它具有强大的功能，运用它可以大大提高用户使用电脑的方便程度，它被称为是"Windows 资源管理器的革命"！

简单地讲，Windows 7 文件库可以将用户需要的文件和文件夹全部集中到一起，就像是网页收藏夹一样，只要单击库中的链接，就能快速打开添加到库中的文件夹（不管这些文件夹原来是在本地电脑或局域网当中的任何位置）。另外，库中的链接会随着原始文件夹的变化而自动更新，并且可以以同名的形式存在于文件库中。

在默认情况下，Windows 7 系统取消了快速启动栏，"库"文件夹（也称"资源管理器"按钮）显示在任务栏左侧的位置。这样可方便用户快速启动"库"。在各个文件夹或计算机窗口的左侧任务窗格中，也可以快速启动"库"或"库"文件夹。另外，在保存文件的时候，可以清楚地看到保存到"库"的选项。可以说，在 Windows 7 中，"库"无处不在。

另外，如果用户觉得系统默认提供的库目录还不够使用，还可以新建库目录。

随堂实训 4　文件或文件夹基础操作二

1. 创建快捷方式

创建快捷方式就是建立各种应用程序、文件、文件夹、打印机或网络中的计算机等快捷方式图标，通过双击该快捷方式图标，即可快速打开该项目。具体创建方法如下：

（1）在资源管理器中，选定要创建快捷方式的应用程序、文件、文件夹、打印机或计算机等。

（2）右击鼠标，在弹出的快捷菜单中选择"创建快捷方式"命令，即可创建该项目的快捷方式。Word 的快捷方式图标如图 2.21 所示。

可将项目的快捷方式拖到桌面或方便使用的文件夹中。若在"开始"→"所有程序"子菜单中，有用户要创建快捷方式的应用程序，可以右击该应用程序，在弹出的快捷菜单中选择"创建快捷方式"命令，系统会将创建的快捷方式添加到"所有程序"子菜单中。将该快捷方式拖到桌面上，即在桌面上创建了该应用程序的快捷方式。

图 2.21　Word 快捷方式

注意：快捷方式并不能改变应用程序、文件、文件夹、打印机或网络中计算机的位置，它也不是副本，而是一个指针，使用它可以更快地打开项目，并且删除、移动或重命名快捷方式均不会影响原有的项目。

2. "文件夹选项"对话框

"文件夹选项"对话框，是系统提供给用户设置文件夹的常规及显示方面的属性，设置关联文件的打开方式及脱机文件等的窗口。

（1）选择"开始"→"控制面板"命令，在"控制面板"窗口，单击"文件夹选项"命令，打开"文件夹选项"图标。

（2）双击"计算机"图标，在"计算机"对话框中选择"组织"→"文件夹和选项搜索"命令，打开"文件夹选项"对话框。

在该对话框中有"常规"、"查看"和"搜索"三个选项卡，分别介绍如下：

（1）"常规"选项卡：用来设置文件夹的常规属性。

该选项卡中的"任务"选项组可设置文件夹显示的视图方式；"浏览文件夹"选项组可设置文件夹的浏览方式，设定在打开多个文件夹时是在同一窗口中打开还是在不同的窗口中打开；"打开项目的方式"选项组用来设置文件夹的打开方式，可设定文件夹通过单击打开还是双击打开，通常选择"通过双击打开项目（单击时选定）"。

（2）"查看"选项卡：用来设置文件夹的显示方式。

在该选项卡的"文件夹视图"选项组中，可单击"应用到所有文件夹"和"重置所有文件夹"两个按钮，对文件夹的视图显示进行设置。

在"高级设置"列表框中显示了有关文件和文件夹的一些高级设置选项，用户可根据实际选择需要的选项，然后单击"应用"按钮即可完成设置。

（3）"搜索"选项卡：用来更改搜索的选项。该选项卡包括"搜索内容"、"搜索方式"和"搜索没有索引的位置"，如图 2.22 所示。

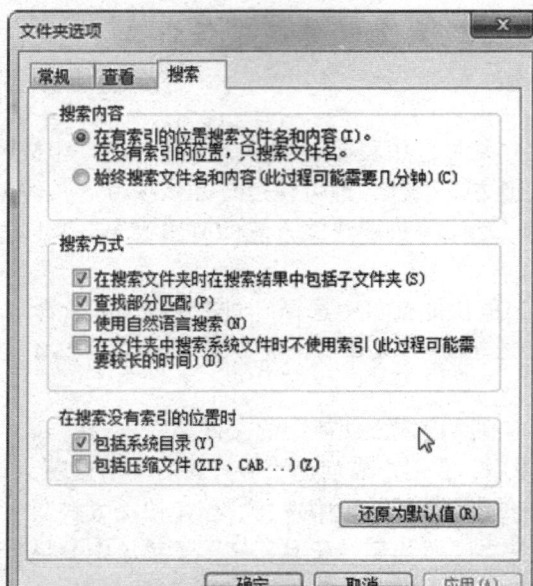

图 2.22　"搜索"选项卡

任务三　Windows 7 系统管理

一、打造个性化的电脑操作环境

桌面背景就是用户打开计算机进入 Windows 7 操作系统后，所出现的桌面背景颜色或图片。当设置了屏幕保护后，用户若在一段时间内不操作计算机，系统将自动启动屏幕保护程序，以保护显示屏幕不被烧坏。

随堂实训 1 设置桌面背景与屏幕保护

1. 使用自己喜欢的图标

Windows 7 系统中的图标多种多样，如果用户对系统默认的图标不满意，可以根据自己的喜好来更换图标的样式。

在 Windows 7 桌面上更改"计算机"和"网络"图标的样式。

（1）在桌面上右击鼠标，在弹出的快捷菜单中选择"个性化"命令，打开"个性化"窗口。

（2）单击"个性化"窗口左侧的"更改桌面图标"选项，打开"桌面图标设置"对话框。

（3）选中"计算机"图标，然后单击"更改图标"按钮，打开"更改图标"对话框。

（4）选中一个想要使用的图标，单击"确定"按钮，返回"桌面图标设置"对话框。

（5）选中"网络"图标，单击"更改图标"按钮，打开"更改图标"对话框，如图 2.23 所示。

（6）选中一个想要使用的图标，单击"确定"按钮，返回"桌面图标设置"对话框。

（7）单击"确定"按钮，完成对"计算机"和"网络"图标的更改。

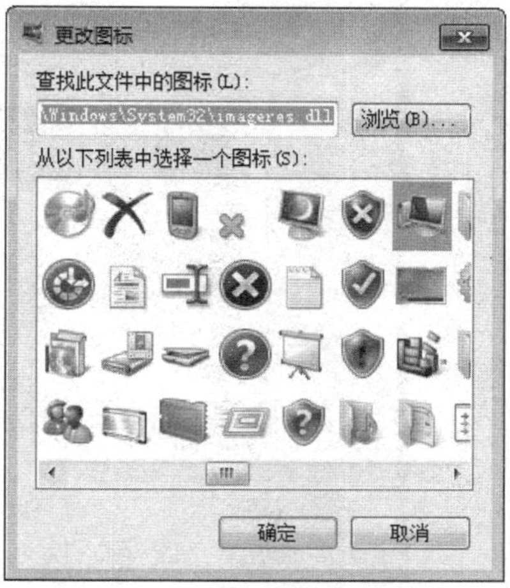

图 2.23 "更改图标"对话框

2. 绚丽的桌面壁纸

桌面背景就是 Windows 7 系统桌面的背景图案，又叫作墙纸。启动 Windows 7 操作系统后，桌面背景采用的是系统安装时默认的设置，用户可以根据自己的喜好更换桌面背景。

用户可选择一张自己喜欢的图片作为桌面背景。将 D 盘"精美壁纸"文件夹中的"梦幻"图片设置为桌面背景。

（1）在桌面上右击鼠标，在弹出的快捷菜单中选择"个性化"命令，打开"个性化"窗口。

（2）单击"个性化"窗口下方的"桌面背景"图标，打开"桌面背景"窗口。

（3）单击"图片位置"下拉列表右方的"浏览"按钮，打开"浏览文件夹"对话框。

（4）在"浏览文件夹"对话框中选中 D 盘的"精美壁纸"文件夹，然后单击"确定"按钮。

（5）此时在预览窗口中将看到"精美壁纸"文件夹中所有图片的缩略图。

（6）在默认设置下，所有的图片都处于选定状态，用户可单击"全部清除"按钮，清除图片的选定状态。

（7）然后将鼠标移至要设置为桌面背景的图片上，并选中其左上角的复选框。

（8）单击"保存修改"按钮，即可将选中图片设置为桌面壁纸。

在 Windows 7 中，用户不仅可以使用单张图片作为桌面背景，还可同时使用多张图片的幻灯片效果来作为桌面背景。将 D 盘"精美壁纸"文件夹中的所有图片设置为桌面背景。

（1）承接上例第（5）步的操作，在默认设置下，"精美壁纸"文件夹中的所有图片都处于选定状态。

（2）保持默认设置，在"更改图片时间间隔"下拉菜单中，用户可设置图片切换的时间间隔，例如本例选择"1 分钟"，如图 2.24 所示。

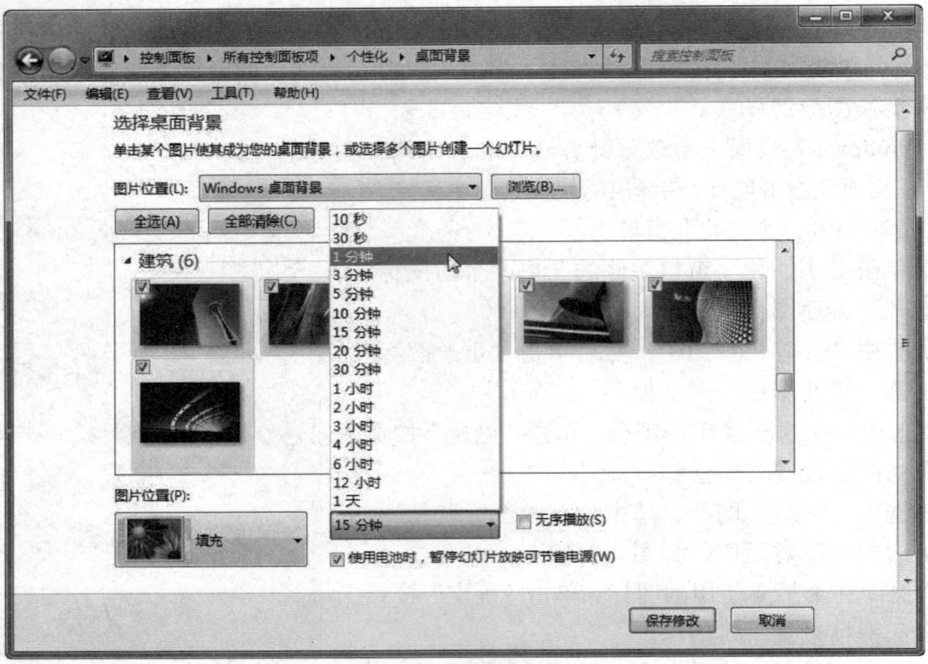

图 2.24　桌面背景设置

（3）单击"保存修改"按钮，即可将"精美壁纸"文件夹中的所有图片以幻灯片的形式设置为桌面背景。

3. 个性化的颜色和外观

在 Windows 7 操作系统中，用户可根据自己的喜好自定义窗口、"开始"菜单以及任务栏的颜色和外观。

为 Windows 7 操作系统设置个性化的窗口颜色和外观。

（1）在桌面上右击鼠标，在弹出的快捷菜单中选择"个性化"命令，打开"个性化"窗口。

（2）单击"个性化"窗口下方的"窗口颜色"图标，打开"窗口颜色和外观"对话框。

（3）单击"高级外观设置"链接，在"项目"下拉菜单中选择"活动窗口标题栏"选项。

（4）在"颜色 1"下拉菜单中选择"绿色"，在"颜色 2"下拉菜单中选择"紫色"。

（5）选择完成后，单击"确定"按钮，完成设置。

4. 与众不同的桌面主题

在 Windows 7 操作系统中，系统为用户提供了多种风格的桌面主题，共分为"Aero 主题"和"基本和高对比度主题"两大类。其中 Aero 主题可为用户提供高品质的视觉体验，它独有的 3D 渲染和半透明效果，可使用户桌面看起来更加美观流畅。

在 Windows 7 中使用"风景"风格的 Aero 主题，具体步骤如下：

（1）在桌面上右击鼠标，选择"个性化"命令，打开"个性化"窗口。

（2）在"Aero 主题"选项区域单击"风景"选项，即可应用该主题。

（3）此时在桌面上右击鼠标，选择"下一个桌面背景"命令，即可更换该系列中的壁纸，如图 2.25 所示。

5. 漂亮的屏幕保护程序

屏幕保护程序是指在一定时间内，没有使用鼠标或键盘进行任何操作，在屏幕上显示的画面。设置屏幕保护程序可以对显示器起到保护作用，使显示器处于节能状态。

在 Windows 7 中，使用"气泡"作为屏幕保护程序。具体操作如下：

（1）在桌面上右击鼠标，在弹出的快捷菜单中选择"个性化"命令，打开"个性化"窗口。

（2）单击"个性化"窗口下方的"屏幕保护程序"图标，打开"屏幕保护程序设置"对话框。

（3）在"屏幕保护程序"下拉菜单中选择"气泡"选项。

查看(V)	▶
排序方式(O)	▶
刷新(E)	
粘贴(P)	
粘贴快捷方式(S)	
撤消 重命名(U)	Ctrl+Z
NVIDIA 控制面板	
下一个桌面背景(N)	
新建(W)	▶
屏幕分辨率(C)	
小工具(G)	
个性化(R)	

图 2.25　下一个桌面背景

在"等待"微调框中设置时间为 1 分钟，单击"确定"按钮，完成屏幕保护程序的设置，如图 2.26 所示。

图 2.26　"屏幕保护程序设置"对话框

（4）当屏幕静止时间超过设定的等待时间时（鼠标键盘均没有任何动作），系统即可自动启动屏幕保护程序。

6. 最适合的分辨率和刷新频率

显示器的设置主要包括更改显示器的分辨率和刷新率。

如设置屏幕的显示分辨率为 $1\,280 \times 800$，刷新频率为 60 Hz，具体步骤如下：

（1）在桌面上右击鼠标，在弹出的快捷菜单中选择"个性化"命令，打开"个性化"窗口。

（2）单击"个性化"窗口左边的"显示"选项，打开"显示"窗口。

（3）单击"显示"窗口左侧的"调整分辨率"选项，打开"屏幕分辨率"窗口，如图 2.27 所示。

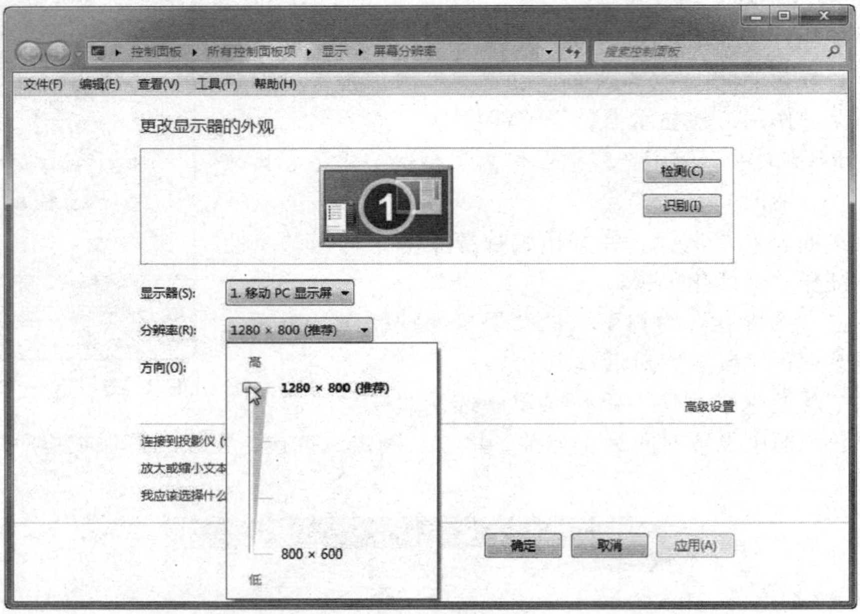

图 2.27　屏幕分辨率调整对话框

（4）拖动"分辨率"下拉菜单中的滑块，调整至 1 280×800。

（5）单击"高级设置"按钮，打开"通用即插即用监视器"对话框。

（6）单击"监视器"标签，在"屏幕刷新频率"下拉菜单中选择"60 赫兹"选项。

（7）单击"确定"按钮，返回"屏幕分辨率"窗口，再次单击"确定"按钮，完成对屏幕分辨率和刷新频率的设置。

提示： 为了降低计算机设备或整个系统的耗电量，可以通过"电源"按钮选择合适的电源方案来实现此功能，电源方案就是计算机管理电源使用情况的设置集合。用户可以创建自己的电源使用方案，也可以使用 Windows 提供的方案。

二、使用桌面小工具

Windows 7 操作系统中新增了一个桌面小工具，它们是一组便捷的小程序，用户可使用这些小程序方便地完成一些常用的日常操作。

在桌面上右击鼠标，在弹出的快捷菜单中选择"小工具"命令，即可打开桌面小工具窗口，默认状态下系统共提供 9 种桌面小工具，如图 2.28 所示。

图 2.28　桌面小工具

随堂实训 2　桌面小工具的使用

1. 小巧的桌面时钟

任务栏右边的时间显示是不是看起来很吃力，而且还没有特色？那就来试试桌面时钟吧，感受不一样的感觉。

使用桌面时钟并设置其属性，具体步骤如下：

（1）在桌面上右击鼠标，在弹出的快捷菜单中选择"小工具"命令，打开"桌面小工具"窗口。

（2）双击"时钟"图标，将时钟添加到桌面上。

（3）单击时钟右上角的"设置"按钮，打开"时钟"对话框。

（4）设置时钟的外观：单击时钟下方的三角箭头，选中第五种样式；设置时钟的名称：在"时钟名称"文本框中输入时钟的名称"光阴似箭"；设置时钟的时区：在"时区"下拉列表框中选择"当前计算机时间"；设置显示秒针：选中"显示秒针"复选框，可以显示秒针的轨迹。

图 2.29　时钟小工具

（5）设置完成后，单击"确定"按钮，效果如图 2.29 所示。用户可使用鼠标将时钟拖动到桌面上的任意位置。

2. 简捷的货币运算

在桌面小工具中提供了一个货币换算功能，它支持多种货币之间的换算，并且其汇率会通过网络自动更新，可以使用户能够方便地转换货币单位。

使用货币换算功能，将 812 美元换算为人民币，具体步骤如下：

（1）在桌面上右击鼠标，在弹出的快捷菜单中选择"小工具"命令，打开"桌面小工具"窗口。

（2）双击"货币"图标，将货币换算功能添加到桌面上。

（3）在第一个下拉菜单中选择"美元"，在第二个下拉菜单中选择"人民币"。

图 2.30　货币运算桌面小工具

（4）选择完成后，在"美元"文本框中输入"812"，此时在"人民币"文本框中即可自动显示 812 美元所折合的人民币值，如图 2.30 所示。

（5）另外，用户还可单击小工具右下角的"添加"按钮，同时进行多种货币的换算。

3. 获取更多的桌面小工具

Windows 7 内置了 9 个桌面小工具，如果用户觉得这些小工具不够用，还可通过微软的官方站点获取更多的桌面小工具。

通过微软的官方站点获取更多的桌面小工具，具体步骤如下：

（1）单击"桌面小工具"窗口右下角的"联机获取更多小工具"链接，打开微软的官方站点。

（2）在该页面中，用户可以根据自己的需要选择下载相应的小工具。

（3）本例选择"倒计时器"选项，可单击"倒计时器"下方的"下载"按钮，打开下载页面。

（4）在下载页面中单击"下载"按钮，打开"请确认"对话框。

（5）单击"确定"按钮，打开"文件下载/安全警告"对话框。

（6）单击"保存"按钮，打开"另存为"对话框，在该对话框中用户可选择文件保存的位置。

（7）选择完成后单击"保存"按钮，开始下载文件。下载完成后，双击下载的文件，打开"桌面小工具/安全警告"对话框。

（8）单击"安装"按钮，开始安装小工具，安装完成后，该小工具会自动添加到桌面上。

（9）在日历上右击，可以在菜单中查看更详细的中国风格的日历。

三、个性化任务栏

任务栏就是位于桌面下方的小长条，作为 Windows 系统的超级助手，用户可以对任务栏进行个性化的设置，使其更加符合自己的使用习惯。

随堂实训 3　任务栏的设置

1. 自动隐藏任务栏

如果用户打开的窗口过大，窗口的下方被任务栏覆盖，则需要将任务栏进行自动隐藏，这样可以给桌面提供更多视觉空间。

在 Windows 7 中将任务栏设置为自动隐藏。具体步骤如下：

（1）在任务栏的空白处右击鼠标，在弹出的快捷菜单中选择"属性"命令，打开"任务栏和『开始』菜单属性"对话框，如图 2.31 所示。

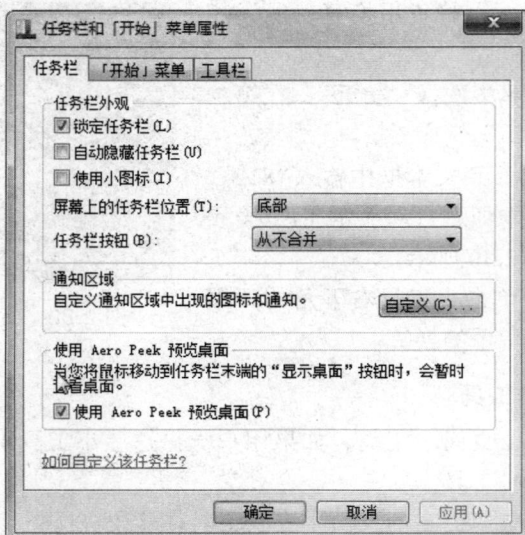

图 2.31　"任务栏和『开始』菜单属性"对话框

（2）在"任务栏"选项卡选中"自动隐藏任务栏"复选框，单击"确定"按钮，完成设置。

（3）此时任务栏即可自动隐藏，若要显示任务栏，只需将光标移至原任务栏所在的位置，任务栏即可自动重新显示，当光标离开时，任务栏会重新隐藏。

2. 在任务栏中使用小图标

Windows 7 操作系统的任务栏中，默认设置下显示的都是大图标，如果用户习惯了 Windows XP 系统中的小图标模式，可以重新设置任务栏，使其显示为小图标。

在 Windows 7 中，使任务栏重新显示小图标。具体步骤如下：

（1）在任务栏的空白处右击鼠标，在弹出的快捷菜单中选择"属性"命令，打开"任务栏和『开始』菜单属性"对话框。

（2）在"任务栏"选项卡选中"使用小图标"复选框，单击"确定"按钮，完成设置。此时任务栏中将重新显示小图标。

3. 调整任务栏的位置

任务栏的位置并非只能摆放在桌面的最下方，用户可根据自己的喜好，将任务栏摆放到桌面的上方、左方或右方。

要调整任务栏的位置，用户应先右击任务栏的空白处，在弹出的快捷菜单中取消选中"锁定任务栏"选项。然后将光标移至任务栏的空白处，按住鼠标左键不放拖动鼠标至桌面的左侧，即可将任务栏拖动至桌面的左方。

4. 更改按钮的显示方式

Windows 7 任务栏中的按钮会默认合并，如果用户觉得这种方式不符合以前的使用习惯，可通过设置来更改任务栏中按钮的显示方式，下面以一个具体实例来加以说明。

在 Windows 7 中，使任务栏中的按钮不再自动合并。具体步骤如下：

（1）在任务栏的空白处右击鼠标，在弹出的快捷菜单中选择"属性"命令，打开"任务栏和『开始』菜单属性"对话框。

（2）在"任务栏"选项卡的"任务栏按钮"下拉菜单中选中"从不合并"选项，然后单击"确定"按钮完成设置。

（3）此时在任务栏中相似的任务栏按钮将不再自动合并。

5. 自定义通知区域

在任务栏的通知区域会显示电脑中当前运行的某些程序的图标，如 QQ、迅雷、瑞星杀毒软件等。如果打开的程序过多，通知区域未免会显得杂乱无章，Windows 7 操作系统为通知区域设置了一个小面板，程序的图标都存放在这个小面板中，为任务栏节省了大量的空间。另外，用户还可自定义通知区域的图标显示方式，以方便日常操作。

自定义通知区域图标的显示方式。具体步骤如下：

（1）单击通知区域的"显示隐藏的图标"按钮，打开通知区域面板。

（2）单击"自定义"链接，打开"通知区域图标"窗口，如图 2.32 所示。

（3）如果用户想要在通知区域重新显示 QQ 图标，可在 QQ 选项后方的下拉菜单中选择"显示图标和通知"选项即可。

（4）设置完成后，在通知区域将重新显示 QQ 的图标。

（5）另外，用户若想重新隐藏 QQ 图标，可直接将 QQ 图标拖动至小面板中即可。

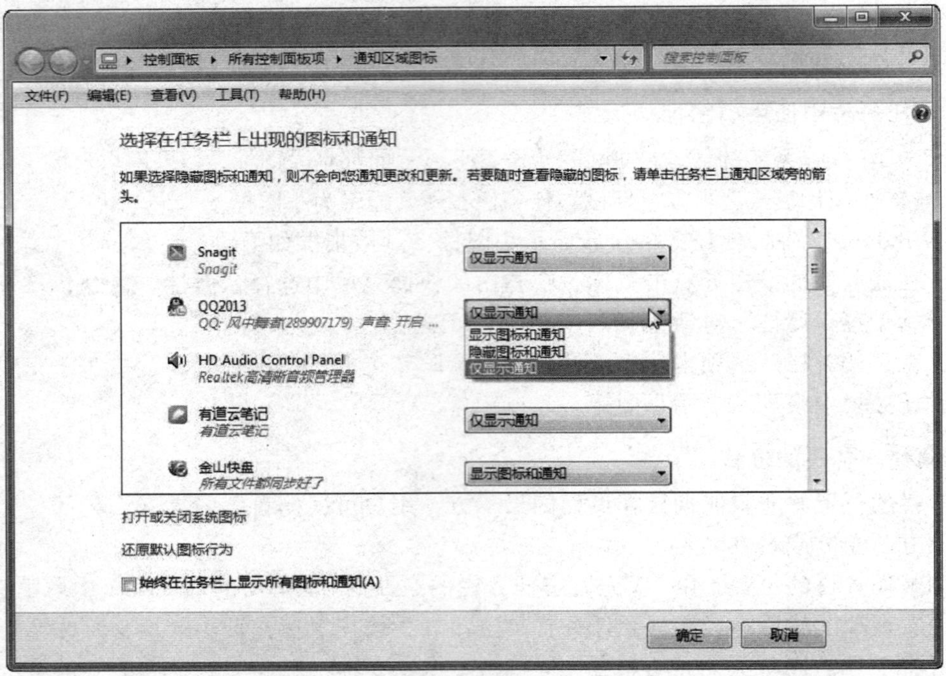

图 2.32　通知区域图标设置面板

四、调整鼠标和键盘

鼠标和键盘是操作计算机过程中使用最频繁的设备之一，几乎所有的操作都要用到鼠标或键盘。在安装 Windows 7 时系统已自动对鼠标和键盘进行过设置，但这种默认的设置可能并不符合用户个人的使用习惯，用户可以按照自己的喜好对鼠标和键盘进行一些调整。

随堂实训4　调整鼠标和键盘

1. 更改光标的形状

Windows 7 操作系统自带了很多鼠标形状，用户可以根据自己的喜好，更改光标外形。

在 Windows 7 中更改光标的形状，步骤如下：

（1）在桌面上右击鼠标，在弹出的快捷菜单中选择"个性化"命令，打开"个性化"窗口。

（2）单击"个性化"窗口左边的"更改光标"选项，打开"鼠标 属性"对话框，如图 2.33 所示。

（3）在"鼠标 属性"对话框"指针"选项卡的"自定义"列表中，选中"正常选择"选项。

（4）单击"浏览"按钮，打开"浏览"对话框，在该对话框中选择一种鼠标样式后，单击"打开"按钮，返回至"鼠标 属性"对话框。

（5）按照同样的方法为"自定义"列表中的其他选项设置光标的样式。

（6）设置完成后，单击"另存为"按钮，打开"保存方案"对话框，设置新样式的名称。

图 2.33 "鼠标属性"设置对话框

（7）单击"确定"按钮，完成新样式的自定义。若要使用新定义的鼠标样式，只需在"方案"下拉列表中选择新样式的名称，然后单击"确定"按钮即可。

2. 设置鼠标的灵敏度

鼠标的灵敏度是指当用户握住鼠标在鼠标垫上移动时显示器屏幕上光标的移动速度。合适的鼠标灵敏度，可使用户操作起来更加得心应手。

要设置鼠标的灵敏度，用户只需在"鼠标属性"对话框中切换至"指针选项"选项卡，在"移动"选项区域拖动滑块进行设置即可。

另外，用户还可在"可见性"选项区域中设置鼠标踪迹的可见性和踪迹的长短等属性。

3. 更改鼠标的左右手习惯

默认情况下，鼠标的左键主要用于选择和拖放等操作，而右键主要用来完成一些辅助功能，这适合于习惯用右手使用鼠标的用户。如果用户习惯用左手使用鼠标，可将鼠标的左右键功能进行切换。具体方法是在"鼠标 属性"对话框的"鼠标键"选项卡中选中"切换主要和次要的按钮"复选框即可。

4. 设置鼠标的双击速度

计算机中的某些对象需要双击鼠标才能打开，双击指的是快速按鼠标左键两下，那么这个"快"要快到什么程度呢？实际上，用户可自定义鼠标的双击速度。

在"鼠标属性"对话框的"鼠标键"选项卡中，拖动"双击速度"区域的滑块，即可改变鼠标的双击速度。设置后的效果用户可通过双击滑块右边的文件夹图标来检验。

五、更改日期和时间

在任务栏的右端显示有系统提供的日期和时间，将鼠标指针指向时间栏稍作停顿即会显示系统日期。若不想显示日期和时间，或需要更改日期和时间可按以下步骤进行操作：

随堂实训 5　日期和时间设置

1. 更改系统日期和时间

在默认情况下，系统日期和时间将显示在任务栏的通知区域，用户可根据实际情况更改系统的日期和时间设置。

将系统的时间更改为 2013 年 10 月 1 日 0：00：00。

（1）单击任务栏最右侧的时间显示区域，打开"日期和时间"窗口。

（2）单击"更改日期和时间设置"链接，打开"日期和时间"对话框，如图 2.34 所示。

图 2.34　"日期和时间"设置对话框

（3）单击"更改日期和时间"按钮，打开"日期和时间设置"对话框。

（4）在"日期"选项区域设置系统的日期为 2013 年 10 月 1 日，在"时间"文本框中设置时间为 0：00：00。

（5）设置完成后，单击"确定"按钮，返回"日期和时间"对话框，再次单击"确定"按钮，完成对日期和时间的更改。

2. 添加附加时钟

在 Windows 7 操作系统中，可以设置多个时钟的显示，设置了多个时钟后就可以同时查看多个时区的时间。

在 Windows 7 中添加一个附加时钟。具体步骤如下：

（1）单击任务栏最右侧的时间显示区域，打开日期和时间窗口。

（2）单击"更改日期和时间设置"链接，打开"日期和时间"对话框。

（3）切换至"附加时钟"选项卡，选中"显示此时钟"复选框，然后在"选择时区"下拉菜单中选择一个时区，在"输入显示名称"文本框中输入时钟的名称。

（4）使用同样的方法设置第二个时钟。

（5）设置完成后，单击"确定"按钮，关闭对话框，此时单击任务栏右边的时间区域，在打开的时间窗口中，用户将看到同时显示 3 个时钟，其中最大的一个显示的是本地时间，另外两个是刚刚添加的附加时钟。

（6）若要取消这些时钟的显示，只需在第（3）步的"日期和时间"对话框中取消选中"显示此时钟"复选框即可。

3. 设置时间同步

在 Windows 7 操作系统中，用户可设置系统的时间和 Internet 的时间同步。方法是在"日期和时间"对话框中切换至"Internet 时间"选项卡，然后单击"更改设置"按钮，打开"Internet 时间设置"对话框，选中"与 Internet 时间服务器同步"复选框，然后单击"立即更新"按钮即可。

六、设置多用户使用环境

Windows 7 是一个多用户、多任务的操作系统，它允许每个使用电脑的用户建立自己的专用工作环境。每个用户都可以为自己建立一个用户账户，并设置密码，只有在正确输入用户名和密码之后，才可以进入系统中。每个账户登录之后都可以对系统进行自定义设置，其中一些隐私信息也必须登录才能看见，这样使用同一台电脑的每个用户都不会相互干扰了。

设置用户账户之前需要先弄清楚 Windows 7 有几种账户类型，一般来说，用户账户有以下 3 种：计算机管理员账户，标准用户账户和来宾账户。

1. 计算机管理员账户

计算机管理员账户拥有对全系统的控制权：能改变系统设置，可以安装和删除程序，能访问计算机上所有的文件。除此之外，它还拥有控制其他用户的权限：可以创建和删除计算机上的其他用户账户、可以更改其他人的账户名、图片、密码和账户类型等。

2. 标准用户账户

标准用户账户是权力受到限制的账户，这类用户可以访问已经安装在计算机上的程序，可以更改自己的账户图片，还可以创建、更改或删除自己的密码，但无权更改大多数计算机的设置，不能删除重要文件，无法安装软件或硬件，也不能访问其他用户的文件。

3. 来宾账户

来宾账户则是给那些在计算机上没有用户账户的人用的，只是一个临时用户，它没有密码，可以快速登录，能做的事情也就仅限于查看电脑中的资源、浏览 Internet 等。

随堂实训6　多用户使用环境设置

1. 创建新的用户账户

管理员账户的最基本操作就是创建新账户。用户在安装 Windows 7 的过程中，第一次启动时建立的用户账户就属于"管理员"类型，在系统中只有"管理员"类型的账户才能创建新账户。

在 Windows 7 中创建一个用户名为"阿呆"的用户账户。具体步骤如下：

（1）单击"开始"按钮，选择"控制面板"命令，打开"控制面板"窗口。

（2）在"控制面板"窗口中单击"用户账户"图标，打开"用户账户"窗口。

（3）在"用户账户"窗口中单击"管理其他账户"超链接，打开"管理账户"窗口。

（4）在"管理账户"窗口中单击"创建一个新账户"超链接，打开"命名账户并选择账户类型"窗口，在"新账户名"文本框中输入新用户的名称"阿呆"，然后选中"管理员"单选按钮。

（5）单击"创建账户"按钮，即可成功创建用户名为"阿呆"的管理员账户，如图 2.35 所示。

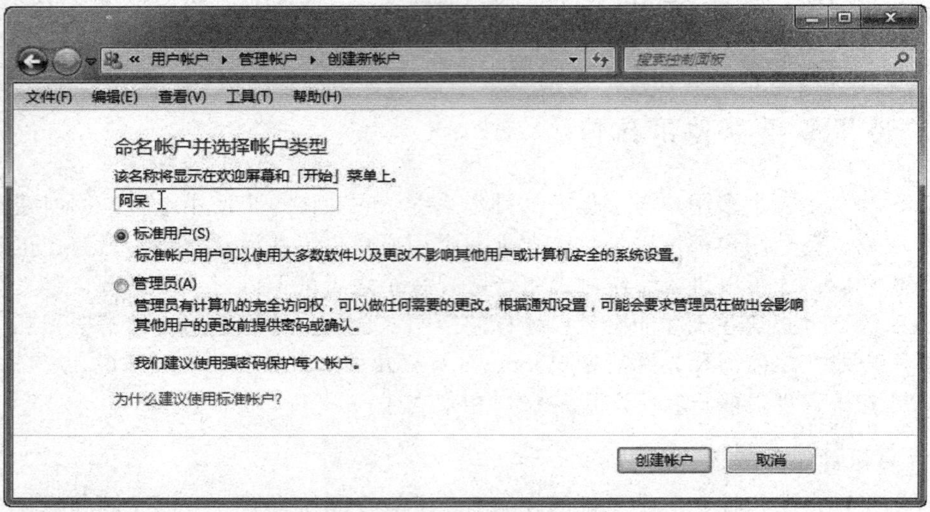

图 2.35　创建新账户面板

2. 更改用户账户

刚刚创建好的用户还没有进行密码等有关选项的设置，所以应对新建的用户信息进行修改。要修改用户基本信息，只需在"管理账户"窗口中选定要修改的用户名图标，然后在新打开的窗口中修改即可。

将"阿呆"的照片设置为该账户的头像，并为该账户设置密码。具体步骤如下：

（1）在"用户账户"窗口中单击"管理其他账户"超链接，打开"管理账户"窗口。

（2）在"管理账户"窗口中单击"阿呆"账户的图标。

（3）在打开的"更改阿呆的账户"窗口中，单击"更改图片"超链接，打开"为阿呆的账户选择一个新图片"窗口。

（4）在该窗口中系统提供了许多图片可供用户选择。在此单击"浏览更多图片"超链接，打开"打开"对话框。

（5）在"打开"对话框中选择名为"阿呆"的图片。

（6）选择完成后，单击"打开"按钮，完成头像的更改。

（7）单击"创建密码"超链接，打开"为阿呆的账户创建一个密码"窗口，在"新密码"

文本框中输入一个密码，在其下方的文本框中再次输入密码进行确认，然后在"密码提示"文本框中输入相关提示信息（也可不设置）。

（8）设置完成后，单击"创建密码"按钮，即可完成设置。

（9）此时用户在开机时即可看到"阿呆"的用户账户，单击账户的头像，输入正确的密码后按 Enter 键即可登录。

3. 删除用户账户

用户可以删除多余的账户，但是在删除账户之前，必须先登录到具有管理员类型的账户才能删除。

在 Windows 7 中删除"阿呆"用户账户。

（1）首先登录到管理员账户，并打开"用户账户"窗口。

（2）单击"管理其他账户"超链接，打开"管理账户"窗口。

（3）单击"阿呆"账户的图标，打开"更改阿呆的账户"窗口。

（4）单击"删除账户"超链接，打开"是否保留阿呆的文件"窗口，用户可根据需要单击"删除文件"或"保留文件"按钮。

（5）若单击"删除文件"按钮，随后会打开"确实要删除阿呆的账户吗"窗口，单击"删除账户"按钮，完成账户的删除。

七、安装和删除应用程序

（一）安装程序

要使用某个软件，必须要将这个软件安装在电脑中，只有在完成了软件的安装后，才能打开它并进行相关的操作。

首先，用户应获取 Microsoft Office 2010 的安装光盘或安装包，然后找到安装程序（一般来说，软件安装程序的文件名为 Setup.exe）。

双击此安装程序，系统弹出"用户账户控制"对话框。单击"是"按钮，系统开始初始化软件的安装程序。

稍候片刻，将弹出"选择所需的安装"对话框，用户可在该对话框中选择安装方式。本例选择"自定义"安装方式。

切换至"安装选项"选项卡，用户可选择关闭不需要安装的文件。切换至"文件位置"选项卡，单击"浏览"按钮，可设置文件安装的位置。切换至"用户信息"选项卡，在该选项卡中可设置用户的相关信息。

设置完成后，单击"立即安装"按钮，系统即可按照用户的设置开始安装 Microsoft Office 2010，并显示安装进度和安装信息。

安装完成后，系统自动打开安装完成的对话框，单击"关闭"按钮，系统提示用户需重启系统才能完成安装，单击"是"按钮，重启系统后，完成 Microsoft Office 2010 的安装。

Microsoft Office 2010 成功安装后，在"开始"菜单和桌面上都将自动添加相应程序的快捷方式，以方便用户使用。

（二）卸载程序

如果用户不想再使用某个软件了，可以将其卸载。卸载软件用户可采用三种方法：一种是通过软件自身提供的卸载功能，大部分软件都提供了内置的卸载功能；另一种是通过"卸载或更改程序"窗口来完成；还有一种是通过其他软件来卸载软件。

1. 通过软件自身提供的卸载功能卸载软件

（1）例如要卸载"金山卫士"，可单击"开始"按钮，选择"所有程序"→"金山卫士"→"卸载金山卫士"命令。

（2）此时，系统会弹出如图2.36所示的对话框，单击"是"按钮，即可开始卸载软件。

（3）卸载完成后，弹出完成卸载的对话框，询问用户是否立即重启电脑，用户根据需要选择相应的单选按钮后，单击"完成"按钮，完成对"金山卫士"的卸载。

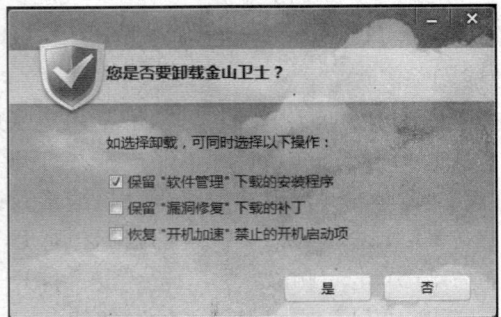

图 2.36　软件卸载对话框

2. 通过"卸载或更改程序"窗口卸载软件

（1）单击"开始"按钮，选择"控制面板"命令，打开"控制面板"窗口。

（2）单击"程序和功能"图标，打开"卸载或更改程序"窗口，如图2.37所示。

图 2.37　"添加或删除程序"对话框

（3）在该窗口的程序列表中右击"QQ游戏"选项，在弹出的快捷菜单中选择"卸载/更改"命令，打开"QQ游戏2012正式版解除安装"对话框。

（4）单击"移除"按钮，系统即可开始卸载QQ游戏，卸载完成后，系统显示确认对话框，单击"完成"按钮，完成QQ游戏大厅的卸载。

（5）卸载完成后，"QQ 游戏"选项将自动从"添加或删除程序"对话框中删除。

提示：

（1）"添加或删除程序"对话框，具有更改或删除程序，查看已安装的更新，打开和关闭 Windows 等功能。

（2）用户应注意区分删除文件和卸载程序的区别。删除并不等于卸载，删除只是删除了和软件相关的文件和文件夹，但该软件在安装时写入注册表等文件中的信息并没有被删除。而卸载则能将与该软件相关的信息全部删除。

任务四　Windows 7 应用程序

中文版 Windows 7 为用户提供了许多使用方便而且功能强大的工具。比如使用"画图"工具可以创建和编辑画图，以及显示和编辑扫描获得的图片；使用"写字板"或"记事本"进行文本文档的创建和编辑工作；使用"计算器"来进行基本的算术运算。这些工具都是非常小的程序，运行速度比较快，可以节省很多时间和系统资源，有效地提高工作效率。

一、便　签

Windows 7 系统中提供了一个简便而小巧的工具——便签，顾名思义，它的作用相当于人们平常使用的小便签，可以帮助用户记录一些简单事务或者一个随时在头脑中闪动的灵感，以起到提醒和记录的作用。

随堂实训 1　便签的使用

1. 新建并书写便签

要使用便签，应先打开便签程序，本节将新建一个便签，并书写便签的内容。

启动便签程序并在便签中输入一段话，然后新建两个便签并输入内容。

（1）单击"开始"按钮，选择"所有程序"→"附件"→"便签"命令。

（2）此时在桌面的右上角将出现一个黄色的便签纸，将光标定位在便签纸中，直接输入要提示的内容即可。

（3）如果用户想书写更多的便签，可单击便签纸左上角的"新建便签"按钮 ，来新建一个或多个便签，如图 2.38 所示。

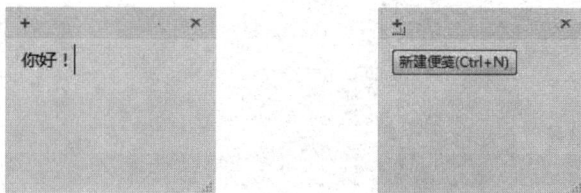

图 2.38　新建便签

2. 更改便笺的样式

便笺的样式并非是固定不变的，用户还可根据需要对便笺的大小和颜色进行设置，以方便提醒不同类型的内容。另外对于已经不需要的便笺，用户还可将其删除。

修改便笺的大小并设置便笺的底色，然后删除不需要的便笺。具体步骤如下：

（1）将光标移至便笺的下边缘处，当光标改变形状时，按住鼠标左键不放向下拖动鼠标，即可改变便笺的高度。

（2）同理，用户还可改变便笺的宽度。

（3）在便笺的空白处右击鼠标，在弹出的下拉菜单中选择"粉红"，即可将便笺的底色设置为粉红色。

（4）要删除不需要的便笺，用户可直接单击便笺右上角的"删除便笺"按钮 ，即可删除便笺。

二、画图程序

工作和生活之余，闲来无事想要信手涂鸦一番，可身边又没有笔墨纸砚怎么办？不用担心，在电脑中就有这么一方乐土，那就是 Windows 7 自带的小画板——画图程序。通过它不仅可以绘制出各种简单的形状，如线条、椭圆、正方形和不规则的多边形等，还可以绘制出各种比较复杂的图形。

随堂实训 2　画图的使用

1. 认识画图程序的主界面

单击"开始"按钮，选择"所有程序"→"附件"→"画图"命令，即可打开画图程序的主界面，如图 2.39 所示。

Windows 7 系统中的画图程序较之以前版本有了很大的改观，它沿用了 Microsoft Office 2007 的风格，使界面看起来更加美观，功能更加强大，如图 2.39 所示。

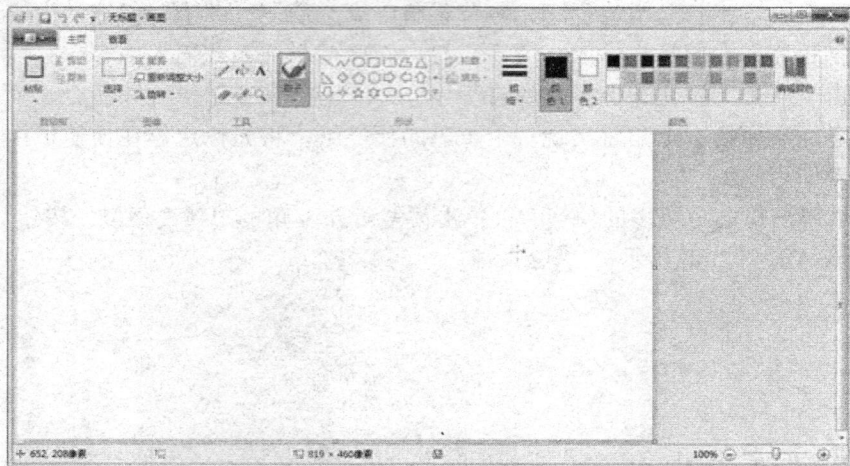

图 2.39　画图界面

"画图"按钮：该按钮位于画图程序主界面的左上角，它取代了以往版本的"文件"菜单。单击该按钮，可完成以前"文件"菜单的相关操作。

快速访问工具栏：该栏中包含最常用操作的快捷按钮，方便用户使用。另外，用户还可自定义其中显示的按钮。

标题栏：位于窗口的最上方，用于显示当前正在运行的程序名及文件名等信息。

选项卡和功能区：画图程序中包含有"主页"和"查看"两个选项卡，通过每个选项卡的功能区可完成画图程序的大部分操作。

画布：画图窗口中白色的编辑区部分。可以用鼠标拖放画布的边角处来改变画布的大小。

状态栏：位于画图程序工作界面的最底部，用来显示当前工作区的状态。

2. 使用画图程序

使用绘图工具绘制一个"禁止右转"的标志并将其保存。具体步骤如下：

（1）单击"开始"按钮，选择"所有程序"→"附件"→"画图"命令，打开画图程序。

（2）在"形状"区域选择"椭圆形"图案，在"轮廓"下拉菜单中选择"纯色"选项，在"粗细"下拉列表中选择 8 px，然后在"颜色"区域选择"红色"。

（3）选择完成后，在按住 Shift 键的同时，使用鼠标在画布区域绘制出一个正圆形图案。

（4）在"形状"区域选择"多边形"图案，其他选项保持上一步的设置，然后在正圆中绘制一条穿过圆心的斜线。

（5）接下来在"形状"区域选择"矩形"图案，设置为无轮廓线，在"填充"下拉菜单中选择"纯色"选项，选中"颜色 2"按钮，然后在"颜色"区域选择"黑色"。

（6）选择完成后，在图形中绘制出一个实心矩形。

（7）再次在"形状"区域选择"向右的箭头"图案，其他选项保持上一步的设置，然后在图形中绘制一个向右的箭头。绘制完成后，可使用小键盘上的方向键，对箭头的位置进行微调，最终效果如图 2.40 所示。到此为止，一个简单的"禁止右转"的标志绘制完成。

（8）绘制完成后，单击"保存"按钮，打开"保存为"对话框，在该对话框中设置文件的保存路径和名称，然后单击"保存"按钮，即可将图片保存。

图 2.40 "禁止右转"标志

三、计 算 器

计算器是 Windows 7 系统中的一个数学计算工具，它的功能和日常生活中看到的小型计算器类似。计算器程序具有"标准型"和"科学型"等多种模式，用户可根据需要选择特定的模式进行计算。本节来介绍计算器的使用方法。

随堂实训 3 计算器的使用

1. 启动计算器

单击"开始"按钮，选择"所有程序"→"附件"→"计算器"命令，即可启动计算器。

2. 使用标准型计算器

在第一次打开计算器程序时，计算器就在标准型计算器模式下工作。这个模式可以满足用户大部分日常简单计算的要求。

使用标准型计算器计算算式 $62 \times 8 + 75.8 \times 20$ 的结果。具体步骤如下：

（1）先来计算 62×8 的值，用鼠标单击数字按钮 6，在计算器的显示区域会显示数字 6。

（2）然后用鼠标依次单击数字键 "2"、乘号 "*"、数字 "8" 和等号 "="，即可计算出 62×8 的值为 496。

（3）单击存储按钮 "MS"，将显示区域中的数字保存在存储区域中，然后开始计算 75.8×20 的值。

（4）依次单击 7，5，.，8，*，2，0 和=几个按钮，计算出 75.8×20 的值为 1 516。

（5）单击 M+按钮，将显示区域中的数字和存储区域中的数字相加，然后单击 MR 按钮，将存储区域中的数字调出至显示区，得到结果为 2 012。

3. 使用科学型计算器

如果用户从事比较专业的计算工作，科学型计算器模式就可以发挥它的功能。在使用科学型计算器之前，需要将计算器设置为科学型模式，如图 2.41 所示。

使用科学型计算器计算 128°角的正弦值。具体步骤如下：

（1）在标准型计算器中选择 "查看" / "科学型" 命令，将计算器切换为科学型。

（2）系统默认的输入方式是十进制的角度输入，因此直接单击 1、2 和 8 这三个按钮，输入角度值 128。

（3）单击计算正弦函数的按钮 sin，即可计算出 128°的正弦值，并显示在显示区域中。

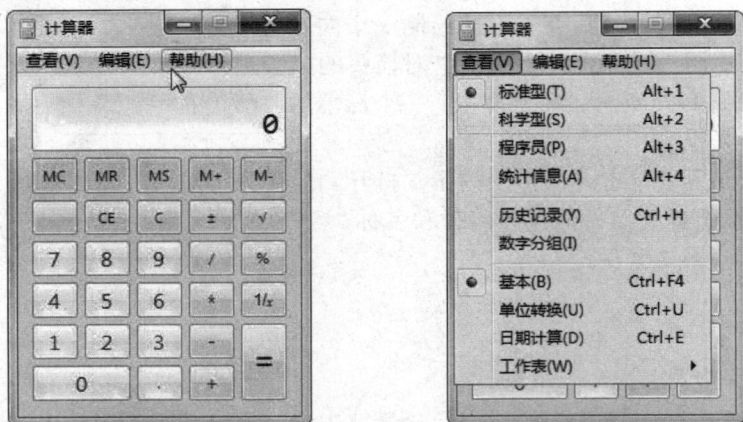

图 2.41　计算器设置

四、写字板

写字板是包含在 Windows 7 系统中的一个基本的文字处理程序，它可以用来创建、编辑、查看和打印文档。用户使用写字板可以编写信笺、读书报告和其他简单文档，还可以更改文本的外观、设置文本的段落、在段落以及文档内部和文档之间复制并粘贴文本等。

随堂实训 4　写字板的使用

1. 写字板的主界面

写字板程序也沿用了 Microsoft Office 2007 的界面风格，和以往 Windows 版本的写字板相比，其界面和功能都有了较大的改观。

单击"开始"按钮，选择"所有程序"→"附件"→"写字板"命令，即可打开写字板程序。写字板程序的界面和画图程序类似，本节不再详细介绍。不同的是写字板的编辑区域主要用来输入和编辑文本，而不是用来绘图，如图 2.42 所示。

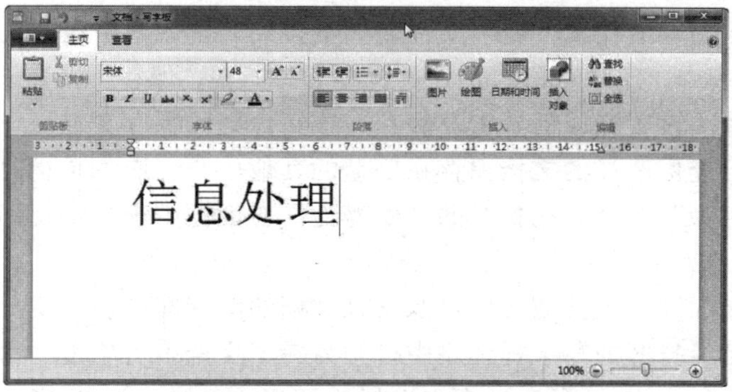

图 2.42　写字板界面

2. 选定文本的方法

写字板程序启动后，用户就可以在其中输入和编辑文本了，在输入和编辑文档前要先掌握选定文本的方法。

选择任意连续的文本：将鼠标光标移动到文档中，按下鼠标左键不放拖动鼠标至要选择文本的末尾处，然后释放鼠标左键，即可选定起始位置和终止位置之间的文本。

选择整行文本：将光标移至一行文本的行首处，单击鼠标左键即可选定该行文本。

选择整段文本：将光标移至一段文本的段首处，双击鼠标左键即可选定该段文本。

选择整篇文本：将光标移至一段文本的段首处，快速地单击鼠标左键 3 次，即可选定整篇文本。另外，用户还可使用【Ctrl+A】快捷键选定整篇文本。

3. 创建和编辑文档

本节使用写字板程序创建一个简单的文档，并对其进行编辑。例如，使用写字板程序制作一个图文并茂的家常菜，具体步骤如下：

（1）启动写字板，将光标定位在写字板中，然后输入文本"家常菜介绍之红烧狮子头"。

（2）选中输入的文本，将文本的格式设置为"宋体"、"加粗"、20 号、"居中"。

（3）按下 Enter 键换行，然后输入对红烧狮子头的介绍文字，并设置其字号为 12，对齐方式为左对齐。

（4）选中正文部分，然后单击"字体"区域的"倾斜"按钮，将正文设置为斜体。

（5）将光标定位在正文的末尾，然后按下 Enter 键换行。在"插入"区域单击"图片"按钮，打开"选择图片"对话框，在该对话框中选择一幅图片。

（6）单击"打开"按钮，插入图片，并调整图片的大小。

4. 保存和打开文档

文档编辑完成后，就需要对文档进行保存，否则一旦断电或关闭电脑，编辑的文档就丢失了。另外用户如果想要查看以前编辑过的文档，也要先将其打开。

（1）保存文档。

要保存文档，用户可以采用以下操作：单击"写字板"菜单，选择"保存"命令，或者直接单击快速访问工具栏中的"保存"按钮。

如果文档是第一次保存，则系统会弹出"保存为"对话框，在最上端的地址栏下拉列表中，用户可选择文档保存的位置，在"文件名"下拉列表中用户可设置文档的保存名称；在"保存类型"下拉列表中，用户可设置文档的保存名称；在"保存类型"下拉列表中，用户可设置文档的保存类型。设置完成后单击"保存"按钮，即可保存文档。

如果用户想把已经更改过的文档保存在磁盘的其他位置，或者是更改文档的名称，可选择"文件"→"另存为"命令，在打开的"保存为"对话框中进行设置即可。

（2）打开文档。

要打开已经存在的写字板文档，只需双击该文档的图标即可。

若用户想要在已经打开的写字板程序中打开另一个文档，可单击"写字板"按钮，选择"打开"命令，在打开的"打开"对话框中选择要打开的文档，单击"打开"按钮即可。

五、截图工具

Windows 7 操作系统的附件中新增了一个截图工具，它能够方便地帮助用户截取屏幕上显示的画面，其中包括任意区域的截图、全屏截图和窗口截图等多种截图方式。有了截图工具，屏幕上任何一刻的精彩，便都能将其据为己有了。

随堂实训 5　截图工具的使用

1. 矩形截图

单击"开始"按钮，选择"所有程序"→"附件"→"截图工具"命令，即可打开截图工具的控制工具栏。

默认设置下，即为矩形截图模式。在截图工具的工具栏之外，光标将变为十字的形状，用户只需按住鼠标左键不放拖动鼠标，即可绘制一个矩形形状的截图区域。

区域选定后，松开鼠标左键，即可自动打开"截图工具"窗口，其中显示截取好的图片。单击"保存"按钮可保存该图片。

如果用户还想继续截图，可单击"新建"按钮，即可继续截图。

2. 窗口截图

为了方便用户截图，截图工具还提供了窗口截图的功能。

单击截图工具控制工具栏中的"新建"按钮右方的倒三角按钮，在弹出的下拉菜单中选择"窗口截图"选项。此时，软件会自动识别当前打开的窗口区域，如图 2.43 所示，用户只需在要截取的窗口中单击鼠标，即可截取该窗口。

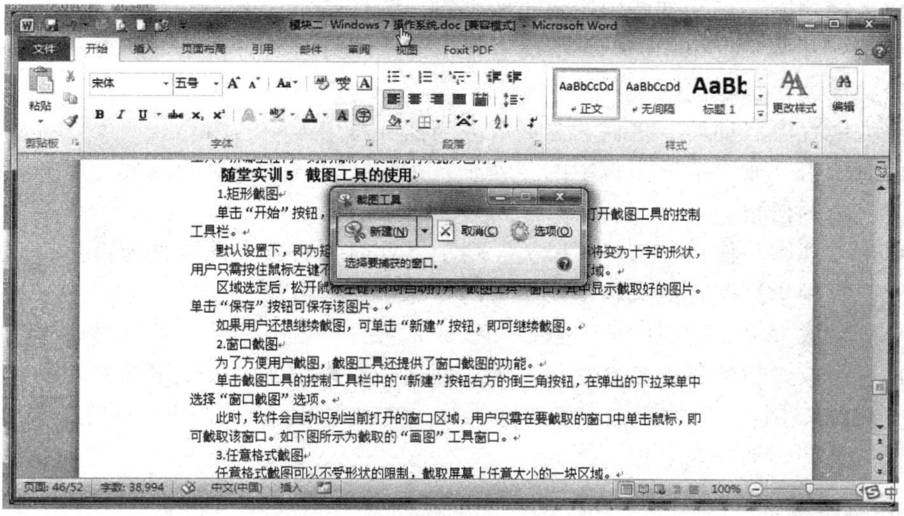

图 2.43　截取当前窗口

3. 任意格式截图

任意格式截图可以不受形状的限制，截取屏幕上任意大小的一块区域。

单击截图工具控制工具栏中"新建"按钮右方的倒三角按钮，在弹出的下拉菜单中选择"任意格式截图"选项。即可拖动鼠标在屏幕上截取一个任意大小和形状的区域。

4. 全屏截图

用户若要截取整个电脑屏幕，可使用全屏截图功能。

单击截图工具控制工具栏中"新建"按钮右方的倒三角按钮，在弹出的下拉菜单中选择"全屏幕截图"选项，即可自动截取当前屏幕中的内容。

截取后的内容会自动显示在截图工具窗口中。

5. 设置截图选项

在截图工具面板中单击"选项"按钮，可打开"截图工具选项"对话框，用户可在该对话框中设置截图的相关参数。

六、轻松访问中心

在 Windows 7 的附件中提供了一些比较人性化的辅助工具，它们可以满足一些具有特殊需求的用户。例如，视力不好的用户可以使用放大镜查看资源，利用讲述人功能可以开启操作提示，不习惯用手指打字的用户可使用屏幕键盘等。

随堂实训 6　轻松访问中心的使用

1. 使用放大镜

为了方便视力不好的用户能够更好地阅读电脑屏幕上的内容，Windows 7 提供了放大镜的功能。放大镜功能开启后，默认状态下在屏幕顶端区域显示放大后的内容。

使用放大镜功能，查看文档中比较小的字符。具体步骤如下：

（1）单击"开始"按钮，选择"所有程序"→"附件"→"轻松访问"→"放大镜"命令，即可启动放大镜程序。

（2）放大镜程序启动后，将自动全屏放大当前屏幕中显示的内容。

（3）此时单击"放大镜"面板中的"缩小"按钮，可减小缩放的倍数；单击"放大"按钮，可放大显示的倍数。

（4）单击"视图"按钮，选择"镜头"命令，此时可将放大镜调整为镜头的形式。

（5）此时，用户只需将镜头移至要查看的目标上，即可放大查看。

（6）单击"放大镜"面板中的"选项"按钮，可打开"放大镜选项"对话框，在该对话框中，用户可对放大镜的各项参数进行设置。例如，选择"使放大镜跟随文本插入点"复选框，当用户输入文本时，放大镜会自动跟随光标，并放大显示光标附近的内容。（注意：放大镜的视图模式不同，选项设置也不同。）

2. 使用屏幕键盘

如果用户不方便使用键盘进行输入，可以使用屏幕键盘。屏幕键盘打开后，用户只需用鼠标单击相应的按键即可实现和正常键盘相同的输入操作。

使用屏幕键盘在记事本中输入"一帆风顺"，如图 2.44 所示。具体步骤如下：

图 2.44　屏幕键盘

（1）打开记事本程序，单击"开始"按钮，选择"所有程序"→"附件"→"轻松访问"→"屏幕键盘"命令。

（2）此时，系统会自动打开屏幕键盘，将光标定位在记事本中，然后切换至搜狗拼音输入法，用鼠标依次单击屏幕键盘上的 Y，I，F，A，N，F，E，N，G，S，H，U，N 这 13 个按键。

（3）此时在候选词语中的第一个位置出现"一帆风顺"4 个字，直接单击空格键完成词语"一帆风顺"的输入。

3. 使用讲述人

Windows 7 的附件中提供了一个讲述人的功能，要使用该功能，电脑必须要配置耳机或音箱。讲述人功能开启后，系统会开启语音提示功能，提示用户输入的操作内容和当前窗口的信息。

单击"开始"按钮，选择"所有程序"→"附件"→"轻松访问"→"讲述人"命令，即可开启讲述人功能。此时在屏幕右下角将显示"Microsoft 讲述人"窗口，如图 2.45 所示。单击"语音设置"按钮，可打开"语音设置—讲述人"对话框。

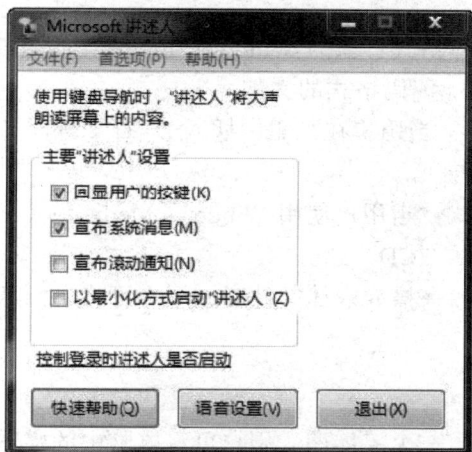

图 2.45 "Microsoft 讲述人"窗口

在该对话框中用户可设置讲述人的声音类型、语速的快慢、声音的大小和声音的音调。要关闭讲述人功能，只需单击"Microsoft 讲述人"窗口右上角的"关闭"按钮即可。

七、Windows Media Player

在 Windows 7 操作系统中，用户可以使用 Windows Media Player 实现听歌和看电影的功能。它是系统自带的一款多功能媒体播放器，不但可以播放 CD，MP3，WAV 和 MIDI 等音频文件，而且可以播放 AVI，WMV、VCD/DVD 光盘和 MPEG 等视频格式的文件。本节将详细介绍 Windows Media Player 的常规使用方法。

随堂实训 7　*Windows Media Player* 的使用

1. 认识 Windows Media Player

使用 Windows Media Player 可以播放和管理电脑中以及网络上的数字媒体文件，还可以收听全世界范围内的广播，从 CD 光盘上复制音乐文件等。用户可以在"开始"菜单中打开 Windows Media Player 程序。

单击"开始"按钮，选择 Windows Media Player 选项，即可打开 Windows Media Player。

地址栏：包含了"前进"按钮、"后退"按钮和地址栏。

工具栏：提供常用的命令，包含"组织"按钮、"媒体流"按钮、快速创建播放列表、图标显示切换以及搜索框，它代替了传统的菜单栏。

　　导航窗格：可在媒体库中快速切换显示的媒体的类别。

　　详细信息区：显示当前类别媒体的详细信息。

　　列表面板：显示播放、刻录以及同步时的列表。

　　播放控制区：提供常规的播放控制按钮、播放模式快速切换按钮，以及显示当前媒体播放的状态。

　　除了界面和以前有了较大的改观外，在功能上，Windows Media Player 又有什么改进呢？这主要体现在以下几个方面。

　　（1）兼容更多种类的媒体格式：新的 Windows Media Player 支持包含 WMV，WMA，MPEGⅣ，AAC 和 AVC/H.264 编码格式的文件。

　　（2）DVD 播放更加方便：当用户在光驱中插入 DVD 影碟时，Windows Media Player 会自动全屏播放，无需人工参与。

　　（3）简约的音乐播放模式：当用户使用 Windows Media Player 的简约模式播放音乐时，会给用户带来更加直观亲切的"CD"感。

　　（4）与任务栏紧密结合：在播放媒体文件时，用户可将光标悬停在任务栏对应的缩略图中，来轻松控制播放。

2. 导入媒体文件

　　Windows 7 为用户提供了一个媒体库，用户可将电脑中的媒体文件导入媒体库中，当要播放这些媒体文件时，直接在媒体库中双击这些媒体文件即可。

　　将 D 盘 Music 文件夹中的音乐导入媒体库中。具体步骤如下：

　　（1）启动 Windows Media Player，右击"导航窗格"中的"音乐"选项，在弹出的快捷菜单中选择"管理音乐库"命令。

　　（2）在打开的"音乐库位置"对话框中单击"添加"按钮，打开"将文件夹包含在'音乐'中"对话框。

　　（3）在该对话框中选中 D 盘的 Music 文件夹，然后单击"包括文件夹"按钮，返回到"音乐库位置"对话框，此时选定的文件夹会出现在"音乐库位置"对话框中。

　　（4）单击"确定"按钮，即可成功地将 Music 文件夹中的音乐添加到媒体库中。

3. 翻录音乐 CD

　　Windows 7 为用户提供了一个媒体库，用户可将电脑中的媒体文件导入媒体库中，当要播放这些媒体文件时，直接在媒体库中双击这些媒体文件即可。

　　使用 Windows Media Player 翻录音乐 CD。具体步骤如下：

　　（1）首先将 CD 音乐光盘放入光驱中，然后启动 Windows Media Player，从左边的导航窗格中进入 CD 音乐光盘界面。

　　（2）单击"翻录 CD"按钮，即可开始翻录，翻录完成后的音乐文件默认存储在音乐库中。

　　（3）在默认设置下，Windows Media Player 会将音乐翻录成 WMA 的模式，如果用户想要翻录成 MP3 或其他格式，可单击"翻录设置"按钮，选择"格式化"下级菜单中的一种即可。

　　（4）另外在默认情况下，Windows Media Player 会将翻录音乐的质量选择为 128 Kbit/s，该种质量的音乐文件占用的存储空间较小，但是音效质量会受到损失。如果用户的硬盘足够大，可单击"翻录设置"按钮，在"音频质量"下级菜单中选择 192 Kbit/s，这样就可得到高保真度的音乐。

（5）如果用户想要使这一次的设置对以后的 CD 翻录都生效，可单击"翻录设置"按钮，选择"更多选项"命令，打开"选项"对话框。

（6）在该对话框中，用户可对音乐翻录的默认存储位置、默认的翻录格式和音频质量进行设置，设置完成后单击"确定"按钮即可。

4. 创建播放列表

我们可以在 Windows Media Player 中创建一个播放列表，以方便播放电脑中的音乐，省去切换歌曲的麻烦。

在 Windows Media Player 中创建播放列表。具体步骤如下：

（1）打开 Windows Media Player，单击地址栏右侧的"播放"选项卡，显示"播放列表"面板。

（2）直接将自己喜欢的曲目拖动至播放列表中，即可创建播放列表。确定列表包含的曲目后，单击"保存列表"按钮，然后给播放列表命名。

5. 同步媒体文件到便携设备

Windows 7 的媒体库不仅能够管理电脑中的媒体文件，还能够将媒体文件同步到便携设备中，它不同于以往的简单的复制粘贴操作，而是可以将某种无法播放的媒体文件在同步时自动进行格式转换。

将媒体库中的音乐文件同步到 MP3 播放器中。具体步骤如下：

（1）将 MP3 与计算机相连，打开 Windows Media Player，在左侧的导航窗格中右击该设备，然后选择"属性"命令。

（2）随后打开属性对话框，默认情况下 Windows Media Player 会将媒体文件同步到设备的根目录下，而 MP3 等便携播放设备通常会将音乐文件放在 Music 或 Sounds 目录下。因此，用户可将"设备名称"文本框中的名称设置为目录 G：\music。

（3）切换至"质量"选项卡，为了避免同步后出现便携设备无法支持文件播放的现象，这里默认选择了"根据设备需要转换音乐、图片、视频和电视节目（推荐）"复选框，Media Player 会在同步过程中自动转换媒体文件。

（4）设置完成后，单击"确定"按钮关闭属性对话框。单击 Windows Media Player 右上角的"同步"按钮，展开同步列表。

（5）通过导航窗格找到电脑中的媒体文件，然后将要同步的媒体文件拖动到同步列表中。

（6）确定列表包含的媒体文件后，单击"开始同步"按钮，即可开始同步。

八、Windows Live 照片库

很多用户的电脑中都会保存有大量的图片，使用 Windows 7 系统中的"Windows Live 照片库"功能，不仅能够快速便捷地浏览各种图片资源，还能够让用户轻松地对照片进行整理和编辑操作，从而打造完全属于自己的图片资源库。下面就来介绍 Windows Live 照片库的使用方法。

随堂实训 8　Windows Live 照片库的使用

1. 认识 Windows Live 照片库

在欣赏图片之前，必须先启动 Windows 照片库。如果用户在安装 Windows Live 本地软件功能包时选择了"照片库"，就可以通过"开始"菜单来打开"Windows Live 照片库"程序了。

单击"开始"按钮，选择"所有程序"→"Windows Live"→"Windows Live 照片库"命令，打开"Windows Live 照片库"窗口。

工具栏：集中了 Windows Live 照片库的大部分高级功能按钮。

导航窗格：该窗格根据照片的不同条件，为照片进行分类，用户可分别通过文件夹、拍摄日期、标签等对照片和视频进行分类浏览。

图片预览区域：显示照片的缩略图。

控制区域：可对照片进行旋转、删除和幻灯片放映等操作。

2. 向照片库中添加数字图片

Windows Live 照片库安装后，位于系统内置用户目录中的"图片"和"视频"文件夹中的媒体文件会添加到照片库中。如果用户想将非系统预设的图片目录中的图片添加到图片库中，可以让 Windows Live 照片库与这些文件的路径进行关联，而无须将这些图片文件转移到系统预设的图片目录中。

将 D 盘"我最喜欢的图片"文件夹中的图片添加到照片库中。具体步骤如下：

（1）单击"Windows Live 照片库"工具栏中的"文件"按钮，在弹出的菜单中选择"在照片库中添加文件夹"命令。

（2）在打开的"在照片库中添加文件夹"对话框中，选中 D 盘的"我最喜欢的图片"文件夹。

（3）单击"确定"按钮，按照对话框提示完成图片文件夹的添加。

（4）此时在照片库的导航窗格中将看到新添加的文件夹的名称。单击该文件夹，在图片预览区域即可查看文件夹中的图片。

3. 浏览图片

在照片库中的图片，用户可按照多种不同的方式进行浏览。例如使用缩略图方式、使用完整视图方式、使用幻灯片方式等。

（1）使用缩略图浏览图片。

默认情况下，Windows Live 照片库会以缩略图的形式显示所有图片，用户只需单击左边导航窗格中的图片类别或文件夹名称，即可查看相应图片的缩略图。

当用户将鼠标悬停在某张图片的缩略图上时，会弹出较大的浮动缩略图，以方便用户对图片进行预览。

（2）使用完整视图方式浏览图片。

要想完整地欣赏照片，只需双击该照片的缩略图即可。在完整模式下，"Windows Live 照片库"窗口右下角的控制区域会出现 ◄ 和 ► 按钮，用户可单击这两个按钮来切换图片。

此时的图片并非是图片的原始像素，如果用户想要以原始像素查看图片，只需单击右下角控制区域的"实际大小"按钮即可。此时图片的大小可能会超过当前 Windows Live 照片库的窗口尺寸，造成无法完整显示，用户可通过鼠标拖曳的方法来上下左右移动图片，以查看图片的全部细节。

（3）自动播放幻灯片。

当用户想要查看一组主题相同的图片时，可采用自动播放幻灯片的方式，以免去手动逐张切换图片的麻烦。

使用幻灯片的方式浏览"我最喜欢的图片"文件夹中的图片。具体步骤如下：

单击"Windows Live 照片库"导航窗格中的"我最喜欢的图片"选项，然后单击控制区域中的 🖵 按钮或者按下 F12 键，即可进入全屏的幻灯片播放模式。

在全屏播放时，移动鼠标可调出一组控制栏，单击控制栏上的"主题"按钮，可以在弹出的菜单中选择当前幻灯片播放的呈现效果，如淡化切换、平移和缩放等。

另外，单击控制条右侧的按钮，可以控制幻灯片切换的速度和循环方式。

4. 对照片进行简单的处理

Windows 7 的照片库不仅具有浏览图片的功能，还可对照片进行简单的处理，以弥补拍照时的不足。

使用 Windows Live 照片库对照片进行简单的处理。具体步骤如下：

（1）在 Windows Live 图片库中选中要处理的照片，然后单击工具栏中的"修复"按钮，打开修复任务窗格。

（2）首先单击"顺时针旋转"按钮，将图片进行旋转。

（3）单击修复任务窗格中的"调整曝光"按钮，打开"调整曝光"面板，用户可对图片的亮度、对比度等参数进行调整。

（4）单击"调整颜色"按钮，用户可对图片的色温、色调和饱和度进行调整。

（5）单击"裁剪图片"按钮，用户可通过拖动图片中的控制点来调整图片的裁剪范围，单击"应用"按钮，即可裁剪图片。

操 作 题

一、文件管理

1. 在 D 盘根目录创建一个个人文件夹，名称为"姓名"；然后在个人文件夹中创建三个子文件夹，分别取名为 first，second，third。

2. 在文件夹 second 中新建三个文件：文本文件 f 1.txt，Word 文档 f 2.doc，位图图像文件 f3.bmp。

3. 打开文档 f 2.doc，将资源管理器（不要最大化）窗口抓图，粘贴到文档 f 2.doc 中，再保存、关闭这个文档。

4. 将屏幕上所有窗口最小化后，对当前桌面进行全屏幕抓图，将此图粘贴到图像文件 f3.bmp 中，再保存、关闭这个图像文件。

5. 把文件夹 second 中的 2 个文件 f 1.txt、f 2.doc 复制到文件夹 third 中。

6. 把文件夹 third 中的文件 f 1.txt 改名为 blank.htm，把文件 f 2.doc 改名为"资源管理器.doc"。

7. 将文件夹 third 中的"资源管理器.doc"移动到文件夹 first 中。

8. 为文件夹 first 中的文件"资源管理器.doc"在个人文件夹中建立快捷方式,命名为"插图"。

9. 为文件夹 second 中的图像文件"f 3.bmp"建立快捷方式,保存在文件夹 first 中,并命名为"桌面"。

10. 删除文件夹 second 中的文件 f 1.txt 和 f3.bmp。

11. 把 first 中的文件"资源管理器.doc"的属性设置为"只读";把文件夹 first 的属性设置为"隐藏",且设置为不显示(完全隐藏)。

12. 在回收站中把文件 f1.bmp 还原。

13. 把 C 盘 windows 目录下(含子文件夹)以 exp 三个字母开头的所有文件复制到 D 盘个人文件夹中的文件夹 third 中。

14. 搜索"C:\windows"中(含子文件夹)字节数在 200 KB 以下的 gif 图像文件,并将所有的搜索结果复制到 D 盘个人文件夹的文件夹 first 中。

15. 将 D 盘个人文件夹中的文件夹 third 设置成"只读"共享。

二、系统环境设置

1. 开始菜单和任务栏的设置:将任务栏移动到屏幕上方;设置任务栏为自动隐藏;清除开始菜单中文档下的文档列表。

2. 在"开始菜单"中创建一个快捷方式,命名为"记事本"直接指向 C:\Winnt\System32 文件夹下的 Notepad.exe 应用程序。

3. 在"开始"菜单的"程序"组中创建一个快捷方式,命名为"计算器"直接指向 C:\Winnt\System32 文件夹下的 Calc.exe 应用程序。

4. 屏幕属性的设置:找一个扩展名为.bmp 的位图文件,将它设置为桌面墙纸,显示方式设为居中;设置屏保为三维文字,等待时间 2 分钟,密码为 ABC;显示分辨率设置为 1 024 × 768,不重新启动计算机。

5. 将显示器设置屏幕保护程序为"气泡",等待时间为 25 分钟,将桌面颜色设置为绿色(第三行第三列),或 RGB 为(0,255,0)。

6. 将系统日期改为 2013 年 10 月 10 日,时间改为下午 5 点 12 分。

7. 在桌面上添加时钟小工具。

8. 安装搜狗拼音输入法,并设置为系统默认输入法。

9. 设置鼠标显示的方案设置为"Windows 标准(大)"。

10. 利用控制面板中的鼠标,设置按钮配置为左手习惯,移动鼠标时显示指针轨迹。

11. 设置时间显示方式为"HH:mm:ss",货币显示方式为"$"。

12. 设置日期显示方式为"yyyy-mm-dd",数字显示方式为小数点后保留三位。

模块三

文档信息处理 Word 2010 的使用

Microsoft Office 是 Microsoft 公司推出的办公套装软件，主要版本有 Office 97/2000/2003/2007/2010 等，它包括 Word、Excel、PowerPoint、Access 等应用软件。Word 2010 是一个具有丰富的文字处理功能，图、文、表格混排，所见即所得，易学易用等特点的文字处理软件，可以实现文件、长文档、期刊、杂志、板报等多种编辑效果，是当前深受广大用户欢迎的文字处理软件之一。

【学习目标】

（1）掌握 Word 的基本功能、运行环境、Word 的启动和退出。

（2）掌握文档的基本操作，视图的使用。

（3）掌握文本编辑的基本操作，如剪切、移动和复制，定位、替换和查找操作，插入符号、字符、段落和页面设置，边框、底纹、页眉和页脚的添加，自选图形的绘制，图形元素的基本操作。

（4）字体格式设置、段落格式设置、文档页面设置和文档分栏等基本排版技术。

（5）表格的创建，表格格式及内容的基本编辑，文档打印预览、参数设置和打印输出。

（6）图片、文本框的插入，图文混排的方法。

任务一　初识 Word 2010

一、Word 2010 的启动、退出

1. Word 2010 的启动方法

常规启动方法有：按下 Windows 键弹出"开始"菜单，展开"所有程序"菜单，移动光标到"Microsoft Office"子菜单，展开该子菜单后，上下移动光标找到"Microsoft Office Word 2010"菜单，单击即可启动 Word 程序。

快捷方式启动方法：

（1）如果桌面上建立有 Word 2010 的快捷方式，双击 Word 2010 快捷方式图标。

（2）打开资源管理器，在左侧目录树中找带有 Word 文档图标的文件，双击该文件。

2. Word 2010 的退出方法

（1）执行"文件"→"退出"命令。

（2）单击 Word 2010 窗口标题栏右边的"关闭"按钮。

（3）双击 Word 2010 窗口左上角的控制按钮。

（4）单击 Word 2010 窗口左上角的控制按钮或右击 Word 2010 窗口标题栏，在弹出的菜单中选择"关闭"。

（5）使用快捷键【Alt + F4】。

在执行退出 Word 操作时，如果有文档输入或修改后尚未保存，那么 Word 将会给出一个对话框，询问是否要保存未保存的文档，若单击"是"按钮，则保存当前输入或修改的文档，接着，Word 还会给出另一个对话框询问文件夹名、文档名和文档类型；若单击"否"按钮，则放弃当前所输入或修改的内容，退出 Word；若单击"取消"按钮，则取消这次操作，继续工作。

二、Word 2010 的操作环境

Word 2010 启动后，出现在我们面前的是 Word 2010 的窗口，它主要由标题栏、功能区、标尺、编辑区、滚动条、状态栏等组成。Word 是 Windows 系统环境下的一个应用程序，其窗口和窗口的组成与其他应用程序相似。在 Word 窗口的工作区中可以对创建或打开的文档进行各种编辑、排版等操作。Word 2010 窗口的组成如图 3.1 所示。

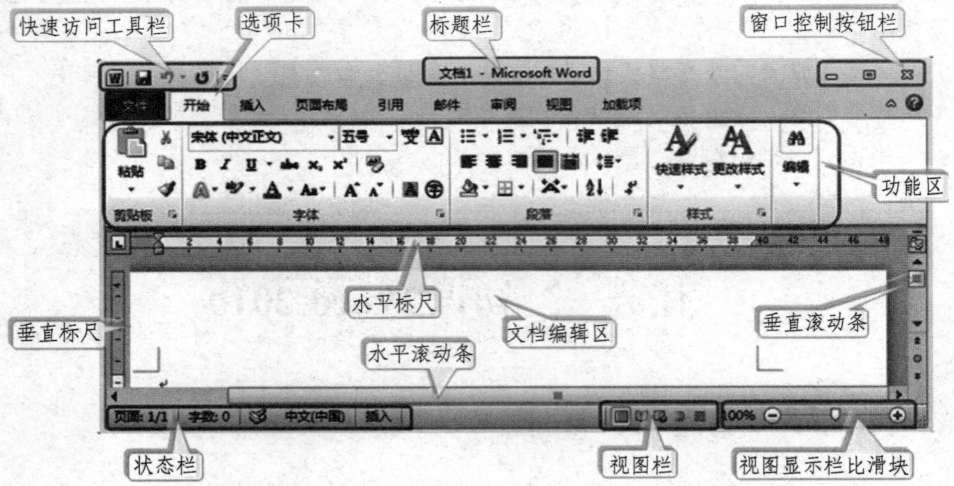

图 3.1　Word 2010 窗口的组成

（一）标题栏

标题栏位于窗口的最上方。标题栏主要包括"控制菜单"按钮、快速访问工具栏、文件名称、程序名称和"窗口控制"按钮。当窗口不是最大化时，用鼠标按住标题栏拖动，可以改变窗体在屏幕上的位置。双击标题栏可以使窗口在最大化与非最大化间切换。标题栏各组成部分的意义如下：

（1）"控制菜单"按钮：位于窗口左上角，单击此按钮会弹出一个下拉菜单，相关的命令用于控制窗口的大小、位置及关闭窗口。直接双击此按钮可以关闭整个窗口。

（2）"窗口控制"按钮：可以对当前窗口进行控制，共 3 个按钮。

①　"最小化"按钮：位于标题栏右侧，单击此按钮可以将窗口最小化，缩小成一个小按钮显示在任务栏上。

②　"最大化"按钮和"还原"按钮：位于标题栏右侧，这两个按钮不可以同时出现。当窗口不是最大化时，单击它可以使窗口最大化，占满整个屏幕；当窗口是最大化时，单击它可以使窗口恢复到原来的大小。

③　"关闭"按钮：位于标题栏最右侧，单击它可以退出整个 Word 2010 应用程序。

（二）功能区

Microsoft Word 从 Word 2007 升级到 Word 2010，其最显著的变化就是使用"文件"按钮代替了 Word 2007 中的 Office 按钮，使用户更容易从 Word 2003 等旧版本中转移。另外，Word 2010 同样取消了传统的菜单操作方式，而代之于各种功能区。在 Word 2010 窗口上方看起来像菜单的名称其实是功能区的名称，当单击这些名称时并不会打开菜单，而是切换到与之相对应的功能区面板。

功能区包含选项卡、组和按钮。选项卡位于标题栏下方，每一个选项卡都包含若干个组，组是由代表各种命令的按钮组成的集合。Word 2010 的命令是以面向对象的思想进行组织的，同一组的按钮其功能是相近的。

功能区中每个按钮都是图形化的，用户可以一眼分辨它的功能。而且，当鼠标指向功能区中的按钮时，会出现一个浮动窗口，显示该按钮的功能。在选项卡的某些组的右下角有一个"对话框启动器"按钮，单击该按钮可弹出相应的对话框。

除了可以直接用鼠标单击功能区中的按钮来使用各种命令外，用户也可以使用键盘按键来进行操作。用户只要按下键盘的 Alt 键或 F10 键，功能区就会出现下一步操作的按键提示。

每个功能区所拥有的功能所述如下：

1."开始"功能区

"开始"功能区中包括剪贴板、字体、段落、样式和编辑五个组，对应 Word 2003 的"编辑"和"段落"菜单部分命令。该功能区主要用于帮助用户对 Word 2010 文档进行文字编辑和格式设置，是用户最常用的功能区。

2."插入"功能区

"插入"功能区包括页、表格、插图、链接、页眉和页脚、文本、符号和特殊符号几个组，对应 Word 2003 中"插入"菜单的部分命令，主要用于在 Word 2010 文档中插入各种元素。

3."页面布局"功能区

"页面布局"功能区包括主题、页面设置、稿纸、页面背景、段落、排列几个组，对应 Word 2003 的"页面设置"菜单命令和"段落"菜单中的部分命令，用于帮助用户设置 Word 2010 文档页面样式。

4."引用"功能区

"引用"功能区包括目录、脚注、引文与书目、题注、索引和引文目录几个组，用于实现在 Word 2010 文档中插入目录等比较高级的功能。

5."邮件"功能区

"邮件"功能区包括创建、开始邮件合并、编写和插入域、预览结果和完成几个组，该功能区的作用比较专一，专门用于在 Word 2010 文档中进行邮件合并方面的操作。

6."审阅"功能区

"审阅"功能区包括校对、语言、中文简繁转换、批注、修订、更改、比较和保护几个组，主要用于对 Word 2010 文档进行校对和修订等操作，适用于多人协作处理 Word 2010 长文档。

7."视图"功能区

"视图"功能区包括文档视图、显示、显示比例、窗口和宏五个组，主要用于帮助用户设置 Word 2010 操作窗口的视图类型，以方便操作。

8."加载项"功能区

"加载项"功能区包括菜单命令一个分组，加载项是可以为 Word 2010 安装的附加属性，如自定义的工具栏或其他命令扩展。"加载项"功能区则可以在 Word 2010 中添加或删除加载项。

9. 最小化功能区

如果用户在浏览、操作文档过程中需要增大显示文档的空间，可以只显示选项卡，而不显示组和按钮。具体操作方法有：

（1）单击"快速访问工具栏"右边的箭头按钮。

（2）在功能区右击鼠标，在弹出的下拉菜单中选择"最小化功能区"命令，这时功能区中只显示选项卡名字，隐藏了组和按钮。

如想恢复组和按钮的显示，只需单击"快速访问工具栏"右边的箭头按钮；也可以通过【Ctrl+F1】快捷键实现功能区的最小化操作或还原功能区的正常显示。

（三）标　尺

标尺有水平标尺和垂直标尺两种。

在 Word 2010 中，默认情况标尺是隐藏的。用户可以通过单击窗口右边框上角的"显示标尺"按钮来显示标尺。标尺包括水平标尺和垂直标尺。可以通过水平标尺查看文档的宽度、查看和设置段落缩进的位置、查看和设置文档的左右边距、查看和设置制表符的位置；可以通过垂直标尺设置文档上下边距。

（四）工作区

工作区是格式工具栏以下和状态栏以上的一个区域。在 Word 窗口的工作区中可以打开一个文档，并对它进行文本键入、编辑或排版等操作。Word 可以打开多个文档，每个文档有一个独立窗口，并在系统任务栏中有一个对应的文档按钮。在编辑区里，用户可以尽情地发挥自己的聪明才智和想象力，编辑出图文并茂的作品。

在工作区，无论何时，都会有插入点（一条竖线）不停闪烁，它指示下一个输入文字的位置。

在工作区另外一个很重要的符号是段落标记，它用来表示一个段落的结束，同时还包含了该段落所使用的格式信息。

（五）滚动条

滚动条分垂直滚动条和水平滚动条。用鼠标拖动滚动条可以快速定位文档在窗口中的位置。除两个滚动条外，还有上翻、下翻、上翻一页和下翻一页等按钮，通过它们可以移动文档在窗口中的位置。垂直滚动条上还有"选择浏览对象"按钮，单击该按钮可以弹出浏览对象菜单，通过单击其中的图标选择不同的浏览方式，如按域浏览、按表格浏览、按图表浏览等方式来浏览文档。

（六）状态栏

状态栏位于窗口的底部，显示当前窗体的状态，包含："页面信息"区、"文档字数统计"区、"拼写检查"区、"编辑模式"区、"视图模式"区。

（1）"页面信息"区：显示如当前的格式页的页码、节、页码、垂直页位置、行号和列等信息。默认显示当前页页码和总页码。

（2）"文档字数统计"区：显示文档字数的统计信息。

（3）"拼写检查"区：显示校对信息、语言（国家\地区）、插入点工作方式（插入或改写）和宏信息。

（4）"视图模式"区：视图模式和显示比例。

三、Word 2010 快速访问与视图

（一）快速访问工具栏

用户可以在"快速访问工具栏"上放置一些最常用的命令按钮。

该工具栏中的命令按钮不会动态变换。用户可以增加、删除"快速访问工具栏"中的命令项。如果选择"在功能区下方显示"选项，这时快速访问工具栏就会出现在功能区的下方，而不是上方。

默认情况下，"快速访问工具栏"中只有数量较少的命令，用户可以根据需要添加多个自定义命令，操作步骤如下：

方法 1：单击"快速访问工具栏"右边向下的箭头按钮，在弹出的下拉菜单中选中或者取消相应的复选框即可。

方法 2：使用"文件"→"选项"命令，添加命令至快速访问工具栏。

随堂实训1　快速访问工具栏的设置

将"打印预览编辑模式"添加至快速访问工具栏。

（1）利用快速访问工具栏添加"打印预览编辑模式"命令，操作步骤如下：

① 单击快速访问工具栏右边的三角下拉按钮。

② 选择下拉列表中的"打印预览和打印"命令，如图 3.2 所示。

③ 这样就将"打印预览和打印"命令添加至快速访问工具栏了。

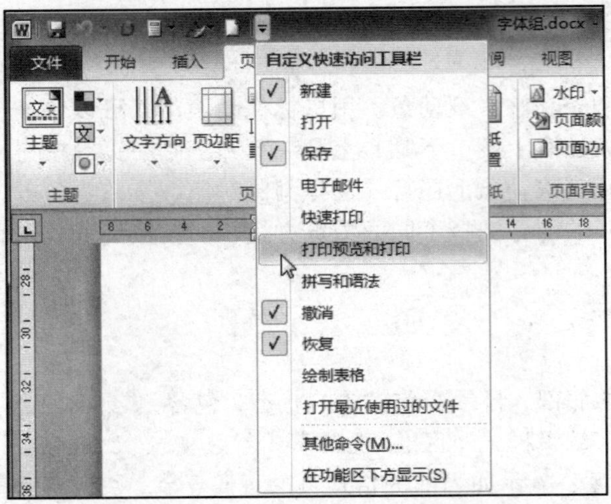

图 3.2　添加"打印预览编辑模式"至快速访问工具栏

（2）使用"文件"→"选项"命令，添加"打印预览编辑模式"命令至快速访问工具栏，操作步骤如下：

① 在文件菜单中，单击"选项"按钮，如图 3.3 所示。

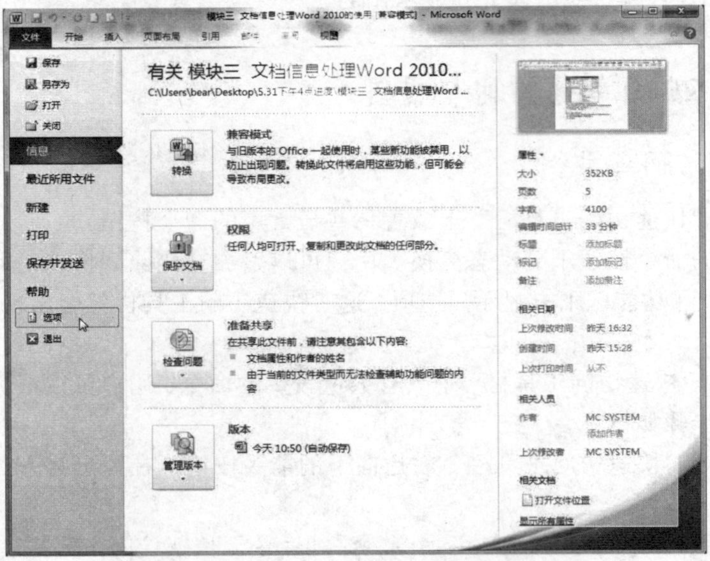

图 3.3　单击"选项"按钮

② 单击"自定义功能区"，从其中选择命令下拉列表中的所有命令。

③ 单击"打印预览编辑模式"，单击"添加"按钮，如图 3.4 所示。

图 3.4 添加"打印预览编辑模式"按钮

④ 单击"确定"按钮。

⑤ 重置快速访问工具栏。

打开如图 3.4 所示的对话框，单击"重置/仅重置快速访问工具栏"按钮，将"快速访问工具栏"恢复到原始状态。

（二）视图模式

在 Word 2010 中提供了多种视图模式供用户选择，这些视图模式包括"页面视图"、"阅读版式视图"、"Web 版式视图"、"大纲视图"和"草稿视图"5 种。用户可以在"视图"功能区中选择需要的文档视图模式，也可以在 Word 2010 文档窗口的右下方单击视图按钮选择视图。

1. 页面视图

"页面视图"可以显示 Word 2010 文档的打印结果外观，主要包括页眉、页脚、图形对象、分栏设置、页面边距等元素，是最接近打印结果的页面视图，如图 3.5 所示。

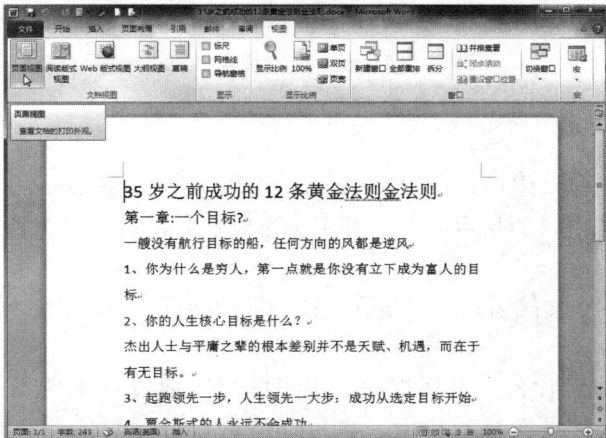

图 3.5 页面视图

2. 阅读版式视图

"阅读版式视图"以图书的分栏样式显示 Word 2010 文档，"文件"按钮、功能区等窗口元素被隐藏起来。在阅读版式视图中，用户还可以单击"工具"按钮选择各种阅读工具。

3. Web 版式视图

"Web 版式视图"以网页的形式显示 Word 2010 文档，Web 版式视图适用于发送电子邮件和创建网页。

4. 大纲视图

"大纲视图"主要用于设置 Word 2010 文档的设置和显示标题的层级结构，并可以方便地折叠和展开各种层级的文档。大纲视图广泛用于 Word 2010 长文档的快速浏览和设置。

5. 草稿视图

"草稿视图"取消了页面边距、分栏、页眉页脚和图片等元素，仅显示标题和正文，是最节省计算机系统硬件资源的视图方式，如图 3.6 所示。当然，现在计算机系统的硬件配置都比较高，基本上不存在由于硬件配置偏低而使 Word 2010 运行遇到障碍的问题。

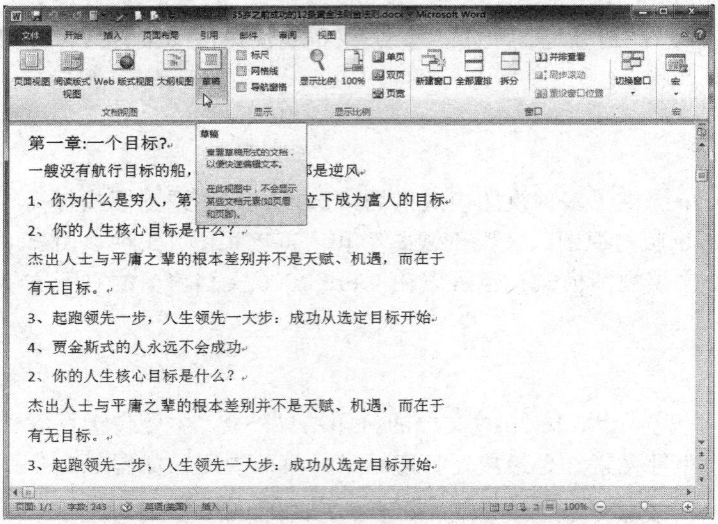

图 3.6　草稿视图

（三）显示比例

在 Word 2010 文档窗口中可以设置页面显示比例，从而调整 Word 2010 文档窗口的大小。显示比例仅仅调整文档窗口的显示大小，并不会影响实际的打印效果。设置 Word 2010 页面显示比例的步骤如下：

（1）打开 Word 2010 文档窗口，切换到"视图"功能区。在"显示比例"分组中单击"显示比例"按钮。

（2）在打开的"显示比例"对话框中，用户既可以通过选择预置的显示比例（如 75%页宽）设置 Word 2010 页面显示比例，也可以微调百分比数值调整页面显示比例，如图3.7 所示。

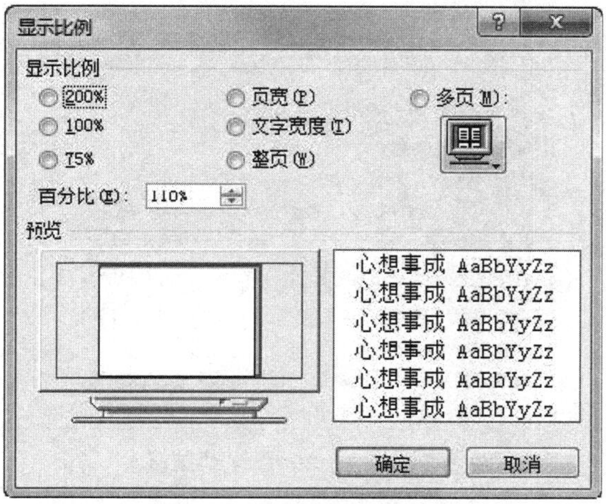

图 3.7 "显示比例"对话框

提示：除了在"显示比例"对话框中设置页面显示比例以外，用户还可以通过拖动 Word 2010 状态栏上的滑块放大或缩小显示比例，调整幅度为 10%，如图 3.8 所示。

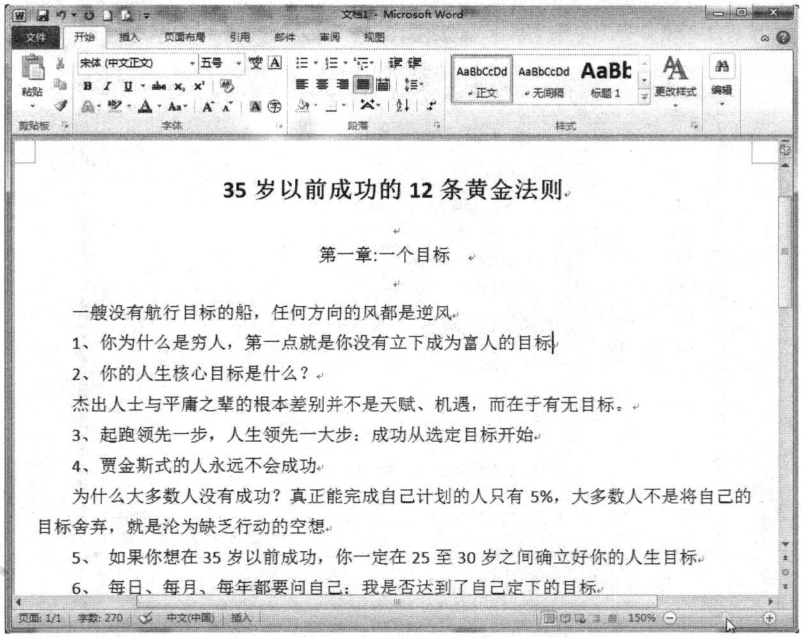

图 3.8 拖动滑块调整显示比例

（四）浮动工具栏

浮动工具栏是 Word 2010 中一项极具人性化的功能，当 Word 2010 文档中的文字处于选中状态时，如果用户将鼠标指针移到被选中文字的右侧位置，将会出现一个半透明状态的浮动工具栏。该工具栏中包含了常用的设置文字格式的命令，如设置字体、字号、颜色、居中对齐等命令。将鼠标指针移动到浮动工具栏上将使这些命令完全显示，进而可以方便地设置文字格式，如图 3.9 所示。

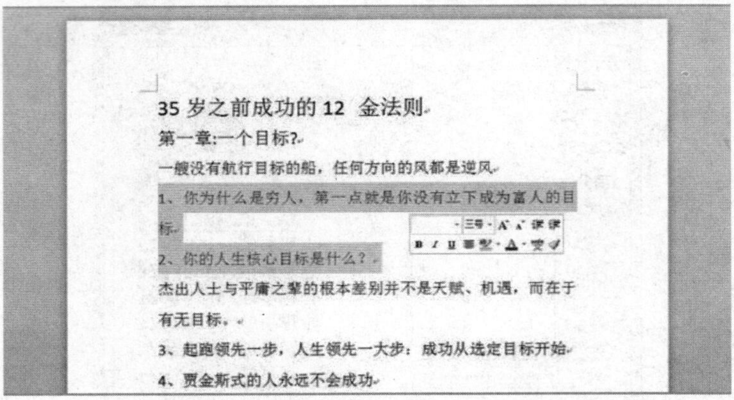

图 3.9　Word 2010 浮动工具栏

如果不需要在 Word 2010 文档窗口中显示浮动工具栏，则可以在【Word 选项】对话框中将其关闭，操作步骤如下：

（1）打开 Word 2010 文档窗口，依次单击"文件/选项"按钮。

（2）在打开的【Word 选项】对话框中，取消"常规"选项卡中的"选择时显示浮动工具栏"复选框，并单击"确定"按钮即可，如图 3.10 所示。

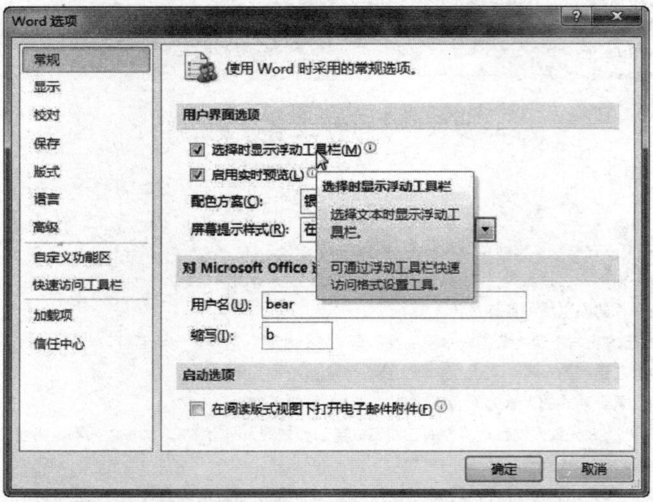

图 3.10　取消"选择时显示浮动工具栏"复选框

四、"文件"按钮

相对于 Word 2007 的 Office 按钮，Word 2010 中的"文件"按钮更有利于 Word 2003 用户快速迁移到 Word 2010。"文件"按钮是一个类似于菜单的按钮，位于 Word 2010 窗口左上角。单击"文件"按钮可以打开"文件"面板，包含"信息"、"最近"、"新建"、"打印"、"共享"、"打开"、"关闭"、"保存"等常用命令。

在默认打开的"信息"命令面板中，用户可以进行旧版本格式转换、保护文档（包含设置 Word 文档密码）、检查问题和管理自动保存的版本。

　　打开"最近"命令面板，在面板右侧可以查看最近使用的 Word 文档列表，用户可以通过该面板快速打开使用的 Word 文档。在每个历史 Word 文档名称的右侧含有一个固定按钮，单击该按钮可以将该记录固定在当前位置，而不会被后续历史 Word 文档名称替换。

　　打开"新建"命令面板，用户可以看到丰富的 Word 2010 文档类型，包括"空白文档"、"博客文章"、"书法字帖"等 Word 2010 内置的文档类型。用户还可以通过 Office.com 提供的模板新建诸如"会议日程"、"证书"、"奖状"、"小册子"等实用 Word 文档。

　　打开"打印"命令面板，在该面板中可以详细设置多种打印参数，例如双面打印、指定打印页等参数，从而有效控制 Word 2010 文档的打印结果。

　　打开"共享"命令面板，用户可以在面板中将 Word 2010 文档发送到博客文章、发送电子邮件或创建 PDF 文档。

　　选择"文件"面板中的"选项"命令，可以打开【Word 选项】对话框，在该对话框中可以开启或关闭 Word 2010 中的许多功能或设置参数。

任务二　Word 2010 的文件管理

一、创建新文档

（一）新建空白文档

　　当启动 Word 后，它会自动打开一个新的空文档并暂时命名为"文档 1"。除了这种自动创建文档的办法外，如果在编辑文档的过程中还需另外创建一个或多个新文档，可以用以下方法之一来创建。每一个新建文档对应一个独立的窗口，任务栏中就有一个相应的文档按钮，可单击按钮进行文档间的切换。

　　方法 1：启动 Word 2010 后，系统会自动创建一个名为"文档 1"的空白文档。

　　方法 2：如果用户已经启动 Word 2010 或已经在编辑文档，这时要创建新的空白文档，可以单击"文件"后从弹出的下拉菜单中选择"新建"→"空白文档"→"创建"命令，这时就会在 Word 窗口中创建一个新的空白文档。

　　方法 3：用户也可以使用快捷命令【Ctrl+N】来新建一个空白文档。

　　方法 4：在桌面空白处右击，在弹出的快捷菜单中选择"新建"→"Microsoft Office Word 文档"，即可直接在目标文件夹中创建一个新的空白文档。

（二）新建带有格式和内容的新文档

　　根据 Word 2010 提供的模板来新建文档。

　　Word 2010 把模板分成两大类：一类是"已安装的模板"；另一类是"Microsoft Office Online"模板，即在线模板。操作步骤如下：

　　（1）打开 Word 2010 文档窗口，依次单击"文件"→"新建"按钮。

　　（2）在打开的"新建"面板中，选中需要创建的文档类型，例如，可以选择"空白文档"、"博客文章"、"书法字帖"等文档。完成选择后单击"创建"按钮，如图 3.11 所示。

图 3.11　单击"空白文档"选项

提示：在 Word 2010 中有三种类型的 Word 模板，分别为：.dot 模板（兼容 Word97～2003 文档）、.dotx（未启用宏的模板）和.dotm（启用宏的模板）。在"新建文档"对话框中创建的空白文档使用的是 Word 2010 的默认模板 Normal.dotm。

二、打开已存在的文档

当要查看、修改、编辑或打印已存在的 Word 文档时，首先应该打开它。文档的类型可以是 Word 文档，也可以利用 Word 软件的兼容性，经过转换打开非 Word 文档（如 WPS 文件、纯文本文件等）。下面分别介绍打开的方法。

（一）打开所有支持的文档

打开一个或多个已存在的 Word 文档有下列几种常用方法：

（1）单击"文件"按钮 ，然后选择"打开"命令。

（2）按快捷键【Ctrl + O】或者【Ctrl+F12】。

执行"打开"操作时，Word 会显示一个"打开"对话框。在"打开"对话框的"查找范围"列表框下方的文件名列表框中，选定要打开的文件名，如图 3.12 所示。

图 3.12　"打开"对话框

　　选定一个文档名的情况比较简单，只要单击所要打开的文档名即可。如果选定多个文档名，则可同时打开多个文档。当文档名选定后，单击对话框中的"打开"按钮，则所有选定的文档被一一打开，最后打开的文档成为当前的活动文档。

　　提示：首次使用"打开"对话框时，"文档"文件夹是默认的文件夹。如果要打开的文档名不在当前文件夹中，则应利用"打开"对话框来确定文档所在的驱动器和文件夹。

（二）打开最近使用的文档

　　在 Word 2010 中，默认会显示最近打开或编辑过的 Word 文档，用户可以通过"最近所用文件"面板打开最近使用的文档，操作步骤如下：

　　（1）打开 Word 2010 文档窗口，单击"文件"按钮。

　　（2）在"文件"面板右侧的"最近所用文件"列表中单击准备打开的 Word 文档名称即可，如图 3.13 所示。

图 3.13　打开 "最近所用文件" 列表

（三）以其他方式打开文档

1. 使用"以副本方式打开"Word 文档

　　可以在相同文件夹中创建一份完全相同的 Word 文档，在原始 Word 文档和副本 Word 文档同时打开的前提下进行编辑和修改。在 Word 2010 文档窗口中以副本方式打开 Word 文档的步骤如下：

　　（1）打开 Word 2010 文档窗口，依次单击"文件"→"打开"命令。

　　（2）在打开的"打开"对话框中，选中需要打开的 Word 文档，单击"打开"按钮右侧的下拉三角按钮。在打开的菜单中选择"以副本方式打开"选项即可，如图 3.14 所示。

　　在打开的 Word 2010 文档窗口标题栏，用户可以看到当前 Word 文档为"副本（1）"模式。

2. 使用"只读方式打开"Word 文档

　　以"只读方式打开"的 Word 文档会限制对原始 Word 文档的编辑和修改，从而有效保护 Word 文档的原始状态。当然，在只读模式下打开的 Word 文档允许用户进行"另存为"操作，从而将当前打开的只读方式 Word 文档另存为一份全新的、可以编辑的 Word 文档。在 Word 2010 中以只读模式打开 Word 文档的步骤如下：

　　（1）打开 Word 2010 窗口，依次单击"文件"→"打开"命令。

（2）在打开的"打开"对话框中，选中需要打开的 Word 文档，单击"打开"按钮右侧的下拉三角按钮，在打开的菜单中选择"以只读方式打开"选项即可。

在打开的 Word 2010 文档窗口标题栏，用户看到当前 Word 文档处于"只读"方式。

图 3.14　选择"以副本方式打开"选项

三、文档的保存

（一）保存新建文档

文档输入完后，此文档的内容还驻留在计算机的内存之中。为了永久保存所建立的文档，在退出 Word 前应将它作为磁盘文件永久保存下来。保存文档的方法有如下几种：

（1）单击"快速访问工具栏"中的"保存"按钮 。

（2）单击"文件"后在弹出的菜单中选择"保存"命令。

（3）直接按快捷键【Ctrl + S】或【Shift+F12】。

若是第一次保存文档，会弹出"另存为"对话框，在这个对话框中需要指定文档的保存位置和文档名。默认情况下，系统以".docx"作为文档的扩展名。用户应在"保存位置"列表框中选定所要保存文档的文件夹，在"文件名"列表框中输入新的文件名（其余操作与"打开"对话框的相应操作类似），单击"保存"按钮，即可变更当前文档窗口标题栏中的文件名。文档保存后，该文档窗口并没有关闭，可以继续输入或编辑该文档。

（二）保存已存在的文档

如果用户根据上面的方法保存已存在的文档，Word 2010 只会在后台对文档进行覆盖保存，即覆盖原来的文档内容，没有对话框提示，但会在状态栏中出现"Word 正在保存…"的提示。一旦保存完成该提示就会消失。

但有时用户希望保留一份文档修改前的副本，此时，用户可以单击"文件"，在弹出的下拉菜单中选择"另存为"命令，在"另存为"对话框里进行文档的保存，要注意的是，如果不希望覆盖修改前的文档，必须修改文档名、文件格式和保存位置三者之一。

执行"文件/另存为…"命令把一个正在编辑的文档以另一个不同的名字保存起来，而原来的文件依然存在。

如果想要一次操作多个已编辑修改了的文档，最简便的方法是：按住 Shift 键的同时单击"文件"菜单项，这时菜单中的"保存"命令已变为"全部保存"命令，单击"全部保存"命令就可以实现一次操作保存多个文档。

（三）自动保存文档

为了避免意外断电或死机这类情况的发生而减少不必要的损失，Word 2010 提供了在指定时间间隔自动保存文档的功能。

（四）保存为其他格式文档

（1）保存为 Word 97 ~ 2003 兼容格式。

（2）保存为 PDF 或者 XPS 格式。

（五）文档的保护

如果所编辑的文档是一份机密文件，不希望无关人员查看此文档，则可以给文档设置"打开权限密码"。对文档设置了"打开权限密码"后，用户如想打开该文档，必须拥有正确的密码来验证用户的合法身份，否则将被视为非法用户，该文档将被拒绝打开。

如果文档允许别人查看，但禁止修改，那么可以给这种文档加一个"修改权限密码"。对设置了"修改权限密码"的文档，别人可以在不知道口令的情况下以"只读"方式查看，但无法修改它。

1. 设置密码

设置密码是保护文档的一种方法。设置密码的方法如下：

（1）打开"另存为"对话框。

（2）单击该对话框左下角的"工具"按钮。

（3）在弹出的菜单中选择"常规选项"命令，打开"常规选项"对话框。

（4）在"常规选项"对话框中设置"打开文件时的密码"，如图 3.15 所示。

（5）单击"确定"按钮后，根据提示再输入一遍密码。

（6）在"另存为"对话框中，设置保存文件的路径和文件名后单击"确定"按钮。

至此，密码设置完成。关闭文档后，密码就起作用了。当再打开此文档时，"密码"对话框要求用户键入密码以便核对，如密码正确，则文档打开；否则，文档不予打开。

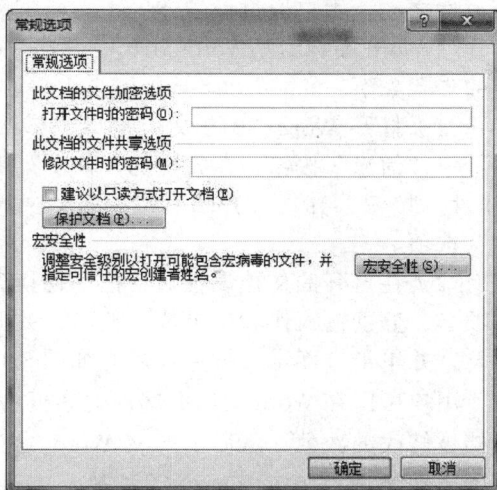

图 3.15　"常规选项"对话框

2. 取消已设置的密码

要取消已设置的密码，可以按下列步骤操作：

（1）用正确的密码打开该文档。

（2）执行"文件/另存为..."命令，打开"另存为"对话框。

（3）在"另存为"对话框中，执行"工具"→"常规选项"命令，打开"常规选项"对话框。

（4）在"打开文件时的密码"文本框中有一排星号（*），按 Delete 键删除密码，再单击"确定"按钮，返回"另存为"对话框。

（5）单击"另存为"对话框中的"保存"按钮。这样就删除了密码，以后再打开此文件时就不需要密码了。

如果要让文档可以被别人打开并查看，但无权修改它，可以设置修改权限密码。设置修改权限密码的步骤，除了要将密码键入"修改文件时的密码"的文本框中之外，其余的操作步骤与设置"打开权限密码"的操作一样。打开文档时的情形也有些类似，此时"密码"对话框多了一个"只读"按钮，供不知道密码的人以只读方式打开它。由上可见，将文件属性设置成"只读"也是保护文件不被修改的一种方法。

3. 将文件设置为只读文件

将文件设置成为只读文件的方法如下：

（1）用上述方法打开"常规选项"对话框。

（2）单击"建议以只读方式打开文档"复选框。

（3）单击"确定"按钮，返回"另存为"对话框。

（4）单击"保存"按钮，即完成只读属性的设置。

四、文档的属性

Word 文档属性包括作者、标题、主题、关键词、类别、状态和备注等项目，关键词属性属于 Word 文档属性之一。用户通过设置 Word 文档属性，将有助于管理 Word 文档。在 Word 2010 中设置 Word 文档属性的步骤如下：

（1）打开 Word 2010 文档窗口，依次单击"文件"→"信息"按钮。在打开的"信息"面板中单击"属性"按钮，并在打开的下拉列表中选择"高级属性"选项。

（2）在打开的文档属性对话框中切换到"摘要"选项卡，分别输入作者、单位、类别、关键词等相关信息，并单击"确定"按钮即可，如图 3.16 所示。

用户可以在 Word 文档的属性对话框中查看 Word 文档被修改的次数，从而了解该 Word 文档被修订的情况。在 Word 2010 文档窗口中查看 Word 文档被修改次数的步骤如下：

图 3.16　输入 Word 文档属性信息

（1）打开 Word 2010 文档窗口，依次单击"文件"→"信息"按钮。在"信息"面板中单击"属性"按钮，然后在打开的下拉列表中选择"高级属性"选项。

（2）在打开的文档属性对话框中，切换到"统计"选项卡。用户可以在"统计"选项卡中查看"修改时间"、"上次保存者"、"修订次数"等信息。

任务三　Word 文档的编辑

一、文档内容的输入

在文本某处插入新的文本、删除文本的几个或几行字、修改文本的某些内容、复制和移动文本的一部分查找与替换指定的文本等都是最基本的编辑操作技术。在做编辑操作前，需要掌握插入点的移动和文本选定这两个最基本的操作。

（一）插入点

当 Word 启动后自动创建一个名为"文档 1"的文档，其工作区是空的，只有在第一行第一列有一个闪烁着的黑色竖条（或称光标），称为插入点。键入文本时，它指示下一个字符的位置。每输入一个字符插入点自动向右移动一格。在编辑文档时，可以移动"I"状的鼠标指针并单击一下移动插入点的位置。也可以使用光标移动键来移动插入点到所希望的位置。在普通视图下，还会出现一小段水平横条，称为文档结束标记。

（二）输入文本

新建一个空白文档后，就可输入文本了。在窗口工作区的左上角有一个闪烁着的黑色竖条"|"，称为插入点，它表明输入的字符将出现的位置。输入文本时，插入点自动后移。

Word 有自动换行的功能，当输入每行的末尾时不必按 Enter 键，Word 就会自动换行，只有单设一个新段落时才需按 Enter 键。按 Enter 键标志一个段落的结束、新段落的开始。

中文 Word 既可输入汉字，又可输入英文。

输入英文单词一般有 3 种形式，第一个字母大写其余小写、全部大写或全部小写。在 Word 中按【Shift+F3】键，可以实现这 3 种书写格式的转换。具体操作：首先选定英文单词或句子，然后反复按【Shift+F3】键，选定的英文单词或句子在 3 种格式之间转换。

例如，对于英文文本"MICROSOFT WORD FOR WINDOWS"的 3 种格式转换：

（1）按组合键【Shift+F3】，转换书写格式为"microsoft word for windows"；

（2）再按【Shift+F3】键，转换书写格式为"Microsoft Word For Windows"；

（3）再按【Shift+F3】键，恢复原样"MICROSOFT WORD FOR WINDOWS"。

（三）"即点即输"

利用"即点即输"功能，可以在文档空白处的任意位置处快速定位插入点和对齐格式设置，输入文字，插入表格、图片和图形等。当将鼠标指针"|"移到特定格式区域时，"即点

即输"指针形状发生变化，即在鼠标指针"|"附近（上、下、左、右）出现将要应用的格式图标。表明双击此处可设置要应用的格式，这些格式包括：左对齐、居中、右对齐、左缩进、右侧或右侧文字环绕。

在输入时应注意以下问题：

1. 空　格

空格在文档中占的宽度，不但与字体和字号大小有关，也与"半角"或"全角"空格有关。"半角"空格占一个字符位置，"全角"空格占两个字符位置。

2. 回车符

文字输入行尾继续输入，后面的文字会自动出现在下一行，即文字输入行尾会自动换行显示。

3. 换行符

如果要另起一行，不另起一个段落，可以输入换行符。

提示：换行符显示为"↓"，与回车符不同。"回车"是一个段落的结束，开始新的段落，"↓"只是另起一行显示文档的内容。

4. 段落的调整

自然段落之间用回车符分隔。两个自然段落的合并只需删除它们之间的回车符即可。操作步骤：光标移到前一段落的段尾，按 Del 键可删除光标后面的回车符，使后一段落与前一段落合并。一个段落要分成两个段落，只需在要分离处键入回车键即可。

5. 文档中的标题最好用"标题"样式

文档中的正文通常用"正文"样式。如果文档中有多级标题，最好按标题的级别从大到小依次选择"标题1"、"标题2"等标题样式。选择方法是标定位标题文字所在的行或段落，在"开始"功能区的"样式"组中选择一个标题样式即可。

6. 文档中红色与绿色波形下划线的含义

如果没有在文本中设置下划线格式，却在文本的下面出现了下划线，可能是以下原因：当 Word 处在检查"拼写和语法"状态时，Word 用红色波形下划线表示可能的拼写错误，用绿色波形下划线表示可能的语法错误。

7. 文档中蓝色与紫色下划线的含义

Word 系统默认蓝色下划线的文本表示超级链接，紫色下划线的文本表示使用过的超级链接。

（四）插入点的移动

在文本区域中，插入点是一个不断闪烁着的黑色竖条"|"，称为插入点光标。在插入状态下（这就是 Word 的默认设置），每输入一个字符或汉字，插入点左边的所有文字相应右移一个位置，所以，可以在插入点前插入需要插入的文字和符号。应指出的是：当鼠标指针移到文本区时，其形状会变成"|"形，但它不是插入点而是鼠标指针。只有当"I"形鼠标指针移到文本的指定位置并单击一下鼠标左键后，才完成了将插入点移到指定位置的操作。除了用鼠标移动插入点外，移动插入点的其他方法如下：

1. 用键盘移动光标

可以用键盘上的移动光标键移动插入点（光标）。表 3.1 列出了利用键盘移动插入点的几个常用键及其功能。

表 3.1　用键盘移动插入点的常用键及其功能

键	说　明
←	移动光标到前字符
→	移动光标到后一个字符
↑	移动光标到前一行
↓	移动光标到后一行
Page Up	移动光标到前一页当前光标处
Page Down	移动光标到后一页当前光标处
Home	移动光标到行首
End	移动光标到行尾
Ctrl+ Page Up	移动光标到上页的顶端
Ctrl+ Page Down	移动光标到下页的顶端
Ctrl+ Home	移动光标到文档首
Ctrl+ End	移动光标到文档尾
Alt+ Ctrl+ Page Up	移动光标到文档页的开始
Alt+ Ctrl+ Page Down	移动光标到文档页的结尾
Shift+F5	移动光标到最近曾经修改过的 3 个位置

2. 选择"定位"命令移动光标

用"定位"命令可以使光标快速定位到指定的项。可定位的项有：页、节、行、书签、批注、脚注、尾注、域、表格、图形、公式、对象和标题等。例如，文档中插入了多个表格，用"定位"命令可以快速在表格之间定位。操作步骤如下：

（1）执行"开始"功能区"编辑"组"查找"→"转到"命令，打开"查找和替换"对话框，如图 3.17 所示。

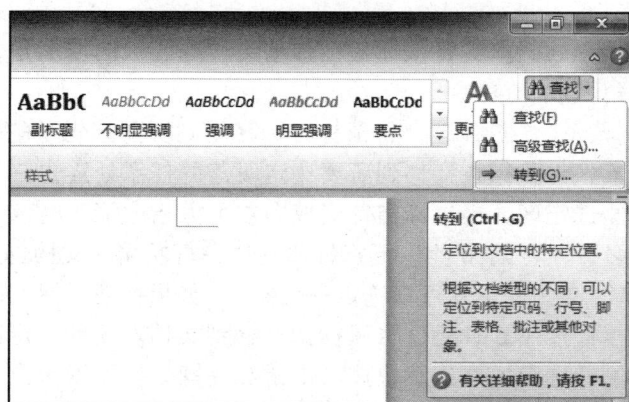

图 3.17　"查找"/"转到"命令

（2）在"定位"选项卡的"定位目标"列表中选择要定位的对象。

（3）反复单击前一处或后一处按钮，光标依次定位到当前光标之前或之后的对象。

也可在状态栏上单击"页面信息"区的页码信息，弹出"查找和替换"对话框，快捷键为"Ctrl+G"。

3. 用快速定位按钮定位

用快速定位按钮定位，与"定位"命令一样，可以快速定位光标到指定的项。

在垂直滚动条的下面有 3 个用于快速浏览对象的按钮，单击选择浏览"对象"按钮，弹出对象选项表。单击其中一个，光标立即定位到从当前光标开始以后最近的一个"对象"处。单击"上翻"按钮或"下翻"按钮，光标立即定位到当前光标之前或之后的一个"对象"处。

例如，一个长文档有多个插图，可以用上述 3 个按钮快速定位到任意一个插图位置，如图 3.18 所示。

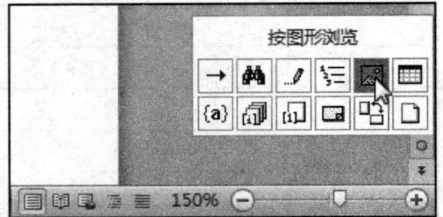

图 3.18　对象选项表

二、文本的基础操作

（一）文本的选定

如果要复制和移动文本的某一部分，则首先应选定这部分文本，可以用鼠标或键盘来实现选定文本的操作。

1. 用鼠标选定文本

选定任意大小的文本区：首先将"|"形鼠标指针移动到所要选定文本区的开始处，然后拖动鼠标直到所选定的文本区的最后一个文字并松开鼠标左键。这样，鼠标所拖过的区域被选定，并以反白形式显示出来。文本选定区域可以是一个字符或标点，也可以是整篇文档。

如果要取消选定区域，可用鼠标单击文档的任意位置或按键盘上的箭头键。

（1）选定大块文本：首先用鼠标指针单击选定区域的开始处，然后按住 Shift 键，配合滚动条将文本翻到选定区域的末尾，再单击选定区域的末尾，则两侧单击范围中包括的文本就被选定。

（2）选定矩形区域中的文本：将鼠标指针移动到所选区域的左上角，按住 Alt 键，拖动鼠标直到区域的右下角，放开鼠标。

（3）选定一个句子：按住 Ctrl 键，将鼠标光标移动到所要选句子的任意处单击一下。

（4）选定一个段落：将鼠标指针移到所要选定段的任意处连击三下。或者将鼠标指针移到所要选定段落左侧选定区，当鼠标指针变成向右上方指的箭头时双击之。

（5）选定一行或多行：将鼠标"I"形指针移到这一行左端的文档选定区，当鼠标指针变成向右上方指的箭头时，单击一下就可以选定一行文本，如果拖动鼠标，则可选定若干行文本。

（6）选定整个文档：按住 Ctrl 键，将鼠标指针移到文档左侧的选定区单击一下。或者将鼠标指针移到文档左侧的选定区并连续快速三击鼠标左键。也可以单击"开始"功能区"编辑"组"选择"下拉菜单中的"全选"命令或直接按快捷键【Ctrl+A】选定全文。

2. 用键盘选定文档

当用键盘选定文档时，注意应首先将插入点移到所选文本区的开始处，然后再按表 3.2 所示的组合键。

表 3.2　常用文本的组合键

组合键	选定功能
Shift+→	选定当前光标右边的一个字符或汉字
Shift+←	选定当前光标左边的一个字符或汉字
Shift+↑	选定到上一行同一位置之间的所有字符或汉字
Shift+↓	选定到下一行同一位置之间的所有字符或汉字
Shift + Home	从插入点选定到它所在行的开头
Shift + End	从插入点选定到它所在行的末尾
Shift + Page + Up	选定上一屏
Shift + Page + Down	选定下一屏
Ctrl + Shift + Home	选定从当前光标到文档首
Ctrl + Shift + End	选定从当前光标到文档尾
Ctrl + A	选定整个文档

3. 用扩展功能键 F8 选定文本

利用 Word 的扩展功能键 F8 选定文本也是很方便的。当按功能键 F8 后，表示扩展选区方式被打开。在此方式下，可以用键盘上的箭头键来选定文本。例如，按"→"键选取插入点右边的一个字符或汉字，按"↓"键选取下一行。

注意：用这种方法时，首先必须将插入点移到选定区域的开始处。按 Esc 键可以关闭扩展选取方式，再按任意箭头键取消选定区域。

（二）插入与删除文本

1. 插入文本

在已插入的文本的某一位置中插入一段新的文本的操作是非常简单的。唯一要注意的是当前文档处在"插入"方式还是"改写"方式。

在插入方式下，只要将插入点移到需要插入文本的位置，输入新文本就可以了。插入时，插入点右边的字符和文字随着新的文字的输入逐一向右移动。如在"改写"方式下，则插入点右边的字符或文字将被新输入的文字或字符所替代。

2. 删除文本

删除一个字符或汉字的最简单的方法是：将插入点移到此字符或汉字的左边，然后按 Delete 键；或者将插入点移到此字符或汉字的右边，然后按 Backspace 键。

删除几行或一大块文本的快速方法是：首先选定要删除的这块文本，然后按 Delete 键（或单击"常用"工具的"剪切"按钮）。

如果删除之后要恢复所删除的文本，只要单击快速访问工具栏中的"撤销"按钮即可。

（三）移动文本

在编辑文档时，经常需要将某些文件从一个位置移到另一个位置，以调整文档的结构。移动文本的方法如下：

1. 使用剪贴板移动文本

（1）选定所要移动的文本。

（2）执行"开始"选项卡"剪贴板"组的"剪切"命令，或按快捷键【Ctrl+X】。此时所选定的文本被剪切掉并保存在剪贴板中。

（3）将插入点移到文本拟要移动的新位置。此新位置可以在当前文档中，也可以在另一个文档上。

（4）执行"开始"选项卡"剪贴板"组的"粘贴"命令，或按快捷键【Ctrl+V】，所选定的文本便移动到指定的新位置上。

提示：Word 2010 提供的剪贴板存放"剪切"或"复制"的内容，用户可以根据需要选择其中之一粘贴到目标位置。

2. 使用快捷菜单移动文本

使用快捷菜单移动文本的操作步骤与"使用剪贴板移动文本"的方法类似，不同之处在于它使用快捷菜单中的"剪切"和"粘贴"命令。具体步骤如下：

（1）选定所要移动的文本。

（2）将"|"形鼠标指针移到所选定的文本区，当鼠标指针变成向左上角指的箭头时，右击鼠标，弹出快捷菜单。

（3）单击快捷菜单中的"剪贴"命令。

（4）再将"|"形鼠标指针移到拟要移动到的新位置上并右击一下，再弹出快捷菜单。

（5）单击快捷菜单中的"粘贴"命令，完成移动操作。

3. 使用鼠标移动文本

如果所移动的文本比较短小，而且拟移动到的目标位置就在同一屏幕中，那么用鼠标拖动它更为简捷。具体步骤如下：

（1）选定所要移动的文本。

（2）将"|"形鼠标指针移到所选定的文本区，使其变成向左上角指的箭头。

（3）按住鼠标左键，此时鼠标指针下方增加一个灰色的矩形，并在其前方出现虚竖线段（即插入点），它表明文本要插入的新位置。

（4）拖动鼠标指针前的虚插入点到文本拟要移动到的新位置上并松开鼠标左键，这样就完成了文本的移动。

4. 使用鼠标右键拖动文本

与"使用鼠标左键移动文本"的方法类似，也可以用鼠标右键拖动所选定的文本来移动文本。其操作步骤如下：

（1）选定所要移动的文本。

（2）将"｜"形鼠标指针移到所选定的文本区，使其变成向左上角指的箭头。

（3）按住鼠标右键，将虚插入点拖动到文本拟要移动到的新位置上并松开鼠标右键，出现快捷菜单，如图 3.19 所示。

一艘没有航行目标的船，任何方向的风都是逆风.

1、你为什么是穷人，第一点就是你没有立下成为富人的目标.

2、你的人生核心目标是什么？

杰出人士与平庸之辈的根本差别并不是天赋、机遇，而在于有无目标.

3、起跑领先一步，人生领先一大步：成功从选定目标开始.

移动到此位置(M)
复制到此位置(C)
链接此处(L)
取消(A)

4、贾金斯式的人永远不会成功.

为什么大多数人没有成功？真正能完成自己计划的人只有 5%，大多数人不是将自己的

图 3.19　鼠标右键拖动文本快捷菜单

（4）单击快捷菜单中的"移动到此位置"命令，完成移动。

（四）复制文本

操作中常常需要重复输入一些前面已经输入过的文本，使用复制操作可以减少键入错误，提高效率。复制文本是一个常用操作，与移动文本的操作类似。复制文本的方法有：

1. 使用剪贴板复制文本

可以通过执行"复制"和"粘贴"命令来实现文本的复制。具体步骤如下：

（1）选定所要复制的文本。

（2）执行"开始"功能区"剪切板"组的"复制"命令，或按快捷键【Ctrl+C】。此时所选定的文本的副本被临时保存在剪贴板之中。

（3）将插入点移到文本拟要复制到的新位置。与移动文本操作相同，此新位置也可以在另一个文档上。

（4）执行"开始"功能区"剪切板"组的"粘贴"命令，或按快捷键【Ctrl+V】，所选定的文本的副本被复制到指定的新位置上。

只要剪贴板上的内容没有被破坏，那么，同一块文本就可以复制到若干个不同的位置上。

提示：在 Word 2010 文档中，当执行"复制"或"剪切"操作后，则会出现"粘贴选项"命令，包括"保留源格式"、"合并格式"或"仅保留文本"三个命令，如图 3.20 所示。

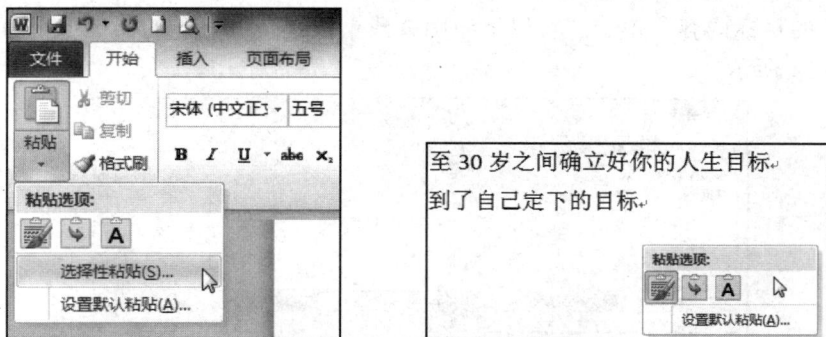

至 30 岁之间确立好你的人生目标.
到了自己定下的目标.

图 3.20　粘贴选项

"保留源格式"命令：被粘贴内容保留原始内容的格式；

"合并格式"命令：被粘贴内容保留原始内容的格式，并且合并应用目标位置的格式；

"仅保留文本"命令：被粘贴内容清除原始内容和目标位置的所有格式，仅仅保留文本。

2. 使用鼠标拖动复制文本

如果复制的文本比较短小，而且复制的目标位置就在同一屏幕中，那么用鼠标拖动复制显得更为简捷。具体步骤如下：

（1）选定所要复制的文本。

（2）将"|"形鼠标指针移到所选定的文本区，指针变成向左上角指的箭头。

（3）先按住 Ctrl 键，再按住鼠标左键，此时鼠标指针下方增加一个灰色的矩形和带"+"的矩形，并在其前方出现虚竖线段（即插入点），它表明文本要插入的新位置。

（4）拖动鼠标指针前的虚插入点到文本需要复制到的新位置上，松开鼠标左键后再松开 Ctrl 键，就可以将选定的文本复制到新的位置上。

使用鼠标右键拖动复制文本：此方法与"使用鼠标右键拖动文本"类似，只要将第（4）步操作改为单击快捷菜单中的"复制到此位置"命令即可。

三、查找与替换

（一）查 找

Word 的查找功能不仅可以查找文档中的某一指定的文本，而且可以查找特殊符号（如段落标记、制表符等）。

在 Word 2010 中进行查找操作时，默认情况下每次只显示一个查找到的目标。用户也可以通过选择查找选项同时显示所有查找到的内容，显示的目标内容可以同时设置格式（如字体、字号、颜色等），但不能对个别目标内容进行编辑和格式化操作。在 Word 2010 中同时显示所有查找到的目标内容的步骤如下：

（1）打开 Word 2010 文档窗口，在"开始"功能区的"编辑"分组中单击"查找"按钮。

（2）在打开的"导航"窗格中单击搜索按钮右侧的下拉三角按钮，并在打开的菜单中选择"查找"命令。

（3）在打开的"查找和替换"对话框中切换到"查找"选项卡，在"查找内容"编辑框中输入要查找的目标内容。单击"在以下项中查找"按钮，在打开的菜单中选择"主文档"命令，如图 3.21 所示。

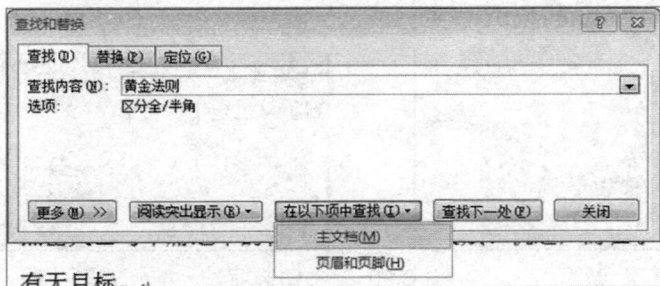

图 3.21 选择"查找"命令

（4）所有查找到的目标内容都将被标识为蓝色矩形底色，用户可以同时对查找到的内容进行格式化设置，如图 3.22 所示。

图 3.22　同时显示查找到的内容

在 Word 2010 文档中可以突出显示查找到的内容，并为这些内容标识永久性标记。即使关闭"查找和替换"对话框，或针对 Word 2010 文档进行其他编辑操作，这些标记将持续存在。在 Word 2010 中突出显示查找到的内容的步骤如下：

（1）打开 Word 2010 文档窗口，在"开始"功能区单击"编辑"分组的"查找"下拉三角按钮，并在打开的下拉菜单中选择"高级查找"命令。

（2）打开"查找和替换"对话框，在"查找内容"编辑框中输入要查找的内容，单击"阅读突出显示"按钮，并选择"全部突出显示"命令，如图 3.23 所示。

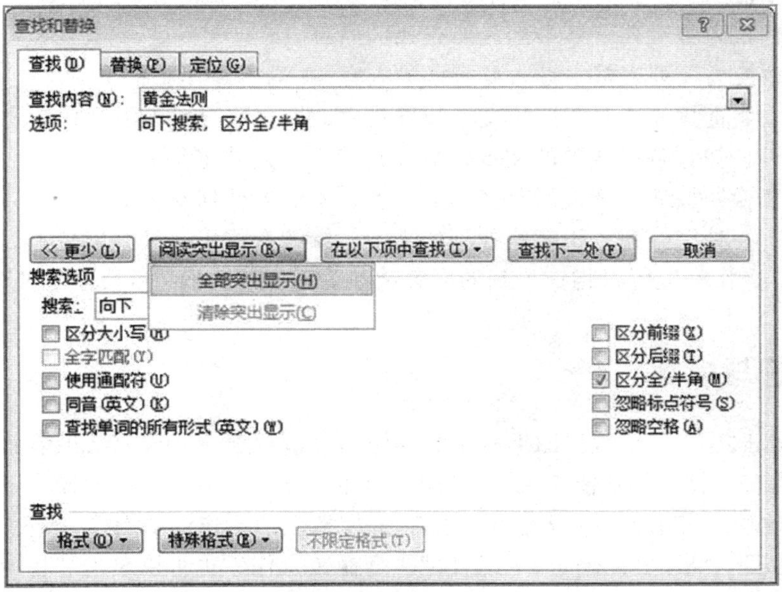

图 3.23　选择"全部突出显示"命令

（3）可以看到所有查找到的内容都被标识以黄色矩形底色，并且在关闭"查找和替换"对话框或对 Word 2010 文档进行编辑时，该标识不会取消。如果需要取消这些标识，可以选择"阅读突出显示"菜单中的"清除突出显示"命令。

提示："查找和替换"对话框"更多"扩展面板选项的含义如下所述：

● 搜索：在"搜索"下拉菜单中可以选择"向下"、"向上"和"全部"选项选择查找的开始位置；

● 区分大小写：查找与目标内容的英文字母大小写完全一致的字符；

● 全字匹配：查找与目标内容的拼写完全一致的字符或字符组合；

● 使用通配符：允许使用通配符查找内容；

● 同音（英文）：查找与目标内容发音相同的单词；

● 查找单词的所有形式（英文）：查找与目标内容属于相同形式的单词，最典型的就是 is 的所有形式（如 are，were，was，am，be）；

● 区分前缀：查找与目标内容开头字符相同的单词；

● 区分后缀：查找与目标内容结尾字符相同的单词；

● 区分全/半角：在查找目标时区分英文、字符或数字的全角、半角状态；

● 忽略标点符号：在查找目标内容时忽略标点符号；

● 忽略空格：在查找目标内容时忽略空格。

（二）替　换

前述的"查找"不但是一种比"定位"更精准的定位方式，而且可以和"替换"密切配合，对文档中出错的词/字进行更正。有时，需要将文档中多次出现的某个字（或词）替换为另一个字（或词），就可以利用"查找和替换"功能实现。"替换"的操作与"查找"操作类似。

（1）打开 Word 2010 文档窗口，在"开始"功能区的"编辑"分组中单击"替换"按钮。

（2）在"查找内容"列表框中键入要查找的内容。

（3）在"替换为"列表框中键入要替换的内容。

（4）在输入要查找和需要替换的文本和格式后，根据情况单击下列按钮之一：

● "替换"按钮：替换找到的文本，继续查找下一处并定位。

● "全部替换"按钮：替换所有找到的文本，不需要任何对话。

● "查找下一处"按钮：不替换找到的文本，继续查找下一处并定位。

● "替换"操作不但可以将查找到的内容替换为指定的内容，也可以替换为指定的格式。

四、撤销与恢复

在编辑 Word 2010 文档时，如果所做的操作不合适，想返回当前结果前面的状态，则可以通过"撤销"或"恢复"功能实现。"撤销"功能可以保留最近执行的操作记录，用户可以按照从后到前的顺序撤销若干步骤，但不能有选择地撤销不连续的操作。

用户可以按下【Alt+Backspace】组合键执行撤销操作，也可以单击"快速访问工具栏"中的"撤销"按钮。

执行撤销操作后，还可以将 Word 2010 文档恢复到最新编辑的状态。当用户执行一次"撤销"操作后，可以按下【Ctrl+Y】组合键执行恢复操作，也可以单击"快速访问工具栏"中已经变成可用状态的"恢复"按钮。

五、多窗口编辑技术

（一）窗口的拆分

Word 的文档窗口可以拆分为两个窗口，利用窗口拆分可以将一个大文档不同位置的两部分分别显示在两个窗口中，从而可以很方便地编辑文档。拆分窗口的方法有下列两种：

使用"视图"功能区"窗口"分组的"拆分"命令：执行"拆分"命令，鼠标指针变成双向箭头的形状且与屏幕上出现的一条灰色水平线相连，移动鼠标到要拆分的位置，单击鼠标左键确定。此后，如果还想调整窗口大小，只要把鼠标指针移到此水平线上，当鼠标指针变成上下箭头时，拖动鼠标可以随时调整窗口大小。如果要把拆分了的窗口合并为一个窗口，执行"窗口"→"取消拆分"命令即可。

拖动垂直滚动条上端的小横条拆分窗口：鼠标移到垂直滚动条上面的窗口拆分条，当鼠标指针变成双向带箭头的形状时，向下拖动鼠标将一个窗口分为两个。

插入点（光标）所在的窗口称为工作窗口。将鼠标指针移到非工作窗口的任意部位并单击一下，就可以将它切换成为工作窗口。在这两个窗口间可以对文档进行各种编辑操作。

（二）并排查看多个文档

Word 2010 具有多个文档窗口并排查看的功能，通过多窗口并排查看，可以对不同窗口中的内容进行比较。在 Word 2010 中实现并排查看窗口的步骤如下：

（1）打开两个或两个以上 Word 2010 文档窗口，在当前文档窗口中切换到"视图"功能区，然后在"窗口"分组中单击"并排查看"命令。

（2）在打开的"并排比较"对话框中，选择一个准备进行并排比较的 Word 文档，单击"确定"按钮。

（3）在其中一个 Word 2010 文档的"窗口"分组中单击"并排滚动"按钮，则可以实现在滚动当前文档时另一个文档同时滚动。

（三）多个文档窗口间的编辑

Word 允许同时打开多个文档进行编辑，每一个文档对应一个窗口。

在"窗口"下拉菜单的下部列出了被打开的文档名，文档名前标记的表示是当前文档的窗口。单击文档名可切换当前文档窗口，也可以单击任务栏中相应的文档按钮来进行切换。执行"窗口"→"全部重排"命令可以将所有文档窗口排列在屏幕上。

随堂实训 1　文档的输入和编辑

录入文档"受人欢迎的四句话"的全部内容，然后利用该文档进行编辑操作。

星云大师

　　自古就有"一言兴邦，一言丧邦"的明训，讲话确实是一门艺术。

　　如何说话才能受人欢迎？以下是我的四点建议：

　　一、为受窘的人说一句解围的话。助人不只是金钱、劳力、时间上的付出，说话也可以帮助别人。例如，有些人处在尴尬得不知如何下台的窘境时，你及时说出一句帮他解围，也是助人的一种。

　　二、为沮丧的人说一句鼓励的话。西谚云："言语赋予我们的功用，是在我们之间做悦耳之辞。"什么是悦耳之辞？就是说好话。说好话让人如沐春风，让人生发信心。遇到因受挫而心情沮丧的人，给他一些鼓励，一些鼓舞信心的话，就是以言语给他人力量。

　　三、为疑惑的人说一句点醒的话。荀子说："赠人以言，重于金石珠玉。"遇到徘徊在人生路口的人、对生命有疑惑的人，及时用一句有用的话点醒，有时会改变他的一生，甚至挽回一条性命。

　　四、为无助的人说一句支持的话。无助的人信心不足，需要他人给予肯定才有力量。这样的人经常生活在别人的善恶语言中，一句话可以改变他的心情好坏。面对无助的人，我们应该多讲给予支持的话，让他对自己生发信心、肯定自我。《说苑》曰："君子之言寡而实，小人之言多而虚。"话不在多，而在贴切与恰当。孟子说："言近而旨远者，善言也。"如果所说浅近，但是用意深远，就是一句好话。所以，话要谨慎说，才不会让人觉得轻薄，甚至招怨。

摘自《爱你》

　　（1）在文中第一行插入标题"受人欢迎的四句话"。

　　（2）在文档第二行"星云大师"前后各插入四个符号"★"，在文中的最后一行前插入一个符号"📖"。

　　（3）正文的第一段和第二段合为一段。

　　（4）将文中所有的"生发"替换为"产生"。

　　（5）在该文档中练习文本选定、删除、插入与改写、查找与替换、移动、复制等操作。

　　（6）编辑完成后，以原文件名、原位置保存文档。

任务四　文档的格式设置

　　文档经过编辑、修改后，通常还需进行排版，才能使之成为一篇图文并茂、赏心悦目的文章。Word 提供了丰富的排版功能，本节主要讲述文字格式的设置、段落的排版、版面设置和文档的打印等排版技术。

一、字符的格式化设置

　　字符是汉字、字母、数字和各种符号的总称。字符格式是指字符的外观显示方式，主要包括：字符的字体和字号；字符的字形，即加粗、倾斜等；字符颜色、下划线、着重号等；字符的阴影、空心、上标或下标等特殊效果；字符的修饰，即给字符加边框、加底纹、字符缩放、字符间距及字符位置等。

设置文字格式的方法有三种：一是使用"开始"选项卡"字体"组中的"字体"、"字号"、"加粗"、"倾斜"、"下划线"、"字符边框"和"字体颜色"等按钮来设置文字的格式；二是通过浮动工具栏中的格式按钮来设置文字的格式；三是通过"字体"对话框设置文字的格式。

Word 2010 默认的字体格式：汉字为宋体，五号；西文为 Times New Roman，五号。

（一）使用"开始"选项卡中的"字体"组设置文字的格式

通过图 3.24 所示的"字体"组中的按钮可以对字符进行字体、字号、加粗、倾斜、下划线、删除线、上标、下标、字体颜色、字符边框及字符底纹设置。

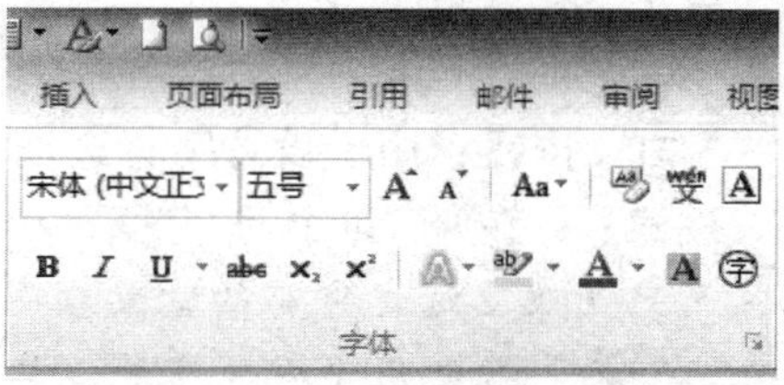

各按钮的功能说明如下：

"字体"框：字体就是指字符的形体。Word 2010 提供了宋体、隶书、黑体等中文字体，也提供了 Calibri，Times New Roman 等英文字体。"字体"框中显示的字体名是用户正在使用的字体，如果选定文本包含 2 种

图 3.24 "字体"组中的按钮

以上字体，该框将呈现空白。单击"字体"下拉列表按钮，会弹出字体列表，从中可以选择需要的字体，其中主题字体和最近使用的字体会排列在列表的上方。

如果文档中既有中文，又有英文，一般需独立设置中、英文字体。由于设置的中文字体对中英文都起作用，因此独立设置中、英文字体时要先设置中文字体，然后设置英文字体。如果想让中文字体只对中文字符起作用，而不对英文字符起作用，需要进行如下设置：在"Word 选项"对话框窗口左侧单击"高级"，然后在右侧"编辑选项"下方取消"中文字体也应用于西文"复选框。

"字号"框：用于设置字号。字号是指字符的大小。在 Word 中，字号有两种表示方法：一种是中文数字表示，称为"几"号字，如四号字、五号字，此时数字越小，实际的字符越大；另一种是用阿拉伯数字来表示，称为"磅"或"点"，如 12 点、16 磅等，此时数字越小，字符也就越小。

"B"和"I"按钮：用于设置字形。其中"B"按钮表示加粗，其快捷键为【Ctrl+B】；"I"按钮表示倾斜，其快捷键为【Ctrl+I】。它们都是开关按钮，单击一次用于设置，再次单击则取消设置。

"U"按钮：用于设置下划线，其快捷键为"Ctrl + U"。单击该按钮右边的下拉箭头按钮，可以打开下拉列表，选择下划线类型及下划线颜色。

"abc"按钮：用于设置删除线。

"X_2"和"X^2"按钮：分别用于设置下标和上标，其中"X_2"按钮用于设置下标，其快捷键是【Ctrl + =】；"X^2"按钮用于设置上标，其快捷键是【Ctrl + Shift + =】。除了将选定的字符直接设置为上下标外，用户还可以用提升字符位置的方法自定义上下标。

"$\underline{A}$"按钮：用于设置字体颜色。单击该按钮，可将选定字符颜色设置为该按钮"A"下面的颜色；如果设置为其他颜色，可单击该按钮右侧的下拉箭头按钮，打开如图 3.25 所示

的颜色列表，从中选择合适的颜色。

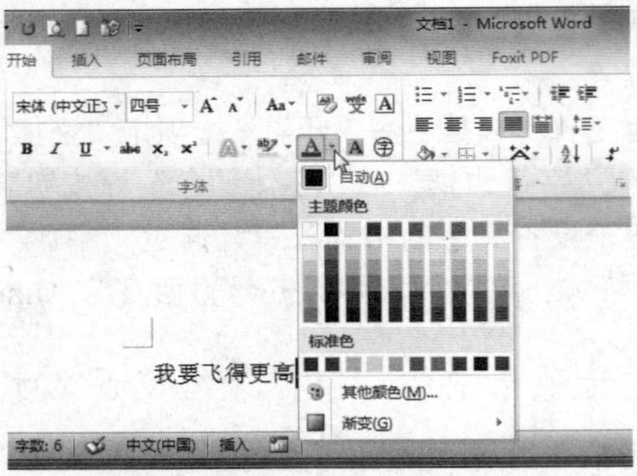

图 3.25　设置字体颜色

"Ａ"按钮：用于设置字符边框。

注意："字体"组中的"🖊"按钮用于设置突出显示字符。突出显示并不改变字符的颜色，而只是改变选定字符的背景颜色，使文字看上去像用荧光笔作了标记一样，以区别普通文本。"Ａ"按钮用于增大字号，其快捷键是【Ctrl + >】。"Ａ"按钮用于减小字号，其快捷键是【Ctrl + <】键。

（二）使用浮动工具栏设置文字的格式

在 Word 2010 中，用鼠标选中文本后，会弹出一个半透明的浮动工具栏，把鼠标移动到它上面，就可以显示出完整的屏幕提示，如图 3.26 所示。通过浮动工具栏可以对字符进行字体、字号、加粗、倾斜、字体颜色、突出显示等设置。该工具栏按钮功能参见"字体"组按钮功能说明。

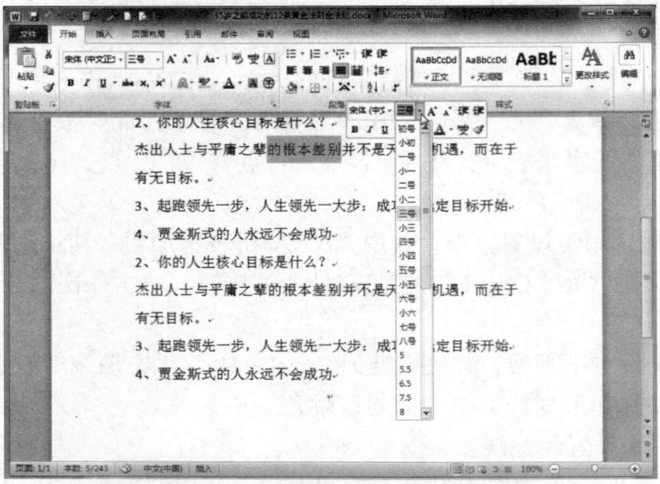

图 3.26　利用浮动工具栏设置字号

（三）使用"字体"对话框设置文字的格式

在如图 3.27 所示的"字体"对话框中可以进行更细致、更复杂的字符格式设置。

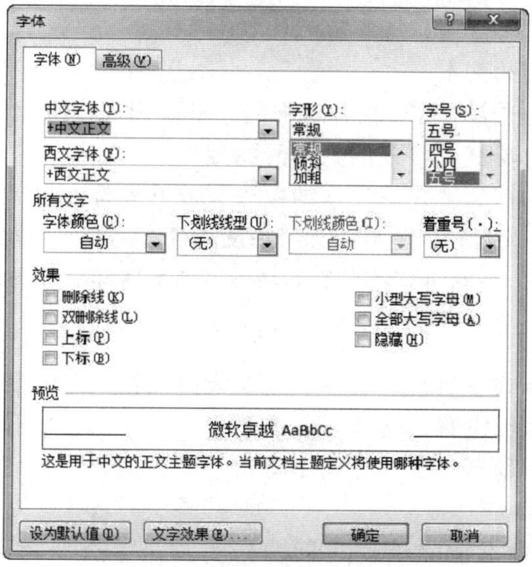

图 3.27　"字体"对话框

1. 打开"字体"对话框

在 Word 2010 中，打开"字体"对话框的方法有 3 种：

（1）在功能区选择"开始"选项卡，单击"字体"组右下角的"对话框启动器"按钮。

（2）在 Word 的编辑窗口右击，在弹出的快捷菜单中选择"字体"命令。

（3）按【Ctrl+D】快捷键。

2. "字体"对话框

（1）"字体"选项卡。

在该选项卡中可以对字符进行字体、字号、字形、字体颜色、下划线样式及其颜色、着重号、特殊效果（包括删除线、双删除线、上标、下标、阴影、空心、阳文、阴文、小型大写字母、全部大写字母、隐藏）等设置。

（2）"字符间距"选项卡。

在该选项卡中可以设置字符缩放比例、字符之间的距离和字符的位置等，其中：

"缩放"框：在水平方向上进行扩展或压缩文字。100%为标准缩放比例，小于 100%文字变窄，大于 100%文字变宽。

"间距"框：用于设置字符间距。通过调整"磅值"，加大或缩小文字的字间距。默认的字间距为"标准"。

"位置"框：用于设置字符的垂直位置，有标准、提升和降低 3 种格式。通过调整"磅值"，改变文字相对水平基线，提升或降低文字显示的位置，系统默认为"标准"。

（四）格式的复制和清除

对一部分文字设置的格式可以复制到另一部分文字上，使其具有同样的格式。设置好的格式如果觉得不满意，也可以清除它。使用"开始"选项卡"剪贴板"组的"格式刷"按钮可以实现格式的复制。

1. 格式的复制

（1）选定已设置格式的文本。

（2）单击"开始"选项卡"剪贴板"组中的"格式刷"按钮，此时鼠标指针变为刷子形。

（3）将鼠标指针移到要复制格式的文本开始处。

（4）拖动鼠标直到要复制格式的文本结束处，放开鼠标左键就完成格式的复制。

提示： 上述方法的格式刷只能使用一次。如果想多次使用，应双击"格式刷"，此时"格式刷"按钮就可使用多次。如要取消"格式刷"功能，只需再单击"格式刷"按钮一次即可。

2. 格式的清除

如果对于所设置的格式不满意，可以清除所设置的格式，恢复到 Word 默认的状态。逆向使用格式刷就可以清除已设置的格式。

也可以在"开始"选项卡"字体"组中单击"清除格式"按钮，将选定文本的所有格式清除，只留下纯文本内容。

另外，也可以用组合键清除格式。其操作步骤是：选定清除格式的文本，按组合键【Ctrl+Shift+Z】。

二、段落的格式化设置

一篇文章是否简洁、醒目和美观，除了文字格式的合理设置外，段落的恰当编排也是很重要的。在 Word 2010 中，段落由段落标记标识。键入和编辑文本时，每按一次 Enter 键就插入一个段落标记。段落标记中保存着当前段落的全部格式化信息，如段落对齐、缩进、行距、段落间距等。

删除一个段落标记后，该段落的内容即成为其后段落的组成部分，并按其后段落的方式进行格式化。被删除的段落标记可用"撤销"命令恢复，从而也恢复了相应的段落格式。

将段落标记显示在屏幕上，有助于防止误删段落标记而导致段落格式化信息的丢失。

段落的格式设置主要包括段落的缩进、行间距、段间距、对齐方式以及对段落的修饰等。为设置一个段落的格式，先选择该段落，或将插入点置于该段落中的任何位置。如果需设置多个段落的格式，则必须先选择这些段落。

注意： 当输入文本到页面右边界时，Word 会自动换行，只有在需要开始一个新的段落时才按 Enter 键，而且新段落的格式与前一段相同。文档中，段落是一个独立的格式编排单位，它具有自身的格式特征，如左右边界、对齐方式、间距和行距等。

（一）设置段落左右边界

段落的左边界是指段落左端与页面左边距之间的距离。同样，段落的右边界是指段落的右端与页面之间的距离（以厘米或字符为单位）。Word 默认以页面左、右边距为段落的左、右边界，即页面左边距与段落左边界重合，页面右边界与段落右边界重合。

在 Word 中，可以设置左缩进、右缩进、首行缩进和悬挂缩进。

左缩进：段落的所有行左侧均向右缩进一定的距离。

右缩进：段落的所有行右侧均向左缩进一定的距离。

　　首行缩进：段落的第一行向右缩进一定的距离。中文文档一般都采用首行缩进 2 个汉字。

　　悬挂缩进：除段落的第一行外，其余行均向右缩进一定的距离。这种缩进格式一般用于参考条目、词汇表项目等。

1．使用"开始"选项卡中的"段落"组命令设置段落缩进

　　使用"开始"选项卡中的"段落"组的"减少缩进量"或"增加缩进量"按钮，可以设置段落的缩进，如图 3.28 所示。

2．使用浮动工具栏设置段落缩进

　　单击"格式"工具栏中的"减少缩进量"或"增加缩进量"按钮，可缩进或增加段落的左边界。这种方法由于每次的缩进量是固定不变的，因此灵活性差。

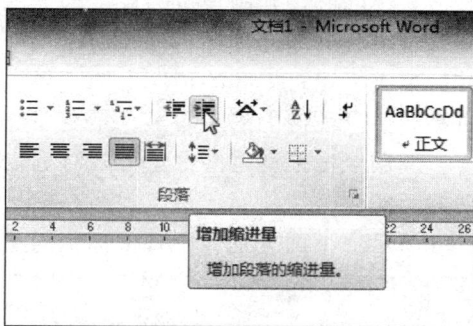

图 3.28　"段落"组的"增加缩进量"按钮

3．使用"段落"对话框设置段落缩进

　　（1）选定拟设置左、右边界的段落。

　　（2）单击"开始"选项卡"段落"组右下角的"对话框启动器"按钮，启动"段落"对话框，如图 3.29 所示。

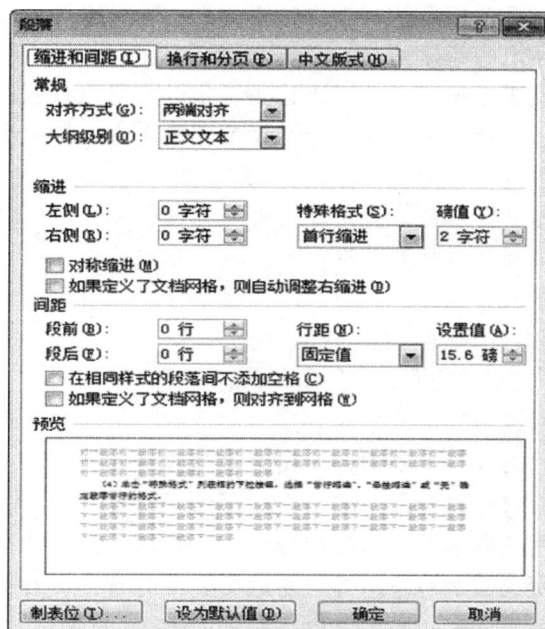

图 3.29　"段落"对话框

　　（3）在"缩进和间距"选项卡中，单击"缩进"选项组下的"左"或"右"文本框的增减按钮，设定左、右边界缩进的字符数。

　　（4）单击"特殊格式"列表框的下拉按钮，选择"首行缩进"、"悬挂缩进"或"无"确定段落首行的格式。

（5）在"预览"框中查看，确认排版效果满意后，单击"确定"按钮；若排版效果不理想，则可单击"取消"按钮取消本次设置。

4. 用鼠标拖动标尺上的缩进标记

在普通视图和页面视图下，Word 窗口中可以显示水平标尺。标尺给页面设置、段落设置、表格大小的调整和制表位的设定都提供了方便。在标尺的两端有可以用来设置段落左、右边界的可滑动的缩进标记，标尺的左端有上、中、下三个缩进标记；上面的顶向下的三角形是首行缩进标记；中间的顶向上的三角形是悬挂缩进标记；下面的小矩形是左缩进标记；标尺右端有一个顶向上的三角形，是右缩进标记。

使用鼠标拖动这些标记可以对选定的段落设置左、右边界和首行缩紧的格式。如果在拖动标记的同时按住 Alt 键，那么在标尺上会显示出具体缩进的数值，使用户一目了然，如图3.30 所示。下面分别介绍各个标记的功能。

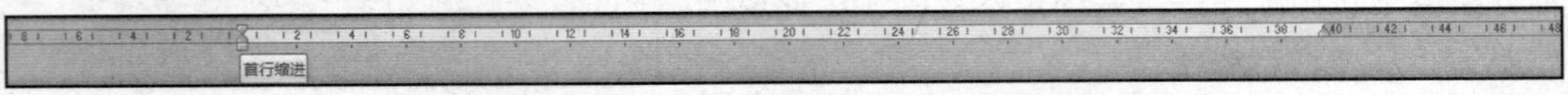

图 3.30　水平标尺栏上的缩进标记

- 首行缩进标记：仅控制第一行第一个字符的起始位置。拖动它可以设置首行缩进的位置。
- 悬挂缩进标记：控制处段落第一行外的其余各行起始位置，不影响第一行。拖动它可实现悬挂缩进。
- 左缩进标记：控制整个段落的左缩进位置。拖动它可以设置段落的左边界，拖动时首行缩进标记和悬挂缩进标记一起拖动。
- 右缩进标记：控制整个段落的右缩进位置。拖动它可以设置段落的右边界。

提示：用鼠标拖动水平标尺上的缩进标记设置段落左右边界的步骤如下：

（1）选定拟设置左、右边界的段落。

（2）拖动首行缩进标记到所需位置，设定首行缩进。

（3）拖动左缩进标记到所需位置，设定左边界。在拖动标记时，文档窗口中出现一条虚的竖线，它表示段落边界的位置。

（二）段落对齐方式的设置

段落对齐方式有"两端对齐"、"左对齐"、"右对齐"、"居中"和"分散对齐"五种。可以用"格式"工具栏或"格式"菜单命令来设置段落的对齐方式。

（1）左对齐：段落所有行均向左对齐，右边可以不对齐。

（2）居中对齐：使所选段落的文本居中排列。一般用于设置文档标题等。

（3）右对齐：将使所选文本右边对齐，左边可以不对齐，一般用于设置文档落款等。

（4）两端对齐：将所选段落（除末行外）的每行沿左、右两边对齐，Word 会自动调整字符间的距离。

（5）分散对齐：通过调整字符间距使所选段落各行等宽（包括最后一行）。

1. 用"段落"组对齐按钮设置对齐方式

在"开始"选项卡"段落"组分别用 5 个按钮来标明它们的功能。设置段落对齐方式的步骤是：先选定要设置对齐方式的段落，然后单击"格式"工具栏中相应的对齐方式按钮即可。

2. 用"段落"对话框来设置对齐方式

（1）选定拟设置对齐方式的段落。

（2）启动"段落"对话框。在"缩进和间距"选项卡中，单击"对齐方式"列表框的下拉按钮，在对齐方式的列表中选定相应对齐方式。

3. 用快捷键设置对齐方式

有一组快捷键可以对选定的段落实现对齐方式的快捷设置，具体如表 3.3 所示。

表 3.3　设置段落对齐的快捷键

快捷键	作用说明
Ctrl + J	使所选定的段落两端对齐
Ctrl + L	使所选定的段落左对齐
Ctrl + R	使所选定的段落右对齐
Ctrl + E	使所选定的段落居中对齐
Ctrl + Shift + D	使所选定的段落分散对齐

（三）段间距与行间距的设定

初学者常用按 Enter 键插入空行的方法来增加段间距或行间距。显然，这是一种不得已的办法。实际上，可以单击"格式"菜单中的"段落"命令来精确设置段间距和行间距。

1. 设置段间距

设置段间距的具体步骤如下：

（1）选定要改变间距的段落。

（2）启动"段落"对话框。单击"缩进和间距"选项卡中"间距"选项组的"段前"和"段后"文本框的增减按钮，设定间距，每按一次增加或减少 0.5 行。也可以在文本框中直接键入数字和单位（如厘米或磅）。"段前"选项表示所选段落与上一段之间的距离，"段后"表示所选段落与下一段之间的距离。

2. 设置行间距

一般情况下，Word 会根据用户设置的字体大小自动调整段落内的行距。有时，键入的文档不满一页，为了使页面显得饱满、美观，可以适当增加字间距和行距；有时，键入的内容稍微超过了一页（如超出了一、二行），为了节省纸张，可以适当减小行距。设置行间距的操作步骤如下：

（1）选定要设置行间距的段落。

（2）启动"段落"对话框。单击"行距"列表框下拉按钮，选择所需的行距选项。

"单倍行距"：设置每行的高度为可容纳这行最大的字体，并上下留有适当的空隙。"单倍行距"是默认值。

"1.5 倍行距"：设置每行的高度为这行中最大字体高度的 1.5 倍。

"2 倍行距"：设置每行的高度为这行中最大字体高度的 2 倍。

"最小值"：设置 Word 将自动调整高度以容纳最大字体。

"固定值"：设置固定的行距，Word 不能调节。

"多倍行距"：允许行距设置成小数的倍数，如 2.25 倍等。

（3）在"设置值"框中键入具体的设置值。注意：有的行距选项不需要"设置值"。

（四）制表位的设定

按 Tab 键后，插入点移动到的位置称为制表位。初学者往往用插入空格的方法来达到各行文本之间的列对齐。显然，这不是一个好方法。简单的方法是按 Tab 键来移动插入点到下一制表位，这样很容易做到各行文本的列对齐。Word 中，默认制表位是从标尺左端开始自动设置，各制表位间的距离是 2.02 字符。另外，Word 提供了 5 种不同的制表位，可以根据需要选择并设置各制表位间的距离。

使用"格式"→"制表位"命令设置制表位的步骤如下：

（1）将插入点置于要设置制表位的段落。

（2）单击"开始"选项卡"段落"组右下角的"对话框启动器"按钮，启动"段落"对话框。点击"制表位"按钮，启动"制表位"对话框，如图 3.31 所示。

（3）在"制表位位置"文本框中键入具体位置值（以字符为单位）。

（4）在"对齐方式"选项组中，单击选择某一种对齐方式单选框。

（5）在"前导符"选项组中选择某一种前导符。

（6）单击"设置"按钮。

（7）重复（3）~（6），可以设置多个制表位。

如果要删除某个制表位，则可以在"制表位位置"文本框中选择要清除的制表位位置，并单击"清除"按钮即可。单击"全部清除"按钮可以一次清楚所有设置的制表位。

设置制表位时，还可以设置带导符的制表位，这一功能对目录排版很有用。

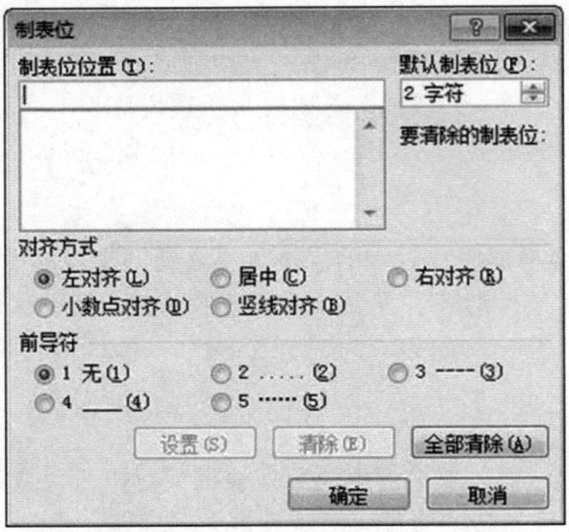

图 3.31　"制表位"对话框

随堂实训1　字符、段落格式设置

对编辑完成后的文档"受人欢迎的四句话"进行字符和段落格式设置。

（1）打开任务三所创建的文档"受人欢迎的四句话"。

（2）设置文档的标题"受人欢迎的四句话"为黑体，三号，加灰色底纹，居中对齐；设置"受人欢迎"四个字为中文加圈格式。

（3）将正文所有段落首行缩进 2 字符，行距设为 1.5 倍行距，字符设为楷体_GB2312，四号。

（4）设置"星云大师"该段，文字加粗，居中对齐，段前间距 0.5 行，段后间距 1 行。

（5）设置正文第一段首字下沉，字符下沉行数为两行，段后间距为 1 行。

（6）借助格式刷设置正文第 2~5 自然段的第一句话为加粗，倾斜，蓝色。并对该四个自然段落设置分栏效果。

（7）设置"说苑"该段段前间距为 1.5 行，段落左右各缩进 2 个字符，并给该段加上黑色阴影边框，宽度为 3 磅，并添加灰色 –5%底纹。

（8）设置"摘自"最后一段右对齐。

（9）排版完毕，以原文件名、原位置保存文档。

三、页面设置与打印

在创建文档时，Word 预设了一个以 A4 纸为基准的 Normal 模板，其版面几乎可以应用于大部分文档。对于别的型号的纸张，用户可以按照需要重新设置页边距、每页的行数和每页的字数。此外，还可以给文档添加页眉和页脚、插入页码和分栏等。

（一）页面设置

纸张的大小、页边距确定了可用的文本区域。文本区域的宽度是纸张的宽度减去左、右页边距，文本区的高度是纸张的高度减去上、下页边距，如图 3.32 所示

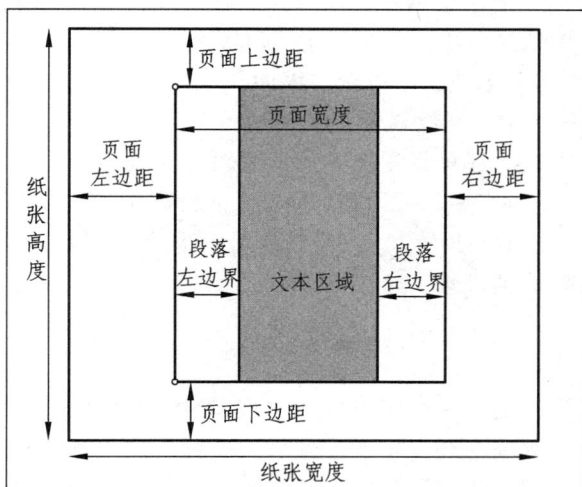

图 3.32　纸张大小、页边距和文本区域示意图

可以执行"文件"→"页面设置"命令来设置纸张大小、页边距和方向等。具体步骤如下：

（1）执行"页面布局"选项卡"页面设置"组右下角的"对话框启动器"按钮，打开如

图 3.33 所示的"页面设置"对话框。该对话框中包含有"页边距"、"纸张"、"版式"和"文档网格"4 个选项卡。

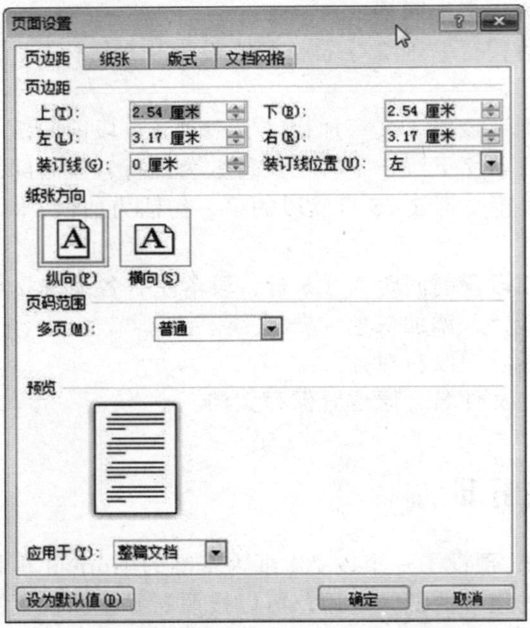

图 3.33　"页面设置"对话框

（2）在"页边距"选项卡中，可以设置上、下、左、右页边距和页眉页脚距边界的位置；"应用于"列表框中可选"整篇文档"或"插入点之后"，通常选"整篇文档"。如果需要一个装订边，那么可以在"装订线"文本框中填入边距的数值，并选定"装订线位置"。

（3）在"纸张"选项卡中，可以设置纸张大小和方向。单击"纸张大小"列表框下拉按钮，在标准纸张的列表中选这一项，也可选定"自定义大小"，并在"宽度"和"高度"框中分别填入纸张大小。"方向"选项组中可选"纵向"或"横向"，通常选"纵向"。

（4）在"版式"选项卡中，可设置页眉和页脚在文档中的编排形式，可从"奇偶页不同"或"首页不同"两项中选定，还可设置文本的垂直对齐方式等。

（5）在"文档网格"选项卡中，可设置每一页中的行数和每行的字符数，还可设置分栏数。

（6）设置完成后，可查看"预览"框中的效果。若满意，可单击"确定"按钮确认设置；否则，单击"取消"按钮取消设置。

（二）首字下沉

首字下沉是指段落形状的第一个字母或第一个汉字变为大号字，这样可以突出段落，更能引起读者的注意。在报纸和书刊上经常看到采用这种格式。具体操作如下：

（1）将插入点移动到要设置或取消首字下沉的段落的任意处。如果是段落前几个字符都需要设置首字下沉效果，则需要把这几个字符选中。

（2）在功能区中单击"插入"选项卡"文本"组中的"首字下沉"按钮，打开一个下拉菜单。

（3）首字下沉有两种格式：一种是直接下沉，另一种是悬挂下沉，在下拉菜单中根据需要选择其中一种适当的格式，如图 3.34 所示。

如果要设置更多的样式，可以在"首字下沉"下拉菜单中单击"首字下沉选项"命令，打开"首字下沉"对话框。在"位置"区中选择一种下沉方式，在"字体"下拉列表设置下沉首字的字体，单击"下沉行数"微调框，设置下沉的行数（行数越大则字号越大），单击"距正文"微调框设置下沉的文字与正文之间的距离，最后单击"确定"按钮，即可得到自己想要的格式。如果要取消首字下沉，在"首字下沉"对话框"位置"区中选择"无"即可。

图 3.34　首字下沉选项

（三）水　印

利用"页面布局"选项卡"页面背景"组的"水印"命令可以给文档设置背景，"水印"是背景之一。给文档设置诸如"绝密"或"严禁复制"等字样的"水印"，可以提醒读者对文档的正确使用。设置"水印"的方法如下：

（1）打开"页面布局"选项卡"页面背景"组的"水印"下拉菜单。

（2）在下拉菜单中，有"机密"、"紧急"和"免责声明"三组水印共 12 种效果供选择，如图 3.35 所示。

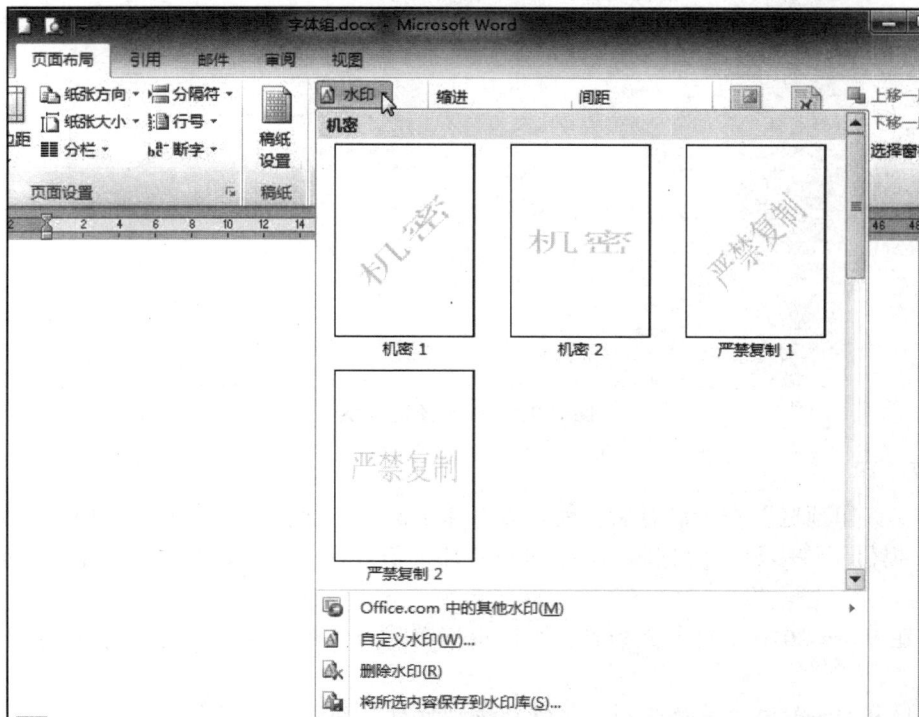

图 3.35　水印效果选项

（3）如果要自定义水印形式，点击下拉菜单中的"自定义水印"按钮。

（4）有文字水印和图片水印两种形式。选择图片水印后，选择水印效果的图片，并设置缩放和冲蚀；如果选择文字水印，在"水印"对话框的"文本"文本框中输入或选定水印文本，再分别选字体、尺寸、颜色和输出形式。

（5）单击"确定"按钮完成设置。

如要取消水印，则可打开"水印"对话框，单击"删除"按钮即可。

（四）打　印

1. 打印预览

用户可以通过使用"打印预览"功能查看 Word 2010 文档打印效果，以便调整页边距、分栏等设置，操作步骤如下：

（1）打开 Word 2010 文档窗口，并执行"文件"→"打印"命令。

（2）在打开的"打印"窗口右侧预览区域可以查看 Word 2010 文档打印预览效果，用户所做的"纸张方向"、"页面边距"等设置都可以通过预览区域查看效果。用户还可以通过调整预览区下面的滑块改变预览视图的大小，如图 3.36 所示。

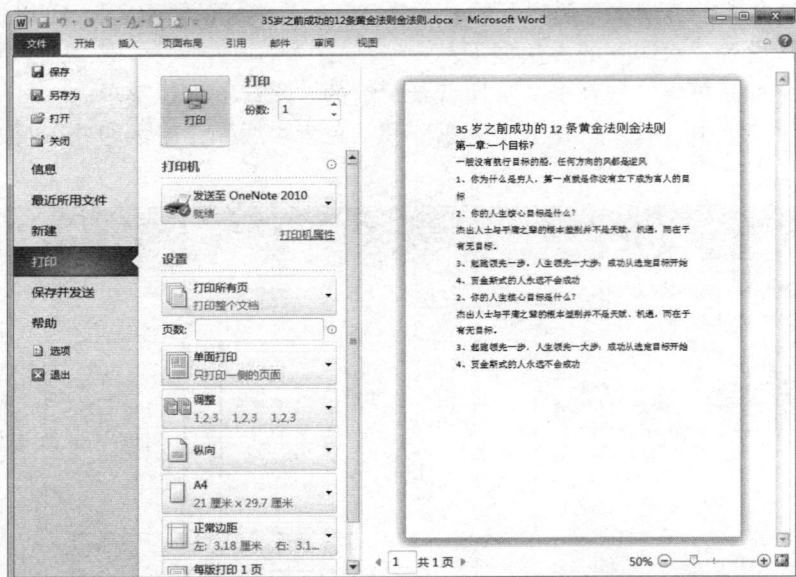

图 3.36　打印预览视图

2. 打　印

通过"打印预览"查看满意后，就可以打印了。打印前，最好先保存文档，以免意外丢失。Word 提供了许多灵活的打印功能：可以打印一份或多份文档，也可以打印文档的某一页或几页。

用户在 Word 2010 中打印文档时，可以根据实际需要选择要打印的文档页码，操作步骤如下：

（1）打开 Word 2010 文档窗口，依次单击"文件"→"打印"命令。

（2）在打开的"打印"窗口中，单击设置区域的打印范围的下拉三角按钮，打印范围下拉列表中列出了用户可以选择的文档打印范围。其中默认选中"打印所有页"选项，即打印当前文档的全部页面；选中"打印当前页面"选项可以打印光标（或称"插入点"）所在的页面；如果事先选中了一部分文档，则"打印所选内容"选项会变得可用，选中该选项可以打印选中的文档内容；选中"打印自定义范围"选项，则可以打印用户指定页码的 Word 2010 文档。本例选中"打印自定义范围"选项。

（3）在"打印"窗口"设置"区域的"页数"编辑框中输入需要打印的页码，连续页码可以使用英文半角连接符，不连续页码可以使用英文半角逗号分隔（如 5，8，16）。页码输入完毕单击"打印"按钮即可。

四、设置边框和底纹

边框和底纹是突显和美化文本的一个手段，用户可以为整篇文档或者文档中的特定文字、表格、图形等设置边框和底纹。

提示：边框和底纹都会被打印出来。

（一）文字、段落边框

1. 文字边框

直接点击"开始"功能区"文字"组上的"字符边框"按钮，可以为选中的文本块添加默认边框，默认的文字边框是一个由黑色细线构成的矩形框。

2. 段落边框

通过在 Word 2010 文档中插入段落边框，可以使相关段落的内容更突出，从而便于读者阅读。段落边框的应用范围仅限于被选中的段落，在 Word 2010 文档中插入段落边框的步骤如下：

（1）打开 Word 2010 文档窗口，选择需要设置边框的段落。

（2）在"开始"功能区的"段落"分组中单击边框下拉三角按钮，在打开的边框列表中选择合适的边框（如分别选择上边框和下边框）。

（3）返回 Word 2010 文档窗口，可以看到插入的段落边框。

用户可以设置段落边框的格式，使其更美观。在 Word 2010 文档中设置段落边框格式的步骤如下：

（1）打开 Word 2010 文档窗口，在"开始"功能区的"段落"分组中单击"边框"下拉三角按钮，并在打开的菜单中选择"边框和底纹"命令，如图 3.37 所示。

（2）在打开的"边框和底纹"对话框中，分别设置边框样式、边框颜色以及边框的宽度。然后单击"应用于"下拉三角按钮，在下拉列表中选择"段落"选项，并单击"选项"按钮。

（3）打开"边框和底纹选项"对话框，在"距正文边距"区域设置边框与正文的边距数值，并单击"确定"按钮。

（4）返回"边框和底纹"对话框，单击"确定"按钮。返回 Word 2010 文档窗口，选中需要插入边框的段落，插入新设置的边框即可。

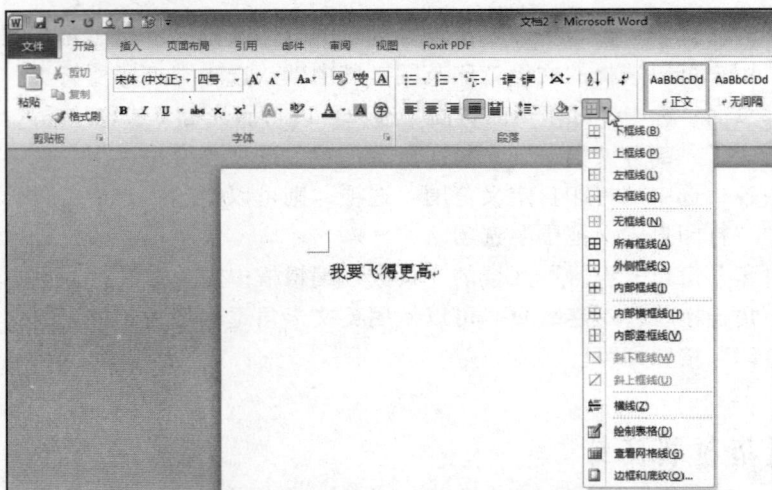

图 3.37　选择"边框和底纹"命令

（二）页面边框

在"开始"功能区的"段落"分组中单击"边框"下拉三角按钮，并在打开的菜单中选择"边框和底纹"命令，打开"边框和底纹"对话框，在"页面边框"选项卡中设置页面边框的线型、颜色、样式和应用范围等，这里的"艺术型：组合框"也是用来选择边框样式的，在这个组合框中，边框不再是线条，而是一些漂亮的装饰图案，例如选择"Apples"，那么页面边框就是红色大苹果图案，选择图案后，还可以反切到"宽度（W）：磅数字显示框"中，为图案选择或键入一个合适的宽度。这里设置的对象是文档中的每一页，而前面说过的"边框选项卡"设置的对象却是文档每一页上的元素，如一串字符、一个表格或一个图形等。

图 3.38　"页面边框"按钮

"边框和底纹"对话框也可从"页面布局"选项卡"页面背景"组的"页面边框"按钮处打开，如图 3.38 所示。

（三）添加底纹

直接点击"字体"组上的"字符底纹"按钮为选中的文字、表格或图形添加默认底纹。要添加个性化底纹，请打开"边框和底纹对话框"，在"底纹选项卡"下找到"填充分组"。这里有六十四种颜色可供选择，第一是白色，第二十五是黑色，它们中间的第二至二十四是深浅不一的灰色；所以，如果要选择漂亮的彩色来作填充色，则选择"其他颜色..."按钮，它是用于打开"颜色"对话框的。

（四）删除边框和底纹

选中要删除边框和底纹的文本后，打开"边框和底纹"对话框，在"边框选项卡"或"页面边框选项卡"下用上下光标选中"无"单选按钮，即可清除边框和底纹，如图 3.39 所示。

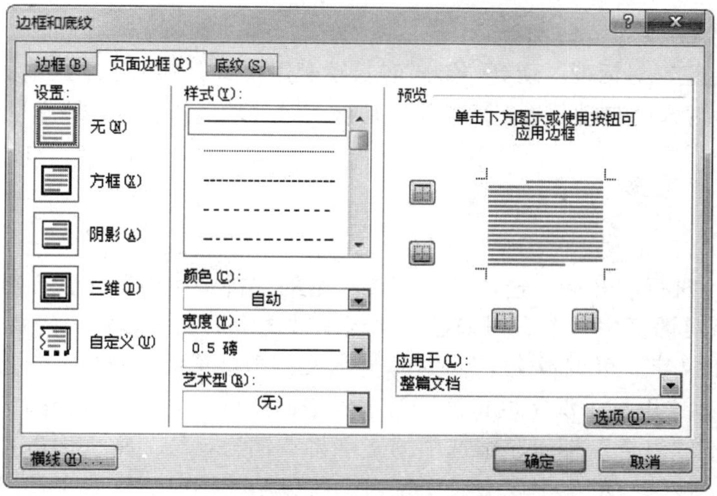

图 3.39 删除边框和底纹

随堂实训 2 页面格式设置

对文档进行页面格式设置。具体操作如下：

（1）打开所创建的文档"受人欢迎的四句话"。

（2）设置整篇文档的纸张大小为 B5。

（3）设置整篇文档的上下左右页边距为 2 厘米。

（4）为文档设置文字水印"美文赏析"。

（5）为文档添加页眉"美文赏析"，页脚部分插入"自动图文集"中"第 X 页 共 Y 页"，居中显示。

（6）排版完毕，以原文件名、原位置保存文档。

五、特殊排版方式

（一）关于自动更正

Word 中的自动更正功能，会主动关注用户在输入时出现的一些常见错误，并自动修正它们。

1. 自动更正

点击"文件"→"选项"按钮，在"Word 选项"对话框中选择"校对"选项卡，单击"自动更正"选项，打开"自动更正"对话框，焦点默认停留在"自动更正"选项卡，在这里有两个选项需要稍加说明：

一个是显示"自动更正选项"按钮复选框，选中该复选框，鼠标指向文档中的拼写或语法错误时，会显示"自动更正选项"按钮，清空复选框则不显示该按钮。

另一个是"键入时自动替换"复选框，选中复选框后，用户可以通过它编辑任意添加词条，方法是在其中一个编辑框中输入关键词，在另外一个编辑框中输入关联词条。

2. 自动套用格式

打开"自动更正"对话框，切到"键入时自动套用格式"选项卡，这里的框线列表分三个部分，第一部分是键入时自动替换；第二部分是键入时自动应用；第三部分是键入时自动实现。

（二）使用中文版式

1. 拼音指南

选中文本后，执行"开始"选项卡"字体"组的"拼音指南"按钮，就可以打开"拼音指南"对话框。该对话框用一个表格来显示文档中被选中的汉字和它们的拼音，表格分两列，左边一列是"基准文字：可编辑文字"，这里显示文档中被选中的汉字；右边一列是"拼音文字：可编辑文字"，这里显示汉字的拼音。至于表格的行数，会根据选择的字数及设置的不同而变化。如果按下"组合"按钮，被选中的文字将以词为单位，每个词占一行显示；如果按下"单字"按钮，被选中的文字就会一个字占一行显示，同时，这两个按钮也影响拼音在文档中的显示。一般来说，选择单字更符合汉字注音的书写习惯，这个对话框中的格式是针对拼音的，因此，用户的设置不会改变汉字的格式，添加的拼音会显示在汉字的上方。"偏移量：数字显示框"用于选择拼音和汉字的行间距。

要删除拼音，选中添加了拼音的文字，打开"拼音指南"对话框，点击"清除读音"按钮即可。

2. 合并字符

选择需要合并的字符（最多只能选六个），展开"开始"选项卡"段落"组的"中文版式"下拉菜单，选择"合并字符"，如图 3.40 所示。打开"合并字符"对话框，在"文字（最多六个）：可编辑文字"处，会显示用户在文档中选中的字符，当然，也可以不选文字直接打开"合并字符"对话框，在这里编辑需要合并的文字。

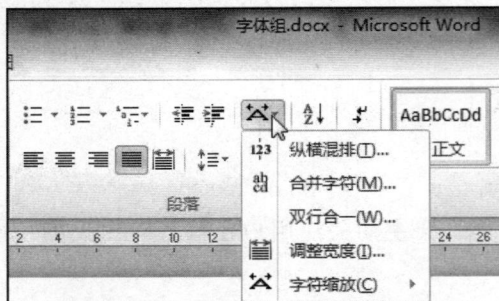

图 3.40　"中文版式"下拉菜单

"合并字符"对话框中的"删除按钮"用于删除字符合并，这里删除的是"字符合并"这种格式，而不会删除字符本身。

3. 带圈字符

选中一个字符，点击"开始"选项卡"字体"组的"拼音指南"按钮，就可以打开"带圈字符"对话框：

- "缩小文字（S）"单选按钮选中表示加圈后原文字被缩小，以保持原有的字间距和行间距。
- "增大圈号（E）"单选按钮选中表示原文字不会缩小，加了圈后，原有的字间距和行间距会增大。

还有"圈号"、"文字"选项，可调整圈内字符和圈的样式。

要清除带圈字符，请打开"带圈字符"对话框，选中"无"单选按钮即可。

4. 双行合一

双行合一就是以一行的位置显示两行文字，当然文字会被压缩得很小以适应行间距。如果直接在文档中选中需要合并的文本，那么只能选择一行文字；如果需要处理多行文字，可以采用复制粘贴的方法，也就是说，需要事先把要双行合一的文本复制一下，然后展开"开始"选项卡"段落"组的"中文版式"下拉菜单，选择"双行合一"，打开"双行合一"对话框，在"文字：可编辑文字"处直接粘贴，单击"确定"即可。当"带括号"：复选框选中时，还可以为这些文字选择括号的样式。被双行合一的文字不会影响读屏的朗读。

要删除双行合一效果，请将光标定位到双行合一的字符，然后打开"双行合一"对话框，按下"删除"按钮。这里删除的只是双行合一的格式，不会删除被合并的文本。

5. 纵横混排

选中需要横排的字符，展开"开始"选项卡"段落"组的"中文版式"下拉菜单，选择"纵横混排"，打开"纵横混排"对话框，单击"确定"后，被选中文字就会向左倾斜 90°，成纵向排列，该对话框中的"删除"按钮用于清除混排格式。

6. 简体中文和繁体中文的转换

选定要转换的文本，打开"审阅"选项卡"中文简繁转换"组，有"繁转简"、"简转繁"和"简繁转换"三个命令，执行"简繁转换"命令，打开"中文简繁转换"对话框，根据需要选择转换方向后"确定"即可。点击"自定义词典..."按钮，会弹出"自定义"对话框供用户编辑自定义词语。如果在转换前未选中文本，程序会默认转换整篇文档，如图 3.41 所示。

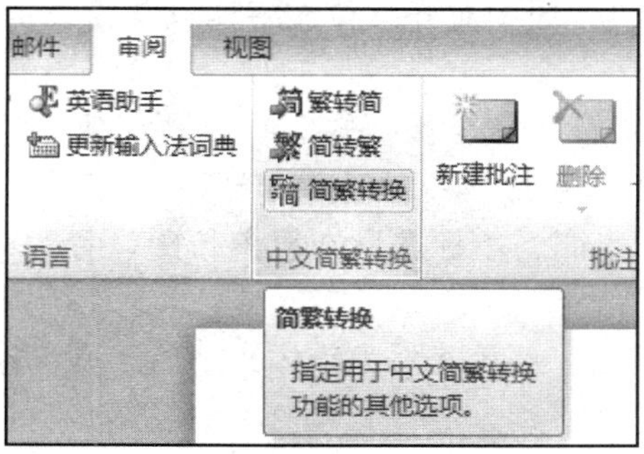

（a） 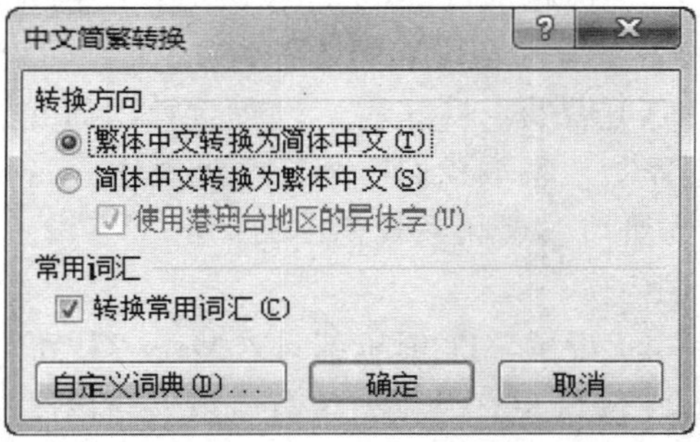   （b）

图 3.41   简体中文和繁体中文的转换设置

随堂实训 3   文档排版

为标题为"IT 俱乐部邀请书"的文本排版。

1. 文档内容

IT 俱乐部邀请书

社团简介：IT 俱乐部经过精心准备，现在闪亮登场！

IT 俱乐部只欢迎持认真交友态度的用户，我们将采用比较严格的程序，对所有加入的用户进行资料审核、身份验证，以保证社区的纯净。全力打造一个高素质人群的时尚交友社区！IT 俱乐部诚招共创人！IT 俱乐部，一个阳光部落！

服务宗旨：普及计算机知识，提高全校同学计算机操作水平。

会员须知：遵守 IT 俱乐部的章程。

专题活动：

程序进阶

动漫天地

办公一族

数码时尚

硬件点滴

加入流程：

填写申请表→面试→通知结果

联系我们：289907179（QQ）

IT 学生社团

2010.03.01

---

2. 格式要求

（1）新建文档"IT 俱乐部邀请书"，录入以上内容。

（2）标题"IT 俱乐部邀请书"设置为隶书，小二，居中对齐，英文字体设置为 Lucida Console，段前和段后间距各为 0.5 行。

（3）借助于格式刷，设置"社团简介"、"服务宗旨"、"会员须知"、"专题活动"、"加入流程"、"联系我们"小标题为黑体，四号，字符加灰色底纹；"社团简介"、"服务宗旨"、"会员须知"、"联系我们"后面的文字设置为黑体，小四，小标题所在段落行距设置为 1.5 倍行距。

（4）设置"IT 俱乐部只欢迎……"和"填写申请表"两段文本为宋体，小四，段落行距为 1.25 倍行距，设置"填写申请表"该段左缩进 5 字符。

（5）设置"专题活动"后的五个段落的字体为宋体，小四，段落行距为 1.25 倍行距，左缩进 5 字符，并插入项目符号。

（6）设置"IT 学生社团"段落段前间距为 2 行，选定最后两段，设置其字体为楷体_GB2312，小四，段落行距为 1.25 倍行距，右对齐。

（7）在页眉处输入"信息时代任我行"，设置为宋体，五号，右对齐，并对每个字设置为中文加圈格式。在页脚处输入"诚邀加盟 共享快乐"，设置为五号，宋体，左对齐，同时为文字添加蓝色、3 磅、带阴影边框，为页脚添加黑色，双线页脚线，粗细为 2.5 磅。

（8）在"填充效果"对话框的"纹理"选项卡中选择设置文档的背景为"羊皮纸"。

（9）设置文档的纸张大小为 B5，上下左右页边距为 2 厘米。

（10）保存排版后的文档。

任务五　文档中表格的编排

一、创建表格

（一）自动创建简单表格

所谓简单表格，是指由多行和多列构成的表格。

1. 通过功能区快速新建表格

在功能区选择"插入"选项卡，单击"表格"组中的"表格"按钮，弹出一个下拉菜单。该下拉菜单的上方是一个由 8 行 10 列方格组成的虚拟表格，用户只要将鼠标在虚拟表格中移动，虚拟表格会以不同的颜色显示，同时会在页面中模拟出此表格的样式。用户根据需要在虚拟表格中单击就可以选定表格的行列值，即在页面中创建了一个空白表格，如图 3.42 所示。

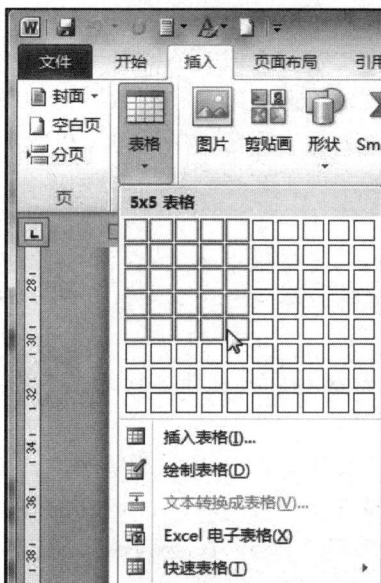

图 3.42　快速新建表格

2. 通过"插入表格"对话框新建表格

（1）在"插入"选项卡"表格"组中单击"表格"按钮，在弹出的下拉菜单中单击"插入表格"命令，打开"插入表格"对话框。

（2）在"列数"和"行数"框设置或输入表格的列和行的数目。最大行数为 32 767，最大列数为 63。

（3）单击"确定"按钮，即可创建出一张指定行和列的空白表格。

3. 使用快速表格功能，即使用内置表格

（1）在"插入"选项卡"表格"组中单击"表格"按钮。

（2）在弹出的下拉菜单中用鼠标指向"快速表格"，弹出二级下拉菜单，从中选择需要的表格类型。

4. 通过功能区新建 Excel 电子表格

（1）在"插入"选项卡"表格"组中单击"表格"按钮。

（2）在弹出的下拉菜单中用鼠标点击"Excel 电子表格"按钮，就会在插入点新建一个 10 行 7 列的 Excel 表格。

（二）表格和文本之间的转换

有些用户习惯于在输入文本时将表格的内容同时输入，并利用设置制表位将各行表格内容上、下对齐。在 Word 中，可将用段落标记、逗号、制表符、空格或其他特定字符作分隔符的文本转化为表格。在将文字转换成表格时，Word 自动将分隔符转换成表格列边框线。

其操作步骤如下：

（1）选定用制表符分隔的表格文本。

（2）在"插入"选项卡"表格"组中单击"表格"按钮，在弹出的下拉菜单中选择"文本转换成表格"命令，打开"将文字转换成表格"对话框。

（3）在该对话框的"表格尺寸"选项组的"列数"框中键入具体的列数。

（4）在"文字分隔位置"选项组中选定"制表符"单选项。

（5）单击"确定"按钮，就实现了文本到表格的转换。

提示：

（1）从"将文字转换成表格"对话框中的"文字分隔位置"选项组中可见，表格文本各列之间除了用制表符分隔外，还可以使用英文的"逗号"、"空格字符"或其他指定的字符来分隔。

（2）Word 已将所转换的表格的行、列数作了测定。一般情况下，其测定是符合要求的，当然也可以修改。

（3）当对选定的表格执行"表格工具/布局"选项卡"数据"组中的"转换成文字"命令时，可将表格转换成文字，分隔符可由用户指定，如图 3.43 所示。

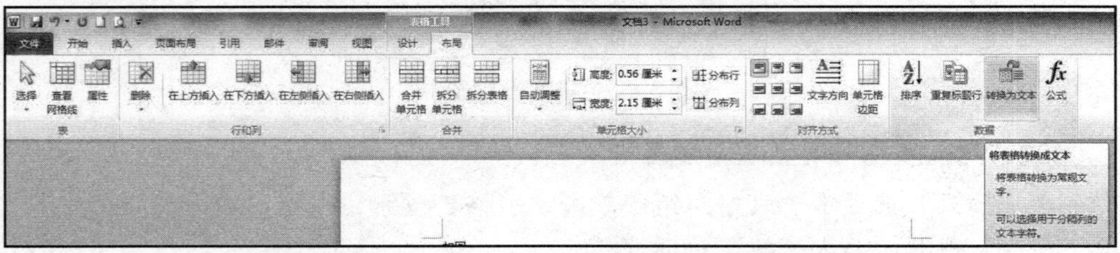

图 3.43 　"表格工具/布局"选项卡"数据"组的"转换成文字"命令

（三）手工绘制复杂表格

有的表格除横、竖线外还包含了斜线，Word 提供了绘制这种不规则表格的功能。其具体步骤如下：

（1）在"插入"选项卡"表格"组中单击"表格"按钮，在弹出的下拉菜单中单击"绘制表格"命令，同时鼠标指针变成"笔"形状（鼠标处在"手动制表"状态）。

（2）将笔形鼠标指针移到要绘制表格的位置，按住鼠标左键拖动鼠标绘制出表格的外框虚线，放开鼠标左键得实线的表格外框。

（3）拖动鼠标笔形指针，在表格中绘制水平或垂直线，也可以将鼠标指针移到单元格的一角向其对角画斜线。

（4）可以利用"表格和边框"工具栏的"擦除"按钮，使鼠标变成橡皮形，把橡皮形鼠标指针移到要擦除线条的一端，拖动鼠标到另一端，放开鼠标就可以擦除选定的线段。

使用上述四步操作，可以绘制复杂的表格。

二、单元格操作

（一）单元格的选定

用"表格"下拉菜单选定行、列或表格：选择"表格工具/布局"选项卡，在"表"组中单击"选择"按钮，会弹出一个下拉菜单，从中可以根据需要选择插入点所在单元格或行、列，其至是整个表格。

用键盘选定单元格：按【Ctrl+A】键可以选定插入点所在的整个表格。按"Shift + End"键可以选定插入点所在的单元格。按【Shift+↑/↓/→/←】键可以选定包括插入点所在的单元格在内的相邻的单元格。按任意箭头可以取消选定。

选定不连续的单元格：Word 2010 允许选定多个不连续的区域，选择方法是按住 Ctrl 键，依次选中多个不连续的区域。

（二）单元格操作

1．插入单元格

使用如下所述方法，可实现插入一个或多个空行：

（1）选定若干单元格。

（2）执行"表格工具/布局"选项卡"行和列"组中右下角的"启动对话框"按钮命令，选择下列操作之一：

活动单元格右移：在选定的单元格的左侧插入新的单元格，新插入的单元格的个数与选定的单元格个数相同；

活动单元格下移：在选定的单元格的上方插入新的单元格，新插入的单元格的个数与选定的单元格个数相同。

2．删除单元格

删除表格单元格的步骤如下：

（1）选定单元格区域。

（2）展开"表格/布局"选项卡"行和列"组的"删除"下拉菜单，单击"删除单元格"按钮，如图 3.44 所示。打开"删除单元格"对话框，在该对话框中选择下列操作之一：

- 右侧单元格左移：在删除单元格后其右侧的单元格（如果有的话）依次向左移动；
- 下方单元格上移：在删除单元格后其下面的单元格（如果有的话）依次向上移动。

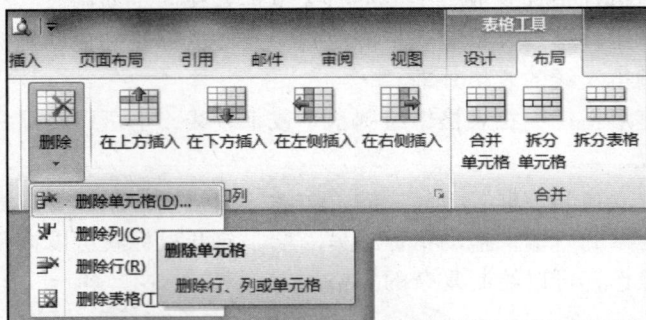

图 3.44　"删除单元格"按钮

3. 清除单元格内容

除了删除表格/行/列/单元格的操作外，有时还会遇到清除单元格内容的操作。选定一个或多个单元格，按 Del 键，可实现表格单元格内容的删除，从而使这些单元格成为空白单元格。

4. 合并单元格

单元格的合并指多个相邻的单元格合并成一个单元格。操作如下：

（1）选定 2 个或 2 个以上相邻的单元格。

（2）单击"表格/布局"选项卡"合并"组的"合并单元格"按钮，则选定的多个单元格合并为 1 个单元格。

5. 拆分单元格

单元格的拆分是指将单元格拆分成多行多列的多个单元格。操作如下：

（1）选定要拆分的一个或多个单元格。

（2）单击"表格/布局"选项卡"合并"组的"拆分单元格"按钮，打开"拆分单元格"对话框。

（3）在"拆分单元格"对话框中键入要拆分的列数或行数。

（4）单击"确定"按钮，则选定的每一个单元格被拆分为指定的行数和列数。

三、行和列操作

（一）选定行或列

1. 用鼠标选定行或列

（1）选定表格的行：与选定文本行的操作一样，鼠标指针移到文本区的"选定区"，鼠标指针指向要选定的行，单击鼠标选定一行；向下或向上拖动鼠标"选定"表中相邻的多行。

（2）选定表格的列：鼠标指针移到表格最上面的边框线上，指针指向要选定的列，当鼠标指针由"|"变成"↓"形状时，单击鼠标选定的一列；向左或向右拖动鼠标选定表中相邻的多列。

2. 用"表格"下拉菜单选定行或列

选定行或列：将插入点置于所选列的任一单元格中，单击"表格工具/布局"选项卡 "表"组中"选择"下拉按钮，会弹出一个下拉菜单，点击"列"命令可选定插入点所在列，点击"行"命令可选定插入点所在行。

（二）修改行高和列宽

修改表格的行高和列宽的方法也有拖动鼠标和使用菜单命令两种。一般情况下，Word能根据单元格中输入内容的多少自动调整行高，但也可以根据需要来修改它。调整行高和列宽的方法类似。

1. 拖动鼠标修改表格的列宽

（1）将鼠标指针移到表格的垂直线框上，当鼠标指针变成调整列宽指针"〒"形状时，按住鼠标左键，此时出现一条上下垂直的虚线。

（2）向左或向右拖动，同时改变左列和右列的列宽（垂直线框两端的列宽度总和不变）拖动鼠标到所需的新位置，放开左键即可。

如果想看到当前的列宽数据，只要在拖动鼠标时按住 Alt 键，水平标尺上就会显示列宽的数据。

提示：如果按 Shift 键的同时拖动鼠标，只调整左列的列宽，右列的宽度保持不变。如果选定了单元格，当鼠标拖动选定单元格的左或右列框线时，只影响选定单元格的列宽度，其他不变。

2. 使用自动调整命令改变行高和列宽

可以使用"表格工具/布局"选项卡"单元格大小"组中的"自动调整"命令改变行高和列宽。

根据内容自动调整表格：在"表格工具/布局"选项卡"单元格大小"组中单击"自动调整"按钮，在菜单中选择"根据内容自动调整表格"。根据表格中文字的数量自动调整表格行高和列宽。

根据窗口自动调整表格：在"表格工具/布局"选项卡"单元格大小"组中单击"自动调整"按钮，在菜单中选择"根据窗口自动调整表格"。

固定列宽：列宽固定，不管输入什么内容，都不会自动调节列宽，但文字太长无法在一行显示时，会自己调整行高。

3. 平均分配行高和列宽

可以使用"表格工具/布局"选项卡"单元格大小"组中的"分布行"、"分布列"命令改变行高和列宽。

分布行：在"表格工具/布局"选项卡"单元格大小"组中单击"分布行"按钮，根据表格的高度平均分配各行行高。

分布列：在"表格工具/布局"选项卡"单元格大小"组中单击"分布列"按钮，根据表格的宽度平均分配各列列宽。

4. 使用指定行高、列宽命令改变行高和列宽

可以在"表格工具/布局"选项卡"单元格大小"组的"高度"、"宽度"命令中填写需要的行高和列宽。

5. 使用"表格属性"对话框改变行高和列宽

在"表格工具/布局"选项卡"单元格大小"组中单击"对话框启动器"按钮，或者在"表格工具/布局"选项卡"表"组中单击"属性"按钮，启动"表格属性"对话框，如图 3.45 所示。可在"表格属性"对话框进行精确设置；或在"表格工具/布局"选项卡"单元格大小"组中进行精确设置。

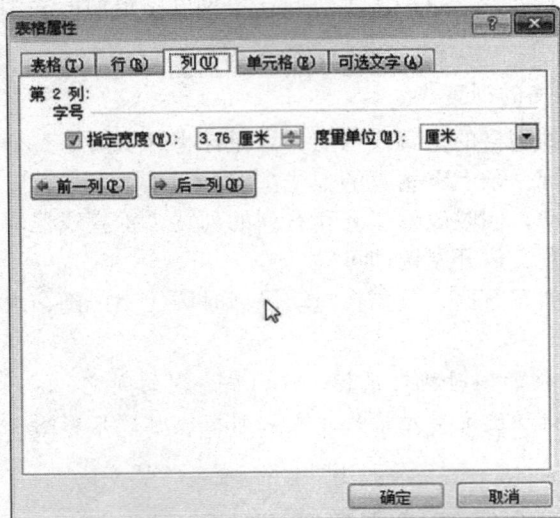

图 3.45　"表格属性"对话框

行高有两种格式：一种是固定行高，不论行中内容能不能完整显示，都始终保持此高度；另一种是最小行高，如果该行中文字达不到指定的高度，也保持此高度，而一旦行中内容高度超过此设置，就会自动增加行高。

（三）插入或删除行或列

在已有的表格中，有时需要增加一些空白行或空白列，也可能需要删除某些行或列。

1. 插入行

使用如下所述方法，可实现插入一个或多个空行：

（1）将插入点移至表格当前行最右侧单元格的边框之外，按回车键，可在当前行的下方插入一个空行。

（2）将插入点移至当前行任意单元格内，执行"表格工具/布局"选项卡"行和列"组的"在上方插入"、"在下方插入"命令，可在当前行的上/下方插入一个空行。

（3）选定表格中的相邻若干行，执行"表格/插入"命令，执行"表格工具/布局"选项卡"行和列"组的"在上方插入"、"在下方插入"命令，可在选定行的上、下方插入同等数量的空行。

（4）使用鼠标右键菜单插入。

2. 插入列

将插入点移至当前行任意单元格内，执行"表格工具/布局"选项卡"行和列"组的"在左侧插入"、"在右侧插入"命令，可在当前列的左、右插入一个空白列。

3. 删除行

选定表格中的一行或相邻的若干行，展开"表格工具/布局"选项卡"行和列"组的"删除"下拉菜单，选择"删除行"，可删除选定的表格行。

4. 删除列

选定表格中的一列或相邻的若干列，展开"表格工具/布局"选项卡"行和列"组的"删除"下拉菜单，选择"删除行"，可删除所选定的表格列。

四、表格操作

（一）选定表格

1. 用鼠标选定表格

选定整个表格：单击表格左上角的移动控制点，可以迅速选定整个表格。

2. 用"表格"下拉菜单选定表格

选定全表：将插入点置于表格中的任一单元格中，展开"表格工具/布局"选项卡"表"组的"选择"下拉菜单，执行"选择表格"命令，可选定全表。

（二）表格的拆分

如果要拆分一个表格，先将插入点置于拆分后成为新表格的第一行的任意单元格中，然后，行"表格工具/布局"选项卡"合并"组的"拆分表格"命令，这样就在插入点所在行的上方插入行，把表格拆分成两张表格。

如果要合并两个表格，只要删除两表格之间的换行符即可。

（三）表格标题行的重复

当一张表格超过一页时，通常希望在第二页的续表中也包括表格的标题行。Word 提供了重复标题的功能，具体做法如下：

（1）选定第一页表格中的一行或多行标题行。

（2）执行"表格工具/布局"选项卡"数据"组的"重复标题行"命令。

这样，Word 会在因分页而拆开的续表中重复表格的标题行，在页面视图方式下可以查看重复的标题。用这种方法重复的标题，修改时只需修改第一页表格的标题就可以了。

（四）表格格式的设置

1. 表格自动套用格式

表格创建后，可以使用"表格工具/设计"选项卡"表格样式"组中的命令对表格进行排版。这个命令预定义了许多表格的格式、字体、边框、底纹、颜色供选择，使表格的排版变得轻松、容易。具体操作如下：

（1）将插入点移到要排版的表格内。

（2）展开"表格工具/设计"选项卡"表格样式"组的下拉菜单，选择所需要的样式，如图 3.46 所示。

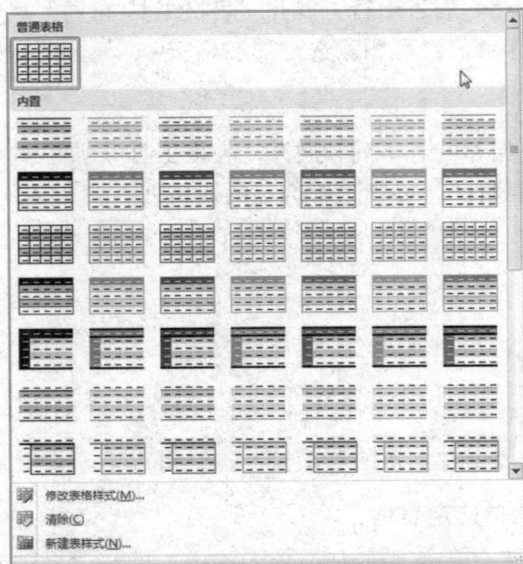

图 3.46　"表格样式"选择

2. 表格边框与底纹的设置

除了表格自动套用格式外，还可以使用"表格工具/设计"选项卡"表样式"组、"绘图边框"组中的工具对表格边框线的线型、粗细和颜色、底纹颜色、单元格中文本的对齐方式等进行个性化的设置。具体操作如下：

（1）选定要设置边框（或底纹）的表格部分。

（2）展开"表格工具/设计"选项卡"绘图边框"组的"笔样式"下拉框，如图 3.47 所示。

（3）在"笔样式"下拉列表框中选定线型；在"笔画粗细"下拉列表框中指定粗细；在"笔

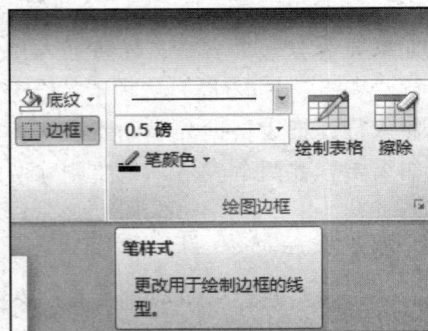

图 3.47　"绘图边框"组的"笔样式"下拉框

颜色"列表框中选定颜色。

（4）"表格工具/设计"选项卡"表样式"组的"底纹"下拉按钮可以选择表格的底纹，"边框"下拉按钮可以设置表格的边框组成。

提示：利用"边框"按钮也可以设置单元格的斜线。

3．表格在页面中的位置

设置表格在页面中的对齐方式和是否文字环绕表格的操作如下：

（1）执行"表格工具/布局"选项卡"表"组的"属性"命令，打开"表格属性"对话框，再单击"表格"标签。

（2）在"尺寸"选项组中，如选择"指定宽度"复选框，则可设定具体的表格宽度。

（3）在"对齐方式"选项组中选择表格对齐方式；在"文字环绕"选项组中选择"无环绕"。

（4）最后单击"确认"按钮。

4．表格中文本格式的设置

表格中的文字同样可以用对文档文本排版的方法进行诸如字体、字号、字形、颜色和左、中、右对齐方式等设置。此外，还可以单击"表格工具/布局"选项卡"对齐方式"组中的 9 种对齐方式中的一种。

五、表 格 排 序 与 计 算

Word 还能对表格中的数据进行简单的排序和计算。Word 提供了对表格数据一些诸如求和、求平均值等常用的统计计算功能。利用这些计算功能可以对表格中的数据进行计算。

假设按数学成绩进行递减排序，当两个学生的数学成绩相同时，再按英语成绩递减排序，并利用公式计算平均值。具体操作如下：

（1）将插入点置于要排序的学生考试成绩表格中，如表 3.4 所示。

表 3.4　学生考试成绩（排序前）

姓名	计算机应用基础	大学英语	素质拓展	平均成绩
李某	83	79	90	
张某	70	82	73	
刘某	91	85	84	
段某	68	77	64	
赵某	70	70	65	

（2）执行"表格工具/布局"选项卡"数据"组的"排序"命令，打开如图 3.48 所示的"排序"对话框。

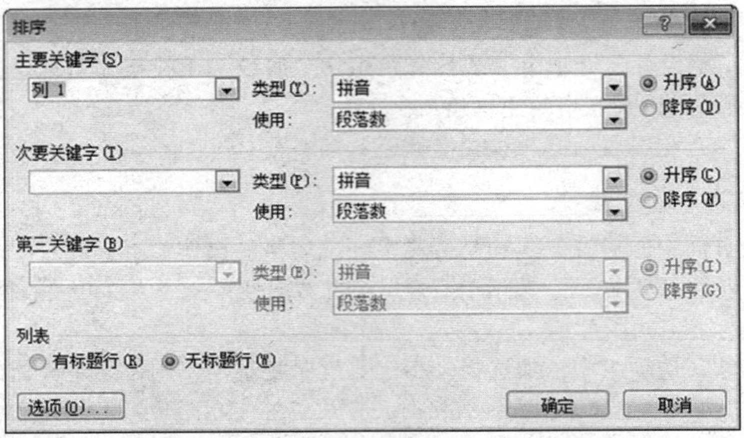

图 3.48　"排序"对话框

（3）在"主要关键字"列表框中选定"计算机应用基础"项，其右边的"类型"列表框中选定"数字"，再单击"降序"单选框。

（4）在"次要关键字"列表框中选定"大学英语"项，其右边的"类型"列表框中选定"数字"，再单击"降序"单选框。

（5）在"列表"选项组中，单击"有标题行"单选框，单击"确定"按钮，效果如表3.5所示。

表 3.5　学生考试成绩（排序后）

姓名	计算机应用基础	大学英语	素质拓展	平均成绩
刘某	91	85	84	
李某	83	79	90	
张某	70	82	73	
赵某	70	70	65	
段某	68	77	64	

（6）将插入点移到存放平均成绩的单元格中。本例放在第二行的最后一列。

（7）执行"表格工具/布局"选项卡"数据"组的"公式"命令，打开如图3.49所示的"公式"对话框。

（8）在"公式"列表框中显示"SUM（LEFT）"，表明要计算左边各列数据的总和，而例题要求计算其平均值，所以应将其修改为"=AVERAGE（LEFT）"，公式名也可以在"粘贴函数"列表框中选定。

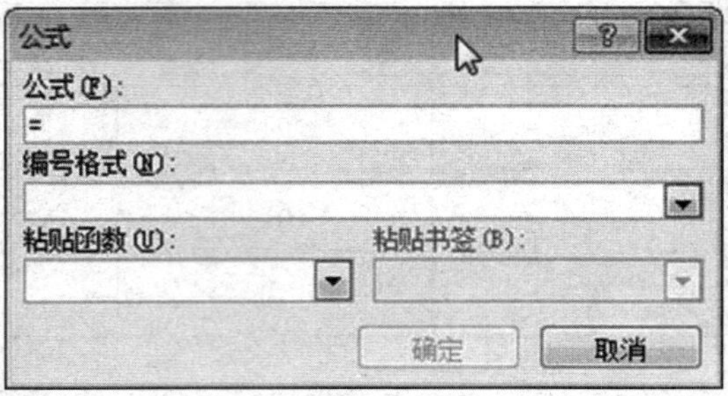

图 3.49　"公式"对话框

（9）在"数据格式"列表框中选定"0.00"格式，表示保留到小数两位。

（10）单击"确认"按钮，得到计算结果。

同样的操作可以求得各行的平均成绩。

随堂实训　表格制作

（1）创建规则表格。

单击"插入"选项卡的"插入表格"按钮，在文档开始处插入一个 9 行 6 列的规则表格。

（2）修改表格。

在规则表格的基础上，利用"表格工具"的绘制斜线表头、合并单元格、设置框线等操作将其修改成所需要的课程表。

（3）编排文字。

按样表所示内容在单元格中输入文字，设置表格中所有文字字体，字号，加粗，水平居左，垂直居中。选定需竖排文字的单元格，设定文字方向。

（4）修饰表格。

选定整个表格，设置表格外框线的线型为实线，粗细为 3 磅，颜色为蓝色。表格第一行设置"茶色、背景 2"底纹等。

表格样式如图 3.50 所示。

课 程 表

时　间　　星　期		星期一	星期二	星期三	星期四	星期五
上午	1	高数	英语	高数（单）	思政	计算机
	2					
	3	制图	物理	制图（双）	英语	高数
	4					
下午	5	物理	思政	听力	体育	素质拓展
	6					
	7	班会	高数	计算机		
	8					

图 3.50　随堂实训表格样式

任务六　文档中的图文混排

图文混排是 Word 的特色功能之一，可以在文档中插入由其他软件制作的图片，也可以插入用 Word 提供的绘图工具绘制的图形，使一篇文章达到图文并茂的效果。

一、绘制和编辑基本图形

（一）图形的创建

任何一个复杂的图形总是由一些简单的几何图形组合而成的。所以，只要是用"插入"功能区"插图"组的"形状"列表中相应的形状就可组合出复杂的图形，如图 3.51 所示。

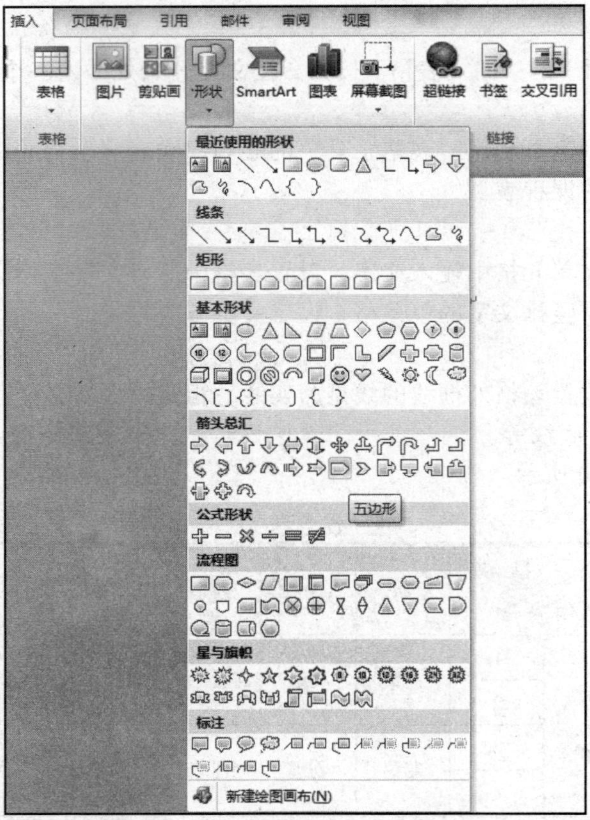

图 3.51   "形状"列表

应该注意的是：用"形状"列表中的相应形状工具绘制的任意图形，如直线、箭头、矩形、椭圆等都是一个独立对象，用鼠标指针指向对象并单击一次就可选定它。被选定对象的周围就会出现可调节大小的小方块（有的还可能出现控制形状的黄色小菱形块），用鼠标拖动这些小方块就可以改变图形的大小。当鼠标指针移到所选定的图形且指针形状变成十字箭头时，拖动鼠标可以改变图形的位置。使用这些简单图形，加上控制大小和位置就可组合出复杂的图形。

（二）在图形中添加文字

Word 提供在图形中添加文字的功能。这对绘制示意图是非常有用的。其具体操作步骤如下：

（1）将鼠标移到要添加文字的图形中，右击该图形，弹出快捷菜单。

（2）执行快捷菜单中的"添加文字"命令，如图 3.52 所示，此时插入点移到图形内部。

（3）在插入点之后键入文字即可。

图形中添加的文字将与图形一起移动。同样，可以用之前所述的方法，对文字格式进行编辑排版。

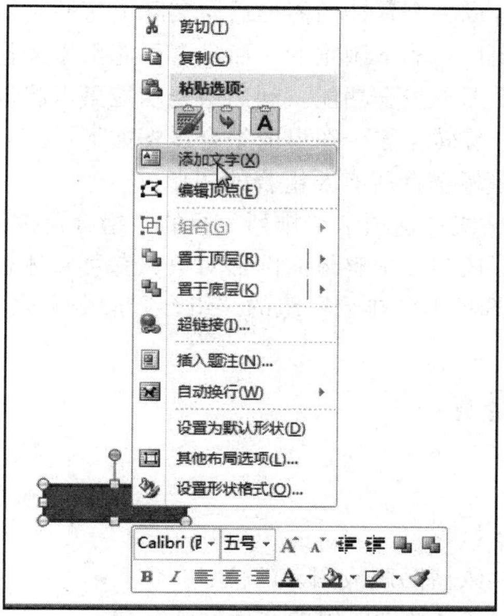

图 3.52　"添加文字"命令

（三）图形的样式设置

可以利用"绘图工具/格式"功能区"形状样式"组中的功能按钮为图形设置多种显示效果，如图 3.53 所示。

"形状填充"：为形状或图形填充颜色、填充图片、填充纹理或填充渐变。

"形状轮廓"：为形状或图形设置线条类型和线条颜色。

"形状效果"：给图形对象添加阴影或产生立体效果。

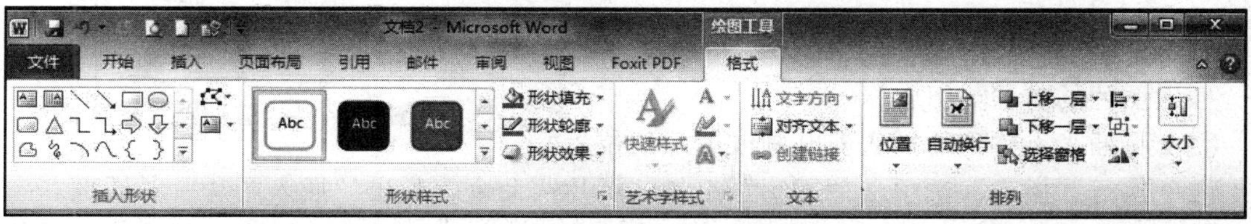

图 3.53　"绘图工具/格式"功能区

（四）图形的叠放次序

当两个或多个图形对象叠放在一起时，最近绘制的那一个总是覆盖其他图形。利用"排列"组功能按钮可以调节整个图形之间的叠放关系。具体步骤如下：

（1）选定要改变叠放关系的图形对象。

（2）单击"绘图工具/格式"选项卡"排列"组的"上移一层"或"下移一层"按钮。

（3）也可点击"绘图工具/格式"选项卡"排列"组的"上移一层"或"下移一层"下拉按钮，打开下拉菜单，选择"衬于文字下方"、"置于顶层"、"浮于文字上方"或"置于底层"。

（五）多个图形的组合

当许多简单的图形组合成一个复杂的图形后，实际上每一个简单图形还是一个独立的对象。这时，若要移动整个图形是非常困难的，而且有可能由于操作不当而破坏刚刚构成的图形。为此 Word 提供了多个图形组合功能。利用组合功能可以将许多见图形组合成一个整体图形对象，以便图形移动和旋转。多个图形的组合步骤如下：

（1）按住 Ctrl 键，用鼠标选择所有要组合的图形。

（2）单击"绘图工具/格式"选项卡"排列"组的"组合"按钮。

组合后的所有简单图形成为一个整体的图形对象，它可整体移动和旋转。这一组合图形可以用"绘图工具/格式"选项卡"排列"组的"组合"命令来取消组合。

二、插入和编辑图片

（一）插入剪贴画

插入剪贴画的步骤如下：

（1）将插入点移到要插入剪贴画或图片的位置。

（2）执行"插入"选项卡"插图"组的"剪贴画"命令，显示"剪贴画"任务窗格，如图 3.54 所示。

（3）在"剪贴画"任务窗格中单击"管理剪辑"，打开"剪辑管理器"对话框。

（4）在"剪辑管理器"中，按类似资源管理器文件夹的操作方法，在左窗格选择一个剪贴画类别；单击右窗格中的剪贴画为选定。选定后剪贴画自动插入当前文档的插入点。

（二）插入图片

插入图片的步骤如下：

图 3.54　　"剪贴画"任务窗格

（1）将插入点移到要插入剪贴画或图片的位置。

（2）执行"插入"选项卡"插图"组的"图片"命令，弹出"插入图片"对话框。

（3）在打开的"插入图片"对话框中选中准备插入 Word 2010 文档中的图片，然后单击"插入"按钮。

提示： 在第（3）步中，如果单击"插入"按钮右侧的下拉三角按钮，并选择"插入和链接"命令，选中的图片将被插入 Word 2010 文档中，当原始图片内容发生变化（文件未被移动或重命名）时，重新打开 Word 2010 文档将看到图片已经更新（必须在关闭所有 Word 2010 文档后重新打开插入图片的 Word 2010 文档）。如果原始图片位置被移动或图片被重命名，则 Word 2010 文档中将保留最近的图片版本。

（三）图片格式的设置

1．"图片工具/格式"功能区

当单击选定图片后，图片周围出现 8 个黑色（或空心）小方块，功能区显示"图片工具/格式"选项卡。拖动这 8 个控制点可以改变图片的大小，利用"图片工具/格式"选项卡中的各组命令可以设置图片的文字环绕方式、大小、位置和边框等，如图 3.55 所示。

图 3.55　"图片工具/格式"功能区

插入图片的文字环绕方式默认为"嵌入型"。从"图片工具/格式"选项卡可以看到，它包含有"调整"、"阴影效果"、"边框"、"排序"、"大小"5 个选项卡。实际上，"图片大小和位置"、"图片的剪裁"、"文字环绕"等编辑操作都可以在这些选项卡上设置完成。

2．剪裁图片

改变图片的大小并不改变图片的内容，仅仅是按比例放大或缩小。如果要裁剪图片中某一部分的内容，可以使用"图片工具/格式"功能区"大小"组中的"裁剪"命令。具体步骤如下：

（1）选中需要裁剪的图片。

（2）单击"图片工具/格式"选项卡"大小"组中的"裁剪"命令，表示裁剪工具激活。

（3）将鼠标移到图片的小方块处，根据指针方向拖动鼠标，可裁去图片中不需要的部分。如果拖动鼠标的同时按住 Ctrl 键，则可以对称地裁去图片。

3．文字环绕

通常，图片插入文档后，像字符一样嵌入到文本中。当要改变图片的非嵌入型环绕方式，并调整图片的大小和位置，可以利用"图片工具/格式"选项卡"排列"组中的"自动换行"按钮，使文字环绕在图片周围。

（1）单击"图片工具/格式"选项卡"排列"组中的"自动换行"按钮，打开下拉菜单。

（2）在下拉菜单中，选定一种环绕方式并单击之。

4．为图片添加边框

单击"图片工具/格式"选项卡"边框"组中的命令，可为图片添加边框。

（1）"图片边框"：可以选择图片边框的颜色。

（2）"虚线"：设置图片边框为虚线。

（3）"粗细"：设置图片边框的粗细。

5．重设图片

如果对图片的格式设置不满意，那么可以在选定图片后，单击"图片工具/格式"选项卡"调整"组中的"重设图片"按钮，取消前面所做的设置，使图片恢复到插入时的状态。

三、文本框的插入和编辑

文本框是一个独立的对象，框中的文字和图片可随文本框移动，它与给文字加边框是不同的概念。实际上，可以把文本框看作一个特殊的图形对象。利用文本框可以把文档编排得更丰富多彩。

（一）绘制文本框

如果要绘制文本框，则展开"插入"选项卡中"文本"组的"文本框"菜单，点击"绘制文本框"按钮，鼠标指针变为十字形，按住左键拖动鼠标绘制文本框，当大小适当后放开左键。此时，插入点在文本框中，可以在文本框中输入文本或插入图片。

（二）改变文本框的位置、大小和环绕方式

移动文本框：鼠标指针指向文本框的边框线，当鼠标指针变成 ✛ 形状时，用鼠标拖动文本框，实现文本框的移动。

复制文本框：选中文本框，按 Ctrl 键的同时，用鼠标拖动文本框，可实现文本框的复制。

改变文本框的大小：首先单击选定的文本框，在它四周出现 8 个控制大小的小方块，可改变文本框的大小。

改变文本框的环绕方式：对于选定的文本框，执行"绘图工具/格式"选项卡"排列"组的"自动换行"命令，在下拉菜单中选择一种环绕方式。

（三）文本框格式设置

如果想改变文本框边框线的颜色或文本框的填充颜色，可采取如下步骤：

（1）选定要操作的文本框。

（2）单击"绘图工具/格式"选项卡"文本框样式"组右下角的"对话框启动器"按钮，启动"设置形状格式"对话框，如图 3.56 所示。

（3）单击"线条颜色"标签，设置线条的颜色。

（4）在"填充"标签中选定要填充的颜色。

（5）在"文本框"标签中设置形状内文字内容的格式。

（6）单击"关闭"按钮。

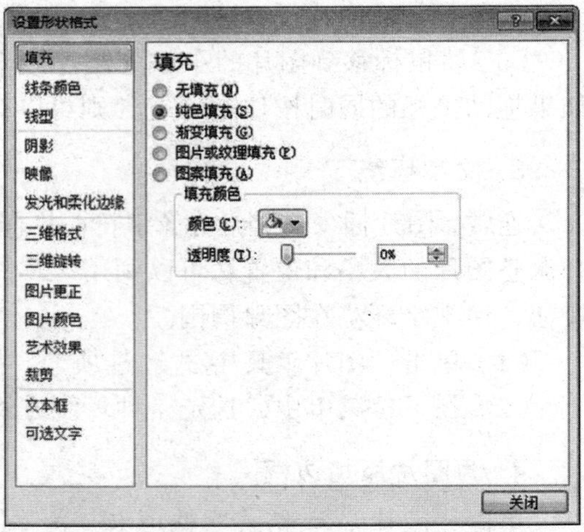

图 3.56 "设置形状格式"对话框

四、艺术字的编辑和使用

（1）展开"插入"选项卡"文本"组的"艺术字"下拉菜单，从下拉菜单中选择需要的艺术字样式，如图 3.57 所示，打开艺术字编辑框。

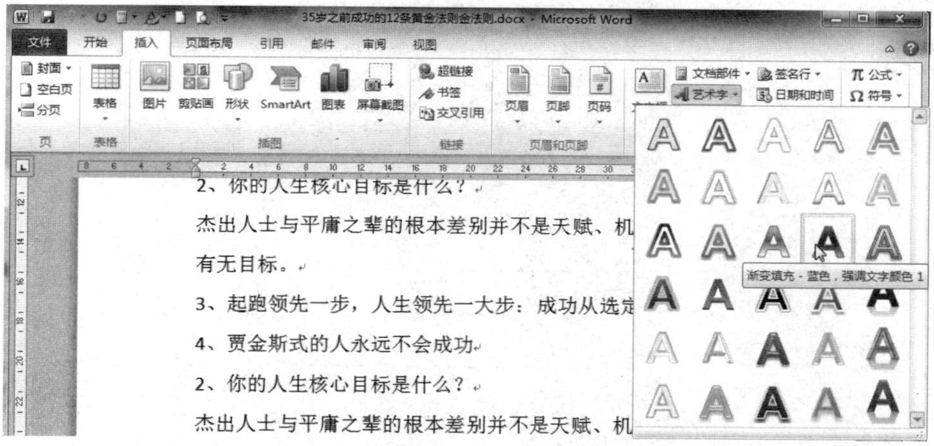

图 3.57　插入艺术字样式

（2）编辑艺术字内容：在打开的艺术字编辑框中，输入需要设定为艺术字的文本。

（3）编辑艺术字格式：在"绘图工具/格式"功能区可以编辑艺术字和设置艺术字效果。如图 3.58 所示的设置艺术字文本效果。

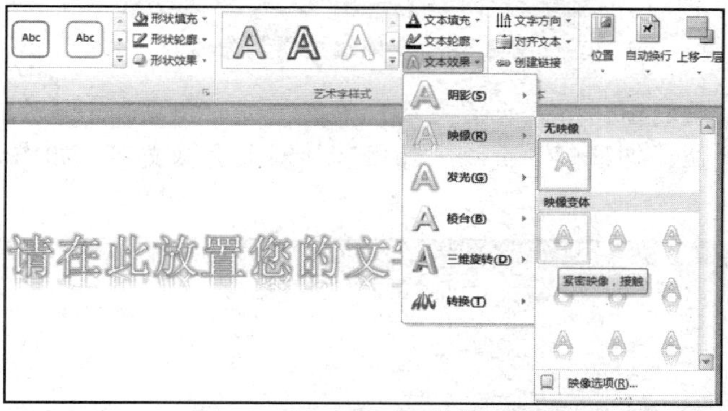

图 3.58　设置艺术字文本效果

五、页眉和页脚

页眉和页脚是打印在一页顶部和底部的注释文字或图形。它不是随文本输入的，而是通过命令设置的。页码是最简单的页眉和页脚。页眉和页脚也可以比较复杂，如一般的教材中，单页的页眉是章节标题和页码，双页的页眉是书名和页码，没有页脚。在页脚中，可以设置作者的姓名、日期等。页眉和页脚只能在页面视图和打印预览方式下看到。页眉的建立方法和页脚的建立方法是一样的，都可以用"插入"选项卡"页眉和页脚"组的"页眉"和"页脚"命令实现。

（一）建立页眉/页脚

（1）展开"插入"选项卡"页眉和页脚"组的"页眉"下拉菜单，可以选择 Word 2010 内置的各种页眉样式。如果要编辑页眉内容，点击"编辑页眉"命令，如图 3.59 所示。

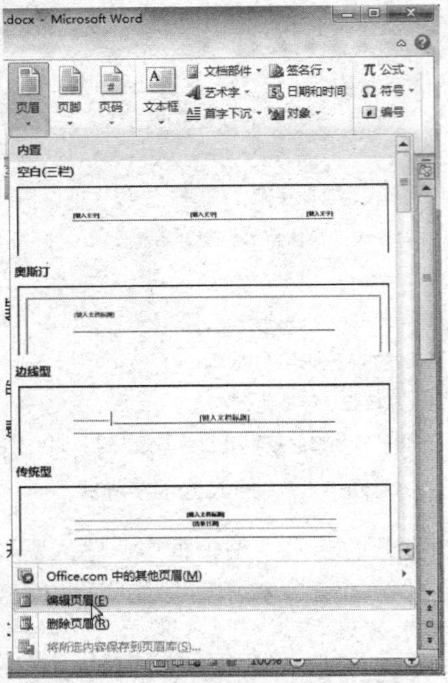

图 3.59　　"编辑页眉"命令

　　（2）在"页眉"编辑窗口键入页眉文本，单击"页眉和页脚工具/设计"选项卡"导航"组的"转至页脚"按钮，切换到"页脚"编辑区并键入页脚文字，如作者、页号、日期等，如图 3.60 所示。

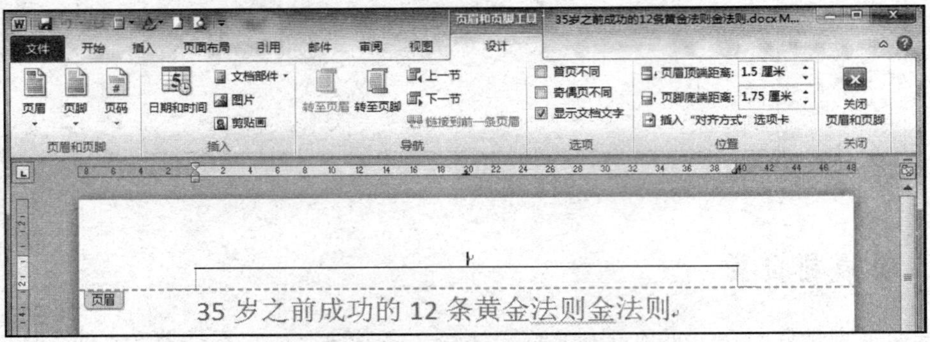

图 3.60　　"页眉"编辑窗口

　　（3）单击"页眉和页脚工具/设计"选项卡"关闭"组的"关闭页眉和页脚"按钮，完成设置并返回文档编辑区。这样，整个文档的各页都具有同一格式的页眉和页脚。

　　（二）"页眉和页脚工具/设计"选项卡

　　"页眉和页脚"组：可选择 Word 2010 内置的页眉、页脚和页码的样式，也可启动编辑页面进行页眉和页脚编辑。

　　"插入"组：可在页眉和页脚中插入图片、日期和时间、剪贴画和文档部件。

　　"导航"组：可在页眉和页脚之间相互切换，并且可以到达文档上一节或下一节。

"选项"组：设置文档中首页显示不同，或奇偶页显示不同等。

"位置"组：设置文档页眉和页脚的位置。

"关闭"组：关闭页眉页脚编辑界面。

（三）删除页眉页脚

进入页眉（或页脚）编辑状态，选定页眉或页脚并按 Delete 键即可。也可展开"页眉和页脚工具/设计"选项卡"页眉和页脚"组的"页眉"按钮（或"页脚"按钮）下拉菜单，选择"删除页眉"（或"删除页脚"）命令。

六、插入页码

如希望在每页文档的打印件中插入页码，可以展开"插入"选项卡"页眉和页脚"组的"页码"下拉菜单，根据需要选择相关命令，如图 3.61 所示。

"页面顶端"子菜单：在页面顶端插入页码样式。

"页面底端"子菜单：在页面底端插入页码样式。

"页边距"子菜单：在页面左端或右端插入页码样式。

"当前位置"子菜单：在插入点插入页码样式。

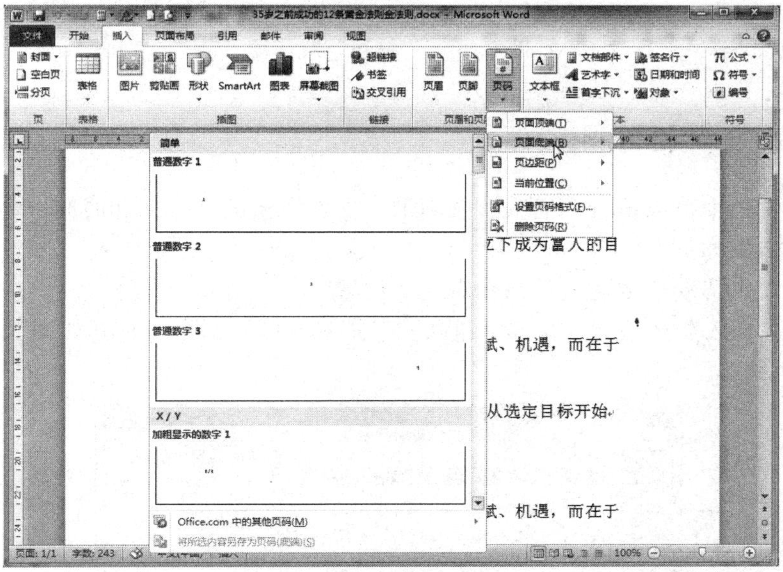

图 3.61　插入页码

"设置页码格式"按钮：打开"页码格式"对话框。

"删除页码"按钮：删除页码样式。

七、插入符号

在输入文本时，可能要输入（或插入）一些键盘上没有的特殊符号（如俄文、日文、希腊文字符，数学符号，图形符号等），除了利用汉字输入法的软键盘外，Word 还提供插入"符号"的功能。具体操作步骤如下：

（1）把插入点移动到要插入符号的位置（插入点可以用键盘的上、下、左、右箭头键来移动，也可以移动鼠标指针到选定的位置）。

（2）展开"插入"选项卡"符号"组的"符号"下拉菜单，可以选择常用符号，也可以点击"其他符号"按钮，打开如图 3.62 所示的"符号"对话框。

图 3.62　"符号"对话框

八、插 入 日 期 和 时 间

在 Word 文档中可以执行"插入"选项卡"文本"组的"日期和时间"命令来插入日期和时间。具体步骤如下：

（1）把插入点移动到要插入日期和时间的位置。

（2）执行"插入"选项卡"文本"组的"日期和时间"命令，打开如图 3.63 所示的"日期和时间"对话框。

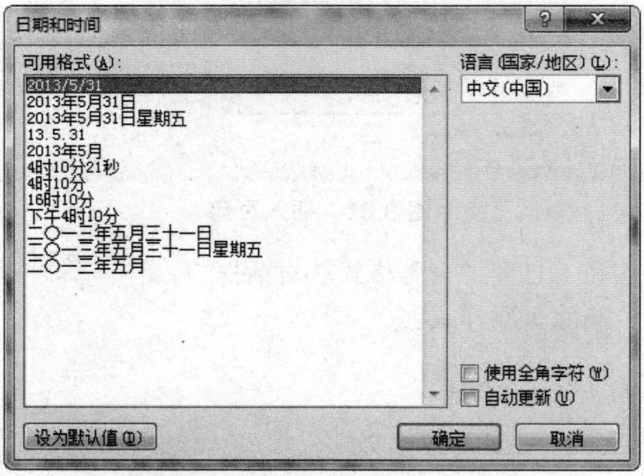

图 3.63　"日期和时间"对话框

（3）语言设置：在"语言"下拉列表中选定"中文（中国）"或"英文（英国）"；日期格式：在"可用格式"列表框中选定所需的日期格式；日期更新设置；选定"自动更新"复选框，则所插入的日期和时间会自动更新。

（4）单击"确定"按钮，即可在指定的插入点插入当前的日期和时间。

九、公式编辑器的使用

1. 插入数学公式

（1）确定光标插入指定位置，单击"插入"选项卡"文本"组中的"对象"命令（见图3.64），打开"对象"对话框。

（2）在"对象类型"列表框中选择"Microsoft 公式 3.0"项，单击"确定"按钮，如图3.65 所示。

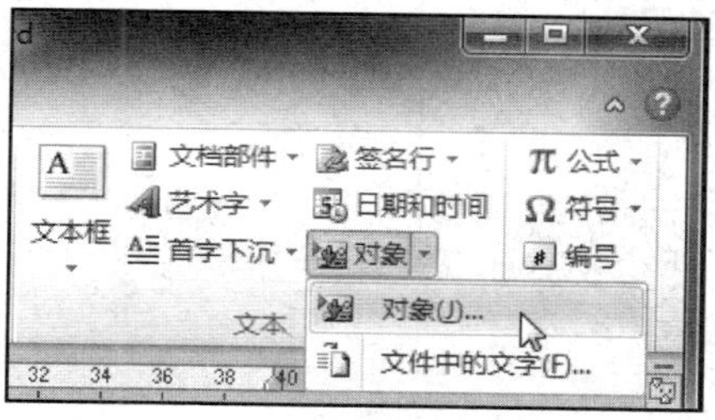

图 3.64　插入对象菜单

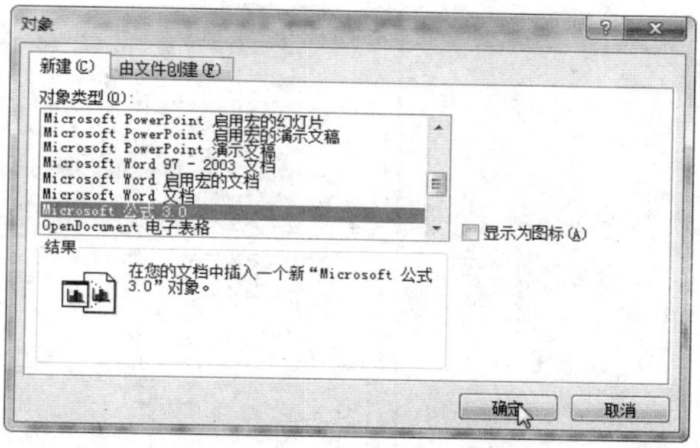

图 3.65　插入"Microsoft 公式 3.0"

（3）屏幕上弹出"公式"工具栏，进入公式编辑状态。该工具栏提供了 19 大类近 300 种数学符号和公式模板供选用，如图3.66 所示。

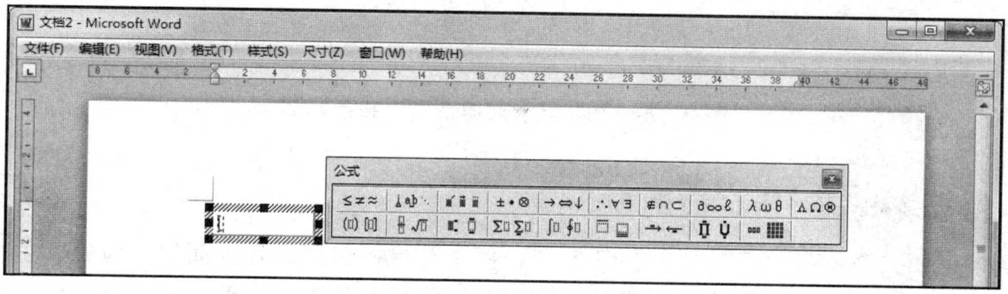

图 3.66　公式编辑器

（4）从公式插入点处开始输入数学公式。输入完毕，单击公式处的任意区域，即可返回文档编辑状态。

2. 修改数学公式

要修改数学公式，就要进入公式编辑状态。双击要修改的数学公式，即可进入公式编辑窗口对公式进行编辑和修改。

随堂实训2　图文混排

（1）打开任务四中创建的文档"IT俱乐部邀请书"。

（2）删除原标题，把原标题换成艺术字，艺术字字体为方正舒体，32号，形状为桥型，设置艺术字文字环绕方式为上下型。

（3）在文档中添加自选图形"爆炸型1"，并添加文字"快来报名！"，设置文字为宋体，蓝色，四号。为自选图形填充颜色"橙色"，填充效果为"小纸屑"，三维效果样式为第二行第四个。

（4）在文档中插入剪贴画，设置图片大小，高为5厘米，选中"锁定纵横比"选项，图片版式为四周型。

结果样式如图3.67所示。

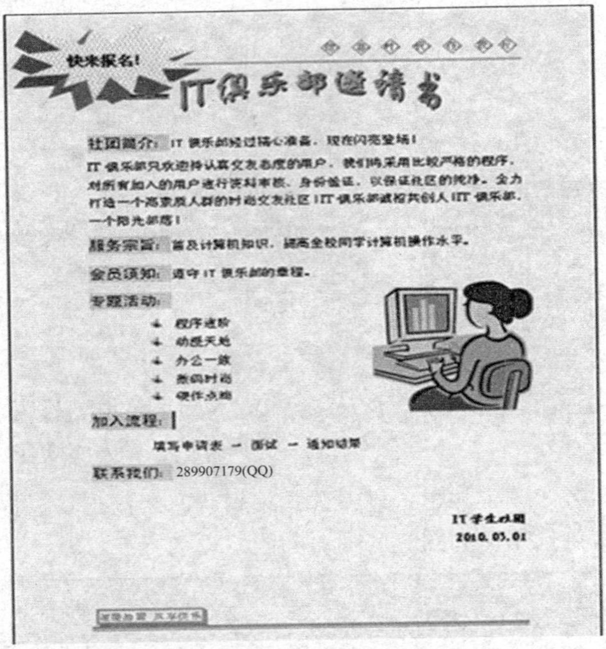

图3.67　"IT俱乐部邀请书"排版结果

拓展实训1　简报的制作

实训说明：随着办公自动化的不断发展，使用计算机排版的各种简报、海报、手抄报、内部刊物越来越广泛，简单的小报排版应用频繁。这里，我们利用Word 2010制作一份介绍著名音乐家贝多芬的简报，要注意布局合理，内容丰富，图文并茂，融为一体。案例效果如图3.68所示。

（一）主要知识点

（1）段落格式的设置；

（2）图片及"图片"工具栏的使用；

（3）文本框的使用；艺术字的使用；

（4）绘图工具的使用；

（5）分栏工具的使用。

（二）实施过程

（1）新建一个名称为"音乐家贝多芬"的文档；

（2）设置简报的版面，将简报大致分成 8 块，如图 3.69 所示；

（3）设置文档的纸张大小为 B5，上下左右页边距为 2.5 厘米；

（4）编排各板块的内容。

图 3.68　拓展实训效果图

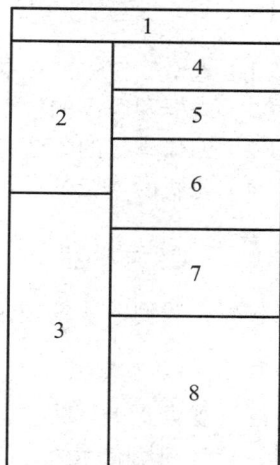

图 3.69　简报的版面

版块 1：输入标题文字，设置为黑体，三号，白色，居中，为标题段落填充浅蓝色底纹。

版块 2：在版块 2 位置插入一张贝多芬图片，设置图片高度为 6 厘米，选定"锁定纵横比"复选框，环绕方式为四周型。插入一个文本框，设置边框为无线条颜色；在其中输入图片标注"贝多芬"，设置为宋体，小五号；放置在图片正下方。

版块 3：在版块 3 位置插入一个文本框，设置边框为无线条颜色，填充颜色为浅蓝色；在其中输入文字，设置为楷体_GB2312，五号，首行缩进 2 字符。

版块 4：在版块 4 位置插入艺术字"著名音乐家"，设置为宋体，20 号，选择其样式为"艺术字库"第 2 行第 1 列的样式。

版块 5：在版块 5 位置插入一个文本框，设置边框为无线条颜色，在其中输入文字，设置为宋体，五号，首行缩进 2 字符。

　　版块 6：在版块 6 位置插入一个自选图形中的圆角矩形，设置边框为无线条颜色，填充颜色为浅蓝色，在其中输入文字，设置为楷体 – GB 2312，五号，首行缩进 2 字符。

　　版块 7：在版块 7 位置插入一个文本框，设置边框为无线条颜色，填充颜色为浅黄色，阴影样式为第 4 行第 2 个；在其中输入文字，汉字设置为隶书，小四，英文字体设置为 Dotum，五号，段落首行缩进 2 字符。

　　版块 8：在版块 8 位置插入一个文本框，设置边框为无线条颜色，在其中输入文字，设置为宋体，五号，首行缩进 2 字符。接着插入一张贝多芬故居图片，设置图片高度为 6.5 厘米，选定"锁定纵横比"复选框，环绕方式为四周型。最后插入一个文本框，设置边框为无线条颜色；在其中输入图片标注"贝多芬故居"，设置为宋体，小五号，放置在图片正下方。

📖 拓展实训 2　制作商品订购单

　　实训说明：如果让你主持公司的商品采购工作，当某一天公司的商品订购单用完了，同时保存该订购单电子档的电脑因为故障无法操作，为了避免给公司的货物订购造成影响，需要自己制作一张商品订购单。这个时候，用 Word 强大的制表功能就可以轻松做到。

（一）主要知识点

（1）表格操作；
（2）边框和底纹的设置；
（3）创建模板的方法；
（4）公式的设置。

（二）实施过程

　　首先，我们需要拿一份公司使用过的商品订购单（见图 3.70），按照它的原样来制作。

1. 绘制基本表格

　　经过观察整个订购单，我们会发现除了公司名称和"订购单"字样外，其他都是同一张表格，只是利用有无边框的差别而制作出来的效果。

　　（1）新建一个 Word 文档，并将文件名命名为"订购单.doc"。在 Word 工作区顶部输入公司名称和"订购单"字样，格式分别设置为宋体二号及宋体三号并居中。

　　（2）在"订购单"字样下面插入一个 12 行 7 列的表格。

　　（3）将表头前三行按照样表进行合并，并将表格边框线设为"无"。表格边框被取消后，屏幕上显示的是表格的网格。

　　（4）将表格第 10 行（表格内容"交货时限"）表格进行拆分。

　　（5）将表格最后一行按要求进行拆分、合并。

　　提示： 使用 Word 制作表格，在执行过合并或拆分单元格后，建议尽量不要使用"删除单元格"或"插入单元格"命令，否则会出现表格紊乱的情形，所以还是继续使用合并或拆分单元格！

XXXX 有限责任公司

订购单

公司 订购单号码：_____
名称 订购日期：_____年___月___日

本公司逆向贵公司订购下列产品：

产品编号	品名	单位和规格	数量	单价	总价	备注
订购总额	人民币￥		元	以下订购价格□已含□未含17%的增值税		

1. 交货时限 □ 年 月 日前一次交清
□ 分批交货，交货时间和次数待定

2. 交货地点：
2. 所供货品卖方需提供 %备品，不良品并得交换。
3. 如因交货误期，规格不符，品质不良而造成本公司损失，卖方应负赔偿责任。货品虽经本公司验收，如因品质不良而致使本公司产品遭客户退货或索赔时卖方应负赔偿责任。
4. 所订货品其所用原料若为国外进口，则卖方需提供退税同意书，以供本公司申请外销品冲退税款，否则卖方应负赔偿责任。
5. 厂商签收后存本公司采购部一联，交货时请在送货单注明订单号码及材料编号名称，送仓库验收。
6. 请照订购数量交货，量多不可超过订购总数之10%，否则拒收。
7. 货品检验根据本公司所订的检验标准。

卖方签章
采购单位：
联 系 人：
电 话：（0937）
公 司：XXXX 有限责任公司
统一编号：8********
地 址：甘肃省酒泉市肃州区解放路36号

图 3.70 商品订购单

2. 输入表格信息

（1）在表格无边框单元格输入表头相关信息。

（2）分别在对应单元格输入相关文本。

（3）将单元格"垂直对齐方式"设置为"居中"，部分单元格 "水平对齐方式"设置为 "居中"。

提示：文本中的复选框要如何输入？只要执行"插入"选项卡的"符号"按钮，打开"符号"对话框，选择"普通文本"字体和"几何图形符"子集，单击其中的空心方块符号"□"，然后单击"插入"按钮即可。

3. 粘贴计算公式

做好上面的订购单后，不妨先将公式设置好，等到要使用的时候，在该单元格单击鼠标右键，然后从弹出的快捷菜单中执行"更新域"命令，这样输入订购单时运算的时间就可以减少，完成填写商品订购单的工作就变得简单轻松了。

（1）将插入点移到单元格 G5 中，并在"粘贴函数"中选择 PRODUCT 函数。即在"公式"文本框中输入公式"= PRODUCT(D4:E4)"，在"数字格式"列表框中选择"#,##0"，如图 3.71 所示。

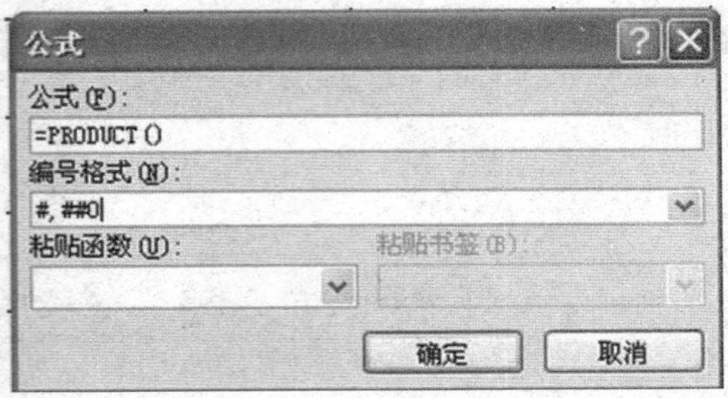

图 3.71　"公式"编辑窗

（2）将公式复制到 G6：G9 单元格中。并用同样的方法在单元格 C9 中输入公式"= SUM(F4:F7)"，用来完成"订购总额"的计算。

4. 美化商品订购单

最后替商品订购单主要表格的部分加上"亮丽的外衣"，就算完成商品订购单的制作了。

（1）选取标题行，即第 4 行，给其添加底纹。如选择填充颜色为"30%灰色"。标题行的底纹设置轻松完成。

（2）选取 A9：C9 这 3 个单元格，进行"底纹"设置。如选择填充颜色为"30%灰色"。这样商品订购单就制作完成。

5. 设置商品订购单文档模板

为了以后不再花时间去设计类似的商品订购单，可以将这个商品订购单设置成模板文件并通过网上邻居来共享这个文件，这样其他员工都可以轻松使用这个辛苦设计的表格。

操作方法：将文件另存为"模板文件"，以后大家打开 Word 模板，在"模板"窗口中就可以看到刚才保存的"订购单"模板文件，不用再重新设计。

操 作 题

一、查找替换操作

（1）打开空白 Word 文档，输入样文 1《计算机的发展》。

（2）按照样文格式调整文档。

（3）查找：查找关键字"计算机"，并突出显示。

（4）替换：替换"计算机"为"Computer"。

样文 1：《计算机的发展》

计算机的发展

世界上第一台计算机是 1946 年问世的。半个多世纪以来，计算机获得突飞猛进的发展。人们根据计算机的性能和当时的硬件技术状况，将计算机的发展分成几个阶段，每一阶段在技术上都是一次新的突破，在性能上都是一次质的飞跃。

第一阶段：电子管计算机（1946—1957 年）。采用电子管作为基本逻辑部件，体积大、耗电量大、寿命短、成本高。采用电子射线管作为存储部件，容量很小，后来外存储器使用了磁鼓存储信息，扩充了容量。

第二阶段：晶体管计算机（1958—1964 年）。采用晶体管制作基本逻辑部件，体积减小，重量减轻，能耗降低，成本下降，计算机的可靠性和运算速度均得到提高。普遍采用磁芯作为储存器，采用磁盘/磁鼓作为外存储器。开始有了系统软件，提出了操作系统概念，出现了高级语言。

第三阶段：集成电路计算机（1965—1969 年）。采用中、小规模集成电路制作各种逻辑部件，使计算机体积小，重量更轻，耗电更省，寿命更长，成本更低，运算速度有了更大的提高。采用半导体存储器作为主存，取代了原来的磁芯存储器，使存储器容量的存取速度有了大幅度的提高，增加了系统的处理能力。

第四阶段：大规模、超大规模集成电路计算机（1970 年至今）。基本逻辑部件采用大规模、超大规模集成电路，使计算机体积、重量、成本均大幅度降低，出现了微型机。作为主存的半导体存储器，其集成度越来越高，容量越来越大；外存储器除广泛使用软、硬磁盘外，还引进了光盘。各种使用方便的输入/输出设备相继出现。

二、文档格式化

（1）将样文一的页面设置成 A4，页边距设置为上 2.4 厘米、下 2 厘米，左 2.4 厘米、右 2.2 厘米。

（2）将文档的第一行文字"计算机的发展"作为标题，标题居中，仿宋三号字，加粗、加下划线。

（3）除大标题外的所有内容悬挂缩进 0.75 厘米，两端对齐，宋体小五号字。

（4）将大标题下的第一个自然段左缩进 0.9 厘米，右缩进 0.8 厘米。

三、表格操作

（1）在 Word 中输入样文 2《课程表》。

（2）将文档中五行文字转换成一个 5 行 6 列的表格，设置表格列宽为 2.4 厘米，行高 1.0 厘米。

（3）将表格边框线设置成实线 1.5 磅，表内线为实线 0.75 磅；第一行加红色底纹。

（4）表格第一行标题行加粗，表格内容左右、上下居中。

（5）加入正文标题"课程表"，设置为黑体，小三，加粗，居中对齐。

样文 2:《课程表》

节次	星期一	星期二	星期三	星期四	星期五
第一节	数学	英语	语文	计算机应用	体育
第二节	英语	数学	计算机应用	语文	素质拓展
第三节	数学	语文	英语	体育	计算机应用
第四节	数学	英语	计算机应用	数学	活动

四、页面设置

（1）在 Word 文档中输入样文 3《定风波》。

（2）页面设置：B5；页边距为上 2.8 厘米，下 3 厘米，左 3.2 厘米，右 2.7 厘米；装订线：1.4 厘米。

（3）第一行黑体，四号字；正文隶书，小四号字。正文第一段左右各缩进 1 厘米，第二段首行缩进 0.85 厘米。第二行段前段后各 6 磅，第二段段前 12 磅。

（4）边框底纹：设置正文的底纹：填充灰度 – 5%，正文的边框：设置为阴影，颜色为灰色 – 25%。

（5）页眉页脚：设置页面边框：艺术样式 1。设置页眉：输入文字"宋词选"，隶书，五号字。设置页脚：插入页码、页数和日期，居中。

（6）插入剪贴画：正文后插入"自然界"类别中的剪贴画"秋天"。设置图片大小，宽度 4.78 厘米，高度 3.29 厘米。

样文 3：《定风波》

定风波

　　莫听穿林打叶声，何妨吟啸且徐行。竹杖芒鞋轻胜马，谁怕？一蓑烟雨任平生。料峭春风吹酒醒，微冷，山头斜照却相迎。回首向来萧瑟处，归去，也无风雨也无晴。

　　这首词作于元丰五年（1082），此时苏轼被贬黄州，处境险恶，生活穷困，但他仍然很坦然乐观，不为外界的风云变幻所干扰，总是"一蓑烟雨任平生"的态度来对待坎坷不平的遭遇。不管是风吹雨打，还是阳光普照，一旦过去，都成了虚无。这首词表现了他旷达的胸怀、开朗的性格以及超脱的人生观。

五、Word 排版

（1）打开样文一《计算机的发展》文档。

（2）将标题段文字（"计算机的发展"）设置为艺术字：艺术字样式为第一行第 3 列；字体隶书；艺术字形状山形；添加阴影样式。布局类型为上下行环绕。

（3）在标题下位置插入剪贴画："舵"类别中的剪贴画"罗盘"。设置图片大小，宽度 5.1 厘米，高度 3.5 厘米。

（4）将正文各段文字（"世界上第一台计算机……掀起了一场革命。"）设置为小五号、仿宋_GB 2312；第一段右缩进 4 字符，悬挂缩进 1.5 字符；第二段前添加项目符号"◆"。

（5）将正文第三段（"第二阶段……出现了高级语言。"）分为等宽的两栏，栏宽为 18 字符。并以原文件名保存文档。

（6）设置尾注：对"世界上第一台计算机"添加尾注"1946 年 2 月 14 日，世界上第一台电脑 ENIAC 在美国宾夕法尼亚大学诞生。"

模块四

电子表格处理 Excel 2010 的使用

　　Excel 2010 是一款功能强大的电子表格应用程序，它和 Word、PowerPoint 等组件组成了 Office 2010 办公软件的整体系统。Excel 2010 不仅具有强大的数据组织、计算、分析和统计功能，还可以通过图表、图形及强大的函数功能形象地显示处理结果，更能方便地与 Office 其他组件相互调用数据，实现资源共享。

【学习目标】

（1）熟悉 Excel 2010 的工作环境，了解各功能选项卡的功能。

（2）熟练掌握工作表、工作簿的创建、打开、编辑和保存。

（3）熟练掌握单元格区域数据的引用以及公式和函数的使用。

（4）掌握工作表格式化基本操作。

（5）掌握 Excel 2010 统计图表的应用。

（6）掌握工作表数据的排序、筛选、分类汇总、数据透视表等操作。

任务一　认识 Excel 2010 的工作界面

一、启动 Excel 与认识工作环境

（一）启动 Excel 2010

　　方法 1：执行"开始"→"所有程序"→"Microsoft Office"→"Microsoft Excel 2010"命令启动 Excel。

　　方法 2：在桌面上双击 Microsoft Excel 2010 快捷方式图标，即可快速启动 Excel 程序。

　　方法 3：双击已有 Excel 文件图示来启动 Excel。

（二）Excel 2010 界面介绍

　　启动 Excel 后，可以看到如图 4.1 所示的界面。

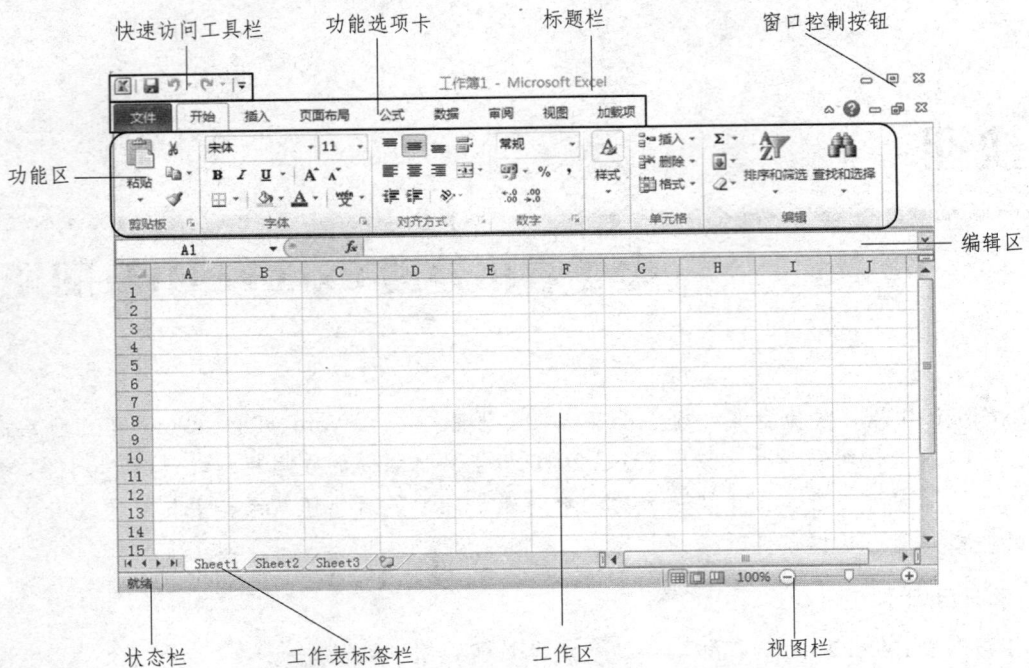

图 4.1　Excel 2010 应用程序窗口

1. Excel 2010 功能区

与 Excel 2003 相比，Excel 2010 最明显的变化就是取消了传统的菜单操作方式，而代之以各种功能区。在 Excel 2010 窗口上方看起来像菜单的名称其实是功能区的名称，当单击这些名称时并不会打开菜单，而是切换到与之相对应的功能区。根据功能的不同，每个功能区又分为若干个组，每个功能区所拥有的功能如下所述：

（1）"开始"功能区。

"开始"功能区中包括剪贴板、字体、对齐方式、数字、样式、单元格和编辑七个组，对应 Excel 2003 的"编辑"和"格式"菜单部分命令。该功能区主要用于帮助用户对 Excel 2010 表格进行文字编辑和单元格的格式设置，是用户最常用的功能区。

（2）"插入"功能区。

"插入"功能区包括表、插图、图表、迷你图、筛选器、链接、文本和符号几个组，对应 Excel 2003 中"插入"菜单的部分命令，主要用于在 Excel 2010 表格中插入各种对象。

（3）"页面布局"功能区。

"页面布局"功能区包括主题、页面设置、调整为合适大小、工作表选项、排列几个组，对应 Excel 2003 的"页面设置"菜单命令和"格式"菜单中的部分命令，用于帮助用户设置 Excel 2010 表格页面样式。

（4）"公式"功能区。

"公式"功能区包括函数库、定义的名称、公式审核和计算几个组，用于在 Excel 2010 表格中进行各种数据计算。

（5）"数据"功能区。

"数据"功能区包括获取外部数据、连接、排序和筛选、数据工具和分级显示几个组，主要用于在 Excel 2010 表格中进行数据处理相关方面的操作。

（6）"审阅"功能区。

"审阅"功能区包括校对、中文简繁转换、语言、批注和更改五个组，主要用于对 Excel 2010 表格进行校对和修订等操作，适用于多人协作处理 Excel 2010 表格数据。

（7）"视图"功能区。

"视图"功能区包括工作簿视图、显示、显示比例、窗口和宏几个组，主要用于帮助用户设置 Excel 2010 表格窗口的视图类型，以方便操作。

（8）"加载项"功能区。

"加载项"功能区包括菜单命令一个分组，加载项是可以为 Excel 2010 安装的附加属性，如自定义的工具栏或其他命令扩展。"加载项"功能区可以在 Excel 2010 中添加或删除加载项。

2. "文件"选项卡

在 Excel 主视窗的左上角，有一个特别的绿色选项卡，就是"文件"选项卡，按下该选项卡可以执行与文件有关的命令，如新建文件、打开旧文件、打印、保存及传送文件等，如图 4.2 所示。按下"文件"选项卡除了执行各项命令外，还会列出最近曾经打开及保存过的文件，方便再度打开。

3. 快速存取工具栏

"快速存取工具栏"，顾名思义，就是将常用的工具摆放于此，帮助快速完成工作。预设的"快速存取工具栏"只有 3 个常用的工具，分别是"存储文件"、"复原"及"取消复原"，如果想将自己常用的工具也加到此区，请按下"自定义快速访问工具栏"按钮进行设定。

图 4.2　文件选项卡

4. 显示比例工具

视窗右下角是"显示比例"区，显示目前工作表的检视比例，按下 ⊕ 按钮，可放大工作表的显示比例，每按一次放大 10%，例如 90%，100%，110%…；反之按下 ⊖ 按钮，会缩小显示比例，每按一次则会缩小 10%，例如 110%，100%，90%…。或者也可以直接拉拽中间的滑动杆放大或缩小显示比例。

需说明的是：

（1）为了避免整个画面太凌乱，有些选项标签会在需要使用时才显示。例如，当用户在工作表中插入了一个图表物件，此时与图表有关的工具才会显示出来。

（2）在功能区中按下 ⬚ 按钮，还可以开启专属的对话框或"工作窗格"来做更细致的设定。

（3）如果觉得功能区占用太大的版面位置，可以将"功能区"隐藏起来。隐藏功能区的方法是按下窗口右上角 ⌃ 按钮，再按一下此按钮即可显示功能区。

（4）除了使用鼠标来点选选项标签及功能区内的按钮外，也可以按一下键盘上的 Alt 键，即可显示各选项标签的快速键提示讯息。当用户按下选项标签的快速键之后，会用显示功能区中各功能按钮的快速键，让用户使用键盘来进行操作。

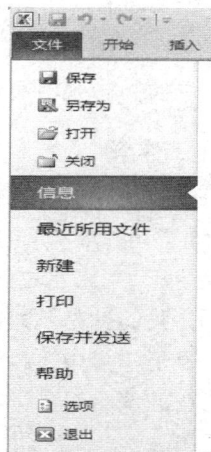

二、退出 Excel 2010

若想退出 Excel，只要按下主视窗右上角的"关闭"按钮；或是点击"文件"选项卡，再按下"退出"按钮，就可以结束 Excel 了。

如果曾在 Excel 视窗中做过输入或编辑的动作，关闭时会出现提示存档信息，按需求选择即可。

三、工作簿、工作表、单元格的概念

1. 工作簿

工作簿是指 Excel 中用来储存并处理数据的文件。它包含一个或多个工作表，默认状态下为 3 个，分别是 Sheet1，Sheet2 和 Sheet3。工作簿就像一个大活页夹，工作表就像一个大活页夹中的一张张活页纸。启动 Excel 2010 时，系统将自动打开一个新的工作簿。

2. 工作表

工作表是存放数据的表格，俗称电子表格，由众多排列整齐的单元格一起构成。一张工作表由 1 048 576 行和 16 384 列组成，行号以数字表示，列号以字母表示。每一本新的工作簿预设会有 3 张空白工作表，每一张工作表则会有一个工作表标签（如工作表 1、工作表 2……），我们就是利用标签来区分不同的工作表。

一个工作簿中可以有数张工作表，目前显示在屏幕上的那张工作表称为作用工作表，也就是现在的编辑对象。若想要编辑其他的工作表，只要按下该工作表的标签即可将它切换成当前工作表。

3. 单元格

工作表内的方格称为"单元格"，我们所输入的资料便是排放在一个个的单元格中。单元格是 Excel 中最小的单位，也是工作表的基本元素，用户可以在其中输入文字、数据、公式、日期等信息，也可以对其进行各种格式设置。在工作表的上面有每一栏的"列标题"A，B，C，…，左边则有各列的行标题 1，2，3，…，将列标题和行标题组合起来，就是单元格的"地址"。例如，工作表最左上角的单元格位于第 A 列第 1 行，其地址便是 A1；同理，第 E 列的第 3 行的单元格，其地址是 E3。单元格的边框加粗显示时，表示该单元格被选中，称为活动单元格，如图 4.3 所示。

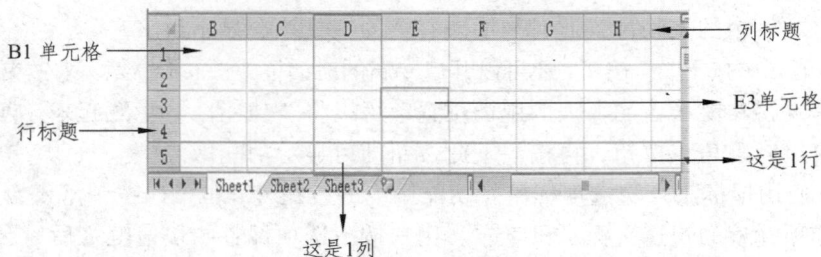

图 4.3　工作表窗口

随堂实训　熟悉 Excel 2010

启动 Excel 2010，点击主选项卡展开各个功能区，认识各个功能群组的内容，熟悉各工具按钮的基本使用。

任务二　数据的输入与编辑

一、输入数据

（一）选定单元格

打开工作簿后，用鼠标单击要编辑的工作表标签即打开当前工作表。将鼠标指针移到需选定的单元格上，单击鼠标左键，该单元格即为当前单元格。如果要选定的单元格没有显示在窗口中，可以通过移动滚动条使其显示在窗口中，然后再选取。

如果用鼠标选定一个单元格区域，先用鼠标单击区域左上角的单元格，按住鼠标左键并拖动鼠标到区域的右下角，然后放开鼠标左键即可。

（二）数据的输入

单元格中可存放的数据包括文本型数据、数字、时间和日期、函数和公式等。因此，在工作表中输入不同的数据时，就会用到不同类型的输入方法。

1. 输入文本型数据

在 Excel 2010 中的文本通常是指字符或者任何数字和字符的组合。输入单元格内的任何字符集，只要不被系统解释成数字、公式、日期、时间或者逻辑值，则 Excel 2010 一律将其视为文本。在 Excel 2010 中输入文本时，系统默认的对齐方式是单元格内靠左对齐。

单击单元格直接输入所需的文本，即完成文本型数据的输入。

2. 输入数字型数据

在 Excel 工作表中，数字型数据是最常见、最重要的数据类型。而且，Excel 2010 强大的数据处理功能、数据库功能以及在企业财务、数学运算等方面的应用几乎都离不开数字型数据。

3. 输入日期和时间

（1）输入日期。

在 Excel 2010 中，日期格式可以为"年-月-日"或"年/月/日"。例如，输入 2013 年 5 月 10 日，可输入 2013/5/10 或 2013-5-10。要求在输入年份时不要用两位数表示。

（2）输入时间。

时、分、秒之间用冒号（:）分隔，如 8：45：30 表示 8 点 45 分 30 秒。时间一般为 24 小时制。在同一单元格中输入日期和时间，请在中间用空格分离。

在输入这些数据时应注意以下几点。

（1）时间和日期型数据。在输入此类数据时应注意，鼠标右键点击单元格，在弹出的下拉菜单中选择"设置单元格格式"选项卡，在此选项卡中选择"日期"，选择相应的日期格式，再在单元格中输入日期。时间的输入也是如此。在这里给大家介绍一个输入时间的小技巧：按住【Ctrl+Shift+：】组合键，系统将自动输入当前时间。

（2）在输入此类数据时应注意，鼠标右键点击单元格，在弹出的下拉菜单中选择"设置单元格格式"选项卡，在此选项卡中选择"货币"，选择负数样式，点击"确定"，在单元格中输入数字即可，如输入 2 000，将显示为￥2,000.00。

（3）输入数值型数据，输入方法相同。小技巧：负数的输入，在单元格输入（1），显示为 – 1；分数的输入，在单元格输入"0+空格+分数"，即可显示正常的分数。

（4）如果输入职工号、身份证号、电话号码等无需计算的数字串，在数字串前面加一个英文单引号"'"，Excel 按文本数据处理，当然也可以直接输入，按数值数据处理。

（5）若想在一个单元格内输入多行数据，可在换行时按下【Alt+Enter】键，将插入点移到下一行，便能在同一单元格中继续输入下一行数据。

（三）输入批注

为某些内容添加批注，单击要添加批注的单元格，选择审阅菜单，选择新建批注，在批注框中输入内容即可。设置批注的单元格右上角会有一个红色的箭头。

（四）单元格的冻结

在工作中经常遇到表格数据量大的情况，这时要用到"冻结单元格"功能。操作如下：点击"视图"按钮，选择"冻结窗格"选项卡，在下拉菜单中选择相应的冻结方式，如图 4.4 所示。

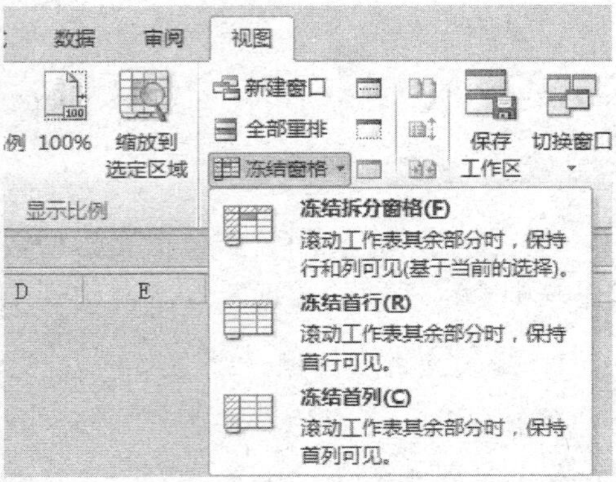

图 4.4　冻结窗格

提示：冻结窗格的范围是所选单元格的上行和左列，这样就可以轻松选择想要冻结的范围。

（五）查找的应用

在整张数据表中可能会录入上百条或上千条信息，要想在如此庞大的信息中找到一条或几条相同的信息，就需要用到"查找"功能。具体操作如下：

点击"开始"按钮下的"查找和选择"选项卡下的"查找"按钮（见图 4.5），输入要查找的对象即可。也可以用"替换"按钮，把找出的结果替换成相应的结果。

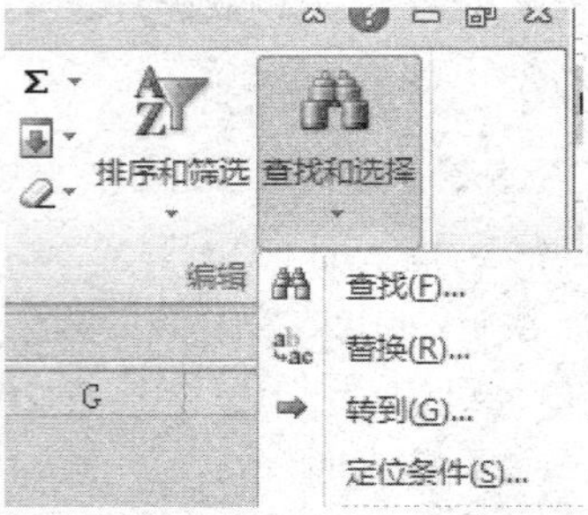

（六）制定输入数据类型

在 Excel 2010 中，可以在"数据有效性"对话框（见

图 4.5　"查找和选择"下拉列表

图 4.6）中控制单元格可接受数据的类型，以便有效地减少和避免输入数据的错误。例如，可以在某个时间单元格中设置“有效性条件”为“时间”，那么该单元格只接受时间格式的输入，如果输入其他字符，则会显示错误信息。

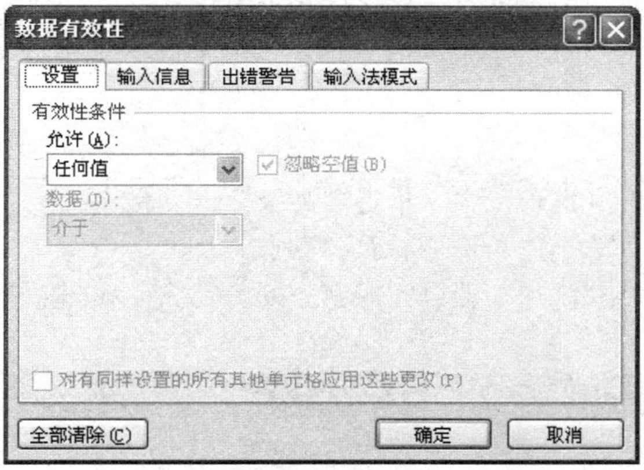

图 4.6　“数据有效性”对话框

二、自动填充

在 Excel 2010 中复制某个单元格的内容到一个或多个相邻的单元格中，使用复制和粘贴功能可以实现这一点。但是对于较多的单元格，使用自动填充功能可以更好地节约时间。另外，使用填充功能不仅可以复制数据，还可以按需要自动应用序列。

（一）在同一行或列中填充数据

在同一行或列中自动填充数据的方法很简单，只需选中包含填充数据的单元格，然后用鼠标拖动填充柄（位于选定区域右下角的小黑色方块。将鼠标指针指向填充柄时，鼠标指针更改为黑色十字形状），经过需要填充数据的单元格后释放鼠标即可。

（二）填充一系列数字、日期或其他项目

在 Excel 2010 中，可以自动填充一系列的数字、日期或其他数据，比如在第一个单元格中输入了“星期一”，那么使用自动填充功能，可以将其后的单元格自动填充为“星期二”、“星期三”等，如图 4.7 所示。

	A	B	C	D	E	F	G
1	课程表						
2	节次	时间	星期一	星期二	星期三	星期四	星期五
3	1	08:00					
4	2						
5	3						
6	4						

图 4.7　自动填充星期

（三）手动控制创建序列

在“开始”选项卡的“编辑”组中，单击“填充”按钮旁的倒三角按钮，在弹出的快捷

菜单中选择"系列"命令，打开"序列"对话框，如
图 4.8 所示。在"序列产生在"、"类型"、"日期单位"
选项区域中选择需要的选项，然后在"预测趋势"、
"步长值"和"终止值"等选项中进行选择，单击"确
定"按钮即可。

（四）自定义填充序列

在"文件"选项卡的"选项"中，单击"高级"
按钮中的"编辑自定义列表"，打开"自定义序列"

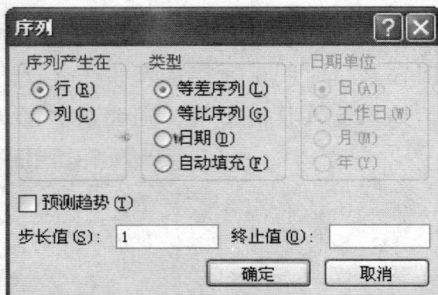

图 4.8　"序列"对话框

对话框，输入序列后单击"添加"即可完成新序列的定义，如图 4.9 所示。

图 4.9　"自定义序列"对话框

三、编辑单元格数据

（一）删除和更改数据

如果在单元格中输入数据时发生了错误，或者要改变单元格中的数据时，需要对数据进
行编辑。用户可以方便地删除单元格中的内容，用全新的数据替换原数据，或者对数据进行
一些细微的变动。

1. 删除单元格中的数据

要删除单元格中的数据，可以先选中该单元格，然后按 Del 键；要删除多个单元格中的
数据，则可同时选定多个单元格，然后按 Del 键。

如果想要完全地控制对单元格的删除操作，只使用 Del 键是不够的。在"开始"选项卡
的"编辑"组中，单击"清除"按钮，在弹出的快捷菜单中选择相应的命令，即可删除单元
格中的相应内容。

2. 更改单元格中的数据

在日常工作中，用户可能需要替换以前在单元格中输入的数据，要做到这一点非常容易：单击单元格使其处于活动状态，单元格中的数据会被自动选取，一旦开始输入，单元格中原来的数据就会被新输入的数据所取代。

如果单元格中包含大量的字符或复杂的公式，而用户只想修改其中的一部分，可以按以下两种方法进行编辑：

- 双击单元格，或者单击单元格后按 F2 键，在单元格中进行编辑。
- 单击激活单元格，然后单击编辑栏，在编辑栏中进行编辑。

（二）复制与移动数据

在 Excel 2010 中，不但可以复制整个单元格，还可以复制单元格中的指定内容。也可通过单击粘贴区域右下角的"粘贴选项"来变换单元格中要粘贴的部分。

1. 使用菜单命令复制与移动数据

移动或复制单元格或区域数据的方法基本相同，选中单元格数据后，在"开始"选项卡的"剪贴板"组中单击"复制"按钮或"剪切"按钮，然后单击要粘贴数据的位置并在"剪贴板"组中单击"粘贴"按钮，即可将单元格数据移动或复制到新位置。

2. 使用拖动法复制与移动数据

在 Excel 2010 中，还可以使用鼠标拖动法来移动或复制单元格内容。要移动单元格内容，应首先单击要移动的单元格或选定单元格区域，然后将光标移至单元格区域边缘，当光标变为箭头形状后，拖动光标到指定位置并释放鼠标即可。

（三）插入行、列和单元格

在工作表中选择要插入行、列或单元格的位置，在"开始"选项卡的"单元格"组中单击"插入"按钮旁的倒三角按钮，弹出如图 4.10（a）所示的菜单。在该菜单中选择相应命令即可插入行、列和单元格。其中选择"插入单元格"命令，会打开"插入"对话框，如图 4.10（b）所示。在该对话框中可以设置插入单元格后如何移动原有的单元格。

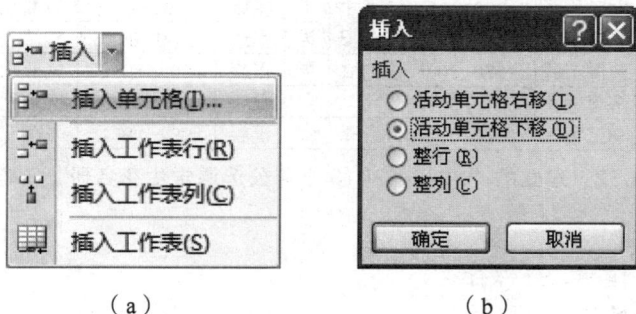

（a）　　　　　　　　　（b）

图 4.10　"插入"菜单

（四）删除行、列和单元格

需要在当前工作表中删除某行（列）时，单击行号（列标），选择要删除的整行（列），然后在"单元格"组中单击"删除"按钮旁的倒三角按钮，在弹出的菜单中选择"删除工作表行（列）"命令，如图 4.11 所示。被选择的行（列）将从工作表中消失，各行（列）自动上（左）移。

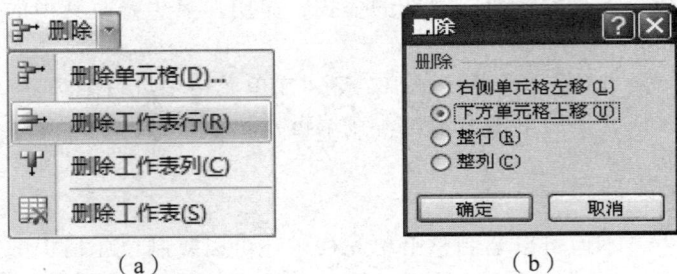

（a）   （b）

图 4.11 "删除"菜单

随堂实训 制作学生花名册

学期开始，学院为了管理和统计需要，教务处要制定一个"公选课学生花名册"。花名册表一般包括序号、部门、姓名、出生年月日、民族等项目。

利用 Excel 2010 的表格处理功能，可以很方便地制作如图 4.12 所示的"公选课学生花名册"。

序号	部门	学号	姓名	性别	民族	出生日期	籍贯	QQ号
\multicolumn{9}{2012-2013学年公选课学生花名册}								
1	机电工程系	120801001	李小明	男	汉族	1991-3-18	兰州	215478235
2	机电工程系	120801002	张明博	男	汉族	1992-5-10	天水	213876011
3	旅游管理系	120901003	王丽娟	女	汉族	1993-12-30	酒泉	107123456
4	化学工程系	120501004	白红艳	女	汉族	1991-12-10	酒泉	207768534
5	土木工程系	120601005	陈永海	男	汉族	1990-4-15	张掖	215542348
6	土木工程系	120601006	许其才	男	汉族	1992-4-16	威武	203435672
7	新能源工程	120701007	李向阳	男	汉族	1991-8-25	威武	214345667
8	新能源工程	120701008	董少斌	男	汉族	1990-10-13	张掖	216566433
9	经济管理系	120301009	蔡欣	女	汉族	1992-4-24	庆阳	203567882
10	生物工程系	120201010	方会泽	女	汉族	1992-12-15	平凉	204445577

图 4.12 建立的"2012—2013 学年公选课学生花名册"工作表

要求：

（1）创建一个工作簿，并保存；

（2）输入标题行数据；

（3）使用自动填充输入序号；

（4）输入其他数据并设置其格式；

（5）添加工作表的标题；

（6）重命名工作表为"公选课学生花名册"。

任务三　管理工作表与工作簿

工作表由多个单元格基本元素构成，而这样的若干个工作表构成了一个工作簿。在利用 Excel 进行数据处理的过程中，经常需要对工作簿和工作表进行适当的处理，例如插入和删除工作表，设置保护重要的工作表或工作簿等。本任务将对管理工作簿和工作表的方法进行介绍。

一、选取工作表

在一个工作簿中有多张工作表，若要对某一工作表进行操作，首先要选取这张工作表。选取工作表的具体操作方法是单击工作表标签。

按住 Ctrl 键，可以同时选择多张不连续的工作表；按住 Shift 键，分别单击两个工作表标签，则两个标签之间的全部工作表都将被选中。用鼠标右键单击工作表标签，在快捷菜单中选择"选定全部工作表"命令，可选定全部工作表。多个选中的工作表组成了一个工作组，在标题栏会出现"工作组"字样。

需说明的是：如果同时选择了多个工作表，其中只有一个工作表是当前工作表，对当前工作表的编辑操作会作用到其他被选定的工作表。如在当前工作表的某个单元格输入了数据，或者进行了格式操作，相当于对所有选定工作表同样位置的单元格做同样的操作。

二、插入工作表

在首次创建一个新工作簿时，默认情况下，该工作簿包括了 3 个工作表。但是在实际应用中，所需的工作表的数目可能各不相同，有时需要向工作簿添加一个或多个工作表。

三、删除工作表

要删除一个工作表，首先单击工作表标签来选定该工作表，然后在"开始"选项卡的"单元格"组中单击"删除"按钮后的倒三角按钮 ，在弹出的快捷菜单中选择"删除工作表"命令，即可删除该工作表。

四、重命名工作表

Excel 2010 在创建一个新的工作表时，它的名称是以 Sheet1、Sheet2 等来命名的，这在实际工作中很不方便记忆和进行有效的管理。这时，用户可以通过改变这些工作表的名称来进行有效的管理。要改变工作表的名称，只需双击选中的工作表标签，这时工作表标签以反白显示，在其中输入新的名称并按下 Enter 键即可。

五、移动或复制工作表

在使用 Excel 2010 进行数据处理时，经常把描述同一事物相关特征的数据放在一个工作表中，而把相互之间具有某种联系的不同事物安排在不同的工作表或不同的工作簿中，这时就需要在工作簿内或工作簿间移动或复制工作表。

1. 在工作簿内移动或复制工作表

在同一工作簿内移动或复制工作表的操作方法非常简单，只需选择要移动的工作表，然后沿工作表标签行拖动选定的工作表标签即可；如果要在当前工作簿中复制工作表，需要在按住 Ctrl 键的同时拖动工作表，并在目的地释放鼠标，然后松开 Ctrl 键即可。

2. 在工作簿间移动或复制工作表

在工作簿间移动或复制工作表的步骤如下：

（1）打开源工作簿和目标工作簿，单击源工作簿中要移动（或复制）的工作表标签，使之成为当前工作表。

（2）在"开始"选项卡上的"单元格"组中，单击"格式"，然后在"组织工作表"中单击"移动或复制工作表"，打开"移动或复制工作表"对话框，如图 4.13 所示。

（3）在"工作簿"下拉列表框中选择目标工作簿，在"下列选定工作表之前"栏中选定在目标工作簿中的插入位置（如 Sheet1）。

（4）单击"确定"按钮。（若复制，则先选中"建立副本"复选框，再单击"确定"按钮。）

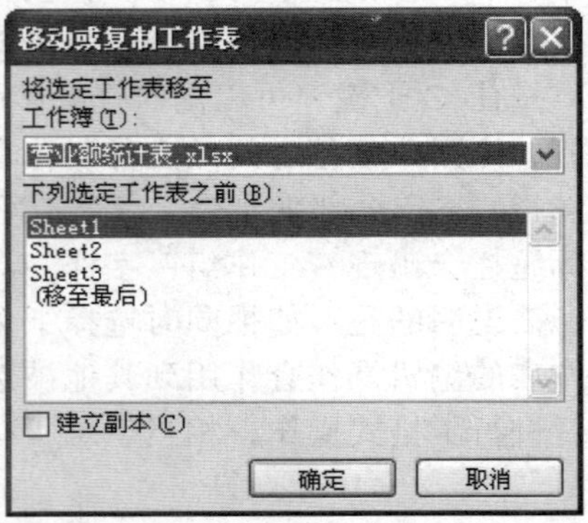

图 4.13　"移动或复制工作表"对话框

六、查看工作簿窗口

Excel 2010 是一个支持多文档界面的标准应用软件，在其中可以打开多个工作簿，对于打开的每一个工作簿可以单独设置显示方式（最大化、最小化和正常窗口）。如果所有工作簿窗口均处于正常状态，则可以将这些窗口水平排列、垂直排列或层叠式排列。

1. 工作簿视图

在 Excel 2010 中，用户可以调整工作簿的显示方式。打开"视图"选项卡，可在"工作簿视图"组中选择视图模式，如图 4.14 所示。

2. 并排查看工作表

在 Excel 2010 中，对于同一工作簿中的不同工作表和不同工作簿的工作表，可以在 Excel 窗口中同时显示，并可以进行并排比较，如图 4.15 所示。

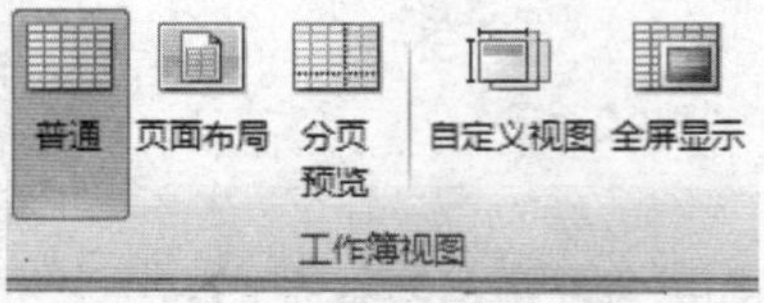

图 4.14　"工作簿视图"组　　　　图 4.15　"窗口"组中的"并排查看"按钮

3. 同时显示多个工作簿

可以在 Excel 2010 中的主窗口中显示多个工作簿。打开要同时显示的多个工作簿，然后在"视图"选项卡的"窗口"组中单击"全部重排"按钮（见图 4.16），打开"重排窗口"对话框。

图 4.16　"窗口"组中的"全部重排"按钮

4. 拆分与冻结窗口

如果要独立地显示并滚动工作表中的不同部分，可以使用拆分窗口功能。拆分窗口时，选定要拆分的某一单元格位置，然后在"视图"选项卡的"窗口"组中单击"拆分"按钮，这时 Excel 自动在选定单元格处将工作表拆分为 4 个独立的窗格。可以通过鼠标移动工作表上出现的拆分框，以调整各窗格的大小，如图 4.17 所示。

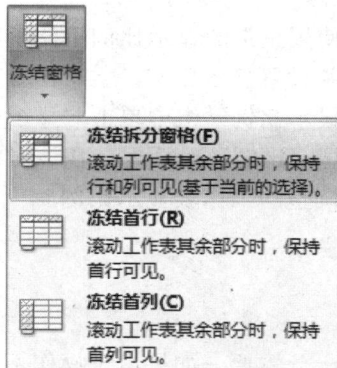

图 4.17　"窗口"组中的"拆分与冻结"按钮

如果要在工作表滚动时保持行列标志或其他数据可见，可以通过冻结窗口功能来固定显示窗口的顶部和左侧区域。

七、隐藏或显示工作簿的元素

当隐藏工作簿的一部分时，可以将数据从视图中移走，但并不从工作簿中删除。保存并关闭工作簿后，再次打开它时，隐藏的数据仍然会是隐藏的。在 Excel 2010 中可以隐藏的元素有工作簿、工作表、行列和窗口元素等。

1. 隐藏或显示工作簿

隐藏工作簿的操作非常简单，只需打开需要隐藏的工作簿，然后在"视图"选项卡的"窗口"组中单击"隐藏"按钮即可。

对处于隐藏状态的工作簿，还可取消其隐藏状态，使其可以在 Excel 主窗口中重新显示。在"视图"选项卡的"窗口"组中单击"取消隐藏"按钮，打开"取消隐藏"对话框。在该对话框中选择要取消隐藏的工作簿名称，然后单击"确定"按钮，在窗口中重新显示该工作簿。

2. 隐藏或显示工作表

需要隐藏工作表时，只需选定需要隐藏的工作表，然后在"开始"选项卡的"单元格"组中单击"格式"按钮，在弹出的快捷菜单中选择"隐藏和取消隐藏"/"隐藏工作表"命令即可。

如果要在 Excel 2010 中重新显示一个处于隐藏状态的工作表，可单击"格式"按钮，在弹出的快捷菜单中选择"隐藏和取消隐藏"→"取消隐藏工作表"命令，在打开的对话框中选择要取消隐藏的工作表名称，然后单击"确定"按钮即可。

3. 隐藏或显示窗口元素

为了尽可能多地利用屏幕显示工作表数据，用户可以隐藏大多数窗口元素。这些窗口元素包括 Excel 的编辑栏、网格线、标题等。打开"文件"选项卡，在"选项"组中，可以设置隐藏或显示的窗口元素。

4. 设置工作表显示的比例

如果工作表的数据量很大，使用正常的显示比例不便于对数据进行浏览和修改，则可以重新设置显示比例。

打开"视图"选项卡，在"显示比例"组中单击"显示比例"按钮（见图 4.18），打开"显示比例"对话框。在该对话框的"缩放"选项区域中选择要调整的工作表显示比例。

图 4.18　"显示比例"组

八、保护工作簿数据

存放在工作簿中的一些数据十分重要，如果由于操作不慎而改变了其中的某些数据，或者被他人改动或复制，将造成不可挽回的损失。因此，应该对这些数据加以保护，这就要用到 Excel 的数据保护功能。

1. 设置保护工作簿和工作表

设置保护工作簿和工作表，可限制对工作簿和工作表进行访问。Excel 2010 提供了多种方式，用来对用户如何查看或改变工作簿和工作表中的数据进行限制，如图 4.19 所示。利用这些限制，可以防止其他人更改工作表中的部分或全部内容、查看隐藏的数据行或列、查阅公式等。利用这些限制，还可以防止其他人添加或删除工作簿中的工作表，或者查看其中的隐藏工作表。

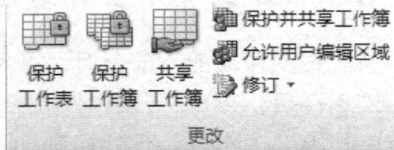

图 4.19　"更改"组中的"保护工作表"按钮

2. 设置允许用户编辑区域

工作表被保护后，其中的所有单元格都将无法编辑。对于大多数工作表来说，往往需要用户编辑工作表中的一些区域，此时就需要在被保护工作表中设置允许用户编辑的区域。"允许用户编辑区域"对话框如图 4.20 所示。

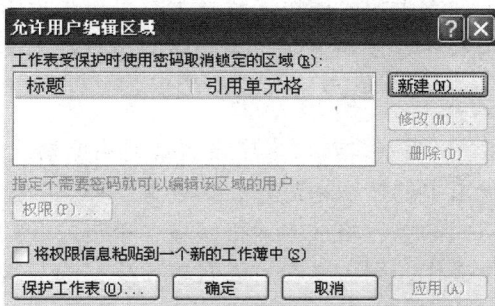

图 4.20　"允许用户编辑区域"对话框

随堂实训　制作一季度销售统计表

要求：

（1）分别新建如图 4.21 所示的"一季度销售统计表"和图 4.22 所示的"产品基本信息表"两个工作簿。

（2）利用"工作组"输入方法输入三个月相应数据，并修改工作表名称。

（3）将"产品信息表"工作表复制到"一季度销售统计表"工作簿中，并调整到最后一个工作表。

（4）在"产品信息表"工作表前插入"一季度"工作表，删除"Sheet2"和"Sheet3"工作表。

（5）并排查看两个工作簿的内容。

图 4.21　一季度销售统计表

图 4.22　产品基本信息表

任务四　工作表的装饰与美化

使用 Excel 2010 创建工作表后，还可以对工作表进行格式化操作，使其更加美观。Excel 2010 提供了丰富的格式化命令，利用这些命令可以具体设置工作表与单元格的格式，帮助用户创建更加美观的工作表。

一、设置单元格格式

在 Excel 2010 中，对工作表中的不同单元格数据，可以根据需要设置不同的格式，如设置单元格数据类型、文本的对齐方式和字体、单元格的边框和图案等。

1. 设置单元格格式的方法

在 Excel 2010 中，通常在"开始"选项卡中设置单元格的格式。对于简单的格式化操作，可以直接通过"开始"选项卡中的按钮来进行，如设置字体、对齐方式、数字格式等。其操作比较简单，选定要设置格式的单元格或单元格区域，单击"开始"选项卡中的相应按钮即可。对于比较复杂的格式化操作，则需要在"设置单元格格式"对话框中来完成，如图 4.23 所示。

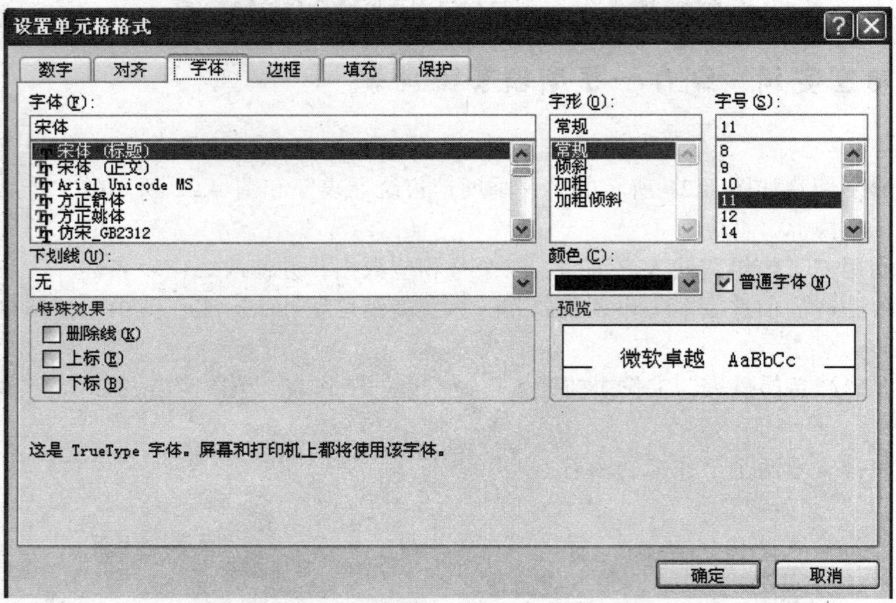

图 4.23　"设置单元格格式"对话框

2. 设置数字格式

默认情况下，数字以常规格式显示。当用户在工作表中输入数字时，数字以整数、小数方式显示。此外，Excel 还提供了多种数字显示格式，如数值、货币、会计专用、日期格式以及科学记数等。在"开始"选项卡的"数字"组中，可以设置这些数字格式。若要详细设置数字格式，则需要在"设置单元格格式"对话框的"数字"选项卡中操作。

3. 设置字体

为了使工作表中的某些数据醒目和突出，也为了使整个版面更为丰富，通常需要对不同的单元格设置不同的字体。

4. 设置对齐方式

所谓对齐，是指单元格中的内容在显示时相对单元格上下左右的位置。默认情况下，单元格中的文本靠左对齐，数字靠右对齐，逻辑值和错误值居中对齐。此外，Excel 还允许用户为单元格中的内容设置其他对齐方式，如合并后居中、旋转单元格中的内容等。

5. 设置边框和底纹

默认情况下，Excel 并不为单元格设置边框，工作表中的框线在打印时并不显示出来。但在一般情况下，用户在打印工作表或突出显示某些单元格时，都需要添加一些边框以使工作表更加美观和容易阅读。应用底纹和应用边框一样，都是为了对工作表进行形象设计。使用底纹为特定的单元格加上色彩和图案，不仅可以突出显示重点内容，还可以美化工作表的外观。设置边框和底纹如图 4.24 所示。

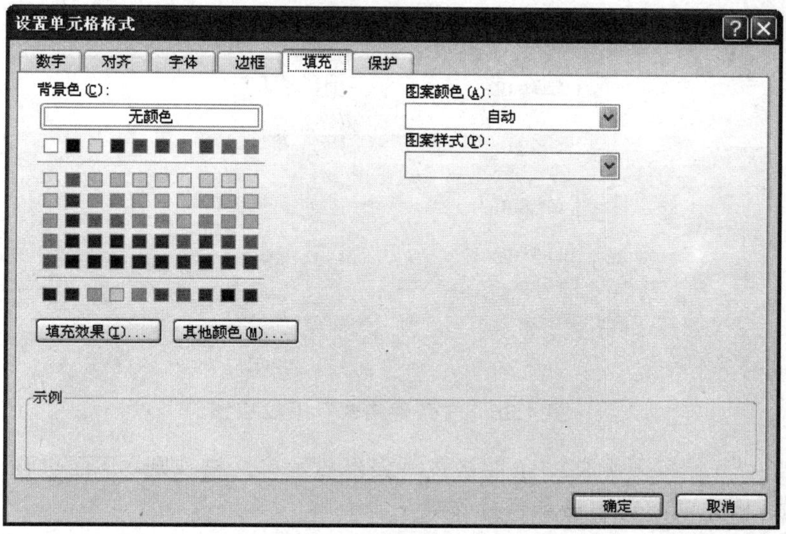

图 4.24　"设置单元格格式"中的"边框"和"填充"

二、设置行高和列宽

选中要设置的行，点击右键，在弹出的菜单中选择"行高（R）…"按钮（见图 4.25），在弹出的对话框中输入要设置的行高即可。用同样的方法可设置列宽。

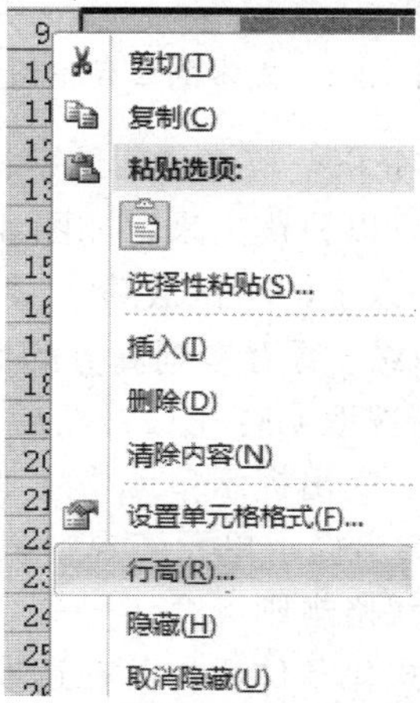

图 4.25　设置行高或列宽下拉菜单

三、条件格式

当工作表中的数据量很多，实在很难一眼辨识出数据高低或找出所需的项目，若想强调工作表中的某些资料，如会计成绩达到 90 分以上者、销售额未达标准者……，便可利用设定格式化的条件功能，自动将数据套上特别的格式以利辨识。在设定格式化的条件功能中，具有许多种数据设定规则与视觉效果。"条件格式"下拉列表如图 4.26 所示。

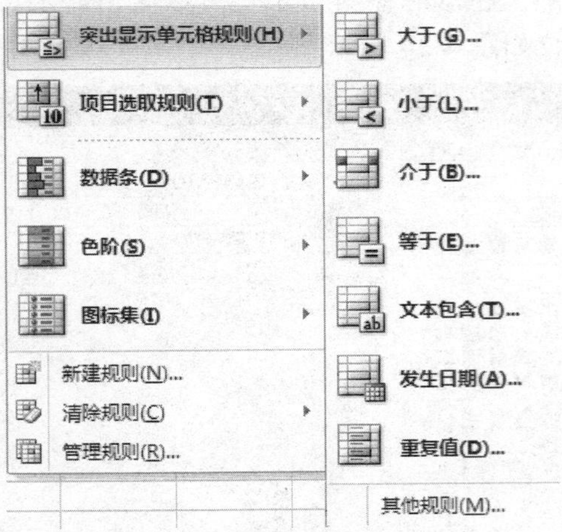

图 4.26   "条件格式"下拉按钮

条件格式在"开始"选项卡，"条件格式—突出显示单元格规则"下面包含多个选择条件。如想把表格中的相关项都突出显示，操作如下：

点击"条件格式"→"突出显示单元格规则"→"文本包含"，在弹出的对话框中输入"表格文本"，如图 4.27 所示，设置好后，表格中所有该项将显示为深红色。

图 4.27   文本的单元格设置

【例 4.1】利用"格式化条件"分析全班考试成绩，标示为黄色的是 90 分以上，标示为红色的则是不及格的成绩，一眼就可以分辨出来，如图 4.28 所示。

（1）用"大于"规则标示 90 分以上的考试成绩。

假设我们要找出 90 分以上的成绩，看看考到高分的学生大约有多少，便可利用大于规则帮我们标示出 90 分以上的成绩。请选取 C3：E12，然后切换到"开始"选项卡，在"样式"组按下设定格式化的条件钮，执行"突出提示单元格规则／大于"命令。

可以利用相同的方法，执行"突出提示单元格规则／小于"命令，将分数小于 60 分的标示为红色；也可执行"突出提示单元格规则／介于"命令。

（2）当用户在数据表中加入格式化条件后，若在选取的数据范围内又修改了数值，标示的结果也会立即变更。

▲	A	B	C	D	E	F	G
1	2011-2012学年必修课学生成绩登记表						
2						制表日期:	2011-6-25
3	学号	姓名	英语	数学	计算机应用	总成绩	平均成绩
4	20110002	李生达	80	65	88	233	77.7
5	20110013	李 艳	82	72	56	210	70.0
6	20113009	刘 虹	78	93	86	257	85.7
7	20113022	刘键宏	68	68	90	226	75.3
8	20113013	高平江	72	79	78	229	76.3
9	20113037	吴晓玲	90	66	92	248	82.7
10	20110023	高云河	94	84	48	226	75.3
11	20114065	张宇辉	55	59	76	190	63.3
12	20114045	王小宽	88	75	77	240	80.0

图 4.28　设定格式化的条件应用

（3）自定义条件规则的标示格式。

当我们按下设定格式化的条件钮，选择要执行的命令后，可以从默认的格式项目中挑选要显示的格式。除了使用默认的项目外，也可以选择自定义格式项目，即可打开单元格格式对话框来自定义要使用的标示格式，如图 4.29 所示。

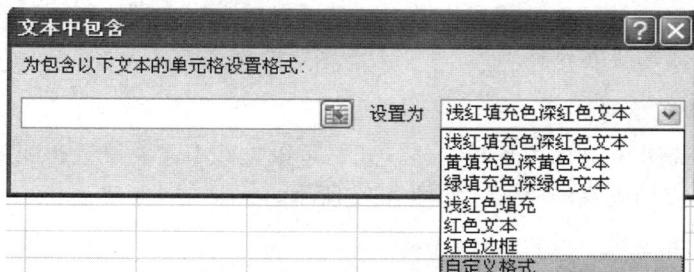

图 4.29　"自定义格式"对话框

（4）删除格式化条件。

在工作表中加入格式化条件后，可视实际状况取消不需要的格式化条件。首先选取含有格式化条件的单元格范围（如上例中的 C3：E12），按下设定格式化的条件钮，执行"管理规则"命令，在开启的对话框中会列出该范围已设定的所有条件规则，可根据需要进行删除，如图 4.30 所示。

图 4.30　"条件格式规则管理器"窗口

若想一次删除所有的条件，可在选取范围后，按下设定格式化的条件钮，执行"清除规则"命令，如图 4.31 所示。

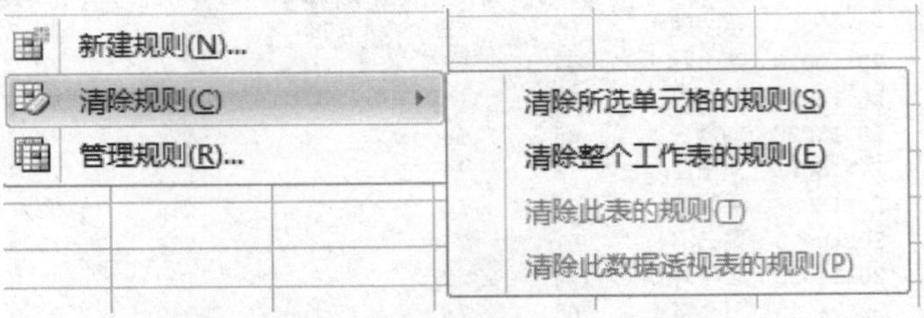

图 4.31　"清除规则"选项

四、套用单元格样式

样式就是字体、字号和缩进等格式设置特性的组合，将这一组合作为集合加以命名和存储。应用样式时，将同时应用该样式中所有的格式设置指令。

在 Excel 2010 中自带了多种单元格样式，可以对单元格方便地套用这些样式。同样，用户也可以自定义所需的单元格样式。

1. 套用内置单元格样式

如果要使用 Excel 2010 的内置单元格样式，可以先选中需要设置样式的单元格或单元格区域，然后再对其应用内置的样式，如图 4.32 所示。

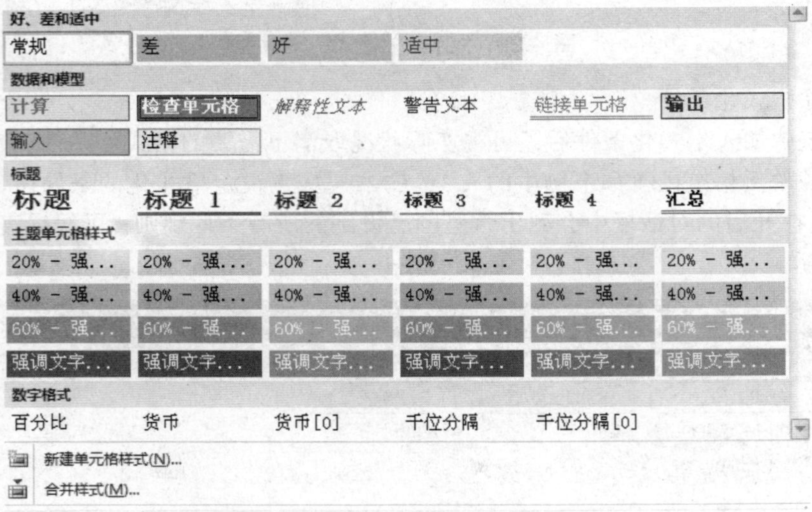

图 4.32　内置单元格样式

2. 自定义单元格样式

除了套用内置的单元格样式外，用户还可以创建自定义的单元格样式，并将其应用到指定的单元格或单元格区域中，如图 4.33 所示。

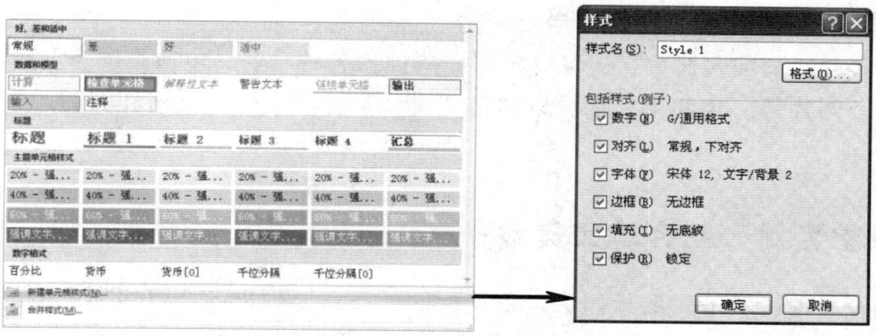

图 4.33　自定义单元格样式

3. 套用工作表样式

在 Excel 2010 中，除了可以套用单元格样式外，还可以套用整个工作表样式，节省格式化工作表的时间。在"样式"组中，单击"套用表格格式"按钮，弹出工作表样式菜单，如图 4.34 所示。

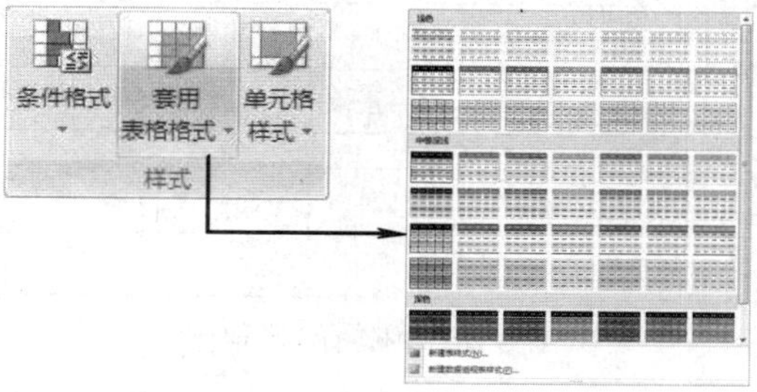

图 4.34　"套用表格格式"按钮

五、创建页眉和页脚

页眉是自动出现在第一个打印页顶部的文本，而页脚是显示在每一个打印页底部的文本。有关打印和打印设置的内容将在后面的任务中进行介绍。

1. 添加页眉和页脚

页眉和页脚在打印工作表时非常有用，通常可以将有关工作表的标题放在页眉中，而将页码放置在页脚中。如果要在工作表中添加页眉或页脚，需要在"插入"选项卡的"文本"组中进行设置，如图 4.35 所示。

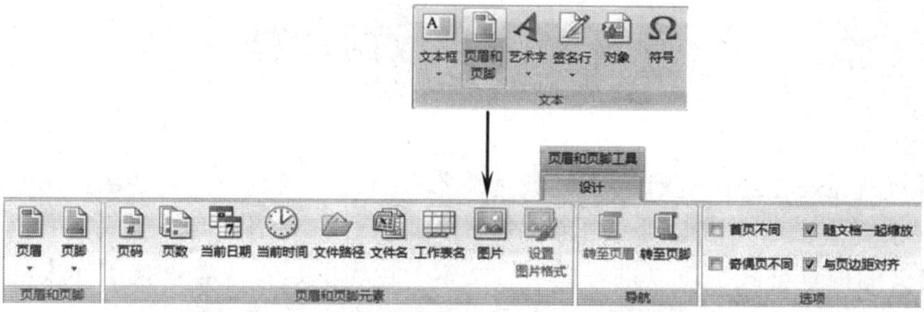

图 4.35　"文本"组中的"页眉和页脚"按钮

2. 在页眉或页脚中插入各种项目

在工作表的页眉或页脚中，还可以根据需要插入各种项目，包括页码、页数、当前时间、文件路径以及图片等。这些项目都可以通过"设计"选项卡的"页眉和页脚元素"组中的按钮来完成。

随堂实训　制作班级课程表

新学期开始前，教务科要承担为全系排课的任务，要列出各个班级所开设的课程及任课教师等资料。现利用 Excel 2010 的表格处理可以方便地制作如图 4.36 所示的"2012—2013 学年第二学期计算机班课程表"

星期 时间		星期一	星期二	星期三	星期四	星期五
		2012-2013学年第二学期计算机班课程表				
上午	1-2节	数 学	英 语	计算机应用	平面设计	网络基础
	3-4节	人文素养	网络基础	Flash制作	计算机应用	英 语
午 休						
下午	5-6节	班会	体育	平面设计	Flash制作	心理健康
晚自习	7-8节					

图 4.36　编辑的课程表

要求：

（1）创建一个工作簿，并保存；

（2）页面设置；

（3）输入表格内容并设置格式（星期的输入用填充功能）；

（4）调整工作表的列宽和行高；

（5）设置工作表边框及底纹（包括设置斜线表头）；

（6）复制工作表并改名为"备用课表"；

（7）删除多余的工作表。

任务五　数据计算

分析和处理 Excel 2010 工作表中的数据离不开公式和函数。公式是函数的基础，它是单元格中的一系列值、单元格引用、名称或运算符的组合，利用其可以生成新的值。函数则是 Excel 预定义的内置公式，可以进行数学、文本、逻辑的运算或者查找工作表的信息。本任务将详细介绍在 Excel 2010 中使用公式与函数进行数据计算的方法。

一、使用公式

公式是对单元格中的数据进行计算的等式，可以用来对数据执行各种运算，如加法、减法、乘法、除法或比较运算。

1. 输入公式

在单元格中输入公式的具体操作步骤如下：

（1）选定要输入公式的单元格。

（2）在编辑栏或单元格中输入"="再输入公式内容（数值、运算符、函数、单元格引用或名称）。

（3）按 Enter 键或单击编辑栏中的"确认"按钮 ✔。计算结果显示在单元格内。例如：

$$=10+20*4$$
$$=A1+A2*5\%$$

2. 公式中的运算符

公式中的运算符包括算术运算符、比较运算符、文本运算符和引用运算符 4 种。

（1）算术运算符：用于完成基本的数学运算，如加、减、乘、除等，如表 4.1 所示。

表 4.1　算术运算符

算术运算符	含　义	示　例
＋（加号）	加	5＋5
−（减号）	减、负号	4−1
＊（星号）	乘	5＊5
/（斜杠）	除	5/5
%（百分号）	百分比	50%
^（乘幂符号）	乘幂	3^2

（2）比较运算符：用来比较两个数值的大小，如表 4.2 所示。

表 4.2　比较运算符

比较运算符	含　义	示　例
＝（等号）	等于	A1＝A2
＞（大于号）	大于	A1＞A2
＜（小于号）	小于	A1＜A2
＞＝（大于或等于号）	大于或等于	A1＞＝A2
＜＝（小于或等于号）	小于或等于	A1＜＝A2
＜＞（不等号）	不相等	A1＜＞A2

（3）文本连接运算符：文本运算符"&"可以用来将多个文本连接成组合文本。如"第一季度"&"销售额"产生"第一季度销售额"。

（4）引用运算符：用于将单元格区域进行合并计算，如表4.3所示。

表 4.3　引用运算符

引用运算符	含　义	示　例
:（冒号）	区域运算符，产生对包括在两个引用之间的所有单元格的引用	（A1：A2）
,（逗号）	联合运算符，将多个引用合并为一个引用	AVERAGE（A1：A2，B2：B3）
（空格）	交叉运算符，产生对两个引用共有的单元格的引用	（A1：A2　　B2：B3）

3. 运算顺序

如果一个公式中的参数太多，就要考虑运算的先后顺序，各种运算符的优先级如下（从左至右排列左侧为高）：

"："，"，"，"空格"，"－（负号）"，"%"，"^（乘方）"，"*"和"/"，"+"和"－（减号）"，"&"，所有的比较运算符。

如果公式中包含相同优先级的运算符，则从左到右进行运算。如果要改变运算的顺序，可以使用括号"（ ）"把要优先进行的运算括起来。

二、单元格的引用

所谓引用就是标识工作表上的单元格或单元格区域，并指明使用数据的位置，通过引用，可以在公式中使用工作表中单元格的数据，单元格的引用有两种基本的样式：相对引用和绝对引用。

1. 相对引用

相对引用是指把一个含有单元格引用的公式复制到一个新的位置时，Excel 对公式中的单元格引用进行相应的调整，保持其功能不变。使用相对引用后，系统将会记住建立公式的单元格和被引用的单元格的相对位置关系，在粘贴这个公式时，新的公式单元格和被引用的单元格仍然保持这种相对位置。

2. 绝对引用

绝对引用是指被引用的单元格与引用的单元格的位置关系是绝对的，无论将这个公式粘贴到任何单元格，公式所引用的还是原来的单元格数据。绝对引用是在相对引用的单元格的行号和列号前都加上符号"$"。

3. 混合引用

混合引用有两种方式：一种是行绝对，如 D$4；另一种是列绝对，如$D4。当含有混合地址引用的公式被复制到目标单元格时，相对部分会根据公式原来位置和复制到的目标位置推算出公式中单元格地址相对原位置的变化，而绝对部分地址永远不变，之后，使用变化后的单元格地址的内容进行计算。

4. 跨工作表的单元格引用

单元格地址的一般形式为：[工作簿文件名]工作表名！单元格地址。

在引用当前工作簿的各工作表单元格地址时，当前"工作簿文件名"可以省略，引用当前工作表单元格的地址时"工作表名！"可以省略。用户可以引用当前工作簿另一工作表的单元格，也可以引用同一工作簿中多个工作表的单元格。例如"=sheet1！B2*sheet2!\$D\$2"。

【例 4.2】数据表中展示了某公司上半年所有产品的销售情况，现在我们就可以通过使用公式计算销售合计，如图 4.37 所示。

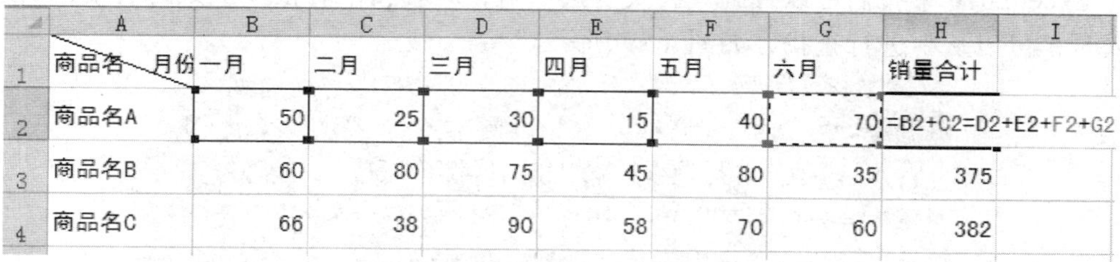

商品名\月份	一月	二月	三月	四月	五月	六月	销量合计
商品名A	50	25	30	15	40	70	=B2+C2=D2+E2+F2+G2
商品名B	60	80	75	45	80	35	375
商品名C	66	38	90	58	70	60	382

图 4.37 产品的销售情况计算

求上半年的销售合计：选择 H2 单元格输入"=B2+C2+D2+E2+F2+G2"按回车键得出运算结果（见图 4.37），这就是一个简单的公式应用。H3 单元格公式"=B3+C3+D3+E3+F3+G3"，此公式是通过复制 H2 的公式得到的。不难看出，H2 和 H3 的公式不是完全相等的，这就是相对引用。

公式中所选单元格是否正确，可追踪引用单元格：选中要检查的公式，点击"公式"按钮再选中"追踪引用单元格"，得到如图 4.38 所示的效果，可以看到公式引用的单元格是否正确。

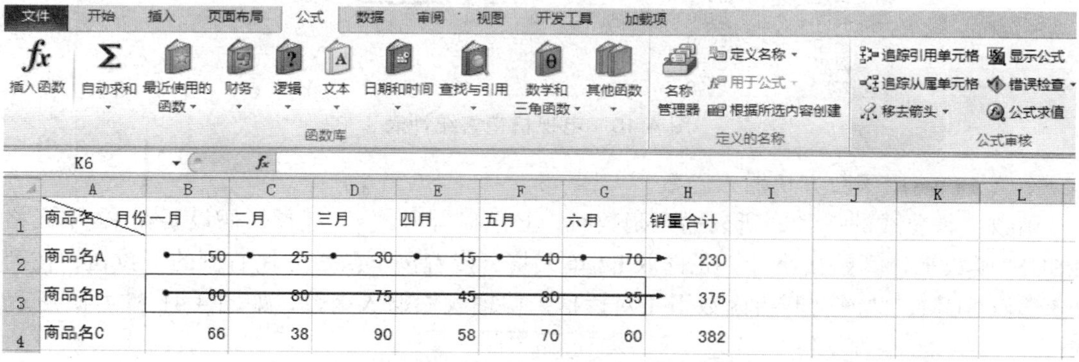

图 4.38 追踪引用单元格得到的效果

三、函数的使用

Excel 的工作表函数通常被简称为 Excel 函数，它是由 Excel 内部预先定义并按照特定的顺序、结构来执行计算、分析等数据处理任务的功能模块。因此，Excel 函数也常被人们称为"特殊公式"。与公式一样，Excel 函数的最终返回结果为值。

Excel 函数只有唯一的名称且不区分大小写，它决定了函数的功能和用途。

（一）函数的格式

Excel 函数通常是由函数名称、括号、参数和半角逗号构成，如 SUM（A1：A10，B1：B10）。另外有一些函数比较特殊，它仅由函数名和成对的括号构成，因为这类函数没有参数，如 NOW 函数、RAND 函数。

其中，函数名称由 Excel 提供，函数名称中的大小写字母等价，参数由用英文逗号分隔的多个参数构成，它可以是常数、单元格地址、单元格区域、单元格区域名称或函数等。

在 Excel 2010 中我们可以找到"公式"选项卡，看到其中有很多函数的类型，当进行函数输入时，可以从中进行查找，如图 4.39 所示。

图 4.39　"公式"选项卡

（二）函数的引用

若要在图 4.40 所示的工作表中输入公式"=SUM（C4：E4）"进行求和计算，可采用如下方法：

图 4.40　电视机销售统计表

方法 1：使用函数方块输入函数。

函数也是公式的一种，所以输入函数时，必须以等号"="起首，假设要在 F4 单元格运用 SUM 函数来计算销量小计：先选取 F4 单元格，接着按下函数方块右侧的下拉钮，在列示窗中选取 SUM，此时会开启函数引用对话框来协助我们输入函数，如图 4.41 和 4.42 所示。

SUM ▼
SUM
AVERAGE
IF
HYPERLINK
COUNT
MAX
SIN
SUMIF
PMT
STDEV
其他函数...

图 4.41　"函数引用"对话框

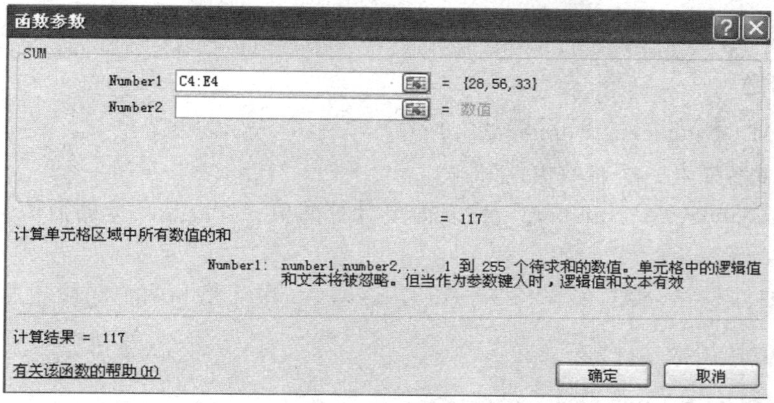

图 4.42 "函数参数"对话框

方法 2：用自动显示的函数列表输入函数。

若已经知道要使用哪一个函数，或是函数的名称很长，我们还有更方便的输入方法：直接在单元格内输入"="，再输入函数的第 1 个字母，如"S"，单元格下方就会列出 S 开头的函数；如果还没出现要用的函数，再继续输入第 2 个字母，如"U"，出现要用的函数后，用鼠标双按函数就会自动输入单元格了，如图 4.43 所示。

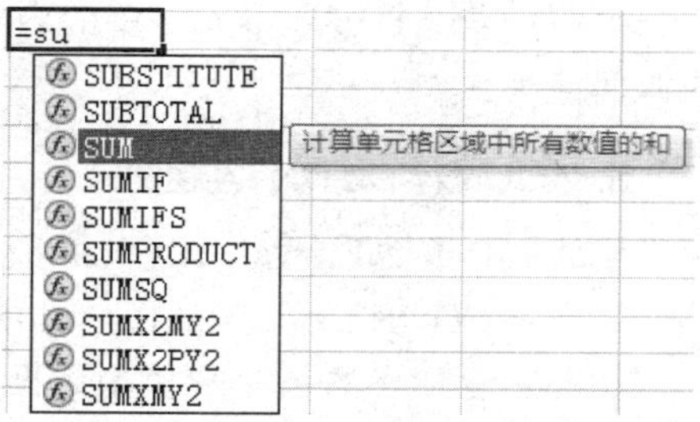

方法 3：利用"自动求和"按钮快速输入函数。

图 4.43 "函数列表"窗口

在"开始"选项卡编辑区有一个自动加按钮 Σ·，可以快速输入函数。例如，当我们选取 F4 单元格，并按下 Σ·钮时，便会自动插入 SUM 函数，且连自变量都自动帮我们设定好了。

方法 4：开启"插入函数"对话框输入需要的函数。

"插入函数"对话框是 Excel 函数的大本营，当你在函数方块列示窗中找不到需要的函数时，就可以从这里来输入函数。请选取 F4 单元格，然后按下数据编辑列上的插入函数钮，会发现数据编辑列自动输入等号"="，并且开启"插入函数"对话框，如图 4.44 所示。

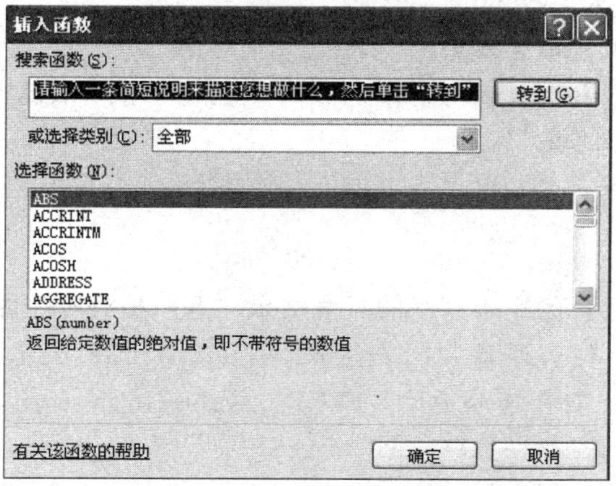

图 4.44 "插入函数"对话框

（三）常用函数

1. SUM 函数

格式：SUM（Number1，Number2…）

功能：返回参数表中所有数值的和。

参数说明：Number1、Number2…代表需要计算的值，可以是具体的数值、引用的单元格（区域）、逻辑值等。

举例：=SUM（A3，C3：C5，E2：G5），返回 A3 单元格和两个区域的数值的和。

2. AVERAGE 函数

格式：AVERAGE（number1，number2，…）

功能：求出所有参数的算术平均值。

参数说明：number1，number2，…：需要求平均值的数值或引用单元格（区域）。

举例：若 A1：A6 单元格中的内容为 2，5，0，3，0，8，则函数=AVERAGE（A1：A6）的返回值为 3。

3. COUNT/ COUNTA 函数

格式：COUNT（Value1，Value2，…）

　　　　COUNTA（Value1，Value2，…）

功能：返回参数值中数值型数据（或非空值）的单元格个数。

说明：函数在返回结果时，如果参数是一个数组或引用，则只是其中的数值型数据（或非空值）被计数，其他类型的数据会忽略不计。

举例：在 A7 中输入 "=COUNT（A1：D5）"，会对 A1：D5 区域统计包含数字值的单元格个数。比如输入 "=COUNT（A1：D5，1）"，显示 "6"；输入 "=COUNT（A1：D5，1，888）" 显示 "7"；输入 "=COUNT（A1：D5，1，百度）" 显示 "6"。

4. MAX / MIN 函数

格式：MAX（Number1，Number2，…）

　　　　MIN（Number1，Number2，…）

功能：求参数中的最大值（最小值）。

举例：设单元格 E1：E4 的内容为 7，3，58，78 和 9，则=MAX（E1：E4）返回值为 78；=MIN（E1：E，60）返回值为 3。

5. IF 函数

格式：IF（Logical，Value_if_true，Value_if_false）

功能：根据对指定条件的逻辑判断的真假结果，返回相对应的内容。

参数说明：Logical 代表逻辑判断表达式；Value_if_true 表示当判断条件为逻辑 "真（TRUE）" 时的显示内容，如果忽略返回 "TRUE"；Value_if_false 表示当判断条件为逻辑 "假（FALSE）" 时的显示内容，如果忽略返回 "FALSE"。

举例：若 C2 单元格的内容 75，则=IF（C2>=60，"合格"，"补考"）的返回值为 "合格"。

6. COUNTIF 函数

格式：COUNTIF（Range，Criteria）

功能：计算某个区域中满足给定条件的单元格数目。

参数说明：Range 为需要统计的符合条件的单元格区域；Criteria 为参与计算的单元格条件，其形式可以为数字、表达式或文本（如 40，"<80" 和 "男"）等。条件中的数字可直接写入，表达式和文本必须加引号。

举例：=COUNTIF（B2：F5，">75"），统计出 B2：F5 区域大于 75 的个数。

7. SUMIF 函数

格式：SUMIF（Range，Criteria，Sum_range）

功能：根据指定条件对若干单元格求和。

参数说明：Range 是用于条件判断的单元格区域，Criteria 是有数字、逻辑表达式等组成的判定条件，Sum_range 为需要求和单元格、区域或引用。当省略第三个参数时，则条件区域就是实际求和区域。

举例：假如 A1：A36 单元格存放某班学生的考试成绩，若要计算及格学生的平均分，可以使用公式 "=SUMIF（A1：A36，">=60"，A1：A36）/COUNTIF（A1：A36，">=60"）。公式中的 "=SUMIF（A1：A36，">=60"，A1：A36）" 计算及格学生的总分，式中的 "A1：A36" 为提供逻辑判断依据的单元格引用，">=60" 为判断条件，不符合条件的数据不参与求和，A1：A36 则是逻辑判断和求和的对象。公式中的 COUNTIF（A1：A36，">=60"）用来统计及格学生的人数。

8. ROUND 函数

格式：ROUND（number，num_digits）

功能：按指定的位数对数值进行四舍五入。

参数说明：number 是需要进行四舍五入的数字，num_digits 是指定的位数，按此位数进行四舍五入。

如果 num_digits 大于 0，则四舍五入到指定的小数位；如果 num_digits 等于 0，则四舍五入到最接近的整数；如果 num_digits 小于 0，则在小数点左侧进行四舍五入。

举例：=round（14.5325，2），则返回 14.53。

9. RANK 函数

格式：RANK（Number，Ref，Order）

功能：数据在表中的排名顺序，返回某数字在一列数字中相对于其他数值的大小排位。

参数说明：Number 为指定的数，即要参加排名的数值。Ref 为一组数或对一个数据列表的引用，即参加排位的范围，非数字值将忽略。Order 为指定排位的方式：若为 0 或忽略，为降序排列；若为非零值，则按升序排列。

举例：假如 A 列从 A1 单元格起，依次有数据 80，98，65，79，65。在 B1 中编辑公式 =RANK（A1，A1：A5，0），回车确认后，向下复制公式到 B5 单元格。效果：从 B1 单元格起依次返回值为 2，1，4，3，4。若在 C1 中编辑公式=RANK（A1，A1：A5，1），回车确认后，向下复制公式到 C5 单元格。此时从 C1 单元格起依次返回的值是 4，5，1，3，

1。也就是说，此时 A 列中数据是按从小到大排列名次的，最小的数值排位第 1，最大的数值排位最末。

10. Today 函数

格式：Today（ ）

功能：返回系统的当前日期。

说明：该函数不需要提供参数，使用它可以快速地在工作表中输入当前日期。

【例 4.3】对如图 4.45 所示的"职工工资表"计算实发工资，利用函数计算各项平均值；确定工资等级（等级标准如下：实发工资>=3 000 为高，实发工资在 2 000 ~ 3 000 为中，2 000 以下为低）；统计出"技术部"的职工人数；计算"技术部"的平均基本工资。

	A	B	C	D	E	F	G	H	I
1	五月份美华公司职工工资表								
2	姓名	部门	职务	基本工资	岗位津贴	工作奖金	扣款额	实发工资	收入等级
3	钟秀丽	销售部	业务员	1,800.00	650.00	1,200.00	88.00	3,562.00	
4	张海军	销售部	业务员	1,500.00	520.00	1,350.00	66.50	3,303.50	
5	周明发	财务部	会计	1,000.00	550.00	400.00	48.50	1,901.50	
6	张和平	财务部	出纳	1,950.00	530.00	890.00	78.00	3,292.00	
7	郑裕同	技术部	技术员	1,100.00	410.00	540.00	69.00	1,981.00	
8	郭丽明	技术部	技术员	1,200.00	580.00	750.00	45.50	2,484.50	
9	潘越明	财务部	会计	1,450.00	490.00	450.00	53.50	2,336.50	
10	罗晶晶	销售部	业务员	1,100.00	600.00	850.00	65.00	2,485.00	
11	刘丽华	技术部	技术员	1,230.00	585.00	530.00	35.00	2,310.00	
12	平均值								
13	职工总人数								
14	技术部职工人数								
15	技术部职工所占比例								
16	技术部平均基本工资								
17	奖金超过800的人数								

图 4.45　职工工资表

实发工资：在 H3 单元格输入 "=D3+E3+F3 – G3"；

平均值：在 D12 单元格输入 "=AVERAGE（D3：D11）"；

职工人数：在 D13 单元格输入 "=COUNT（D3：D11）"；

收入等级：在 I3 单元格输入 "=IF（H3>=3000，"高"，IF（H3>=2000，"中"，"低"））"；

技术部职工人数：在 D14 单元格输入 "=COUNTIF（B3：B11，"技术部"）"；

技术部职工所占比例：在 D15 单元格输入 "=D14/D13"；

技术部平均基本工资：在 D16 单元格输入 "=SUMIF（B3：B11，"技术部"，D3：D11）/D13"；

奖金超过 800 的人数：在 D17 单元格输入 "=COUNTIF（F3：F11，">800"）。

🔉 随堂实训　制作学生成绩统计表

教师经常和学生成绩表打交道，而这又是一项非常烦琐的工作，如果完全用手工操作，任务量巨大。有了 Excel 电子表格，就完全可以利用它制作出有自动计算各科总分、平均分、最高分、最低分等功能的学生成绩表。每次考试成绩出来后，只要将学生的各科分数输进去，就可以全部由电脑自动生成了，工作效率成倍地提高了。如图 4.46 所示为学生成绩统计表。

	A	B	C	D	E	F	G	H	I	J
1				2011-2012学年必修课学生成绩统计表						
2							制表日期:	2011-6-25		
3	学号	姓名	英语	数学	职业道德	平面设计	计算机应用	总成绩	名次	等级
4	20110002	李生达	80	65	86	45	88	364		
5	20110013	李 艳	82	72	92	72	56	374		
6	20113009	刘 虹	94	93	87	68	86	428		
7	20113022	刘键宏	68	68	73	83	90	382		
8	20113013	高平江	82	96	85	91	78	432		
9	20113037	吴晓玲	90	66	89	66	92	403		
10	20110023	高云河	78	84	93	55	60	370		
11	20114065	张宇辉	55	58	68	63	76	320		
12	20114045	王小宽	88	75	72	70	77	382		
13		最高分								
14		最低分								
15		及格数								
16		优生数								
17		及格率								
18		平均分								

图 4.46 学生成绩统计表

要求:

（1）创建一个工作簿，重命名工作表，输入表格数据；

（2）设置工作表中数据及边框格式，并页面设置；

（3）使用函数计算如图 4.46 所示统计表的总分、平均分、最高分、最低分，统计及格数和优生数（单科成绩在 90 分以上）；

（4）利用 rank 函数计算出名次；

（5）利用 IF 函数写出每人的成绩等级，条件为：总成绩在 425 分以上为"优秀"，其他为"合格"；

（6）用条件格式设置不及格项为"加粗"、"红色"。

（7）添加当前制表日期，且要求能够自动更新。

任务六 图表的应用

为了能更加直观地表达工作表中的数据，可将数据以图表的形式表示。通过图表可以清楚地了解各个数据的大小以及数据的变化情况，方便对数据进行对比和分析。Excel 2010 自带各种各样的图表，如柱形图、折线图、饼图、条形图、面积图、散点图等，各种图表各有优点，适用于不同的场合。

一、图表的基本组成（见图 4.47）

在 Excel 2010 中，有两种类型的图表：一种是嵌入式图表，另一种是图表工作表。嵌入式图表就是将图表看作一个图形对象，并作为工作表的一部分进行保存；图表工作表是工作簿中具有特定工作表名称的独立工作表。在需要独立于工作表数据查看或编辑大而复杂的图表或节省工作表上的屏幕空间时，就可以使用图表工作表。

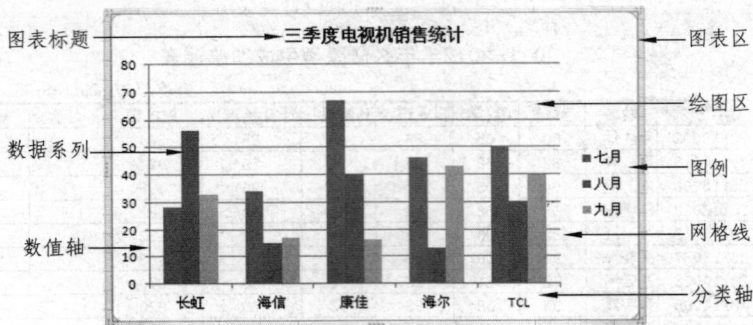

图 4.47   图表的构成

二、图表的建立

使用 Excel 2010 提供的图表向导，可以方便、快速地建立一个标准类型或自定义类型的图表。在图表创建完成后，仍然可以修改其各种属性，以使整个图表更趋于完善。

【例 4.4】做一个表示商品 A 的几个人销售情况（见图 4.48）的饼图。

首先选择数据区域，然后选择插入选项卡，单击"饼图"按钮，在打开的下拉菜单中选择饼图样式，此时就可以看到已经创建了一个饼图，如图 4.49 所示。

序号	姓名	商品名A	商品名B	商品名C
六月销售情况				
1	张三	50	60	66
2	李四	25	80	38
3	王五	30	75	90
4	赵六	15	45	58
5	陈七	40	35	70

图 4.48   商品销售情况表

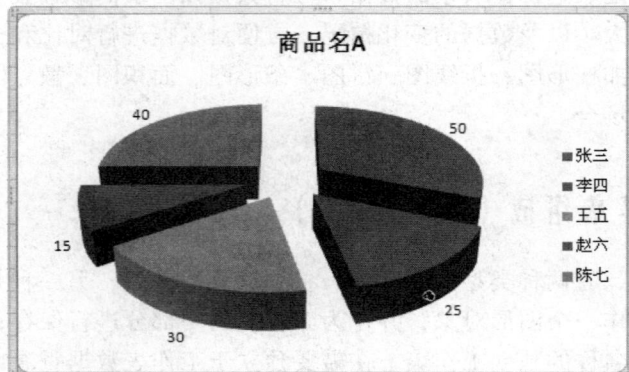

图 4.49   建立的商品销售情况饼图

单击创建好的图表，此时点击"设计"标签，在这里可以对图表的布局和样式进行选择，或者修改选择的数据等。通过 Excel 2010 新的样式，我们可以简单地设计出漂亮的图表。

三、图表的修改

如果已经创建好的图表不符合用户要求，可以对其进行编辑。例如，更改图表类型、调整图表位置、在图表中添加和删除数据系列、设置图表的图案、改变图表的字体、改变数值坐标轴的刻度和设置图表中数字的格式等。

1. 更改图表类型

若图表的类型无法确切地展现工作表数据所包含的信息，如使用圆柱图来表现数据的走势等，此时就需要更改图表类型。"更改图表类型"对话框如图 4.50 所示。

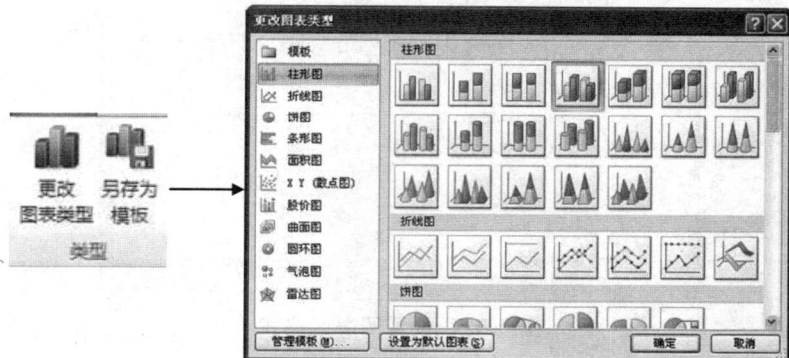

图 4.50　"更改图表类型"对话框

2. 移动图表位置

在 Excel 2010 的图表中，图表区、绘图区以及图例等组成部分的位置都不是固定不变的，可以拖动它们的位置，以便让图表更加美观与合理。

3. 调整图表大小

在 Excel 2010 中，除了可以移动图表的位置外，还可以调整图表的大小。用户可以调整整个图表的大小，也可以单独调整图表中的某个组成部分的大小，如绘图区、图例等。

4. 修改图表中文字的格式

若对创建图表时默认使用的文字格式不满意，则可以重新设置文字格式，如可以改变文字的字体和大小，还可以设置文字的对齐方式和旋转方向等（见图 4.51）。

图 4.51　文字的格式设置

5. 改变图表区的填充图案

如果要改变图表区的填充图案，先单击选定图表，在"图表工具"下打开"格式"选项卡，在"当前所选内容"组的下拉列表中选择"图表区"，然后单击"设置所选内容格式"，弹出"设置图表区格式"对话框（见图 4.52），在该对话框中可进行格式的设置。

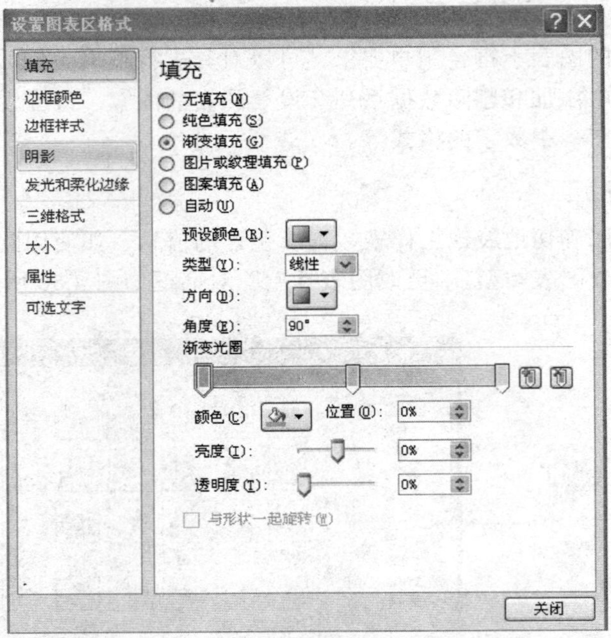

图 4.52　设置图表区格式

四、设置图表布局

选定图表后，Excel 2010 会自动打开"图表工具"的"布局"选项卡。在该选项卡中可以完成设置图表的标签、坐标轴、背景等操作，还可以为图表添加趋势线。

1. 设置图表标签

在"布局"选项卡的"标签"组中，可以设置图表标题、坐标轴标题、图例、数据标签以及数据表等相关属性，如图 4.53 所示。

图 4.53　"布局"选项卡的图表标签

2. 设置坐标轴

在"布局"选项卡的"坐标轴"组中，可以设置坐标轴的样式、刻度等属性，还可以设置图表中的网格线属性。

3. 设置图表背景

在"布局"选项卡的"背景"区域中,可以设置图表背景墙与基底的显示效果,还可以对图表进行三维旋转。

4. 添加趋势线

趋势线就是用图形的方式显示数据的预测趋势并可用于预测分析,也叫作回归分析。利用趋势线可以在图表中扩展趋势线,根据实际数据预测未来数据。打开"图表工具"的"布局"选项卡,在"分析"组中可以为图表添加趋势线(见图4.54)。

图 4.54   "布局"选项卡的添加趋势线

5. 添加系列

如果我们得到了新的统计数据,需要把它加入这个表中,希望在加入表格中以后在图表中也看到新的数据。操作如下:

首先把数据添加进去。在已经创建好的图表中单击右键,选择"选择数据"选项,如图4.55所示。

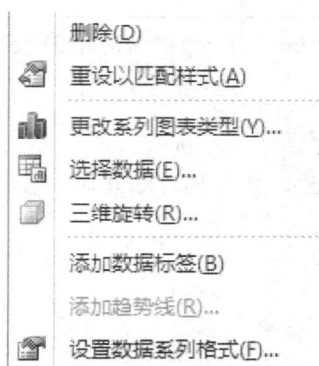

图 4.55   "选择数据"选项的下拉菜单

在打开的"选择数据源"对话框中,单击"图表数据区域"输入框中的拾取按钮,选择已经添加好的数据区域,如图4.56所示。

图 4.56   "图表数据区域"对话框

返回"选择源数据"对话框,此时可以在"图例项(系列)"中看到已经添加好的第四季度数据,单击"确定"按钮,就完成这个序列的加入了(见图4.57)。

图 4.57　"选择数据源"对话框

随堂实训　制作商品销售统计图

商品的销售情况可以通过表格与图表结合的形式更直观地反映。常见的统计图有柱形、饼形、折线形、条形等多种形式。下面利用 Excel 2010 的图表功能，将图 4.58 所示的"上半年商品销售统计图表"制作成如图 4.59 所示的折线图。

月份 商品	一月	二月	三月	四月	五月	六月	销量合计
商品A	56	20	98	56	40	85	355
商品B	10	59	52	25	12	55	213
商品C	98	29	63	36	56	89	371
合　计	164	108	213	117	108	229	939

图 4.58　上半年商品销售统计图表

要求：

（1）创建一个工作簿，并保存；

（2）建立"上半年商品销售表"，并将其自动套用"表样式浅色 11"格式；

（3）启动图表向导，并选择图表类型；

（4）建立图表源数据范围；

（5）设置图表选项；

（6）设置图表位置。

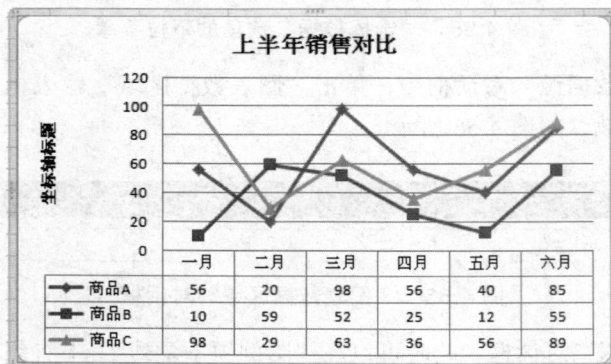

图 4.59　创建的商品销售统计折线图

任务七　数据的整理和分析

Excel 2010 与其他的数据管理软件一样，拥有强大的排序、检索和汇总等数据管理方面的功能。Excel 2010 不仅能够通过记录单来增加、删除和移动数据，而且能够对数据清单进行排序、筛选、汇总等操作。

一、数据清单

数据清单是指包含一组相关数据的一系列工作表数据行，如图 4.60 所示。Excel 2010 在对数据清单进行管理时，一般把数据清单看作一个数据库。数据清单中的行相当于数据库中的记录，行标题相当于记录名。数据清单中的列相当于数据库中的字段，列标题相当于数据库中的字段名。

	A	B	C	D	E	F	G	H
1	某公司人员情况表							
2	序号	姓名	部门代码	部门	职务	学历	出生年月	基本工资
3	1	钟秀丽	0132	销售部	业务员	本科	1970-7-2	1,500.00
4	2	李凌	0132	销售部	业务员	中专	1981-12-23	700.00
5	3	张海军	0132	销售部	业务员	中专	1965-4-25	1,200.00
6	4	胡梅	0132	销售部	业务员	本科	1983-7-23	840.00
7	5	周明发	0259	财务部	会计	本科	1967-6-3	1,000.00
8	6	张和平	0259	财务部	出纳	大专	1978-9-3	950.00
9	7	郑裕同	0368	技术部	技术员	大专	1976-10-3	780.00
10	8	郭丽明	0368	技术部	技术员	本科	1976-7-9	900.00
11	9	赵海斌	0370	技术部	工程师	本科	1966-8-23	1,600.00
12	10	王晓海	0371	技术部	技术员	本科	1971-3-12	1,080.00
13	11	潘越明	0259	财务部	会计	中专	1975-9-28	950.00
14	12	王海涛	0132	销售部	业务员	中专	1972-10-12	1,300.00

图 4.60　某公司人员情况表

二、数据排序

数据排序是指按一定规则对数据进行整理、排列，这样可以为数据的进一步处理做好准备。Excel 2010 提供了多种方法对数据清单进行排序，可以按升序、降序的方式，也可以由用户自定义排序。

1. 对数据清单排序

对 Excel 2010 中的数据清单进行排序时，如果按照单列内容进行排序，可以直接通过“开始”选项卡的“编辑”组中的命令完成排序操作。如果要对多列内容进行排序，则需要在“数据”选项卡的“排序和筛选”组中进行操作（见图 4.61）。

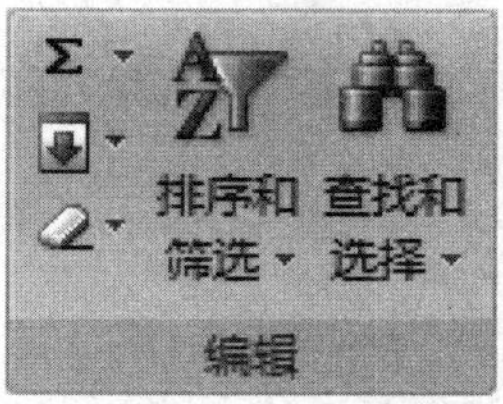

图 4.61　“排序和筛选”按钮

2. 数据的高级排序

数据的高级排序是指按照多个条件对数据清单进行

排序，这是针对简单排序后仍然有相同数据的情况进行的一种排序方式，如图 4.62 所示。

图 4.62　"自定义排序"对话框

三、数据筛选

数据清单创建完成后，对它进行的操作通常是从中查找和分析具备特定条件的记录，而筛选就是一种用于查找数据清单中数据的快速方法。经过筛选后的数据清单只显示包含指定条件的数据行，以供用户浏览、分析。

1. 自动筛选

自动筛选为用户提供了在具有大量记录的数据清单中快速查找符合某种条件记录的功能。使用自动筛选功能筛选记录时，字段名称将变成一个下拉列表框的框名，如图 4.63 和图 4.64 所示。

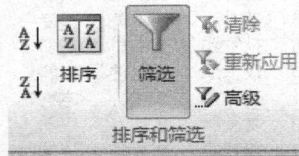

图 4.63　"筛选"按钮

图 4.64　"筛选"对话框

2. 自定义筛选

使用 Excel 2010 中自带的筛选条件，可以快速完成对数据清单的筛选操作。但是当自带的筛选条件无法满足需要时，也可以根据需要自定义筛选条件，如图 4.65 所示。

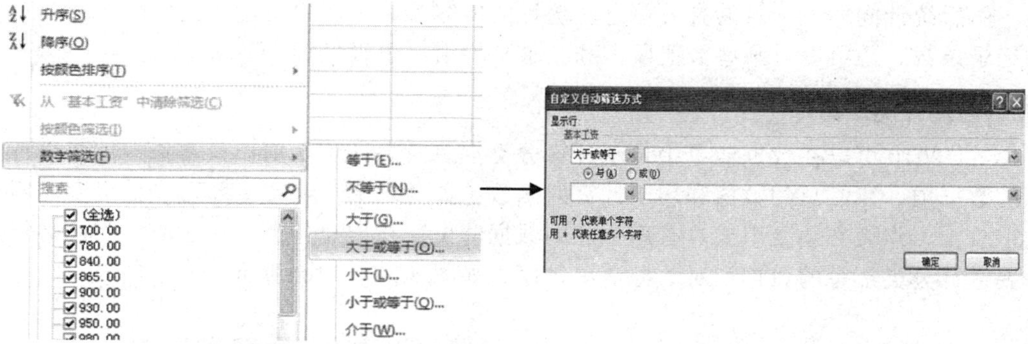

图 4.65 "自定义自筛选方式"对话框

3. 数据的高级筛选

使用高级筛选功能,必须先建立一个条件区域,用来指定筛选的数据所需满足的条件。条件区域的第一行是所有作为筛选条件的字段名,这些字段名与数据清单中的字段名必须完全一样。例如,数据表中我们想要把部门为技术部、学历为本科、基本工资大于 1 000 的人显示出来。具体操作如下:

先设置一个条件区域,第一行输入排序的字段名称,第二行输入条件,建立一个条件区域。然后选中数据区域中的一个单元格,单击数据标签中的高级筛选命令。Excel 自动选择好了筛选的区域,我们单击这个条件区域框中的拾取按钮,选中刚才设置的条件区域,单击拾取框中的按钮返回"高级筛选"对话框,单击"确定"按钮,现在表中就是我们希望看到的结果了。

(1)设置高级筛选条件。

高级筛选(见图 4.66)可以设置行与行之间的"或"关系条件,也可以对一个特定的列指定三个以上的条件,还可以指定计算条件,这些都是它比自动筛选优越的地方。高级筛选的条件区域应该至少有两行,第一行用来放置列标题,下面的行则放置筛选条件。需要注意的是,这里的列标题一定要与数据清单中的列标题完全一样才行。在条件区域的筛选条件的设置中,同一行上的条件认为是"与"条件,而不同行上的条件认为是"或"条件。

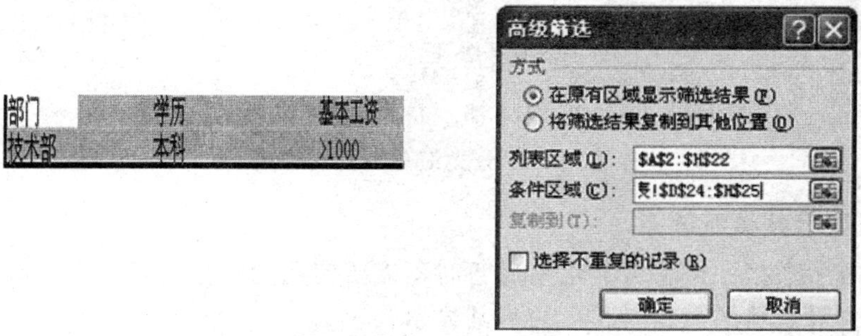

图 4.66 "高级筛选"对话框

四、分类汇总

分类汇总是对数据清单进行数据分析的一种方法。分类汇总对数据库中指定的字段进行分类，然后统计同一类记录的有关信息。统计的内容可以由用户指定，也可以统计同一类记录的记录条数，还可以对某些数值段求和、求平均值、求极值等。

1. 创建分类汇总

Excel 2010 可以在数据清单中自动计算分类汇总及总计值。用户只需指定需要进行分类汇总的数据项、待汇总的数值和用于计算的函数（如“求和”函数）即可。如果要使用自动分类汇总，工作表必须组织成具有列标志的数据清单。在创建分类汇总之前，用户必须先根据需要进行分类汇总的数据列对数据清单排序，如图 4.67、4.68 所示。

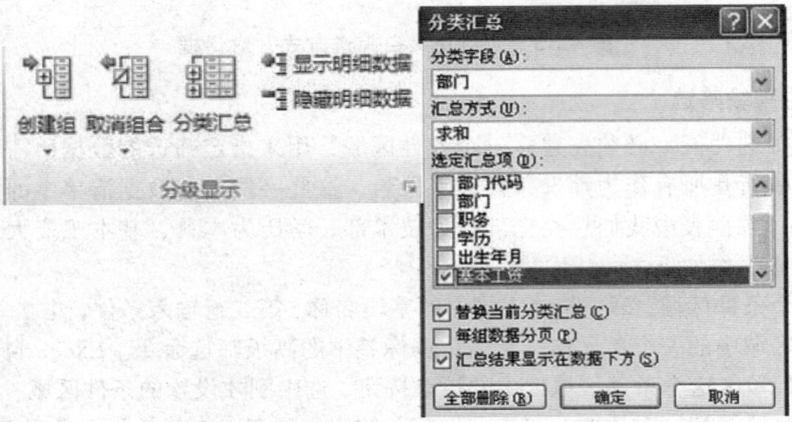

图 4.67 “分类汇总”对话框

	A	B	C	D	E	F	G	H
1	某公司人员情况表							
2	序号	姓名	部门代码	部门	职务	学历	出生年月	基本工资
3	5	周明发	0259	财务部	会计	本科	1967-6-3	1,000.00
4	6	张和平	0259	财务部	出纳	大专	1978-9-3	950.00
5	11	潘越明	0259	财务部	会计	中专	1975-9-28	950.00
6	14	钱红	0259	财务部	出纳	中专	1971-4-5	980.00
7	18	方成英	0368	财务部	会计	本科	1973-5-12	1,200.00
8				**财务部 汇总**				5,080.00
9	7	郑裕同	0368	技术部	技术员	大专	1976-10-3	780.00
10	8	郭丽明	0368	技术部	技术员	本科	1976-7-9	900.00

图 4.68 分类汇总后的工作表

2. 隐藏或显示分类汇总

为了方便查看数据，可将分类汇总后暂时不需要使用的数据隐藏起来，减小界面的占用空间。当需要查看隐藏的数据时，可再将其显示。

五、分级显示

在上面介绍分类汇总操作时，已经使用了 Excel 2010 中的分级显示功能。使用该功能可以将某个范围的单元格关联起来，并可以将其折叠与展开（见图 4.69）。

图 4.69 "分级显示"对话框

六、数 据 合 并

通过合并计算，可以把来自一个或多个源区域的数据进行汇总，并建立合并计算表。这些源区域与合并计算表可以在同一工作表中，也可以在同一工作簿的不同工作表中，还可以在不同的工作簿中（见图 4.70）。

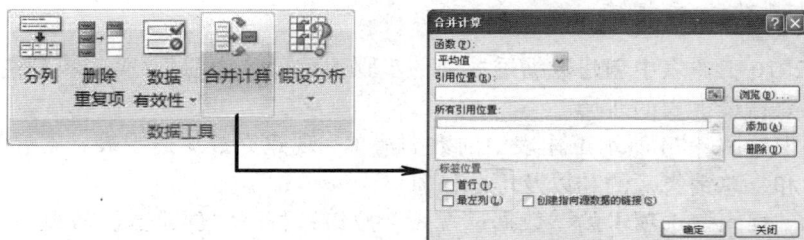

图 4.70 "合并计算"对话框

【例 4.5】以对 1～3 月的销售数据进行季度汇总为例，说明合并计算的应用。操作步骤如下：

（1）选择"一季度"工作表中的单元格 C3，选择"数据"选项卡中的"合并计算"，如图 4.71 所示。

（2）在"合并计算"对话框中单击"引用位置"框右侧的拾取按钮，如图 4.72 所示。

图 4.71 合并计算的一季度工作表

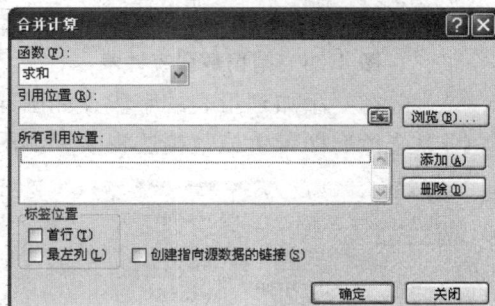

图 4.72 "合并计算"对话框

（3）用鼠标左键单击"一月"工作表标签，并拖动鼠标选择单元格区域 C3：D7。

（4）单击"添加"按钮，分别添加"二月"和"三月"工作表中的 C3：D7 单元格为合并区域。

（5）单击"确定"按钮，完成合并计算，如图 4.73 所示。

图 4.73　合并计算后的工作表

七、使用数据透视表

数据透视表是一种对大量数据快速汇总和建立交叉列表的交互式表格。它不仅可以转换行和列，以查看源数据的不同汇总结果；也可以显示不同的页面以筛选数据；还可以根据需要显示区域中的细节数据。

（一）创建数据透视表

在 Excel 2010 工作表中创建数据透视表的步骤大致可分为两步：第一步是选择数据来源；第二步是设置数据透视表的布局。

【例 4.6】根据图 4.74 所示工作表中的数据清单，现建立数据透视表，显示各分店各型号产品销售量的和、总销售额的和以及汇总信息。

（1）选择"插入"选项卡的"数据透视表"按钮，打开"创建数据透视表"对话框，如图 4.75 所示。

图 4.74　销售数量统计表

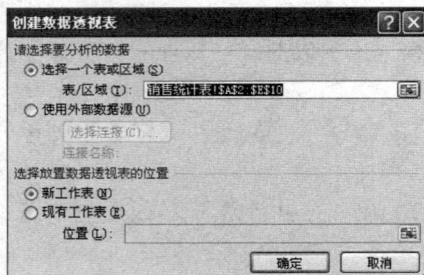

图 4.75　"数据透视表"对话框

（2）选择要添加到报表的字段，如图 4.76 所示。

（3）选择后即可生成数据透视表，如图 4.77 所示。

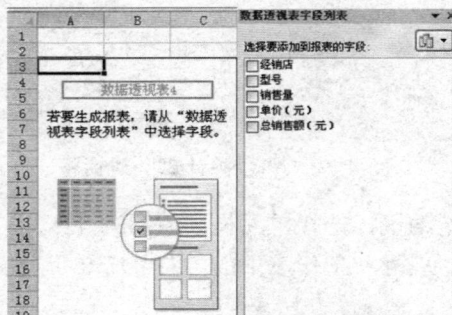

图 4.76　选择要添加到报表的字段

图 4.77　生成的数据透视表

（二）设置数据透视表选项

在"数据透视表工具"的"选项"选项卡（见图 4.78）中还可以设置其他常用数据透视表选项。

图 4.78　"数据透视表工具"中的"选项"选项卡

1. 设置字段

打开"数据透视表工具"的"选项"选项卡，在"活动字段"组中可以详细设置数据透视表中各字段的属性，如图 4.79 所示。

2. 移动数据透视表

对于已经创建好的数据透视表，用户不仅可以在当前工作表中移动位置，还可以将其移动到其他工作表中，如图 4.80 所示。

图 4.79　"活动字段"组

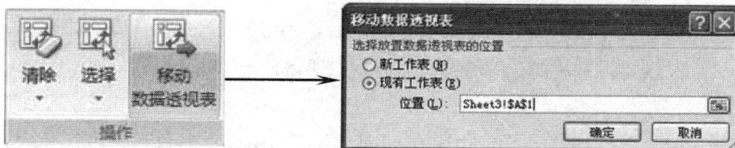

图 4.80　"移动数据透视表"对话框

3. 创建数据透视图

数据透视图可以看作是数据透视表和图表的结合，它以图形的形式表示数据透视表中的数据。在 Excel 2010 中，可以根据数据透视表快速创建数据透视图，更加直观地显示数据透视表中的数据，方便用户对其进行分析。

点击"选项"标签→"数据透视图"按钮，在弹出的对话框中选择图表的样式后，单击"确定"就可以直接创建出数据透视图，如图 4.81、4.82 所示。

图 4.81　"插入图表"对话框

不难看出，图 4.82 所示图表跟我们平时使用的图表基本上一致，所不同的只是这里多了几个下拉箭头，单击"经销店"的下拉箭头，这实际上是透视表中字段，选择"1 分店"，可以看到图表中的数据也发生了变化，其他有很多在透视表中使用的方法也可以在这个图表中使用，把图表的格式设置一下，一个漂亮的报告图就完成了。

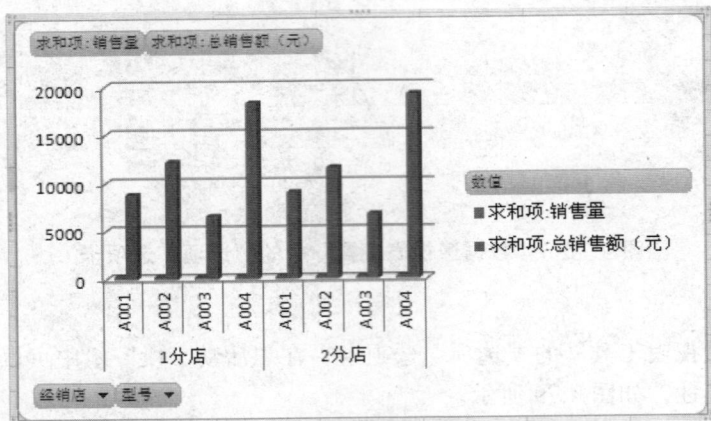

图 4.82　创建的数据透视图

4. 更改数据源

若要修改数据透视表的数据源，可以打开"数据透视表工具"的"选项"选项卡，在"数据"组中单击"更改数据源"按钮，在弹出的菜单中选择"更改数据源"命令，打开"更改数据透视表数据源"对话框，如图 4.83 所示。

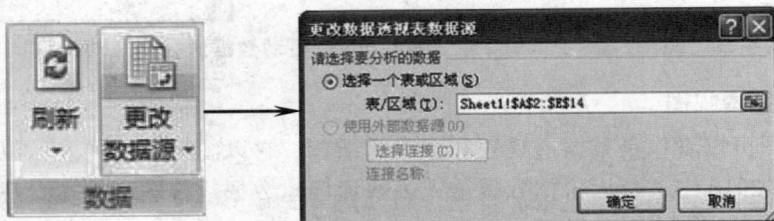

图 4.83　"更改数据透视表数据源"对话框

5. 调整数据透视表显示选项

打开"数据透视表工具"的"选项"选项卡，在"显示/隐藏"组中可以设置是否在数据透视表中显示字段列表、+/－按钮、字段标题，如图 4.84 所示。

图 4.84　"显示/隐藏"组

随堂实训 制作商品销售月报表

在企业的管理工作中，要想了解每月商品的销售情况，就要通过商品销售月报表（见图4.85），利用 Excel 2010 的数据处理功能如排序、分类汇总、筛选等，方便地制作出来。

序号	销售日期	商品种类	商品名称	单价(元)	销售量	优惠率	销售金额
			鑫利百货八月份销售统计表				
1	2012年8月	食品	康师傅方便面	2.50	50	10%	
2	2012年8月	化工	佳洁士牙刷	6.00	8	8%	
3	2012年8月	针织	安踏运动袜	13.50	12	8%	
4	2012年8月	五金	不锈钢菜刀	32.80	2	5%	
5	2012年8月	五金	不锈钢小勺	8.10	6	5%	
6	2012年8月	化工	中华牙膏	7.30	18	8%	
7	2012年8月	针织	男式棉背心	25.60	6	8%	
8	2012年8月	化工	飘柔洗发香波	28.90	15	8%	
9	2012年8月	食品	涪陵榨菜	3.50	15	10%	
10	2012年8月	针织	提花毛巾	6.50	9	8%	
11	2012年8月	食品	五香牛肉干	9.50	7	10%	
12	2012年8月	化工	清新洗发液	20.80	12	8%	
13	2012年8月	食品	脉动矿泉水	4.50	20	10%	
14	2012年8月	食品	大白兔奶糖	25.80	8	10%	
15	2012年8月	五金	高压电饭锅	145.00	2	5%	
金额总计							

图 4.85 商品销售月报表

要求：

（1）创建一个工作簿，并保存；

（2）建立"鑫利超市销售月报表"；

（3）使用公式或函数计算"销售金额"[销售金额=单价×销售量×(1 − 优惠率)]；

（4）对工作表中的数据进行排序；

（5）对工作表中的数据进行分类汇总；

（6）通过筛选查看数据。

任务八　打印工作表

当制作好工作表后，通常要做的下一步工作就是把它打印出来。利用 Excel 2010 提供的设置页面、设置打印区域、打印预览等打印功能，可以对制作好的工作表进行打印设置，美化打印的效果。本任务将介绍打印工作表的相关操作。

一、设置打印页面

在打印工作表之前，可根据要求对希望打印的工作表进行一些必要的设置。例如，设置打印的方向、纸张的大小、页眉或页脚和页边距等。在"页面布局"选项卡的"页面设置"组中可以完成最常用的页面设置，如图4.86所示。

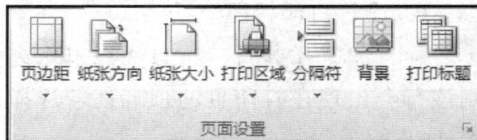

图 4.86 "页面设置"选项组

1. 设置页边距

页边距指的是打印工作表的边缘距离打印纸边缘的距离。Excel 2010 提供了 3 种预设的页边距方案，分别为"普通"、"宽"与"窄"，其中默认使用的是"普通"页边距方案，如图 4.87 所示。通过选择这 3 种方案之一，可以快速设置页边距效果。

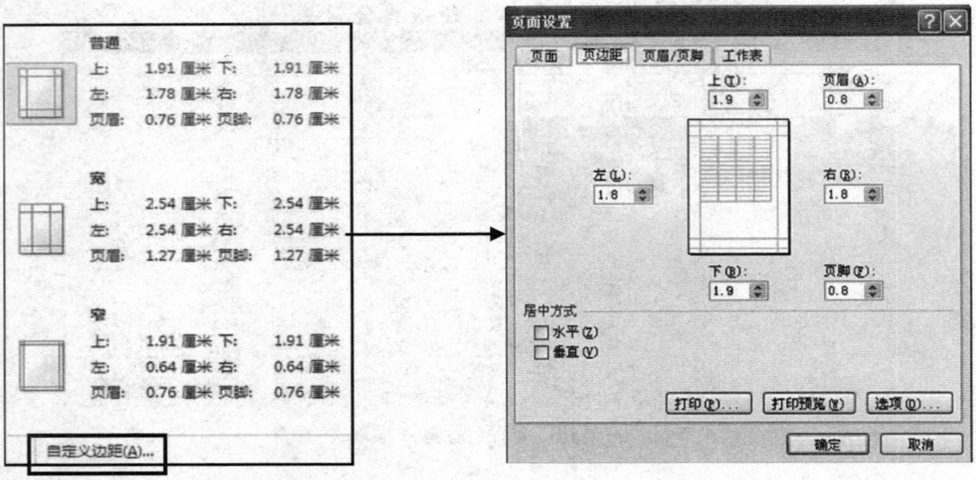

图 4.87 "页边距"选项卡

2. 设置纸张方向

在设置打印页面时，打印方向有纵向打印和横向打印两种。在"页面设置"组中单击"纸张方向"按钮，在弹出的菜单中选择"纵向"或"横向"命令，可以设置所需打印方向。

3. 设置纸张大小

在设置打印页面时，应选用与打印机中打印纸大小对应的纸张大小设置。在"页面设置"组中单击"纸张大小"按钮，在弹出的菜单中可以选择纸张大小。

4. 设置打印区域

在打印工作表时，经常会遇到不需要打印整张工作表的情况，此时可以设置打印区域，只打印工作表中所需的部分。

5. 设置分页符

如果用户需要打印的工作表中的内容不止一页，Excel 2010 会自动在其中插入分页符，将工作表分成多页。这些分页符的位置取决于纸张的大小及页边距设置。用户也可以自定义插入分页符的位置，从而改变页面布局。

6. 设置打印标题

在打印工作表时，可以选择工作表中的任意行或列为打印标题。若选择行为打印标题，则该行会出现在打印页的顶端；若选择列为打印标题，则该列会出现在打印页的最左端，如图 4.88 所示。

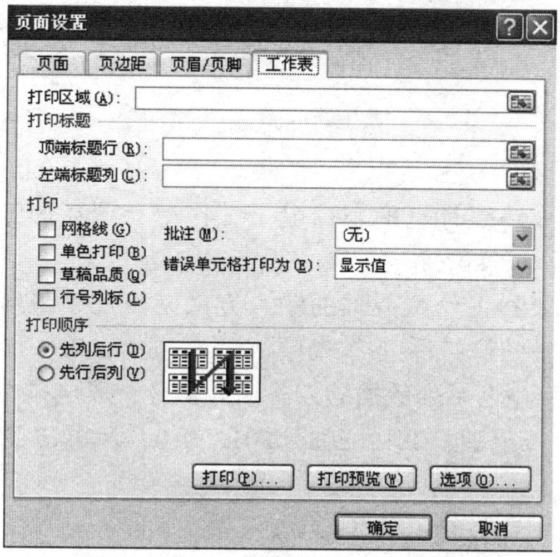

图 4.88 "页面设置"对话框

二、打印 Excel 工作表

单击"文件"选项卡按钮，选择"打印"命令，即可打开"打印内容"对话框，如图 4.89 所示。在该对话框中，可以选择要使用的打印机，还可以设置打印范围、打印内容等选项。设置完成后，在"打印内容"对话框中单击"确定"按钮，即可打印工作表。

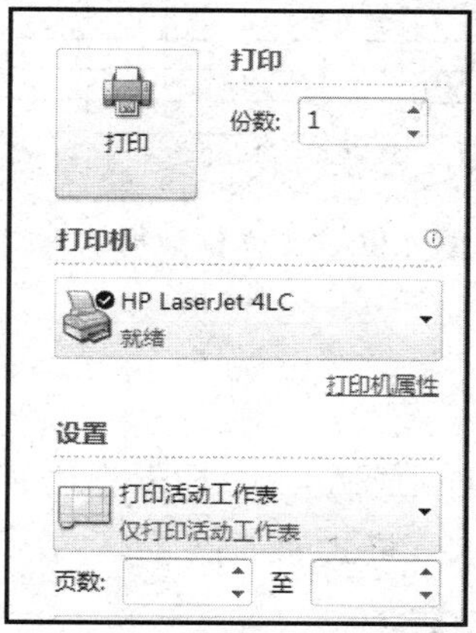

图 4.89 "打印内容"对话框

📖 拓展实训 / 学生成绩统计分析

实训说明：在老师的日常工作中，对学生的成绩进行统计分析管理是一项非常重要也是十分麻烦的工作，如果能够利用 EXCEL 强大的数据处理功能，就可以让各位老师迅速完成对学生成绩的各项分析统计工作。

（一）要 求

进行成绩分析：包括工作组数据的输入编辑、成绩排名、最高成绩、最低成绩、分段人数统计以及分数的频率分布曲线。

（二）实施过程

1. 输入数据

建立一个名为"学生成绩统计"的空白电子工作簿。现在向工作簿中输入三个班的"信息处理技术"数据，具体要求如下：

（1）通过重命名工作表和工作组数据的输入方法，将三个班考生数据输入名为"风电 1 班"、"风电 2 班"、"风电 3 班"三个工作表中。

（2）输入系列数据。用输入系列数据的方法输入学号：风电 1 班的学号范围：20120101～20120110；风电 2 班的学号范围：20120201～20120210；风电 3 班的学号范围：20120301～20060310。

（3）对工作表进行格式化处理，如图 4.90 所示。

学号	姓名	平时成绩	实训成绩						期末成绩	总评成绩	排名
			项目1	项目2	项目3	项目4	项目5	小计			
20120101	李小明								85		
20120102	张明博								76		
20120103	王丽娟								70		
20120104	白红军								62		
20120105	陈永海								95		
20120106	许其才								68		
20120107	李向阳								50		
20120108	董少斌								88		
20120109	蔡　欣								48		
20120110	方会泽								78		

XX职业技术学院学生成绩登记表
学年第＿＿＿＿学期
＿＿＿＿系　　班任课教师＿＿＿＿　　课程名称＿＿＿＿

风电1班　风电2班　风电3班　成绩分析总表

图 4.90　工作组数据的编辑

2. 分析值的计算

（1）用公式求总评成绩。

总评成绩=平时成绩×10%+实训成绩×40+期末成绩×50

（2）求名次。使用函数 RANK，格式如下：

RANK（number，ref，order）

其中：

Number 为需要找到排位的数字。

Ref 为数字列表数组或对数字列表的引用，Ref 中的非数值型参数将被忽略。

Order 为一数字，指明排位的方式。

如果 order 为 0（零）或省略，Microsoft Excel 对数字的排位是基于 ref 为按照降序排列的列表。

如果 order 不为零，Microsoft Excel 对数字的排位是基于 ref 为按照升序排列的列表。

（3）用 COUNTIF 函数或 FREQUENCY 函数统计各分数段的人数。

COUNTIF（range，criteria）

其中：

Range 为需要计算其中满足条件的单元格数目的单元格区域。

Criteria 为确定哪些单元格将被计算在内的条件，其形式可以为数字、表达式或文本。例如，条件可以表示为 32，"32"，">32" 或 "apples"。如果要统计 80～89 的人数，则可用公式 countif（C3：C12，"<90"）- countif（C3：C12，"<80"）完成。

计算结果如图 4.91 所示。

成绩分析表

分段等级	分段人数	所占比例	等级分段点	
90分以上	1	10.00%	100	
80-89分	2	20.00%	89	
70-79分	3	30.00%	79	
60-69分	2	20.00%	69	
不及格	2	20.00%	59	
总计	10		最高分	95
			最低分	48

图 4.91　计算分段人数

也可以用 FREQUENCY 函数统计各分数段的人数。

FREQUENCY （data_array，bins_array）

其中：

Data_array 为一数组或对一组数值的引用，用来计算频率。如果 data_array 中不包含任何数值，函数 FREQUENCY 返回零数组。

Bins_array 为间隔的数组或对间隔的引用，该间隔用于对 data_array 中的数值进行分组。如果 bins_array 中不包含任何数值，函数 FREQUENCY 返回 data_array 中元素的个数。

说明：

① 首先选定用于存放频率分布结果的相邻单元格区域，然后以数组公式的形式输入函数 FREQUENCY。

② 函数 FREQUENCY 将忽略空白单元格和文本值。

③ 对于返回结果为数组的公式，必须以数组公式的形式输入。

使用 Frequency（）函数来进行计算，首先我们在单元格区域 Q5：Q10 内输入用来分隔的数组 59，69，79，89，100。然后选定用来存放分段人数的单元格区域 O6：O10，以数组公式的形式输入函数 FREQUENCY，编辑公式 "=Frequency（B7：B16，Q5：Q10）"，使用快捷键 "Ctrl+Shift+Enter"，大功告成。

注意：大括号不是手动输入的。仅供参考。

（4）用 MAX 函数和 MIN 函数求最高分和最低分。

（5）用公式求各个分数段所占总人数的比例。

3. 建立成绩分析总表

（1）建立 "成绩分析总表" 基本框架。在所有工作表的最后插入一个新的工作表，命名为 "成绩分析总表"，其结构如图 4.92 所示。

（2）计算三个班各分数段的人数总和、各分数段的人数所占比例及最高分和最低分。

注意：计算中会用到 Excel 的跨表引用方法，现举例如下：

如 Sheet1 中的 A1，Sheet2 中的 B1，Sheet3 中的 C1 相加结果得在工作表四中的某个单元格，只要输入=Sheet1! A1+Sheet2! B1+Sheet3! C1 即可。

也可以使用"合并计算"功能完成三个班各分数段人数总和的计算。

	A	B	C	D	E
1		成绩分析总表			
2	分段等级	分段人数	所占比例	等级分段点	
3	90分以上	4	13%	100	
4	80-89分	7	23%	89	
5	70-79分	8	27%	79	
6	60-69分	6	20%	69	
7	不及格	5	17%	59	
8	总计	30	100%	最高分	95
9				最低分	42

图 4.92　成绩分析总表

4. 建立和编辑分数的频率分布图表

要求：

（1）选定制作图表的数据区域为"分段等级"、"所占比例"二列，制作分离型三维饼图。

（2）图表标题为"成绩分析总图"，并设置图表标题及数据标签。

（3）图表区格式设置："填充效果"中的"渐变填充"设为"羊皮纸"。

最后的效果图如图 4.93 所示

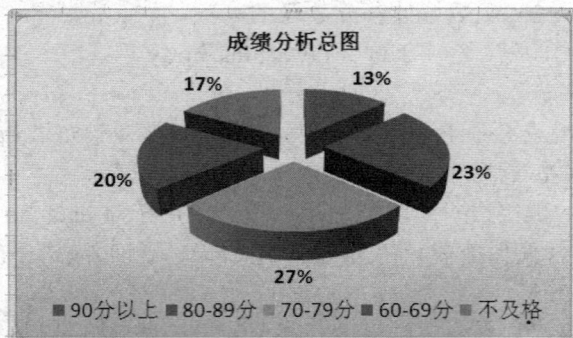

图 4.93　频率分布图表

5. 为多页成绩登记表排版

由于成绩考核登记表需要打印上交，需要对表格进行排版。

（1）设置纸张大小为 A4，方向为纵向，上下页边距为 2，左右为 1.5，页眉边距为 0，页脚边距为 1，自定义页脚内容为日期左对齐、页码右对齐，参考效果如图 4.94 所示。

20120101	李小明		85
20120102	张明博		76
20120103	王丽娟		70
20120104	白红军		62
20120105	陈永海		95
20120106	许其才		68
20120107	李向阳		50
20120108	董少斌		88
20120109	蔡 欣		48
20120110	方会泽		78

2012-1-13　　　　　　　　　　　　　　　第1页

图 4.94　页脚样张

① 选择"页面布局"选项卡，执行"页面设置"命令，打开"页面设置"对话框。在"页面"选项卡中设置纸张方向为纵向，纸张大小为A4；在"页边距"选项卡中设置上下页边距各为2，左右页边距各为1.5，页眉边距为0，页脚边距为1。

② 在"页眉/页脚"选项卡中单击"自定义页脚"按钮，在"左"框中单击插入当前日期的按钮，在"右"框中输入"第"、"页"，并在两个字中间单击插入页码的按钮，如图4.95所示。

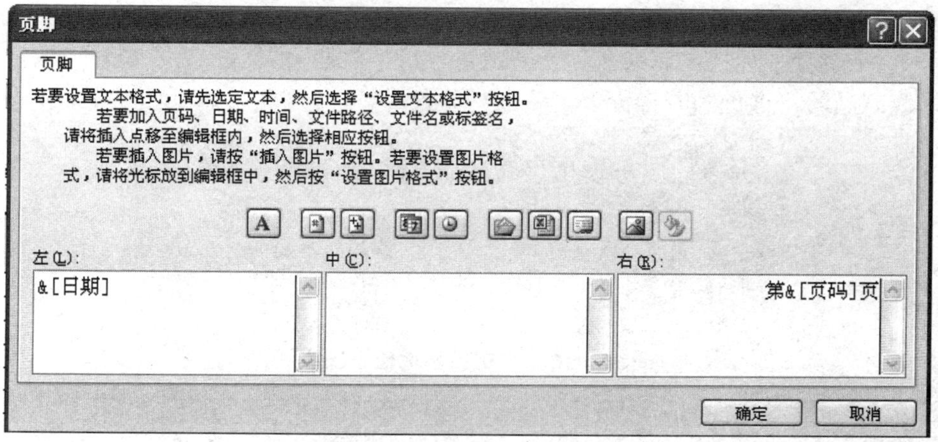

图 4.95 设置页脚对话框

（2）设置1~5行为打印标题行。

在第2页中应当能够看到表格的标题和表头，因此，需要将1~5行设置为打印标题行。

① 执行"页面布局"选项卡的"页面设置"命令，打开"页面设置"对话框。

② 在"工作表"选项卡中单击顶端标题行后面的输入框，拖动选择工作表的1~5行，单击"确定"。

在预览效果中可以看到每一页都有标题和表头。

小结： 用 Excel 对学生成绩进行管理更普遍、快捷、方便，可大大减轻老师统计成绩工作的烦琐程度。本实训具体介绍了一些应用实例和相应的操作方法。

拓展实训2 商品销售记录的分析处理

实训说明：假定你是一名销售公司市场分析人员。为了能及时总结、分析销售情况，你所在的管理部门需要把从销售人员那里收集到的各产品日常的销售额、销售费用制成销售记录，然后通过适当方式将销售情况统计出来。现在，公司将这个任务交给你来完成，由于 Excel 提供了强大的计算、统计、分析功能，你可以借助 Excel 来提高工作效率。

（一）要　求

（1）建立商品基本信息表；

（2）建立日销售记录表；

（3）对数据进行分类汇总；

（4）创建数据透视表；

（5）图表的创建和格式化。

（二）实施过程

1. 利用查找函数输入数据

为了用 Excel 统计分析，需要将销售报表的数据输入 Excel 工作表中。你首先建立了"商品基本信息.xls"工作簿，给出了每种商品的"单位"、"数量"、"进价"和"售价"等信息（见图 4.96）。然后你用 Excel 制作了"销售记录"流水账。工作表中给出 3 天的销售记录（见图 4.97）。这个过程中你把"商品名称"、"销售数量"数据输入后，为了统计"毛利润"，还要去查找该商品的"进价"、"售价"、"单位"等数据。

	A	B	C	D	E	F
1	序号	商品名称	单位	进价	售价	数量
2	1	电视机	台	5000	5500	80
3	2	洗衣机	台	2200	2450	120
4	3	冰箱	台	3800	4100	200
5	4	空调	台	4500	4900	50
6	5	电脑	台	4100	4400	230
7	6	饮水机	台	1500	1700	180

图 4.96　"商品基本信息"表

	A	B	C	D	E	F	G	H	I
1	销售日期	商品名称	单位	售价	数量	销售额	进价	毛利润	毛利率
2	2012-5-10	电视机			20				
3	2012-5-10	洗衣机			16				
4	2012-5-10	冰箱			30				
5	2012-5-10	空调			8				
6	2012-5-10	电脑			28				
7	2012-5-11	电视机			22				
8	2012-5-11	洗衣机			7				
9	2012-5-11	冰箱			15				
10	2012-5-11	空调			23				
11	2012-5-11	电脑			35				
12	2012-5-12	电视机			9				
13	2012-5-12	洗衣机			14				
14	2012-5-12	冰箱			26				
15	2012-5-12	空调			10				
16	2012-5-12	电脑			20				

图 4.97　"销售记录"表

在"商品基本信息"表中，输入商品名称后，让 Excel 根据这个名称自动去查找该商品的"进价"、"售价"、"单位"数据，并存放到表"销售记录"的相应列中。

这个需求属于可利用 Excel 查找公式解决的相当典型的问题。那么，什么是 Excel 查找公式呢？概括地说，所谓查找公式，就是为了查找一个值，在指定的数据区域中搜索，并返回一个值的公式。比如针对你的问题，要查找的值就是"商品名称"，在什么指定的数据区域中搜索呢？而要返回值就是商品的"进价"、"售价"、"单位"。

在 Excel 中有两个函数，就是专门为解决这类问题设计的。这两个函数是 VLOOKUP 和 HLOOKUP。VLOOKUP 的功能是：在数据区域的第一列中查找指定的数值，并返回数据区域当前行中指定列处的数值，在 VLOOKUP 中的 V 代表垂直。HLOOKUP 的功能是：当比较值位于数据表的首行，并且要查找下面给定行中的数据，HLOOKUP 中的 H 代表"行"。下面介绍如何应用 VLOOKUP 函数解决上述问题的。

（1）VLOOKUP 函数。

功能：查找数据区域首列满足条件的元索，并返回数据区域当前行中指定列处的值。

语法：VLOOKUP（lookup_value，table_array，col_index_num，range_lookup）

其中：Lookup_value 的含义为需要在数据区域第一列中查找的值，它可以为数值、引用或者是文本；

table_array 的含义为需要在其中查找数据的数据区域；

col_index_num 的含义为 table_array 中待返回值的列序号；

range_lookup 参数为可选参数，它是一个逻辑值，如果为 TRUE 或者忽略，则表示返回近似匹配值（也就是说，当找不到精确的匹配值时，则找小于 Lookup_value 的最大数值）。如果 range_lookup 为 FALSE 时，函数 VLOOKUP 将只找精确的匹配值；如果找不到，就返回错误值#N/A。

（2）如何查找"进价"。

我们的大致思路是，打开"商品基本信息"工作表（见图 4.96），并创建一个"商品信息"区域名称，后面就可以把这个区域名称放在 VLOOKUP 的 table_array 参数部分，由于这个数据区域中的第一列存放了"商品名称"数据，第三列存放了"进价"数据，我们就可以在这个数据区域中通过查找"商品名称"返回其对应的"进价"数据。

实现步骤如下：

① 创建"商品信息"区域名称：

打开"商品基本信息.xls"，选择"商品基本信息"工作表，选中包含"商品名称"、"进价"、"售价"、"单位"所在的区域B1：F300。选择"公式"选项卡中的"定义名称"按钮，打开"新建名称"对话框，如图 4.98 所示。在"名称"框中输入"商品信息"后，单击"确定"按钮，"商品信息"区域名称创建完成。

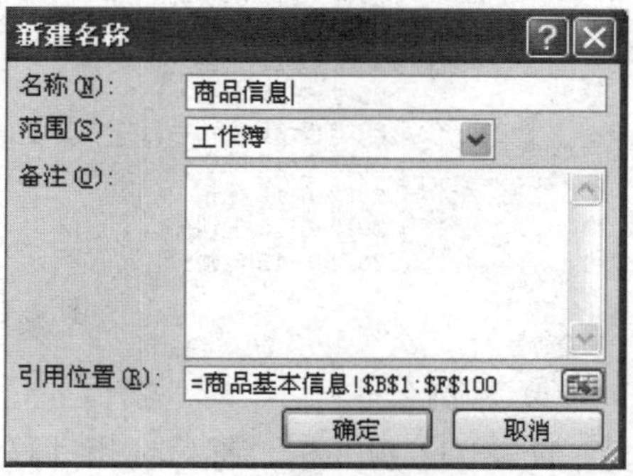

定义时，选择单元格区域尽量大一些，当有新的商品时，我们可以方便地把新商品的信息添加到单元格区域"B1：F6"的末尾。不难看出，我们创建的这个数据区域最多可以放置 299 个商品信息，区域的具体大小可以根据自己的商品数量来修改。

图 4.98　"新建名称"对话框

② 创建"进价"的查找公式：

打开工作簿"日销售表.xls"的"销售记录"工作表，选中 G2 单元格，选择"公式"选项卡的插入函数/【VLOOKUP】，单击"确定"，弹出 VLOOKUP 函数的"函数参数"对话框。由于要根据商品的名称查找"进价"，所以 VLOOKUP 函数的第一个参数应该选择商品名称"B2"；"函数参数"对话框的第二个文本框输入待查找数据的数据区域"商品基本信息.xls!商品信息"；"函数参数"对话框中的第三个参数是决定 VLOOKUP 函数找到匹配商品名称所在行以后，该行的哪一列数据被返回，由于"进价"数据存放在待查找数据的数据区域的第 3 列，所以在这里通过键盘输入数字"3"。由于我们要求商品名称精确匹配，所以最后一个参数我们输入"FALSE"（见图 4.99）。可以看到公式准确地返回了"电视机"的"进价"

数据"5 000"（见图 4.100）。

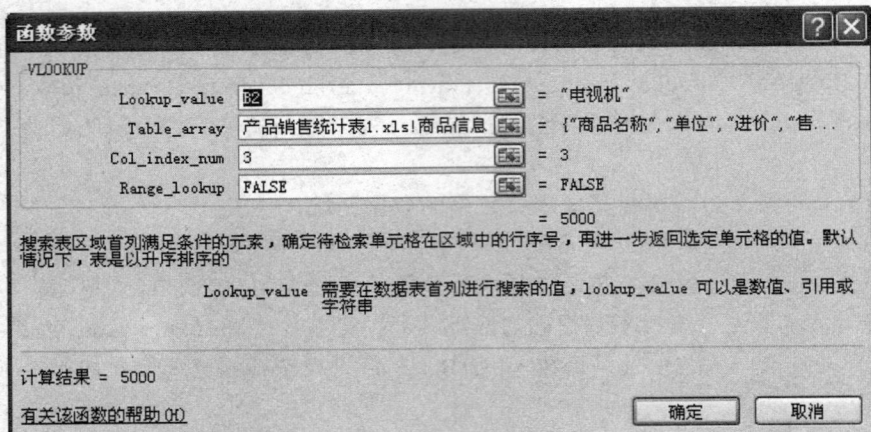

图 4.99 "函数参数"对话框

图 4.100 完成"进价"的查找

③ 复制公式：

选中 G2 单元格，把鼠标指针移到该单元格的右下角，当指针变成"十"字形时，按住鼠标左键拖拉到 G16 单元格，完成公式的复制。

（3）创建"单位"和"售价"的查找公式。

在 C2 单元格中建立查找商品名称"单位"的公式。

在 D2 单元格中建立查找商品名称"售价"的公式。

2. 用公式计算"销售额"、"毛收入"和"毛利润"三列的值

毛利润 = 销售额 − 进价成本

毛利率 = 毛利润/销售额

3. 对"销售额"和"毛利润"进行分类汇总

现在要统计出每种商品的销售额和毛利润，可以用"分类汇总"来解决。"分类汇总"含有两个意思，即按什么分类（商品名称）和对什么汇总（销售额和毛利润）。进行"分类汇总"之前，需先对分类的列（商品名称）进行排序，然后对要汇总的列（销售额和毛利润）进行汇总。

请先建立工作表"销售记录"的副本"销售记录（2）"，然后完成分类汇总的工作，如图 4.101 所示。

	A	B	C	D	E	F	G	H	I
1	销售日期	商品名称	单位	售价	数量	销售额	进价	毛利润	毛利率
5		冰箱 汇总				291100		900	
9		电脑 汇总				365200		900	
13		电视机 汇总				280500		1500	
17		空调 汇总				200900		1200	
21		洗衣机 汇总				90650		750	
22		总计				1228350		5250	

图 4.101　完成分类汇总

4. 对"销售额"和"毛利润"建立数据透视表

上面的问题，如果用"数据透视表"则更方便。"数据透视表"可以很方便地对数据进行汇总和比较。

为表"销售记录"建立数据透视表，并将数据透视表显示在新工作表中（见图 4.102），并将数据透视表命名为"各类商品销售统计"。要求：

（1）行显示"商品名称"，列显示"日期"，"毛利润"显示在数据区；

（2）对毛利润按降序排序，找出哪三种商品的毛利润最大。

	A	B	C	D	E
1		将报表筛选字段拖至此处			
2					
3	求和项:毛利润	销售日期 ▼			
4	商品名称 ▼	2012-5-10	2012-5-11	2012-5-12	总计
5	冰箱	300	300	300	900
6	电脑	300	300	300	900
7	电视机	500	500	500	1500
8	空调	400	400	400	1200
9	洗衣机	250	250	250	750
10	总计	1750	1750	1750	5250

图 4.102　数据透视表

5. 用两轴线柱图表来表示 5 月 10 日～5 月 12 日的毛利润

要求：

（1）选定制作图表的数据区域为表"销售记录（2）"的"商品名称"、"销售额"、"毛利润"三列。

（2）选择图表类型为柱形图中的"簇状柱形图"和"带数据标记的折线图"。

（3）图表标题为"各商品的销售额和毛利润"，"分类（X）轴"为"商品"，"数值（Y）轴"为"销售额"，"次数字（Y）轴"为"毛利润"。

（4）图表区格式设置："填充效果"中的"渐变"设为预设颜色中的"麦浪滚滚"，"底纹样式"设为 "斜上"。

（5）此图表作为一个对象放置在工作表"销售记录（2）"中。

最后的效果图如图 4.103 所示。

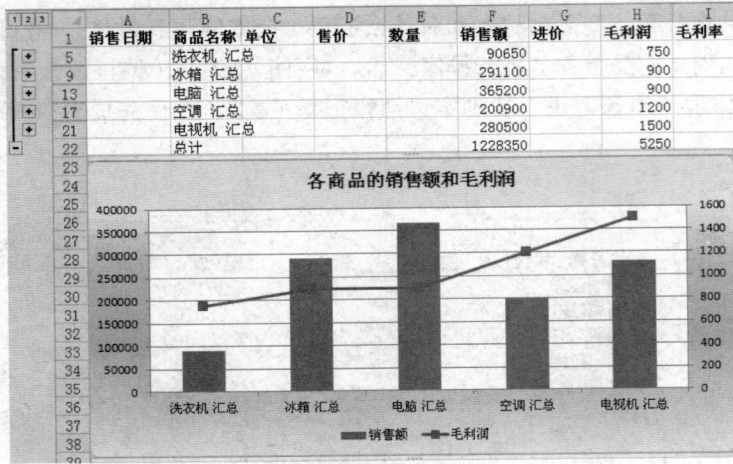

图 4.103　两轴线柱图

小结：本实训演示了使用 Excel 强大的数据处理能力来进行商品销售记录的分析处理。用户可以掌握怎样利用查找函数快捷地输入数据、数据的分类汇总方法、公式的使用、数据透视表的创建方法及图表的创建和格式化等技能。

操 作 题

1. 新建 Excel 2003 工作簿文件，在工作表 Sheet 1 的 A2：G11 区域输入表 4.4 中内容，并完成下列各小题的要求。

表 4.4

学号	姓名	性别	英语	数学	计算机基础	总分
	李兰	女	86	85	74	
	李山	男	80	90	75	
	蒋宏	男	76	70	83	
	张文峰	男	58	84	71	
	黄霞	女	46	83	74	
	杨芸	女	68	83	70	
	赵小红	女	85	86	75	
	黄河	男	57	52	85	
	平均分					

进行如下操作：

（1）工作表 Sheet 1 第二行至第十一行的行高设置为 18；第 A 列至第 G 列列宽设置为 12。

（2）利用公式复制的方法，在工作表 Sheet 1 的总分栏设置每个学生三门分数之和，在平均分行设置各课的平均分。

（3）将单元格 G12 命名为"最高分"，利用公式求出总分最高分。

（4）将 Sheet l 改名为 grade。

（5）工作表 grade 表的 A2：Gll 区域设置网格线，单元格采用居中格式。

（6）给姓名为李兰的同学加上学号，学号"020031"，并使用自动填充的方法，按顺序依次给其他同学加上学号。

（7）把标题行 A1～G1 合并单元格，输入标题"学生成绩表"，并设为 20 号宋体，居中，字体设置为红色。

（8）工作簿以文件名 table 3.xls 保存。

2. 用表 4.5 中已知数据建立一数据表格（存放在 A1：15 的区域内）。

表 4.5

季度	第一	第二	第三	第四	全年累计	上半年累计	下半年累计	是否达标
第一分公司	3 005	2 345	2 300	3 000				
第二分公司	1 050	1 000	1 100	1 200				
第三分公司	2 345	2 200	2 300	2 400				
第四分公司	3 000	2 400	2 455	2 500				

进行如下操作：

（1）用函数计算出表的"全年累计"列。

（2）用组公式计算上表的"上半年累计"和"下半年累计"列。

（3）将全年累计值与目标利润值 10 000 比较，填写"是否达标"列。

（4）工作簿以文件名 table 4.xls 保存。

3. 用表 4.6 中已知数据建立一张数据表格。

表 4.6

姓名	职称	薪水（日薪）	加班工资	个人所得税
江高举	咨询顾问	720.01		
郑文应	企划助理	218.624		
许家豪	咨询顾问	121.46		
王瑞其	咨询顾问	32.46		
李玉雪	软件工程师	255.45		
郭恒迅	咨询顾问	120.34		
陈洪辉	管理经理	632.344		
张国强	咨询顾问	700		
成中民	机械工程师	234.34		
郑艺	咨询顾问	230		

进行如下操作：

（1）在职称下面的单元格中求出最高工资、最低工资、平均工资和职工人数。

（2）按工资的 1.5 倍计算每人的加班工资，并将所示值四舍五入，保留 1 位小数。

（3）求出每个职工应缴的个人所得税，如日薪大于 300，应缴所得税 500，否则为 300。

（4）工作簿以文件名 table 6.xls 保存。

4. 数据如表 4.7 所示。

表 4.7　学院团委卡拉 OK 大奖赛评分统计表

评委 选手	评委 1	评委 2	评委 3	评委 4	评委 5	评委 6	评委 7	评委 8	最后 得分	排位
选手 1	8.0	7.0	9.0	5.0	7.0	8.0	10.0	8.0		
选手 2	6.0	7.0	7.0	7.0	7.0	7.0	7.0	7.0		
选手 3	9.0	8.0	9.0	9.0	9.0	5.0	6.0	8.0		
选手 4	9.0	8.0	9.0	9.0	8.0	9.0	9.0	6.0		
选手 5	8.0	9.0	9.0	9.0	9.0	9.0	6.5	9.0		
选手 6	9.0	9.0	8.0	9.5	9.0	9.0	9.0	9.0		
选手 7	9.0	9.0	9.0	9.0	9.0	6.0	9.5	8.0		
选手 8	7.6	9.0	9.5	7.5	9.0	6.5	9.0	8.5		

操作要求：

（1）按照上表制作一个比赛电子表格。字体：黑体，字号：16，粗体，水平对齐方式：居中。

（2）按照比赛规则，去掉一个最高分、去掉一个最低分，剩余分数的平均分作为选手的最后得分，用函数计算，最后得分保留两位小数。

（3）利用 RANK 函数进行名次排列，变成一个动态更新的过程，使总分计算实现自动计算。

（4）当评委的分数比平均分高 10% 以上，分数以蓝色显示；当评委分数低于平均分 10% 以上，分数以红色显示。

5. 表 4.8 是某部门的年终绩效考核分数表，将其复制到 Excel 中，按要求完成。

表 4.8

工号	姓名	性别	员工自评	直属领导评分	隔级领导评分	最终得分
20050101	张三	男	98	89	78	
20050103	王燕	女	98	98	88	
20050108	刘好	女	88	87	85	
20050109	汪利	女	96	95	87	
20050106	赵平	女	97	81	76	
20050102	李四	男	88	87	70	
20050110	张瑞	男	90	96	71	
20050105	李静	女	99	78	68	
20050104	吴刚	男	94	68	77	
20050107	雷林	男	95	77	65	
	最高分					
	最低分					

操作要求：

（1）用函数计算出每个员工的最终得分（百分制，最终得分中员工自评占 10%，直属领导评分占 60%，隔级领导评分占 30%），保留一位小数。

（2）用函数找出各类评分的最高值和最低值。

（3）按最终得分高低对员工进行降序排序。

（4）在表格最右边增加一列，标题为"考核等级"，等级划分原则为：最终得分≥90 的为"优秀"，80～90 的为"称职"，60～80 的为"基本称职"，60 分以下的为"不称职"。

（5）对当前工作表进行自动筛选，条件为：80≤最终得分<90，然后取消筛选，方便进行下一题目。

（6）对"最终分数"制作三维簇状柱形图，以反映每个员工最终分数的对比。

模块五

信息演示 PowerPoint 2010 的使用

PowerPoint 是微软公司 Office 套装软件的一个重要组件，和 Word、Excel 等应用软件一样，是 Microsoft Office 系列产品之一，主要用于演示文稿的制作，在演讲、教学、产品演示等方面得到广泛的应用，制作的演示文稿可以通过计算机屏幕或者投影仪播放。利用 PowerPoint 不但可以创建演示文稿，还可以在互联网上召开面对面会议、远程会议，或在 Web 上展示演示文稿。随着办公自动化的普及，PowerPoint 的应用越来越广。

【学习目标】

（1）中文 PowerPoint 2010 的功能、运行环境、启动和退出等基本操作。

（2）演示文稿的创建、打开和保存、打包和打印。

（3）演示文稿视图的使用，幻灯片的制作（文字、图片、艺术字、表格、图表、超级链接和多媒体对象的插入及其格式化）。

（4）幻灯片母版的使用，背景设置和设计模板的选用。

（5）幻灯片的插入、删除和移动，幻灯片版式及放映效果设置（动画设计、放映方式和切换效果）。

任务一　认识 PowerPoint 2010 的工作界面

一、PowerPoint 的启动和工作窗口

（一）启动 PowerPoint 2010

可以使用下面任何一种办法启动 PowerPoint。

（1）"开始"菜单："开始"→"所有程序"→"Microsoft Office"→"PowerPoint 2010"。

（2）桌面快捷方式：双击桌面上 PowerPoint 的快捷方式图标。

（3）演示文稿文件：通过打开资源管理器中的任何一个 PowerPoint 演示文稿文件来启动 PowerPoint 程序。

（4）通过"开始"→"新建"，选择"空演示文稿"来启动。

（二）退出 PowerPoint 2010

在完成 PowerPoint 的编辑保存工作后，需要退出 PowerPoint 来释放所占用的系统资源，退出的方法有以下几种：

（1）单击窗口右上角的关闭按钮。

（2）选择"文件"菜单上的"退出"命令。

（3）双击标题栏左上角的窗口控制菜单图标。

（4）按下【Alt+F4】组合键。

（三）PowerPoint 2010 的窗口界面

（1）功能选项卡：含文件、开始、插入、设计、切换、动画、幻灯片放映、审阅、视图、加载项等。

（2）大纲窗格：显示和编辑演示文稿的大纲。

（3）幻灯片窗格：创建和编辑幻灯片，是编辑幻灯片的主要工作区。

（4）备注窗格：用来存放幻灯片的备注文字，以供编辑者参考。

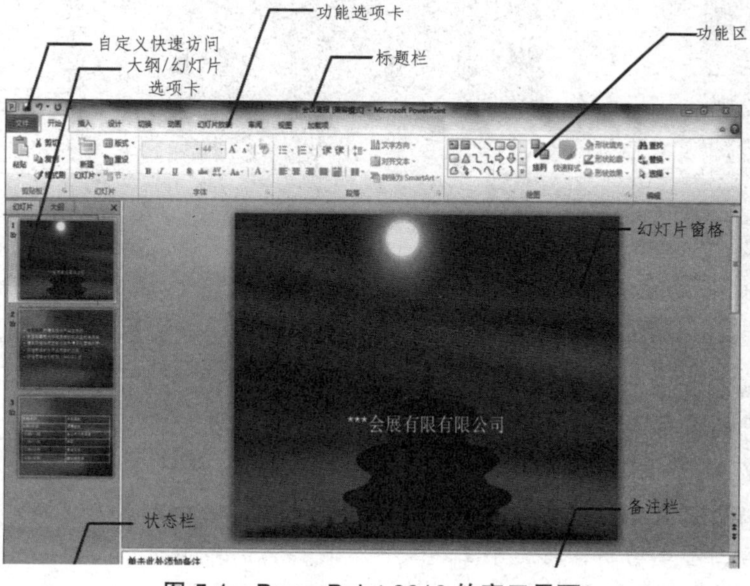

图 5.1　PowerPoint 2010 的窗口界面

二、PowerPoint 的视图方式

PowerPoint 视图是从不同的方式观看制作的演示文稿的方法，使演示文稿提供给用户更适合的浏览和编辑方式。PowerPoint 提供了 6 种视图来编辑演示文稿，分别是"普通视图"、"幻灯片浏览视图"、"幻灯片放映视图"、"备注页视图"、"阅读视图"、"母版视图"。六种视图可以通过"视图"选项卡或窗口左下角视图切换"普通视图"、"幻灯片浏览视图"、"阅读视图"、"幻灯片放映视图"。在不同的视图中对文稿的编辑都会在其他视图方式中生效，所有的改动都会映射到其他的视图中。

1. 普通视图

普通视图是编辑文稿时最常见的视图，如图 5.2 所示。普通视图共包含四个工作区域：大纲选项卡、幻灯片选项卡、幻灯片窗格和备注窗格。这种视图方式可以全面掌握整个文稿的情况，拖动工作区域边框可调整工作区的大小。使用大纲窗格，可以组织和显示演示文稿中的所有文本，在大纲窗格中显示的是幻灯片的缩略图，每张图的前面有该幻灯片的序号，单击缩略图即可在右边的幻灯片编辑窗口中进行编辑修改，还可拖曳缩略图，改变幻灯片的位置。使用幻灯片窗格，可以查看每张幻灯片中的文本外观，并且能够在单张幻灯片中添加图片、影片和声音等对象。使用备注窗格，可以添加备注信息。

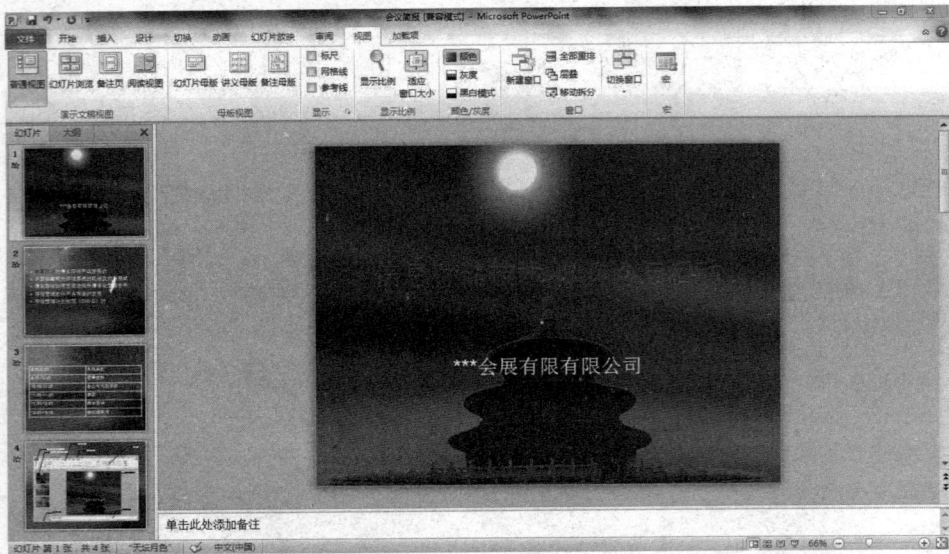

图 5.2　普通视图

（1）大纲选项卡。

此区域是开始撰写内容的理想场所，在这里，可以捕获灵感，计划如何表述它们，并能移动幻灯片和文本。"大纲"窗格以大纲形式显示幻灯片文本。

注意：若要打印演示文稿大纲的书面副本，并使其只包含文本（就像大纲视图中所显示的那样）而没有图形或动画，请先单击"文件"窗格，然后单击"打印"，单击"其他设置"下的"整页幻灯片"，单击"大纲"，再单击顶部的"打印"。

（2）幻灯片选项卡。

在编辑时以缩略图大小的图像在演示文稿中观看幻灯片。使用缩略图能方便地遍历演示文稿，并观看任何设计更改的效果。在这里还可以轻松地重新排列、添加或删除幻灯片。

（3）幻灯片窗格。

幻灯片窗格显示当前幻灯片的大视图。在此视图中显示当前幻灯片时，可以添加文本，插入图片、表格、Smart Art 图形、图表、图形对象、文本框、电影、声音、超链接和动画。

（4）备注窗格。

在幻灯片窗格下的"备注"窗格中，可以键入要应用于当前幻灯片的备注。以后可以将备注打印出来并在放映演示文稿时进行参考；还可以将打印好的备注分发给受众，或者将备注包括在发送给受众或发布在网页上的演示文稿中。

注意：若要查看普通视图中的标尺或网格线，请在"视图"选项卡上的"放映"组中选中"标尺"或"网格线"复选框。

2. 幻灯片浏览视图

在幻灯片浏览视图中，文稿中的所有幻灯片以缩小的方式显示，如图 5.3 所示。在这种视图下可以从整体上浏览所有幻灯片的效果，并可以进行幻灯片的复制、移动、删除等操作。但这种视图不能直接对幻灯片的内容进行编辑，如果要修改幻灯片的内容，需要双击某个幻灯片，切换到幻灯片普通视图，在编辑窗口进行编辑。

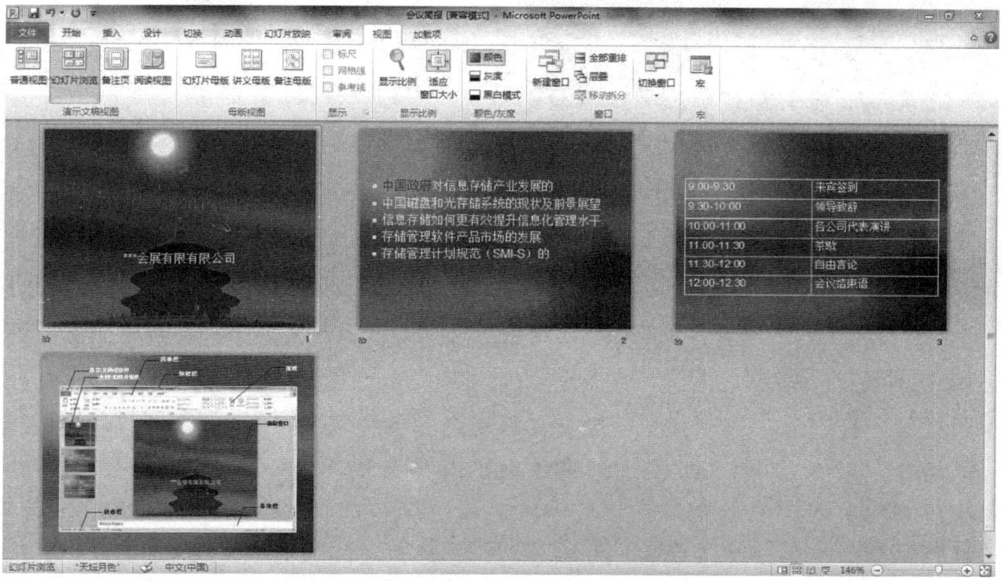

图 5.3 幻灯片浏览视图

3. 幻灯片放映视图

幻灯片放映视图可用于向受众放映演示文稿，是以全屏幕的形式展示幻灯片，如图 5.4 所示。用于将完成的演示文稿进行屏幕预演或者正式演示，可以查看演示文稿的放映效果，可以看到图形、计时、电影、动画效果和切换效果在实际演示中的具体效果。

在放映幻灯片时，默认是全屏幕按顺序放映的，可以单击鼠标逐一放映，也可预先设置好放映方式进行自动放映。若放映过程中希望结束放映，则可以按 Esc 键或在右键快捷菜单中选择"结束放映"命令。

4. 备注页视图

"备注"窗格位于"幻灯片"窗格下，可以键入要应用于当前幻灯片的备注。以后，可以将备注打印出来并在放映演示文稿时进行参考；还可以将打印好的备注分发给受众，或者将备注包括在发送给受众或发布在网页上的演示文稿中。

备注页视图显示当前幻灯片及其备注内容，如图 5.5 所示。在此视图中，幻灯片缩略图的下方带有备注页方框，可以一边观看幻灯片的缩略图，一边在文本预留区内输入幻灯片的备注内容，可以通过单击该方框来输入备注，但不能编辑幻灯片的内容，视图按钮中没有备

注页视图按钮，要切换到备注页视图，请在"视图"选项卡上的"演示文稿视图"组中单击
"备注页"。

图 5.4 幻灯片放映视图

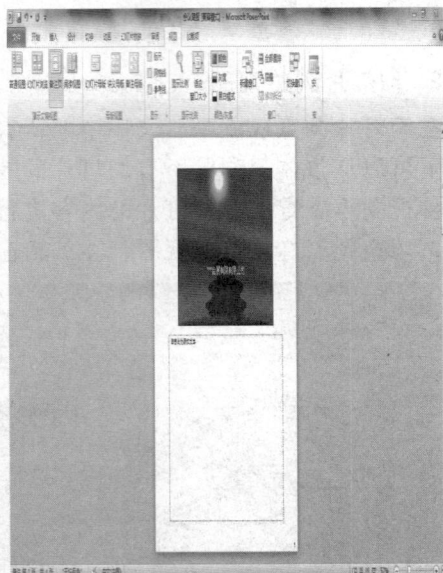

图 5.5 幻灯片备注视图

5．母版视图

母版视图包括幻灯片母版视图、讲义母版视图和备注母版视图。它们是存储有关演示文
稿信息的主要幻灯片，其中包括背景、颜色、字体、效果、占位符大小和位置，如图 5.6 所
示。使用母版视图的一个主要优点在于，在幻灯片母版、备注母版或讲义母版上，可以对与
演示文稿关联的每个幻灯片、备注页或讲义的样式进行全局更改。

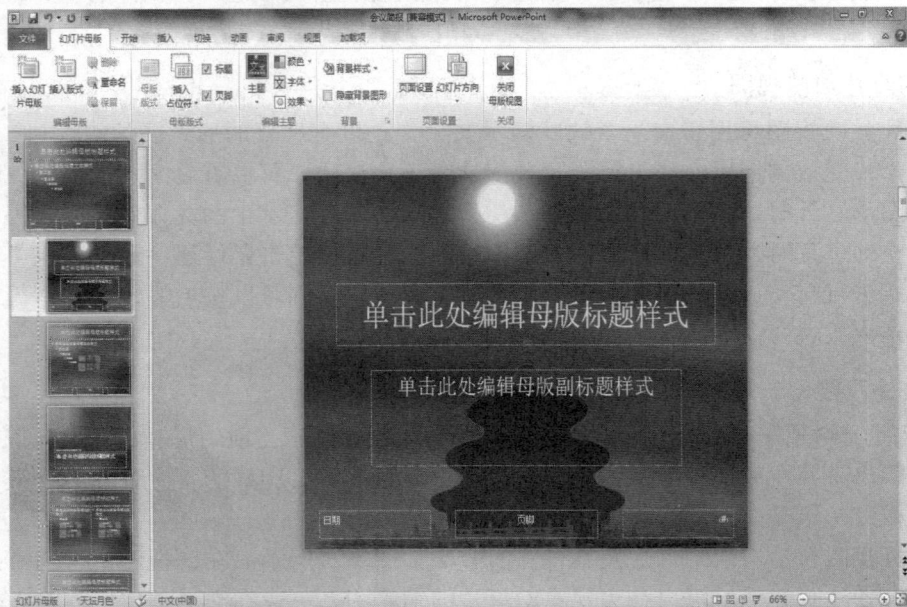

图 5.6 母版视图

6. 阅读视图

阅读视图用于向使用自己的计算机查看演示文稿的人员，而非向受众（如通过大屏幕）放映演示文稿。如果希望在一个设有简单控件以方便审阅的窗口中查看演示文稿，而不想使用全屏的幻灯片放映视图，也可以在自己的计算机上使用阅读视图。如果要更改演示文稿，可随时从阅读视图切换至某个其他视图。视图效果和幻灯片放映视图相似，如图 5.4 所示为幻灯片放映视图。

三、创 建 演 示 文 稿

（一）使用"主题"创建演示文稿

"主题"中包含了众多不同主题的演示文稿示例，提供了多个主题的演示文稿范本，可以生成建议内容和设计风格的演示文稿，用户只需稍加修改即可使用。用户可以根据具体的内容选择适合的主题，使用"主题"创建演示文稿，是初学者最简单地使用 PowerPoint 制作幻灯片的方式。

（1）启动 PowerPoint，在"文件"菜单下选择"新建"，窗口右方会出现"可用的模板和主题"窗格，如图 5.7 所示。

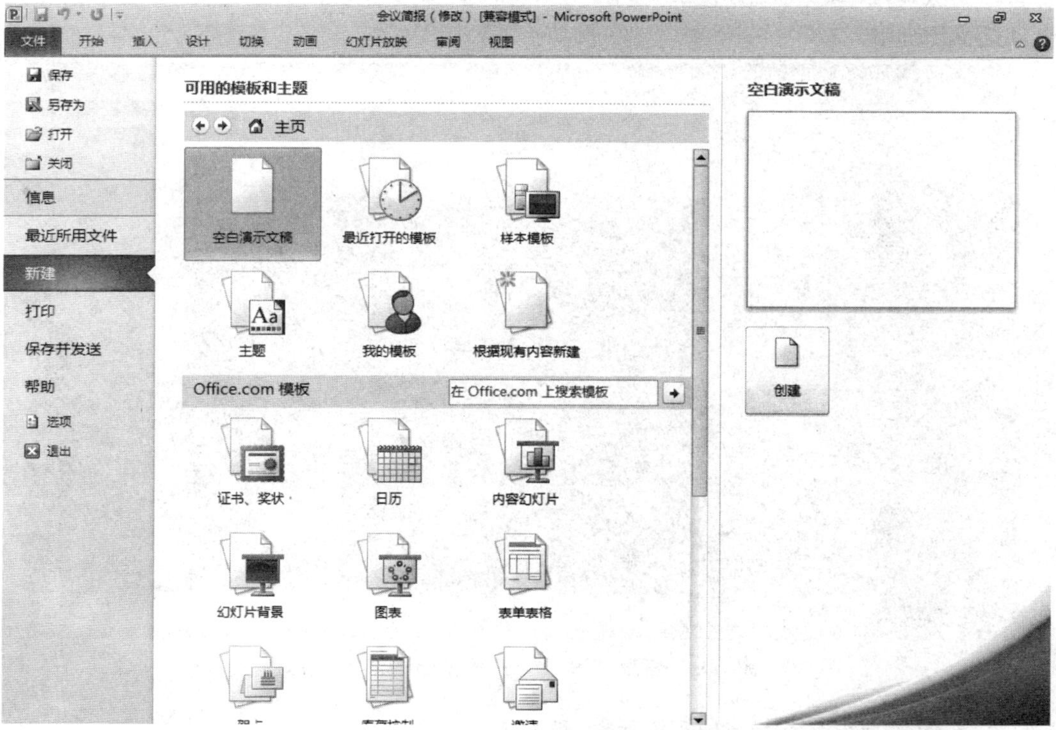

图 5.7　"可用的模板和主题"窗格

（2）单击 "主题"选项，会出现"主题"窗格，如图 5.8 所示。

图 5.8　"主题"窗格

（3）用户可根据具体的制作内容选择所需的主题类型，并在窗口中选择所需的主题，单击"创建"按钮，就会新建一个应用了刚刚选定的主题的演示文稿。此处选择"流畅"主题，效果如图 5.9 所示。

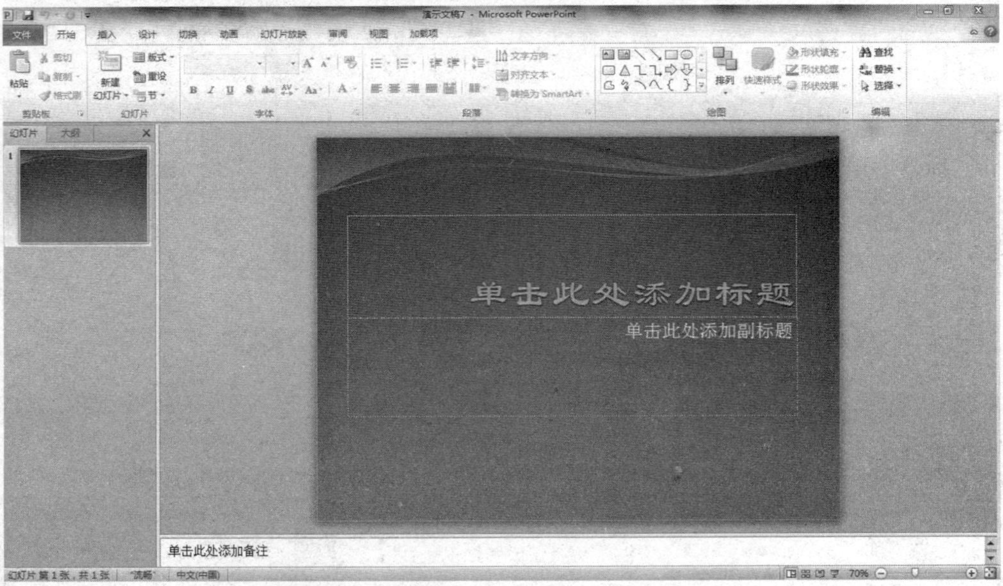

图 5.9　使用"流畅"主题创建的演示文稿

（二）使用设计模板创建演示文稿

模板是预先设计好幻灯片外观或共用内容的样板文档。"设计模板"包含用于整个演示文稿的设计方案、配色方案和动画方案，比较美观实用，格式固定，本身不包含文字内容，可以应用到任意演示文稿中，用户可以根据需要在相应的位置添加所需的内容。

（1）在 PowerPoint 2010 中，单击"文件"菜单，选择"新建"选项，窗口正中会出现"可用的模板和主题"窗格，该窗格中显示"样本模板"、"我的模板"和"office.com 模板"三种模板选项，如图 5.10 所示，其中"样本模板"是 PowerPoint 自带的模板；"我的模板"是用户保存在计算机中的模板；"office.com 模板"是用户选择一个特定的模板后，计算机会自动链接 Internet 搜索并下载该模板。在"office.com 模板"中选择"报表"，计算机会自动链接 Internet 搜索并下载该模板，然后可以单击右下方的"下载"按钮，就会新建一个应用了刚刚选定的模板的演示文稿。

（2）单击"开始"菜单，选择"新建幻灯片"选项卡，选择需要的"幻灯片版式"，就会在刚刚新建的演示文稿中插入一张新版式的幻灯片。

（a）

（b）

图 5.10 "样本模板"和"office.com 模板"

（三）创建空演示文稿

创建空演示文稿用于在用户对演示文稿的结构、内容等比较熟悉的情况下，可以直接在空白演示文稿开始工作。可以按照自己的思路，在幻灯片中使用自选颜色、版式和一些样式，充分发挥自己的创造力，灵活性很强。可以通过"文件"→"新建"→"空白演示文稿"→"创建"来创建空白演示文稿。

案例一　某公司为信息技术研讨会制作一份会议简报，内容包括会议首页、演讲主题和会议议程等，最终效果如图 5.11 所示。

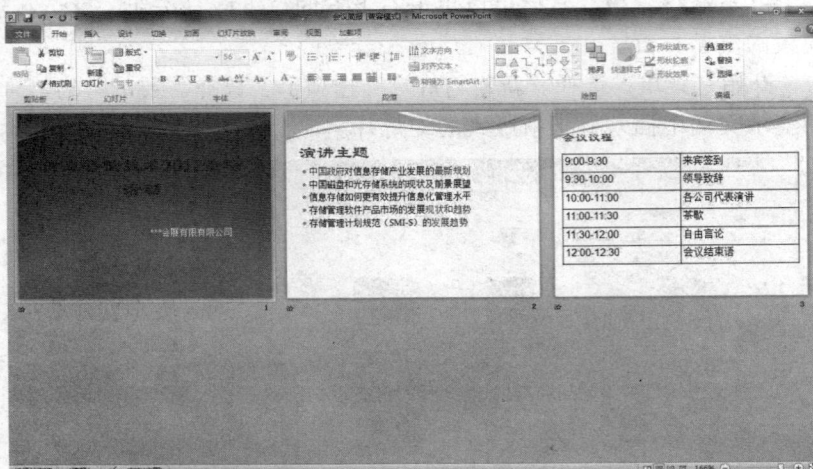

图 5.11　会议简报最终效果图

随堂实训 1　制作会议简报首页（基于案例一演示文稿的操作）

（1）启动 PowerPoint 2010。

在"开始"菜单中选择"所有程序"→"Microsoft Office"→"Microsoft Office PowerPoint 2010"，启动 PowerPoint，如图 5.12 所示。

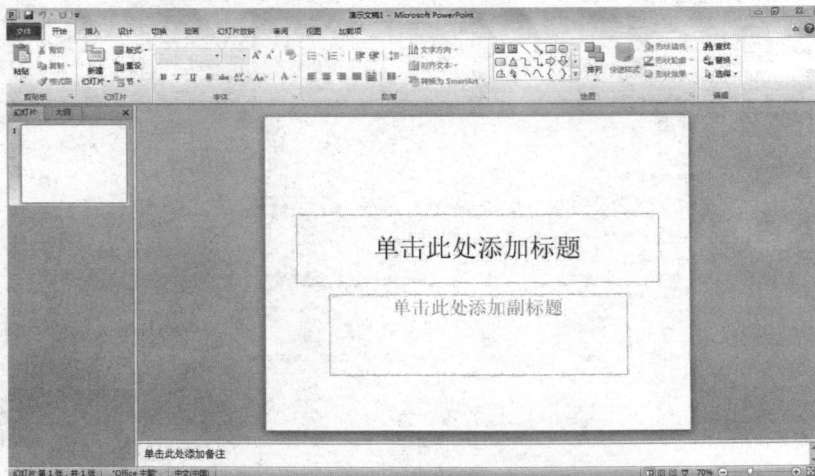

图 5.12　PowerPoint 2010 的工作界面

（2）选择"文件"→"新建"→"主题"，再选择"流畅"主题，效果如图 5.9 所示。

（3）用鼠标单击幻灯片窗格的"单击此处添加标题"占位符，如图 5.13 所示。该占位符被闪烁的光标代替，表示可以输入文字了。

图 5.13　应用设计模板

提示： 占位符是带有虚线边缘的框，绝大部分幻灯片版式中都有这种框，可以在框内设置标题及正文等。由于演示文稿的标题文本有大有小，若标题文本的大小超出占位符的容量，超出部分将无法显示。若要显示全部的标题文本，必须调整占位符的大小。

（4）输入主标题"信息存储技术 2012 论坛活动"。

（5）用同样的方法输入副标题，"***会展有限公司"。

（6）用鼠标选中主标题文字，在功能选项卡中选择"开始"，打开"开始"功能区，单击"字体"，弹出"字体"对话框，如图 5.14 所示，设置主标题文字颜色为红色。

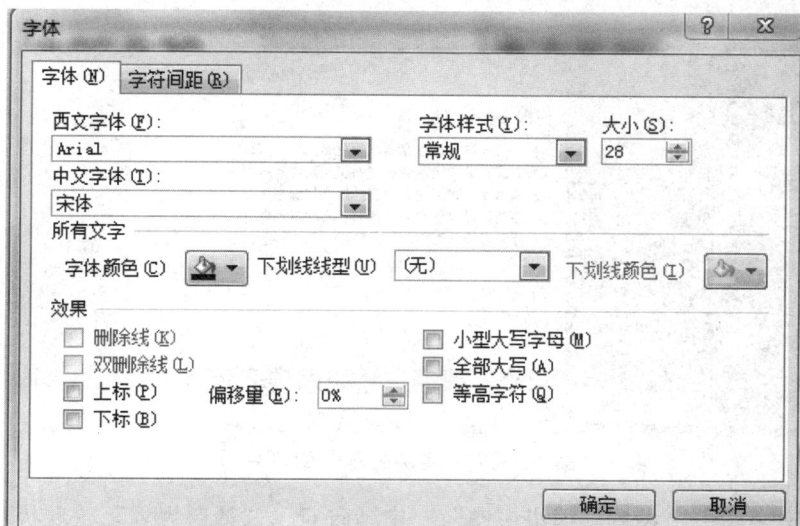

图 5.14　"字体"对话框

随堂实训 2　制作会议简报的演讲主题（基于案例一演示文稿的操作）

操作步骤如下：

（1）在"开始"菜单中选择"新建幻灯片"选项，插入新幻灯片，如图 5.15 所示。

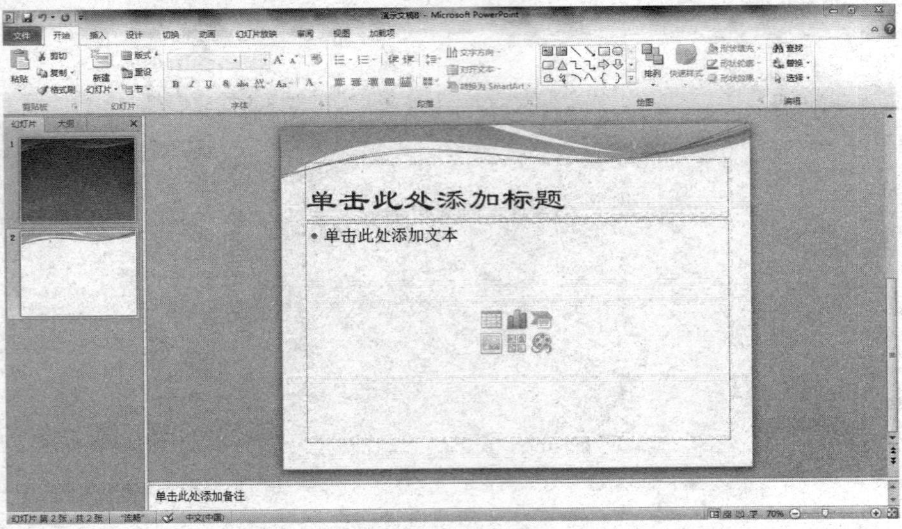

图 5.15　插入新幻灯片

（2）新幻灯片自动套用"流畅"主题。在第 2 张幻灯片中输入标题和正文文字。在正文部分，每输完一行按 Enter 键，系统自动添加默认的项目符号，如图 5.16 所示。

说明：PowerPoint 2010 提供多种预先定义的幻灯片主题，打开"设计"功能区，会显示众多主题，使用者只需单击所需主题选择即可。

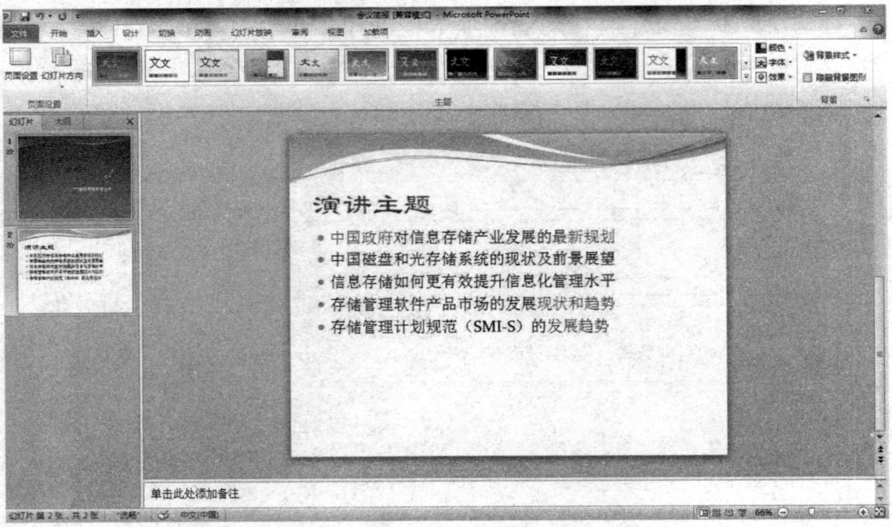

图 5.16　"演讲主题"幻灯片

（3）设置文字颜色：设置"演讲主题"、"中国政府"、"最新规划"、"现状和趋势"等文字的颜色为红色，完成第 2 张"演讲主题"幻灯片的制作。

四、打开和保存演示文稿文件

1. 打开演示文稿文件

在功能选项卡中选择"文件"→"打开"，在弹出的"打开"对话框中选择需要打开的演示文稿文件。

2. 保存演示文稿文件

（1）新建文件的保存。在演示文稿编辑完成后，单击"文件"→"保存"命令，在弹出的"另存为"对话框中输入文件名等信息，将文件保存到指定的位置（保存的文件扩展名默认为.pptx）。

（2）保存编辑后的已有文件可以选择"文件"→"保存"命令，也可以单击"自定义快速访问栏"上的"保存"按钮。

（3）将演示文稿保存为图片文件。选择菜单命令"文件"→"另存为"命令，在"另存为"对话框的"保存类型"中选择"JPEG 文件交换格式"类型。保存后用户可以通过 Windows 照片查看器来浏览该格式的文件。

随堂实训 3　保存会议简报演示文稿（基于案例一演示文稿的操作）

操作步骤如下：

（1）在功能选项卡中选择"文件"→"另存为"选项，弹出"另存为"对话框，操作方法与 Word 相似。

（2）单击"保存位置"下拉列表框右边的下三角按钮，选择保存路径（如 D：\lby_PowerPoint），在"文件名"文本框中输入"会议简报"，如图 5.17 所示。单击"保存"按钮。

图 5.17　"另存为"对话框

任务二　美化演示文稿

一、编辑和设计幻灯片

（一）编辑幻灯片的母版

通过模板创建的演示文稿中由于应用了母版，所以创建的文稿格式统一，在演示文稿中每张幻灯片的标题样式、正文文本样式及背景都是一致的。母版用来定义整个演示文稿的格式，PowerPoint 中包含 3 种母版类型：幻灯片母版、讲义母版和备注母版。幻灯片母版是最常用的母版类型，它通过更改应用到演示文稿中的所有幻灯片达到风格统一的目的，节省了格式设置的大量时间，提高了工作效率。

（1）在功能选项卡中选择"视图"→"幻灯片母版"命令来打开幻灯片的母版设计窗口，如图 5.18 所示。

（2）在编辑窗口中按提示对"自动版式的标题区"和"自动版式的对象区"中的"字体"进行格式设置，如字号、颜色等效果。还可以对母版进行插入图片等其他元素来增加母版生动的表达效果。

（3）可以为母版添加"日期时间"、"页眉和页脚"、"幻灯片编号"。也可以增加一些图片后，对图片进行动作设置等来达到更好的幻灯片互动效果。

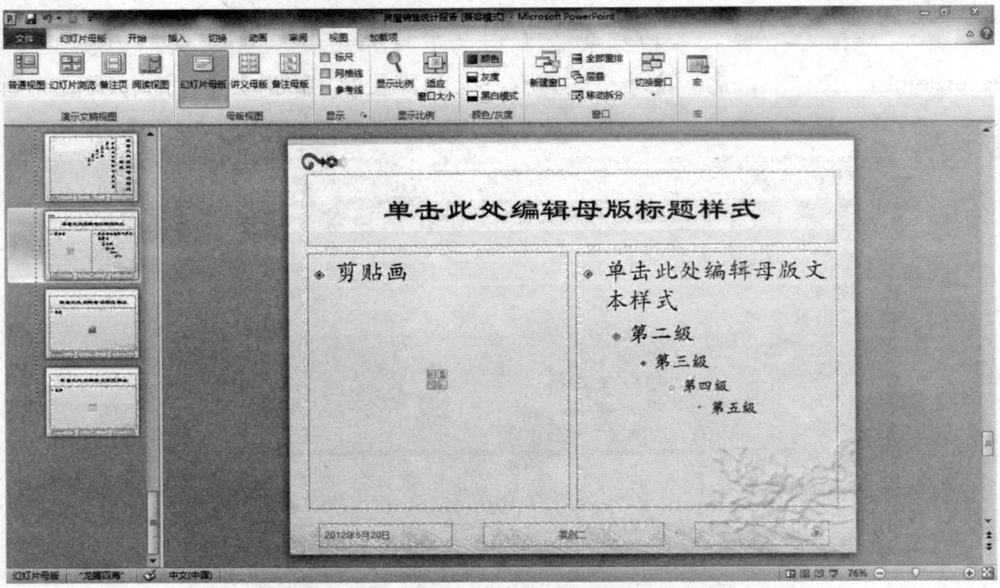

图 5.18　空白幻灯片的母版样式

案例二　制作一份销售统计报告，介绍某房地产公司房屋销售情况。其中包括 2012 北京和天津地区的房屋销售额统计、北京经济适用住宅的销售情况和北京商品房销售面积分布等内容，分别用图表和表格来实现，效果如图 5.19 所示。

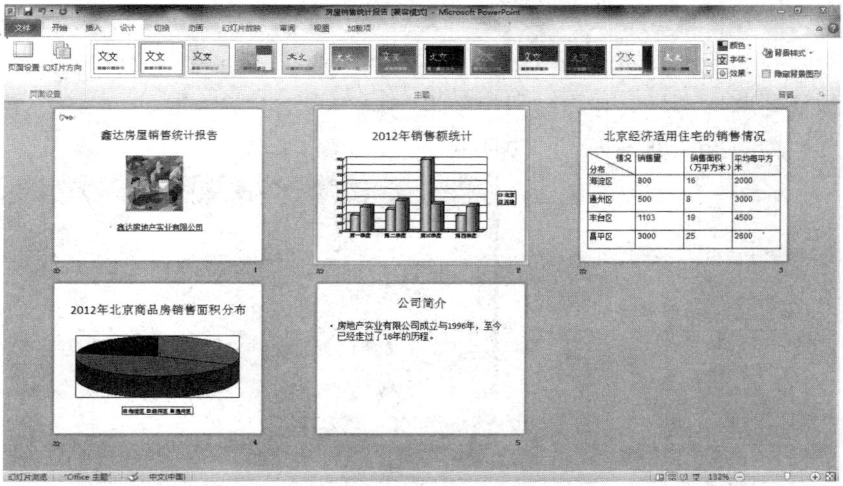

图 5.19　效果幻灯片效果图

随堂实训 1　应用幻灯片母版（基于案例二销售统计报告演示文稿操作）

为销售统计报告演示文稿应用幻灯片母版。操作步骤如下：

（1）在功能选项卡中选择"视图"→"幻灯片母版"选项，进入母版视图，如图 5.20 所示。

（2）在功能选项卡中选择"插入"→"图像"→"剪贴画"选项，打开"插入剪贴画"任务窗格，如图 5.21 所示。

（3）单击"搜索"，打开"结果"窗格，选择一个图片。

（4）把插入的图片拖动到左上方。选中"单击此处编辑母板标题样式"，在"开始"菜单面板中选择"字号"下拉列表框中的"40"，单击"加粗"按钮，在"字体颜色"下拉列表框中选择"深蓝色"，如图 5.22 所示。

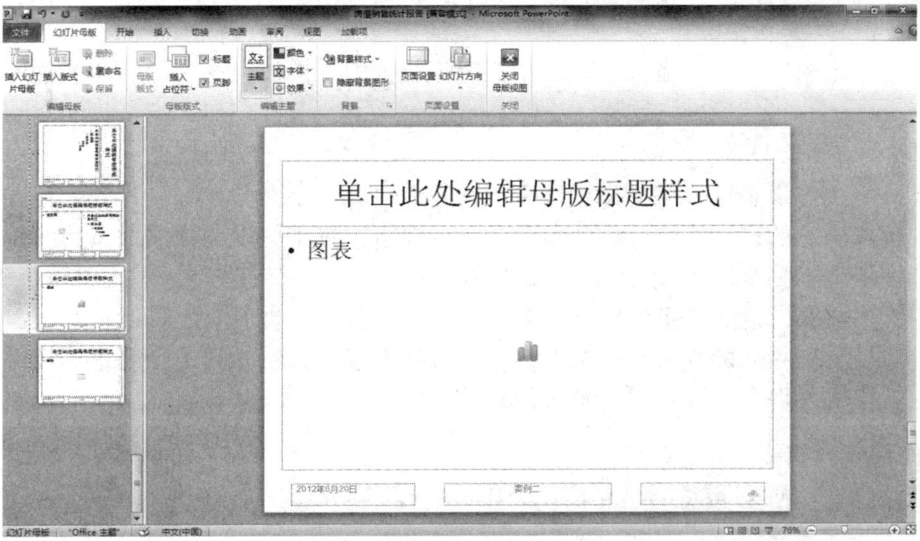

图 5.20　母版视图界面

（5）在"幻灯片母板上插入公司名称"文本框中输入文字"鑫达房地产公司有限公司"。

（6）单击"在此插入日期时间"矩形框，输入"2012年6月20日"。

（7）单击"在此插入页眉和页脚"矩形框，输入"案例二"。

（8）更改后的幻灯片母版视图如图5.23所示。

图 5.22　选择字体颜色

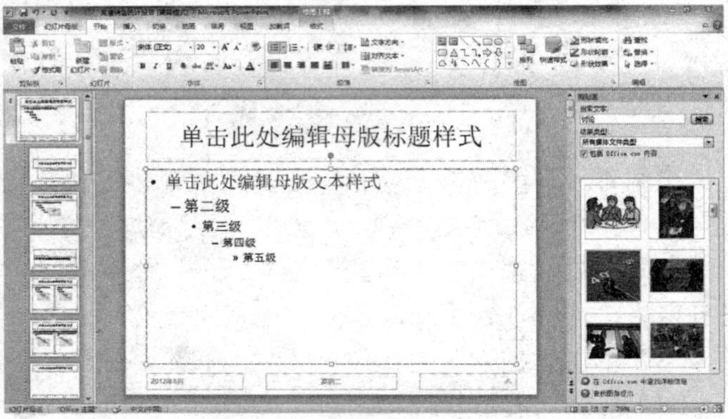

图 5.21　插入剪切画

图 5.23　更改后的效果图

注意：如果在修改母版的过程中有误操作，可使用快捷键"Ctrl+Z"（撤销），或"Ctrl+Y"（恢复）进行修改和调整。

（9）在"视图"选项卡面板中单击"关闭母版视图"按钮，返回幻灯片的普通视图。

（二）应用设计模板

PowerPoint提供了许多精美的设计模板，它们包含预定义的各种格式和配色方案，用户可以从中挑选中意的设计模板，并应用到自己的演示文稿中，以美化演示文稿的外观。如果这些设计模板均不完全满意，但某些模板与用户的要求比较接近，可以对这些模板略加修改，以适应用户的需要，避免了重新定义演示文稿的设计模板。当然，也可以从空白演示文稿出发，自主设计完全独立的外观。如果对已创建演示文稿的独特外观十分满意，还可以在此基础上建立新模板并保存，以备以后随时使用。

1. 使用设计模板

用户可以直接使用PowerPoint提供的设计模板，既可应用于创建新演示文稿，也可应用于已经存在的演示文稿。

（1）使用设计模板创建新演示文稿。

利用 PowerPoint 提供的设计模板创建新演示文稿的方法在任务一中已经详细叙述，这里不再重复。

（2）将设计主题应用于已经存在的演示文稿。

若对演示文稿当前设计模板不满意，可以选择中意的设计模板并应用到该演示文稿。

① 打开演示文稿，单击"设计"选项卡，打开设计功能区。

② 在设计功能区中查看系统提供的各种设计主题缩图，若满意某主题，单击它，即可将该主题应用到演示文稿的所有幻灯片中。系统会按所选主题的格式和配色方案自动更新当前演示文稿。

2. 修改设计模板

若 PowerPoint 提供的设计模板中没有完全符合自己需要的设计模板，用户可以从空白演示文稿出发，创建全新模板，也可以在现有的设计模板中选择一个比较接近自己需求的模板，并加以修改，以创建符合要求的新设计模板。可以在幻灯片母版中进行修改。

（1）打开或新建一个演示文稿（其设计模板接近所需样式）。

（2）单击"视图"→"幻灯片母版"命令，出现该演示文稿的幻灯片母版。

（3）单击幻灯片母版中要修改的区域并进行修改（例如，单击标题文本，修改其字体、字号、颜色等），改变背景，也可以添加幻灯片共有的文本或图片等。

（4）重复上一步骤，直到满意。然后退出幻灯片母版。修改后的母版样式将应用到整个演示文稿。

3. 建立自己的模板

如果用户经常使用某种固定模板创建演示文稿，而现有的设计模板不完全符合要求，用户可以利用上面介绍的方法修改某个设计模板，使之适合需要。如果以后希望按同样要求创建演示文稿，则不得不重新修改模板。若将修改好的设计模板保存为新模板，则可以避免每次创建该类型演示文稿时均要重复修改模板。可以用如下方法创建具有自己风格的新模板。

（1）打开或新建演示文稿（最好是接近所需格式的模板），按上述方法修改设计模板，使之符合需要。

（2）单击"文件"→"另存为"命令，出现"另存为"对话框。

（3）在"保存类型"框选择"PowerPoint 模板"；在"文件名"框中输入新模板的文件名（如"新模板.potx"），单击"保存"按钮。新模板将存放在 templates 文件夹中。

至此，一个用户自己的新模板创建完毕。以后可以利用该模板创建自己风格的演示文稿。选择"文件"→"新建"命令，在出现的"可用的模板和主题"任务窗格中单击"我的模板"，出现"个人模板"对话框，在该对话框中将看到用户刚刚建立的新模板："新模板.pot"。选择它，右侧出现该模板的预览图，单击"确定"按钮，则新建演示文稿将采用该模板。

随堂实训 2　应用幻灯片的设计主题（基于案例二销售统计报告演示文稿操作）

为销售统计报告演示文稿应用幻灯片的设计主题。操作步骤如下：

1．制作标题幻灯片

（1）启动 PowerPoint 2010 后，创建新文件。

（2）在功能选项卡中选择"设计"→"主题"选项，在设计功能区"主题"中选择"龙腾四海"，将该主题应用到所有幻灯片。

（3）在功能选项卡中选择"开始"→"版式"选项，选择"标题，剪切画和文本"选项，结果如图 5.24 所示。

图 5.24　幻灯片版式应用

（4）单击幻灯片窗格的"单击此处添加标题"，输入标题文字"房屋销售统计报告"；单击"单击此处添加文本"，输入文字"鑫达房地产事业有限公司"。

（5）双击"双击此处添加剪切画"，弹出"选择图片"对话框，选择图片"board meeting communications…"，如图 5.25 所示，单击"确定"按钮。

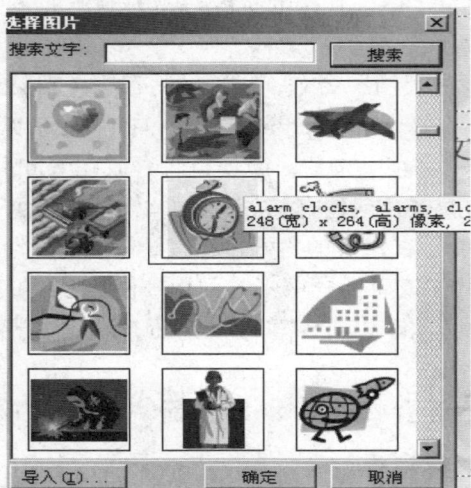

图 5.25　"选择图片"对话框

（6）调整文本、图片的位置和大小，最终效果如图 5.26 所示。与在 Word 中操作图片、文本框对象一样，选择对象后，当鼠标箭头变为 4 个方向时，按住鼠标拖动对象到适当位置；将鼠标放在对象的 8 个小空心圆处，当出现双箭头时，按住鼠标向左、向右拖动改变对象的大小。

图 5.26　标题幻灯片最终效果图

（三）设置幻灯片的背景和配色方案

由于默认的幻灯片是空白的，所以需要使用恰当的背景和配色方案对演示文稿进行装饰，以达到比较好的外观效果，增加文稿内容的表现能力。

1．单色背景的创建

（1）选中需要设置背景的幻灯片。

（2）单击"设计"→"背景样式"下拉菜单，选择合适的颜色（如果没有合适颜色可以选择"其他颜色"来找到更多的颜色），单击"应用"则只针对本幻灯片设置该颜色为背景，若选择"全部应用"，则对全部幻灯片设置该颜色为背景色，如图 5.27 所示。

2．创建有填充效果的背景

在"设计"选项卡的"背景"组，单击"背景样式"→"设置背景格式"→"填充"，可以选择任意一种效果进行设置，如图 5.28 所示。

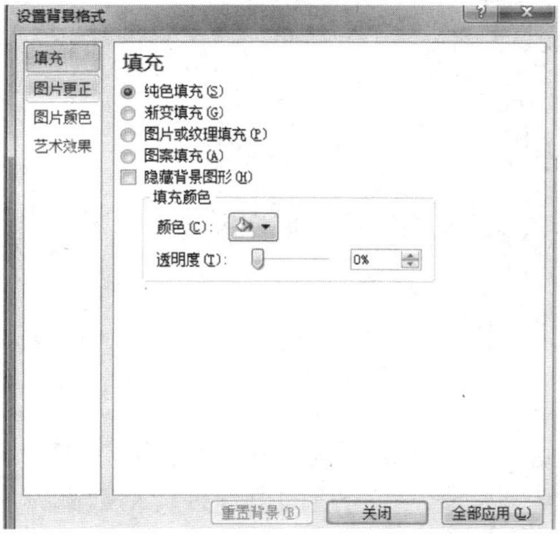

图 5.27　"设置背景格式"对话框

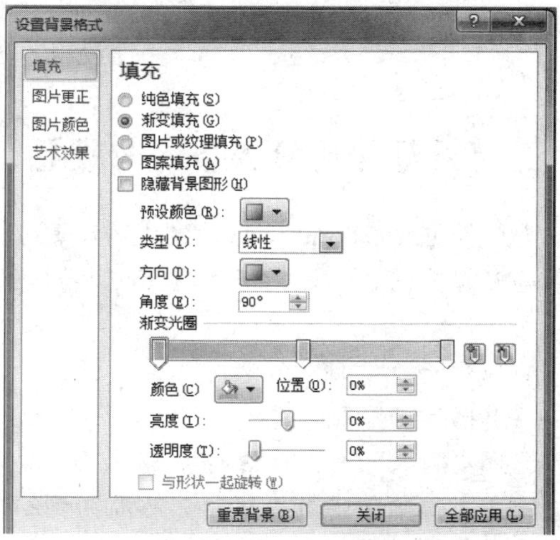

图 5.28　"填充"选项卡

（1）渐变：可以通过"类型"、"方向"、"角度"、"预设颜色"选择自己喜欢的颜色方案，在"底纹样式"中选择合适的底纹以及相应的变形效果。

（2）图片或纹理：可以选择多种纹理效果，也可以选择一幅图片作为幻灯片的背景。

（3）图案：选择适合的图案后还可以设置该图案的前景色和背景色。

（4）隐藏背景图形：隐藏作为背景的图形。

3. 设置配色方案

配色方案是为了幻灯片的不同区域配置不同的颜色，达到幻灯片整体色调和谐的效果。

（1）单击"设计"→"颜色"，选择一种合适的配色方案后，确定是"应用于所有幻灯片"还是"应用于当前幻灯片"。

（2）如果对当前提供的配色方案不满意，可以在"颜色"中单击"新建主题颜色"，出现如图 5.29 所示的对话框，这样用户就可以自行设置。

图 5.29　编辑配色方案

二、幻灯片的对象插入与设置

为了使 PowerPoint 幻灯片的内容丰富多彩，通常需要为幻灯片插入图片、图表、声音、视频等多媒体信息，让幻灯片具有更好的表现力。

（一）插入图像

（1）插入剪贴画。

选择"插入"→"剪贴画"，输入搜索主题，完成搜索后该结构图片会显示在下方，选取图片后在下拉菜单中选择复制，然后回到幻灯片编辑窗口，在合适的位置进行粘贴来完成剪贴画的插入过程。

（2）插入图片。

选择"插入"→"图片"，选择文件后，单击插入，完成来自文件的图片插入操作。

（3）插入屏幕截图

选择"插入"→"屏幕截图"，选择要插入的截图文件后，完成屏幕截图的插入操作。

（4）插入相册

选择"插入"→"相册"→"新建相册"，选择"插入图片来自文件"→"磁盘"，再选择要插入的相册文件后，单击"创建"按钮，完成相册的插入操作。

（二）插入媒体

在 PowerPoint 的演示文稿中，用户可以在幻灯片上插入影片、声音等对象，从听觉效果上刺激观众，增强演示气氛，制作出更具吸引力的幻灯片。

1. 插入影片文件

选择需要插入影片的幻灯片，单击"插入"→"视频"命令，弹出"插入视频文件"对话框，选择需要插入的影片文件，单击"插入"按钮。

2. 插入声音文件

选择需要插入声音的幻灯片，单击"插入"→"音频"命令，弹出"插入音频"对话框，选择需要插入的声音文件，单击"插入"按钮。

（三）插入插图

1. 插入图表

在选项卡中选择"插入"→"插图"→"图表"命令，幻灯片编辑窗口会出现"插入图表"对话框。在该对话框中选择图表类型，单击"确定"按钮，会弹出一个图表和一个 Excel 工作表，通过编辑工作表中的数据和数值可以达到同步改变图表的效果，编辑完成后，单击编辑区任意空白区，完成图表的插入。

2. 插入 SmartArt 图形

（1）单击"插入"→"插图"→"SmartArt"命令，此时弹出"选择 SmartArt 图形"对话框，右方会显示各图示类型效果图，然后在该对话框中选择适合的图示类型，单击"确定"。

（2）SmartArt 图形的修改：插入了选择的 SmartArt 图形后，在弹出的对话框中键入需要显示的文字，关闭对话框即可。

3. 插入形状

在选项卡中选择"插入"→"形状"，在弹出的形状选项卡上选择合适的形状类型，然后在幻灯片编辑区里用鼠标拖曳出该图形。

（四）插入表格

在选项卡中选择"插入"→"表格"命令，在弹出的表格行列设置窗口中，可以设置表格的行数和列数，设置完毕后单击"确定"，完成表格的插入。

（五）插入文本

1. 插入艺术字

在选项卡中选择"插入"→"艺术字"，在弹出的艺术选项卡中选择合适的字体后，单击"确定"，在 PowerPoint 编辑窗口中会显示矩形文本框，在其中输入艺术字的内容，并完成字体、字号的设置即可。

2. 插入文本框

插入文本框包括插入垂直文本框和横排文本框。

3. 插入日期和时间

插入日期和时间包括在"幻灯片"中插入和在"备注讲义"中插入。

4. 插入对象

在选项卡中选择"插入"→"对象"命令，弹出"插入对象"对话框，选择对象类型，单击"确定"按钮，如图 5.30 所示。

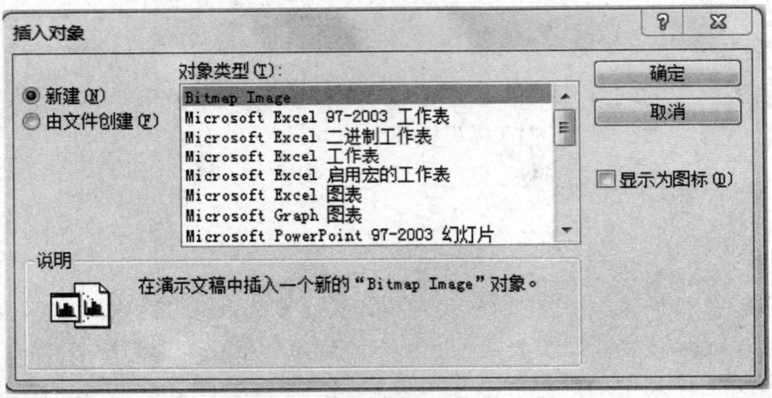

图 5.30　插入对象

5. 插入幻灯片编号

在选项卡中选择"插入"→"文本"→"幻灯片编号"命令，弹出"页眉和页脚"对话框，选择幻灯片编号，单击"全部应用"按钮。

6. 插入页眉和页脚

在选项卡中选择"插入"→"文本"→"页眉和页脚"命令，弹出"页眉和页脚"对话框，选择"备注和讲义"，选择"页眉"、"页脚"按钮，输入页眉页脚内容，单击"全部应用"按钮。

随堂实训 3　插入表格（基于案例一演示文稿的操作）

制作会议简报的会议议程，操作步骤如下：

（1）在功能选项卡中选择"开始"→"新建幻灯片"选项，插入第 3 张幻灯片，新幻灯片的版式与前面的完全一样。

（2）由于第 3 张幻灯片有表格，应把版式改为"标题和表格"版式。

方法：在选项卡中选择"开始"→"版式"，选择"标题和表格"版式。

（3）单击"单击此处添加标题"，输入文字"会议议程"，设置标题文字颜色为红色。

（4）在选项卡中选择"插入"→"表格"选项，在"列数"下的输入框中输入 2，在"行数"下的输入框中输入 6，制作一个 2 列 6 行的表格，如图 5.31 所示。单击"确定"按钮。

图 5.31 插入表格

（5）完成表格中内容。与 Word 表格操作相同，单击第一个单元格，输入"9：00—9：30"；依次输入表格中的全部内容。

（6）调整表格行宽和列高。与 Word 表格操作相似，把鼠标放在行或列的边线上，当鼠标光标变为一个双向箭头时，按住鼠标不放，向某个方向拖动后放开。

会议议程最终效果如图 5.32 所示，一个简单的会议简报制作完成。

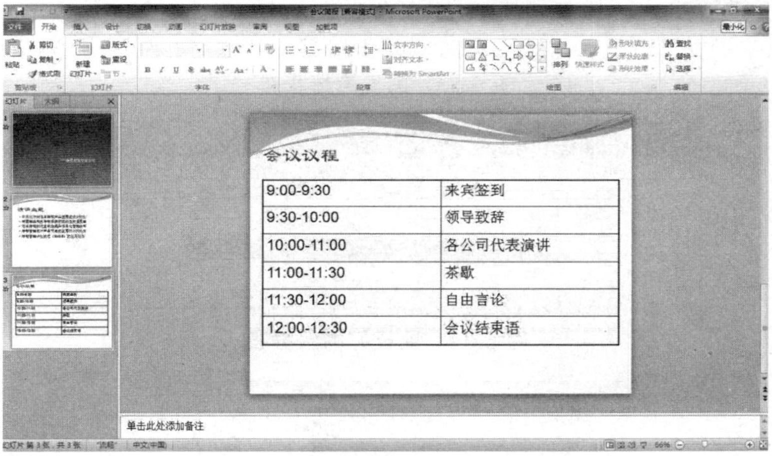

图 5.32 会议议程最终效果图

随堂实训 4 插入图表

制作柱形统计图幻灯片（第 2 张幻灯片）（基于案例二销售统计报告演示文稿操作）。操作步骤如下：

（1）在选项卡中选择"开始"→"新建幻灯片"选项，在"版式"中选择"标题和图表"，在幻灯片中输入标题文字"2012 年销售额统计"。

（2）在选项卡中选择"插入"→"插图"→"图表"选项，选择"柱形图"，如图 5.33 所示。

（3）在数据表中选中第 3、4 行内容，按删除键 Delete，删除数据表中第 3、4 行内容；更改数据表中的数据内容，如图 5.34 所示。

（4）数据表更改结束后，会发现编辑窗格中的图表会随着 Excel 数据表中数据的变化而变化。

（5）选中图表，单击右键选择"设置数据系列格式"选项，弹出"设置数据系列格式"

对话框，如图 5.35 所示，选择"边框样式"选项区，如图 5.36 所示。

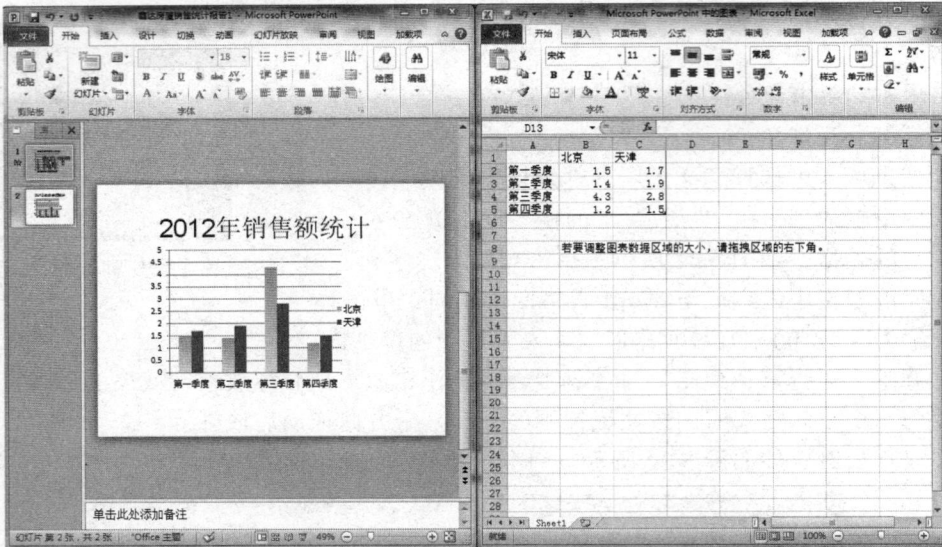

图 5.33　图表编辑状态

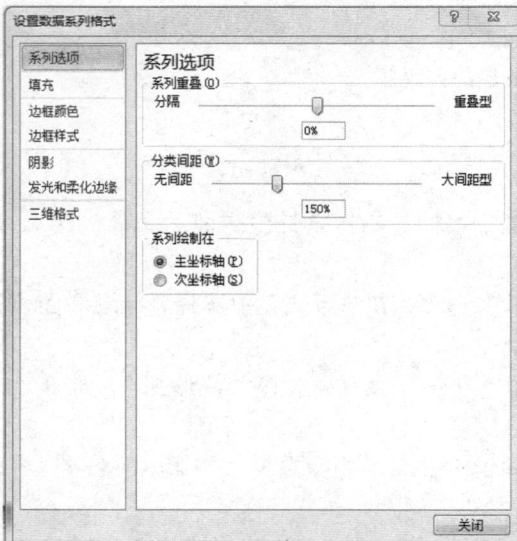

图 5.34　更改好的数据表

图 5.35　"设置数据系列格式"对话框　　　　　图 5.36　"边框样式"选项卡

（6）在"设置数据系列格式"对话框中选择"填充"选项卡，如图 5.37 所示。在"图表编辑环境"中设置柱形图填充，效果如图 5.38 所示。

图 5.37　"填充"选项卡

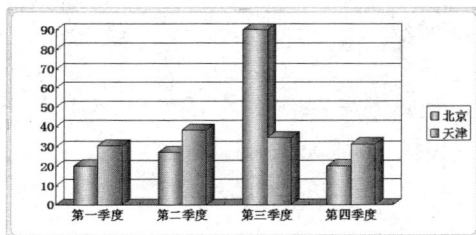

图 5.38　柱形图填充效果

任务三　幻灯片的放映与打印

一、幻灯片的切换效果设计

（一）幻灯片的切换效果

幻灯片切换是指从一张幻灯片变换到另一张幻灯片的方式。在变换的过程中，我们可以选择一些变换效果，来达到变换的和谐性，使放映显得更加流畅。设置幻灯片的切换效果方法如下：

（1）打开演示文稿并切换到"幻灯片浏览视图"模式。

（2）选定要设置切换效果的幻灯片，选择"切换"选项卡，打开"幻灯片切换"面板，如图 5.39 所示。

（3）在"幻灯片切换"功能区中选择切换效果、持续时间、切换时的声音、换片方式（有单击鼠标换页和设置自动换片时间）、是否自动预览。

（4）对单个幻灯片设置切换效果时只需选中需要切换的效果即可生效，如果要对所有幻灯片应用该效果，则单击"应用于所有幻灯片"。

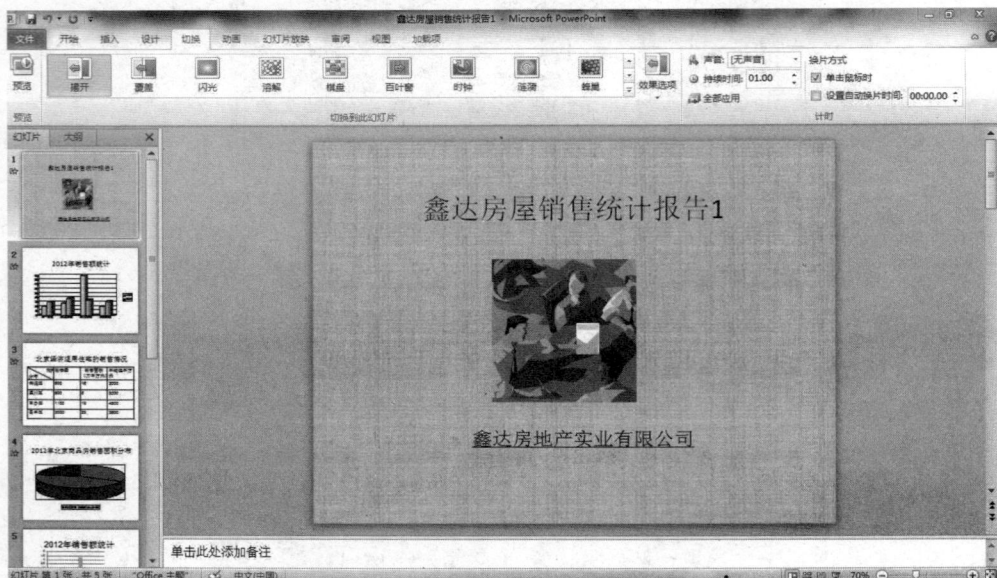

图 5.39　幻灯片切换面板

随堂实训 1　给标题幻灯片添加切换效果（基于案例二销售统计报告演示文稿操作）

制作步骤如下：

（1）在功能选项卡中选择"切换"，打开"幻灯片切换"选项卡。

（2）在"幻灯片切换"选项卡中选择"随机线条"，其他设置保持系统默认值。

（二）幻灯片的动画效果

在 PowerPoint 不仅可以为整张幻灯片设置切换效果，还可以为幻灯片内部的文本、图形、图像等对象设置动画效果。用户可以通过丰富多彩的动画效果增强幻灯片的表达效果，设置动画的方法如下：

1. 动画方案

选定要设置动画的幻灯片，单击"动画"选项卡，打开"动画"面板，如图 5.40 所示。在应用于所选幻灯片下的菜单中选择所需的动画效果，如"飞入"命令。

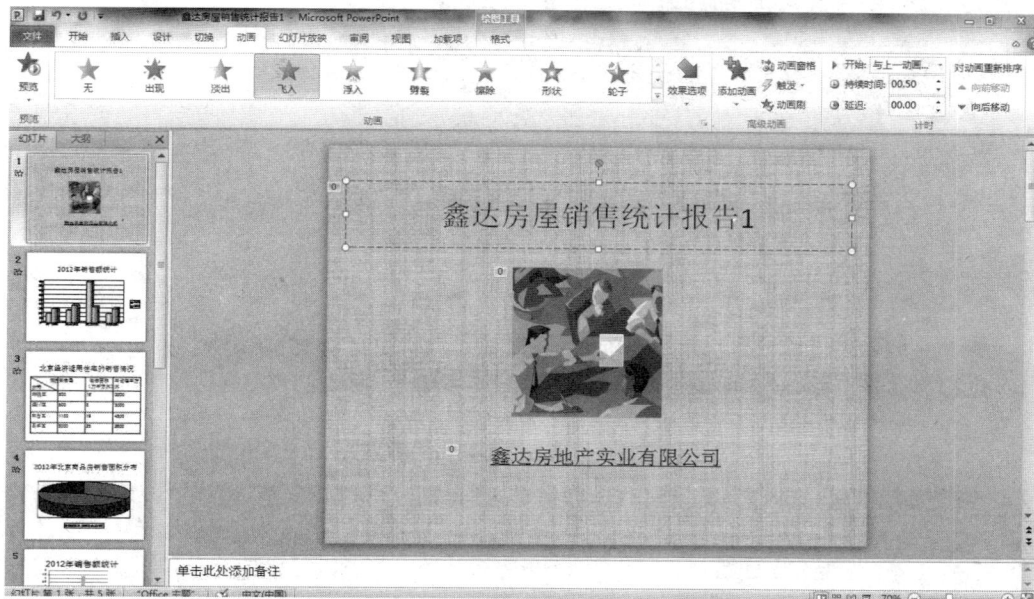

图 5.40　"动画"面板

2. 自定义动画

（1）选定要添加动画效果的幻灯片，单击"动画"菜单，打开"动画"面板，再选定插入动画的对象，单击"添加动画"，弹出"动画效果"列表，列表中列出了"进入"、"强调"、"退出"和"动作路径"等效果，用户还可以选择对象运动效果，也可以将这些效果组合起来，随时预览。

（2）动画效果设置完成后，单击"预览"按钮，可预览效果。

3. 设置多动画的顺序

在为幻灯片中的元素设置动画后，系统会按照动画设置的先后顺序依次为各个动画编号，如果需要改变动画的播放顺序，可以利用动画面板右边的排序按钮对动画的顺序进行"向前移动"和"向后移动"操作。

随堂实训 2　给标题幻灯片添加动画效果（基于案例二销售统计报告演示文稿操作）

制作步骤如下：

（1）在功能选项卡中选择"动画"，打开"动画"功能区。

（2）用鼠标选中标题文字，在"添加动画"列表中选择"进入"→"飞入"，如图 5.41 所示。

（3）在"开始"中选择"单击时"选项；在"效果选项"下拉列表中选择"自左上部"选项；在"持续时间"中输入"00.50"，如图 5.42 所示。

图 5.41　添加"进入"动画效果

图 5.42　设置好的"自定义动画"窗格

（4）用鼠标单击幻灯片中的图片，在"添加动画"列表中选择"进入"→"擦除"选项，在"开始"下拉列表框中选择"之后"选项；在"方向"下拉列表框中选择"自底部"选项；在"持续时间"中输入"00.50"，在"延迟"中输入"00.25"。

（5）用鼠标选中文本"＊＊＊房地产实业有限公司"，在"添加动画"列表中选择"进入更多效果"选项，弹出"添加进入效果"对话框。在"细微型"选项区域中选择"旋转"，如图 5.43 所示，在"动画窗格"中选择"效果选项"，弹出"旋转"对话框。选择"效果"选项卡，在"增强"选项区的"动画播放后"下拉列表框中选择"黄色"选项，在"动画文本"下拉列表框中选择"按字母"选项，如图 5.44 所示，单击"确认"按钮，完成动画效果的设置。按 F5 键放映，可以看到效果。

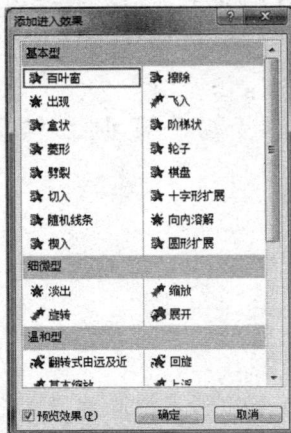

图 5.43　"添加进入效果"对话框

图 5.44　"旋转"对话框

（三）设置动作

为某一对象设置动作的方法是：选定某对象后，在"插入"选项卡的"链接"组中单击"动作"按钮，弹出"动作设置"对话框。在该对话框中有"单击鼠标"和"鼠标移过"两个选项卡，这两个选项卡中所设置的动作大致相同，主要区别在于：在"单击鼠标"选项卡中所设置的动作，仅当用鼠标单击所选对象时起作用，而在"鼠标移过"选项卡中所设置的动作，仅当鼠标指针移过所选对象时起作用。

（四）设置动作按钮

动作按钮是 PowerPoint 预置的某些形状（如左箭头和右箭头），这些形状预置了相应的动作。在功能选项卡"插入"的"插图"组中单击"形状"按钮，打开"形状"列表，在"形状"列表的最后一类是"动作按钮"。

在"动作按钮"类中单击一个动作按钮，鼠标指针变为"十"字形状，此时如果在幻灯片中拖动鼠标，即可绘制出相应大小的动作按钮；如果在幻灯片中单击鼠标，即可绘制出默认大小的动作按钮。当绘出动作按钮后，将自动打开"动作设置"对话框，可更改按钮的动作。

（五）设置幻灯片的超链接

PowerPoint 的超级链接功能可以把对象链接到其他幻灯片、文件或程序上。通过幻灯片中的文本、图形等对象创建超级链接，可以快速跳转到另一张幻灯片或有关内容。创建超级链接的过程如下：

（1）选定要设置超级链接的对象。

（2）在选项卡中选择"插入"→"链接"→"超链接"命令（或单击右键，在快捷菜单中选择"超链接"命令），打开"插入超链接"对话框，如图 5.45 所示。

（3）用户可以在该对话框中选择创建链接到任何一张幻灯片或其他文件。

（4）如果要链接到当前演示文稿中的某一张幻灯片，可以单击"书签"按钮，然后选择要链接的那张幻灯片后单击"确定"，回到"插入超链接"对话框。

（5）在"插入超链接"对话框中，单击"确定"，完成超链接的设置。

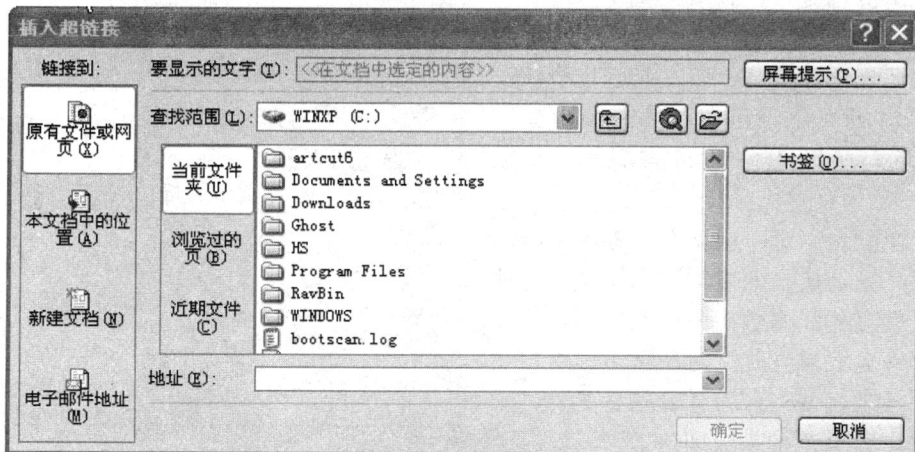

图 5.45 "插入超链接"对话框

随堂实训 3　为幻灯片中的文字添加超链接

操作步骤如下：

（1）选中第一张幻灯片中文字"某房地产实业有限公司"，单击鼠标右键选择"超链接"选项，弹出"插入超链接"对话框。

（2）在"链接到"下方的列表框中选择"本文档中的位置"选项；在"请选择文档的位置"下方的列表框中选择"公司简介"选项，如图 5.46 所示，单击"确定"按钮。

图 5.46　"插入超链接"对话框

注意：相应超链接的文档位置要选对。

二、幻灯片的放映设置

（一）设置放映方式

在功能选项卡中选择"幻灯片放映"→"设置放映方式"命令，打开如图 5.47 所示的"设置放映方式"对话框。

（1）演讲者放映：在该方式下，用户可以全屏幕查看演示文稿并控制放映，是最常用的放映方式。

（2）观众自行浏览：该方式适合小规模的演示，演示文稿会呈现于一个小型窗口内，在该窗口中提供了一些简单的命令供用户使用。

（3）在展台浏览：这种方法将以全屏演示的形式，自动反复地播放演示文稿。它适用于无人管理的场合放映幻灯片。

在"设置放映方式"对话框中，用户还可以选择放映哪些幻灯片以及换片的方式，还可以选取某个范围来放映。

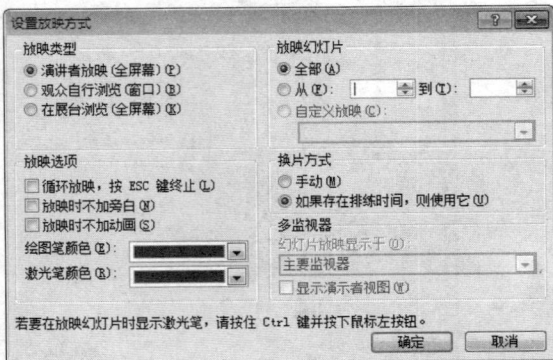

图 5.47　"设置放映方式"对话框

（二）自定义放映

自定义放映就是将现有演示文稿中的幻灯片按照用户的需要设置出的新的放映顺序。

（1）单击"幻灯片放映"→"自定义放映"命令，弹出"自定义放映"对话框。

（2）单击"新建"按钮，出现"定义自定义放映"对话框，如图 5.48 所示。

（3）在"幻灯片放映名称"文本框中输入自定义放映的名称，在"在演示文稿中的幻灯片"列表中，选取要添加到自定义放映的幻灯片，单击"添加"按钮，就会把选中的幻灯片添加到右边的"在自定义放映中的幻灯片"一栏中，并且用户还可以利用右边的"上移"和"下移"按钮调整幻灯片的放映次序。单击"确定"按钮，退回到"自定义放映"对话框。

（4）如果用户希望再多建几组放映，可以重复步骤（2）和（3）的操作。

（5）单击"关闭"按钮，完成自定义放映的创建。

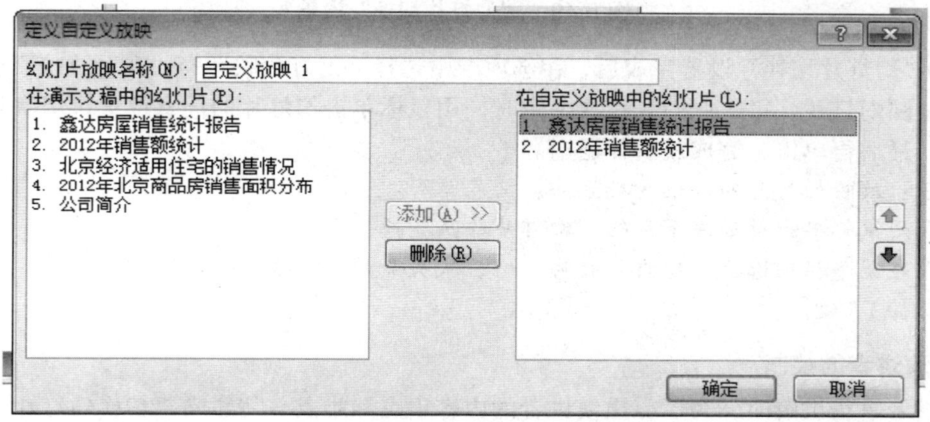

图 5.48　"定义自定义放映"对话框

（三）排练计时

排练计时就是通过多次排练选择最佳幻灯片放映时间的操作过程，并将该操作录制下来，然后以该动作自动将幻灯片播放给用户浏览。设置方法如下：

单击"幻灯片放映"→"排练计时"命令，就会进入幻灯片放映界面，同时屏幕上出现"预演"工具栏，利用该工具栏能方便地进行放映时间的设置。设置结束后，如果保存该放映时间，那么下次演示该文件时，PowerPoint 会自动采用该时间。

随堂实训 4　设置幻灯片放映方式（基于案例二销售统计报告演示文稿操作）

销售统计报告演示文稿的放映，具体步骤如下：

PowerPoint 提供多种放映功能，使用户能在放映时运用各种功能加强放映效果。幻灯片放映分为自动放映和手动控制放映两种。本例采用手动控制放映。

1. 手动控制放映

在放映销售统计报告的过程中，可以用鼠标单击的方式切换幻灯片，也可以临时改变放映的次序，跳跃式的放映幻灯片。操作步骤如下：

（1）在功能选项卡中选择"切换"，打开"幻灯片切换"组。

（2）在"幻灯片切换"组中（见图 5.49）选择"百叶窗"，在"效果选项"中选择"水平"选项，在"换片方式"选项区域中选择"单击鼠标时"复选框，单击"全部应用"按钮。

图 5.49　"幻灯片切换"设置

（3）"幻灯片切换"设置完成后，在选项卡中选择"幻灯放映"→"观看放映"选项，即可开始放映幻灯片。第 1 张幻灯片放映完时，用鼠标单击幻灯片的任意位置，切换到下一张幻灯片。最后再单击，完成放映并退出。

提示： 放映幻灯片的其他 3 种方法：

（1）用鼠标单击屏幕左下角的"幻灯片放映"按钮。

（2）在菜单栏中选择"幻灯片放映"→"从头开始"选项。

（3）按 F5 键。

2. 演讲者的控制

演讲者进行讲解时，为了突出演讲者的内容重点和难点，往往需要切换幻灯片。切换幻灯片的方法有 3 种：

（1）用键盘上的 Page Up、Page Down、Space、Enter 键和 4 个箭头方向键切换幻灯片。

（2）在幻灯片的任意位置单击鼠标右键，在弹出的快捷菜单中选择"上一张"、"下一张"及定位等方法切换，如图 5.50 所示。

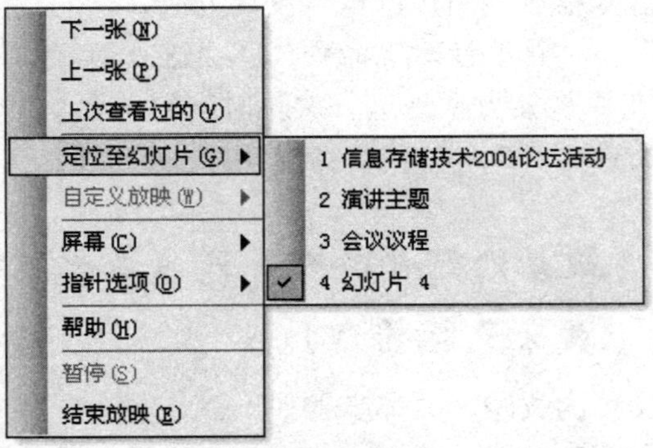

图 5.50　快捷菜单切换幻灯片

（3）幻灯片放映时，通过幻灯片左下角的控制按钮控制幻灯片的播放。

试一试： 如何将本实例的幻灯片设置为循环播放。

提示： 在选项卡中选择"幻灯片放映"→"设置幻灯片放映"选项进行设置。

三、幻灯片的演示和打印

（一）启动幻灯片的放映

（1）单击演示文稿右下角的"幻灯片放映"按钮。

（2）单击"幻灯片放映"选项卡中的"从头开始"选项。

（3）单击"幻灯片放映"选项卡中的"从当前幻灯片开始"选项。

（二）演示文稿的打印

PowerPoint 提供了完善的打印功能，单击"文件"→"打印"命令，打开"打印"对话框，如图 5.51 所示。

（1）打印范围：选择打印文稿的范围，可以选择全部或者其中几张。

（2）打印内容：选择将要打印的内容（幻灯片、讲义、备注页、大纲视图）。

（3）灰度/颜色：选择颜色、灰度、纯黑白。

（4）打印份数：打印幻灯片的份数。

（5）编辑页眉和页脚。

（6）打印机属性的设置。

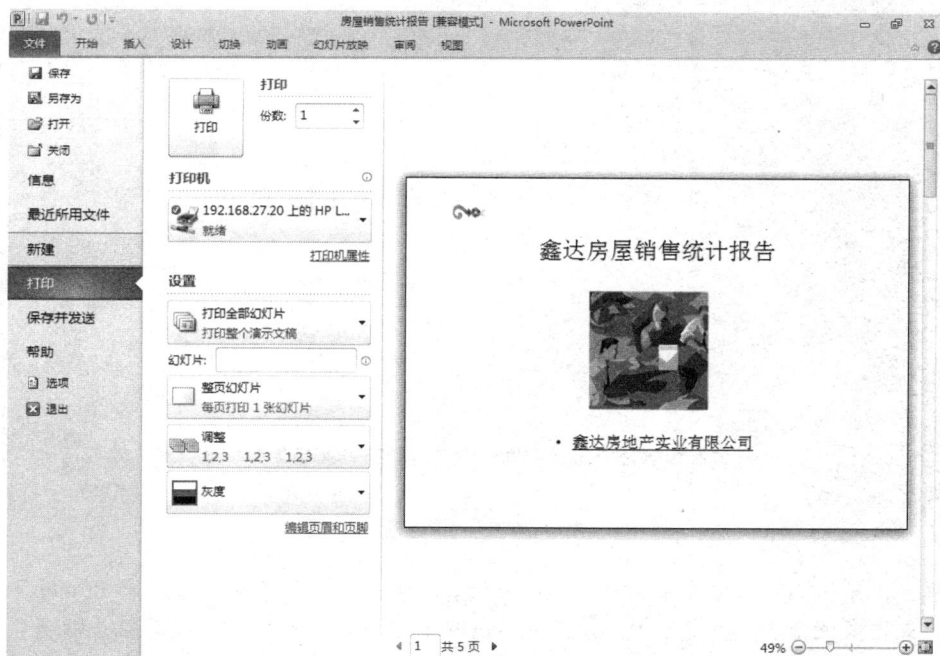

图 5.51　"打印"对话框

📖　拓展实训 1　制作电子相册

实训说明：随着数码相机的不断普及，利用电脑制作电子相册的朋友越来越多。用 PowerPoint 也能轻松制作出漂亮的电子相册来。下面以 PowerPoint 2010 为例（其他版本请仿照此操作）介绍制作 PPT 电子相册的方法。

（一）制作向导

（1）准备素材（20张大小相同的图片）；

（2）创建一个新演示文稿，并保存；

（3）新建相册；

（4）设置相册名称及标题；

（5）另存、播放、退出演示文稿。

（二）制作步骤

1. 创建新演示文稿

创建一个新演示文稿，并保存新演示文稿。新演示文稿用鼠标左键依次点击电脑屏幕左下角"开始"→"所有程序"→"Microsoft Office"→"Microsoft PowerPoint 2010"，新建一空白演示文稿，如图5.52所示。

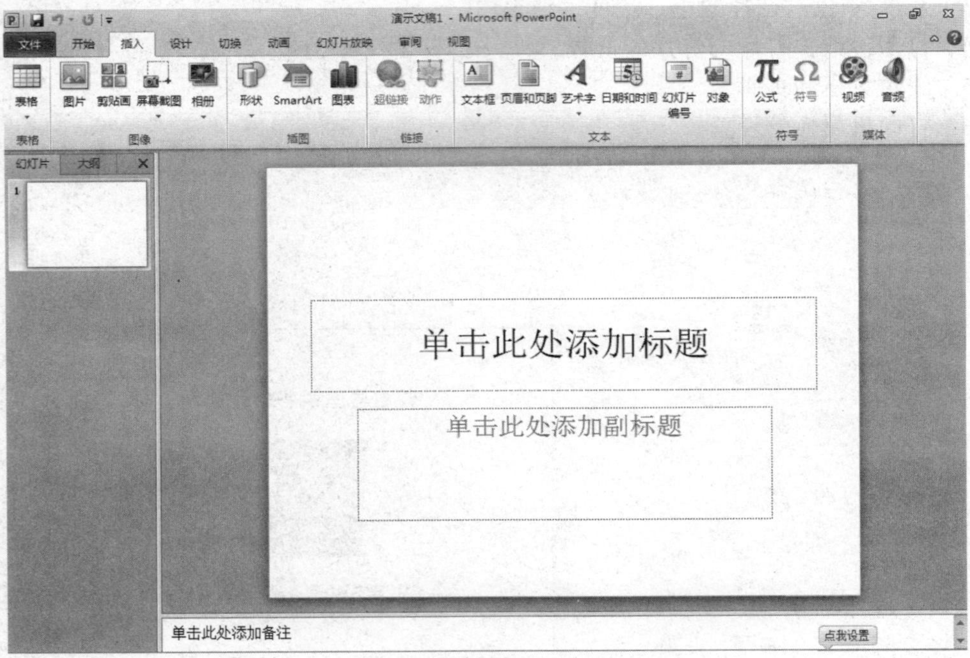

图5.52　新建一空白演示文稿

注意：如果不能按上述方法打开PowerPoint 2010，可选择在桌面上双击Power Point 2010快捷图标或在桌面上新建一个Microsoft PowerPoint 2010演示文稿，然后双击打开。

选择"文件"→"保存"命令，将演示文稿保存在自己的文件夹中。保存演示文稿，还可以单击"自定义快速访问栏"中的"保存"命令。

注：保存演示文稿，按【Ctrl+S】组合键。

2. 新建相册

（1）选择"插入"选项卡，执行"插入"→"相册"→"新建相册"命令，打开"相册"对话框，如图5.53所示。

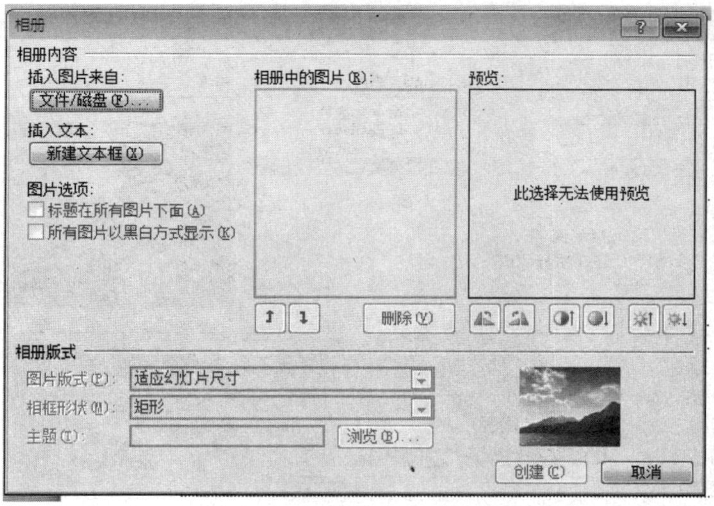

图 5.53 "相册"对话框

（2）单击图 5.53 所示的"文件/磁盘"按钮，打开"插入新图片"对话框，如图 5.54 所示。

图 5.54 "插入新图片"对话框

（3）选择"查找范围"右侧的下拉按钮，定位到相片所在的文件夹。选中需要制作成相册的图片，然后按下"插入"按钮，返回"相册"对话框。

注：最好事先把图片修改成相同尺寸，横和竖的照片分开放。在选中相片时，可以一次性选中多个连续或不连续的图片文件。按住 Shift 键或 Ctrl 键，可以一次性选中多个连续或不连续的图片文件。

（4）如图 5.55 所示，按"图片版式"右侧的下拉按钮，在随后出现的下拉列表中，选择"2 张图片（带标题）"以及"圆角矩形"相框形状选项。

图 5.55　"相册"对话框

注： 根据自己的喜好来选择图片的多少以及相册版式！

（5）点击图 5.55 中的"创建"按钮，出现如图 5.56 所示的电子相册。

图 5.56　"创建"窗口

3. 设置相册名称及标题

（1）将图 5.56 中的"相册"改为"泰山之游电子相册"，"由微软用户创建"改为"制作人：王潇潇"，如图 5.57 所示。

注： 文字大小、字体和颜色自行确定，操作方法和 Word 2010 中操作一样。

图 5.57 "相册"名称及标题设置

4. 另存、播放及退出演示文稿

（1）选择"文件"→"另存为"选项，弹出"另存为"对话框，如图 5.58 所示。

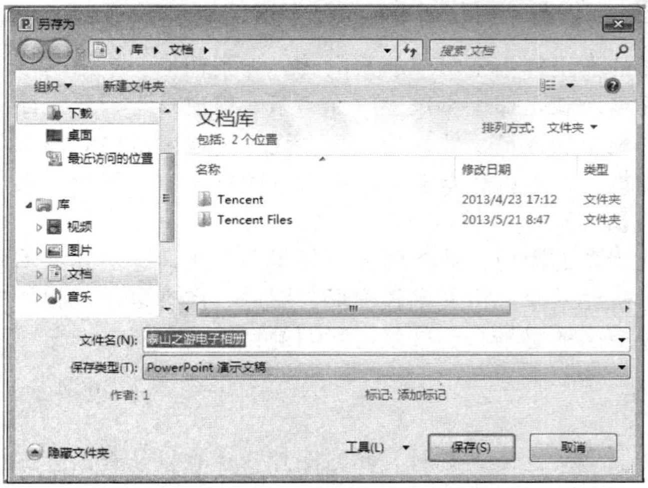

图 5.58 "另存为"对话框

（2）单击"保存位置"右侧的下拉按钮，选择保存演示文稿的路径，输入文件名"电子相册"，然后单击"保存"。

（3）执行"幻灯片放映"→"开始放映幻灯片"→"从头开始"命令。

注：从头播放幻灯片还可以用快捷键 F5，而放映当前幻灯片是用快捷键【Shift+F5】。

（4）选择"文件"→"退出"选项。

注：退出 PowerPoint 2010，还可以采用单击窗口右上角的关闭按钮或按组合键【Alt+F4】等方法。

相关知识提示

（1）PowerPoint 2010 的主要功能、基本功能和编辑环境。

PowerPoint 2010 可以应用在多媒体教学、会议讲演及展览等许多领域，是信息社会中人们进行信息发布、学术探讨、产品介绍等交流的有效工具。

（2）PowerPoint 元素的概念和操作方法。

PowerPoint 幻灯片页面中可以包含的元素有文字、表格、图片、图形、声音、动画、按钮和影片等，这些元素是组成幻灯片的基础。PowerPoint 中的元素可以任意进行选择、组合、添加、复制、移动、删除设置动画效果和动作设置等操作。

（3）PowerPoint 2010 的基本操作。

PowerPoint 2010 的启动有两种常用的方法：

① 用鼠标左键依次点击电脑屏幕左下角"开始"→"所有程序"→"Microsoft Office"→"Microsoft PowerPoint 2010"。

② 双击桌面上的 PowerPoint 2010 快捷方式。

PowerPoint 2010 的退出有三种常用的方法：

① 选择"文件"→"退出"选项；

② 按快捷键【Alt+F4】；

③ 单击窗口标题栏右上角的"关闭"按钮。

📖 拓展实训 2 个人简历制作

实训说明：简历的真正作用是求职的敲门砖。你到任何一个招聘单位要做的第一件事情就是要投递简历，而简历就是那些单位了解你的第一扇窗口。因此，简历就成了你和单位沟通的第一通道，往往是招聘人员了解你的第一个途径，适度的引起用人单位对你的兴趣才是最重要的。一份好的简历，可以在众多求职简历中脱颖而出，给招聘人员留下深刻的印象，然后决定是否给你面试通知。

以演示文稿形式表现的简历，效果明显要好得多，更何况实际演示的时候还可以设置各种引人入胜的视觉、听觉效果。将文字、图形、图像、声音以及视频剪辑等多媒体元素融为一体，赋予演示对象更强的感染力，这就是我们的目标。

（一）制作向导

（1）准备素材（收集个人简历资料、实习图片、计算机及英语等级证书和奖励证书等有关的图片）；

（2）根据简历资料内容规划幻灯片的张数和每张幻灯片的内容；

（3）创建一个新演示文稿，并保存；

（4）插入新幻灯片（根据规划，插入一定数量的幻灯片张数）；

（5）输入每张幻灯片的文字内容；

（6）插入每张幻灯片的图片；

（7）给文字和图片添加适当的动画效果。

（二）制作步骤

1. 创建和编辑演示文稿

用 PowerPoint 2010 将个人简历做成如图 5.59 所示的演示文稿，并以文件名"个人简历一步骤 1.pptx"保存。

图 5.59　个人简历—步骤 1

2. 美化演示文稿

在图 5.59 所示的演示文稿的基础上进行美化，美化效果如图 5.60 所示，并以文件名"个人简历—步骤 2.pptx"保存。

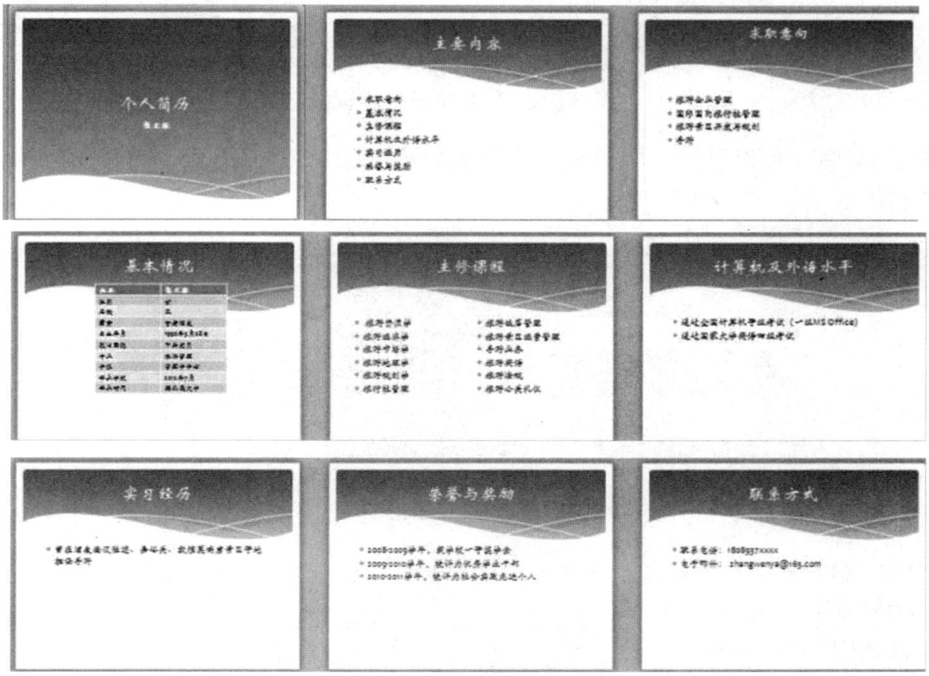

图 5.60　个人简历—步骤 2

3. 图片及自制图形的使用

在图 5.60 所示的演示文稿的基础上增强演示文稿效果，效果如图 5.61 所示，并以文件名"个人简历—步骤 3.pptx"保存。

图 5.61 个人简历—步骤 3

在图 5.61 中，可以看到一些漂亮图片及诸如图 5.62 所示的图形，图片如何插入，图形又如何绘制呢？

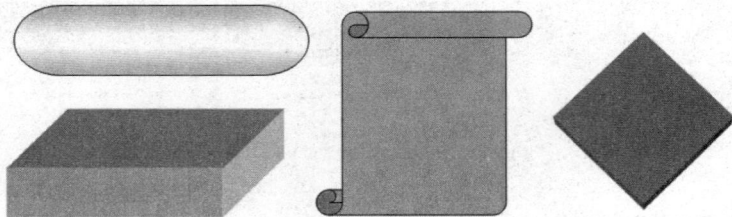

图 5.62 图形

图形的绘制与编辑：
（1）绘制基本几何图形；
（2）自选图形的绘制；
（3）图形的三维效果设置。

4. 超链接的使用

为演示文稿"个人简历—步骤 3.pptx"保存增加适当的超链接及动作按钮（见图 5.63、5.64），以文件名"个人简历—步骤 4.pptx"保存。

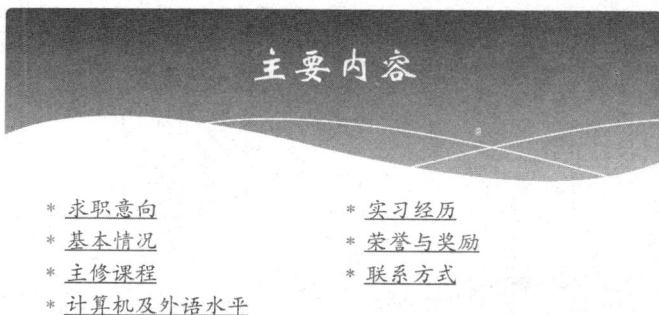

主要内容

* 求职意向 　　 * 实习经历
* 基本情况 　　 * 荣誉与奖励
* 主修课程 　　 * 联系方式
* 计算机及外语水平

图 5.63　文字的超链接

返回

图 5.64　"返回"按钮

5. 动画设置

为演示文稿"个人简历—步骤 4.pptx"设置适当的动画效果，以文件名"个人简历—步骤 5.pptx"保存。一些优秀的演示文稿，它们在每一页的切换与每一行字的呈现中，都有让人耳目一新的特殊变化，这就是利用 PowerPoint 的幻灯片切换特效和动画方案实现的。

6. 插入影片文件和声音文件

如果张文雅同学在实习时录制过自己当导游的片段，想把这个视频放到演示文稿中，是否可以实现呢？如果想为整个演示文稿添加背景音乐，又是否可行呢？答案是肯定的。我们现在的任务就是在演示文稿"个人简历—步骤 5.pptx"中添加合适的影片和声音，以文件名"个人简历—步骤 6.pptx"保存。

视频　音频
媒体

图 5.65 媒体

选择"插入"选项卡的"媒体"组（见图 5.65），即可添加影片或声音。

操 作 题

1. 按下列要求创建演示文稿，并以 1.pptx 保存。

（1）建立一个含有 3 张幻灯片的演示文稿，内容和版式如图 5.66 所示。

（2）使用"波形"主题修饰全文，放映方式为"演讲者放映"。

（3）在第一张幻灯片之前插入一张新幻灯片，版式为"标题幻灯片"。副标题输入文本"北京应急救助预案"。标题在指定位置（水平：3.3 厘米，度量依据：左上角，垂直：5.53 厘米，度量依据：左上角）处插入形状为"两端远"的艺术字"基本生活费价格变动应急救助"。

副标题的动画设置为"飞入"、"自底部"，艺术字的动画设置为"缓慢飞入"、"自左侧"、"慢速"。动画顺序为先艺术字后副标题文本。将第二张幻灯片的版式改为"标题，剪贴画与文本"，文字设置"黑体"、23 磅字，剪贴画区域插入第四张幻灯片的图片。第三张幻灯片的标题文字设置为"黑体"、53 磅、加粗。删除第四张幻灯片。

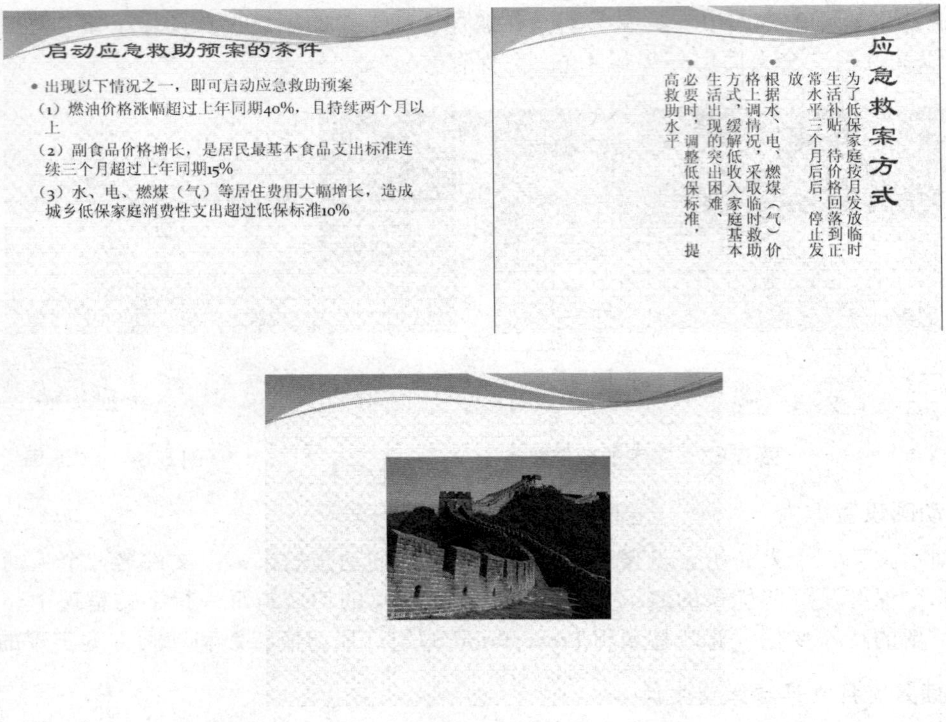

图 5.66　操作题 1

2. 按下列要求创建演示文稿，并以 2.pptx 保存。

（1）建立一个含有 2 张幻灯片的演示文稿，内容和版式如图 5.67 所示。

（2）使用"跋涉"主题修饰全文，全部幻灯片切换效果为"向右下插入"。

（3）在第二张幻灯片前插入一张幻灯片，其版式为"标题、剪贴画与竖排文字"，输入标题文字为"活 100 岁"，其字体设置"隶书"，字号设置为 53 磅，加粗，红色（请用自定义选项卡的红色 250、绿色 0、蓝色 0）。在剪贴画区域插入"运动"类剪贴画。第三张幻灯片的文本字体设置为"黑体"，字号设置为 36 磅，倾斜。

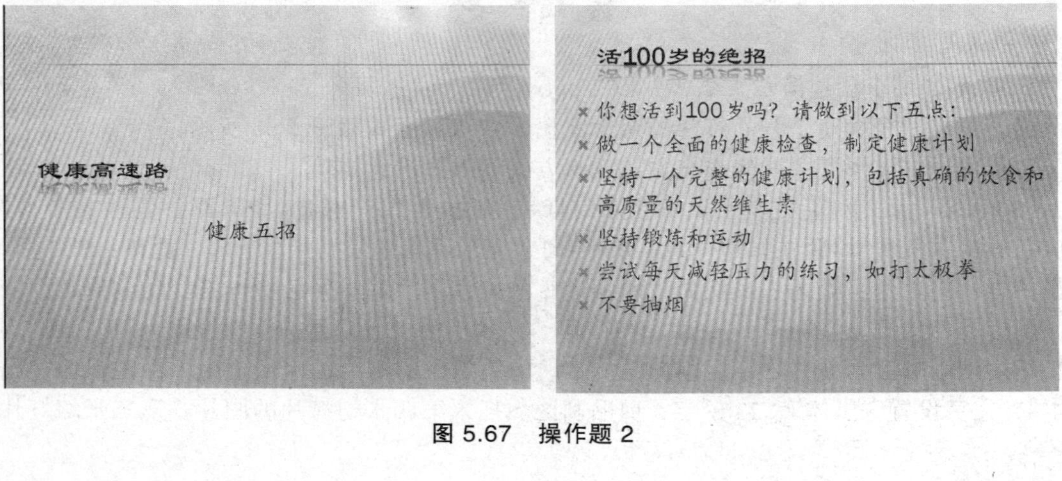

图 5.67　操作题 2

3. 按下列要求创建演示文稿，并以 3.ppxt 保存。

（1）建立一个含有 3 张幻灯片的演示文稿，内容和版式如图 5.68 所示。

（2）使用"气流"主题修饰全文，放映方式为"观众自行浏览"。

（3）第三张幻灯片的主标题文字的字体设置为"黑体"，字号设置为 57 磅，加粗，加下划线。第一张幻灯片图片的动画设置为"切入"、"自底部"，文本动画设置为"擦除"、"自顶部"。动画出现顺序为先文本后图片。第二张幻灯片的背景为预设"麦浪滚滚"，底纹样式为"水平"。将第三张幻灯片改为第一张幻灯片。

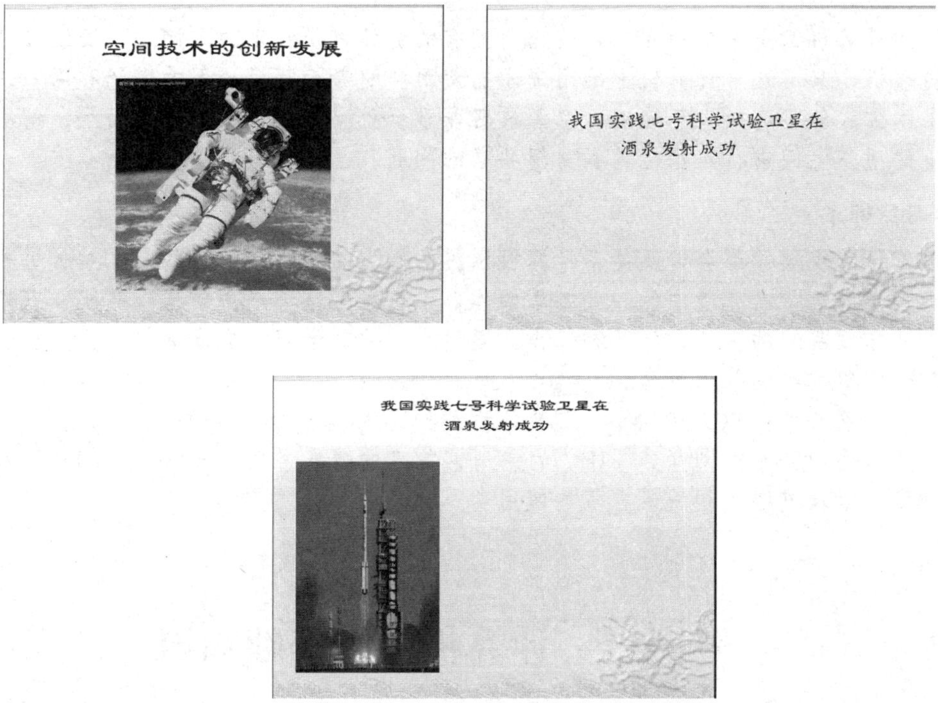

图 5.68 操作题 3

模块六

计算机网络与 Internet 应用

　　早期的计算机都是单机独立工作的，所拥有的资源也是独享的。例如，安装在一台计算机上的打印机，只有这台计算机上的用户才能使用。随着计算机应用的广泛和深入，人们发现这种工作方式既不高效也不经济，资源浪费非常严重。计算机网络应运而生，解决了不同计算机上的用户之间进行数据传输和资源共享的问题。

【学习目标】

　　目前，计算机操作都会涉及使用计算机网络的问题。本模块的目的是了解计算机网络的基础知识，学会因特网环境中的一些基本操作，学会在网络环境中使用计算机、获取信息，这会极大地方便我们的生活、学习和工作。通过本模块的学习，应掌握以下几点：

　　（1）计算机网络的基本概念。

　　（2）因特网基础：TCP/IP 协议、C/S 体系结构、IP 地址和接入方式。

　　（3）简单的因特网：浏览器（IE）的使用，信息的搜索、浏览与保存，FTP 下载，电子邮件的收发，以及流媒体和手机电视的使用。

任务一　计算机网络基础知识

一、计算机网络

　　现代意义上的计算机网络（computer network）的定义是：为了实现计算机之间的通信联络、资源共享和协同工作，将地理位置分散的、各自具备独立自主功能的众多计算机通过各种通信手段有机地连接起来，这样组成的多计算机复合系统就是计算机网络。计算机网络是计算机技术和通信技术相结合的产物，其主要目的是提供不同计算机和用户之间的资源共享，这里共享的资源包括硬件资源、软件资源、数据与信息。

　　与单个独立的计算机相比，计算机网络最大的优势是允许多个用户共享设备和数据等网络资源，这样不仅节省开销、节省时间，而且方便了用户。

　　网络是由某种传输介质连接起来的一组计算机和其他网络设备。硬件、软件和传输介质多种多样。网络可以是家中或办公室里通过电缆连接起来的两台计算机，也可以由全球成千上万台计算机组成，相互间通过电缆、电话线和卫星等建立连接。各种网络设备之间通过铜线、光缆、无线电波、红外线或卫星进行通信。

（一）计算机网络的形成与发展

从技术角度来看，计算机网络的形成与发展，大致可分为四个阶段。

1. 第一阶段

第一代计算机网络是以主机为中心的计算机网络，主机是网络的控制中心，终端围绕着中心分布在各处，而主机的主要任务是进行批处理。在这种系统中，终端设备是没有处理能力的，它只能发出请求让主机为自己服务。主机可以同时处理多个远程终端的请求，因此，这种以主机为中心的第一代计算机网络又称为"主机-终端系统"，是计算机网络的雏形，是面向终端的计算机网络。

2. 第二阶段

第二代计算机网络以通信子网为中心，为"计算机-计算机"模式。美国国防部的高级研究计划局（ARPA）于 1969 年建立了具有 4 个节点的、以分组交换为基础的实验网络 ARPANET，它连接了美国 4 个大学的计算机节点，是计算机网络的里程碑。计算机网络由通信子网和资源子网组成。通信子网为资源子网提供信息传输服务，资源子网上用户间的通信是建立在通信子网的基础上，没有通信子网，网络不能工作；而没有资源子网，通信子网的传输也失去了意义。通信子网与资源子网相互结合组成了计算机网络。

3. 第三阶段

第三阶段为体系结构标准化的第三代计算机网络。20 世纪 70 年代，国际标准化组织 ISO（International Standardization Organization）成立了专门的机构来研究计算机网络的标准，并制定了开放系统互联模型（OSI）。OSI 模型是一个 7 层模型，如图 6.1 所示。每一层实现特定的功能，并且只与上下两层直接通信。高层协议偏重于处理用户服务和各种应用请求，低层协议偏重于处理实际的信息传输。

OSI 参考模型是一种概念上的网络模型，规定了网络体系结构的框架。作为一个分层协议的典型，OSI 现在经常被人们用来学习研究。但目前在 Internet 中使用的最基本的协议是传输控制协议/网际协议（TCP/IP），TCP/IP 协议的分层模型只有 4 层。

4. 第四阶段

第四代计算机网络以下一代 Internet 为中心。进入 20 世纪 90 年代，计算机技术、通信技术以及建立在计算机和网络技术基础上的计算机网络技术得到了迅猛发展。特别是 1993 年美国宣布建立国家信息基础设施 NII 后，全世界许多国家纷纷制定和建立本国的 NII，从而极大地推动了计算机网络技术的发展，使计算机网络进入了一个崭新的阶段。目前，全球以美国为核心的高速计算机互联网络即 Internet 已经形成，Internet 成为人类最重要的、最大的知识宝库。而美国又分别于 1996 年和 1997 年开始研究发展更加可靠的互联网 2（Internet 2）和下一代互联网（next

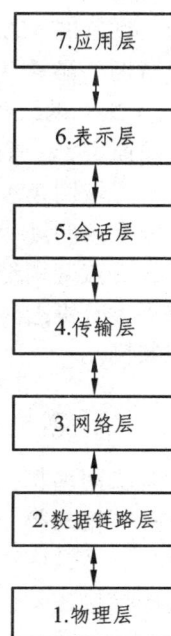

图 6.1　ISO 的 OSI 模型

generation Internet）。可以说，网络互联和高速计算机网络正成为最新一代的计算机网络的发展方向。

（二）计算机网络的功能和分类

1. 计算机网络的功能

（1）快速通信。

计算机网络为分布在不同地点的计算机用户提供了快速传输信息的手段，网络上不同软件、硬件之间的计算机可以传送信息，包括文字、图像、声音、图形等多媒体信息。

（2）资源共享。

资源共享是计算机网络提供的重要功能。共享的资源包括硬件、软件、数据和信息。

（3）提高可靠性。

当一个资源出现故障时，可以使用另一个资源。

2. 计算机网络的分类

计算机网络分类的标准有很多，按地理覆盖范围可以将网络划分为局域网 LAN（Local Area Network）、城域网 MAN（Metropolitan Area Network）、广域网 WAN（Wide Area Network）三种。

（1）局域网 LAN。

局域网是局限于一个相对较小的范围内，诸如一幢建筑物甚至一个办公室内的计算机和其他设备所组成的网络。现在的局域网很普及，几乎每个单位都有自己的局域网，甚至有的家庭都有自己的小型局域网。局域网在计算机数量上没有太多的限制，少的可以是两台，多的可以是上千台。

（2）城域网 MAN。

城域网一般来说是在同一个城市但不在同一地理小区范围内的计算机互联。MAN 与 LAN 相比扩展的距离更长，连接的计算机数量更多，在地理范围上可以说是 LAN 网络的延伸。一般而言，一个 MAN 网络通常连接着多个 LAN 网。

（3）广域网 WAN。

广域网也叫远程网，所覆盖的范围比 MAN 更广，负责连接相隔较远的两个或更多 LAN。广域网的覆盖范围很大，几个城市、一个国家、几个国家都属于广域网的范围。广域网可以使人们更大范围地传输信息和资源共享。Internet 就是一个纵横全球的、很复杂的且具有扩展性的广域网。

（三）计算机网络的拓扑结构

计算机网络拓扑结构是指网络中计算机和其他设备的物理连接形式。确定网络拓扑结构是建设计算机的第一步，网络拓扑结构对于网络的性能、系统的可靠性与通信费用都有重大的影响。计算机网络的拓扑结构主要有总线型、星型、环型、树型、网状型。总线型、星型、环型拓扑结构主要应用于局域网，而树型、网状型拓扑结构主要应用于广域网。

1. 总线型拓扑结构

总线型拓扑结构的特点是所有的计算机与其他设备都连接到一条公共的传输通道，这条传输通道称为总线。网络中各个节点都通过总线进行通信，在同一时刻只能允许一对节点占用总线通信。总线型结构的特点是简单灵活、可扩充性好、成本低、安装使用方便，但是实时性差、故障检测比较困难，不适宜大规模网络。以太网是一种流行的公共总线网络，它的公共总线就是以太网电缆，材料是铜线、光纤或两者的组合，以太网最主要的优点在于为网络添加新的设备非常容易。总线型拓扑结构如图 6.2 所示。

2. 星型拓扑结构

另一种常见的连接方案是星型拓扑结构，它使用一台中心节点与网络中的其他设备通信，采用集中控制的方式。一个需要通信的设备把数据传输给中心节点，然后中心节点再把数据送往目标节点。在星型结构中，中心节点故障将导致整个系统的崩溃。星型结构的优点是建网容易、控制和维护相对简单；缺点是对中心节点依赖大。星型拓扑结构如图 6.3 所示。

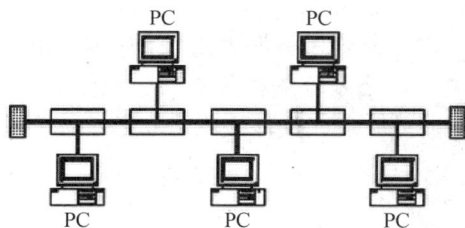

图 6.2　总线型拓扑结构　　　　图 6.3　星型拓扑结构

3. 环型拓扑结构

在环型拓扑结构中，设备被连接成环。每一台设备只能和它的一个或两个相邻节点直接通信。如要与其他节点通信，信息必须依次经过两者之间的每一个设备，这也是环型网的一个缺点。环型网络可以是单向的，也可以是双向的。与总线型拓扑相比，其更多的时间花在替别的节点转发数据上。而且只要一个节点发生故障，就会导致环型拓扑中的所有节点无法正常通信。环型拓扑结构如图 6.4 所示。

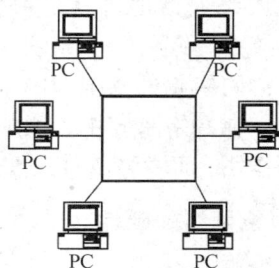

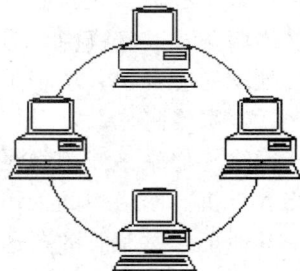

图 6.4　环型拓扑结构

4. 树型拓扑结构

树型拓扑结构由星型拓扑结构演变过来，其结构就像一棵倒立的树。树型拓扑结构是分层结构，具有根节点和分支节点，它的特点是适合分级管理和控制系统。树型拓扑结构易于扩展，缺点是对根节点依赖性太大，一个非叶子节点发生故障很容易导致网络分割。树型拓扑结构如图 6.5 所示。

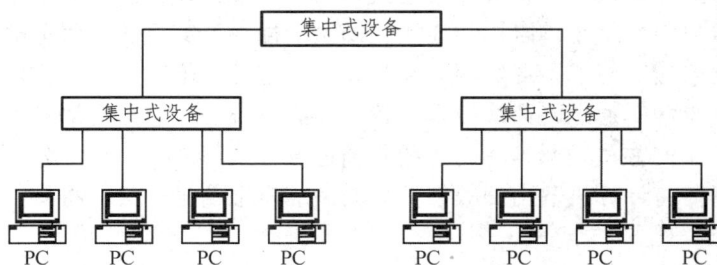

图 6.5　树型拓扑结构

5. 网状型拓扑结构

网状型拓扑结构是一种不规则的网络结构。这种网络中的每一个节点与另一个节点之间至少有两条通道。即使一条线路出现故障，通过迂回路线，网络仍能正常工作，但是必须进行路由选择。这种结构可靠性高，但网络控制和路由选择复杂，一般用在广域网中。网状型拓扑结构如图 6.6 所示。

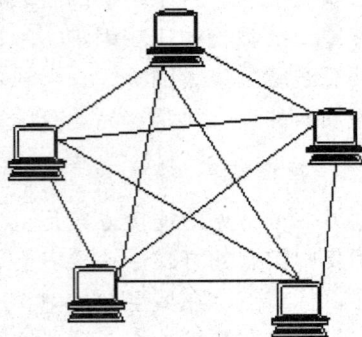

（四）计算机网络的基本组成

计算机网络通俗地讲就是由多台计算机通过传输介质和软件连接在一起的一个系统。总的来说，计算机网络

图 6.6　网状型拓扑结构

的组成包括：网络硬件系统和网络软件系统。网络软件系统和网络硬件系统是网络系统赖以生存的基础，在网络系统中，网络硬件是计算机网络系统的物质基础，硬件对网络的选择起着决定性的作用，而网络软件是实现网络功能不可缺少的软件环境，是挖掘网络潜力的工具。

1. 计算机网络的硬件

（1）网络服务器。

网络服务器的功能是为网络上其他计算机提供服务和共享的资源。对于小型网络，可以只有一台服务器，这台服务器既负责网络的管理功能，也负责网络的通信功能，同时提供各种网络服务和共享资源。对于大型网络，可以有多台服务器，分别完成各种网络功能，例如网络数据库服务器、电子邮件服务器、WWW 服务器和 FTP 服务器。

（2）网络工作站。

网络工作站是使用网络服务器所提供服务的计算机，是网络中个人使用的计算机，也称网络客户机。网络中的工作站和独立的计算机是有区别的，它们是网络的一部分，可以和网络中其他工作站和服务器通信。它的主要作用是为网络用户提供一个平台，访问网络服务器、共享网络资源。

（3）传输介质。

传输介质是网络中发送方与接收方之间的物理通道，它对网络数据通信质量有很大的影响。网络中使用的传输介质包括有线介质和无线介质。有线介质通常是双绞线、同轴电缆、光纤。最常用的无线传输介质有微波、红外线、激光和卫星等。

（4）网络连接设备。

网络适配卡：简称网卡，是将计算机连接到网络的硬件设备。网卡通过总线与计算机相连，再通过电缆接口与网络传输媒体相连接，即网卡插在计算机或者服务器的扩展槽中，通过传输介质与网络连接。网卡是局域网的通信设备，选择网卡时，要考虑网络的拓扑结构。

调制解调器：是 PC 通过电话线接入因特网的必备设备，它具有调制和解调两大功能。家庭用户上网最常用的方法是通过调制解调器经过电话线与 Internet 服务提供商（ISP）相连接。调制解调器既能将计算机输出的数字信号调制成模拟信号，又能将接收到的模拟信号调制成数字信号。

集线器：是局域网中的一种连接设备，双绞线通过集线器将网络中的计算机连接在一起，完成网络的通信功能。在传统的局域网中，联网的节点通过双绞线与集线器连接，构成物理拓扑结构。对于共享式集线器来说，当一台计算机从一个端口将信息发送到集线器后，集线器就将信息广播到其他端口，其他端口上的计算机根据信息包含的接收地址来决定是否接收这个信息。目前共享式集线器的使用量已经很少，取而代之的设备是交换机。

路由器：是实现局域网和广域网互联的主要设备，是将处于不同地理位置的局域网通过广域网进行互联的一种常见方式。在广域网中从一个节点传输到另一个节点时要经过许多网络，可以经过许多不同的路径。路由器就在一个网络传输到另外一个网络时进行路径的选择，使信息的传输能经过一条最佳的通道。对于计算机网络来说，路由器是广域网的主要互联设备，路由器性能的好坏，对于广域网上的传输性能有极大的影响。

2. 计算机网络的软件

（1）网络操作系统。

网络操作系统是用以实现系统资源共享、管理用户对不同资源访问的系统程序，它是最主要的网络系统软件。网络操作系统的功能就是能让用户充分共享使用网络资源，实现通信，对网络资源和用户通信过程进行有效的管理。常见的网络操作系统有 Window 2000/XP、UNIX、Netware 等。

（2）网络协议软件。

协议是网络通信的约定语言，为了使网络中的计算机之间能够通信，必须遵守一些约定好的规则。最常用的几种网络通信协议有 TCP/IP，SPX/IPX 和 NETBEUI 等。

（3）网络应用软件。

在网络应用软件中，有一部分是用于提高网络本身的性能，改善网络的管理能力，而更多的网络应用软件则是为了给用户更多的网络应用，这种网络应用软件往往也称为网络客户软件，如电子邮件、BBS、远程教学、远程医疗和视频点播等。

二、计算机网络安全

计算机网络技术的发展使得计算机应用日益广泛与深入，随之而来的网络安全问题也日益复杂与突出。计算机网络为人们提供了资源共享；通过分散工作负荷，提高了工作效率，节约了经费；提供了强大的通信手段，但同时也增加了网络安全的脆弱性和复杂性。使小到个人的主机安全、信息安全，大到国家的政治经济机密都将面临网上各种网络安全的严峻考验。计算机网络安全正面临着一个国际化的挑战，网络安全的技术问题也被逐渐提到议事日程上来。

1. 网络安全的意义

1988 年，美国康奈尔大学的一名研究生罗伯特·英里斯在因特网上投放了一种恶意计算机程序——"蠕虫"，在很短时间使因特网上 10% 的主机无法工作，损失惨重。然而，"Internet Worm" 事件使人们意识到网络的安全问题，并设立了 CERT/CC（Computer Emergency Response Team/Coordination Center）。自此以后，不断出现黑客（hacker）袭击事件。近年来，国内就发生了数起重大网络安全事故。现试举几例：

1998 年 9 月 22 日，郝景文、郝景龙两兄弟利用自制的装置侵入扬州工商银行电脑系统，将 72 万元转入其以假名开设的银行活期存折，并在工商银行扬州分行下设的储蓄所取款 26 万元。

2002 年 6 月 16 日，认为自己不受领导的重用，因而跳槽到另一家公司的原太平洋保险公司郑州分公司的职工王波，为进行报复，利用现所在公司办公室的电脑和原来公司掌握的用户名和密码，先后五次侵入中国太平洋保险公司郑州分公司网络，修改、删除保险信息系统数据，使 700 多份保单出现错误，幸亏发现及时，及时将出错保单收回，否则该公司的经济利益和声誉将受到很大损害。

上海人赵哲为了使自己和朋友获利，通过某证券营业部的电脑非法侵入该证券公司的内部计算机信息系统，利用该营业部电脑安全防范上的漏洞，修改该营业部部分股票交易数据，致使股价在短时间内剧烈震荡。造成这家证券营业部遭受损失 295 万余元。

近些年，随着信息技术和网络技术的发展，计算机网络在金融系统日益普及，利用计算机盗窃、贪污、诈骗、侵占银行资金的犯罪现象渐渐增多。据统计，全世界每年被计算机犯罪直接盗走的资金达 202 亿元。近几年来，我国金融领域发现的计算机作案的经济案件有上百起。

"一只熊猫，三炷香"，憨态可掬，却是歹毒至极。2006 年底，这个命名为"熊猫烧香"的病毒，在近乎一夜之间使数以百万台计算机遭到感染和破坏，该病毒更一举拿下了"2006 年十大计算机病毒之首"的"桂冠"。2007 年 1 月中旬，该病毒的制作者李俊被湖北警方逮捕，成为我国破获的国内首例制作计算机病毒大案。但时至今日，"熊猫烧香"病毒的新变种还在不断出现，继续危害着计算机用户。

由这些触目惊心的事件，我们可以看到网络安全的重要性。如果忽视这一问题，在信息系统网络化、国际化、公众化的今天，必然会带来一系列的问题，甚至会危及网络环境下我国的经济安全。实际上，网络环境下的信息安全问题不仅涉及技术问题，而且涉及法律政策问题和管理问题，也可以说是一个社会性问题，它与使用网络的人的责任心、道德及法律意识都息息相关。技术问题虽然是最直接的保证信息安全的手段，但离开了法律法规和管理的基础，即使纵有最先进的技术，信息安全也得不到保障。

2. 网络安全的基本问题

（1）网络安全的基本概念。

网络安全是一门涉及计算机科学、网络技术、通信技术、密码技术、信息安全技术、应用数学、数论、信息论等多种学科的综合性学科。

网络安全是指网络系统的软件、硬件、数据受到保护，防止非授权的访问、偶发或蓄意的干扰或破坏，保证系统能连续可靠正常地运行，网络服务不中断。

网络安全包括信息安全和系统安全。

系统安全是指保证系统正常运行，即保证通信线路、调制解调器、路由器、防火墙、网络接口、终端等所有部件和网络整体能够正确运行。

信息安全是指网络中传输的数据的安全性，保证传递的数据不能非法获得、篡改、插入、录制重放，保证认证性和不可否认性。

（2）网络安全的基本要求。

网络安全性由以下几部构成：

① 保密性：指防止信息被非法访问或被截取解密，保持数据的机密。

② 完整性：指信息在存储或传输时不被篡改、破坏，包不丢失、不乱序。

③ 不可抵赖性：发送者和接收者都同意信息交换的发生，防止抵赖。

④ 真实性：能确定通信的另一方，而且是可信任的那个人。

⑤ 有效性：对网络故障、操作失误、硬件故障、软件错误产生的问题有相应的处理措施。

（3）计算机网络安全所面临的威胁。

随着计算机普及率的提高以及网络的普及和流行，有关网络安全侵入等事件的报道明显增加，网络受到的威胁也越来越大。

计算机网络所面临的威胁有人为的，也有非人为的；有有意的，也有无意的；有来自外部的侵袭，也有来自内部的。归结起来主要有：

① 人为无意失误。

用户或工作人员安全意识淡薄，保密观念不强，或不懂保密原则，无意间泄露机密；业务不熟练，安全配置不当或操作失误造成安全漏洞；规章制度不健全造成人为泄密；工作人员责任心不强，不遵守操作规程而造成泄密。

② 人为的恶意攻击。

这是计算机网络所面临的最大威胁，分为主动的攻击和被动的攻击两类。主动的攻击主要包括：截断、篡改、伪造，是以各种方式有选择地破坏信息的有效性和完整性。被动的攻击是指"敌方"不对网络中信息的传输进行干涉，正常通信的双方对这种攻击是难以察觉的，在不影响网络正常工作的情况下，进行截获、窃取、破译以获得重要机密信息。最常见的被动攻击的方式是窃听。网络中最常见的窃听是发生在共享介质的局域网中，如 Ethernet。网络窃听猖獗的主要原因是 TCP／IP 网络中众多的网络服务均是在网络中明码传输，而众多的网络日常使用者又对此机制毫无所知。这两种攻击均可对计算机网络造成极大的危害，并导致机密数据的泄露。

③ 网络软件的漏洞和"暗门"。

网络不可能是百分之百的无缺陷和无漏洞，然而，这些漏洞和缺陷恰恰是黑客进行攻击的首选目标。另外，软件的"暗门"都是软件公司的设计编程人员为了自己方便而设置的，一般不为外人所知，但一旦"暗门"洞开，其造成的后果将不堪设想。

（4）与网络安全相关的因素。

① 物理不安全因素。

物理不安全因素是计算机系统、网络服务器、网络端口等硬件实体和通信链路因遭受自然灾害、人为破坏、电磁泄漏、搭线窃听、线路干扰等造成信息泄露，使非法分子监听窃取到信息或注入非法信息或使传输的数据出错、丢失。

② 软件不安全因素。

- 网络软件安全功能不健全或有"暗门"。
- 安装了"特洛伊木马"软件或代码炸弹。
- 未对用户分类和标识，使数据存取未受限制和控制。
- 未能正确配置或使用软件。

3. 网络安全的技术问题

一方面网络技术在不断发展，但另一方面网络安全问题却日益突出。在网上黑客攻击、病毒传播所运用的手段也在不断花样翻新。要确保网络安全运行，在技术研发上也需要与时俱进，这样才能有效应对网络安全的各种挑战。

（1）网络通信安全所涉及的技术。

① 信息加密技术。

信息加密技术是保障信息安全的最基本、最核心的技术措施和理论基础。信息加密过程由各种加密算法来具体实施，它以较小的代价获得较大的安全保护。

② 信息确认技术。

信息确认技术通过严格限定信息的共享范围来达到防止信息被非法伪造、篡改和假冒。

③ 网络控制技术。

网络控制技术包括防火墙技术、审计技术、访问控制技术和安全协议等。

（2）网络安全的考虑要素。

① 网络系统的安全。

网络系统的安全包括网络操作系统的安全性、来自外部的安全威胁、来自用户的安全威胁、通信协议本身的安全性、计算机病毒感染和应用服务安全等。

② 局域网的安全。

局域网采用广播方式，在同一个广播域中可以侦听到在该局域网上传输的所有信息包，这就成为了一个不安全因素。

③ Internet 互联安全。

非授权访问、冒充合法用户、破坏数据完整性、干扰系统正常运行、利用网络传播病毒等。

④ 数据安全。

数据在传输过程中被人窃听、篡改等。

（3）网络安全服务。

建立完善的网络安全体系，不仅要依靠现有的安全机制和设备，更重要的是提供全方位的安全服务。网络安全是一项系统工程，是多学科的交叉和综合。网络安全也是一种相对安全，是暂时的、静态的，需要不断更新提高。因此，必须提供完善、全面、优质的网络安全服务。

网络安全服务包括全方位的安全咨询，安全的风险评估，安全项目的分析、规划、设计、实施，安全技术培训，售后技术支持，系统的维护、更新、升级，事件应急处理等。可见网络安全服务贯穿于网络安全建设的全过程。

4. 网络安全标准

（1）ISO 安全体系结构标准。

在安全体系结构方面，ISO 制定了国际标准（ISO 7498-2：1989）《信息处理系统开放系统互联基本参考模型第 2 部分安全体系结构》。该标准为开放系统互联（OSI）描述了基本参考模型，为协调开发现有的与未来的系统互联标准建立起了一个框架。其任务是提供安全服务与有关机制的一般描述，确定在参考模型内部可以提供这些服务与机制的位置。

OSI 模型中规定了五种安全服务：保密性、鉴别、完整性、不可抵赖性和访问控制。

（2）国外网络安全标准与政策。

① 美国 TCSEC（橘皮书）。

TCSEC（Trusted Computer System Evaluation Criteria，受信任计算机系统评价基准）是美国国防部制定的。其封面为橘黄色而得名。它将安全分为 4 个方面：安全政策、可说明性、安全保障和文档。在美国国防部虹系列（Rainbow Series）标准中有详细的描述。该标准将以上 4 个方面分为 4 个安全级别，从低到高依次为 D，C，B 和 A 级。

D——最低保护。凡是没有通过其他安全等级测试项目的系统都属该级。

C——自定义式保护。系统对象可由系统管理员、用户、应用程序自定义访问权。它又按低到高分为 C1，C2 两个等级。C1 为自选安全保护级，用户通过口令和用户注册确定对程序和信息拥有的权限。C2 为访问控制保护级，通过许可权限或身份验证进一步限制用户权限。

B——强制式保护。系统依据用户的安全等级赋予用户对各对象的访问权限。它又包含 B1，B2，B3 三级。其中 B1 为标志安全保护级，B2 为结构保护级，B3 为安全域级。

A——可验证保护。系统拥有正式的分析与数学方法，可完全证明系统的安全策略及安全规格的完整性与一致性。

② 欧洲 ITSEC。

与 TCSEC 不同，它并不把保密措施直接与计算机功能相联系，而是只叙述技术安全的要求，把保密作为安全增强功能。另外，TCSEC 把保密作为安全的重点，而 ITSEC 则把完整性、可用性与保密性作为同等重要的因素。ITSEC 定义了从 E0 级（不满足品质）到 E6 级（形式化验证）的 7 个安全等级，对于每个系统，安全功能可分别定义。ITSEC 预定义了 10 种功能，其中前 5 种与橘皮书中的 C1 ~ B3 级非常相似。

（3）国内安全标准与政策。

国内安全标准较重要的是由公安部主持制定、国家技术标准局发布的中华人民共和国国家标准（GB 17895—1999）《计算机信息系统安全保护等级划分准则》。

该准则于 2001 年 1 月 1 日起实施。它将信息系统安全分为 5 个等级，分别是：自主保护级、系统审计保护级、安全标记保护级、结构化保护级和访问验证保护级。主要的安全考核指标有身份认证、自主访问控制、数据完整性、审计、隐蔽信道分析、客体重用、强制访问控制、安全标记、可信路径和可信恢复等，这些指标涵盖了不同级别的安全要求。

另外还有《信息处理系统开放系统互联基本参考模型第 2 部分：安全体系结构》（GB/T 9387—21995）、《信息处理数据加密实体鉴别机制第 Ⅰ 部分：一般模型》（GB 5834.1—1995）、《信息技术设备的安全》（GB 4943—1995）等。

任务二 因特网基础

一、Windows 7 的网络设置

Windows 7 的网络和通信功能相当强大，其"网络连接"功能为用户的计算机与网络或另一台计算机之间提供了连接能力。无论用户计算机的实际位置在何处，都可以通过"网络

连接"访问网络资源和功能。

Windows 7 中，"网络连接"提供的"新建连接向导"可帮助用户使用拨号连接调制解调器、ISDN、ADSL 或电缆调制解调器创建 Interent 连接；还可以使用"新建连接向导"创建传入连接、直接连接和虚拟专用网络（VPN）连接。

提示：网络适配器安装好后将自动创建本地连接。

"网络连接"窗口中的每个连接均包含一组功能，这些功能可以在用户计算机与另一计算机或网络之间建立连接。

"传出连接"是指用户通过配置好的方法（LAN、调制解调器、ISDN 线路、ADSL、电缆调制解调器等）访问远程服务器，从而建立与网络的连接。相反，"传入连接"是指用户运行 Windows 7 的独立计算机能被其他计算机访问，这时用户计算机充当远程访问服务器。无论用户计算机通过本地连接（LAN）、远程连接（拨号、ISDN 等），还是通过这两者进行连接，用户都可以配置任何连接，使其执行需要的网络功能。例如，可以将打印输出到网络打印机、访问网络驱动器和文件、浏览其他网络或访问 Internet。

提示：在"开始"菜单中选择"设置"→"控制面板"，在"控制面板"窗口中选择"网络和 Internet 连接"→"网络选择"→"网络连接"（分类视图）；或在"控制面板"窗口中选择"网络连接"（经典视图），可以打开"网络连接"。

建立对等网络后，用户可以把自己计算机中的某些资源设为共享，从而通过网络提供给其他用户使用。可以共享的资源包括打印机、光盘驱动器、软盘驱动器、文件夹等。

（一）向网络提供共享资源

随堂实训 1　共享文件夹

（1）打开 Windows 资源管理器，用鼠标单击需要设置共享的文件夹，在弹出的快捷菜单中选择"共享"选项，弹出该文件夹的属性对话框，如图 6.7（a）所示。

（a）　　　　　　　　　　　（b）

图 6.7　文件属性及"高级共享"对话框

（2）单击"高级共享"按钮，打开"高级共享"对话框，如图 6.7（b）所示，选中"共享名此文件夹"复选框，然后输入该文件夹的共享名，设置"同时共享的用户数据限制数"，默认为 20。共享名供其他网络用户访问该文件夹时使用，可以是缺省名。默认情况下，网络用户只能对共享文件夹进行"读取"。

（3）单击"权限"和"缓存"按钮进行共享的高级设置，包括"共享权限"和"脱机设置"。

随堂实训 2 共享打印机

在对等网络中，可以将本地打印机设置为共享，设置方法与设置文件夹、驱动器共享的方法相似。被设置为共享的资源，其图标被加上共享标志，如图 6.8 所示。

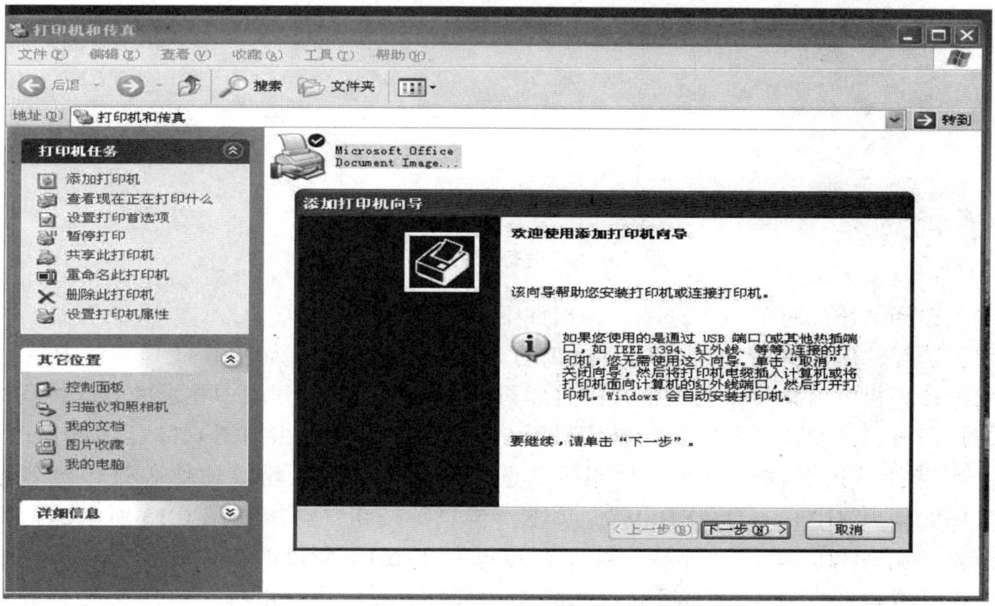

图 6.8 共享资源的图标被加上共享标志

（二）使用网络上的共享资源

在"网络"窗口中可以浏览和使用网络上的共享资源。

思考： 如何在"网络"窗口中显示当前网络的工作组、工作组中的某台计算机以及该计算机提供的共享资源（包括共享文件夹、共享打印机等）。请读者试一试。

提示： 要是用户单击"网上邻居"时显示对等网络上的共享资源文件夹，需要在"控制面板"窗口中选择"外观和主题"→"文件夹选项"，在弹出的"文件夹选项"对话框的"查看"选项卡的"高级设置"列表中选中"自动搜索网络文件夹和打印机"复选框。

随堂实训 3 使用网络打印机

（1）在"开始"菜单中选择"设备和打印机"选项，打开"设备和打印机"窗口，如图 6.9 所示。

图 6.9　　"设备和打印机"窗口

（2）选择"添加打印机"选项，弹出如图 6.10 所示的窗口。

（3）选择"添加网络、无线 Bluetooth 打印机"选项，弹出如图 6.11 所示的窗口。

（4）计算机将自动搜索当前链接的打印机，如果自动搜索列表中显示的打印机均无符合要求的打印机，则单击"我需要的打印机不在列表"选项，弹出如图 6.12 所示的窗口；

（5）选择"按名称选择共享打印机"选项，填写网络打印机地址和打印机名称，如"\\192.168.27.20\HP LaserJet P1008"，单击"浏览"按钮，弹出如图 6.13 所示的窗口，选择要链接的打印机，单击"选择"按钮，弹出如图 6.14 所示的窗口再单击"下一步"按钮，计算机将自动安装刚刚选择的打印机驱动程序，最后将弹出提示打印机安装成功的窗口，如图 6.15 所示。

图 6.10　"添加打印机"窗口一

图 6.11"添加打印机"窗口二

图 6.12　"按名称和 TCP/IP 地址查找打印机"窗口

图 6.13　"选择要链接打印机"窗口

图 6.14　"安装打印机驱动程序"窗口

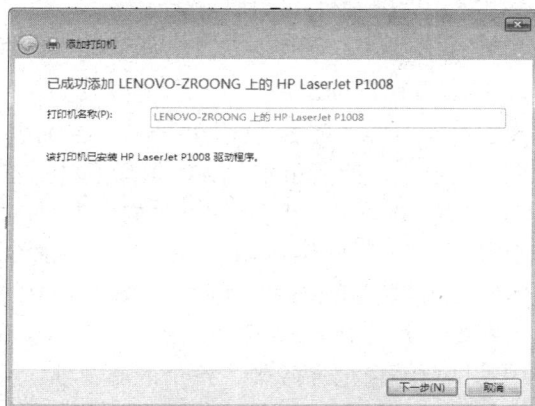

图 6.15　"添加打印机成功"窗口

二、因特网的起源和发展

因特网（Internet），即国际互联网。Internet 是采用 TCP/IP 协议的国际计算机互联网络。它将不同国家、不同地区、不同部门和机构的不同类型的计算机国家骨干网、广域网、局域网，通过网络互联设备互联互通。它凭借着在科学研究、医疗卫生、远程教育、信息服务、电子出版、电子商务及电子广告等诸多领域的应用，使人们能够方便地进行通信、信息查询和信息发布，实现全球资源共享。

（一）因特网的起源

因特网最早起源于阿帕网（ARPANET），阿帕网是 20 世纪 60 年代末至 70 年代初，由美国国防部资助承建的一个网络。目的是通过整个网络把美国的几个军事及研究用计算机主机连接起来，形成一个新的军事指挥系统。1969 年 12 月，在美国国防部的主持下，美国四所大学加入 ARPANET，使该网络连接加利福尼亚大学洛杉矶分校、斯坦福研究所、加利福尼亚大学圣巴巴拉分校、犹他大学四个不同的计算机系统，这就形成了因特网的雏形。

1973 年 TCP 协议草案出台，TCP 实现了两个重要的功能：流控制和错误检测。1978 年，在重新开发 TCP 版本时，提出了 IP 协议。符合 IP 协议的数据包中需要包含的地址，路由器可以根据整个地址将数据独立发送。1990 年，阿帕网退役，国家科学基金网（NSFNET）正式成为美国的 Internet 主干网。1991 年，NSFNET 主干网升级到 44.73 Mbps，为因特网在 20 世纪 90 年代的发展做好了准备。

（二）因特网的发展

1. 因特网的发展

20 世纪 90 年代美国政府提出"国家信息基础结构"（National Information Infrastructure）计划，即 NII，对于因特网在美国的发展有极大的推动作用，也推动了因特网在世界的快速发展。1991 年，解除了对 Internet 进行商业应用的限制，成立了 Commercial Internet Exchange Association，推动 Internet 的商业应用。技术上，WWW 技术的出现使 Internet 的应用更加方便、容易。1997 年，美国 Internet 网络主干速度达到 622 Mbps。

2. 中国互联网的发展

我国进入因特网是 20 世纪 90 年代以后的事情，第一次接入 Internet 的专线是 1993 年中国科学院高能物理研究所租用 A&T 国际卫星信道接入美国斯坦福线性加速器中心（SLAC）的 64 Kbps 专线。到今天为止，我国已建成了中国科技网（CSTNET）、中国教育科研网（CERNET）、中国公用计算机互联网（China Net）、中国金桥信息网（China GBN）、中国联通互联网（UNINET）、中国网通公用互联网（CNNIC）、中国移动互联网（CMNET）、宽带中国（China 169）等几大网络，并与 Internet 联通。目前，我国互联网用户数已过 5 亿。

因特网就是由世界各国、各个不同领域、不同背景、不同用途的成千上万个专用网络相互连接而成的，所以说因特网是一个网际网。加入互联网的计算机网络各自拥有自己独立的操作系统，在网络上的地位是平等的，不存在哪个网络管辖其他网络的关系。

三、TCP/IP

（一）TCP/IP 协议

TCP/IP（Transmission Control Protocol/Internet Protocol，传输控制协议/网际协议），是因特网上使用的网络协议。因特网上众多不同的计算机系统都必须服从 TCP/IP 协议，只有这样，因特网中的计算机才能顺利、准确地进行信息共享。TCP/IP 协议是因特网的基础协议，它规定了网络计算机之间的数据传输格式和传送方式。TCP/IP 协议能适应不断发展的网络，实现了主流操作系统与其他操作系统间不同网络的互联，它是目前最常用的一种协议，也算是网络通信协议的一种通信标准协议，同时它也是最复杂、最为庞大的一种协议。由于在 Internet 上使用该协议，所以 TCP/IP 也被称为因特网协议。

TCP 是规定为防止传输过程的小包丢失而进行检测的方法，用以确保最终传输信息的正确。IP 协议指定了要传输的信息"包"的结构，它要求计算机将要发送的信息分为若干个较短的小包，小包除包含一部分信息外，还包含被传往的目的地址等。

（二）TCP/IP 的体系结构

TCP/IP 整个协议分成四个层次结构，从下往上，依次是物理链路层、网络层、传输层和应用层，如图 6.16 所示。

| 4.应用层 |

| 3.传输层 |

| 2.网络层 |

| 1.物理链路层 |

图 6.16 TCP/IP 协议

1. 物理链路层

模型的最底层是物理链路层，负责数据帧的发送和接收，帧是独立的网络信息传输单元，网络接口层将帧放在网上，或从网上把帧取下来。

2. 网络层

网络层的职责包括寻址、打包和路由功能，网络层与 OSI 模型的网络层类似。

3. 传输层

传输层协议在计算机之间提供通信会话。传输层有两个协议，具体的选择根据数据传输方式而定。

① 传输控制协议 TCP：为应用程序提供可靠的通信连接，适合于一次传输大批数据的情况，并适用于要求得到响应的应用程序。

② 用户数据报协议 UDP：提供了无连接通信，且不对传送包进行可靠的保证，适合于一次传输小量数据，可靠性则由应用层来负责。

4. 应用层

应用层允许用户程序访问其他层的服务，它定义了应用程序用来交换数据的协议。应用层包含大量的协议，而且人们一直在开发新的协议。人们最熟悉的那些应用层协议可以帮助用户交换信息，例如，超文本传输协议（HTTP）用于传输那些构成万维网上页面的文件，文件传输协议（FTP）用于传输独立的文件，简单邮件传输协议（SMTP）用于传输邮件和附件。

（三）TCP 协议和 UDP 协议

TCP（传输控制协议）和 UDP（用户数据报协议）是两种最为著名的传输层协议，两者都是用 IP 作为网络层协议，虽然 TCP 使用不可靠的 IP 服务，但它却提供一种可靠的传输层服务。UDP 为应用程序发送和接收数据报，一个数据报是指从发送方传送到接收方的一个信息单元（例如，发送方指定的一定字节数的信息）；但与 TCP 不同的是，UDP 是不可靠的，它不能保证数据报能安全无误地到达最终目的。IP 是网络层上的主要协议，同时被 TCP 和 UDP 使用。TCP 和 UDP 的每组数据都通过端系统和每个中间路由器中的 IP 层在互联网中进行传输。

四、IP 地址与域名系统

（一）IP 地址

互联网上的每个接口必须有唯一的 Internet 地址（也称为 IP 地址）。从网络的层次结构考虑，一个 IP 地址必须指明两点：属于哪个网络，是这个网络的哪台主机。

由于网络中 IP 地址很多，所以把 IP 地址的第一段进行了如下的划分：

A 类：1～127；

B 类：128～191；

C 类：192～223；

D 类：留作特殊用途。

A 类、B 类、C 类的范围如下：

A 类：1.0.0.0～127.255.255.255；

B 类：128.0.0.0～191.255.255.255；

C 类：192.0.0.0～223.255.255.255。

IP 地址长 32 位，这些 32 位的地址通常写成 4 个十进制数，其中每个整数对应一个字节，这种表示方法称作"点分十进制表示法（Dotted decimal notation）"。例如：中国远程教育网（http：//www.cde.edu.cn）的 IP 地址为 202.205.176.237。

（二）IP 地址的局限性

最初的 Internet 设计者没有预测到网络会有如此快速的发展，因此，现在网络面临的问题都可以追溯到 Internet 发展的早期决策上，特别是在 IP 地址的分配上。首先，IPv4 使用 32 位的地址，IP 地址的长度决定了 IPv4 的地址空间，决定了地址的有限。其次，IPv4 的地址是按照网络的大小（所使用的 IP 地址数）来分类的，它的寻址方案使用"类"的概念。A，B，C 三类 IP 地址的定义很容易理解，也很容易划分，但是在实际网络规划中，它们并不利于有效分配有限的地址空间。

在这种情况下，人们开始致力于下一代 Internet 技术的研究，但是，由于现在在 IPv6 下的互联网设施还不完善，IPv4 上的资源有待进一步利用。因此，我们仍有必要在 IPv4 上实现网络和网络互联。可能 IPv4 到 IPv6 的完全过渡是一个比较长的过程。

（三）域名系统

使用 4 个十进制数表示地址，在实际应用中还是感到不方便，因此提出用域名来表示 IP 地址。

域名是用字符串的组合来表示 IP 地址，适当地选择域名中的字符串，可以使得域名有一定的可读性。这样，域名比 IP 地址容易记忆，也更容易使用。例如，微软公司的 Web 服务器的域名地址是 www.microsoft.com，中国远程教育网的域名地址是 http：//www.cde.edu.cn。

为了避免重名，主机的域名采用层次结构，用圆点"."隔开，格式如下：

主机名.……第二级域名.第一级域名

一级子域名可按组织模式划分，如商业机构（COM）、教育机构（EDU）、政府机关（GOV）、军事部门（MIL）、非盈利组织（ORG）等，也可按地理模式来划分，如中国大陆（CN）、中国台湾（TW）、中国香港（HK）等。

五、Internet 的接入方式

计算机和 Internet 连接可以有多种方式，通常有专线连接、局域网连接、无线连接、电话拨号连接。

（一）使用电话拨号上网

通过普通电话拨号上网，目前仍然是一种有效的上网方式。使用这种上网方式，除了需要计算机和电话线以外，只需要一台调制解调器（Modem）。调制解调器是计算机与电话之间进行信号转换的装置，由调制器和解调器两部分组成，调制器是把计算机的数字信号（如文件等）调制成可在电话线传输的模拟信号的装置，在接收端，解调器再把模拟信号转换成计算机能接收的数字信号，通过调制器解调器和电话线就可以实现计算机之间的数据通信。

调制解调器主要有两种：内置式和外置式。现在常用的 Modem 的最大传输速率为 56 Kbps，但是实际使用中，由于受到线路的影响，实际传输速率为 40 Kbps。

（二）使用 ADSL、ISDN 专线上网

ADSL（Asymmetrical Digital Subscriber Loop）是非对称数字用户回路的缩写，它使用普通电话线作为传输介质，能够提供到达 8 Mbps 的高速下载速率和 1 Mbps 的上传速率，而其传输距离为 3 ~ 5 km。

ADSL 能够支持广泛的宽带应用服务，例如高速 Internet 访问、电视会议、虚拟私有网络以及音频视频等多种媒体应用。由于上网和打电话是分离的，所以上网时不占用电话信号，只需交纳网费而没有电话费。安装 ADSL 必须使用专用的调制解调器，即 ADSL Modem。

ISDN（Integrated Services Digital Network）俗称一线通，可以边打电话边上网，通话和通信两不误。使用 ISDN 适配器可以用 64 Kbps 或 128 Kbps 的速率快速连上 Internet，ISDN 采用端到端数字传输，具有传输安全可靠、不受干扰的优点。

（三）使用局域网上网

路由器将本地计算机局域网作为一个子网连接到 Internet 上，使得局域网中所有计算机都能够访问 Internet。这种连接的本地传输速率可达到 10 ~ 100 Mbps，但访问 Internet 的速度要受到局域网出口速率和同时访问 Internet 用户数量的影响。局域网适用于用户较多且较为集中的情况。

（四）使用无线上网

无线上网是指从用户终端到网络的交换节点采用或部分采用无线手段的接入技术，无线连接在未来的发展将成为热点。

六、Internet 提供的服务

因特网中蕴涵了丰富的信息资源，通过各种服务方式提供给广大用户，包括电子邮件服务（E-mail）、WWW 服务、文件传输服务（FTP）、远程登录服务（Telnet）、新闻组（Newsgroup）、Gopher 等服务。

（一）电子邮件服务（E-mail）

电子邮件（E-mail）服务是一种通过计算机网络与其他用户联系的快速、简便、高效、价廉的现代化通信手段，通过因特网和电子邮件地址，通信双方可以收发电子邮件。

（二）文件传输服务（FTP）

文件传输服务（FTP）为因特网上文件的下载和上传提供了极大的便利，用户只需通过相应的账号和口令登录 FTP 服务器，就可利用 FTP 传输文件。因特网中大多数 FTP 服务允许用户以"anonymous"（匿名）为用户名和电子邮件地址为口令连接。

（三）远程登录服务（Telnet）

远程登录是一台主机的因特网用户，使用另一台主机的登录账号与口令与该主机实现连接，作为它的一个远程终端使用该主机资源的服务。

（四）WWW 服务

WWW 服务是一个基于超文本（hypertext）方式的信息查询工具，是因特网上发展最快和使用最广泛的服务。它是用超文本和链接技术，使用户能以任意顺序自由地从一个文件条跳转到另一个文件，查询和浏览所需要的信息，如搜狐（www.sohu.com）、新浪（www.sina.com.cn）。

（五）搜索引擎

Internet 是一个广阔的信息海洋，如何快速准确地在网上找到需要自己的信息已变得越来越重要。搜索引擎（search engine）是一种网上信息检索工具，在浩瀚的网络资源中，它能帮助你迅速而全面地找到所需要的信息。常见的搜索引擎有 www.google.com，www.baidu.com，www.yahoo.com 等。

（六）BBS

BBS 的英文全称是 Bulletin Board System，中文含义为"电子公告板"。BBS 是一种电子信息服务系统，它向用户提供了一块公共电子白板，每个用户都可以在上面发布信息或提出看法，早期的 BBS 由教育机构或研究机构管理，现在多数网站上都建立了自己的 BBS 系统，供网民通过网络来结识朋友、表达想法。目前国内的 BBS 已经十分普遍，其他应用还有网络聊天、电子商务、远程教育等。

七、ADSL 网络连接设置

ADSL 技术是运行在原有普通电话线上的一种新的高速宽带技术，它利用现有的一对电话铜线，为用户提供上、下行非对称的传输速率（带宽）。非对称主要体现在上行速率（最高 640 Kbps）和下行速率（最高 8 Mbps）的非对称性上。上行（从用户到网络）为低速的传输，可达 640 Kbps；下行（从网络到用户）为高速传输，可达 8 Mbps。ADSL 设备主要包括以下几个部件：滤波器，使上网和打电话互不干扰；ADSL Modem，数据传输设备；网线，用于连接 ADSL Modem 和网卡；用户光盘，包括使用说明和拨号的软件。

随堂实训 4 ADSL 安装方法

安装 ADSL 设备的步骤如下：

（1）安装网卡。网卡在这里起到了数据传输的作用，所以只有正确地安装它，才能安装使用 ADSL。

（2）安装滤波器。滤波器有 3 个接口，分别为外线输入、电话信号输出和数据信号输出。输入端接入户线，如果家里有分机的话，不能在分线后面接入滤波器。电话信号输出接电话机，这样可以在上网的同时进行电话通话。

（3）安装 ADSL Modem。接通电源后，将数据信号输出到 ADSL Modem 的电话 LINK 端口，当正确连接后，其面板上面的电话 LINK 指示灯会亮，这说明已正确连接。用网线将 ADSL Modem 和网卡连接起来，一端接到网卡的 RJ-45 口上，另一端接到 ADSL Modem 的 Ethernet 口上，当 ADSL Modem 前面板的网卡 LINK 灯亮了就可以。

（4）安装软件。一般电信局都会给用户提供一张工具盘。里面有 ADSL 拨号专用的软件 Enternet 300。因为 ADSL 不同于普通 Modem 和 ISDN，它没有确定的通信实体，只能依靠软件建立一个提供拨号的实体。软件的安装很简单，运行其给定程序即可完成安装。

在使用前要建立一个新的连接，双击"建立新连接"，会出现"连接名称"窗口，输入连接的名称，在连接窗口中输入在电信部门注册的用户名和密码，如果硬件连接都没有问题，接下来就是"个人防护墙"的设置，可根据实际情况来选择是否需要设置。参数设置好后，双击即开始连接，当连接成功后，会在任务栏中出现连接的小图标，双击这个图标会显示连接的信息。

网络故障的简单判断：

（1）Ipconfig。该诊断命令显示所有当前的 TCP/IP 网络配置值。该命令在运行状态主机分配协议（DHCP）系统上的特殊用途是允许用户决定 DHCP 配置的 TCP/IP 配置值。也可以用该输出确定网络每台计算机的 TCP/IP 配置，或者进一步调查 TCP/IP 网络问题。Ipconfig 会显示 IP 协议的具体配置信息，该诊断命令的参数用法如下：

Ipconfig[/all//renew[adapter]/release[adapter]]

如果 Ipconfig 命令后面不跟任何参数直接运行，程序将会在窗口中显示网络适配器的物理地址、主机的 IP 地址、子网掩码以及默认网关等；输入 Ipconfig/all 可获得 IP 配置的所有属性；使用 Ipconfig/renew 刷新配置；使用 Ipconfig/release 命令立即释放主机的当前 DHCP 配置。

（2）Ping。该命令主要是用来检查网络是否能够连通。它的命令格式是：Ping IP 地址或主机名，执行结果显示相应时间，重复执行这个命令，你会发现 Ping 报告的响应时间是不同的，这主要取决于网络的繁忙程度。Ping 命令后还可跟很多参数，输入 Ping 回车，就会列出详细的使用说明。

八、IE8.0 的使用

建立与 Internet 的连接后，用户可以用 Web 浏览器检索 Internet 上的资源。浏览器是一种客户工具软件，主要功能是使用户能以简单直观的方式使用 Internet 上的各种计算机上的超文本信息、交互式应用程序及其他的 Internet 服务。用户不仅可以通过浏览器访问 Web 页面，还可以收发电子邮件、阅读新闻或从 FIP 服务器下载文件。

目前已推出的浏览器有上百种，其中最为流行的有 Internet Explorer（简称 IE），Netscape communicator，Opera 等，操作方法大同小异。

（一）启动 IE 浏览器

（1）在"开始"菜单中选择"所有程序"→"Internet Explorer"。

（2）启动 IE 8.0 后，用户将看到浏览器窗口，如图 6.17 所示。

思考：总结所有启动 IE 的方法，比较其中最方便的方法。观察 IE8.0 浏览器窗口，总结该窗口的主要组成部分及其操作方法。

注意：第 1 次启动 IE 8.0 时，如果用户计算机没有连接到 Internet，系统将弹出"新建连接"对话框，可以在其中选择"连接"或"脱机工作"方式。

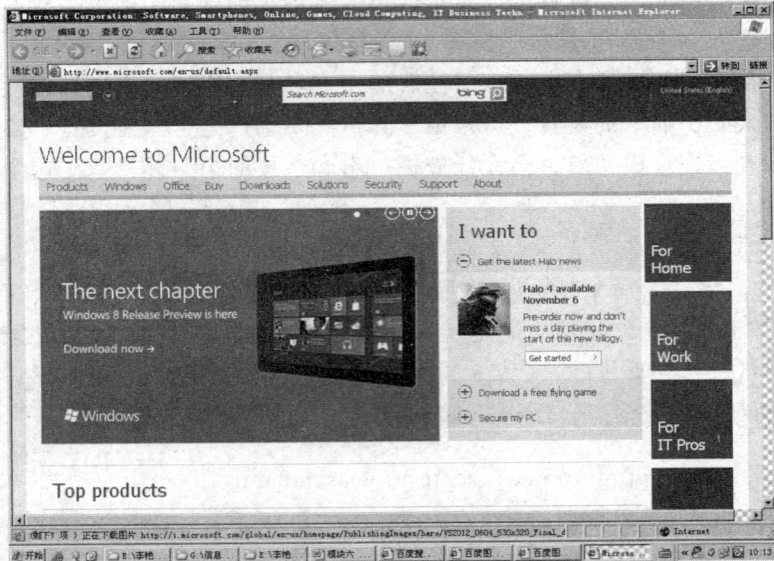

图 6.17　微软中国 Web 站点主页

（二）浏览 Web 页面

（1）单击主页（即启动 Internet Explorer 时显示的网页）中的任何链接，即可开始浏览 Web。将鼠标指针移过网页上的项目，可以识别该项目是否为链接。如果指针变成手形，表明是链接。链接可以是图片、三维图像或彩色文本（通常带下划线）。

（2）若需要到某个网页，在地址栏中键入 Internet 地址，如" www.microsoft.com"，然后单击"转到"按钮，或直接按回车键。

（3）用户在地址栏中键入 Web 地址时，弹出相似地址的列表供选择（假设用户曾经浏览过 Web 页面）。如果 Web 地址有误，Internet Explorer 自动搜索类似的地址，以找出匹配的地址。

（三）用搜索功能快速查找内容

用搜索功能快速查找内容，有以下两种方法：

（1）在 IE 浏览器的地址栏右侧的"默认搜索"框中输入要查找的内容后，单击 Enter 键，显示搜索结果，如图 6.18 所示。

图 6.18 搜索结果

（2）在地址栏中键入要查找的内容并按回车键，如图 6.19 所示。

图 6.19 在地址栏中键入搜索内容

（四）基本浏览方法

1. 启动 IE

常用的启动 IE 的方法包括：单击任务栏中的 IE 图标；双击桌面上的 IE 图标；菜单命令"开始"→"所有程序"→"Internet Explorer"。

2. 关闭 IE

常用的关闭 IE 的方法包括：单击窗口菜单关闭按钮；单击窗口控制菜单中的关闭命令；使用菜单命令"文件"→"关闭"；直接按组合键【Alt+F4】。

3. IE 窗口组成

IE 窗口组成如图 6.20 所示，它包括如下几个方面的内容。

① 标题栏：显示正在浏览的页面的名字。标题栏的最右端是 Windows 中最常用的"最小化"、"最大/还原"和"关闭"按钮。

② 菜单栏：单击菜单名可打开相应的下拉菜单。IE 的各种功能都可以通过单击菜单中的命令来实现。

③ 标准按钮栏：在标准按钮栏中安排有"后退"、"前进"、"停止"、"刷新"、"主页"、"搜索"、"收藏"、"历史"、"邮件"和"打印"等按钮。单击某个按钮就可以方便地实现相应的功能。

④ 地址栏：地址栏对用户来说是最重要的。将插入点移入地址框中，并键入要浏览的Web 页的地址后按回车键，才能浏览。

⑤ 浏览窗口：显示所选中的 Web 页的内容。

⑥ 状态栏：当浏览器正在下载页面时，状态栏左端显示所要浏览的 Web 页的地址和相应下载的信息，其右边有一蓝色小条向右不断延伸，表示已下载部分的比例。状态栏右端显示该站点的性质。

图 6.20　IE 浏览器的窗口

4. 输入网址

打开 IE 浏览器，在地址栏中输入网址，表示想要浏览的网页。通过地址栏输入"http://www.sina.com.cn"（新浪网首页），按 Enter 键后即会出现如图 6.20 所示的页面。IE 还有记忆功能，用户第一次输入某个地址时，IE 会记忆这个地址，待再次输入时只需要键入开始的几个字符，IE 就把吻合的地址罗列出来，选中即可转到相应地址。单击地址列表右端的下拉按钮，可拉出曾经浏览过的 Web 页地址表。用鼠标单击选中的一个，相当于输入该地址。

5. 浏览网页

Web 页上的某些文字和图形可以作为超链接对象，当鼠标指向超链接时，鼠标指针会变成手指形状，用户单击这些文字和图形时，可进入另一个 Web 页。这样按链接浏览下去，就可以漫游整个 WWW 资源。利用"标准按钮"工具栏中的"主页"、"后退"和"前进"按钮来浏览最近访问过的网页。单击"停止"按钮，可以终止当前的链接，单击"刷新"按钮可重新传送该页面的内容。

6. 利用历史记录浏览访问过的网页

在工具栏上，单击"历史"按钮，出现历史记录栏，其中包含了最近几天或几个星期内访问过的网页和站点的链接。在历史记录栏中，单击星期或日期，单击文件夹以显示各个网页，然后单击网页图标显示该网页内容。要排序或搜索历史记录栏，单击历史记录栏顶端"查看"按钮旁边的箭头，查找并返回到最近访问的 Web 页，如果用户想查找并返回过去访问过的 web 站点和页面，无论是当天还是几周前的页面，可通过 IE 的历史记录列表，记录用户访问过的每个页面，以便在以后返回该页面。

（1）返回到刚刚访问过的 Web 页面，通过"后退"或"前进"按钮，可直接查看当前页面之前 9 个页面中的一个。

操作方法：单击"后退"或"前进"按钮，可直接查看当前页面。

（2）查找当天或几周前访问过的 Web 页面，IE 会自动记录当天和过去访问的 Web 页，按访问日期（天）在"历史记录"栏的文件夹中组织这些页面。在一天中按字母顺序在文件夹中组织这些 Web 站点，并将该站点上访问过的页面放在该文件夹中。

（3）在历史文件夹中查找页面，在 IE 工具栏上单击"历史"按钮，在屏幕左侧打开"历史记录"栏；要单击搜索的时段，单击 Web 站点文件夹以打开一个页面列表，再单击指向该页面的链接即可。

注意：IE 默认存储 20 天里访问的页面，若要更改，可在菜单栏上选择"工具"→"Internet 选项"选项，弹出"Internet 选项"对话框，在"常规"选项卡的"历史记录"下进行更改。若在脱机连接状态下查看以前访问过的页面内容，需要在"Internet 临时文件"下单击"设置"按钮，在弹出的"设置"对话框中选择"不检查"。

（五）更改主页

主页是每次打开 Internet Explorer 时最先显示的页面。可以选择一页经常浏览的网页，或者可以进行自定义，以便快速访问各种信息的网页。

随堂实训 5　更改主页

（1）选择"工具"→"Internet 选项"命令，显示"Internet 选项"对话框。
（2）单击"常规"选项卡，在"主页"组中单击"使用当前页"按钮。

（3）在地址框中输入当前 Web 页的地址，单击"确定"按钮，至此完成了主页的更改，如图 6.21 所示。

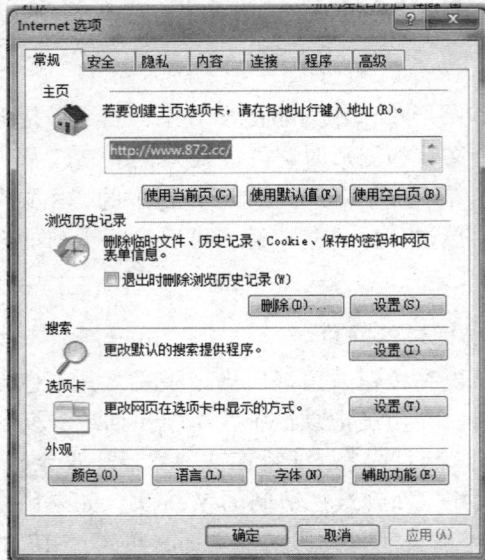

图 6.21　"Internet 选项"对话框

（六）历史记录的设置和删除

从菜单选择"工具"→"Internet 选项"命令，显示"Internet 选项"对话框，单击"常规"选项卡，单击"浏览历史记录"组的"设置"按钮，在"Internet 临时文件和历史记录"对话框的"网页保存在历史记录中的天数"框中输入天数（系统默认值为 20 天）。

若要删除所有的历史记录，只要单击"删除"按钮，在"删除浏览的历史记录"对话框中选择"历史记录"复选框，单击"删除"按钮就可以清除所有的历史记录。

（七）收藏夹的使用

对于喜欢的网页或网站，可以保存其地址，这样以后就能轻松打开，而不必费心记住域名。

1. 将网址添加到收藏夹

对于你感兴趣的网页，在菜单中选择"收藏"→"添加到收藏夹"命令，出现"添加到收藏夹"对话框，如图 6.22 所示，在该对话框中单击"创建到"按钮，并单击"新建文件夹"按钮可以将网址分门别类地存放在不同的文件夹下。在打开 IE 浏览器后，单击"收藏"按钮打开收藏夹，就可以在收藏夹中找到自己要访问的站点名字。

2. 整理收藏夹的网址

为了使存放在收藏夹的中网页地址更有条理，便于查找和使用，必要时应对收藏夹进行整理。单击收藏夹窗口中的"整理..."按钮，或单击菜单中"收藏"→"整理收藏夹"命令，打开"整理收藏夹"对话框，如图 6.23 所示。该对话框右部是收藏夹列表，左部是"创建文件夹"、"移至文件夹..."、"重命名"和"删除"4 个命令按钮。

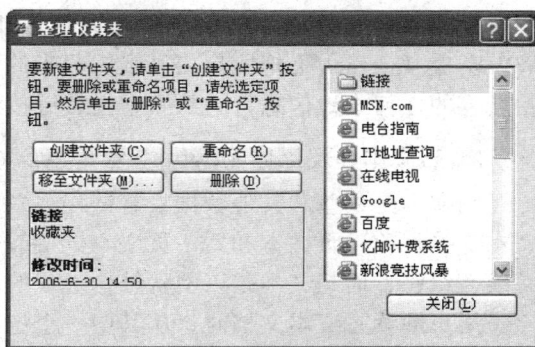

图 6.22 网址添加到收藏夹

图 6.23 整理收藏夹

（八）在计算机上保存网页

如果要把浏览的 Web 页面长期保存在自己的计算机中，以便在脱机状态下也能查看，可以选择保存网页。

保存当前浏览 Web 页的方法：在菜单栏上选择"文件"→"另存为"选项，弹出"保存网页"对话框，双击用于保存网页的文件夹，在"文件名"文本框中键入网页名字。

（1）若要保存显示该网页时所需的全部文件（包括图像、框架和样式表），则在"保存类型"中选择"网页，全部"，按原始格式保存所有文件。

（2）若只保存当前 HTML 页，则在"保存类型"中选择"网页，仅 HTML"，保存网页信息，但不保存图像、声音或其他文件。

（3）若只保存当前网页的文本，则在"保存类型"中选择"文本文件"，以纯文本格式保存网页信息。

（九）保存网页中的图片或文本

用户查看网页时，如果想把其中的一些文本、图形保存下来以备以后参考，可以先选择要复制的文本，然后在菜单栏上选择"编辑"→"复制"选项，将选择的文本复制到剪贴板上，再将其粘贴到所编辑的文档中。

用 IE 8.0 的"图像工具栏"可以方便地处理网页中的图像：将鼠标指针移到图片上，在图片的左上角出现"图像工具栏"。可以在"图像工具栏"上选择保存图像的磁盘（与右击图像并选择"另存为"选项一样）；可以直接打印图像，也可以将图像以电子邮件的方式发送；还可以用工具栏上的按钮直接打开"图片收藏"文件夹，在该文件夹中查看和管理图片。

（十）几个基本概念

理解下面几个基本概念会对用户在 Internet 上浏览和检索信息有所帮助。

1. 万维网（WWW）

万维网，又称 WWW（Word Wide Web），是一种建立在因特网上的全球性的、交互动态的、超文本、超媒体信息的查询系统。WWW 网站中包含许多网页（又称 Web 页），每个 Web 站都有一个主页（home page），是该 Web 站点的信息目录表或菜单。万维网其实是一个由千千万万个网页组成的信息网。由于万维网的出现，使 Internet 从仅有少数计算机专家使用变为普通老百姓也能利用的信息资源，它是 Internet 发展过程中的一个非常重要的里程碑。WWW 是 Internet 上把所有信息组织起来的一种方式，它是一个超文本文档的集合，其中包括所要的任何本地信息，它从一个文档链接到另一个文档，使你可以畅行于 Internet 网络。

2. 超文本和超媒体（hypertext & hyper media）

超文本是一些和其他数据具有链接关系的数据。这种链接关系就是一种超文本链接。超文本链接将前一页文本和后一页文本链接起来。超文本与普通文本的最大区别在于普通文本是线性组织，而超文本是以网状结构组织的。在超文本中，可以方便地在文档中来回切换。

用户阅读超文本文档时，从其中一个位置跳到另一个位置，或从一个文档跳到另一个文档，可以按非顺序的方式进行。即不必从头到脚逐章逐节获取信息，可以在文档里跳来跳去。这是由于超文本里包含着可用作链接的一些文字、短语或图标，用户只需要在其上用鼠标轻轻一点，就能立即跳转到相应的位置。这些文字和短语一般有下划线或以不同颜色标示，当鼠标指向它们时，鼠标将变为手形。

超媒体是超文本的扩展，是超文本与多媒体的组合。在超媒体中，不仅可以链接到文本，还可以链接到其他媒体，如声音、图形图像和影视动画等。因此，超媒体把单调的文本文档变成了生动活泼、丰富有趣的多媒体文档。

3. 超文本标记语言 HTML（Hyper Text Markup Language）

超文本文件由超文本标记语言 HTML 格式写成，是在 WWW 中用来指定一个超媒体文本的内容和格式的一种语言，它是由瑞士的欧洲粒子物理实验室（CERN）研究中心开发出来的。

要使 Internet 上的用户在任何一台计算机上都能显示任何一个 WWW 服务器上的页面，必须解决页面制作的标准化问题。超文本标记语言 HTML 就是一种制作 WWW 页面的标准语言，该语言消除了不同计算机之间信息交流的障碍。

HTML 是一种描述性语言，定义了许多命令，即"标签（tag）"，用来标记要显示的文字、表图像、动画、声音、链接等。用 HTML 描述的文档是普通文本（ASCII）文件，可以用任何文本编辑器（如"记事本"）创建，但文件的扩展名应是.htm 或.html。当用户用浏览器所使用的显示器的尺寸和分辨率大小，重新进行排版后将读取的页面在用户的显示器上呈现出来。

4. 页面（web page）WWW 以 Web 信息页的形式提供服务

Web 信息页称为网页，它是基于超文本技术的一种文档。它既可以用超文本标记语言 HTML 来书写，也可以用网页编辑软件来制作。常用的网页制作软件有 FrontPage 和 Dream Weaver。当客户端与 WWW 服务器建立链接后，用户所浏览的就是从 WWW 服务器中返回的一张张网页，用户浏览某个网站时，浏览器首先显示的网页称为主页（home page）。

5. 统一资源定位符 URL（Uniform Resource Location）

统一资源定位符 URL 是对 Internet 上的资源的位置和访问方法的一种简洁的表示方法。Internet 上的任何一种资源都可以用 URL 进行标识，这些"资源"是指在 Internet 上可以被访问的任何对象，包括文件目录、文件、图像、声音、电子邮件地址等，以及与 Internet 相连的任何形式的数据。Internet 上的任何一种资源在整个 Internet 的范围内具有唯一的标识符 URL，就像 Internet 上的每一台主机都有一个 IP 地址一样。因此，习惯上把 URL 称为网址。

URL 相当于文件名在网络范围的扩展，它指出了资源在 Internet 的位置，给出了寻找资源的路径。由于 Internet 上的资源多种多样，对不同资源的访问方式也不同（如通过 WWW、FTP 等）。因此，URL 还指出访问某个资源时使用的访问方式。

统一资源定位器 URL（Uniform Resource Locator）是 WWW 页的地址，它从左到右由下面几个部分组成。

① Internet 资源类型（scheme）：指出 WWW 客户程序用来操作的工具。如 "http：//" 表示 WWW 服务器，"ftp：//" 表示 FTP 服务器。

② 服务器地址（host）：指出 WWW 页所在的服务器域名。

③ 端口（port）：有时对某些资源的访问，需给出相应服务器的端口号。

④ 路径（path）：指明服务器上某资源的位置。不指明端口和路径时，采用默认值。

统一资源定位器 URL 的地址格式为 scheme：//host：port/path。

如 http：//www.shemu.edu.cn/education/index.htm，就是一个典型的 URL 地址。客户程序首先看到 http（超文本传输协议），便知道处理的是 HTML 链接。接下来的 www.shemu.edu.cn 是站点地址，然后是目录 education，最后是文件名 index.htm。

6. 超文本传输协议（HTTP）

超文本传输协议 HTTP（hypertext transfer protocol）是 WWW 浏览器和 WWW 服务器之间的应用层通信协议。HTTP 协议是用于分布式协作超文本信息系统的、通用的、面向对象的协议。

7. 浏览器（browser）

WWW 服务是通过客户端程序访问的，这种客户端程序称为浏览器（browser），因为它允许用户根据超文本链接（hypertext link）进行漫游，而不必进行有目的的查询，是浏览器功能偶然的发现，并因此而得名。目前，WWW 环境中使用最多的浏览器主要有两个，一个是 Netscape（网景）公司的 Navigator，另一个是美国 Microsoft（微软）公司的 Internet Explorer（IE）。

（十一）保存当前浏览的网页

1. 保存的 Web 页面

打开要保存的 Web 页面，使用菜单命令 "文件" → "另存为"，在 "保存网页" 对话框中选择要保存文件的盘符和文件夹，在文件名框中输入文件名；在保存类型框中，根据需要选择一种类型。其中文本文件节省存储空间，但只能保存文字信息。

2. 保存 Web 页面上的图片

网页中包含的图片一般是 JPG 格式或 GIF 格式，这两种格式存储的图片比较适合网络传输。右击欲保存的图片，从快捷菜单作中选择 "图片另存为" 命令，在 "保存图片" 对话框中选择存储在本机的路径和存储的图片格式，并输入文件名称，单击 "保存" 按钮即可。若保存页面的背景图像，则右击页面背景图像，从快捷菜单中选择 "背景另存为" 命令。若将 Web 页面上的图片作为桌面墙纸，可右击网页上的图片从快捷菜单中选择 "设置为墙纸" 命令，即可将你喜欢的图片作为桌面背景。

任务三　Internet 应用

一、在 Internet 上查找资料

在网络中搜索自己所需的信息，主要是依靠搜索引擎。搜索引擎为用户查找信息提供了极大的方便，要查询某个相关信息但不知道信息所在的网址时，可以通过"搜索引擎"快速检索到信息所在的网址。搜索引擎是指一类运行特殊程序的、专用于帮助用户查询因特网上信息的特殊站点。这些站点有自己的数据库，保存着许多网页的检索信息，并不断更新。使用搜索引擎时，输入要搜索的信息关键字后，即可检索出与指定关键字相关信息的文件名及其所在主机 IP 的地址和网址，并可以将查询到的信息下载到本地计算机上。目前常用的搜索引擎有 www.google.com，www.baidu.com，cn.yahoo.com 等。常用的搜索引擎应该放入收藏夹中，以便于快速应用。

随堂实训 1　常用搜索引擎

1. 使用 Google 搜索引擎

（1）在地址栏中输入 Google 的 URL 网址：http：//www.google.com。

（2）输入要查找的关键字，如"计算机应用基础"，单击"Google 搜索"按钮，开始在互联网上搜索有关远程教育的信息，如图 6.24 所示。

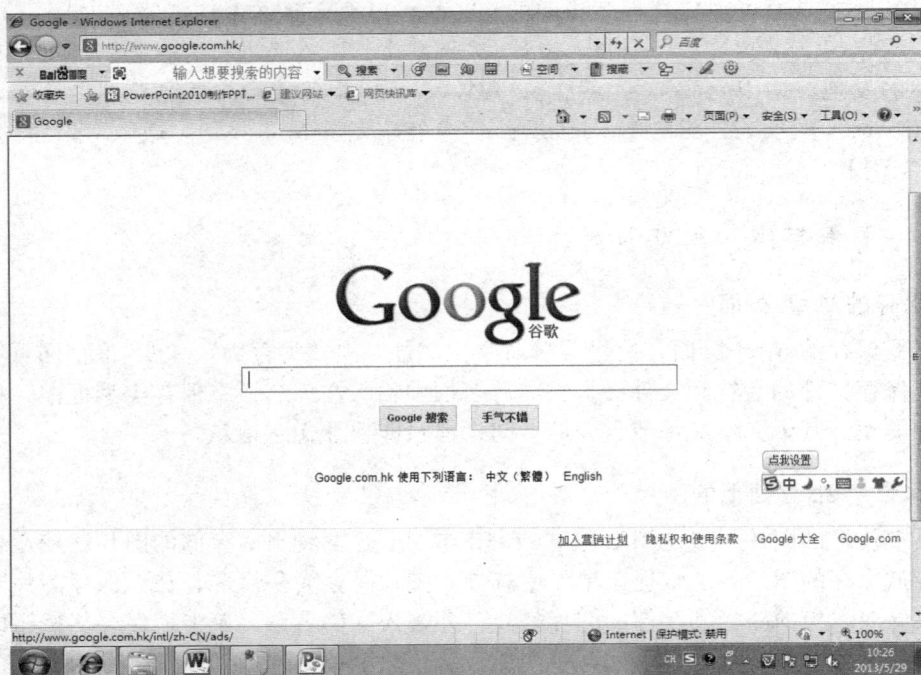

图 6.24　Google 搜索引擎

（3）若搜索结果要求包含两个或者两个以上的关键字，则需要在关键字之间加上"+"，而 Google 无需用明文"+"来表示逻辑"与"操作，只要空格键就可以了；搜索结果要求不包含某些特定信息，Google 用减号" - "表示逻辑"非"操作。

2. 使用百度搜索引擎

（1）百度搜索引擎也很常用。在地址栏中输入 URL 地址：http：//www.baidu.com，在搜索框中输入需要查询的内容，按回车键，或用鼠标点击搜索框右侧的百度搜索按钮，就可以得到最符合查询需求的网页内容，如图 6.25 所示。

（2）输入多个词语搜索（不同字词之间用一个空格隔开），可以获得更精确的搜索结果。例如，查询高职高专计算机应用基础的相关信息，在搜索中输入"高职高专计算机应用基础"获得的搜索效果会比输入"计算机应用基础"更好。

图 6.25　百度搜索引擎

二、下载网上资源

所谓下载就是将网络中的文件存储到本地计算机的过程。实际上浏览器除了浏览信息以外，另一项重要功能就是从网上下载文件。因特网上可供下载的软件有两大类：自由软件和共享软件。能够提供下载服务的站点很多，从站点使用的协议来看，大致可分成：Web 站点、FTP 站点和 Gopher 站点。随着技术的进步，Gopher 站点越来越少，而 FTP 站点的数量也有下降的趋势，目前数量最多的站点当属 Web 站点了。

（一）访问下载站点

目前，国内提供软件下载的 Web 站点很多，这些站点将各种软件进行分类整理，然后提供给用户检索和下载。下面给出几个下载站点：

新浪软件下载：http：//download. sina.com. cn；

华军软件园：http：//www.onlinedown.net；

多特软件站：http：//www.duote.com。

一般从 Web 站点下载文件的过程是：

（1）访问软件下载网站。

（2）按类查找所需软件，或利用站内的搜索功能查找所需软件。

（3）指定下载软件。

（4）执行下载。

图 6.26 是新浪软件下载的页面。

图 6.26 新浪下载首页

（二）从 FTP 站点下载文件

FTP 是用于网络中文件传输的协议，只要网络中安装了 TCP/IP 协议，用户就可以用 FTP 来传输文件。FTP 站点就是安装了 FTP 服务器的站点，FTP 服务器负责接收客户软件传来的控制命令并能够进行数据传输。

使用浏览器从 FTP 站点下载文件的过程是：

1. 连接 FTP 站点

在地址栏中，键入欲连接的 FTP 站点 Internet 地址。例如，输入西安交通大学 FTP 站点的 URL 网址：ftp：//ftp.xjtu.edu.cn，如图 6.27 所示。

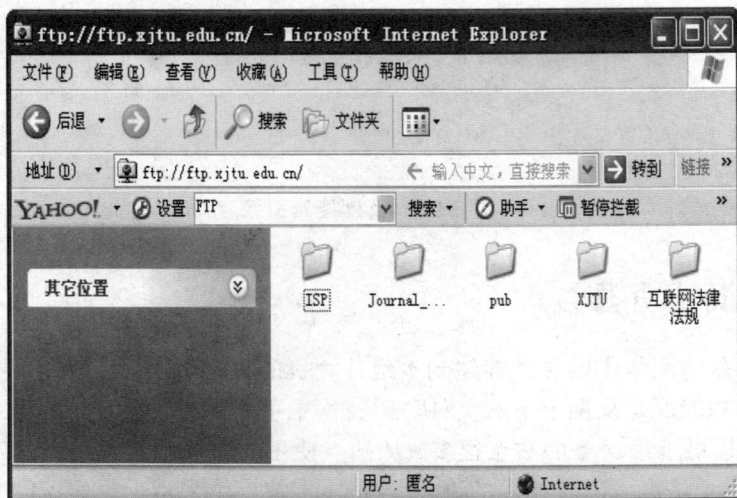

图 6.27 FTP 站点首页

2. 下载文件或文件夹

右击该页中的文件或文件夹，从快捷菜单中单击"复制到文件夹"；若要以其他用户身份登录到该 FTP 站点，在菜单中选择"文件"→"登录"；若要重命名，或删除 FTP 文件夹中的项目或将项目上传到 FTP 站点，可以使用与 Windows 资源管理器或"我的电脑"相同的方法操作。在某些 FTP 站点上，只能查看下载文件。只有具有相应权限的人才能重命名、删除或下载文件。

随堂实训 2　下载文件或文件夹

（1）打开 IE，在地址栏中输入 http：//www.google.com，进入 google 搜索引擎。将此网页放入 IE 收藏夹中。

（2）在搜索框中输入"迅雷"，在网络中搜索相应链接。

（3）找到一个相应下载页面后，下载"迅雷"软件到本地（C：\download）。

（4）在本地计算机安装"迅雷"软件。"迅雷"是一款下载专用的工具软件，可有效提高下载速度。在下载目录中，找到下载的迅雷（Thunder）双击开始安装，如图 6.28 所示。

（5）利用"迅雷"软件下载一首 MP3 歌曲。找到相应下载链接后，右击选择"使用迅雷下载"，如图 6.29 所示。

（6）选择"本地存储目录"后，开始下载。

图 6.28　安装迅雷软件

图 6.29　使用迅雷下载

三、电子邮件的设置与使用

随堂实训 3　电子邮件的使用

电子邮件是因特网最基本也是最重要的服务之一。网络中的每个 E-mail 信箱都有一个地址，要向一个用户发送 E-mail，就必须知道其邮箱地址，即电子邮件地址。邮箱地址一般是用户自己申请的，现在很多网站都可以免费注册电子邮件地址。

邮箱地址的一般格式为 songxj@lzpcc.com.cn。

可以看出，邮箱地址分为两个部分。前面标识信箱的用户名，后面是用户信箱所在的计算机的域名。邮箱所在的服务器就是邮件服务器，它负责提供电子邮箱空间，并负责电子邮件的接收和发送，实际上相当于一个电子化的邮局。电子邮件在发送与接收过程中都要遵循 SMTP（Simple Mail Transfer Protocol，简单邮件传输协议）、POP3（Post Office Protocol 3，邮局协议的第 3 个版本）等，这些协议确保了电子邮件在各种不同的系统之间传输。其中，SMTP 负责电子邮件的发送，而 POP3 则用于接收。

（一）申请 E-mail 电子邮箱

如果所在单位有电子邮件服务器，可以申请网络管理员给你开通一个邮箱。一般在开通后，网络管理员就会告诉你电子邮件地址，这主要包括你的用户名和口令。网络中有很多网站可以免费注册电子邮箱。如 www.sina.com.cn，www.163.com，www.126.com 等，你可以上网给自己注册一个电子邮箱。还有一些收费的电子邮箱，如果需要，也可以考虑选用。

（1）在 IE 浏览器地址栏中输入 www.163.com，进入网易主页，单击"免费邮箱"。

（2）点击"注册免费邮箱"，再点击"我接受"按钮，输入所要求填写的用户信息，有"＊"号处是必须填写的。（用户名、邮箱密码及忘记密码后所使用的密语要记住。）

（3）填写结束且检查无误后，单击"提交表单"。

（4）提示你已经注册成功后，点击"立即开通"，你就拥有了用户名@163.com（如 lpcap@163.com）的信箱。

（二）通过浏览器直接访问自己的邮箱

（1）进入 www.163.com 主页，点击"免费邮箱"，输入用户名和密码，按回车键进入邮箱。

（2）单击"收件箱"，接收邮件。

（3）单击"写信"，输入对方的 E-mail 地址和信件内容后，单击"发送"。

（4）利用 Outlook　Express 收发电子邮件：

① 双击桌面上的"Outlook Express"图标，进入 Outlook Express 主窗口。

② 单击"工具"菜单下的"账户"命令，再单击"添加"按钮，选择"邮件"。在"显示名"框中输入你的姓名，单击"下一步"。

③ 输入电子地址邮件地址，继续输入接收邮件服务器：pop3.163.com 和发送邮件服务器：smtp.163.com。

④ 输入账户名和密码。

⑤ 单击 Outlook Express 工具栏上的"发送/接收"按钮，来接收邮件。

⑥　单击文件夹列表栏中的"收件箱"，在邮件列表中选中要阅读的邮件，双击即可阅读。

⑦　单击工具栏上的"创建邮件"按钮，在"收件人"、"抄送"框中键入 E-mail 地址，此时输入邮箱地址为 xiaoxiao@163.com，在"主题"框中输入"圣诞节快到了，送去节日的祝福"，在"内容"框中输入邮件内容，最后选择"插入—文件附件"（安装指定的路径插入即可）。

⑧　单击工具栏上的"发送"按钮，发送邮件。

有一些客户端软件如 Outlook Express、Fox mail 等可以作为专门的邮件收发软件。这适合于一些有固定计算机的用户，利用这些软件，实际上就可以把邮件服务器上的邮件下载到本地计算机来保存。

图 6.30 是 Web 方式使用电子邮箱外观。图 6.31 是 Outlook Express 客户端的外观。

图 6.30　Web 方式使用电子邮箱

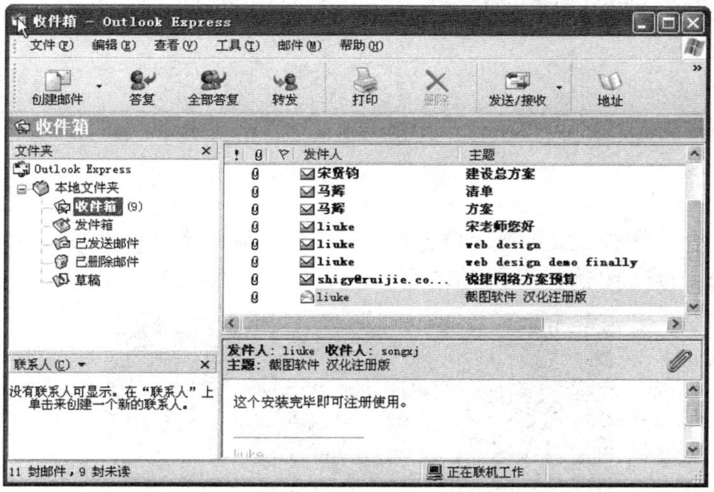

图 6.31　Outlook Express

Outlook Express 是 Microsoft IE 的一个组件，使用 Windows 系统的用户可以方便地使用这个客户端软件。使用该软件前要进行一定的配置。这就需要事先有所准备，主要配置项有：显示名、电子邮件地址、接收邮件服务器地址、发送邮件服务器地址、账户名、密码等。以上配置在 Outlook Express 窗口中，通过菜单"工具"→"账号"，选择"邮件"→"添加"→"邮件"就可以进行设置了。邮件服务器地址可以是域名，也可以是邮件服务器所在的 IP 地址。

通过 Outlook Express 收发邮件、管理地址簿十分方便简捷，用户很容易上手。

四、使用 QQ 交流

QQ 是由深圳腾讯计算机系统有限公司开发的基于 Internet 的即时寻呼软件。可以使用该软件和好友进行即时交流、发送文件等，所以 QQ 受到了广大网友的喜爱。

下面介绍其使用方法。

（1）申请一个 QQ 号。

可以登录腾讯公司相关网页进行申请。输入 http：//zc.qq.com/chs/index.html 即可进入申请首页，如图 6.32 所示。输入相应的信息后，即可申请到一个免费的 QQ 号码。当然 QQ 号码还可以通过手机申请等途径得到。

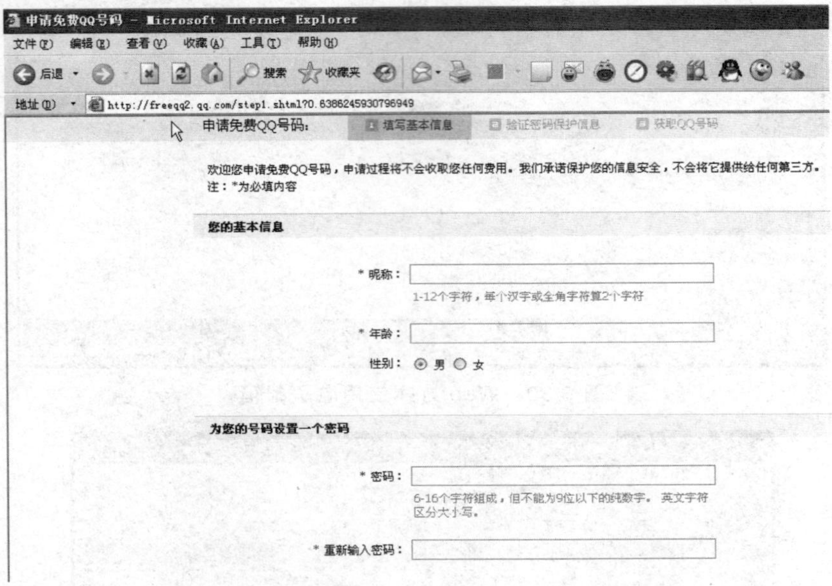

图 6.32　申请 QQ 号码

（2）安装 QQ 客户端程序。同样，QQ 安装程序也可到腾讯网站 http：//www.qq.com 下载。

（3）登录 QQ。输入申请的号码和口令即可登录，如图 6.33 所示。

图 6.33　登录 QQ

（4）使用 QQ。当添加了 QQ 好友后，便可与好友进行实时交流、传送文件等操作了。

习　题

一、单选题

1. 根据计算机之间互联的范围将计算机网络分为（　　）。
   A. 近程网，远程网，国际网　　　　B. 远程网，互联网，局域网
   C. 局域网，广域网，互联网　　　　D. 低速网，中速网，高速网

2. 根据计算机之间的物理连接形式可将计算机网络分为（　　）。
   A. 星型网，总线网，环型网　　　　B. 简单网，综合网，复杂网
   C. 层次网，网状网，关系网　　　　D. 低速网，中速网，高速网

3. Internet 广泛使用的标准协议是（　　）。
   A. TCP/IP　　　B. IPX/SPX　　　C. ARP/RARP　　　D. CSMA/CD

4. 调制解调器的英文名是（　　）。
   A. Modem　　　B. Bridge　　　C. Router　　　D. Gateway

5. 可以分配给用户使用的 Internet 的 IP 地址分为（　　）类。
   A. 3　　　B. 10　　　C. 64　　　D. 128

6. 电子邮件的英文名是（　　）。
   A. Web　　　B. WWW　　　C. E-mail　　　D. FTP

7. 在 Internet 的 IP 地址中，C 类地址所能表示的范围是（　　）。
   A. 192.0.0.0 ~ 223.255.255.255　　　B.128.0.0.0 ~ 191.255.255.255
   C. 0.0.0.0 ~ 127.255.255.255　　　D.0.0.0.0 ~ 255.255.255.255

8. 计算机网络是计算机技术与（　　）相结合的产物。
   A. 通信技术　　　B. 各种协议　　　C. 电话　　　D. 线路

9. IP 地址 185.132.120.100 是（　　）地址。
   A. A 类　　　B. B 类　　　C. C 类　　　D. D 类

10. URL 地址中 http 是指（　　）。
   A. 超文本传输协议　　B. TCP/IP 协议　　C. 文件传输协议　　D. 计算机主机名

11. 下列四项中，（　　）不是因特网的一级域名。
   A. cn　　　B. www　　　C. gov　　　D. edu

12. 当个人计算机以拨号方式接入 Internet 时，必须使用的设备是（　　）。
   A. 网卡　　　B. 调制解调器　　　C. 电话机　　　D. 浏览器软件

13. 在计算机网络中，通常把提供并管理共享资源的计算机称为（　　）。
   A. 服务器　　　B. 工作站　　　C. 网关　　　D. 网桥

14. 在计算机网络中，表征数据传输可靠性的指标是（　　）。
   A. 传送率　　　B.误码率　　　C.信息容量　　　D.频带利用率

15. 调制解调器的主要功能是实现（　　）。
   A. 模拟信号与数字信号的转换　　　　B. 模拟信号的放大
   C. 数字信号的编码　　　　　　　　　D. 数字信号的整形

16. 局域网硬件主要包括服务器、工作站、网卡和（　　）。
   A. 拓扑结构　　　B. 计算机　　　C. 传输介质　　　D. 网络协议

17. 网络系统软件主要包括服务器操作系统、（　　　）、网络数据库管理等。

A. 服务器操作系统　　　　　　B. 网络

C. 网络传输协议　　　　　　　D. 工作站软件

18. 计算机网络最突出的优点是（　　　）。

A. 运算速度快　　　　　　　　　　　　B. 资源可以共享

C. 存储容量大　　　　　　　　　　　　D. 运算精度高

19. 因特网上使用最广泛的服务是（　　　）。

A. WWW　　　　　B. 文件传输　　　C. 远程登录　　　D. 电子邮件

20. 要更改 exchAnge 的配置，必须打开控制面板中的（　　　）。

A. 电子邮件　　　　　　　　　　B. 调制解调器

C. 辅助选项　　　　　　　　　　D. 多媒体

二、操作题

（一）IE 浏览器

1. 将当前打开的网页的网址添加到收藏夹的"链接"文件夹中，并改其链接名为"学习"。

2. 将收藏夹中的"新浪首页"设置成允许脱机浏览，且下载的网页层数为 3 层。

3. 通过整理收藏夹向收藏夹中创建一个新文件夹，命名为"搜索类"。

4. 使用 IE 的搜索功能来搜索包括"internet"单词的网页，并打开搜索到的第一个相关网站。

5. 将 Internet Explorer 的主页设置为搜狐 http：//www.sohu.com。

6. 使用"百度搜索"查找篮球运动员姚明的个人资料，将他的个人资料复制，保存到 Word 文档"姚明个人资料.doc"中。

（二）OE 操作

1. 设置 Outlook Express，使其每隔 15 分钟检查一次新邮件，如有新邮件到达时发出声音。

2. 将发件箱中等待下一次发送的邮件，移至"草稿"目录中保存。

3. 创建一封新邮件，收件人为"lishang@test.mtn"；邮件内容为"最近身体好吗？有空常联系。"将任意一图片作为附件发送。

4. 向通讯簿中添加一姓张名伟的联系人，其邮件地址为 zhangwei@tom.com，并设置邮件仅以纯文本方式发送。

5. 向公司部门经理汪某某发送一个 E-mail 报告生产情况，并抄送总经理刘某某。

具体如下：

【收件人】WangLing@mail.pchome.com.cn；

【抄送】 Liuwf@mail.pchome.com.cn；

【主题】报告生产情况；

【函件内容】本厂超额 5%完成一季度生产任务。

【注意】"格式"菜单中的"编码"命令中用"简体中文（GB 2312）"项。

模块七

图像信息处理技术

　　本模块从图像处理的基础知识和案例入手，既突出基础知识和基本操作，又重视实践应用，由浅入深地介绍了图像处理软件 Photoshop CS5 的使用方法。将案例融入软件功能的介绍过程中，力求通过课堂案例演练，使学生快速掌握软件的应用技巧；在学习了基础知识和基本操作后，通过课后习题实践，拓展学生的实际应用能力。整个模块共 8 个任务，依次介绍了 Photoshop CS5 概述、选择工具的使用、图像颜色的调整、绘图工具的使用、文字工具的使用、图层使用、形状和路径工具的使用、滤镜效果等内容。

【学习目标】

（1）了解 Photoshop CS5。

（2）掌握选择工具、绘图工具、文字工具、形状和路径工具的使用。

（3）掌握图像颜色的调整。

（4）掌握图层的使用。

（5）了解滤镜效果的应用。

任务一　Photoshop CS5 概述

通过本任务，读者可以对 Photoshop CS5 有一个理论上的基本了解。这是学习本章的基础。

一、图形图像的基础知识

Photoshop 是图片处理者手中锦上添花的工具，为了便于读者全面了解和认识 Photoshop，首先向大家介绍关于图形图像的基础知识。

（一）位图图像

计算机图形可以分为位图图像和矢量图形两大类。Photoshop 是一个位图图像处理软件，因此，它具有位图图像处理软件的一些共同特点。例如，它也是以"像素"为最基本的单位对图像进行编辑和处理的。

1. 位图图像

位图图像又称为点阵图像或栅格图像，是由许多的点组成的，这些点称为像素（pixel）。

不同颜色的像素点按照一定次序进行排列就组成了色彩斑斓的图像。当把位图图像放大到一定程度显示时，在计算机屏幕上就可以看到一个个方形小色块，如图7.1（b）所示，这些小色块就组成图像的像素。位图图像通过记录每个像素的位置和颜色信息来保存图像，因此，图像的像素越多，每个像素的颜色信息越多，该图像文件所占的磁盘空间就越大。

（a）　　　　　　　　　　　　　　（b）

图 7.1　位图图像放大

2．矢量图形

矢量图形是由一些用数学方式描述的曲线组成的图形，其基本组成单元是锚点和路径。无论缩放多少，矢量图的边缘都是平滑的，而且矢量图形文件所占的磁盘空间也很少，非常适合网络传输。目前，网络上流行的 Flash 动画就是矢量图形格式。矢量图形与分辨率无关，可将其缩放到任意尺寸，按任意分辨率打印都不会丢失细节或降低清晰度。图 7.2（a）所示的图形放大很多倍后，构成图形的线条和色块依然非常光滑，没有失真现象。

（a）　　　　　　　　　　　　　　（b）

图 7.2　矢量图形放大

矢量图形特别适合表现大面积色块的卡通、标志、插画、文字或公司 Logo。制作和处理矢量图形的软件有 CorelDRAW、FreeHand、AutoCAD 等。

（二）像素和分辨率

1．像　素

像素是组成位图图像的最小单位。一个图像文件的像素越多，包含的图像信息就越多，自然就可以表现更多的细节，图像质量也随之提升，但同时保存文件所需的磁盘空间就越多，编辑和处理的速度也会减慢。

2. 分辨率

"分辨率"是数字图像中一个非常重要的属性，是指单位长度中像素的数目，通常用像素/英寸（dpi）来表示。根据用途不同，常见的分辨率有图像分辨率、显示器分辨率、打印机分辨率和印刷分辨率。

（1）图像分辨率。

图像中每单位长度含有的像素数目就是图像分辨率。图像分辨率不会影响图像在屏幕上的显示质量，只会影响图像输出的品质。分辨率高的图像用相同的打印尺寸比分辨率低的图像包含更多的像素。

（2）显示器分辨率。

显示器分辨率指的是显示器上每单位长度显示的像素的数量。大多数新型显示器的分辨率约为 72 dpi，而较早的 Mac OS 显示器的分辨率则为 96 dpi。

（3）打印机分辨率。

打印机分辨率指的是激光打印机（包括照排机）等输入设备产生的每英寸的油墨点数。大多数桌面激光打印机的分辨率为 300 ~ 600 dpi，而高档照排机能够以 1 200 dpi 或更高的分辨率进行打印。

（4）印刷分辨率。

在印刷时往往使用线屏（lpi）而不是分辨率来定义印刷的精度，在数量上线屏是分辨率的 2 倍。例如，如果一个出版物以线屏 175 印刷，在为该出版物制作图像时，图像的分辨率就应该设置为 350 dpi 或更高。

（三）常用的文件格式

在 Photoshop 中进行图像合成时，也需要导入各种文件格式的图片素材。因此，熟悉常用图像格式的特点及其适用范围，就显得尤为必要。下面介绍这方面的相关知识。

1. PSD 格式

PSD 格式是 Adobe Photoshop 软件专用的格式，也是保存图像文件默认的格式。PSD 格式可以储存在 Photoshop 中建立的所有的图层、通道、参考线、注释（历史记录除外）等信息。因此，对于没有编辑完成、下次需要继续编辑的文件最好保存为 PSD 格式。

当然，PSD 格式也有其自身的缺点，由于保存的信息较多，与其他格式的图像文件相比，使用 PSD 格式保存时所占的磁盘空间要大得多。因此，在图像编辑完成之后，应将图像转换为兼容性好且占用磁盘空间小的图像格式，如 JPG 、TIFF 格式。

2. BMP 格式

BMP 格式是 Windows 平台标准的位图格式，使用非常广泛，一般的软件都提供了非常好的支持。BMP 格式支持 RGB、索引颜色、灰度和位图颜色模式，但不支持 Alpha 通道。

3. GIF 格式

GIF 格式也是一种非常通用的图像格式。它最多只能保存 256 种颜色，并且使用 LZW 压缩方式压缩文件。因此，GIF 格式保存的文件非常轻便，不会占用太多的磁盘空间，非常适合 Internet 上的图片传输。GIF 格式还可以保存动画。

4. JPEG 格式

JPEG 格式是一种高压缩比的、有损压缩真色彩图像的文件格式。其最大特点是文件比较小，可以进行高倍率的压缩。因此，在注重文件大小的领域中应用广泛，比如网络上绝大部分要求高颜色深度的图像都使用 JPEG 格式。JPEG 格式是压缩率最高的图像格式之一，这是由于 JPEG 格式在压缩保存的过程中会以失真最小的方式丢掉一些肉眼不易察觉的数据，因此保存后的图像与原图会有差别，没有原图像的质量好，不宜在印刷、出版等高要求的场合下使用。

5. PDF 格式

Adobe PDF 是 Adobe 公司开发的一种跨平台的通用文件格式，能够保存任何源文档的字体、格式、颜色和图形，并且不管创建该文档所使用的应用程序和平台是什么，Adobe Illustrator、Adobe PageMaker 和 Adobe Photoshop 程序都可以直接将文件存储为 PDF 格式。Adobe PDF 文件为压缩文件，任何人都可以通过免费的 Adobe Reader 程序进行共享、查看、导航和打印。

PDF 格式除了支持 RGB、Lab、CMYK、索引颜色、灰度和位图颜色模式外，还支持通道、图层等数据信息。

Photoshop 可以直接打开 PDF 格式文件，并且可以对其进行光栅处理，变成像素信息。对于多页 PDF 文件，可以在打开 PDF 文件对话框中设定打开的是第几页文件。PDF 文件被 Photoshop 打开后便成为一个图像文件，可以将其存储为 PDF 格式。

6. PNG 格式

PNG 是 Portable Network Graphics（轻便网络图像）的缩写，是 Netscape 公司为 Internet 开发的网络图像格式。PNG 格式可以保存 24 位真彩色图像，并且具有支持透明背景和消除锯齿边缘的功能，可以在不失真的情况下压缩保存图像。但由于并不是所有的浏览都支持 PNG 格式。所以该格式的使用范围没有 GIF 和 JPEG 广泛。

7. Photoshop EPS

EPS 是 Encapsulated Post Script 的缩写。EPS 是一种通用的行业标准格式，可以同时包含像素信息和矢量信息，除了多通道模式的图像之外，其他模式都可以存储为 EPS 格式，但不支持 Alpha 通道。EPS 格式支持剪贴路径，在排版软件中可以产生镂空或蒙版效果。

8. TGA 格式

TGA 格式是一种通用性很强的真彩色图像文件格式，有 16 位、24 位、32 位等多种颜色深度可供选择，可以带有 8 位的 Alpha 通道，并且可以进行无损压缩处理。

9. TIFF 图像格式

TIFF 图像格式是印刷业标准的图像格式，通用性强。TIFF 图像格式支持 RGB、CMYK、Lab、索引颜色、位图和灰度颜色模式，并且在 RGB、CMYK 和灰度 3 种颜色模式中还支持通道、图层和路径，可以使图像中路径以外的部分在置入排版软件中时变为透明。

二、Photoshop CS5 的工作界面

Photoshop CS5 的工作界面主要由菜单栏、选项栏、工具箱、调板、文件窗口、状态栏等

部分组成，如图 7.3 所示。

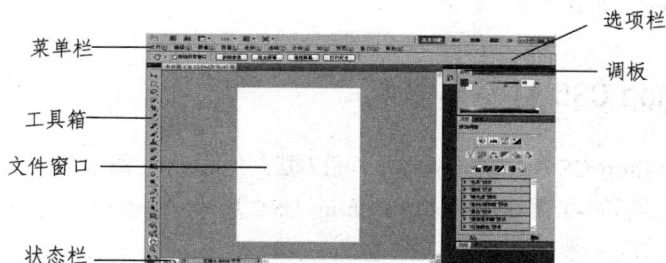

图 7.3　Photoshop CS5 的工作界面

（一）菜单栏

菜单栏包含 11 个菜单，分门别类地放置了 Photoshop 的大部分操作命令。需要使用某个命令时，首先单击相应的菜单名称，然后从下拉菜单列表中选择相应的命令即可。一些常用的菜单命令右侧显示有该命令的快捷键，如按【Ctrl+L】快捷键就可以快速打开"色阶"对话框。有意识地记忆一些常用命令的快捷键，有利于加快操作速度，提高工作效率。

（二）选项栏

每当用户在工具箱中选择一个工具后，工具选项栏就会显示出相应的工作选项，以便对当前所选工具的参数进行设置。工具选项栏显示的内容随所选工具的不同而产生变化。

（三）工具箱

工具箱中涵盖的工具种类非常丰富。要使用某种工具，直接单击工具箱中的工作图标，将其激活即可。通过工作图标，可以快速识别工具种类。例如，画笔工具是画笔形状 ，橡皮擦工具图标是橡皮擦的形状 。

工具箱中的许多工具并没有直接显示出来，而是以成组的形式隐藏在右下角带小三角形的工具按钮中。用鼠标按住该工具不放，即可展开工具组。此外，用户也可以使用快捷键来快速选择所需工具。例如，移动工具 的快捷键为 V，按键盘上的 V 键即可选择移动工具。

（四）文件窗口

文件窗口是 Photoshop 显示、绘制和编辑图像的主要操作区域。文件窗口的标题栏中除了有当前图像文档的名称外，还有图像的显示比例、颜色模式等信息。

状态栏位于 Photoshop CS5 操作窗口的左下角，用于显示当前图像的显示比例、文档大小等信息。

（五）调　板

调板包括了许多实用、快捷的工作和命令，它们可以自由地拆开、组合和移动，为绘制和编辑图像提供了便利条件。在 Photoshop CS5 中，所有调板都以图标形式显示在界面右侧，单击"窗口"菜单中的相应命令，即可打开对应的调板，总共包括 11 个调板组，当单击其中一个调板图表后，该调板将显示。通过调板，可以对 Photoshop 图像的图层、通道、路径、历史记录、动作等进行操作和控制。

三、Photoshop CS5 的基本操作

熟练掌握 Photoshop CS5 的基本操作，可以极大地提高工作效率，如辅助工具的使用、图像显示的控制等。下面将详细讲解 Photoshop CS5 基本操作的原理、方法和实际工作中的具体运用，为后面的深入学习打下坚实的基础。

（一）打开图像文件

在 Photoshop CS5 中，可以打开先前未编辑完成的图像文件继续工作，或者打开编辑图像需要的素材图像。在 Photoshop CS5 中打开文件的方法有多种，可以打开多种不同文件格式的图像。

1. 使用"文件"菜单命令

（1）单击"文件"→"打开"命令或按【Ctrl+O】快捷键，打开如图 7.4 所示的"打开"对话框。

（2）在"查找范围"下拉列表中选择图像文件所在的位置。然后在"文件类型"下拉列表框中选定要打开的图像文件格式。如果选择"所有格式"选项，则驱动器或者文件夹中的所有文件都将显示在"打开"对话框中。

（3）选择一个文件或者配合 Ctrl、Shift 键选择多个文件，单击"打开"按钮即可。

图 7.4　"打开"对话框

2. 拖曳文件

拖动要打开的图像文件到 Photoshop CS5 中，松开鼠标，打开所需的图像文件。

3. 使用鼠标右键

在要打开的图像文件上右击，选择"打开方式"→"Adobe Photoshop CS5"命令，将所需的文件在 Photoshop CS5 中打开。

（二）使用辅助工具

辅助工具是图像处理必不可少的帮手，它仅用于图像的辅助编辑，不会被打印输出。

1. 标　尺

标尺主要用于帮助用户对操作对象进行测量。除此之外，在标尺上拖动还可以快速建立参考线。

（1）显示或隐藏标尺。

单击"视图"→"标尺"命令，或按【Ctrl+R】快捷键，在图像窗口左侧及上方即可显示出垂直和水平标尺，如图 7.5 所示；再次按【Ctrl+R】快捷键，标尺将自动隐藏，如图 7.6 所示。

（2）更改标尺单位。

用户可根据自己的需要，自由地更改标尺的单位。例如，在设计网页图像时，可以使用"像素"作为标尺单位；而在设计印刷作品时，采用"厘米"或"毫米"作为单位则更加方便。

移动光标至标尺上方右击，从弹出的如图 7.7 所示的快捷菜单中选择所需的单位即可。

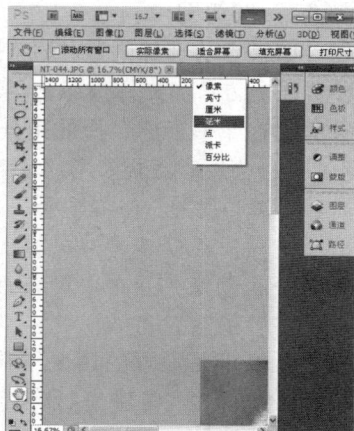

| 图 7.5　显示标尺 | 图 7.6　隐藏标尺 | 图 7.7　更改标尺单位 |

技巧：如何让标尺回到原来位置？

双击标尺交界处的左上角，可以将标尺原点重新设置到默认处。

2. 参考线

参考线用于物体对齐和定位，但由于参考线可以任意调整位置，因此使用起来更为方便。在设计图书封面时，常常需要使用参考线来定位裁剪书名和书脊的位置，如图 7.8 所示。

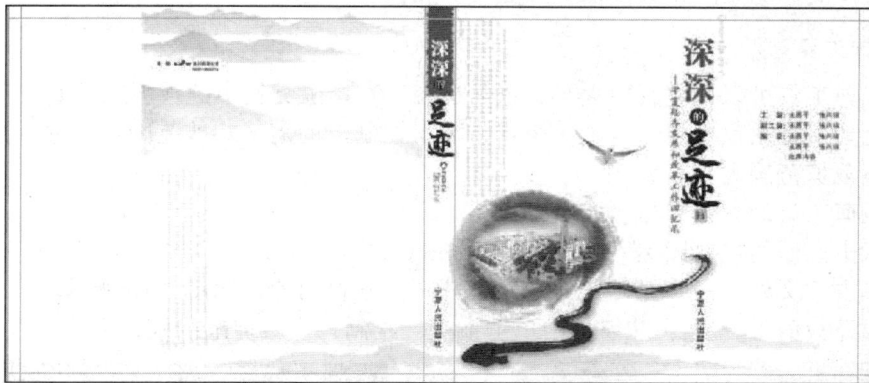

图 7.8　使用参考线制作图书封面

（1）建立参考线。

建立参考线之前，首先按【Ctrl+R】快捷键在图像窗口中显示标尺，然后移动光标至标尺上方，按住鼠标拖动至画布，即可建立一条参考线，在水平标尺上拖动得到水平参考线，在垂直标尺上拖动得到垂直参考线。在拖动的过程中，如果按住 Alt 键，可以使参考线在水平和垂直方向之间切换。

如果需要建立位置精确的参考线，可以使用菜单命令。单击"视图"→"新建参考线"命令，打开如图 7.9 所示的"新建参考线"对话框，在"取向"选项组中选择参考线方向，在"位置"文本框中输入参考线的位置坐标，最后单击"确定"按钮即可。

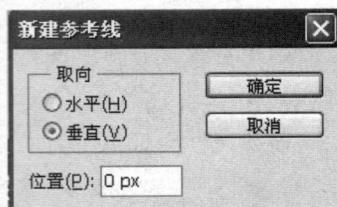

如果当前选择的是移动工具 ▶⊕，则可以直接移动光标至参考线上方，当光标显示为 ⊹ 或 ⊹ 形状时拖动鼠标即可移动参考线；如果当前选择的是其他工具，则需要先按住 Ctrl 键，再移动光标至参考线上方拖动。

图 7.9　"新建参考线"对话框

（2）显示/隐藏参考线。

单击"视图"→"显示"→"参考线"命令，或按【Ctrl+;】快捷键，可以显示/隐藏参考线。

技巧：拖动参考线时，如果按住 Shift 键可以将其强制对齐到标尺上的刻度。若按住 Alt 键单击参考线，则可以转换该参考线的方向。

（3）锁定参考线。

为防止在无意的情况下移动参考线，可以单击"视图"→"锁定参考线"命令（快捷键【Ctrl+Alt+;】），将参考线锁定。再次单击"视图"→"锁定参考线"命令，去掉"锁定参考线"命令左侧的"√"标记，则可以解除参考线的锁定。

（4）清除参考线。

单击"视图"→"清除参考线"命令，可以快速清除图像窗口中所有的参考线。若想删除某一条参考线，只需拖动该参考线至标尺或图像窗口范围外即可。

（三）调整图像文件大小

运用裁剪工具调整文件大小，则图像会和原图像不同。在"图像大小"对话框中进行设置，从而改变文件的大小，则图像会和原图像相同，只是大小不同。

1. 裁剪工具

使用裁剪工具可以调整画面大小，重新构图，选择工具箱中的裁剪工具 ⊭，移动光标至图像窗口拖动，释放鼠标后，得到一个带有 8 个控制点的矩形裁剪范围控制框，拖动控制框柄可以调整裁剪范围大小。

使用裁剪工具的具体操作步骤如下：

（1）双击桌面的快捷图标，打开 Photoshop CS5。

（2）单击"文件"→"打开"命令，打开一张素材图片，如图 7.10 所示。

（3）选择裁剪工具 ⊭，在窗口中单击拖曳，绘制一个裁剪范围框，如图 7.11 所示。

图 7.10　素材图片

图 7.11　绘制裁剪框

（4）移动光标至裁剪范围框边框，拖动调整裁剪框大小，如图 7.12 所示。

（5）裁剪范围框调整完成后，在裁剪框内双击，或按 Enter 键应用裁剪，构图调整完成，效果图如图 7.13 所示。

图 7.12　调整裁剪框

图 7.13　完成效果

2．更改图像大小

使用菜单命令可以自由调整照片的分辨率和像素大小，具体操作步骤如下：

（1）启动 Photoshop CS5，单击"文件"→"打开"命令，在"打开"对话框中选择需要调整大小的照片，单击"打开"按钮。

（2）打开照片后，在 Photoshop 中会看到一个以该照片名称命名的图像窗口，如图 7.14 所示。

（3）单击"图像"→"图像大小"命令，打开"图像大小"对话框，如图 7.15 所示。

图 7.14　打开照片

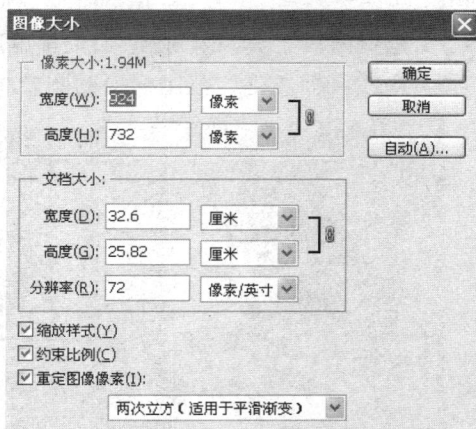

图 7.15　"图像大小"对话框

（4）选中"约束比例"和"重定图像像素"复选框，在"宽度"文本框中输入 600，设置照片宽度为 600 像素，其高度自动按照比例调整为 475 像素，如图 7.16 所示。

（5）单击"文件"→"存储为"命令，设置"格式"为 JPEG，在打开的"JPEG 选项"对话框中，将图像品质调到 8，如图 7.17 所示。这样在图像细节损失不严重的前提下，可以取得最好的压缩效果。

（6）单击"确定"按钮，保存照片。

图 7.16　调整图像大小

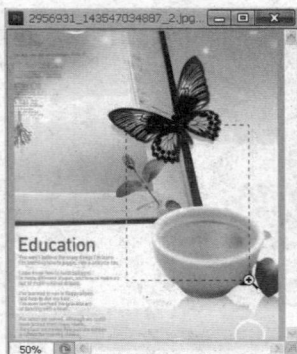

图 7.17　"JPEG 选项"对话框

（四）调整图像显示

在处理图像的过程中，常常需要放大或缩小显示比例，或不停地移动图像，调整编辑区域，以满足操作的需要，这就是调整图像显示。

1. 调整图像显示比例

使用缩放工具可以调整画面显示比例，以便查看图像，具操作步骤如下：

（1）双击桌面上的快捷图标，打开 Photoshop CS5。

（2）单击"文件"→"打开"命令，打开一张素材图片，如图 7.18 所示。

（3）选择缩放工具 ，在适当位置单击并拖动，绘制一个范围框，如图 7.19 所示。

（4）释放鼠标左键，范围框内的图像将放大显示至整个图像窗口，如图 7.20 所示。

图 7.18　打开图像　　　　图 7.19　绘制范围框　　图 7.20　图像放大后的显示效果

技巧：在实际工作中，一般使用【Ctrl++/-】快捷键快速放大或缩小图像，而不影响当前的操作，即无须更换当前工具和中止当前操作。

如果在按上述快捷键的同时按住 Alt 键，则可以自动调整图像窗口以全屏显示。

2. 移动显示区域

当图像超出图像窗口显示范围时，系统将自动在图像窗口的右侧和下侧显示垂直滚动条和水平滚动条，拖动滚动条可以上下或左右移动图像显示区域。除此之外，Photoshop 还可以使用手抓工具 🖐 和"导航器"调板快速移动图像显示区域。

（1）选择抓手工具 🖐 移动光标至图像窗口，光标显示为 ✋ 形状，如图 7.21 所示。

（2）此时拖动图像，显示区域会随着鼠标移动，如图 7.22 所示。

"导航器"调板中显示有一个红色矩形框，如图 7.23 所示。其中，框线内的区域即代表当前图像窗口显示的图像区域，框线外的区域即为隐藏的图像区域。移动光标至红色框内拖动，即可移动图像显示区域。移动光标至红色框线外，当光标改变形状时单击，即可显示以该点为中心的图像区域。

图 7.21　显示光标　　　　　图 7.22　移动显示区域　　　　　图 7.23　"导航器"调板

📖　拓展实训　制作学校网站首页

实训分析：本实例主要通过制作学校网站首页，讲解网格工具的用法。在制作实例过程中，首先制作出了背景图像，然后使用网格工具为图像添加网格，之后使用单行选框工具和单列选框工具建立选区，使用"描边"命令制作出网格效果，最后打开素材图像，将图片放置在合适位置，完成实例的制作。最终效果如图 7.24 所示。

图 7.24　学校网站首页

具体操作步骤如下：

（1）双击桌面上的快捷图标，打开 Photoshop CS5。

（2）单击"文件"→"打开"命令，打开一张素材图像，如图 7.25 所示。

（3）单击"编辑"→"首选项"→"参考线、网格和切片"命令，在弹出的"首选项"对话框中设置参数，如图 7.26 所示。

图 7.25　素材图像

图 7.26　"首选项"对话框

（4）单击"确定"按钮，单击"视图"→"显示"→"网格"命令，显示网格，如图 7.27 所示。

（5）选择单行选框工具 ，在网格上单击即可添加一条选框，效果如图 7.28 所示。

（6）参照上述操作方法，运用单行选框工具 和单列选框工具 ，按住 Shift 键，同时单击网格线，建立如图 7.29 所示的选框。

图 7.27　显示网格　　　　图 7.28　添加一条选框　　　　图 7.29　添加选框

（7）单击"设置前景色"按钮，在弹出的对话框中设置颜色，如图 7.30 所示。

（8）单击"图层"调板底部的"创建新图层"按钮 ，新建"图层 2"，然后单击"编辑"→"描边"命令，在弹出的"描边"对话框中设置参数，如图 7.31 所示。

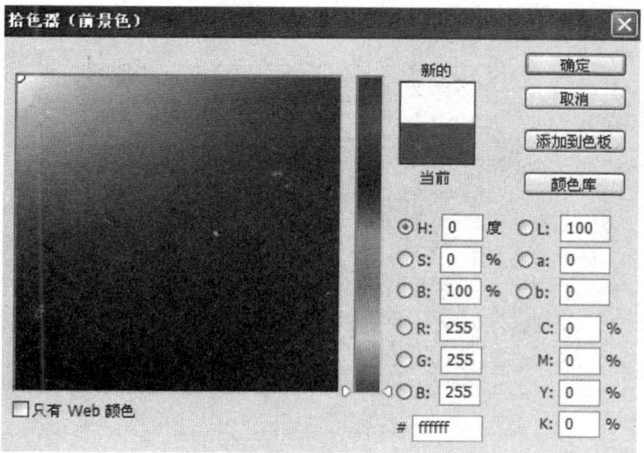

图 7.30 设置前景色

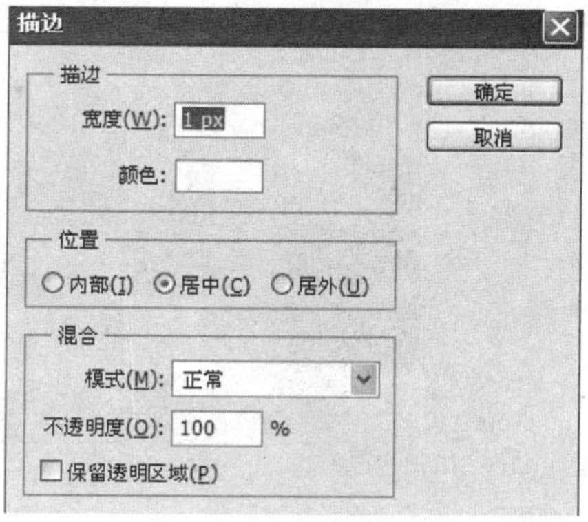

图 7.31 "描边"对话框

（9）单击"确定"按钮，按快捷键【Ctrl+D】取消选区，单击"视图"→"显示"→"网格"命令，取消对网格的显示，就会得到白色的描边效果，如图 7.32 所示，"图层"调板如图 7.33 所示。

（10）选择矩形选框工具，单击选项栏中的"添加到选区"按钮，然后参照图 7.34 在视图中绘制选区。

图 7.32 白色描边效果

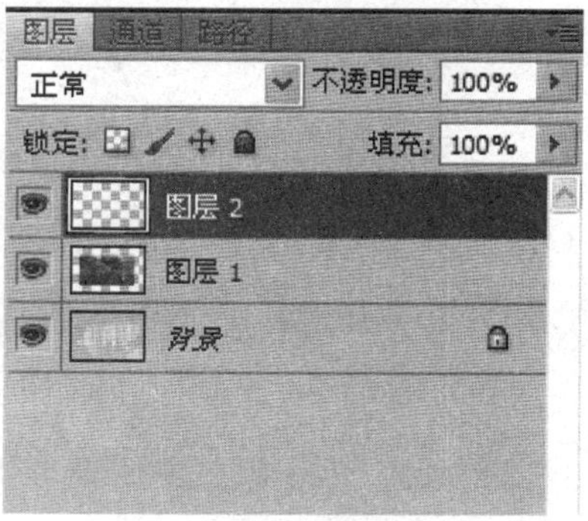

图 7.33 "图层"调板

图 7.34 绘制选区

（11）新建"图层 3"，按快捷键【Alt+Delete】，为选区填充白色，然后取消选区，如图 7.35 所示。

（12）在"图层"调板中设置图层整体的不透明度为 40%，"图层"调板如图 7.36 所示，效果如图 7.37 所示。

图 7.35   创建白色填充效果

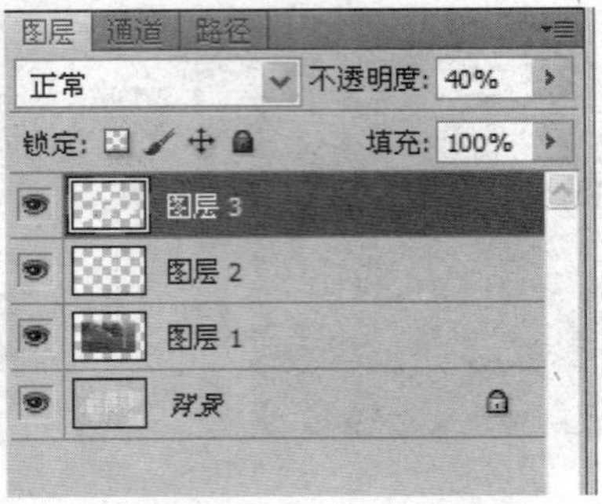

图 7.36   "图层"调板

图 7.37   半透明效果

（13）按 D 键，恢复成默认的前景色，选择矩形工具■，参照图 7.38 在选项栏中进行设置。

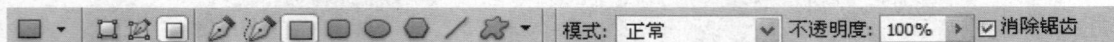

图 7.38   矩形工具选项栏

（14）新建"图层 4"，使用矩形工具■在视图中绘制矩形，效果如图 7.39 所示，"图层"调板如图 7.40 所示。

图 7.39   绘制矩形

图 7.40   "图层"调板

（15）选择横排文字工具**T**，在黑色的矩形上创建网站版块文字，然后在"字符"调板中设置字符属性，效果如图 7.41 所示，"字符"调板如图 7.42 所示。

图 7.41　创建网站版块文字

图 7.42　"字符"调板

（16）使用横排文字工具 **T**，在视图左上角创建欢迎标语，并在"字符"调板中设置字符属性，效果如图 7.43 所示，"字符"调板如图 7.44 所示。

图 7.43　创建网站宣传语

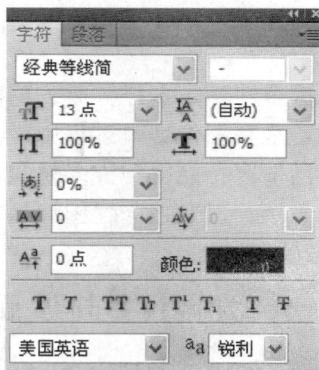

图 7.44　"字符"调板

（17）使用竖排文字工具 **IT**，在视图左右创建校训文字，并在"字符"调板中设置字符属性，效果如图 7.45 所示，"字符"调板如图 7.46 所示。

图 7.45　创建校训文字

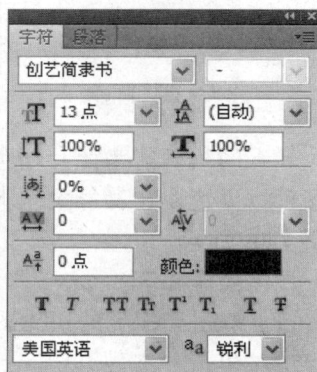

图 7.46　"字符"调板

（18）使用横排文字工具 **T**，在视图右下角创建进入网站的英文字母，并在"字符"调板中设置字符属性，效果如图 7.47 所示，"字符"调板如图 7.48 所示。最终效果如图 7.24 所示。

图 7.47　创建进入网站的英文字母

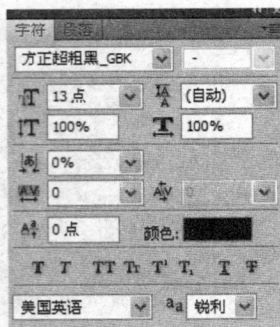

图 7.48　"字符"调板

任务二　选择的艺术

读者在学习本任务后，可以对在 Photoshop CS5 中如何创建、应用选区有一个翔实的了解。选区在图像编辑过程中扮演着非常重要的角色，可以限制图像编辑的范围。灵活且巧妙地应用选区，能得到许多精美绝伦的效果。读者通过本任务的学习，可以掌握选区创建和编辑的方法，以及选区在图像处理中的具体应用。

一、为风景照片添加相框

（一）基础知识要点与制作思路

本实例通过为风景照片添加相框，讲解矩形选框工具的使用方法。

在制作过程中，首先选择矩形相框工具，再选择相框素材中的空白部分并删除，然后放入风景照片素材，调整图层叠放次序，并调整至合适大小和位置，最终制作出风景照片相框效果。

（二）制作步骤

好看的相框能为照片增色不少。为照片添加背景和相框既可增添色彩，又能突出照片效果。本制作完成的效果如图 7.49 所示。

具体操作如下：

（1）双击桌面上的快捷图标，启动 Photoshop CS5。

（2）单击"文件"→"打开"命令，打开一张素材图片，如图 7.50 所示。

（3）在"背景"图层上双击，弹出"新建图层"对话框，单击"确定"按钮，将"背景图层"转换为"图层 0"，如图 7.51 所示。

图 7.49　风景照片相框效果

（4）单击矩形选框工具▣，此时鼠标指针呈"十"字形状，在图片上按住鼠标左键并拖曳，绘制出一个矩形选框，如图 7.52 所示。

（5）按 Delete 键删除选区图像，再按【Ctrl+D】快捷键取消选区，得到如图 7.53 所示的效果。

图 7.50　素材图片

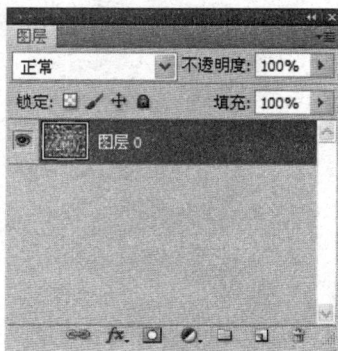

图 7.51　转换图层

图 7.52　制出矩形选框

图 7.53　删除选区

（6）单击"文件"→"打开"命令，或按【Ctrl+O】快捷键，打开一张风景素材图片，如图 7.54 所示。

（7）选择移动工具▸╬，在图片上单击并拖曳，将其复制到相框素材图像窗口，如图 7.55 所示。

图 7.54　风景素材图片

图 7.55　复制到相框素材中

（8）选择"图层 1"在"图层"调板中单击鼠标并拖曳，将其放置在"图层 0"的下方，如图 7.56 所示。

（9）选择移动工具 ，调整风景素材的大小和位置，如图 7.57 所示。至此风景照片相框制作完成。

图 7.56　调整图层

图 7.57　调整位置

二、选择基础知识及基本操作

利用选区可以标准地限制图像编辑的范围，从而得到精确的效果。创建选区之后，在选区的边界就会出现不断交替闪烁的虚线，以表示选区的范围。此时可以对选定的图像进行移动、复制、使用滤镜、调整色彩和色调等操作，选区外的图像不会受到任何的影响。

（一）创建选区

在 Photoshop CS5 中，用户可以根据选择对象的形状、颜色等特征来决定采用的工具和方法，灵活创建不同的选区。

1. 使用选框工具创建

Photoshop CS5 提供了 4 个选框工具来创建形状规则的选区，包括矩形选框工具 、椭圆选框工具 、单行选框工具 和单列选框工具 ，分别用于建立矩形、椭圆、单行和单列选区，如图 7.58 所示。

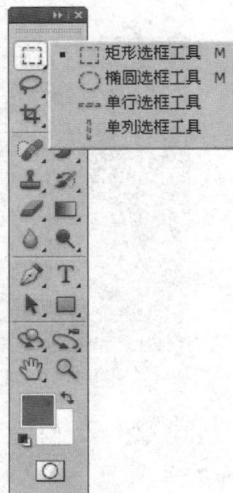

图 7.58　选框工具

（1）矩形选框工具

矩形选框工具 是最常用的选框工具，具体操作步骤如下：

① 单击选择工具箱中的矩形选框工具 。

② 移动鼠标至绘图区域，此时鼠标指针呈"十"字形状，如图 7.59 所示。

③ 在图片上单击并拖曳，即可绘制出一个矩形选框，如图 7.60 所示。

图 7.59　鼠标指针呈"十"字形状

图 7.60　绘制出一个矩形选框

技巧：若按住 Shift 键的同时拖住鼠标，可以创建正方形选区；若按住【Alt+Shift】快捷键的同时拖住鼠标，可以创建以起点为中心的正方形选区。

（2）椭圆选区工具。

椭圆选区工具 ○ 用于创建椭圆或正圆选区。在工具箱中右击矩形选框工具 ⬚，或者单击矩形选框工具 ⬚ 并保持一定时间，在弹出的选框工具列表中即可选择椭圆选择工具 ○。创建椭圆选区的方法与矩形选区基本相同。

（3）单行选框工具和单列选框工具。

单行选框工具 ▦ 和单列选框工具 ▐ 用于创建一个像素高度或宽度的选区，在选区内填充颜色可以得到水平或垂直直线。

2．使用套索工具

套索工具用于建立不规则形状选区，包括套索工具 ⬭、多边形套索工具 ⬭ 和磁性套索工具 ⬭。

（1）套索工具 ⬭。

套索工具 ⬭ 用于徒手绘制不规则的选区范围，具体操作步骤如下：

① 单击工具箱中的套索工具 ⬭。

② 移动鼠标至绘图区域，在图像窗口按住鼠标左键并拖曳，如图 7.61 所示。

③ 当绘制的线条包括选择对象后释放鼠标，即得到所需选区，如图 7.62 所示。

④ 切换至移动工具，按下 Alt 键拖动复制选区，即得到选区图像复制的效果，如图 7.63 所示。

图 7.61　按住鼠标左键并拖曳　　　图 7.62　得到选区　　　图 7.63　复制选区

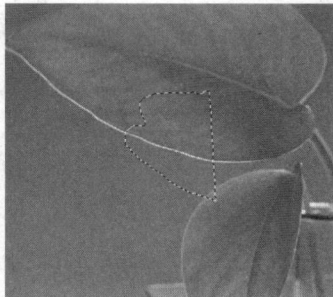

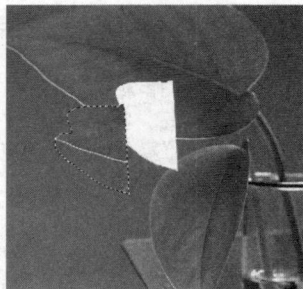

（2）多边形套索工具 ⬭。

多边形套索工具 ⬭，通过单击鼠标指定顶点的方式来创建多边行选区，因而常用来创建不规则的多边行选区，如三角形、四边形、梯形和五角星等。如图 7.64 所示为使用多边形套索工具建立的选区。

（3）磁性套索工具 ⬭。

磁性套索工具 ⬭ 也可以看作通过颜色选取的工具，它可以根据颜色的反差来自动确定选区的边缘，同时又具有圈地式选取工具的特征，即通过鼠标的单击和移动来指定选取的方向。如图 7.65 所示为使用磁性套索工具建立的选区。

图 7.64 多边形套索工具建立的选区

图 7.65 磁性套索工具建立的选区

3. 使用颜色范围创建

魔棒工具 是根据图像颜色进行选取的工具，能够选取图像中颜色相同或相近的区域，选取时只需在颜色相近区域单击即可。

使用魔棒工具的操作步骤如下：

（1）选择工具箱中的魔棒 。

（2）移动鼠标至绘图区域，此时鼠标指针呈 状，如图 7.66 所示。

（3）单击图像背景，选择得到蓝色茶杯身区域，如图 7.67 所示。

图 7.66 鼠标指针呈 状

图 7.67 得到选区

（二）编辑选区

选区与图像一样，也可以移动、旋转、翻转和缩放，以调整选区的位置和形状，最终得到所需的选择区域。

1. 移动选区

移动选区操作用于改变选区的位置。首先在工具箱中任意选择一种选择工具，然后移动光标至选择区域内，待光标显示为 形状时拖动，即可移动选区。在推动过程中光标会显示为黑色三角状 。

2. 修改选区

执行"选择"→"修改"子菜单中的命令，可以方便地对选区进行扩大、缩小等编辑操作，具体操作方法如下：

（1）选择魔棒工具 ，配合 Shift 和 Alt 键创建花朵的选区，如图 7.68 所示。

（2）单击"选择"→"修改"→"扩展"命令，在弹出的"扩展选区"对话框中输入数值，如图 7.69 所示。

（3）单击"确定"按钮，即将选区向外均匀扩展或向内收缩相应的像素，如图 7.70 所示。

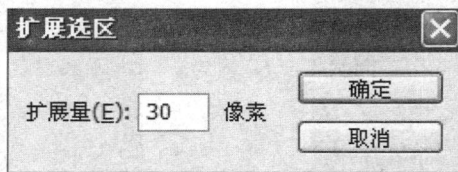

图 7.68　得到选区　　　　图 7.69　"扩展选区"对话框　　　图 7.70　扩展像素的效果

3. 全选图像

单击"选择"→"全选"命令，或按"Ctrl+A"快捷键，可以选择整幅图像。

4. 取消选区

单击"选择"→"取消选区"命令，或按"Ctrl+D"快捷键，可以取消所有已经创建的选区。如果当前激活的是用于选择的工具，如选框工具、套索工具，移动光标至选区内单击，也可以取消当前的选择。

5. 重新选择和反选

Photoshop 会自动保存前一次的选择范围。在取消选区后，单击"选择"→"重新选择"命令或按【Ctrl+Shift+D】快捷键，便可调出前一次的选择范围。

单击"选择"→"反选"命令，或按【Ctrl+Shift+I】快捷键，可以反向选择当前的选区，即取消当前的区域，选择为选取的区域。

6. 变换选区

选区建立之后，单击"选择"→"变换选区"命令，选区的四周将出现由 8 个控制点组成的选区变换框，移动光标至变换框内，光标变成 ▶ 形状，此时拖动鼠标即可移动选区；移动光标至变换框外侧，当光标显示为 ↔、↕ 或 ↗ 形状时拖动鼠标可以在水平方向或垂直方向缩放选区；移动光标至变换框四角，当光标显示为 ↶ 形状时拖动鼠标可以旋转选区。变换选区的具体操作步骤如下：

（1）单击椭圆选框工具 ○，绘制椭圆，如图 7.71 所示。

（2）单击"选择"→"变换选区"命令，选区的四周出现 8 个控制点组成的选区变换框，如图 7.72 所示。

图 7.71　绘制椭圆　　　　　　　　　　图 7.72　选区变换框

（3）移动光标至变换框内单击并拖动，变换选区，如图 7.73 所示。

（4）按 Enter 键确定，得到选区，如图 7.74 所示。

图 7.73　变换选区　　　　　　　　图 7.74　得到选区

📖　拓展实训　趣味图像合成

　　实训分析：本实例主要通过制作趣味图像合成，讲解"羽化"命令的用法。在制作过程中，首先使用磁性套索工具得到蝴蝶的大致选区，再运用多变形套索工具，精确蝴蝶的选区，使用"羽化"命令柔化选区边缘，产生渐变过渡的效果。将蝴蝶素材放在素材图像中，调整大小及位置，并添加阴影效果。最终完成效果如图 7.75 所示。

　　具体操作步骤如下：

图 7.75　图像合成效果

1. 选择蝴蝶图像

（1）双击桌面上的快捷图标，打开 Photoshop CS5。

（2）单击"文件"→"打开"命令，打开一张素材图片，如图 7.76 所示。

（3）选择磁性套索工具 ，在图片上单击并拖曳，围绕蝴蝶图像的四周建立选区，如图 7.77 所示。

（4）选择缩放工具 ，在图上单击，放大图像，如图 7.78 所示。

图 7.76　素材图片　　　　　图 7.77　建立选区　　　　　图 7.78　放大图像

　　（5）选择多边形套索工具 ，同时按住 Shift 键将未选中的细节部分添加至选区中，如图 7.79 所示。

　　（6）使用上述方法将蝴蝶图形全部选中，最终效果如图 7.80 所示。

图 7.79 添加至选区

图 7.80 全部选择

2. 制作图像合成

（1）单击"文件"→"打开"命令，打开一张素材图像，如图 7.81 所示。

（2）在蝴蝶图形上单击并拖曳，将其添加到人物素材中，如图 7.82 所示。

（3）按【Ctrl+T】快捷键，同时按住 Shift 键拖动图片至合适大小，并移动其位置，如图 7.83 所示。

图 7.81 素材图像

图 7.82 添加素材

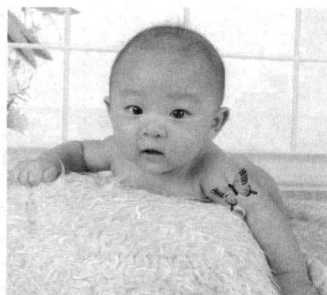

图 7.83 调整图片的大小及位置

（4）按住 Ctrl 键，同时单击"图层"调板"图层 1"图层缩览图，将蝴蝶图像载入选区，如图 7.84 所示。

（5）单击"选择"→"修改"→"羽化"命令，在弹出的"羽化选区"对话框中设置参数，如图 7.85 所示。

（6）单击工具箱中的"设置前景颜色"色块，在弹出的"拾色器（前景色）"对话框中设置颜色，单击"确定"按钮，如图 7.86 所示。

图 7.84 将蝴蝶图像载入选区 图 7.85 "羽化选区"对话框 图 7.86 "拾色器（前景色）"对话框

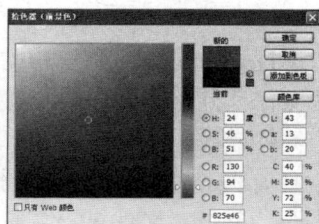

（7）单击图层调板中的"创建新图层"按钮 ，新建图层，按【Alt+Delete】快捷键，填充前景色，效果如图 7.87 所示。

（8）在图层调板中按住阴影图层并拖曳，将其放置在蝴蝶图层下方，调整至合适位置，得到如图 7.88 所示的效果。至此，趣味图像合成制作完成。

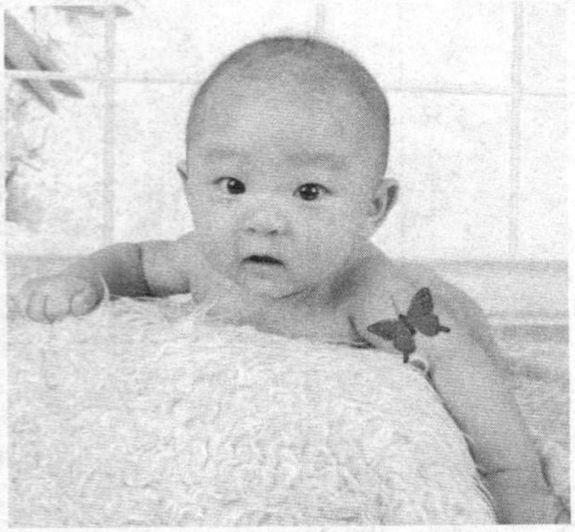

图 7.87　填充颜色

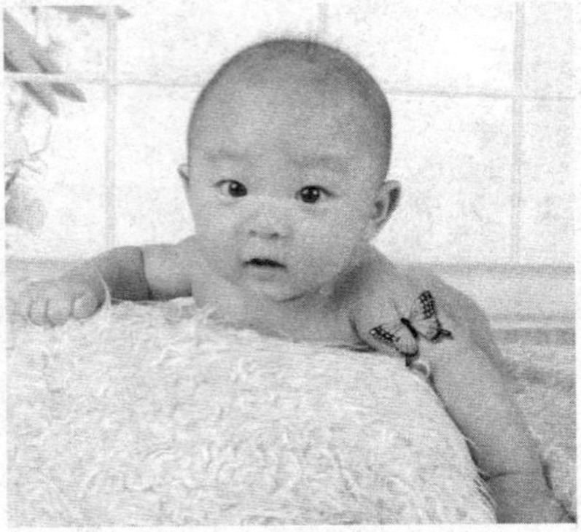

图 7.88　调整位置

任务三　调整图像的颜色

读者在学习本任务后，可以对 Photoshop CS5 中用于图像调整的命令有一个比较深入的了解，通过这些命令可以为作品添加美观的特殊效果。读者通过本任务的学习，可以掌握调整图像颜色的各种方法，并学以致用。

一、改变人物衣服的颜色

（一）基础知识要点与制作思路

本实例通过改变人物衣服的颜色，讲解"图像"→"调整"→"色相/饱和度"命令的应用。

在制作过程中，首先使用魔棒工具 选择人物的衣服，然后单击"图像"→"调整"→"色相/饱和度"命令，在打开的"色相/饱和度"对话框中调整图像的颜色，最终制作出改变人物衣服颜色的效果。

（二）制作步骤

通过 Photoshop CS5 中的调整颜色的功能，为照片中的人物更换衣服颜色是一个非常简便的操作，此项功能的实用性是很强的。本例制作完成的效果如图 7.89 所示。

具体操作步骤如下：

（1）双击桌面上的快捷图标，启动 Photoshop CS5。

（2）单击"文件"→"打开"命令，打开一张素材图片，如图 7.90 所示。

（3）单击工具箱中的魔棒工具 ，在选项栏中设置"容差"为 60，在人物绿色衣服上单击，选择人物衣服，如图 7.91 所示。

图 7.89 更换衣服颜色效果　　　图 7.90 素材图片　　　图 7.91 选择人物衣服

　　（4）单击"图像"→"调整"→"色相/饱和度"命令，打开"色相/饱和度"对话框，参照图 7.92 在该对话框中设置参数，然后按下【Ctrl+D】快捷键取消选区，将衣服颜色调整为绿色，如图 7.93 所示

图 7.92 "色相/饱和度"对话框　　　　　图 7.93 颜色调整效果

二、图像颜色调整的基本操作

（一）颜色的基本概念

在学习如何调整图像的颜色之前，首先要对颜色的概念有一个基础性的了解。

1. 颜色的基本属性

在日常生活中，人们对物体的观察会注意到其形状、面积、体积、肌理，以及该物体的功能和所处的环境，而不仅仅限于观察色彩。这些除了色彩以外的因素会影响人们对色彩的感觉。为了寻找规律，人们总结出色彩的三要素，即色相、亮度（明度）和饱和度（纯度），它们就是色彩的三属性。这三种属性共同构成人类视觉中完整的颜色表相，它们以人类对颜色的感觉为基础，相互制约，紧密联系。

　　（1）色相。

　　色相（Hue，简写为 H），就是每种颜色固有的颜色相貌。它是一种颜色区别于另一种颜色最显著的特征。颜色名称在平时使用中是根据色相来决定的，Photoshop CS5 中的很多颜色调整工具就是使用该原理来调整图像颜色的。

（2）饱和度。

饱和度（Chroma，简写为 C，有时称为彩度或纯度），是指颜色的强度或纯度。饱和度表示色相中颜色本身色素分量所占的比例，使用 0%（灰色）~ 100%（完全饱和）来度量。当图像的饱和度为 0 时，就会变成一个灰色的图像。颜色的饱和度越高，鲜艳的程度就越高；反之，则因包含其他颜色而显得陈旧或浑浊。

（3）亮度。

亮度（Value，简写为 V，又称明度）通常使用 0%（黑色）~ 100%（白色）来度量，是指颜色明暗的程度。通常在正常强度的光线下照射的色相被定义为标准色相。亮度高于标准色相的称为该色相的高光；反之，称为该色相的阴影。

2. 颜色模式及转换

通常的颜色模式有位图模式、灰度模式、双色调模式、RGB 模式等。

（1）位图模式。

位图模式使用两种颜色值，即黑色或白色表示图像的色彩，因而又称为 1 位图像或黑白图像。位图模式图像要求的存储空间很少，但无法表现出色彩、色调丰富的图像，因此，仅适用于一些黑白对比强烈的图像。

（2）灰度模式。

灰度模式的图像由 256 级的灰度组成。图像的每一个像素能够用 0~255 的亮度值来表示，因而其色调表现为较强，此模式下的图像也较为细腻。使用黑白胶卷拍摄所得到的黑白照片即为灰度图像。

（3）双色调模式。

双色调模式通过 1 ~ 4 种自定油墨创建单色调、双色调、三色调和四色调的灰度图像。彩色图像转换为双色调模式时，必须首先转换为灰度模式。

（4）RGB 模式。

众所周知，红、绿、蓝称为光的三原色，绝大多数可视光谱可用红色、绿色和蓝色（RGB）三色光的不同比例和强度混合来产生。在这三种颜色的重叠处产生青色、洋红、黄色和白色。由于 RGB 颜色合成可以产生白色，因此也可以称之为加色模式。加色模式用于光照、视频和显示器。例如，显示器就是通过红色、绿色和蓝色荧光粉发射光产生颜色。

RGB 模式为彩色图像中每个像素的 RGB 分量指定一个介于 0（黑色）至 255（白色）的强度值。当所有这 3 个分量的值相等时，结果是中性灰色；当所有分量的值均为 255 时，结果是纯白色；当该值为 0 时，结果是纯黑色。

RGB 图像通过三种颜色或通道，可以在屏幕上重新生成多达 $256 \times 256 \times 256$ 种颜色。这三个通道可转换为每像素 24（8×3）位的颜色信息。新建的 Photoshop CS5 图像默认为 RGB 模式。

（5）索引颜色模式。

索引颜色模式图像最多只能使用 256 种颜色，而且可以将颜色数量减少到更少，以减小文件的大小，所以通常将输出到 Web 和多媒体程序的图像文件转换为索引颜色模式。GIF 格式图像使用该颜色模式。

在索引颜色模式下只能进行有限的图像编辑。如果要进一步编辑，需要临时转换为 RGB 模式。

（6）CMYK 模式。

CMYK 模式以打印在纸上的油墨的光线吸收特性为基础。当白光照射到半透明油墨上时，色谱中的一部分被吸收，而另一部分被反射回眼睛。理论上，纯青色（C）、洋红（M）和黄色（Y）色素合成的颜色吸收所有光线并产生黑色，因此，这些颜色也称为减色。由于所有打印油墨都包含一些杂质，因此，这三种油墨混合实际生成的是土灰色，为了得到真正的黑色，必须在油墨中加入黑色（K）油墨（为避免与蓝色混淆，黑色用 K 而非 B 表示）。将这些油墨混合重现颜色的过程称为四色印刷。减色（CYM）和加色（RGB）是互补色。每对减色产生一种加色，反之亦然。

CMYK 模式为每个像素的每种印刷油墨指定一个百分百值。为最亮（高光）颜色指定的印刷油墨颜色百分比较低，而为较暗（阴影）颜色指定的百分比较高。例如，亮红色可能包含 2%青色、93%洋红、90%黄色和 0%黑色。在 CMYK 图像中，当四种分量的值均为 0%时，就会产生纯白色。

在准备要用印刷色打印的图像中，应使用 CMYK 模式。将 RGB 模式图像转换为 CMYK 模式即产生分色。如果创作由 RGB 图像开始，最好先编辑，然后转换为 CMYK。

（二）常用的颜色调整命令

Photoshop 提供了一些简单有效的颜色调整命令，能快速校正偏色、灰暗的照片。下面对每个命令进行详细讲解。

1. 自动校正图像偏色

要快速校正图像偏色，可以通过单击"图像"→"调整"→"自动颜色"命令来实现。该命令自动对图像的色相和色调进行判断，从而纠正图像的对比度和色彩平衡。

使用"自动颜色"命令调整图像的具体操作步骤如下：

（1）打开一张偏色图像，如图 7.94 所示，可以看到图像明显偏黄。

（2）单击"图像"→"调整"→"自动颜色"命令，或按【Ctrl+Shift+B】快捷键，可以得到如图 7.95 所示的正常颜色。

图 7.94　原图像 　　　　　　　　　图 7.95　调整颜色后的效果

2. 自动校正缺乏对比的图像

单击"图像"→"调整"→"自动色阶"命令，可以让 Photoshop 自动快速地扩展图像色调范围，使图像最暗的像素变黑（色阶为 0），最亮的像素变白（色阶为 255），并在黑白之间所有范围上扩展中间色调。

使用自动色阶命令调整图像的具体操作步骤如下：

（1）打开一张发灰的图像，如图 7.96（a）所示，可以看到图像明显比较暗淡。

（2）单击"图像"→"调整"→"自动色阶"命令，或按【Ctrl+Shift+L】快捷键，可以得到如图 7.96（b）所示的色彩效果。

（a）缺乏颜色对比的原图像　　　　　（b）校正后的图像

图 7.96

3. 增强图像对比度

通过单击"图像"→"调整"→"自动对比度"命令，可以自动增强图像的总体对比度。使用自动对比度命令调整图像的具体操作步骤如下：

（1）打开一张花瓶图像，如图 7.97 所示。

（2）单击"图像"→"调整"→"自动对比度"命令，或按【Ctrl+Alt+Shift+L】快捷键，可以得到如图 7.98 所示的对比度效果。

图 7.97　原图像　　　　　　　　图 7.98　自动调整对比度

4. 亮度/对比度调整

"亮度/对比度"命令用来调整图像的亮度和对比度值，适用于粗略地调整图像。

单击"图像"→"调整"→"亮度/对比度"命令，会打开"亮度/对比度"对话框，如图 7.99 所示。

其中各选项含义如下：

● 亮度：调整图像的明暗度。当数值为正时，增加图像的亮度；当数值为负时，降低图像的亮度。

● 对比度：用于调整图像的对比度。当数值为正时，增加图像对比度；当数值为负时，降低图像对比度。

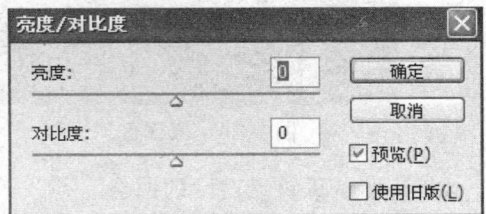

图 7.99　"亮度/对比度"对话框

使用"亮度/对比度"命令调整图像的具体操作步骤如下：

（1）打开一张动物图像，如图 7.100 所示。

（2）单击"图像"→"调整"→"亮度/对比度"命令，打开"亮度/对比度"对话框，参照图 7.101 在该对话框中设置参数，然后单击"确定"按钮，调整图像的亮度和对比度，如图 7.102 所示。

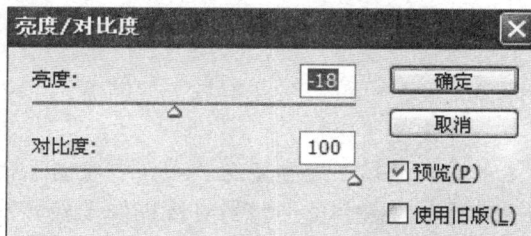

图 7.100　原图像　　　　　　　　图 7.101　"亮度/对比度"对话框

图 7.102　调整后的效果

5. 直观调整图像色彩

"变化"命令可以让用户非常直观地调整图像或选区的色彩平衡、对比度和饱和度，非常适合于色调平均且不需要精确调节的图像。

单击"图像"→"调整"→"变化"命令，打开"变化"对话框，如图 7.103 所示。

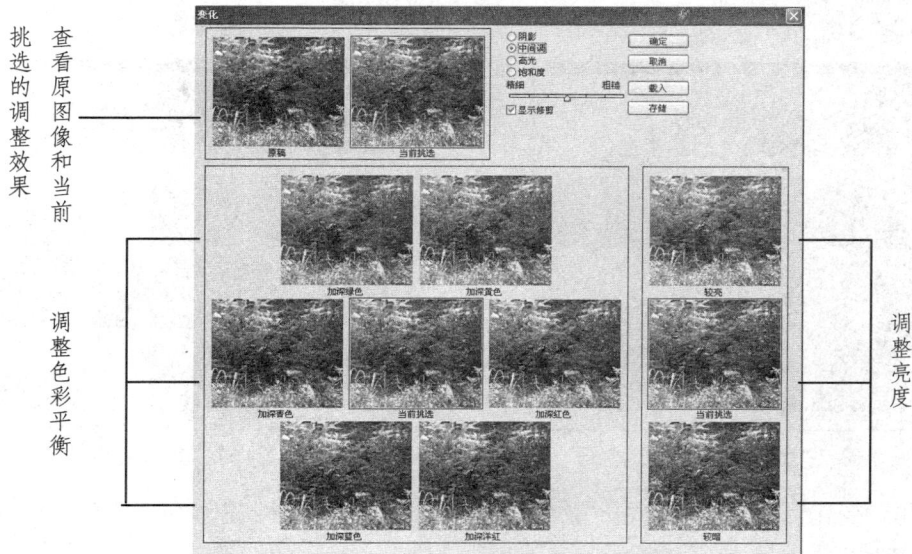

图 7.103　"变化"对话框

在对话框右上角可以选择需要调整的区域。

阴影、中间调或高光：选择任一选项，调整相应区域的颜色。

饱和度：选择该选项，"变化"对话框将刷新为调整饱和度的对话框。

调整颜色和亮度时有以下几种情况：

若要将颜色添加到图像，可单击相应的颜色缩览图。

若要减去一种颜色，可以单击其互补色颜色的缩览图。例如，要减去青色，可以单击"加深红色"缩览图。

若要调整亮度，可单击对话框右侧的缩览图。

注意： 怎样恢复图像？

移动光标到"原稿"缩览图上单击，可将图像恢复至调整前的状态。

使用"变化"命令调整图像的具体操作步骤如下：

（1）单击"文件"→"打开"命令，打开一张素材图像，如图 7.105 所示。

（2）单击"图像"→"调整"→"变化"命令，打开"变化"对话框，如图 7.106 所示。

图 7.104　素材图像

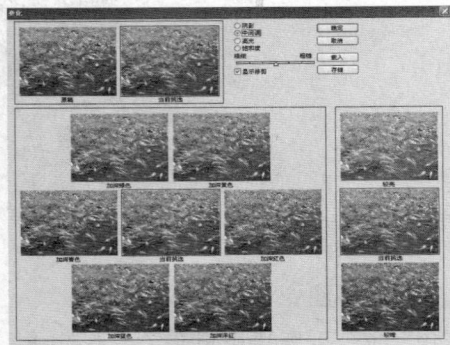
图 7.105　"变化"对话框

（3）在"变化"对话框中单击"加深红色"缩览图，然后再单击"加深黄色"缩览图，如图 7.106、7.107 所示。

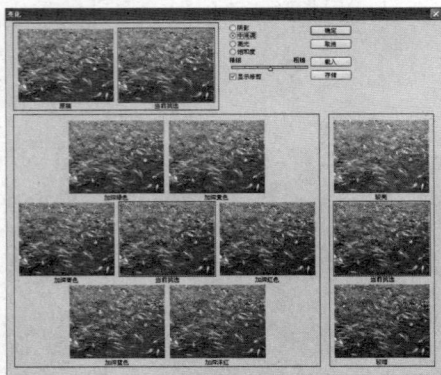
图 7.106　加深红色

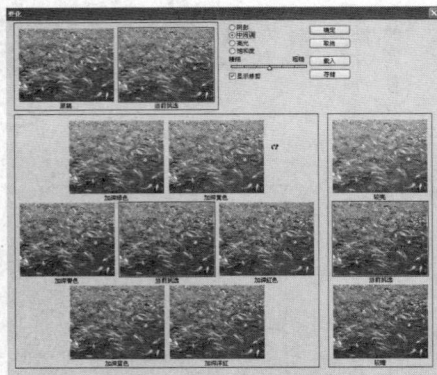
图 7.107　加深黄色

（4）在"变化"对话框中单击"加深青色"缩览图，然后单击"加深绿色"缩览图，如图 7.108、7.109 所示。

图 7.108 加深青色

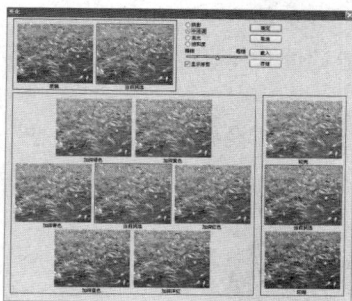

图 7.109 加深绿色

（5）在"变化"对话框中单击"加深蓝色"缩览图，如图 7.110 所示。最终得到如图 7.111 所示的图像效果。

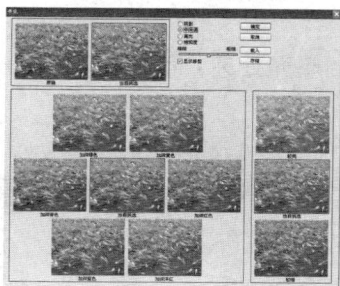

图 7.110 加深蓝色

图 7.111 颜色调整效果

6. 照片滤镜

"照片滤镜"的功能相当于传统摄影中滤光镜的功能，即在相机镜头前加上彩色滤光镜，以便调整得到镜头光线的色温与色彩平衡，从而使胶片产生特定的曝光效果。

使用"照片滤镜"命令调整图像的具体操作步骤如下：

（1）单击"文件"→"打开"命令，打开一张素材图像，如图 7.112 所示。

（2）单击"图像"→"调整"→"照片滤镜"命令，弹出如图 7.113 所示的对话框。

（3）单击"确定"按钮，得到如图 7.114 所示的图像效果。

图 7.112 素材图像

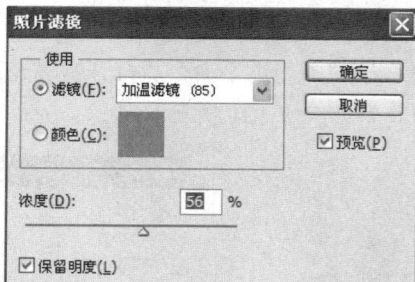

图 7.113 "照片滤镜"对话框

图 7.114 照片滤镜效果

7. 阴影/高光调整

"阴影/高光"命令特别适合于调整由于逆光摄影而形成剪影的照片。

使用"阴影/高光"命令调整图像的具体操作步骤如下：

（1）单击"文件"→"打开"命令，打开一张素材图像，如图 7.115 所示。

（2）单击"图像"→"调整"→"阴影/高光"命令，打开"阴影/高光"对话框，如图 7.116 所示。

（3）进行相应的设置后单击"确定"按钮，图像效果如图 7.117 所示。

图 7.115　匹配颜色　　　　　图 7.116　"阴影/高光"对话框　　图 7.117　阴影/高光调整效果

8. 调整照片曝光度

"曝光度"命令用于模拟数码相机内部对数码照片的曝光处理，也常用于调曝光不足或曝光过度的数码照片。

单击"图像"→"调整"→"曝光度"命令，打开如图 7.118 所示的"曝光度"对话框。

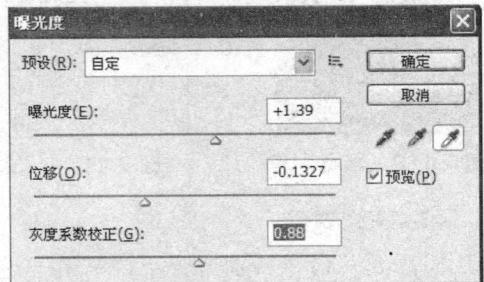

"曝光度"对话框中主要选项的含义如下：

曝光度：向右拖动滑块或输入正值可以增加数码照片的曝光度；向左拖动滑块或输入负值可以降低数码照片的曝光度。

吸管工具：用于调整图像的亮度值。"在图像中取样以设置黑场"吸管工具将设置"位移"，同时将吸取的像素颜色设置为黑色；"在图像中取样设置白场"吸管工具将设置"曝光度"，同时将吸管选取的像素设置为白色（对于 HDR 图像为 1.0）；

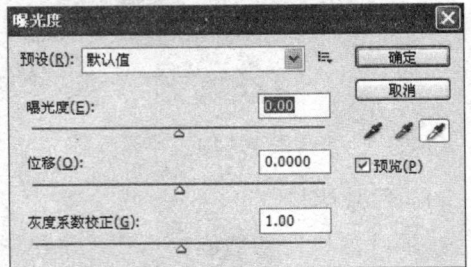

图 7.118　"曝光度"对话框

"在图像中取样设置灰场"吸管工具将设置"曝光度"，同时将吸管选取的像素设置为中度灰色，通过"设置白场"和"设置灰场"调整图像曝光度的效果。

使用"曝光度"命令调整图像的具体操作步骤如下：

（1）单击"文件"→"打开"命令，打开一张素材图像，如图 7.119 所示。

（2）单击"图像"→"调整"→"曝光度"命令，打开"曝光度"对话框，如图 7.120 所示。

单击"确定"按钮，图像效果如图 7.121 所示。

图 7.119　素材图像　　　　　　　　图 7.120　"曝光度"对话框

图 7.121　图像调整效果

拓展实训　制作怀旧照片

实训分析：本实例主要使用了"曲线"和"色相/饱和度"命令调整图层。在制作过程中，首先使用"快速蒙版"和"喷色描边滤镜"制作出图像边框，通过"曲线调整"和"色相/饱和度"调整，制作出怀旧照片效果，最后添加文字，绘出装饰图形，完成整个作品的制作，最终效果如图 7.122 所示。

图 7.122　怀旧照片效果

1. 制作图像效果

（1）双击桌面上的快捷图标，打开 Photoshop CS5。

（2）单击"文件"→"新建"命令，弹出"新建"对话框，参考图 7.123 设置参数。

（3）单击"图层"调板底部的"创建新图层"按钮，创建一个新图层，如图 7.124 所示。

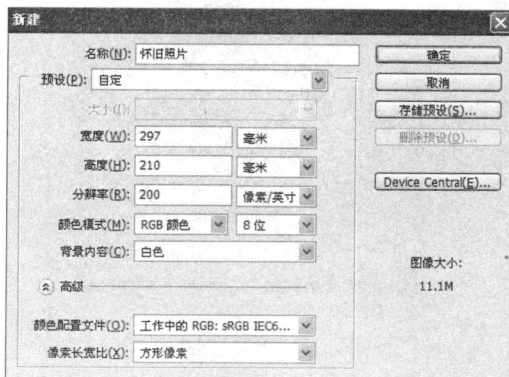

图 7.123　"新建"对话框

图 7.124　创建一个新图层

（4）单击工具箱中的矩形选框工具，此时鼠标指针呈"十"字形状，在图片上按住鼠标左键并拖曳，绘制出一个矩形选框，如图 7.125 所示。

（5）按【Shift+F6】快捷键，弹出"羽化选区"对话框，参数设置如图 7.126 所示。

图 7.125　绘制一个矩形选框

图 7.126　"羽化选区"对话框

（6）单击"确定"按钮，按【Ctrl+Delete】快捷键填充背景色，如图 7.127 所示。

（7）再次在图片中单击并拖曳，绘制一个矩形框，如图 7.128 所示。

图 7.127　填充背景色

图 7.128　绘制一个矩形选框

（8）使用上述方法羽化选区，按 Delete 键删除选区，按【Ctrl+D】快捷键取消选区，如图 7.129 所示。

（9）按住 Ctrl 键，同时单击"图层 1"图层，载入选区，单击"以快速蒙版模式编辑"按钮，进入快速蒙版模式，如图 7.130 所示。

图 7.129　删除选区

图 7.130　快速蒙版模式

（10）单击"滤镜"→"画笔描边"→"喷色描边"命令，弹出"喷色描边"对话框，然后参照图 7.131 设置参数。

（11）单击"确定"按钮，再单击以"标准模式"编辑按钮，回到标准模式，得到如图 7.132 所示的选区。

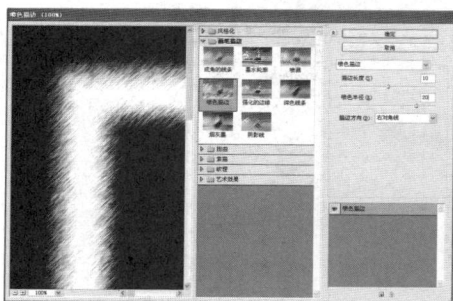

图 7.131 "喷色描边"对话框

图 7.132 回到标准模式

（12）单击"选择"→"反选"命令，按 Delete 键删除，按【Ctrl+D】快捷键取消选区，边框效果如图 7.133 所示。

（13）单击"文件"→"打开"命令，打开一张素材图像，如图 7.134 所示。

图 7.133 边框效果

图 7.134 素材图像

（14）在图片上单击并拖曳，将素材图像移至边框图层的下方，如图 7.135 所示。

（15）按【Ctrl+T】快捷键，调整图像至合适大小，双击，并调整图像至合适位置，如图 7.136 所示

图 7.135 移动素材图像

图 7.136 调整图像

（16）使用矩形选框工具 ，选择图像中边框外的部分，按 Delete 键删除，效果如图 7.137 所示。

（17）复制"图层 2"，单击"滤镜"→"模糊"→"高斯模糊"命令，在弹出的"高斯模糊"对话框中设置参数，如图 7.138 所示。

图 7.137　删除多余部分

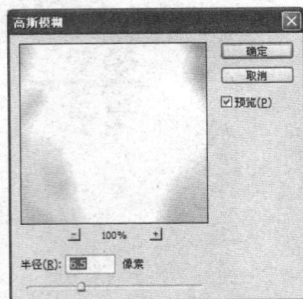

图 7.138　"高斯模糊"对话框

（18）设置图层的混合模式为"强光"，效果如图 7.139 所示。

（19）单击"图层"调板底部的"创建新的填充或调整图层"按钮 ⊘，在弹出的快捷菜单中选择"曲线"命令，如图 7.140 所示。

图 7.139　设置图层混合模式的效果

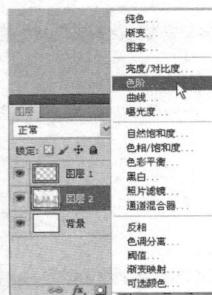

图 7.140　选择"曲线"选项

（20）在弹出的"曲线"调板中单击"通道"下三角按钮，在弹出的下拉列表框中选择"红"选项，调整曲线参数，如图 7.141 所示。

（21）在"通道"下拉列表框中选择"绿"选项，调整曲线参数，如图 7.142 所示。

（22）在"通道"下拉列表框中选择"蓝"选项，调整曲线参数，如图 7.143 所示。

（23）单击"图层"调板底部的"创建新的填充或调整图层"按钮 ⊘，在弹出的菜单中选择"色相/饱和度"命令，创建一个新的"色相/饱和度"调整图层，参照图 7.144 所示的参数设置，得到如图 7.145 所示的效果。

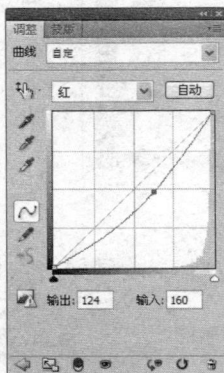

图 7.141 调整曲线 1

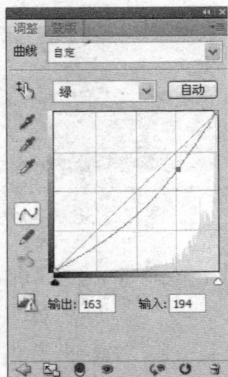

图 7.142 调整曲线 2

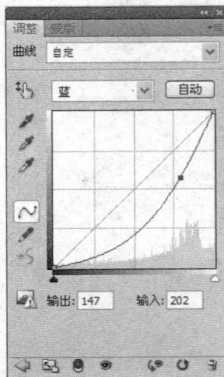

图 7.143 调整曲线 3

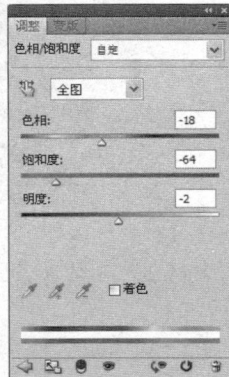

图 7.144 调整色相/饱和度

2．制作文字效果

（1）选取横排文字工具 **T.**，在图像上单击确定插入点，设置颜色为咖啡色（RGB 参考值分别为 R112、G68、B68），文字"儿童时代"，效果如图 7.146 所示。

图 7.145　调整后的效果

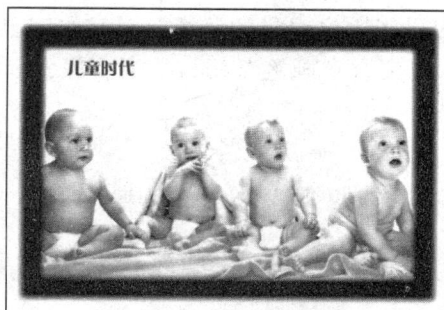

图 7.146　输入文字

（2）选取工具箱中的自定形状工具 ，单击选项栏中的"形状"按钮，弹出形状控制面板，选中图形 ，如图 7.147 所示。

（3）新建"图层 3"，在图像中绘制出 形状，按【Ctrl+T】快捷键缩放至合适的大小，效果如图 7.148 所示。

图 7.147　选中 图形

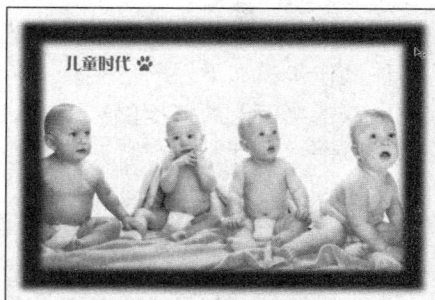

图 7.148　绘制 图形

（4）将"图层"调板切换至"路径"调板，在空白处单击隐藏路径，快捷键为【Ctrl+H】，效果如图 7.149 所示。

（5）复制"图层 3"得到"图层 3 副本"，调整至如图 7.150 所示的位置，得到最终效果。

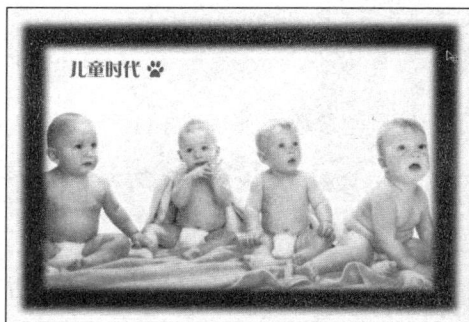

图 7.149　隐藏路径

图 7.150　最终效果

任务四　绘图工具

本任务详细地讲解 Photoshop CS5 绘图和修图工具的使用方法及应用技巧。Photoshop CS5 提供了丰富多样的绘图工具和修图工具，具有强大的绘图和修图功能。使用这些绘图工具，再配合"画笔"调板、混合模式、图层等功能，可以制作出传统绘画技巧难以达到的效果。

一、去除照片上的日期

（一）基础知识要点与制作思路

本实例通过去除照片上的日期，讲解污点修复画笔工具的用法。

在制作过程中，首先打开照片图像，再选择污点修复画笔工具，然后使用该工具在照片右下角的日期上涂抹，去除照片上的日期，最后调整照片的对比度，完成最终的效果。

（二）制作步骤

在拍摄数码照片时，照相机会自动在照片右下角添加拍摄日期等信息，使用污点修复画笔工具可以快速去除该日期信息，本例制作完成后的效果如图 7.151 所示。

具体操作步骤如下：

（1）双击桌面上的快捷图标，启动 Photoshop CS5。

（2）单击"文件"→"打开"命令，打开一张素材图像，如图 7.152 所示。

图 7.151　最终完成效果　　　　　　　　图 7.152　素材图像

（3）选择污点修复画笔工具 ，在工具选项栏中设置参数，如图 7.153 所示。

图 7.153　污点修复画笔工具选项栏

（4）将光标移动至图像右下角的日期位置，然后使用污点修复画笔工具 在数字"2"处涂抹，如图 7.154、7.155 所示。

（5）松开鼠标后，红色的数字"2"图像消失，并且被近似的草坪图像代替，效果如图 7.156 所示。

图 7.154　移动光标移动　　　　图 7.155　在日期位置涂抹　　　　图 7.156　去除数字"2"图像

（6）使用污点修复画笔工具 🖌，采用相同的方法将剩余日期图像覆盖，如图 7.157 所示。

（7）松开鼠标后，得到如图 7.158 所示的效果。

（8）使用污点修复画笔工具 🖌继续在去除日期后的草坪图像上进行涂抹，使草坪和周围的图像融合起来，显得更为自然，效果如图 7.159 所示。

图 7.157　覆盖剩余日期图像　　　图 7.158　去除剩余日期图像　　　图 7.159　继续修饰草坪图像

（9）单击"图层"调板底部的"创建新的填充或调整图层"按钮 🖋，在弹出的菜单中选择"亮度/对比度"选项，打开"亮度/对比度"调板，同时创建"亮度/对比度 1"调整图层，如图 7.160 所示，参照图 7.161 在调板中设置参数，调整图像整体的颜色，完成照片的处理。

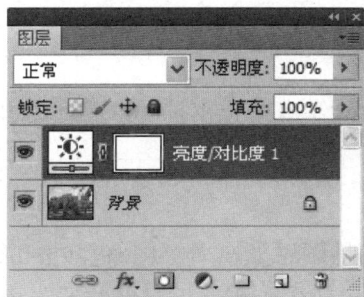

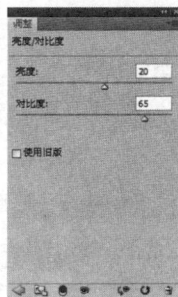

图 7.160　"图层"调板　　　　　　　图 7.161　"亮度/对比度"调板

二、绘图工具基本操作

在 Photoshop 中，绘图工具是基础，只有熟练掌握这些工具的使用方法，才能配合其他功能完成任务。下面将简单地介绍各种工具的使用方法。

（一）画笔工具和铅笔工具

Photoshop 最基本的绘图工具是画笔工具 ✐ 和铅笔工具 ✐，分别用于绘制边缘较柔和的笔画和硬边笔画。

1. 画笔工具

在开始之前，应选择所需的画笔笔尖形状和大小，并设置不透明度、流量等画笔属性。Photoshop 提供了预设画笔功能。图7.162 所示为几种预设画笔效果。

在工具选项栏中单击画笔预设下三角按钮，打开画笔预设下拉列表，拖动滚动条即可浏览、选择所需的预设画笔。

技巧：选择画笔或铅笔工具后，在图像窗口任意位置右击，可以快速打开画笔预设列表框。在选择一种画笔预设之后，输入以像素为单位的数值，或拖动"主直径"滑块，可以改变画笔的粗细；拖动"硬度"滑块，可以调整画笔边缘的柔和程度。

图 7.162　预设画笔效果

使用快捷键可以调整画笔的硬度和粗细：按"["键可以加粗画笔，按"]"键可以细化画笔。按【Shift+[】快捷键可以减小画笔硬度；按【Shift+]】快捷键可以增加画笔硬度。

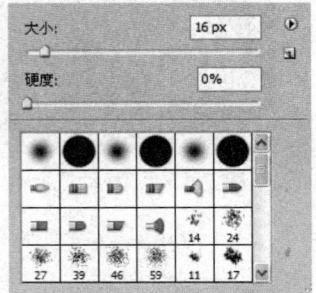

2. 铅笔工具

铅笔工具的使用方法与画笔工具类似，但铅笔工具只能绘制硬边线条或图形，与生活中的铅笔非常相似。铅笔工具选项栏如图 7.163 所示。

图 7.163　铅笔工具选项栏

"自动抹除"选项是铅笔工具特有的选项。一般情况下，铅笔工具以前景色绘画，选中该选项后，在与前景色颜色相同的图像区域绘图时，会自动擦除前景色而填入背景色

（二）橡皮擦工具

橡皮擦工具用于擦除背景或图像，共有橡皮擦 ✐、背景橡皮擦 ✐ 和魔术橡皮擦 ✐ 3 种，分别在不同的场合使用。

1. 橡皮擦工具

橡皮擦工具 ✐，用于擦除图像像素。如果在背景图层上使用橡皮擦，Photoshop 会在擦除的位置填入背景色；如果当前图层为非背景图层，那么擦除的位置就会变为透明。

橡皮擦工具选项栏如图 7.164 所示。其中可设置模式、不透明度、流量和喷枪等选项，这里仅对其特有的"模式"和"抹到历史记录"选项进行介绍。

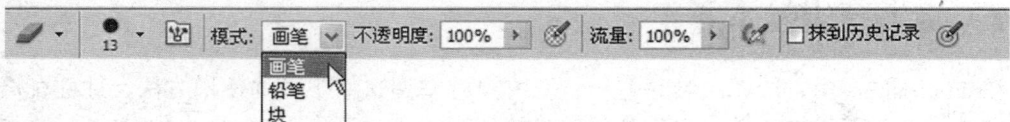

图 7.164　橡皮擦工具选项栏

模式：设置橡皮擦的笔触特性，可以选择画笔、铅笔和块 3 种方式来擦除图像。

抹到历史记录：选中此复选框，橡皮擦工具就具有了历史记录画笔工具 的功能，能够有选择性地恢复图像至某一历史记录状态。其操作方法与历史记录画笔工具相同。

使用橡皮擦工具的具体步骤如下：

（1）单击"文件"→"新建"命令，弹出"新建"对话框，如图 7.165 所示，在该对话框中设置参数，单击"确定"按钮，创建新文件。

（2）单击工具箱中的"设置前景"色块，弹出"拾色器（前景色）"对话框，如图 7.166 所示设置颜色。

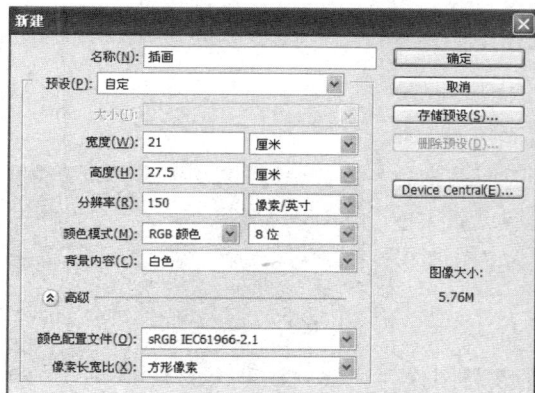

图 7.165　"新建"对话框　　　　　　　图 7.166　设置前景色

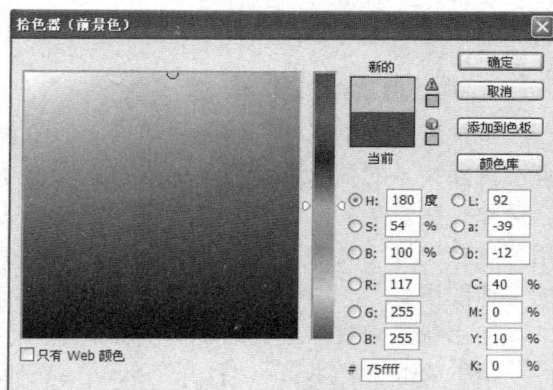

（3）按【Alt+Delete】快捷键，为"背景"图层填充前景色。

（4）单击"图层"调板底部的"创建新图层"按钮 ，创建"图层 1"。

（5）设置前景色为黄色，按【Alt+Delete】快捷键，为"图层 1"填充前景色，效果如图 7.167 所示，"图层"调板如图 7.168 所示。

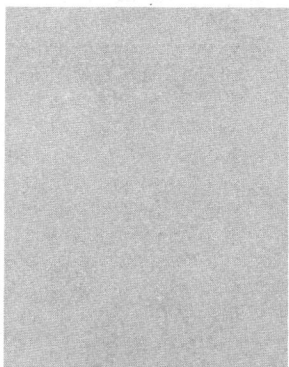

图 7.167　为"图层 1"填充颜色　　　　图 7.168　"图层"调板

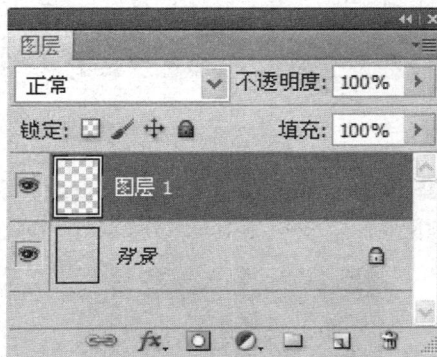

（6）单击工具箱中的橡皮擦工具 ，如图 7.169 所示，在选项栏中设置参数。

（7）使用橡皮擦工具 ，在视图中进行绘制，擦除部分图像，如图 7.170 所示。

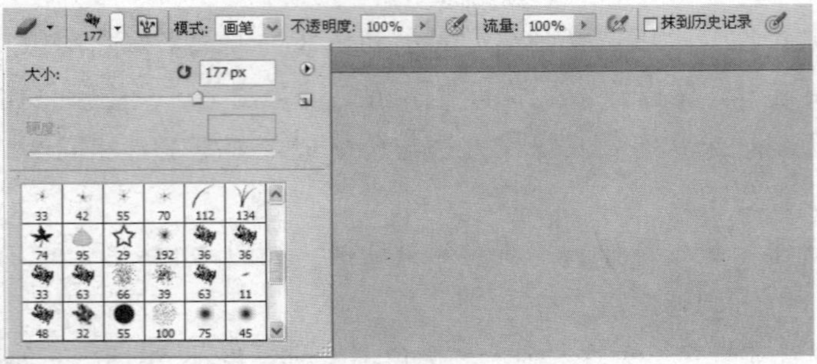

图 7.169　设置参数

图 7.170　擦除图像

技巧：在擦除图像时，按住 Alt 键，可以激活"抹到历史记录"功能，相当于选中"抹到历史记录"选项，这样可以快速地恢复部分误擦除的图像。

2. 背景橡皮擦工具

背景橡皮擦工具 ，用于将图层上的像素抹成透明，并且在抹除背景的同时在前景中保留对象的边缘，因而非常适合清除一些复杂的图像。如果当前图层是背景图层，那么使用背景橡皮擦工具擦除后，背景图层将转换为名为"图层 0"的普通图层。

图 7.171　素材图像

使用背景橡皮擦工具的具体步骤如下：

（1）单击"文件"→"打开"命令，打开一张素材图像，如图 7.171 所示。

（2）选择背景橡皮擦工具 ，在工具选项栏中设置参数，如图 7.172 所示。

图 7.172　背景橡皮擦工具选项

（3）在选项栏中单击"取样：背景颜色"按钮 ，如图 7.173 所示。

图 7.173　设置选项

（4）在图像的背景位置单击，已进行取样，如图 7.174 所示

（5）使用背景橡皮擦工具 ，将取样的颜色部分擦除，如图 7.175 所示。

图 7.174　取样颜色

图 7.175　擦除取样颜色

（6）单击工具箱中的"设置背景色"色块，在弹出的"拾色器（背景色）"对话框中设置颜色值，如图 7.176 所示。

（7）使用背景橡皮擦工具 ![icon] 在视图中擦除图像，得到如图 7.177 所示的效果。

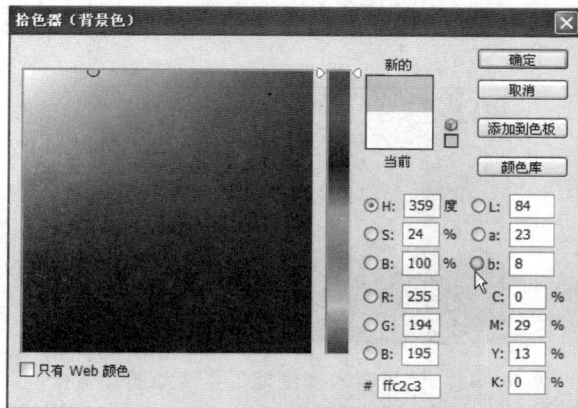

图 7.176　设置背景色

图 7.177　擦除背景图像

3. 魔术橡皮擦

魔术橡皮擦工具 ![icon] 是魔棒工具与背景工具功能的结合，可以将一定容差范围内的背景颜色全部清除而得到透明区域。如果当前图层是背景图层，那么将转换为普通图层。

魔术橡皮擦工具选项栏如图 7.178 所示，在其中可以设置容差等参数。

图 7.178　魔术橡皮擦工具选项栏

使用魔术橡皮擦工具的操作步骤如下：

（1）单击"文件"→"打开"命令，打开一张素材图像，如图 7.179 所示。

（2）单击工具箱中的魔术橡皮擦工具 ![icon]，参照图 7.180 所实在选项栏中进行设置。

图 7.179　素材图像

图 7.180　魔术橡皮擦工具选项栏

（3）使用魔术橡皮擦工具 ，在图像的白色背景上单击，即可擦除背景图像，如图 7.181 所示。

图 7.181　使用魔术橡皮擦工具清除图像背景

（三）渐变工具和油漆桶工具

渐变工具和油漆桶工具都用于为图像填色，区别主要体现在填充的内容和方式上。

油漆桶工具只能填充颜色或图案，而渐变工具能够填充两种以上颜色的混合，所得到的效果过渡细腻、色彩丰富。

1. 渐变工具

所谓"渐变"，实际上就是多种颜色之间的一种混合过滤。渐变工具 可以创建各种各样的颜色混合效果。

Photoshop 可以创建 5 种形式的渐变：线性渐变、角度渐变、径向渐变、对称渐变和菱形渐变，单击选项栏中的相应按钮即可选择相应的渐变类型，效果如图 7.182 所示。

（a）线性渐变　　　（b）径向渐变　　　（c）角度渐变　　　（d）对称渐变　　　（e）菱形渐变

图 7.182　5 种渐变效果

渐变工具选项栏还可以设置以下选项：

（1）模式：在此下拉列表中可以选择简便填充的色彩与底图的混合模式。

（2）不透明度：输入 1%~100% 的数值以控制渐变填充的不透明度。

（3）反向：选择此选项，得到的渐变效果与所设置的渐变颜色相反。

（4）仿色：选择此选项，可以使渐变效果更为平滑。

（5）透明区域：选择此选项，可以启用编辑渐变时设置的透明度效果，填充渐变时得到透明效果。

单击渐变工具选项栏中的渐变条 ，打开如图 7.183 所示的"渐变编辑器"对话框，在该对话框中可以创建新渐变并修改当前简便的颜色设置。

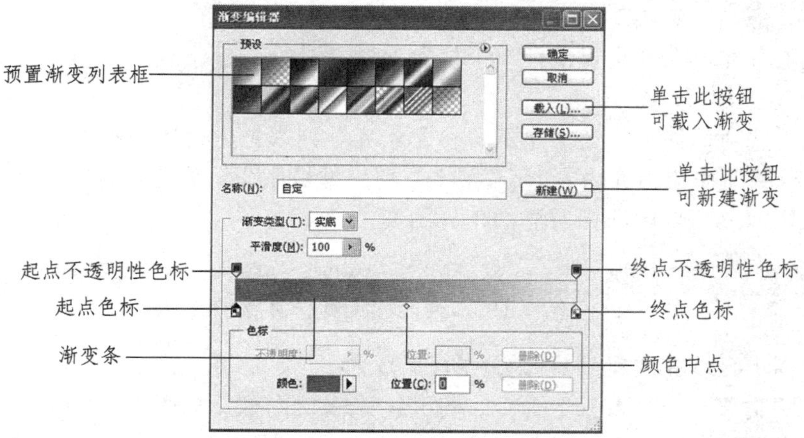

图 7.183　渐变编辑器

创建透明渐变的具体操作步骤如下：

（1）单击"文件"→"打开"命令，打开一张素材图像，如图 7.184 所示。

（2）单击渐变工具选项栏中的渐变条，打开"渐变编辑器"对话框，移动鼠标至渐变条上方，单击即可添加不透明色标。选中不透明性色标后，在渐变条下方的"不透明度"编辑框中可以设置不透明度大小，在位置文本框中可以设置不透明性色标的位置。完成上述设置后，其透明效果将显示在渐变条上，如图 7.185 所示。

图 7.184　素材图像

（3）新建"图层 1"，单击渐变工具选项栏中的径向渐变按钮，在图像合适位置处单击并拖曳，制作彩虹效果，用背景橡皮擦工具擦除多余彩虹，调整"图层 1"的不透明度为 50%，效果如图 7.186 所示。

图 7.185　渐变条

图 7.186　彩虹效果

2. 油漆桶工具

油漆桶工具🖐与"编辑"→"填充"命令非常相似，用于在图像或选区中填充颜色或图案，但油漆桶工具在填充前会对鼠标单击位置的颜色进行取样，从而只填充颜色相同或相似的图像区域。

油漆桶工具选项栏如图 7.187 所示，在"填充"列表框中可以选择填充的内容：前景色或图案。当选择图案作为填充内容时，"图案"列表框被激活，单击其右侧的下三角按钮，可以打开图案下拉列表，从中选择所需的填充图案。

图 7.187　油漆桶工具选项栏

使用油漆桶工具填充图案的具体操作步骤如下：

（1）单击"文件"→"打开"命令，打开一张素材图像，如图 7.188 所示。

（2）选择魔棒工具🖐，单击工具选项栏中的"添加到选区"按钮🖐，参照图 7.189 在素材图像中创建选区，大致将背景图像选取。

（3）选择套索工具🖐，单击工具选项栏中的"添加到选区"按钮🖐，将未被选择的背景图像选取，如图 7.190 所示。

图 7.188　素材图像　　　图 7.189　大致选取背景图像　　　图 7.190　继续选取背景

（4）按下快捷键【Ctrl+Shift+I】反转选区，如图 7.191 所示。

（5）单击"选择"→"修改"→"扩展"命令，打开"扩展选区"对话框，如图 7.192 所示，在该对话框中设置参数，然后单击"确定"按钮，扩展选区。

（6）单击"选择"→"修改"→"羽化"命令，在打开的"羽化选区"对话框中设置参数，如图 7.193 所示。

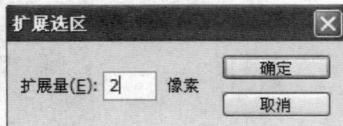

图 7.191　反转选区　　　图 7.192　"扩展选区"对话框　　　图 7.193　"羽化选区"对话框

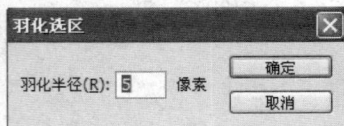

（7）单击"确定"按钮，羽化选区，然后反转选取，选取背景图像，如图 7.194 所示。

（8）选择油漆桶工具 ，在选项栏中选择"笔记本纸"图案，然后参照图 7.195 继续设置各项参数。

图 7.194 再次选取背景图像

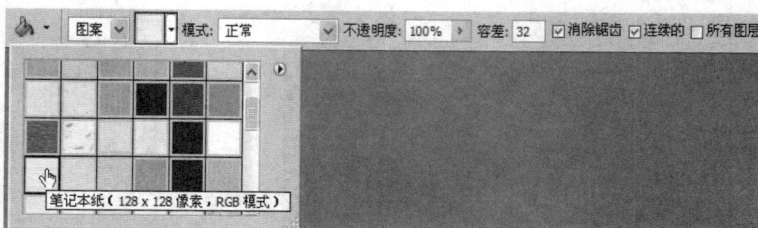

图 7.195 设置参数

（9）新建一个图层，移动鼠标到选区中单击填充图案，效果如图 7.196 所示。

（10）在"图层"调板中设置"图层 1"的混合模式为"正片叠底"，如图 7.197 所示。

（11）按快捷键【Ctrl+D】取消选区，设置前景为紫红色，如图 7.198 所示，新建一个图层，填充前景色。

图 7.196 填充图案

图 7.197 设置图层的混合模式

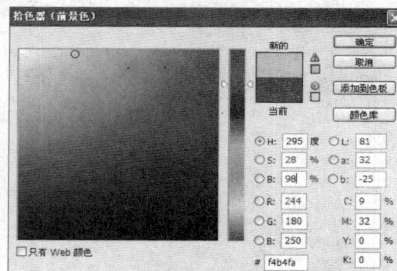

图 7.198 设置前景色

（12）在"图层"调板色中，设置"图层 2"的混合模式为"颜色加深"，如图 7.199 所示，设置后的效果如图 7.200 所示。

（13）选择直排文字工具 ，设置"颜色"为棕红色（RGB 参考值为 R150，G46，B22），分别输入文字"花开的季节"和"我的梦"，效果如图 7.201 所示。

图 7.199 设置混合模式

图 7.200　设置后的效果

图 7.201　输入文字

（14）双击"花开的季节"文字图层，打开"图层样式"对话框，为文字添加投影和外发光效果，参数设置如图 7.202、7.203 所示。

图 7.202　设置"投影"参数

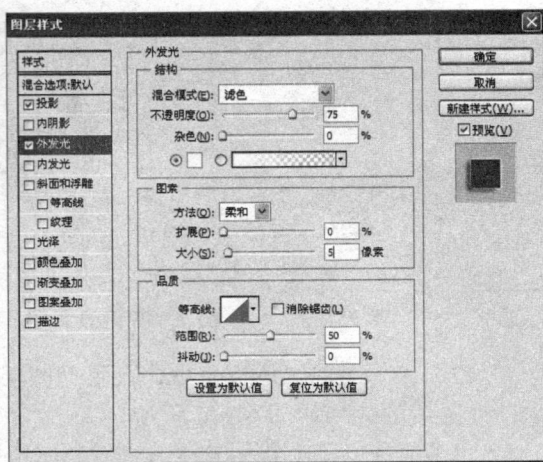

图 7.203　设置"外发光"参数

（15）单击"确定"按钮，完成图层样式的添加，效果如图 7.204 所示。

（16）在"花开的季节"文字图层上右击，在弹出的菜单中选择"拷贝图层样式"命令，然后选中"我的梦"文字图层，右击，在弹出的菜单中选择"粘贴图层样式"命令，以复制图层样式，如图 7.205 所示。最终效果如图 7.206 所示。

图 7.204　添加图层样式的效果

图 7.205　复制图层样式

图 7.206　最终效果

（四）图章工具

Photoshop 的编辑与修饰工具有化腐朽为神奇的功能，可以轻松地取出图像中的斑痕、杂色等瑕疵。

图章工具是常用的修饰工具之一，主要用于复制图像，以修补局部图像的不足。图章工具包括仿制图章工具和图案图章工具两种。

1. 仿制图章工具

仿制图章工具用于对图像的内容进行复制，既可以在同一幅图像内进行复制，也可以在不同的图像之间进行复制。

使用仿制图章工具的操作步骤如下：

（1）单击"文件"→"打开"命令，打开一张素材图像，如图 7.207 所示。

（2）单击工具箱中的仿制图章工具，在选项栏中设置参数，如图 7.208 所示。

图 7.207　素材图像

图 7.208　仿制图章工具选项栏

（3）按住 Alt 键的同时在老鹰上单击，定义仿制的源图案，如图 7.209 所示。松开 Alt 键水平移动鼠标到左侧的空白处，单击并拖动鼠标，将定义的源图像复制到涂抹的位置，如图 7.210 所示。最终效果如图 7.211 所示。

图 7.209　定义仿制源　　　　图 7.210　复制图像　　　　图 7.211　最终效果

2. 图案图章工具

使用图案图章工具的具体操作步骤如下：

（1）单击"文件"→"打开"命令，打开两张素材图像，如图 7.212 所示。

（a）　　　　　　　　　　　　　　　（b）

图 7.212　　素材图像

（2）使用魔棒工具 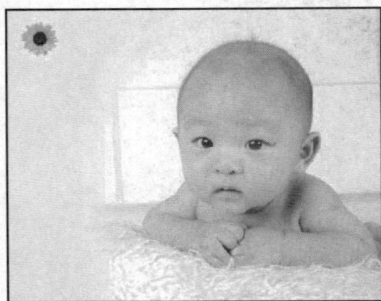，选择白色背景，按【Ctrl+Shift+I】快捷键反选，得到花素材的选区，单击并拖曳，添加至人物素材中，如图 7.213 所示。

（3）隐藏人物图层，使用矩形选框工具框选花图形，如图 7.214 所示。

图 7.213　　添加花素材　　　　　　　　　图 7.214　　框选花图形

（4）单击"编辑"→"定义图案"命令，弹出"图案名称"对话框，如图 7.215 所示。

（5）单击"确定"按钮，选择图案图章工具 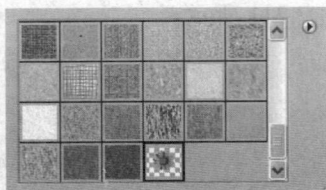，在工具选项栏中选择刚刚定义的图案，如图 7.216 所示。

（6）新建一个图层，单击并拖曳，在图像上涂抹，效果如图 7.217 所示。

图 7.215　"图案名称"对话框　　　　图 7.216　　选择图案　　　　图 7.217　　图案填充效果

（五）修复和修补工具

修复和修补工具常用于修复照片中的杂色或污斑。随着 Photoshop 版本的升级和功能的增强，修复和修补工具越来越智能，使用方法更为简单，普通的摄影爱好者也可以轻松驾驭 Photoshop 来处理自己的数码相片。

1. 修复画笔工具

　　修复画笔工具 通过从图像中取样或用图案填充图像来修复图像。不同的是，修复画笔工具在填充时会将取样点的像素融入目标区域，从而使修复区域与周围图像结合在一起。

　　使用修复笔画工具消除肩膀红点的具体操作步骤如下：

　　（1）单击"文件"→"打开"命令，打开一张素材图像，如图 7.218 所示。

　　（2）单击修复画笔工具，按住 Alt 键，当光标显示为 ⊕ 时在肩膀红点旁边的皮肤位置单击进行取样，如图 7.219 所示。

图 7.218　素材图像　　　　　　　　　　图 7.219　取样

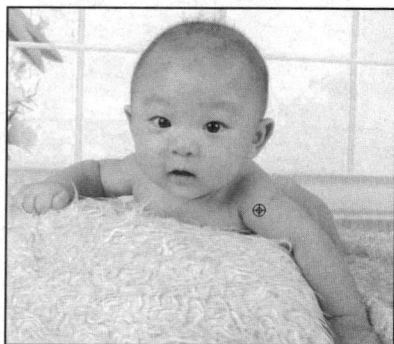

　　（3）在工具选项栏中设置各项参数，如图 7.220 所示。

模式：正常　　　源：⊙取样　○图案：　　□对齐　样本：当前图层

图 7.220　修复画笔工具选项栏

　　（4）使用修复画笔工具 在红点部位涂抹，松开鼠标后，去除红点，如图 7.221 所示。

　　（5）调小笔尖，使用该工具继续在红点位置精修，得到如图 7.222 所示的效果。

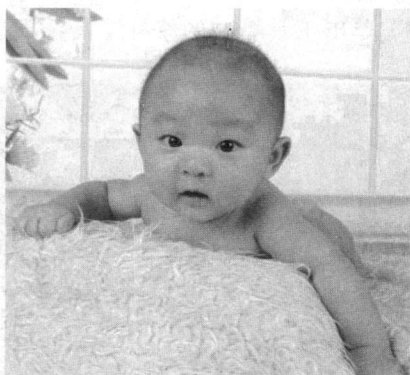

图 7.221　去除红点　　　　　　　　　　图 7.222　继续修复红点图像

　　（6）单击"图层"调板底部的"创建新的填充或调整图层"按钮 ，在弹出的菜单中选择"亮度/对比度"选项，打开"亮度/对比度"调板，参照图 7.223 设置参数，效果如图 7.224 所示。

图 7.223　亮度对比度

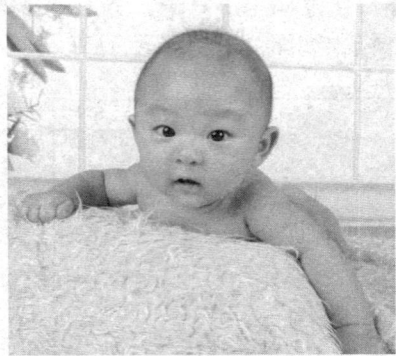

图 7.224　图像调整效果

2. 修补工具

修补工具与修复画笔工具类似，不同的是修补工具适用于对图像的某一块区域进行整体操作。修补工具选项栏如图 7.225 所示。

图 7.225　修补工具选项栏

使用修补工具去除照片中多余景物的具体操作步骤如下：

（1）打开一张风景图片，如图 7.226 所示。

（2）单击工具箱中的修补工具，圈选左面的动物形象，如图 7.227 所示。

图 7.226　素材图像

图 7.227　圈选动物

（3）移动光标到选区内部，单击并向右拖动，如图 7.228 所示；松开鼠标后，修补部分图像，如图 7.229 所示。

图 7.228　拖动选区内的图像　　　　　　　　图 7.229　修补部分图像

（4）继续向右侧拖动选区内的图像，如图 7.230 所示；松开鼠标以后，修补部分图像，如图 7.231 所示。

图 7.230　拖动选区内的图像　　　　　　　　图 7.231　继续修补图像

（5）继续向右侧拖动选区内的图像，如图 7.232 所示，得到如图 7.233 所示的图像。

图 7.232　拖动选区内的图像　　　　　　　　图 7.233　最终图像

3. 红眼工具

红眼工具 ₊ 是一个专用于去除照片中红眼问题的工具。

红眼工具使用方法非常简单，只需在设置参数后在图像中的红眼位置单击即可。

技巧：除了使用专门的红眼修复工具，也可以使用画笔工具。设置前景色为黑色，混合模式为"颜色"，即可去除人物的红眼。

使用红眼工具去除照片中人物红眼的具体步骤如下：

（1）单击"文件"→"打开"命令，打开一张红眼素材的图像，如图 7.234 所示。

（2）单击工具箱中的红眼工具，参照图 7.235 在选项栏中设置各项参数。

图 7.234　素材图像

图 7.235　红眼工具选项栏

（3）使用红眼工具，在瞳孔位置单击，去除红眼现象，如图 7.236、7.237 所示。

图 7.236　单击左侧瞳孔

图 7.237　去除红眼后的效果

📖 拓展实训　制作艺术照片

实训分析：本实例主要通过制作艺术照片，讲解如何使用背景橡皮擦和渐变填充的方法。在制作过程中，首先使用背景橡皮擦工具将素材图像的背景擦除，然后新建一个文件，添加素材图像。再通过椭圆选框工具、描边命令、钢笔工具、画笔工具、渐变工具等制作出图像背景效果，如图 7.238 所示，具体操作步骤如下：

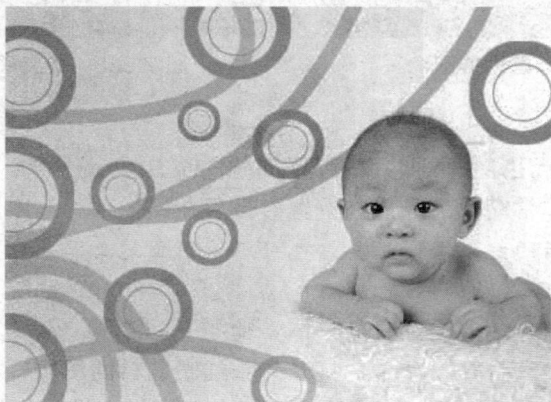

图 7.238　艺术照片效果

1．制作素材效果

（1）双击桌面上的快捷图标，打开 Photoshop CS5。

（2）单击"文件"→"打开"命令，打开一张素材图片，如图 7.239 所示。

（3）选择背景橡皮擦工具 ，在工具选项栏中设置参数，如图 7.240 所示。

（4）单击并拖曳，沿着人物与背景的边缘擦拭，效果如图 7.241 所示。

（5）擦拭背景后的效果如图 7.242 所示。

图 7.239 素材图像

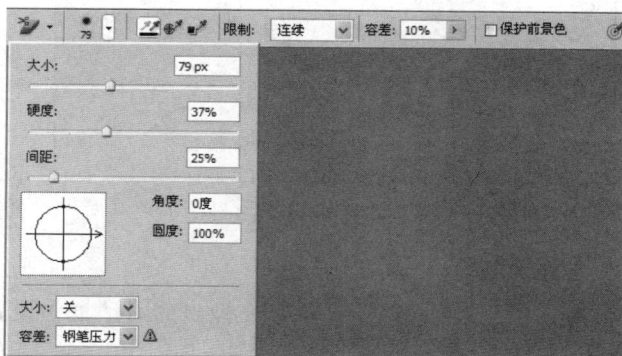

图 7.240 设置参数

图 7.241 擦拭背景

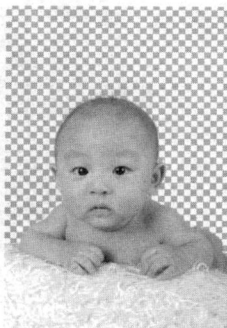

图 7.242 继续擦拭背景

（6）单击"文件"→"新建"命令，在弹出的"新建"对话框中设置参数，如图 7.243 所示。

图 7.243 "新建"对话框

（7）单击"确定"按钮，新建一个文件。选择移动工具，在图像单击并拖拽，将人物添加至新建的文件中，效果如图 7.244 所示。

（8）按【Ctrl+T】快捷键，调整人物至合适大小，并移动至合适位置，效果如图 7.245 所示。

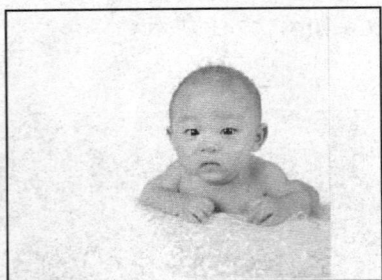

图 7.244　添加人物素材

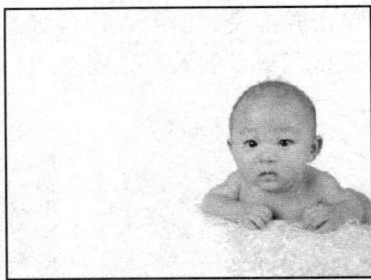

图 7.245　调整大小及位置

2. 制作背景效果

（1）单击"设置前景色"色块，在弹出的对话框中设置前景色为蓝色，参照图 7.246 设置参数。

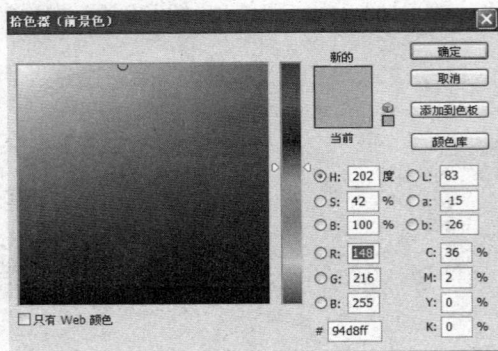

图 7.246　设置前景色

（2）单击人物图层前面的眼睛图标，隐藏图层，选择椭圆选框工具绘制椭圆选框，如图 7.247 所示。

（3）按【Ctrl+Alt+Shift+N】快捷键，新建一个图层，选择"编辑"→"描边"命令，在弹出的"描边"对话框中设置参数，如图 7.248 所示。

图 7.247　绘制选框

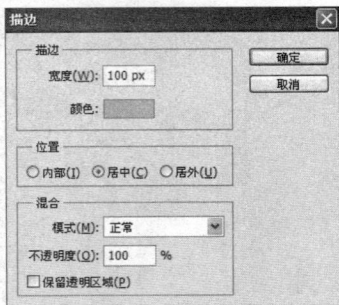

图 7.248　"描边"对话框

（4）单击"确定"按钮，效果如图 7.249 所示。

（5）选择钢笔工具 ，绘制一条路径，如图 7.250 所示。

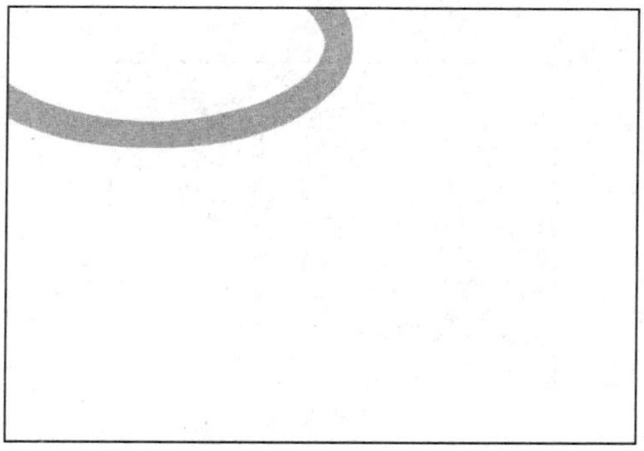

图 7.249　描边

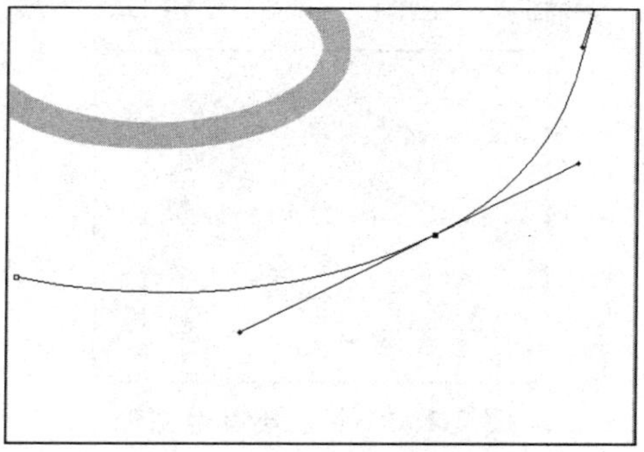

图 7.250　绘制一条路径

（6）选择画笔工具，在工具选项栏设置各参数，如图 7.251 所示。

（7）新建一个图层，在图像中右击，在弹出的快捷菜单中选择"描边路径"选项，单击"确定"按钮，效果如图 7.252 所示。

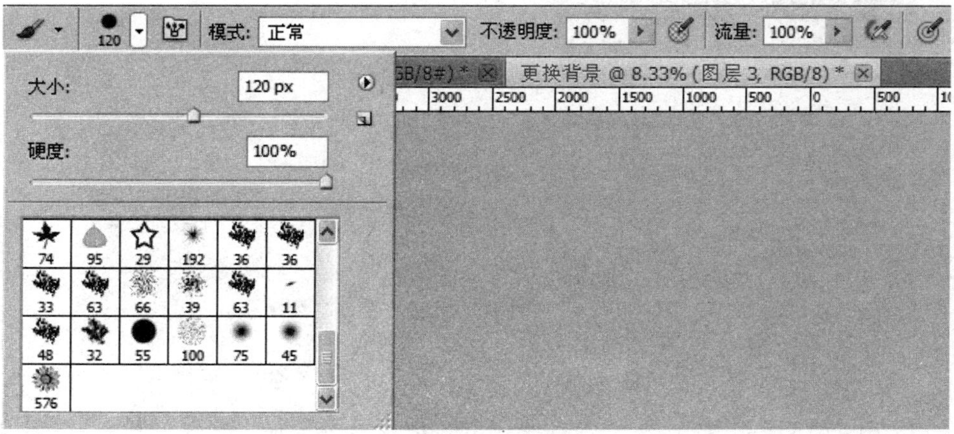

图 7.251　设置画笔参数

图 7.252　描边

（8）使用同样的方法，绘制出其他图形，效果如图 7.253 所示。

（9）设置"前景色"为黑色，选择椭圆选框工具，在绘图区中按住 Shift 键，同时单击并拖曳，绘制一个正圆，如图 7.254 所示。

图 7.253　绘制出其他图形

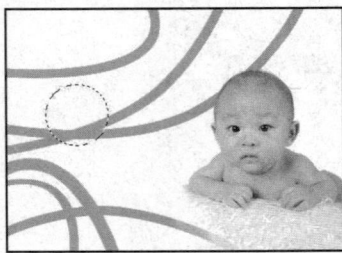

图 7.254　绘制一个正圆

（10）按【Ctrl+Alt+Shift+N】快捷键，新建一个图层，选择"编辑"→"描边"命令，在弹出的"描边"对话框中设置参数，如图 7.255 所示。

（11）单击"确定"按钮，单击"选择"→"变换选区"命令，按住【Ctrl+Alt】快捷键，拖动选框，等比缩放圆形选区，如图 7.256 所示。

图 7.255　设置描边参数

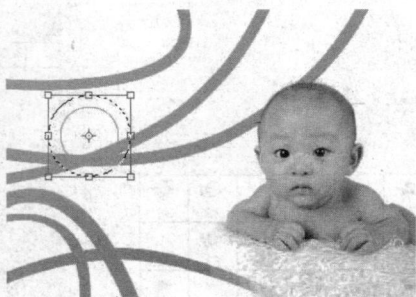

图 7.256　变换选区

（12）按 Enter 键应用变换，右击，在弹出的快捷菜单中选择"描边"选项，在弹出的"描边"对话框中设置参数，如图 7.257 所示。

（13）单击"确定"按钮应用描边，按【Ctrl+D】快捷键取消选区，效果如图 7.258 所示。

图 7.257　设置描边参数

图 7.258　取消选区

（14）隐藏其他图层，选择矩形选框工具，绘制一个矩形选区，如图 7.259 所示。

（15）单击"编辑"→"定义画笔预设"命令，弹出"画笔名称"对话框，如图 7.260 所示。

图 7.259　绘制一个矩形选区

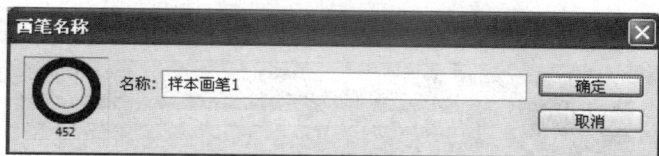

图 7.260　"画笔名称"对话框

（16）单击"确定"按钮，按 F5 键，在弹出的"画笔"调板中选择定义的画笔，并进行设置，如图 7.261 所示。

（17）设置"前景色"为蓝色，如图 7.262 所示。

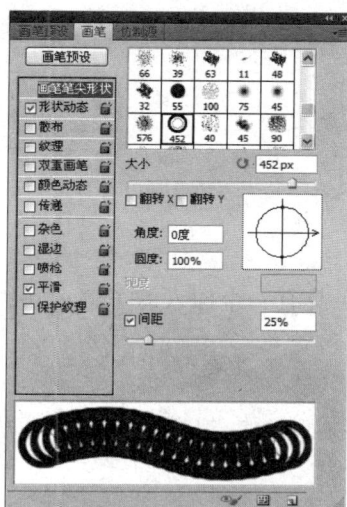

图 7.261　选择定义的画笔

图 7.262　设置前景色

（18）取消图层的隐藏，按"["键或"]"键调整画笔大小，在绘图窗口单击，绘制图形，效果如图 7.263 所示。

（19）设置"前景色"为蓝色，如图 7.264 所示，背景色为白色。

图 7.263　绘制图形

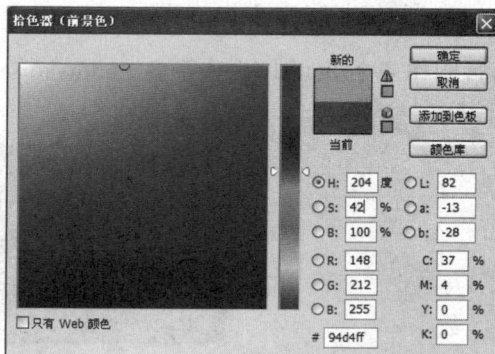

图 7.264　设置前景色

（20）选择渐变工具 ，在工具选项栏中设置参数，如图 7.265 所示。

（21）新建一个图层，在绘图区中单击并拖曳，填充渐变色，并将图层放置在底层，效果如图 7.266 所示。

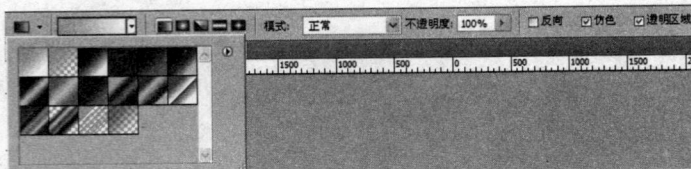

图 7.265　设置渐变参数

图 7.266　填充渐变色

（22）参照上述操作方法，绘制出白色的图形，艺术照片效果制作完成，最终效果如图 7.238 所示。

任务五　文字工具

读者在学习本任务后，可以对 Photoshop CS5 中的文字工具有一个深入的了解。好的文字布局和设计有时会起到画龙点睛的作用。

一、制作 POP 广告

（一）基础知识要点与制作思路

本实例通过制作 POP 广告的过程，讲解文字工具的使用方法。

在制作过程中，首先绘制出大致的背景色，然后通过添加素材制作出背景中的纹理，再使用文字工具在视图中添加文本，并对文本进行设置，得到所需要的画面效果。

（二）制作步骤

通过制作一个 POP 广告来了解 Photoshop 中文字工具的使用。本例制作完成的效果如图 7.267 所示。

图 7.267　POP 广告

1. 制作背景

（1）执行"文件"→"新建"命令，打开"新建"对话框，参照图 7.268 在该对话框中设置参数，单击"确定"按钮，创建新文件。

（2）在工具箱中单击"设置前景色"按钮，打开"拾色器"对话框，设置前景色为玫红色，如图 7.269 所示，然后使用前景色将"背景"图层填充。

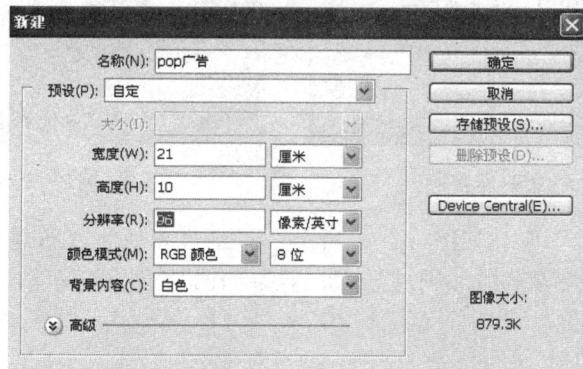

图 7.268 "新建"对话框

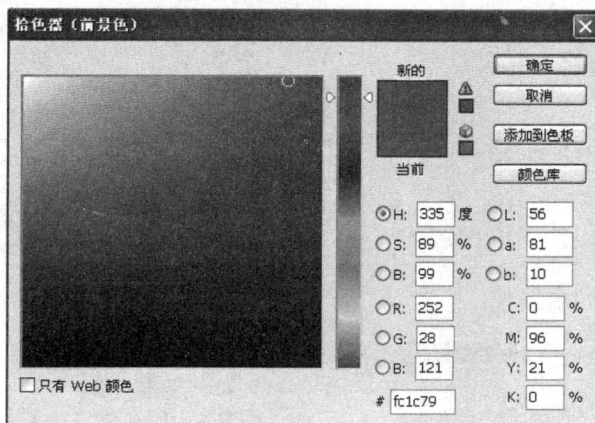

图 7.269 设置颜色

（3）打开素材文件，选择工具箱中的魔棒工具，将花朵素材四周的空白选中，反转选区后，将花朵素材选中，如图 7.270 所示。

（4）将选区中的花朵素材拖动到新建的文档中，并使用"自由变换"命令调整图像的大小，如图 7.271 所示。

图 7.270 选中素材文件　　　　　图 7.271 调整图像大小

（5）为"图层 1"添加图层蒙版，使用画笔工具 ✐.在视图中绘制，将右侧部分图像隐藏，效果如图 7.272 所示。并将该图层的混合模式设置为"点光"，效果如图 7.273 所示。

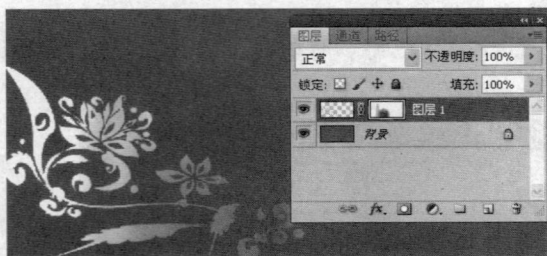

图 7.272　添加图层蒙版

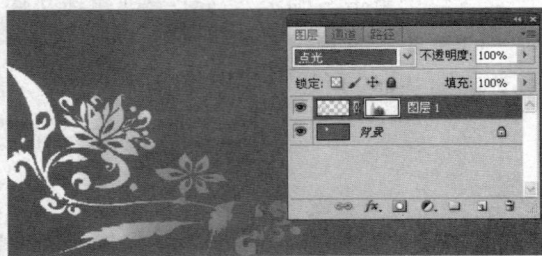

图 7.273　设置图层混合模式

（6）再次打开素材图像，如图 7.274 所示，将素材图像放入新建的文档中，设置其混合模式为"正片叠底"，并为其添加图层蒙版，效果如图 7.275 所示。"图层"调板如图 7.276 所示。

图 7.274　素材图像

图 7.275　设置蒙版及图层混合模式

图 7.276　"图层"调板

2. 添加文字信息

（1）在"图层"调板中新建"组 1"图层组，选择工具箱中的横排文字工具 **T**.，在视图中输入文本，如图 7.277 所示。并参照"字符"调板设置文字属性，如图 7.278 所示。

图 7.277 添加文本

图 7.278 "字符"调板

（2）使用横排文字工具 **T**，在视图中继续输入文本并设置文本的属性，如图 7.279 所示。

（a）

（b）

图 7.279 添加文本并设置文本的属性

（3）使用相同的方法，在视图中加入文字，并设置文本的属性，如图 7.280 所示。

（a）

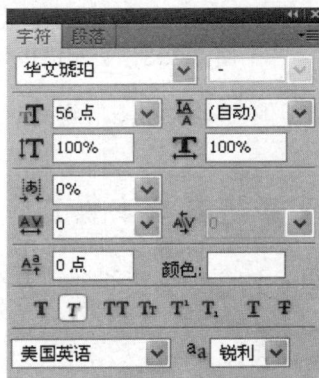

（b）

图 7.280 添加文本并设置文本的属性

（4）在"图层"调板内双击"10"图层右侧的空白处，打开"图层样式"对话框，参照

图 7.281 ～ 7.284，为文本添加投影、渐变及描边效果。

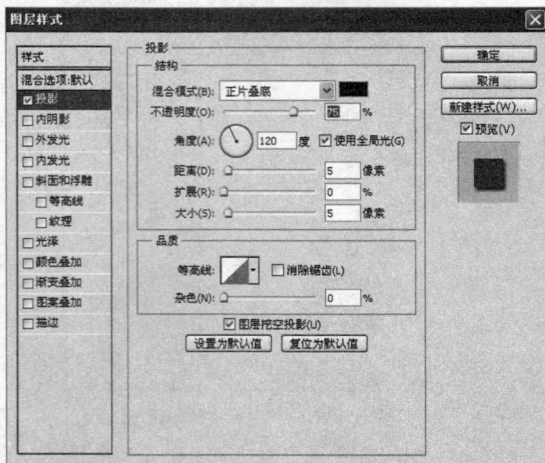

图 7.281　设置投影效果

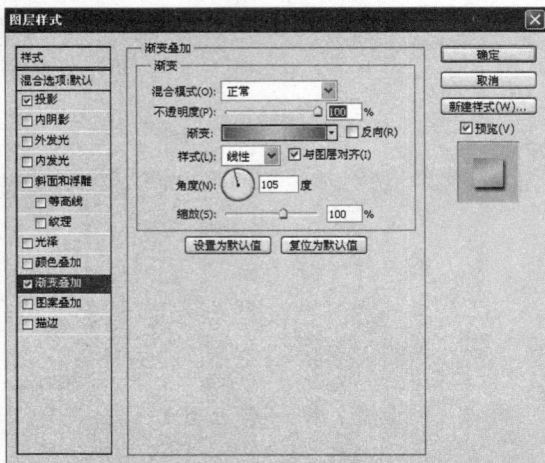

图 7.282　设置渐变叠加效果

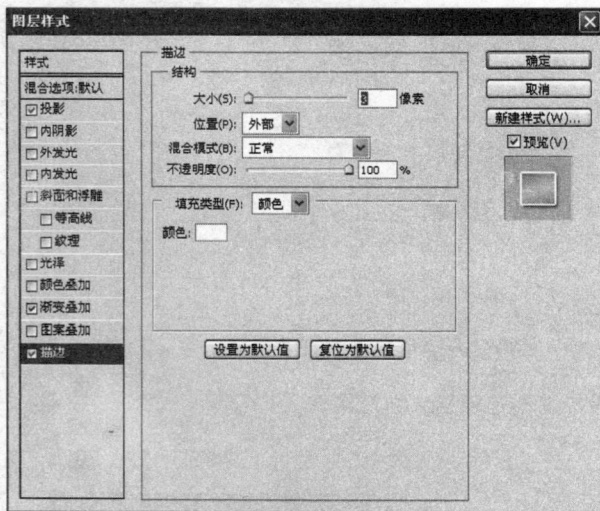

图 7.283　设置描边效果

图 7.284 添加样式后的文字效果

（5）为其他文本添加图层样式，完成该实例的制作。效果如图 7.267 所示。

二、文字工具基本操作

Photoshop 的文字操作和处理方法非常灵活，可以添加各种图层样式或进行变形等艺术化处理，使之鲜活醒目。

（一）输入文字

Photoshop CS5 中的文字工具包括横排文字工具 **T**、直排文字 **IT**、横排文字蒙版工具 和直排文字蒙版工具 4 种，如图 7.285 所示。

1. 输入点文本

输入点文本时，使用文字工具直接在图像窗口中单击，当出现闪动的插入光标时输入文字。这样输入的文字独立成型，但不会自动换行，若要换行则须按【Enter】键。当需要输入少量的文字用作图像标题时，可以使用点文本类型。

选择横排文字工具 **T**，或直排文字工具 **↓T**，在图像中单击即可输入文字。下面以实例说明文字输入和编排的基本方法。

（1）按【Ctrl+O】快捷键，打开一张素材图像，如图 7.286 所示。

（2）在工具箱中选择横排文字工具 **T**，参照图 7.287，在选项栏中进行设置。

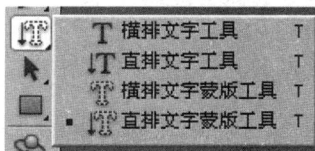

图 7.285　文字工具

图 7.286　素材图像

图 7.287　文字工具选项栏

（3）在文件窗口中单击，确定插入点，然后输入文字，输入完成后，单击横排文字工具选项栏右侧的按钮 ✔，或按【Ctrl+Enter】快捷键，完成文字输入并退出输入状态，如图 7.288 所示。

技巧：输入文字之后，并单击选项栏中的按钮 ⊘ 或按 Esc 键，则在退出输入状态的同时取消刚才的文字输入操作。

（4）输入文字后，"图层"调板会自动新建一个以文字内容为名称的文字图层，如图 7.289 所示。

（5）双击"图层"调板文字图层 T 型图标，进入文字编辑状态，拖动选择"同"文字，在工具选项栏中设置文字大小为 72 点，按【Ctrl+Enter】快捷键，结果如图 7.290 所示。

图 7.288　输入文字

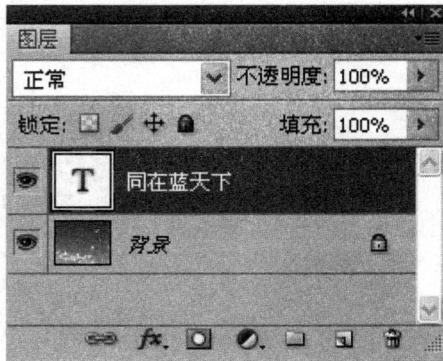

图 7.289　文字图层

图 7.290　修改文字大小

2. 输入段落文本

输入段落文本前，先用文字工具拖出一个矩形文本框，然后在框中输入文字。当输入的文字达到文本边框时可自动换行，使用此种方法得到的文本称为段落文本。

输入段落文本的具体操作步骤如下：

（1）单击"文件"→"新建"命令，弹出"新建"对话框，如图 7.291 所示，在该对话框中设置参数，单击"确定"按钮，创建新文件。

（2）单击"文件"→"打开"命令，打开一张素材图像，如图 7.292 所示。

（3）使用移动工具 拖动素材图像到当前正在编辑的文件中，按【Ctrl+T】快捷键，调整图像的大小和位置，如图 7.293 所示。

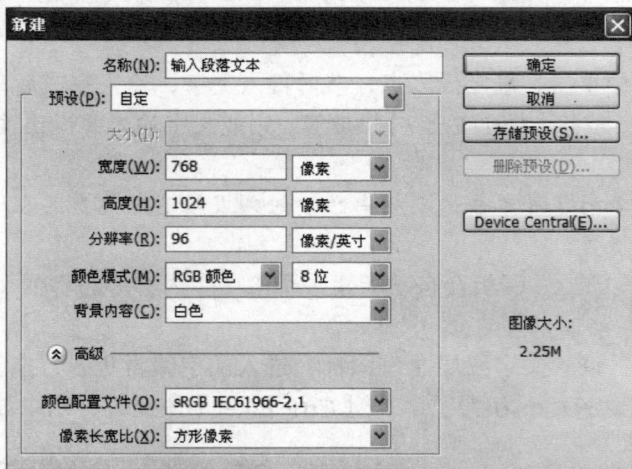

图 7.291　"新建"对话框

图 7.292　素材图像　　　图 7.293　添加素材图像

（4）单击矩形选框工具，在视图中绘制一个矩形选框，将图像中黄色背景的一部分选取，如图 7.294 所示。

（5）按【Ctrl+C】快捷键进行复制，新建"图层 2"，再按【Ctrl+V】快捷键进行粘贴，复制选取中的图像，如图 7.295 所示。

（6）按下【Ctrl+T】快捷键，调整图像的大小，如图 7.296 所示。

图 7.294　绘制选区　　　　　　图 7.295　"图层"调板　　　　　图 7.296　调整图像大小

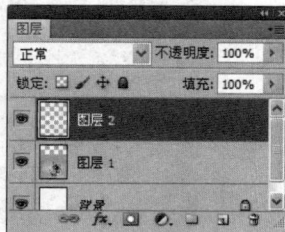

（7）单击工具箱中的横排文字工具，参照图 7.297 在视图中创建文字，然后单击选项栏中的"切换字符和段落面板"按钮，在弹出的"字符"调板中设置字符属性，如图 7.298 所示。

图 7.297　创建文字　　　　　　　　　图 7.298　"字符"调板

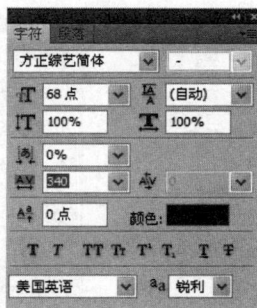

（8）单击"图层"调板底部的"添加图层样式"按钮，在弹出的菜单中选择"描边"选项，打开"图层样式"对话框，然后参照图 7.299 在该对话框中设置参数。

（9）单击"确定"按钮，为文字添加白色的描边效果，如图 7.300 所示。

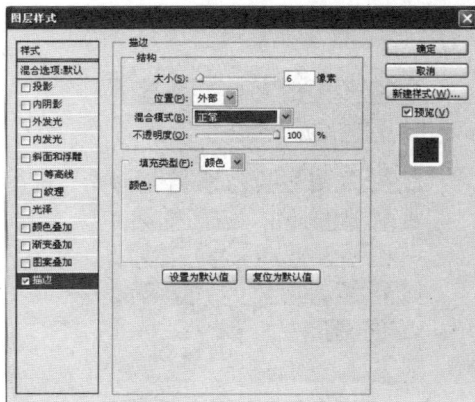

图 7.299　"图层样式"对话框　　　　　　　图 7.300　描边效果

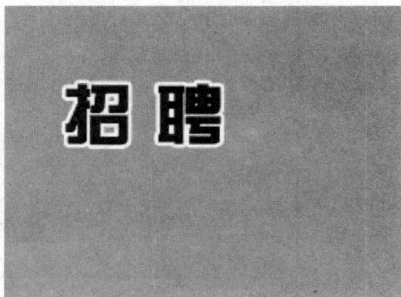

（10）使用横排文字工具 **T.**，在视图中绘制出一个文本框，如图 7.301 所示。

（11）使用横排文字工具 **T.**，在文本框中输入招聘条件文字，如图 7.302 所示。

（12）选中文本框中输入招聘条件文字，然后单击选项栏中的"切换字符和段落面板"按钮 **图**，在弹出的"字符"调板中设置字符属性，如图 7.303 所示。

图 7.301　绘制文本框　　　　图 7.302　创建文字　　　　图 7.303　"字符"调板

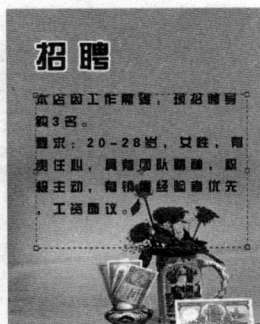

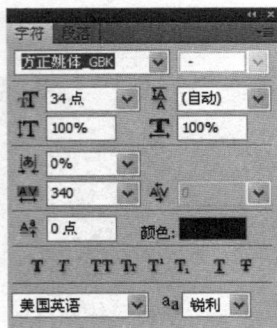

（13）参照图 7.304 所示选中文本，单击"窗口"→"段落"命令，打开"段落"调板，参照图 7.305 设置参数，调整段间距，效果如图 7.306 所示。

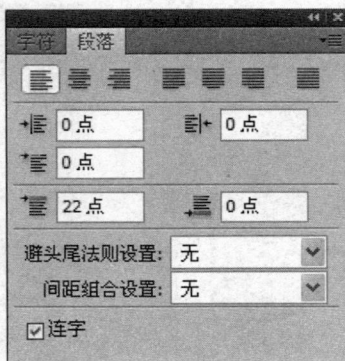

图 7.304　选中文本　　　　图 7.305　"段落"调板　　　　图 7.306　调整段间距

（14）在"段落"调板中设置对齐方式为"最后一行左对齐"，如图 7.307 所示，效果如图 7.308 所示。

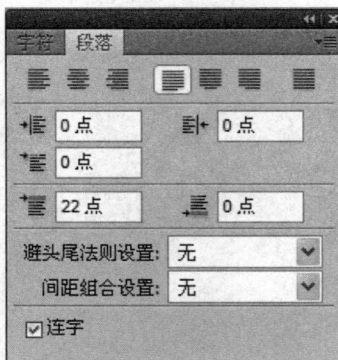

图 7.307　设置对齐方式　　　　图 7.308　对齐效果

（15）参照图 7.309 所示选择文本，然后在"段落"调板中进行设置，如图 7.310 所示，调整段落的左缩进，效果如图 7.311 所示。

图 7.309　选中文本

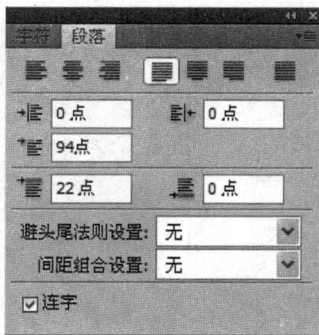

图 7.310　"段落"调板

图 7.311　调整段间距

（16）使用横排文字工具 **T**，在视图中创建文字，然后在"字符"调板中对文字进行设置，"字符"调板如图 7.312 所示。最后完成海报的制作，效果如图 7.313 所示。

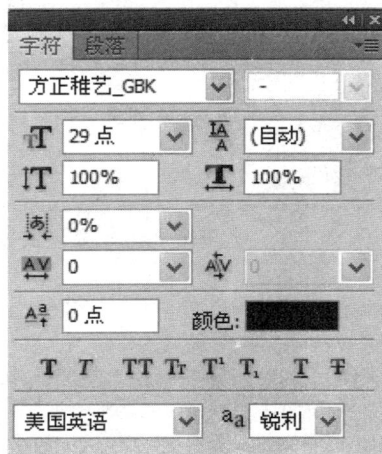

图 7.312　"图层"调板

图 7.313　最终效果

3. 创建文字选区

使用文字蒙版工具 **T** 和 **T**，可以创建得到文字选区。在输入文字时，图像窗口会自动进入快速蒙版编辑状态，此时整个窗口显示为红色，输入的文字显示为镂空状态。输入文本后，单击选项栏中的 **✓** 按钮即可得到文字选区。

使用文字蒙版工具创建文字选区的具体操作步骤如下：

（1）单击"文件"→"新建"命令，弹出"新建"对话框，如图 7.314 所示，设置参数，单击"确定"按钮，创建新文件。

（2）单击"设置前景色"色块，如图 7.315 所示，在弹出的"拾色器（前景色）"对话框中进行设置。

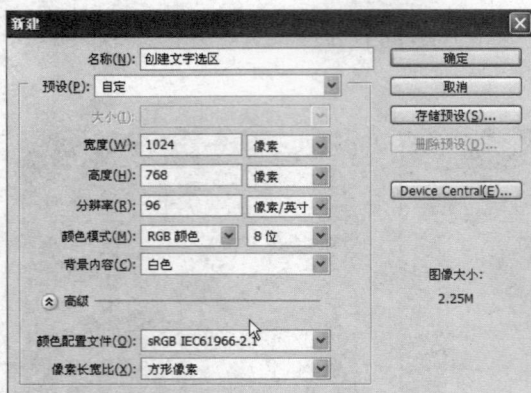

图 7.314 "新建"对话框

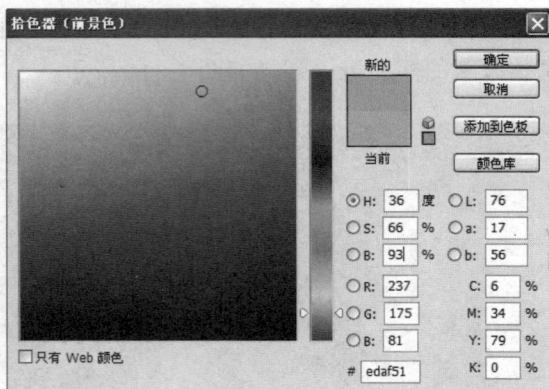

图 7.315 设置前景色

（3）选择矩形工具 ，参照图 7.316，在视图中绘制矩形，然后按【Ctrl+T】快捷键调整图形的旋转角度和位置，如图 7.317 所示。

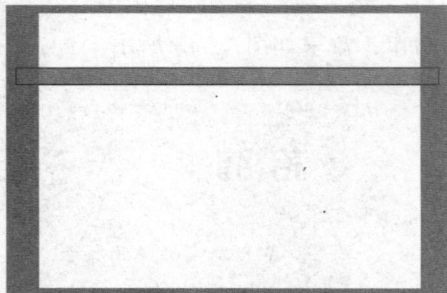

图 7.316 绘制矩形

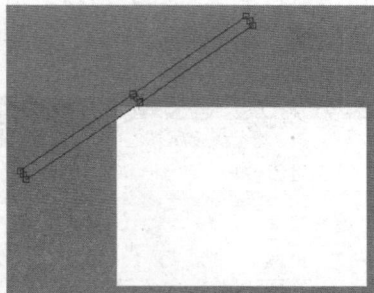

图 7.317 调整矩形的角度和位置

（4）在"图层"调板中拖动"形状 1"图层到"创建新图层"按钮 处，如图 7.318 所示。复制图层，如图 7.319 所示。

图 7.318 拖动图层

图 7.319 复制图层

（5）双击"形状 1 副本"图层缩览图，弹出"拾取实色："对话框，参照图 7.320 设置颜色值。

（6）单击"确定"按钮，更改副本矩形的颜色，然后如图 7.321 所示调整矩形的位置。

（7）使用相同的方法，创建出更多的倾斜色块，如图 7.322 所示。

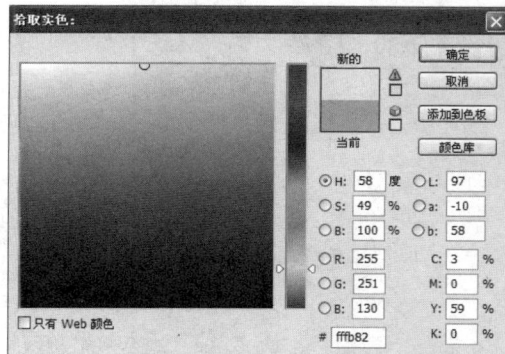

图 7.320　设置颜色

图 7.321　调整矩形的位置

图 7.322　绘制色块

（8）群组创建的矩形，单击工具箱中的横排文字蒙版工具，如图 7.323 所示，在选项栏中设置各项参数；然后在视图中创建文字，如图 7.324 所示。

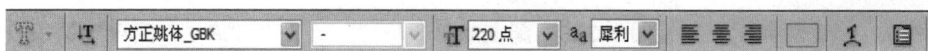

图 7.323　横排文字蒙版工具选项栏

图 7.324　输入文字

（9）单击选项栏中的"提交当前所有编辑"按钮，得到文字选区，如图 7.325 所示。

（10）单击工具箱中的渐变工具，在属性栏中单击渐变色条，弹出"渐变编辑器"对话框，如图 7.326 所示，在该对话框中进行设置，然后单击"确定"按钮，完成设置。

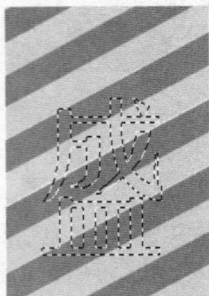

图 7.325　得到选区

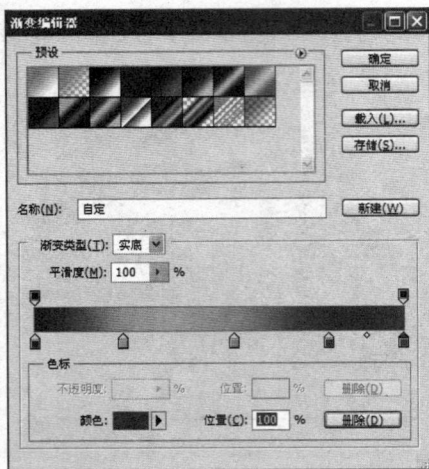

图 7.326　"渐变编辑器"对话框

（11）新建"图层 1"，使用渐变工具█，在选区中由上至下进行拖动，创建渐变效果，然后按【Ctrl+D】快捷键取消选区，如图 7.327～7.329 所示。

图 7.327　创建渐变

图 7.328　渐变效果

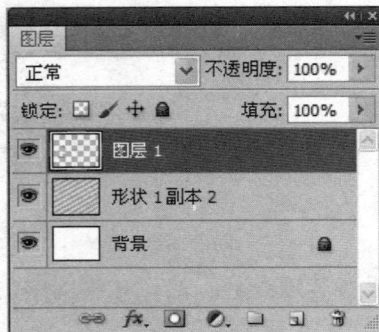

图 7.329　"图层"调板

（12）使用横排文字蒙版工具█，在视图中继续输入文字，然后选中文字，如图 7.330 所示，在"字符"调板中设置文本属性，如图 7.331 所示。

图 7.330　输入文字

图 7.331　"字符"调板

（13）单击选项栏中的"提交当前所有编辑"按钮█，得到文字选区，如图 7.332 所示。

（14）选择渐变工具，单击选项栏中的渐变色条，在弹出的"渐变编辑器"对话框中对渐变进行调整，如图 7.333 所示。

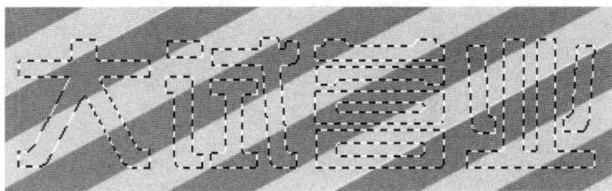

图 7.332　得到选区　　　　　　　　图 7.333　"渐变编辑器"对话框

（15）新建"图层 2"，使用渐变工具，在选区位置由上至下垂直拖动，如图 7.334 所示，然后按【Ctrl+D】快捷键取消选区，创建渐变效果，如图 7.335 所示。

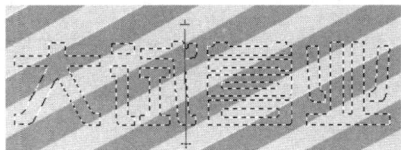

图 7.334　创建渐变　　　　　　　　图 7.335　渐变效果

（16）如图 7.336 所示，调整文字图像在视图中的位置，然后单击"图层"调板底部的"添加图层样式"按钮，在弹出的菜单中选择"描边"选项，弹出"图层样式"对话框，如图 7.337 所示设置参数。

图 7.336　调整文字图像的位置　　　　图 7.337　"图层样式"对话框

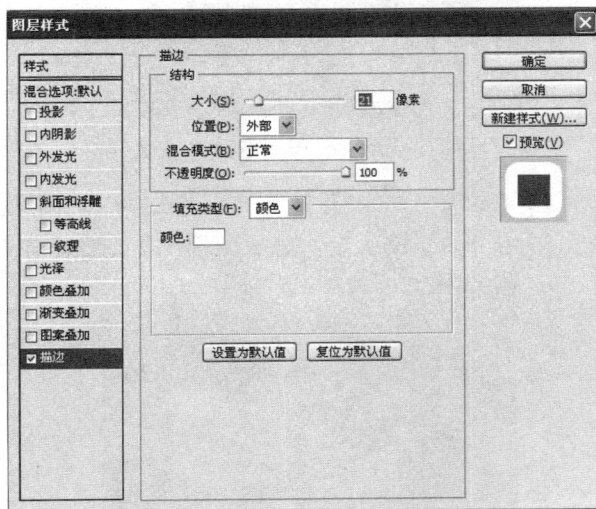

（17）单击"确定"按钮，为"图层 2"中的文字图像添加白色的描边效果，然后右击，在弹出的菜单中选择"拷贝图层样式"选项，拷贝图层样式，再选中"图层 1"右击，在弹出的菜单中选择"粘贴图层样式"选项，复制图层样式，完成整个制作过程，效果如图 7.338 所示，"图层"调板如图 7.339 所示。

图 7.338　添加描边效果

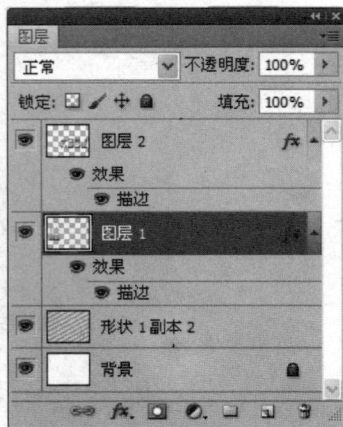

图 7.339　"图层"调板

4. 变换文本

在 Photoshop 中，点文本和段落文本也可以像图形一样进行缩放、倾斜和旋转等变换操作。变换文本的具体操作步骤如下：

（1）打开一张素材图像，输入相应文字，如图 7.340 所示。

（2）单击"编辑"→"自由变换"命令或按【Ctrl+T】快捷键调出变换控制框，移动鼠标至右上角的控制点处，鼠标指针呈 ↖ 形状，如图 7.341 所示。

图 7.340　打开素材图像并输入文字

图 7.341　变换控制框

（3）在文字上单击并拖曳，旋转文字，如图 7.342 所示。

（4）按 Enter 键确定，完成变换操作，效果如图 7.343 所示。

图 7.342　旋转文字

图 7.343　完成操作

（二）编辑文字

文字图层在栅格化之前，用户可对其格式进行设置，包括文字大小、字体、字间距、行间距、对齐方式等。

1. 设置文字格式

选择工具箱中的文字工具，在图像窗口文本位置单击鼠标，或在"图层"调板文字图层缩览图 **T** 上双击即可进入文本编辑状态，这时文本内会出现闪动的光标。如果需要修改文字格式，除了使用工具选项栏外，还可以单击"窗口"→"字符"命令，或单击文字工具选项栏中的 按钮显示"字符"调板，通过调板进行字符格式设置，如图 7.344 所示。

技巧：在选定文字的情况下，按【Ctrl+Shift+>】快捷键或【Ctrl+Shift+<】快捷键，可以以 2 点为步长快速地增大或减少文字的大小；【Ctrl+Alt+Shift+>】快捷键或【Ctrl+Alt+Shift+<】快捷键可以以 10 点为步长增大或减少文字的大小。

2. 设置段落格式

单击"窗口"→"段落"命令，在窗口中显示"段落"调板，可以对段落文本进行格式设置，如图 7.345 所示。

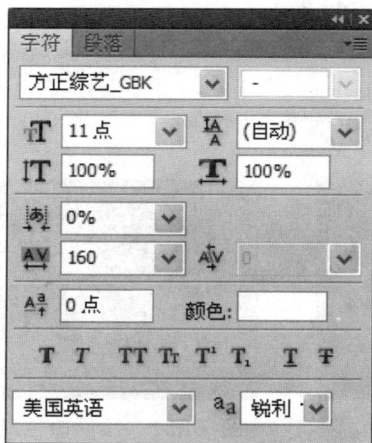

图 7.344　"字符"调板　　　　图 7.345　"段落"调板

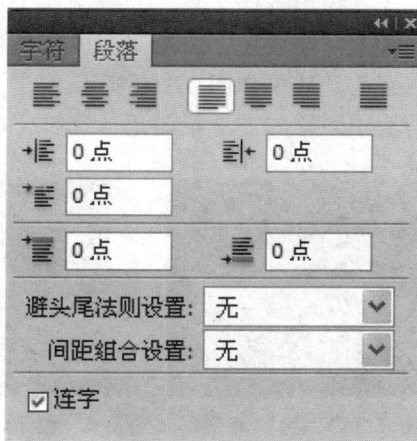

📖 拓展实训　制作显示器广告

实训分析：本实例通过制作显示器广告，讲解路径文字的用法。在制作过程中，首先使用矩形选框工具制作出背景效果，使用钢笔工具绘制一条路径，在路径上输入广告语，然后使用矩形工具绘制一个矩形，输入说明文字，再添加素材，最终制作出显示器广告效果，如图 7.346 所示。

具体操作步骤如下：

图 7.346　显示器广告

1. 制作背景效果

（1）双击桌面上的快捷图标，打开 Photoshop CS5。

（2）单击"文件"→"新建"命令，在弹出的"新建"对话框中设置参数，如图 7.347

所示。单击"确定"按钮，新建一个文件。

（3）单击"文件"→"打开"命令，打开一张素材图像，将素材图像放置在新建的文件中，调整至合适大小及位置，如图 7.348 所示。

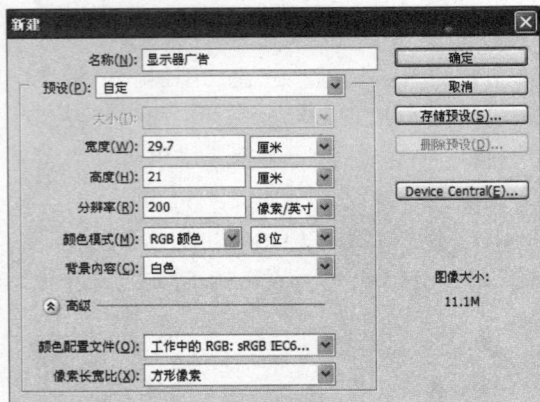

图 7.347　　"新建"对话框

图 7.348　　素材图像

（4）选择矩形选框工具，绘制两个矩形，如图 7.349 所示。

（5）设置"前景色"为墨绿（RGB 参考值为 R24、G75、B58），按【Alt+Delete】快捷键，填充颜色，效果如图 7.350 所示。

（6）使用同样的方法绘制矩形选框并填充白色，效果如图 7.351 所示。

图 7.349　绘制矩形

图 7.350　填充颜色

图 7.351　绘制白色矩形框

（7）单击"文件"→"打开"命令，打开一张显示器素材图像，如图 7.352 所示。

（8）运用磁性套索工具，配合使用多变形套索工具，框选显示器，如图 7.353 所示。

图 7.352　素材图像

图 7.353　框选显示器

（9）单击并拖曳，将显示器放置到图像编辑窗口中，调整至合适大小及位置，如图 7.354 所示。

2. 制作文字效果

（1）选择工具箱中的钢笔工具，单击工具选项栏中的"路径"按钮，绘制一条路径，如图 7.355 所示。

图 7.354　添加显示器素材

图 7.355　绘制一条路径

（2）选择横排文字工具，放置光标至路径上方，当光标显示为 形状时单击，确定插入点，在工具选项栏中设置各参数，如图 7.356 所示。

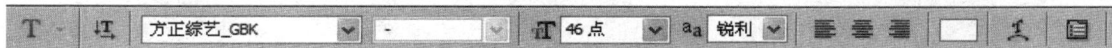

图 7.356　工具选项栏

（3）输入文字"高清画质，引领时尚新潮流"，可以看到文字沿着路径排列，效果如图 7.357 所示。

（4）单击"图层"调板底部的"添加图层样式"按钮，在弹出的"图层样式"对话框中设置参数，如图 7.358 所示。

图 7.357　输入文字

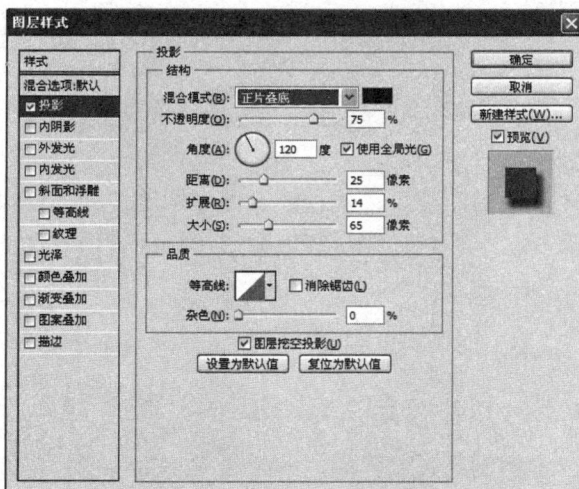

图 7.358　"图层样式"对话框

（5）单击"确定"按钮，添加阴影效果，如图 7.359 所示。

（6）选择矩形工具，绘制一个矩形，如图 7.360 所示。

（7）选择横排文字工具，在矩形内单击，确定插入点，输入其他文字，效果如图 7.361 所示。

图 7.359 添加阴影

图 7.360 绘制一个矩形

图 7.361 输入其他文字

（8）在"通道"调板中的空白区域单击，隐藏路径，效果如图 7.362 所示。

（9）单击"文件"→"打开"命令，打开一张不同角度的显示器素材图像，如图 7.363 所示。

（10）使用同样的操作方法，将素材添加至文件中，如图 7.364 所示。

（11）输入其他文字，完成显示器广告的制作。

图 7.362 隐藏途径

图 7.363 素材图像

图 7.364 添加素材

任务六 图 层

读者在学习本任务后，可以对图层的运用有一个翔实的了解。图层是 Photoshop 的核心功能之一。图层的引入为图像的编辑带来了极大的便利。以前只能通过复杂的选区和通道运算才能得到的效果，现在通过图层和图层样式便可轻松实现。本任务深入讨论图层的概念、类型和基本操作，并详细地介绍图层混合模式和图层样式。

一、闪电特效文字

（一）基础知识要点与制作思路

本实例通过制作闪电特效文字，讲解图层样式和图层混合模式在特效文字制作方面的应用。在制作的过程中，首先使用图层样式，制作出文字图层效果，然后添加素材图像、更改图层混合模式，制作出特效文字效果。

（二）制作步骤

Photoshop 图层模式可以控制图层之间像素颜色的相互作用。其中，可以使用的图层混合模式有正常、溶解、叠加、正片叠底等二十几种，不同的混合模式会得到不同的效果。图层样式是 Photoshop 中一个用于制作各种效果的强大功能，利用图层样式功能，可以简单快捷地制作出各种立体投影、各种质感以及光景效果的图像特效。本实例制作闪电特效文字，效果如图 7.365 所示。

图 7.365　卡通画上色效果

具体操作步骤如下：

1. 制作文字图层效果

（1）双击桌面上的快捷图标，打开 Photoshop CS5。

（2）单击"文件"→"打开"命令，打开一张素材图像，如图 7.366 所示。

（3）选取横排文字工具 **T**，在图像窗口中单击，确定插入点，在工具选项栏中设置各参数，如图 7.367 所示。

图 7.366　素材图像

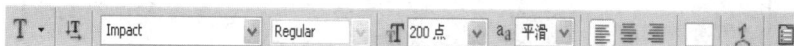

图 7.367　文字工具选项栏

（4）输入文字 DESIGN，如图 7.368 所示。

（5）选择文字，单击工具选项栏中的"切换字符和段落面板"按钮 ，在"字符"调板中设置参数如图 7.369 所示，文字效果如图 7.370 所示。

图 7.368　输入文字

图 7.369　"字符"调板

图 7.370　文字效果

（6）单击"图层"调板下方的"添加图层样式"按钮 **fx.**，在弹出的快捷菜单中选择"外发光"选项，设置参数，如图 7.371 所示。

（7）选中"渐变叠加"复选框，设置参数，如图 7.372 所示。

图 7.371　设置"外发光"效果

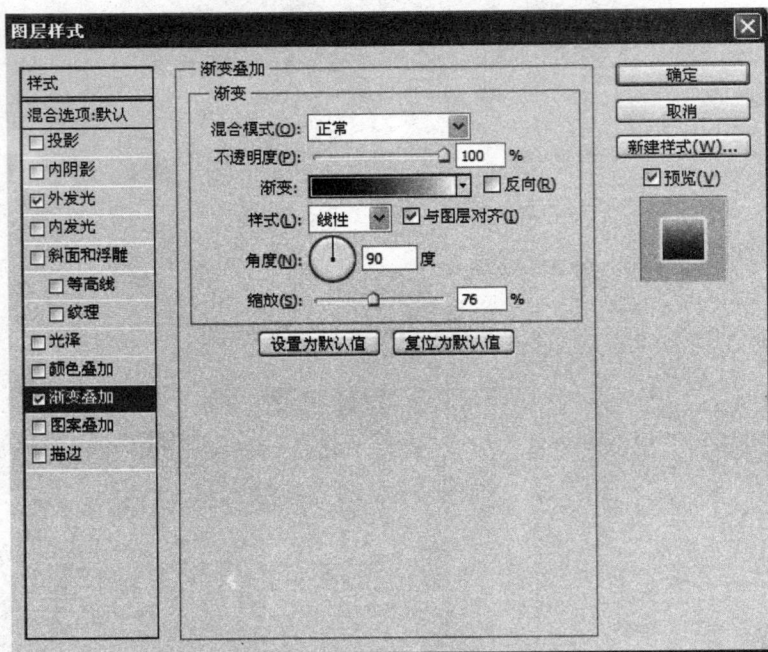

图 7.372　设置"渐变叠加"效果

（8）选中"描边"复选框，设置参数，如图 7.373 所示。

（9）单击"确定"按钮，效果如图 7.374 所示。

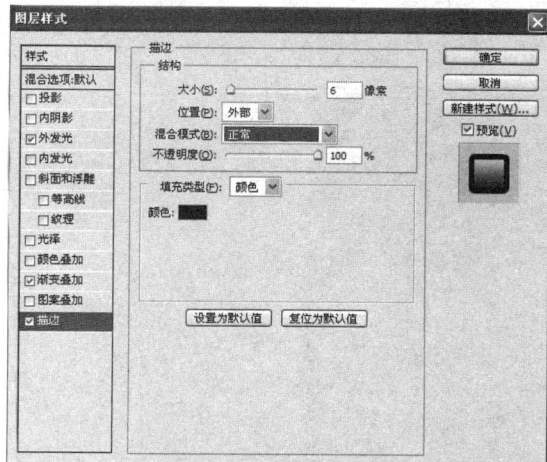

图 7.373　设置"描边"效果

图 7.374　添加图层样式效果

2. 制作文字发光效果

（1）单击"文件"→"打开"命令，打开一张素材图像，如图 7.375 所示。

（2）按【Ctrl+T】快捷键，调整图像的大小并移动至合适位置，如图 7.376 所示。

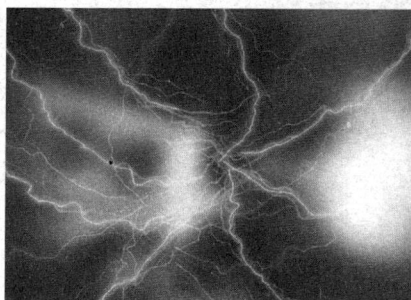

图 7.375　素材图像

图 7.376　调整图像的大小及位置

（3）按住 Ctrl 键，同时单击文字图层，得到文字的选区，如图 7.377 所示。

（4）按【Ctrl+Shift+I】快捷键反选，按 Delete 键删除多余的图像，按【Ctrl+D】快捷键取消选区，效果如图 7.378 所示。

图 7.376　得到文字的选区

图 7.378　删除多余的图像

（5）更改"图层 1"图层的混合模式为"明度"，如图 7.379 所示。

（6）更改图层的混合模式后，效果如图 7.380 所示。

（7）单击"文件"→"打开"命令，打开一张素材图像，如图 7.381 所示。

图 7.379　更改图层混合模式

图 7.380　更改图层样式效果

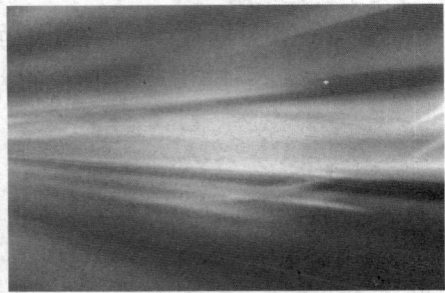

图 7.381　素材图像

（8）按【Ctrl+T】快捷键，调整图像的大小并移至合适位置，如图 7.382 所示。

（9）参照上述方法，删除图像多余的部分，如图 7.383 所示。

图 7.382　调整图像的大小及位置

图 7.383　删除多余的图像

（10）更改"图层 2"图层的图层样式为"亮光"，效果如图 7.384 所示。

（11）选择文字图层，单击"图层"调板下方的"添加图层样式"按钮 fx，在弹出的快捷菜单中选择"投影"选项，设置颜色为红色（RGB 参考值分别为 R242、G72、B204），如图 7.385 所示。

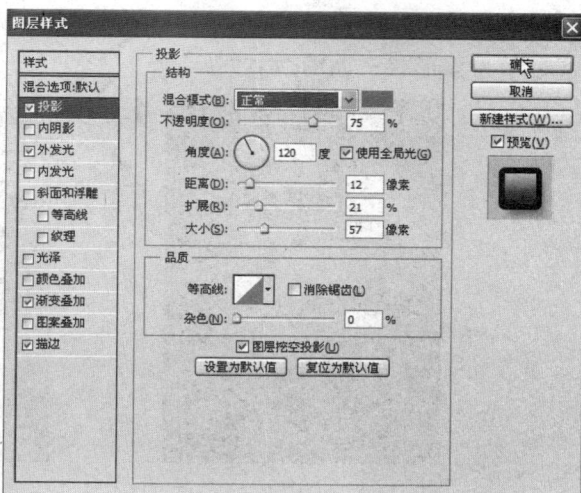

图 7.384 更改图层样式为"亮光"　　　　图 7.385 设置"投影"效果

（12）单击"确定"按钮，最终效果如图 7.365 所示。

二、图层的基础知识及基本操作

图层可以看作是一张张独立的透明胶片。每一张胶片上都绘制有图像的一部分内容，将所有胶片按顺序叠加起来，便可以得到完整的图像。

（一）显示、选择、链接和排列图层

显示、选择、链接和排列图层是图层的基本操作，熟悉并掌握这些操作是灵活运用图层的基础。

1. 显示/隐藏图层

"图层"调板中的眼睛图标 不仅可以指示图层的可见性，也可以用于图层的显示/隐藏切换。通过设置图层的显示/隐藏，可以控制一幅图像的最终结果。

单击"图层 1"图层前的 图标，该图层即由可见状态转换为隐藏状态，同时眼睛图标也显示为 形状，如图 7.386 所示。

（a）

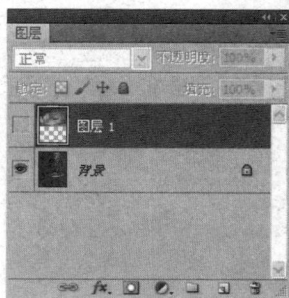

（b）

图 7.386 隐藏图层

当图层处于隐藏状态时，单击该图层中的图标▨，即由不可见状态转换为可见状态，眼睛图标显示为◉形状，如图 7.387 所示。

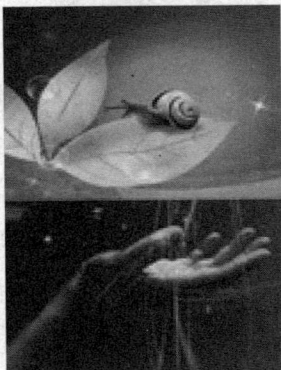

（a）　　　　　　　　　　　　　　　（b）

图 7.387　显示图层

技巧： 按住 Alt 键，单击图层的眼睛图标，可以显示/隐藏除本图层的所有其他图层。

2. 选择图层

在"图层"调板中，每个图层都有相应的图层名称和缩览图，因而可以轻松区分各个图层。如果需要选择某个图层，拖动"图层"调板滚动条，使其显示在"图层"调板中，然后单击该图层即可。

处于选择状态的图层与未选择的图层有一定区别，选择的图层将以蓝底反白显示。在 Photoshop CS5 中，可以同时选择多个图层。

如果要选择连续的多个图层，先选择一个图层，然后按住 Shift 键在"图层"调板中单击另一个图层的名称，则两个图层之间的所有图层都会被选中，如图 7.388 所示。

如果要选择不连续的多个图层，先选择一个图层，然后按住 Ctrl 键在"图层"调板中单击另一个图层的名称即可，如图 7.389 所示。

图 7.388　选择多个连续图层　　　　　　　图 7.389　选择多个不连续图层

3. 链接图层

Photoshop 允许将多个图像进行链接，以便可以进行移动、旋转、缩放等操作。与同时选择多个图层不同，图层的链接关系可以随文件一起保存，除非用户解除了之间的链接。

单击"图层"调板下方的"链接图层"按钮，选中的图层被链接在一起，如图 7.390 所示。再次单击"链接图层"按钮，可以取消链接，如图 7.391 所示。

图 7.390　链接图层

图 7.391　取消链接

4. 调整图层叠放顺序

对于一幅图像而言，叠于上方的图层总是会遮挡下方的图层，因此，图层的叠放顺序决定着图像的效果。

在"图层"调板中移动图层的位置，也可以调整图层的叠放顺序。

移动光标至"图层 2"，当光标显示为形状时，按住鼠标左键向下拖动。在拖动过程中，光标会由形状转变为形状，同时"图层 2"以半透明显示，如图 7.392 所示。

当形状光标位于"图层 1"下方时释放鼠标，"图层 2"即被调整至"图层 1"下方，如图 7.393 所示。

（a）

（b）

图 7.392　拖动调整图层的叠放顺序

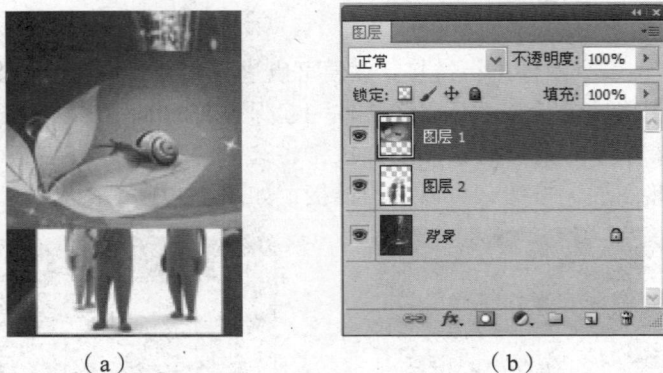

（a）　　　　　　　　　　　　（b）

图 7.393　调整图层顺序的结果

（二）新建、复制、合并和删除图层

新建、复制、合并和删除图层是图层的基本操作，熟悉并掌握这些操作是灵活运用图层的基础。

1. 新建图层

Photoshop 新建图层的方法很多，在"图层"→"新建"菜单中可以找到许多相关的图层新建命令。除此之外，还可以通过"图层"调板中的按钮和相对应的快捷键新建图层。

单击"图层"调板底端的"创建新图层"按钮，在当前图层的上方会得到一个新建图层，并自动命名。

按住 Alt 键单击"图层"调板底端的"创建新图层"按钮；或单击"图层"→"新建"→"图层"命令，或按住【Ctrl+Shift+N】快捷键，在弹出的"新建图层"对话框中单击"确定"按钮，即可得到新建图层。

在制作选区后，单击"图层"→"新建"菜单中的"通过拷贝的图层"或"通过剪切的图层"命令可以将选区内的图像复制或剪切到新的图层中。

技巧：默认情况下，新建图层会置于当前图层的上方，并自动成为当前图层。按住 Ctrl 键单击"创建新图层"，则在当前图层下方创建新图层。

2. 复制图层

通过复制图层可以复制图层中的图像。在 Photoshop 中，不但可以在同一图像中复制图层，而且可以在两个不同的图像之间复制图层。

如果是在同一图像内复制，单击"图层"→"复制图层"命令，或拖动图层至"创建新图层"按钮，即可得到当前选择图层的复制图层。

按【Ctrl+J】快捷键，可以快速复制图层。

如果是在不同的图像之间复制，首先在 Photoshop 桌面中同时显示这两个图像窗口，然后在源图像的"图层"调板中拖动该图层至目标图像窗口即可。

3. 合并图层

尽管 Photoshop CS5 对图层的数量已经没有限制，用户可以新建任意数量的图层，但一幅图像的图层越多，打开和处理时所占用的内存和保存时所占用的磁盘空间也就越大。因此，及时合并一些不需要修改的图层，减少图层数量，就显得非常必要。

下面是合并图层的几种方法：

向下合并：选择此命令，可将当前选择图层与"图层"调板的下一图层进行合并，合并时下一图层必须可见，否则该命令无效，快捷键为【Ctrl+E】。

合并可见图层：选择此命令，可将图像中所有可见图层全部合并。

拼合图像：合并图像中的所有图层。如果合并时图像中有隐藏图层，系统将弹出一个提示对话框，单击"确定"按钮，隐藏图层将被删除；单击"取消"按钮，则取消合并操作。

技巧：如果需要合并多个图层，可以先选择这些图层，然后执行"图层"→"合并图层"命令，或快捷键【Ctrl+E】。

4. 删除图层

对于多余的图层，应及时将其从图像中删除，以减少图像文件的大小。在实际工作中，可以根据具体情况选择最快捷的删除图层的方法。

如果需要删除的图层为当前图层，可以单击"图层"调板底端的"删除图层"按钮 🗑，或单击"图层"→"删除"→"图层"命令，在弹出的提示信息框中单击"是"按钮即可。

如果需要删除的图层不是当前图层，则可以移动光标至该图层上方，然后单击并拖动至删除图层按钮上，当该按钮呈按下状态时释放鼠标即可。

如果需要同时删除多个图层，可以首先选择这些图层，然后单击 🗑 按钮删除。

如果需要删除所有处于隐藏状态的图层，可以单击"图层"→"删除"→"隐藏图层"命令。

技巧：按 Alt 键单击"删除图层"按钮，可以快速删除图层，而无需确认。

（三）图层的锁定和不透明度

Photoshop 的图层锁定功能可以锁定图层编辑的内容和范围，锁定后则不可对其进行操作。

更改图层的不透明度就是更改图层的透明性。降低上方的不透明度后，下方图层的图像就显示出来，从而得到相融的效果。

1. 锁定图层

Photoshop 提供了图层锁定功能，以限制图层编辑的内容和范围，避免误操作。单击"图层"调色板 4 个锁定按钮即可实现相应的图层锁定，如图 7.394 所示。

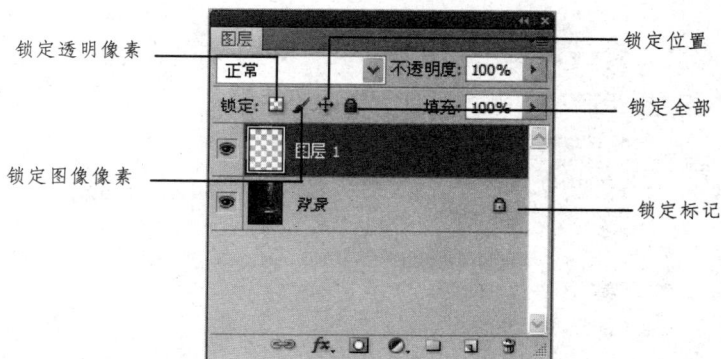

图 7.394 图层锁定

☒ 锁定透明像素：在"图层"调板中选择图层或图层组，然后单击☒按钮，则图层或图层组中的透明像素被锁定。当使用绘图工具绘图时，将只能编辑图层非透明区（即有图像像素的部分）。

◢ 锁定图像像素：单击此按钮，则任何绘图、编辑工具和命令都不能在该图层上进行编辑，绘图工具在图像窗口上操作时将显示禁止光标。

⊞ 锁定位置：单击此按钮，图层不能进行移动、旋转和自由变换等操作，但是可以正常使用绘图和编辑工具进行图像编辑。

🔒 锁定全部：单击此按钮，图层被全部锁定，不能移动位置，不能执行任何图像编辑操作，也不能更改涂层的不透明度和混合模式。"背景"图层即默认为全部锁定。

2．图层的不透明度

可以通过"图层"调板上方的"不透明度"和"填充"选项来调节图层的不透明度。"不透明度"选项可以调节图层中的图像、图层样式和混合模式的不透明度；"填充"选项不能调节图层样式的不透明度。设置不同数值时，图像产生的效果不同。

（四）创建渐变填充图层

对图层进行渐变填充，首先要创建新的图层，才会作用到已有图像上，而渐变填充图层功能则可以集创建图层和填充渐变效果于一体，并且是可以重复调整的，操作方便又易于编辑。

创建渐变填充图层的具体操作步骤如下：

（1）单击"文件"→"新建"命令，弹出"新建"对话框，如图 7.395 所示，在该对话框中设置参数，单击"确定"按钮，创建新文件。

（2）单击"图层"→"新建填充图层"→"渐变"命令，打开"新建图层"对话框，如图 7.396 所示。

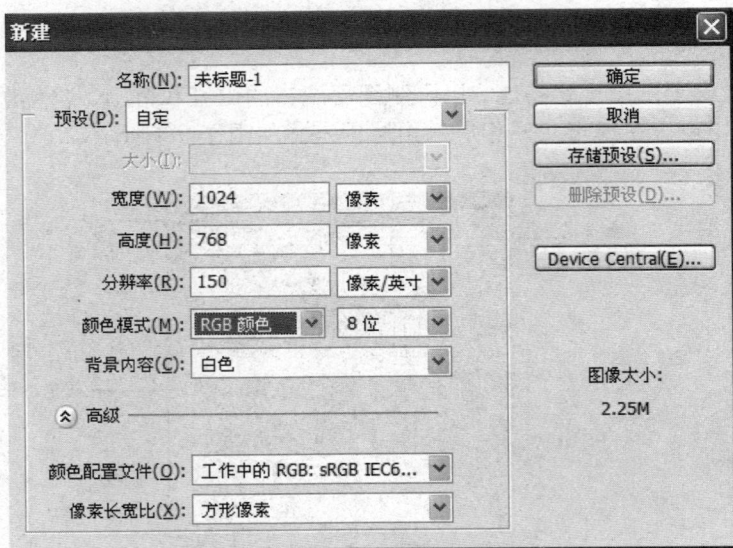

图 7.395 "新建"对话框

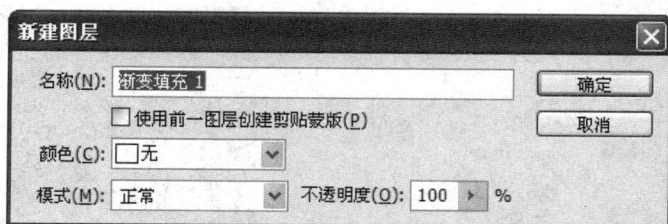

图 7.396 "新建图层"对话框

（3）单击"确定"按钮，关闭对话框，创建"渐变填充 1"图层，如图 7.397 所示，同时打开"渐变填充"对话框，如图 7.398 所示。

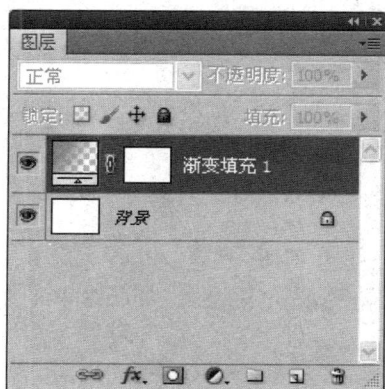

图 7.397 "图层"调板

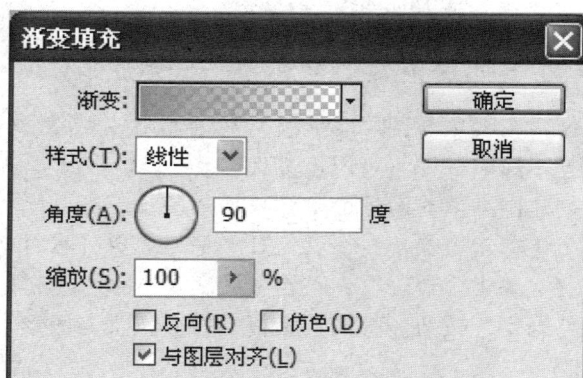

图 7.398 "渐变填充"对话框

（4）单击"渐变填充"对话框中的渐变色条，打开"渐变编辑器"对话框，渐变色设置分别为绿色（RGB 参考值分别为 R112、G160、B35）和黄色（RGB 参考值分别为 R255、G228、B0），如图 7.399 所示。

（5）单击"确定"按钮完成设置，回到"渐变填充"对话框中，参照图 7.400 设置参数。

图 7.399 "渐变编辑器"对话框

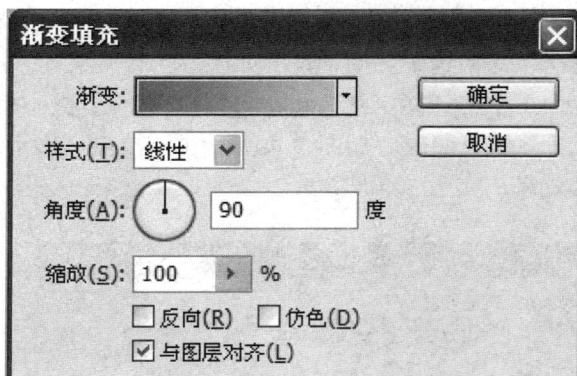

图 7.400 "渐变填充"对话框

（6）单击"确定"按钮完成设置，效果如图 7.401 所示，"图层"调板如图 7.402 所示。

图 7.401　变填充效果

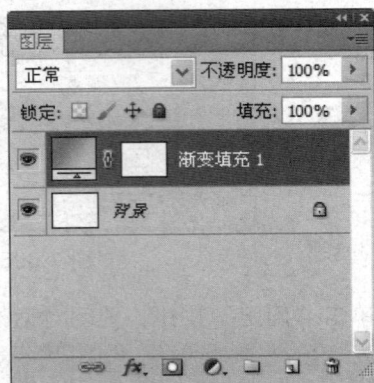

图 7.402　"图层"调板

（五）创建图案填充图层

创建图案填充图层功能就是在创建出独立图层的同时，可以进行图案填充，与其他图层之间互不影响，并且可以反复编辑。

创建图案填充图层的具体操作步骤如下：

（1）单击"文件"→"打开"命令，打开素材文件，如图 7.403 所示。

（2）单击"编辑"→"定义图案" 命令，打开"图案名称"对话框，如图 7.404 所示。单击"确定"按钮，关闭对话框，将其定义为图案。

图 7.403　素材文件

图 7.404　"图案名称"对话框

（3）切换到背景文件中，单击"图层"→"新建填充图层"→"图案"命令，打开"新建图层"对话框，如图 7.405 所示。

（4）单击"确定"按钮，打开"图案填充"对话框，如图 7.406 所示。同时创建"图案填充 1"填充图层，如图 7.407 所示，单击"确定"按钮，关闭对话框，在视图中添加图层填充效果，如图 7.408 所示。

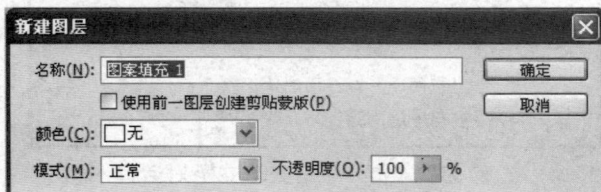

图 7.405　"新建图层"对话框

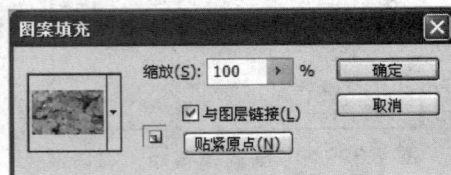

图 7.406　"图案填充"对话框

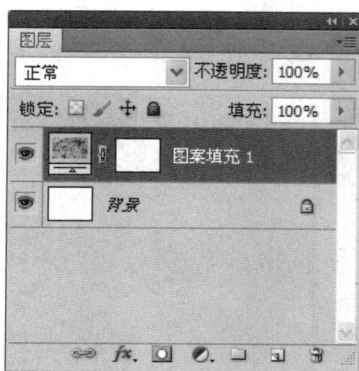

图 7.407　"图层"调板

图 7.408　图层填充效果

📖 拓展实训　绘制祝福卡片

实训分析：本实例通过绘制祝福卡片，主要讲解图层样式的用法。在制作过程中，首先使用矩形选框工具，制作出背景，然后使用椭圆选框工具添加素材，为素材应用图层式，最后添加文字并应用图层样式，制作出祝福卡片效果，如图 7.409 所示。

具体操作步骤如下：

1. 制作背景效果

（1）双击桌面上的快捷图标，打开 Photoshop CS5。

（2）单击"文件"→"新建"命令，在弹出的"新建"对话框中设置参数，如图 7.410 所示。单击"确定"按钮，新建一个文件。

（3）单击"设置前景色"色块，在弹出的对话框中设置参数，如图 7.411 所示。

图 7.409　祝福卡片

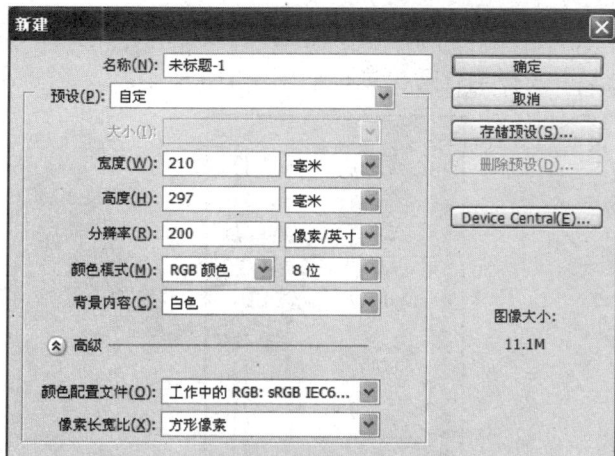

图 7.410　"新建"对话框

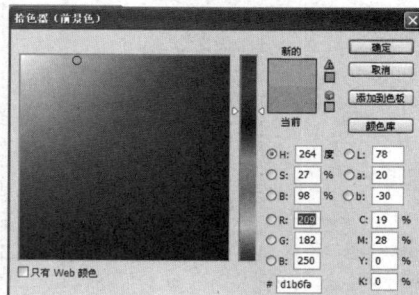

图 7.411　设置前景色

（4）选择矩形选框工具，绘制一个矩形，如图 7.412 所示。

（5）按【Alt+Delete】快捷键，填充前景色，效果如图 7.413 所示。

（6）参照上述操作方法，绘制其他矩形并填充颜色，完成背景效果的制作，如图 7.414 所示。

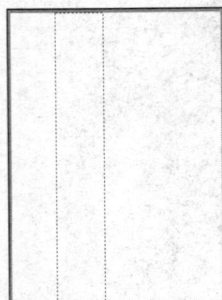

图 7.412　绘制矩形　　　　图 7.413　填充前景色　　　　图 7.414　背景效果

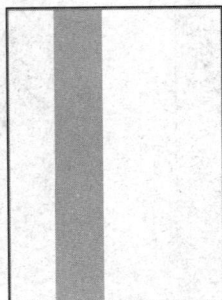

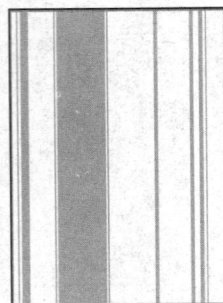

2. 添加素材效果

（1）单击"文件"→"打开"命令，打开一张素材图像，如图 7.415 所示。

（2）选取椭圆选框工具，同时按住 Shift 键，在素材图像上绘制一个正圆，如图 7.416 所示。

图 7.415　素材图像　　　　　　　　图 7.416　绘制一个正圆

（3）单击并拖曳，将素材图像添加至背景文件中，得到"图层 2"，如图 7.417 所示。

（4）按【Ctrl+T】快捷键，调整图像的大小并移至合适位置，如图 7.418 所示。

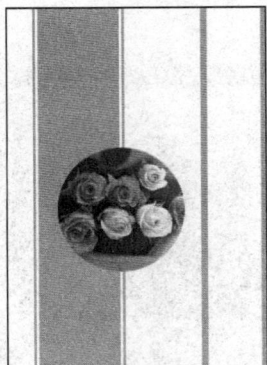

图 7.417　添加素材图像　　　　　图 7.418　调整大小及位置

（5）单击"图层"调板下方的"添加图层样式"按钮，在弹出的快捷菜单中选择"投影"命令，如图 7.419 所示。

（6）弹出"图层样式"对话框，设置参数，如图 7.420 所示。

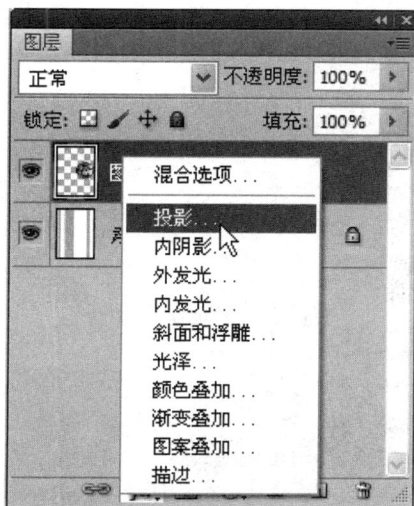

图 7.419　选择"投影"选项

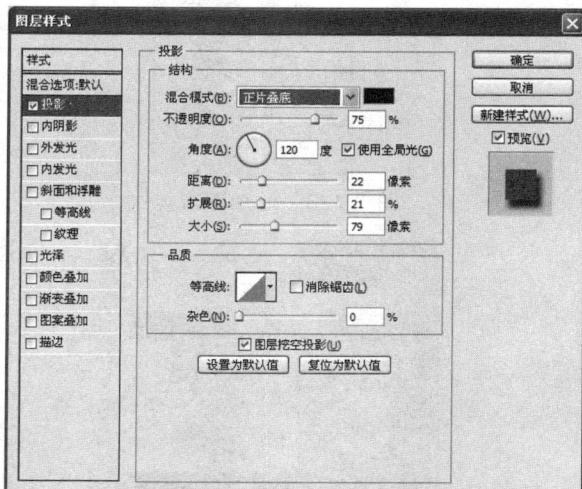

图 7.420　"图层样式"对话框

（7）选中"内阴影"复选框，并设置参数，如图 7.421 所示。

（8）选中"描边"复选框，并设置参数，如图 7.422 所示。

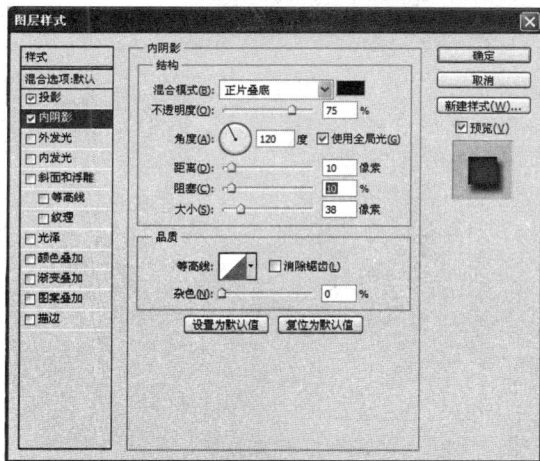

图 7.421　设置"内阴影"效果

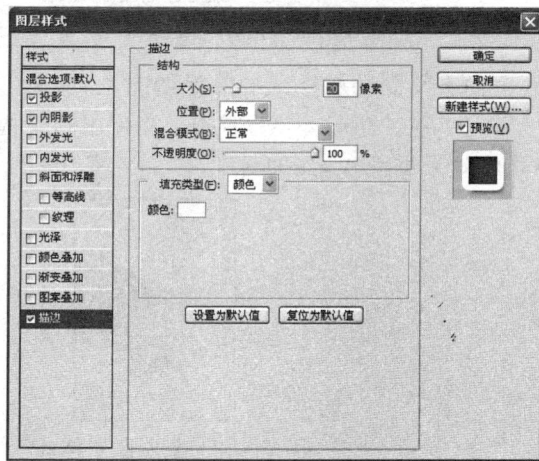

图 7.422　设置"描边"效果

（9）单击"确定"按钮，效果如图 7.423 所示。

（10）参照上述操作方法添加其他素材，得到"图层 3"和"图层 4"，如图 7.424 所示。

（11）在"图层 2"上右击，在弹出的快捷菜单中选择"拷贝图层样式"命令，如图 7.425 所示。

（12）在"图层 3"上右击，在弹出的快捷菜单中选择"粘贴图层样式"命令，效果如图 7.426 所示。

图 7.423　添加图层样式

图 7.424　添加其他素材

图 7.425　选择命令

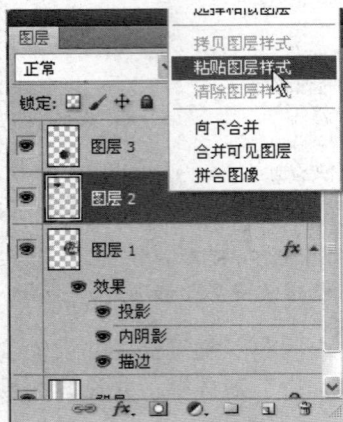

图 7.426　粘贴图层样式

（13）复制图层样式的效果如图 7.427 所示。

（14）在"图层 4"上右击，在弹出的快捷菜单中选择"粘贴图层样式"选项，粘贴图层样式的效果如图 7.428 所示。

图 7.427　复制图层样式

图 7.428　粘贴图层样式

3. 制作文字效果

（1）选取横排文字工具 **T**，在图像窗口中单击，确定插入点，在工具选项栏中设置文字"颜色"为粉红色（RGB 参考值分别为 R232、G117、B174），"字体大小"为 48，"字体"为"方正综艺简体"，如图 7.429 所示。

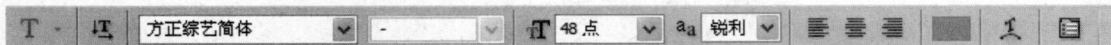

图 7.429　文字工具选项栏

（2）输入文字"深深的祝福"，如图 7.430 所示 。

（3）选择文字，单击工具栏中的"切换字符和段落面板"按钮，在"字符"选项卡中设置"字符间距"为360，如图7.431所示。

图7.430　输入文字

图7.431　设置"字符间距"

（4）单击工具选项栏中的"创建文字变形"按钮，单击"变形文字"对话框，从"样式"下拉列表中选择"旗帜"样式，如图7.432所示。

（5）单击"确定"按钮，效果如图7.433所示。

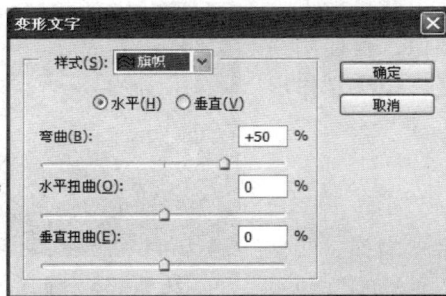

图7.432　"变形文字"对话框

图7.433　文字效果

（6）单击"图层"调板下方的"添加图层样式"按钮，在弹出的快捷菜单中选择"投影"选项、设置参数、如图7.434所示。

（7）选中"描边"复选框设置参数，如图7.435所示。

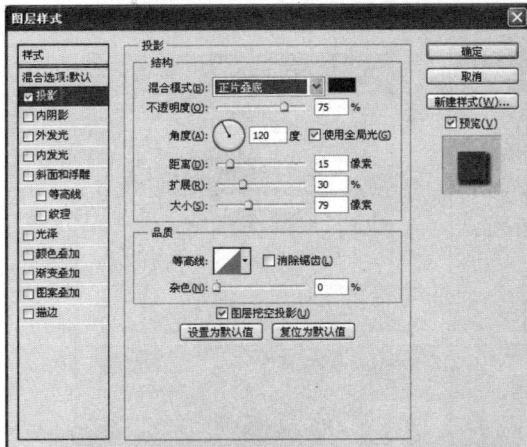

图7.434　设置"投影"效果

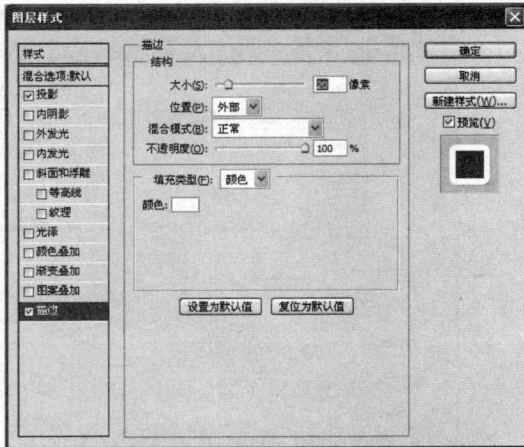

图7.435　设置"描边"效果

（8）单击"确定"按钮，最终效果如图 7.409 所示。

任务七　形状和路径

读者在学习本任务后，可以对在 Photoshop CS5 中如何创建、编辑形状和路径有一个具体的了解。形状和路径是 Photoshop 可以建立的两种矢量图形。由于是矢量图形，因此，可以自由地缩小或放大，而不影响其分辨率，还可以输出到 Illustrator 矢量图形软件中进行编进。

一、绘制卡通风景插图

（一）基础知识要点与制作思路

本案例主要通过绘制卡通风景插图，讲解形状和路径工具的用法。

在制作过程中，首先使用渐变填充制作出背景效果，然后通过矩形工具、变换命令制作出风景图像，再使用路径工具、画笔工具和形状工具添加其他元素，最终制作出卡通风景插图。

（二）制作步骤

本实例绘制一幅卡通风景插图，操作虽然简便，但是效果很好。制作完成的卡通风景插图效果如图 7.436 所示。

图 7.436　卡通风景插图

具体操作步骤如下：

（1）双击桌面上的快捷图标，打开 Photoshop CS5。

（2）单击"文件"→"新建"命令，弹出"新建"对话框，设置参数，如图 7.437 所示。

（3）单击"确定"按钮，新建一个文件，单击"图层"调板下方的"创建新图层"按钮，新建"图层 1"，如图 7.438 所示。

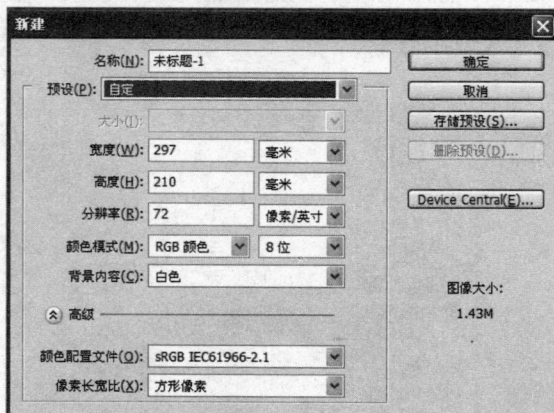

图 7.437　"新建"对话框

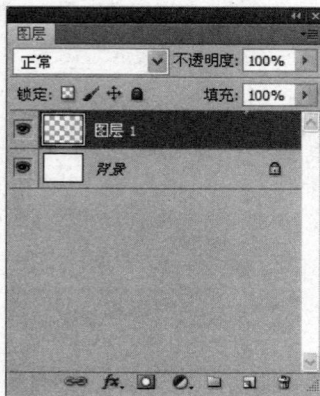

图 7.438　新建图层

（4）选取渐变工具，单击工具选项栏中的渐变色块 ，在弹出的"渐变编辑器"对话框中设置参数，色标颜色参数分别为红色（RGB 参数值分别为 R255、G42、B99）、橙色（RGB 参数值分别为 R255、G102、B40）、浅橙色（RGB 参数值分别为 R254、G151、B2）、黄色（RGB 参数值分别为 R253、G226、B77）、如图 7.439 所示。

（5）在绘图编辑区，按 Shift 键，同时从上至下垂直拖动鼠标，填充渐变颜色，如图 7.440 所示。

图 7.439 "渐变编辑器"对话框

图 7.440 填充渐变颜色

（6）新建一个图层，选取矩形工具，设置前景色为黑色（RGB 参数值分别为 R35、G5、B5），在工具选项栏中单击"填充像素"按钮，绘制一个矩形，如图 7.441 所示。

（7）按【Ctrl+T】快捷键，右击，在弹出的快捷菜单中选择"斜切"命令，向下拖曳右上角的控制点，变换效果如图 7.442 所示，按 Enter 键应用调整。

图 7.441 绘制一个矩形

图 7.442 斜切

（8）单击"文件"→"打开"命令，打开一张素材图像，如图 7.443 所示。

（9）选取魔棒工具，在图像的黑色部分单击，将图像载入选区，如图 7.444 所示。

图 7.443 素材图像

图 7.444 载入选区

（10）单击并拖动，将图像添加至文件中，并调整至合适大小及位置，如图 7.445 所示。

（11）将添加的素材图像复制一份，并调整至合适大小及位置，效果如图 7.446 所示。

图 7.445　将图像添加至文件中

图 7.446　复制素材图像

（12）选取钢笔工具 ，绘制一条闭合路径，如图 7.447 所示。

（13）新建一个图层，单击"设置前景色"色块，在弹出的对话框中设置颜色为黄色（RGB
参数值分别为 R255、G164、B27）。在路径上右击，在弹出的快捷菜单中选择"填充路径"
命令，在弹出的"填充路径"对话框中设置参数，如图 7.448 所示。

图 7.447　绘制路径

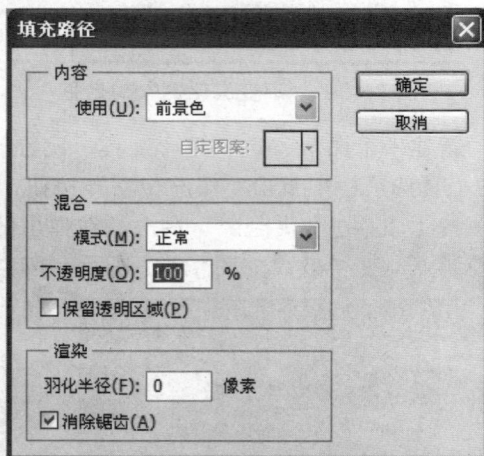

图 7.448　"填充路径"对话框

（14）单击"确定"按钮，得到如图 7.449 所示的效果。

（15）按【Ctrl+T】快捷键，调整合适的位置及大小，效果如图 7.450 所示。

图 7.449　填充效果

图 7.450　调整合适位置及大小

（16）将云朵图层复制一层，并调整至合适大小及位置，效果如图 7.451 所示。

（17）选取画笔工具，按 F5 键弹出"画笔"调板，设置如图 7.452 所示。

（18）新建一个图层，在绘图窗口中单击并拖曳，绘制沙丘草，如图 7.453 所示。

图 7.451　复制图层

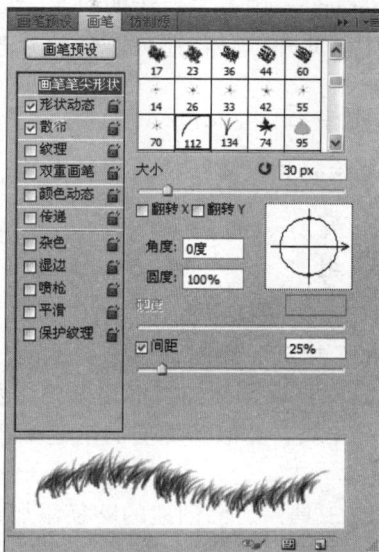

图 7.452　"画笔"调板

图 7.453　绘制沙丘草

（19）选取自定形状工具，在工具选项栏中选择"松树"形状，如图 7.454 所示。

（20）在绘图窗口中单击并拖曳，绘制松树图形，并将松树图层复制一层，并调整至合适大小及位置，如图 7.455 所示。

图 7.454　选择"松树"形状

图 7.455　绘制并复制松树图形

（21）参照上述操作方法，绘制其他图形，最终效果见图 7.436。

二、路径的基础知识及基本操作

路径在 Photoshop 中有着广泛的应用，可以描边和填充颜色，也可以作为剪贴路径而应用到矢量蒙版中。此外，路径还可以转换为选区，因而常用于抠取复杂而光滑的对象。

（一）创建路径

钢笔工具是绘制和编辑路径的主要工具，了解和掌握钢笔工具的使用方法是创建路径的基础。

1. 路径工具组

Photoshop CS5 路径工具组包括 5 种工具，如图 7.456 所示，分别用于绘制路径，增加、删除锚点类型。

钢笔工具：可以创建光滑而复杂的路径。

自由钢笔工具：类似于真实的钢笔工具，允许在单击并拖动鼠标时创建路径。

添加锚点工具：为已创建的路径添加锚点。

删除锚点工具：从路径中删除锚点。

转换点工具：用于转换锚点的类型，可以将路径的圆角转换为尖角，或将尖角转化为圆角。

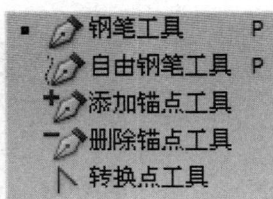

技巧：在绘制路径的过程中，按住 Shift 键可以让绘制的点与上一个点保持 45°的整数倍夹角（如 0°，90°，180°）

在转换钢笔工具时，按住 Ctrl 键可以转换至直接选择工具，按住 Alt 键可以转换至转换点工具。

绘制曲线路径要比绘制直线路径要复杂一些，一般可按下述步骤进行：

绘制时首先将钢笔的笔尖放在要绘制路径的开始位置，单击以定义第一个点作为起始锚点，此时钢笔状光标变成箭头光标。当单击确定第二个锚点时，单击并拖动，以创建方向线，按此方法继续创建锚点，即可绘制出曲线路径，如图 7.457 所示。

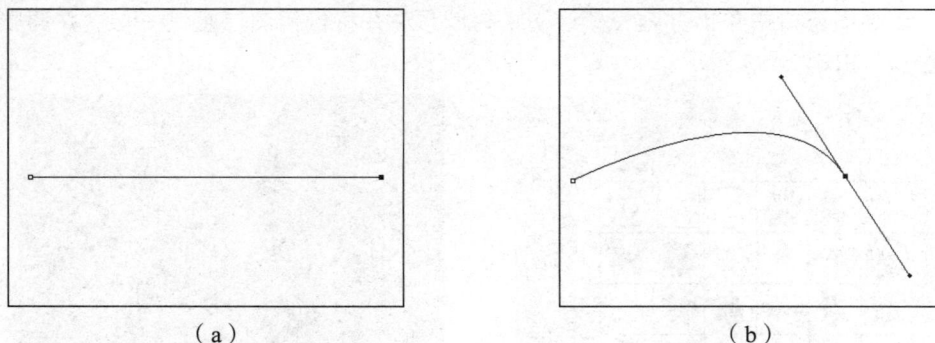

图 7.456　路径工具组

（a）　　　　　　　　　　　　　　　（b）

图 7.457　直线路径和曲线路径绘制

按照前面的介绍的绘制曲线路径方法定义第二个锚点。

在未松开鼠标左键前按住 Alt 键，此时可以移动锚点一侧的方向线而不会影响到另一侧的句柄。

先松开鼠标左键再按 Alt 键，绘制第三个锚点，从而得到拐角形路径，如图 7.458 所示。

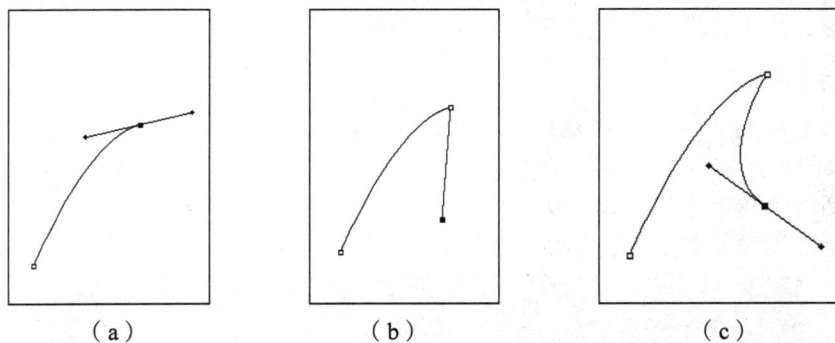

（a）　　　　　　　　　（b）　　　　　　　　　（c）

图 7.458　绘制拐形路径

如果需要，也可以按住 Alt 键单击锚点中心，去掉锚点一侧的句柄，从而直接绘制直线路径，如图 7.459 所示。

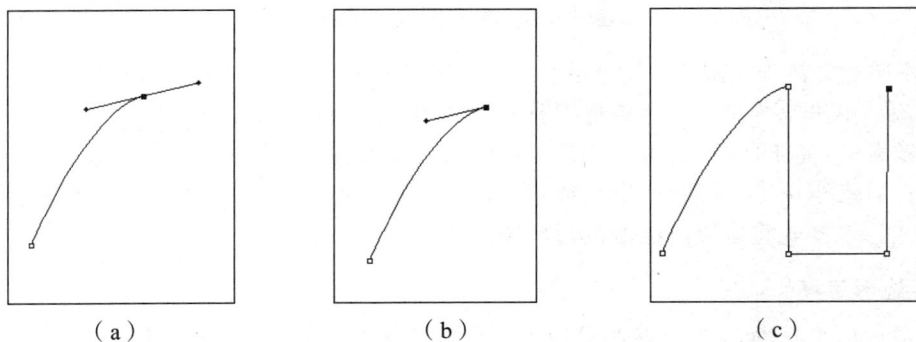

（a）　　　　　　　　　（b）　　　　　　　　　（c）

图 7.459　直接绘制直线路径

在绘制路径时，如果将光标放于路径第一个锚点处，钢笔光标的右下角会显示一个小圆圈标记♧。，此时单击即可使路径关闭，得到关闭路径，否则得到的为开放路径。

2. 自由钢笔工具

自由钢笔工具 以徒手绘制的方式建立路径。光标所移动的轨迹即为路径。在绘制路径的过程中，系统自动根据曲线的走向添加适当的锚点及设置曲线的平滑度，如图 7.460 所示。

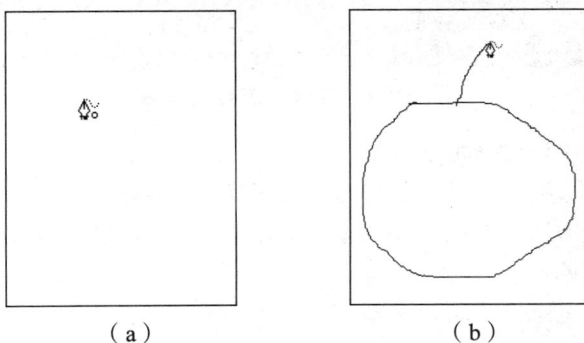

（a）　　　　　　　　　（b）

图 7.460　自由钢笔工具建立路径

（二）绘制图形

使用 Photoshop 提供的矩形、圆角矩形、椭圆、多边形、直线等形状工具，可以创建规则的几何图形，使用自定形状工具可以创建不规则的复杂形状。

1. 矩形工具

使用矩形工具 可以绘制出矩形、正方形的形状、路径或填充区域，使用方法也比较简单。选择工具箱中的矩形工具 ，在选项栏中适当地设置各参数，移动光标至图像窗口中拖动，即可得到所需的矩形路径或形状。

矩形工具选项栏如图 7.461 所示，在使用矩形工具前应当设置绘制的内容和绘制的方式。

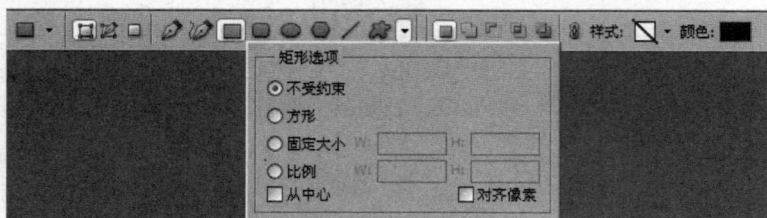

图 7.461　矩形工具选项栏

形状图层 ：单击此按钮，使用矩形工具将创建得到矩形形状图层，填充的颜色为前景色。

路径 ：单击此按钮，使用矩形工具将创建得到矩形路径。

填充像素 ：单击此按钮，使用矩形工具将在当前图层中绘制一个填充前景色的矩形区域。

样式：只有当单击"形状图层"按钮 时该选项才有效。从"样式"下拉列表中选择一种图层样式，该样式将应用到绘制的形状图层中。

2. 多边形工具

使用多边形工具 ，可以绘制等边多边形，如等边三角形、五角星等。在使用多边形工具之前，应在多边形工具选项栏中设置多边形的边数，如图 7.462 所示。

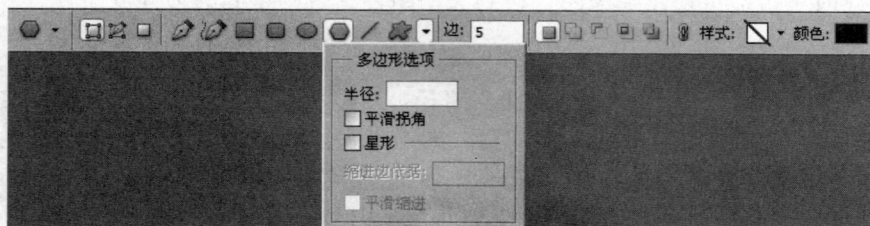

图 7.462　多边形工具选项栏

多边形工具选项栏中各参数的含义如下：

边：设置多边形的边数，系数默认为 5，取值范围 3~100。

半径：用于设置多边形半径的大小，系统默认以像素为单位，右击该框，在弹出的快捷菜单中可以选择所需的单位。

平滑拐角：选中此复选框，可以平滑多边形的尖角。

星形：选中此复选框，可以绘制得到星形。

缩进边依据：设置星形边缩进的大小，系统默认为 50%。

平滑缩进：平滑星形凹角。

3. 直线工具

直线工具 ，除了可以绘制直线形状或路径以外，还可以绘制箭头形状或路径。

若绘制线段，则先在图 7.463 所示的"粗细"文本框中输入线段的宽度，然后移动光标至图像窗口拖动鼠标即可。若想绘制水平、垂直或呈 45°角的直线，可以在绘制时按住Shift 键。

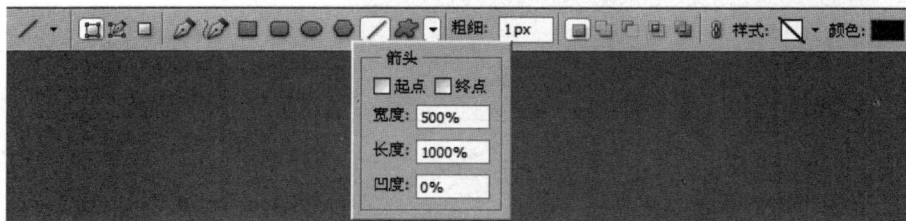

图 7.463　直线工具选项栏

如果绘制的是箭头，则需要在选项栏的"箭头"选项组中确定箭头的位置和形状。

起点：箭头位于线段的开始端。

终点：箭头位于线段的终止端。

宽度：确定箭头宽度与线段宽度的比例，系统默认为 500%。

长度：确定箭头长度与线段长度的比例，系统默认为 1 000%。

凹度：确定箭头内凹的程度，范围在 − 50%~50%。

4. 自定形状工具

使用自定形状工具 ，可以绘制 Photoshop 预设的各种形状。首先在工具箱中选择该工具，然后单击选项栏中的"形状"下三角按钮，如图 7.464 所示，从"形状"下拉列表中选择所需的形状，最后在图像窗口中拖动鼠标即可绘制相应的形状。

图 7.464　自定形状工具选项栏

如果所需的形状未显示在下拉列表中，则可以单击列表右上角的按钮，从弹出的菜单中选择"载入形状"选项，从保存形状的文件中载入所需的形状。

📖　拓展实训　制作丝路昆虫协会标志

实训分析：本实例主要通过制作标志，来讲解路径工具的用法。在制作的过程中，首先使用路径工具绘制出叶子图形，然后输入文字，再添加虫子素材。最终制作出的丝路昆虫协会标志效果如图 7.465 所示。

具体操作步骤如下：

（1）双击桌面上的快捷图标，打开 Photoshop CS5。

（2）单击"文件"→"新建"命令，在弹出的"新建"对话框中设置参数，如图 7.466 所示。单击"确定"按钮，新建一个文件。

（3）选取钢笔工具，绘制出叶子图形，如图 7.467 所示。

图 7.465　丝路昆虫协会标志

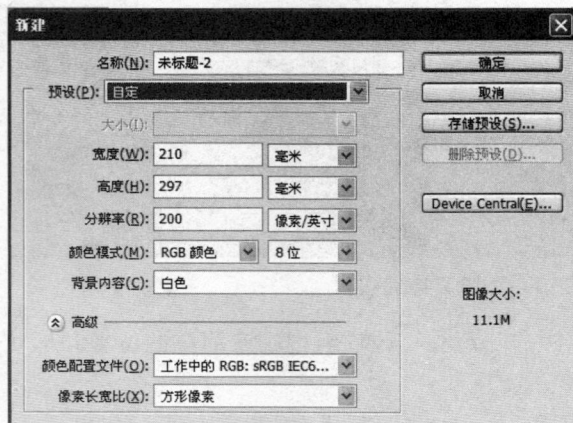

图 7.466　设置参数

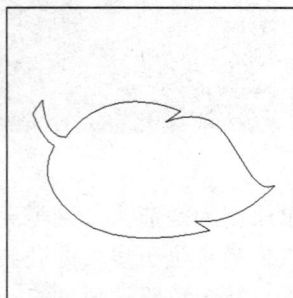

图 7.467　绘制出叶子图形

（4）新建一个图层，单击"设置前景色"色块，在弹出的对话框中设置颜色为绿色，参数设置如图 7.468 所示。

（5）单击"确定"按钮，关闭对话框。在图形上右击，在弹出的快捷菜单中选择"填充路径"命令，按【Ctrl+H】快捷键隐藏路径，效果如图 7.469 所示。

图 7.468　设置前景色

图 7.469　填充颜色

（6）选取横排文字工具，设置字体为 Berlin Sans FB Demi，颜色为黄色（RGB 参考值分别为 R253、G209、B24），字号为 12 点，输入文字 silu，效果如图 7.470 所示。

（7）参照上述操作方法，输入其他文字并设置好颜色、字体和字号，如图 7.471 所示。

图 7.470 输入文字

图 7.471 输入其他文字

（8）单击"文件"→"打开"命令，打开一张素材图像，如图 7.472 所示。

（9）选取魔棒工具 ，在昆虫图形上单击，得到昆虫图形的选区，如图 7.473 所示。

（10）单击并拖曳，将选区添加至文件中，并设置其大小及位置，效果如图 7.474 所示。

图 7.472 素材图像

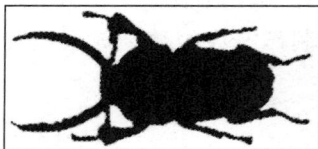

图 7.473 得到选区

图 7.474 添加素材

（11）按住 Ctrl 键，同时单击昆虫图层，将其载入选区，如图 7.475 所示。

（12）将前景色设置为白色，按【Alt+Delete】快捷键，填充前景色，最终完成效果如图 7.476 所示。

图 7.475 载入选区

图 7.476 完成效果

任务八 滤 镜

读者在学习本任务后，可以对在 Photoshop CS5 中如何使用滤镜有一个翔实的了解。滤镜是 Photoshop 的万花筒，可以在顷刻之间完成许多令人眼花缭乱的特殊效果，比如制定印象派绘画或马赛克拼贴外观，或者添加独一无二的光照和扭曲。Photoshop 的所有滤镜都按类别放置在"滤镜"菜单中，使用时只需单击这些滤镜命令即可。Photoshop CS5 提供了将近

100 个内置滤镜，本任务通过几个精彩的实例，详细讲解滤镜在图像处理和平面设计中的应用方法和技巧。

一、制作油画

（一）基础知识要点与制作思路

本实例主要通过制作油画，熟悉并掌握木刻、中间值、深色线条、智能锐华滤镜的基本用法。在制作过程中，分别使用了木刻、中间值、深色线条、智能锐化等滤镜，再通过更改图层模式，使效果更加融合，最终得到油画效果。

（二）制作步骤

通过使用滤镜，可以将风景照片制作出油画的效果，色彩明快、质感强烈、效果逼真。制作完成的油画效果如图7.477 所示。

图 7.477 油画效果

具体操作步骤如下：

（1）打开一张风景素材图像，如图 7.478 所示。

（2）将背景图层复制两层，如图 7.479 所示。

图 7.478　素材图像

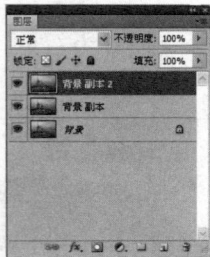

图 7.479　复制图层

（3）选择"背景"图层，单击"滤镜"→"艺术效果"→"木刻"命令，设置参数，如图 7.480 所示。单击"确定"按钮，关闭对话框。

（4）选择"背景副本"图层，单击"滤镜"→"杂色"→"中间值"命令，设置参数，如图 7.481 所示。单击"确定'按钮，关闭对话框。

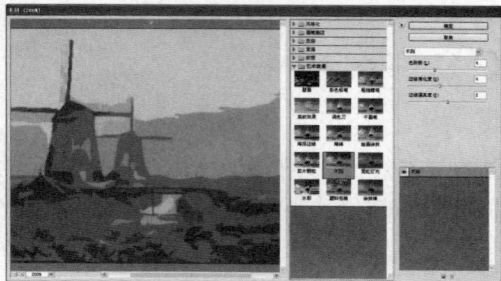

图 7.480 "木刻"滤镜参数设置

图 7.481 "中间值"滤镜参数设置

（5）更改"背景副本"图层混合模式为"强光"，如图7.482所示。

（6）选择"背景副本 2"图层，单击"滤镜"→"画笔描边"→"深色线条"命令，设置参数，如图7.483所示，单击"确定"按钮，关闭对话框。

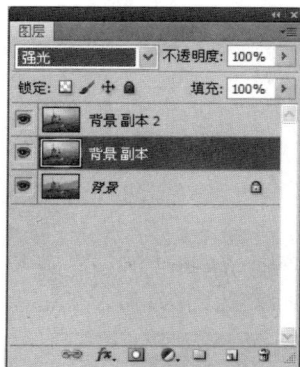

图 7.482　更改图层模式

图 7.483　深色线条

（7）更改图层混合模式为"滤色"，如图7.484所示。

（8）按【Ctrl+Alt+Shift+E】快捷键，盖印当前所有可见图层，如图7.485所示。

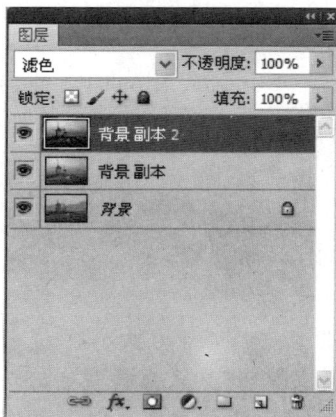

图 7.484　更改图层模式

图 7.485　盖印图层

（9）单击"滤镜"→"锐化"→"智能锐化"命令，设置参数，如图7.486所示。

（10）单击"确定"按钮，得到如图7.487所示的效果。

图 7.486　"智能锐化"对话框

图 7.487　添加"智能锐化"滤镜效果

（11）将盖印图层复制一层，更改图层模式为"柔光"。最终效果见图 7.548。

二、滤镜的基础知识及基本操作

Photoshop 滤镜种类繁多，功能和应用各不相同，但在使用方法上却有许多相似之处，了解和掌握这些方法对提高滤镜的使用效率很有帮助。

（一）滤镜的使用方法

使用滤镜的具体步骤如下：

（1）单击"文件"→"打开"命令，打开一张素材图像，如图 7.488 所示。

（2）选择"滤镜"→"风格化"→"查找边缘"命令，得到如图 7.489 所示的滤镜效果。

图 7.488　素材效果

图 7.489　添加滤镜效果

（二）使用滤镜库

滤镜库是 Photoshop 提供给用户的一个快速应用滤镜的工具和平台。

使用滤镜库添加滤镜的具体操作步骤如下：

（1）单击"文件"→"打开"命令，打开一张素材图像，如图 7.490 所示。

（2）单击"滤镜"→"滤镜库"命令，打开"滤镜库"对话框。从滤镜缩览图列表窗口或滤镜下拉列表框中选择所需的滤镜，然后在对话框的右侧调整滤镜参数，单击 按钮。在滤镜列表中添加新的滤镜，然后选择所需的滤镜并设置相应的参数，如图 7.491 所示。

（3）单击"确定"按钮，效果如图 7.492 所示。

图 7.490　素材图像

图 7.491　"滤镜库"对话框

图 7.492　添加滤镜的效果

（三）滤镜的使用原则

若要使用滤镜，可以从"滤镜"菜单中选取相应的子菜单命令，掌握以下滤镜使用原则可以加快操作速度，避免错误使用。

上一次选取的滤镜出现在"滤镜"菜单顶部。按【Ctrl+F】快捷键可以再次以相同的参数应用该滤镜。按【Ctrl+Alt+F】快捷键，就可以再次打开该滤镜对话框。

滤镜可以应用于当前选取范围、当前图层或通道，如果需要将滤镜应用于整个图层，不要选择任何图像区域。

有些滤镜只对 RGB 颜色模式图像起作用，不能将滤镜应用于位图模式或索引模式图像，有些滤镜不能应用在 CMYK 颜色模式图像。

有些滤镜完全在内存中处理，因而在处理高分辨率图像时非常消耗内存。

📖 拓展实训　制作水彩插画

实训分析：本实例通过制作水彩插画，熟悉并掌握照亮边缘、去色、炭笔、绘图笔滤镜的用法。在制作过程中，使用照亮边缘、去色、炭笔、绘图笔等滤镜，再通过更改图层模式使效果更加融合，最终制作出水彩插画效果，如图 7.493 所示。

图 7.493　水彩插画

具体操作步骤如下：

（1）双击桌面上的快捷图标，打开 Photoshop CS5。

（2）单击"文件"→"打开"命令，打开一张素材图像，如图 7.494 所示。

（3）创建一个新图层，并填充为白色，如图 7.495 所示。

图 7.494　素材图像

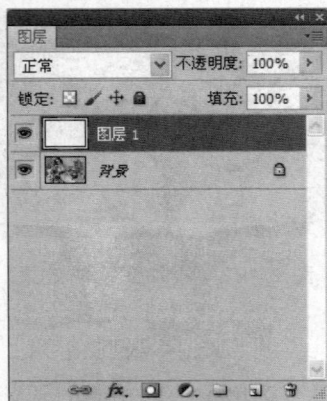

图 7.495　新建图层

（4）将"背景"图层复制一层，并放于"图层 1"的上方，如图 7.496 所示。

（5）单击"图像"→"调整"→"去色"命令，效果如图 7.497 所示。

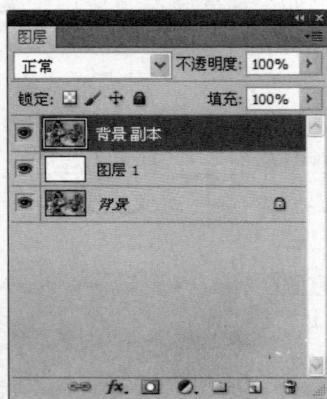

图 7.496　复制图层

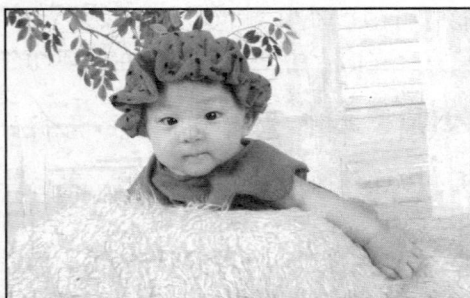

图 7.497　去色效果

（6）点击"滤镜"→"素描"→"绘图笔"命令，在弹出的"绘图笔"对话框中设置参数，如图 7.498 所示。

（7）单击"确定"按钮，效果如图 7.499 所示。

图 7.498　"绘图笔"对话框

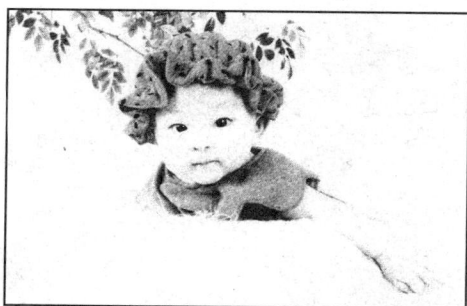

图 7.499 绘图笔效果

（8）将"背景"图层复制一层，得到"背景副本 2"图层，按【Ctrl+Shift+]】快捷键，将其放置在最上层，如图 7.500 所示。

（9）单击"滤镜"→"素描"→"炭笔"命令，在弹出的"炭笔"对话框中设置参数，如图 7.501 所示。

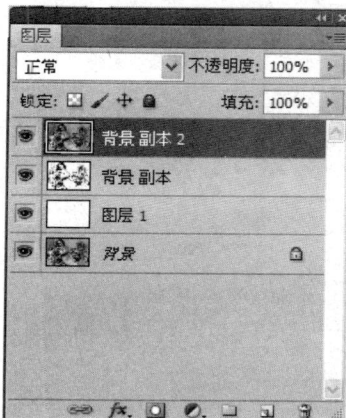

图 7.500 复制图层

图 7.501 "炭笔"对话框

（10）单击"确定"按钮，更改图层模式为"叠加"，得到如图 7.502 所示的效果。

（11）单击前景色色块，在弹出的"拾色器"（前景色）"对话框中设置参数，如图 7.503 所示

图 7.502 炭笔效果

图 7.503 "拾色器（前景色）"对话框

（12）单击"确定"按钮，新建一个图层，并填充前景色，更改图层模式为"变暗"效果，

如图 7.504 所示。

（13）将"背景"图层再复制一层，得到"背景副本 3"图层，将其调整至"图层"调板顶端，如图 7.505 所示。

图 7.504　更改图层模式

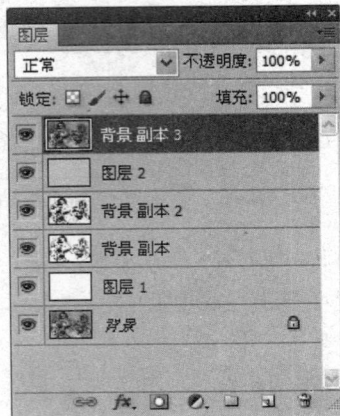

图 7.505　复制图层

（14）单击"图像"→"调整"→"去色"命令，如图 7.506 所示。

（15）单击"滤镜"→"风格化"→"照亮边缘"命令，在弹出的"照亮边缘"对话框中设置参数，如图 7.507 所示。

图 7.506　去色效果

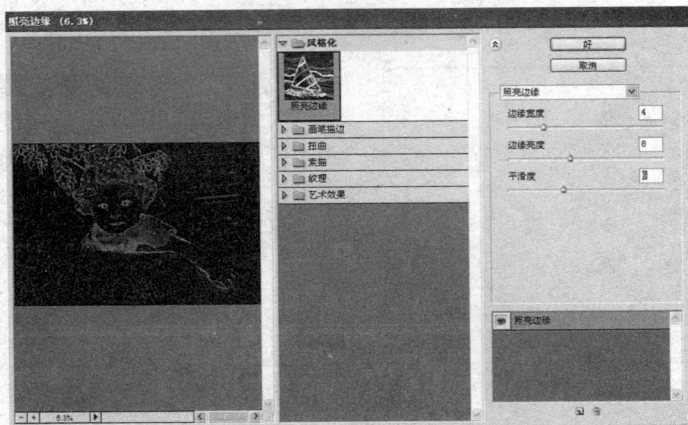

图 7.507　"照亮边缘"对话框

（16）单击"确定"按钮应用滤镜，按【Ctrl+I】快捷键反相，效果如图 7.508 所示。

（17）更改图层的混合模式为"正片叠底"效果如图 7.509 所示。

图 7.508　照亮边缘效果

图 7.509　更改图层模式

（18）将"背景"图层复制一层，得到"背景副本 4"图层，并放置在"图层 2"下方，如图 7.510 所示。

（19）更改图层不透明度为 60%，效果如图 7.511 所示。

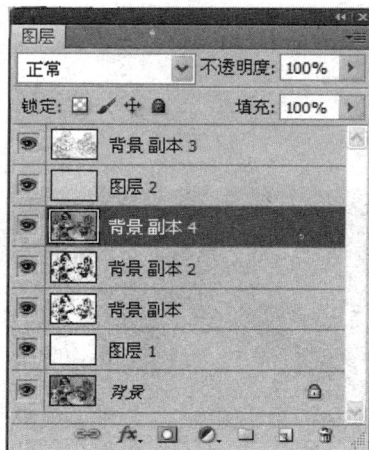

图 7.510　复制图层

图 7.511　更改图层不透明度

（20）选取仿制图章工具，对人物的嘴角进行修饰，人物水彩画效果制作完成，最终效果见图 7.493。

操 作 题

1. 制作带有描边的图像效果，如图 7.512 所示。要求：

（1）绘制一个裁剪范围框。

（2）拖动裁剪范围框的大小超出图像边缘四周一定范围。

（3）在裁剪范围框内双击，或按 Enter 键应用裁剪。

（4）载入选区，进行反选，新建图层，为整个图像描边。

2. 创建对称的盆花图像，效果如图 7.513 所示。要求：

（1）使用裁切工具，增加画布的宽度。

（2）复制图像并水平翻转。

（3）调整图像的位置。

图 7.512　图像描边效果

图 7.513　镜像效果

3. 创建怀旧感觉照片，效果如图 7.514 所示。

（1）准备一张风景照片。

（2）利用"黑白"命令制作怀旧照片效果。

4. 调整照片色调，效果如图 7.515 所示。

（1）准备一张荷花图片。

（2）利用"照片滤镜"命令使冷色调转换为暖色调。

图 7.514　怀旧照片效果

图 7.515　调整照片色调

5. 给照片添加漂亮的边框，效果如图 7.516 所示。要求：

（1）在"画笔"调板中设置画笔。

（2）设置前景色。

（3）在视图边缘绘制装饰图像。

6. 制作虚幻的诗配画效果，效果图如图 7.517 所示。要求：

（1）添加背景素材图像。

（2）输入文字，并设置文体、字号、颜色等。

（3）设置文字的不透明度。

（4）调整文字至适合大小及位置。

图 7.516 给照片添加漂亮的边框

图 7.517 诗配画效果

7. 制作卡通画，效果如图 7.518 所示。要求：

（1）使用图案填充，制作背景效果。

（2）使用自定形状工具绘制树、太阳、云彩图形。

（3）添加图层样式。

（4）调整图形之间的位置。

8. 绘制卡通相框，效果如图 7.519 所示。要求：

（1）使用图案填充创造出背景。

（2）使用自定义形状工具装饰背景。

（3）使用自定义工具绘制其他图案。

图 7.518 卡通画

图 7.519 卡通相框

模块八

计算机信息处理常用工具软件

　　随着信息技术的不断进步推广，计算机已成为现代人工作和生活中不可或缺的工具。大多数人不再满足于使用计算机进行简单的文字处理和上网操作，除了需要掌握一些和自己工作、娱乐、学习相关的专业性软件之外，还应该掌握另一大类软件——工具软件。并希望通过计算机工具软件方便快捷地解决实际问题，提高工作效率。

　　根据工具软件使用领域的不同，可以把它们划分为系统类、图像类、多媒体类、网络类等。需要指出的是，对于常用工具软件目前并没有一个科学统一的分类标准，这种按用途所进行的分类是基于广大用户的经验和使用习惯。

　　工具软件的体积一般都较小，因此下载后通常只有一个可执行文件（EXE 文件），双击该可执行文件便可打开安装向导进行安装。在安装过程中一般无需手动设置选项，根据安装向导的提示一直单击"下一步"按钮即可完成安装。不再使用的工具软件或无法正常使用的工具软件，可以将其从电脑中删除。删除工具软件可通过下面两种方法实现：一种是通过"控制面板"卸载，另一种是通过"开始"菜单卸载。

【学习目标】

　　本模块主要介绍在 Windows 7 环境中几种常用工具软件的使用方法。

　　（1）了解计算机的常用工具软件的版本、种类与工具软件的获取。

　　（2）掌握常用工具软件的启动和退出、功能设置等基本操作。

　　（3）掌握文件管理、图像浏览、文档阅读、屏幕捕捉、屏幕录像、视频播放、文件下载及网络安全等常用工具软件的使用方法。

任务一　WinRAR 压缩软件使用

一、任务说明

　　WinRAR 是在 Windows 环境下对.rar 格式的文件进行管理和操作的一款压缩软件。这是一个常用的工具软件。WinRAR 的一个特点是支持很多压缩格式，除了.rar 和.zip 格式的文件外，WinRAR 还可以为许多其他格式的文件解压缩，同时，使用这个软件也可以创建自解压可执行文件。

二、本任务知识点

（1）熟悉 WinRAR 窗口，认识各菜单项，了解 WinRAR 的基本功能。
（2）压缩文件的释放（解压缩）。
（3）创建压缩文件。
（4）创建加密压缩文件。

三、实训指导

（一）熟悉 WinRAR 窗口

认识 WinRAR 窗口（见图 8.1）中的各菜单项，尤其是通过"帮助"菜单来了解 WinRAR 的基本功能。

（1）双击桌面上的"WinRAR"快捷图标 ▦ （或从"开始"→"所有程序"菜单中）启动 WinRAR，打开如图 8.1 所示的 WinRAR 主窗口。

（2）依次单击 WinRAR 窗口上的各个菜单项：文件、命令、工具、收藏夹、选项和帮助，特别是"帮助"菜单项，有助于用户了解 WinRAR 的使用方法及其功能。

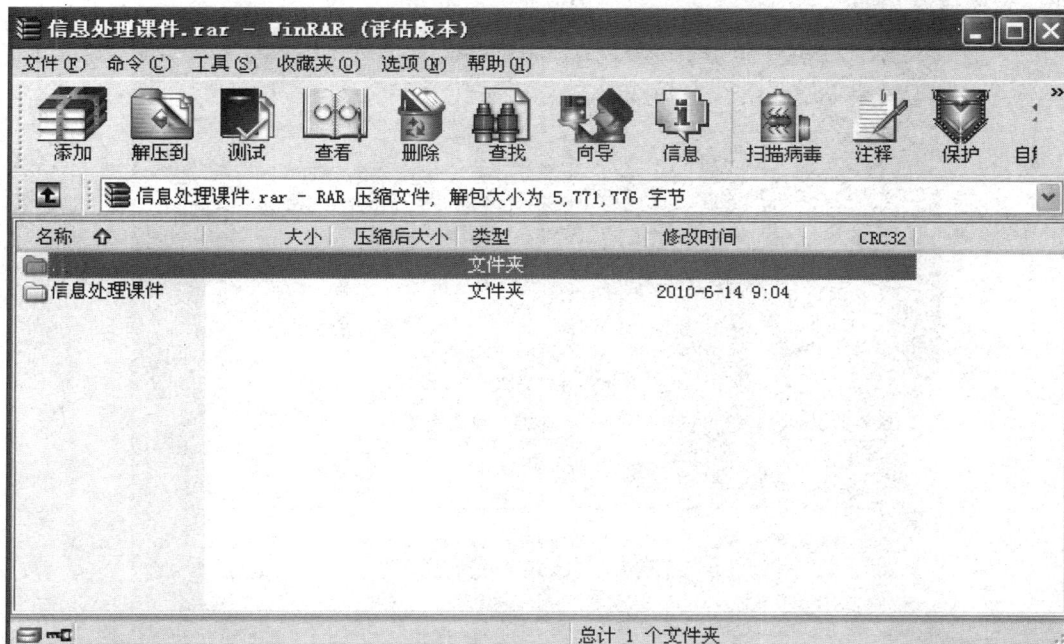

图 8.1 WinRAR 主窗口

（3）设置压缩软件的各个选项配置。

在 WinRAR 主窗口菜单栏的"选项/设置…"菜单中，可以设置压缩软件的各个选项配置，如图 8.2 所示。

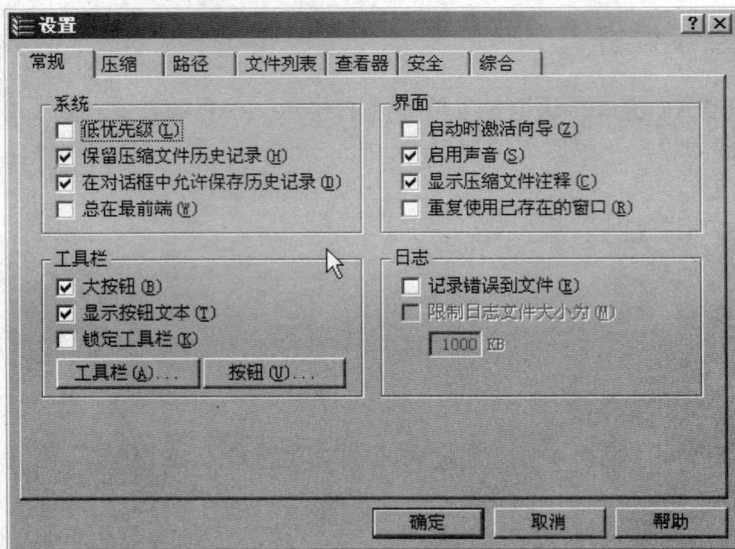

图 8.2　"设置"对话框

（4）关联设置。

在"设置"对话框的"综合"标签上点一下，如图 8.3 所示，就可以进入安装时所进行的那些关联设置。如果当时没设置，现在可以把它设定好。

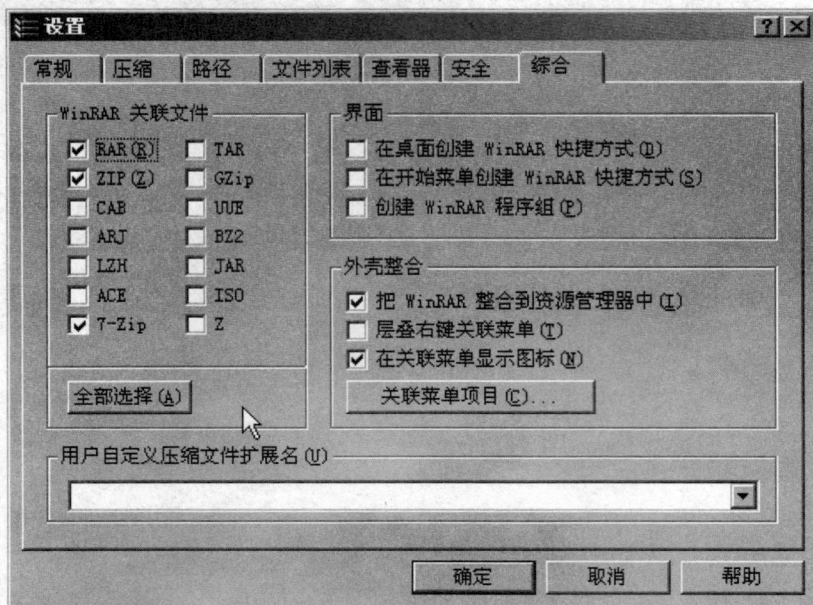

图 8.3　"关联设置"对话框

（二）解压缩文件

（1）选取压缩文件点击右键，弹出如图 8.4 所示的菜单，选择"解压到当前文件夹"；这样就把文件解压到了当前的位置，压缩文件中只有一个文件，可以用这个方法。

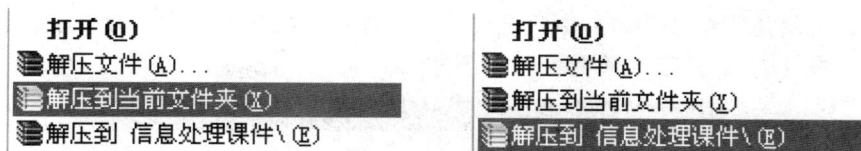

图 8.4　解压子菜单

（2）选取压缩文件点击右键，在弹出的菜单中选择"解压到… 文件夹\(E)"。这样就把文件解压到一个新的文件夹中，文件夹的名称就是压缩文件名，压缩文件中有许多文件时，可以用这个命令。

（3）选取压缩文件点击右键，在弹出的菜单中选择"解压文件(A)…"。此时会弹出一个对话框，如图 8.5 所示，在该对话框可以选择解压的位置，然后点击"确定"。

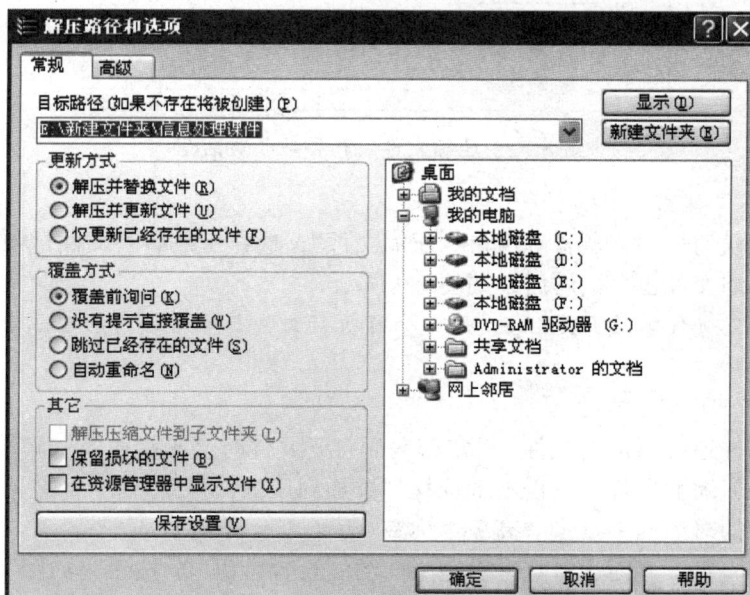

图 8.5　"解压路径和选项"对话框

（三）创建压缩文件

1. 直接压缩

选取要压缩的文件，点击右键选"添加到…文件名.rar"，如图 8.6 所示。这时就会把该文件压缩到当前文件夹中，一般是放在最后头。

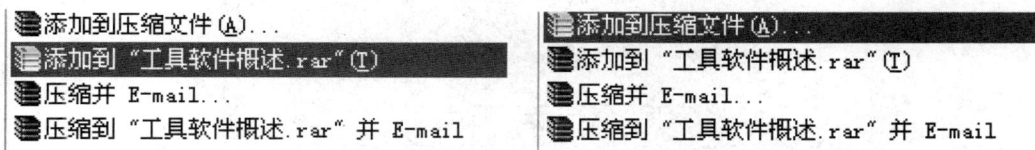

图 8.6　压缩子菜单

2. "最好"压缩

选取要压缩的文件，点击右键选"添加到压缩文件…"，这时会出现一个压缩对话框，如

图 8.7 所示，上面是压缩文件名，中间是选项，此处可以把压缩文件名改一下，还可以把压缩方式设为"最好"，这样压缩后文件会更小些。

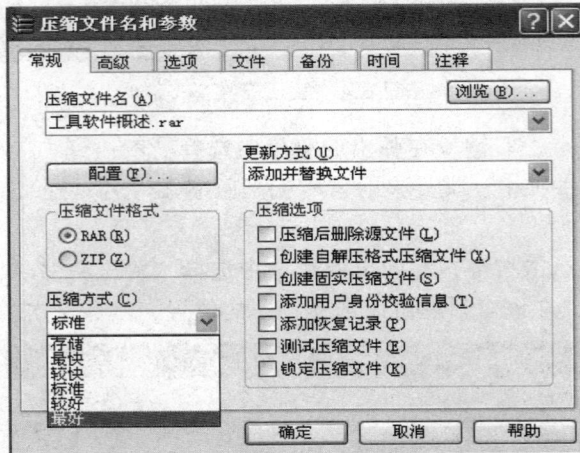

图 8.7　"压缩文件名和参数"对话框

（4）"自解压"压缩。

在压缩的时候勾选"创建自解压格式压缩文件"，这样压缩后的文件是一个可执行文件，即使对方没有压缩文件也可以解压，如图 8.7 所示。

说明：压缩完文件名后面是.exe，是一个可执行文件，双击运行后可以自己解压文件。

（四）创建加密压缩文件

使用压缩软件还可以加密文件，设定密码后打开文件时会提示输入密码。具体操作如下：

（1）选取要压缩的文件，点击右键选择"添加到压缩文件…"。

（2）在弹出的对话框中点击"高级"标签。

（3）进入"高级"界面后，点击右边中间的"设置密码…"按钮，如图 8.8 所示。

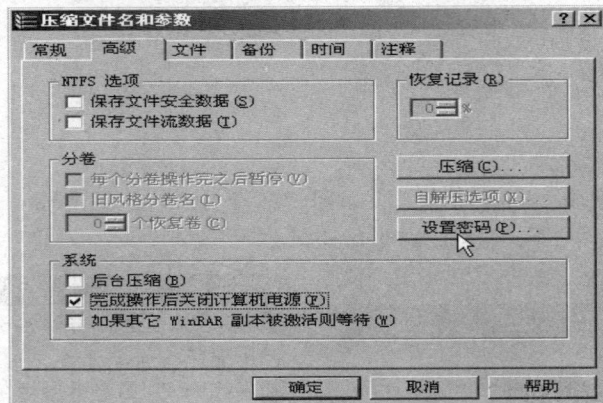

图 8.8　"高级"选项对话框

（4）在密码框中输入密码，注意两次输入要相同，密码设定后必须要牢牢记住，如果遗忘了，压缩文件将会打不开。

（5）解压带密码的文件时，会提示输入密码，输入密码后正常解压，否则会提示失败。

任务二　图像管理软件 ACDSee 的使用

一、任务说明

ACDSee 10 是一款集图片管理、浏览、简单编辑于一身的强大的图像管理软件，对于一般的个人用户来说，该软件完全能够胜任管理、浏览数码照片，同时还可以对一些拍的不理想的数码照片进行简单的编辑。下面就来介绍该软件的使用方法。

二、本任务知识点

（1）熟悉 ACDSee 的界面，认识各菜单项，了解软件的基本功能；
（2）照片的导入及浏览；
（3）获取图像（截取屏幕图像）；
（4）图像的简单编辑；
（5）桌面墙纸设置及屏保制作；
（6）照片的保存与共享。

三、实训指导

（一）中文版 ACDSee10 的界面

单击"开始"菜单（或双击桌面上的"ACDSee 10"快捷图标 ），选择"所有程序"→"ACDSystem"，→"ACDSee 10"命令，启动如图 8.9 所示的"ACDSee 10"主窗口。

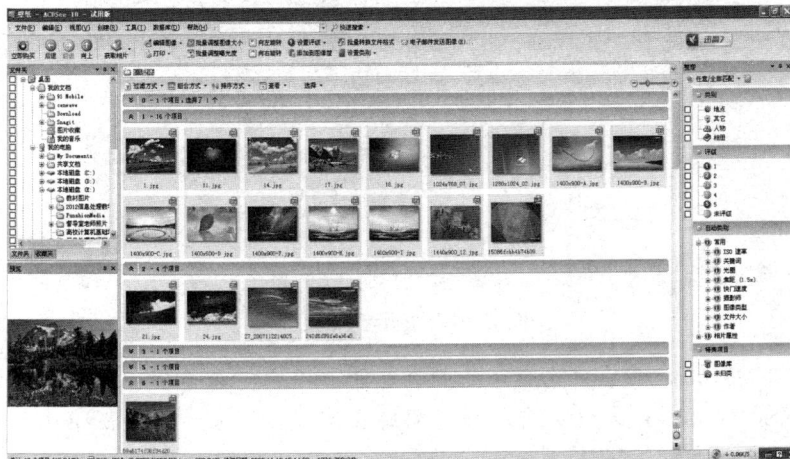

图 8.9　"ACDSee 10"主窗口

（二）照片的导入及浏览

1. 照片的导入

（1）运行 ACDSee，然后依次点击"文件"→"获取照片"→"从相机或读卡器"菜单项，在弹出的窗口中点击"下一步"按钮，选择导入设备后点击"下一步"按钮，即可看到内存卡中的所有照片了，如图 8.10 所示。

（2）选择要导入的照片，也可以直接点击"全部选择"按钮来选择全部的照片，点击"下一步"按钮，在这里可以选择使用模板重命名导入的文件名，点击"编辑"可以在打开的窗口中编辑文件名的模板。

说明：导入的文件就按模板的方式来进行重命名，为以后管理数码照片提供了方便。

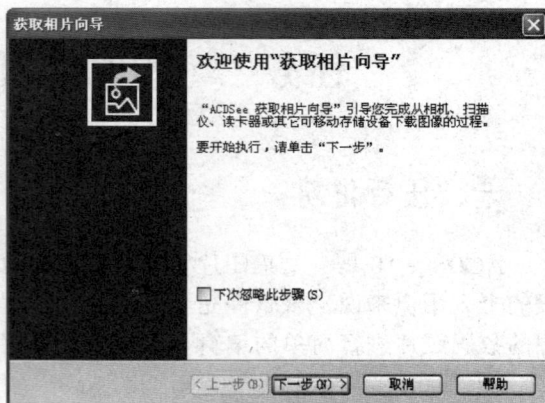

图 8.10 "获取照片向导"窗口

2. 选择浏览照片

（1）通过点击"视图"→"过滤方式"→"高级过滤"，指定想要显示的项目。

（2）在快速查看模式下双击图片，或是点击右上角的"完整查看器"按钮，即可切换到 ACDSee 完整查看模式，如图 8.11 所示。

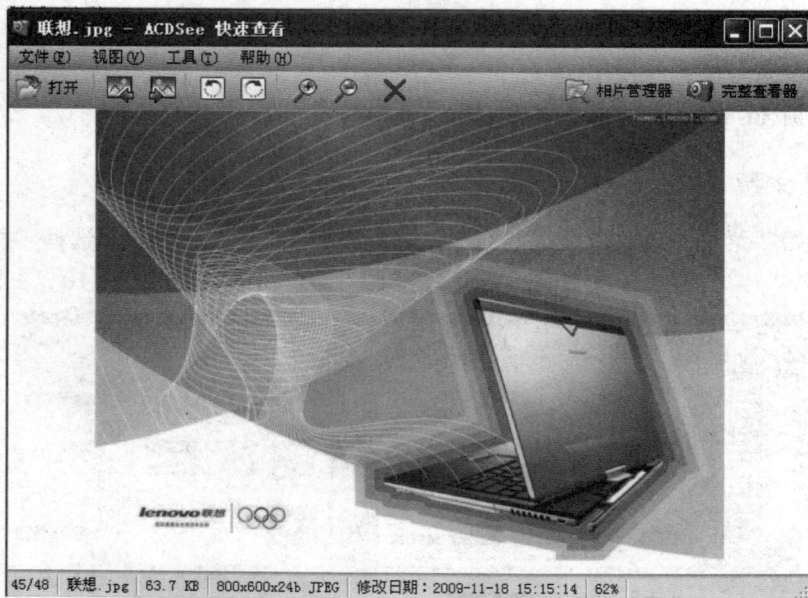

图 8.11 显示整幅图片

说明：ACDSee10 提供了浏览照片的所有功能，用户可以通过左上角的"文件夹"窗口来同时选择多个文件夹，使文件夹内的照片同时在浏览区域显示，如图 8.9 所示，这样就免除了切换目录的麻烦。

（三）获取图像（截取屏幕图像）

点击"工具"→"屏幕截图"，按需要选择，并点击"开始"按钮，然后按要求操作即可，如图 8.12 所示。

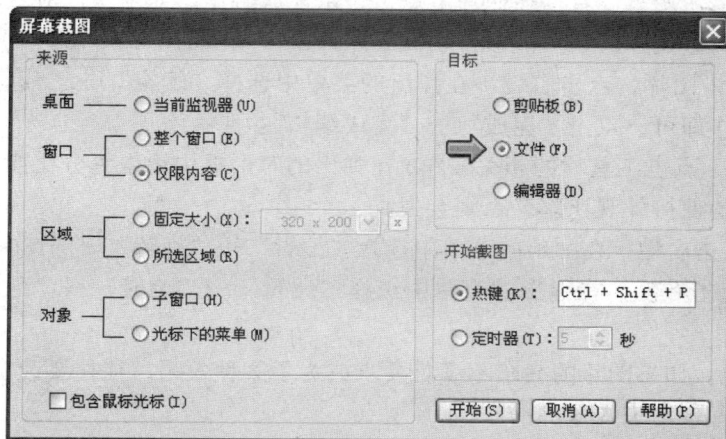

图 8.12　"屏幕截图"界面

（四）图像的简单编辑

ACDSee 10 提供了曝光、阴影／高光、颜色、红眼消除、相片修复、清晰度等基本的编辑功能，操作非常简单。

（1）在主界面点击"编辑图像"按钮，打开 ACDSee 的编辑模式，如图 8.13 所示。

（2）选择左侧的编辑功能，即可在新窗口中对照片进行编辑，只要拖动右侧的滑块即可完成对图像的编辑操作。

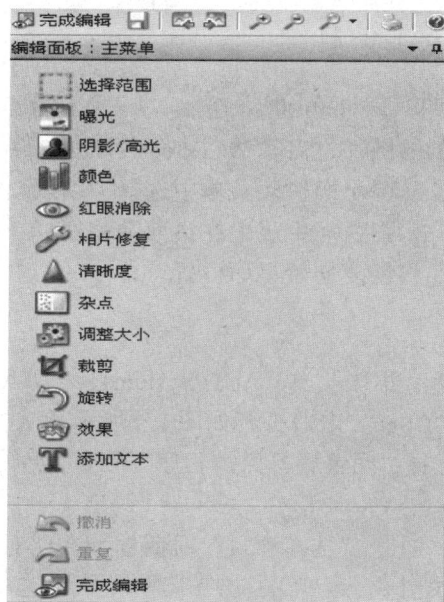

图 8.13　"图像编辑"主菜单

①阴影／高光：调整图像的明亮与阴暗区域之间的平衡与对比度。

选中图片，点击右键，在弹出的菜单中选择"编辑"→"阴影／高光"，打开"阴影／高光"编辑窗口，然后在右侧分别拖动调亮与调暗滑块，就可以在左侧的预览窗口看到对应的颜色变化。也可以使用鼠标直接在照片上点击，来完成操作。如果用户对当前编辑的效果不满意，只要点击"重设"按钮，即可自动回到照片没有编辑前的状态。

②裁剪：选中图片，点击右键，在弹出的菜单中选择"编辑"→"裁剪"，在裁剪面板中进行相应的操作即可，点击"完成"→"完成编辑"。

③调整大小：点击工具栏的相关按钮，在弹出的对话框中输入百分比或重新指定图像的大小即可（别取消保持外观比率，否则会失真）。

④旋转：点击右键，在弹出的菜单中选择"编辑"→"旋转"→"180度"→"完成"。

⑤翻转：点击右键，在弹出的菜单中选择"编辑"→"旋转"→"翻转"→"水平翻转"→"完成"。

⑥调节曝光：如果图片的亮暗不满足要求或为了某种效果，往往要改变图片的曝光量，在图片编辑器中很容易完成这种操作。

⑦添加文本：选中图片，点击右键，在弹出的菜单中选择"编辑"→"添加文本"，在编辑面板中输入需要加入的文字，点击"完成"→"完成编辑"。

⑧水面效果：选中图片，点击右键，在弹出的菜单中选择"编辑"→"效果"→"选择类别"→"所有效果"→"水面"，然后用鼠标双击"水面"选项，在编辑面板中进行调节，点击"完成"→"完成"→"完成编辑"。

⑨雨水效果：选中图片，点击右键，在弹出的菜单中选择"编辑"→"效果"→"选择类别"→"所有效果"→"雨水"，然后用鼠标双击"雨水"选项，在编辑面板中进行调节，依次点击"完成"即可。

（五）桌面墙纸设置及屏保制作

1. 将图片设置为桌面墙纸

（1）双击准备设置为墙纸的图片，启动 ACDSee 程序。

（2）在图片上单击右键，从弹出的快捷菜单中选择"墙纸"命令。

（3）选择"居中"命令，将图片居中放置在桌面上；选择"平铺"命令，将图片平铺在桌面上；选择"还原"命令，将恢复初始桌面设置。

2. 屏保制作

（1）选择"开始"→"所有程序"→"ACD Systems"→"ACDSee 10"命令，或者双击桌面上的快捷图标，启动 ACDSee，之后打开如图 8.9 所示的 ACDSee 程序主界面。

（2）在"工具"菜单下选择"配置屏幕保护程序"命令，弹出如图 8.14 所示的"ACDSee 屏幕保护程序"对话框。

（3）单击"添加"按钮，进入"选择项目"对话框，在此对话框左侧的"文件夹"列表中选择制作"屏保"图片的文件夹。

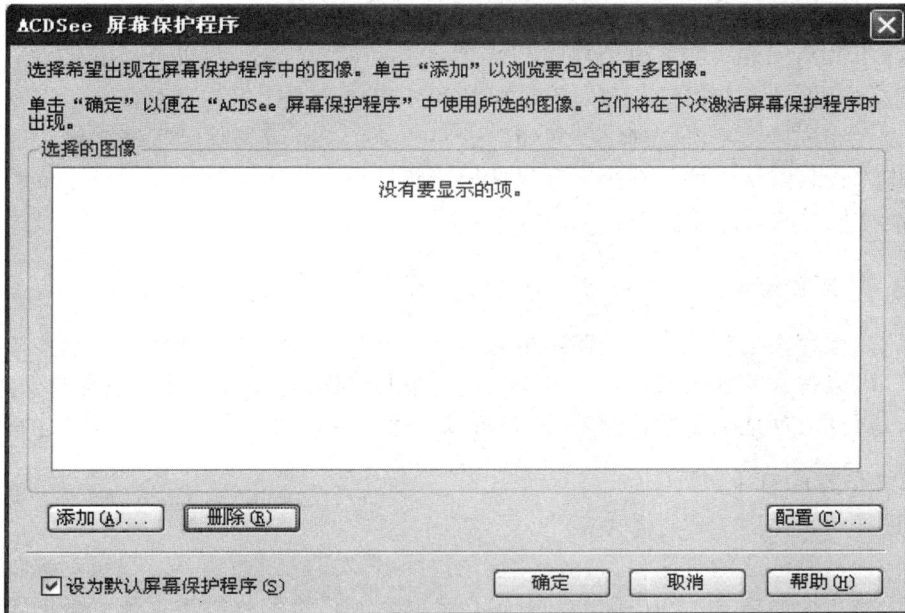

图 8.14　"ACDSee 屏幕保护程序"对话框

（4）选中制作"屏保"的图片后，单击"添加"按钮，弹出如图 8.15 所示的界面，在"选择的项目"窗口中可以重新排列图片的顺序，选中图片单击"左移"按钮，图片向左移动一个位置；选中图片单击"右移"按钮，图片向右移动一个位置；选中图片单击"删除"按钮，将删除选中图片。

图 8.15　"选择项目"界面

（5）配置完成后单击"全选"，然后单击"确定"按钮。

（6）弹出"ACDSee 屏幕保护程序"对话框，单击"配置"按钮，弹出"ACDSee 屏幕保护程序"对话框，在此对话框可对屏幕保护的外观显示进行相关的设置。

（7）设置完成后，单击"确定"按钮，返回"ACDSee 屏幕保护程序"对话框，在此对话框中选中"设为默认屏幕保护程序"复选框，然后单击"确定"按钮，ACDSee 将以设置的方式对选中图片进行屏幕保护。

（六）照片的保存与共享

数码照片保存在电脑上，只能使用电脑才可以欣赏，如果要与其他人一起共享你拍摄的数码照片，可以把这些数码照片打印出来，或是把其制作成 VCD 光盘，或是制作成幻灯片，这样就可以更加方便地浏览数码照片，同时可以一边欣赏音乐一边浏览自己喜欢的数码照片。

1. 多种形式的打印布局

（1）选择"文件"→"打印图像"。

（2）打开 ACDSee 的打印窗口，在左上角选择打印布局，如整页、联系页或布局等。

（3）选择布局的样式，在中间的预览窗口实时看到最终的打印结果预览图，同时在右侧设置好打印机、纸张大小、方向、打印份数、分辨率及滤镜等。

（4）设置完成后点击"打印"按钮，即可按我们的设置打印输出，如图 8.16 所示。

图 8.16　"打印图像"对话框

2. 创建幻灯片

（1）点击"创建"→"创建幻灯放映文件"菜单，在打开的窗口中选择要创建的文件格式，其中包括独立放映的 EXE 格式文件、屏幕保护的 SCR 格式文件及 Flash 格式文件。

（2）添加要制作幻灯片的照片，设置好幻灯片的转场、标题及音乐等，如图 8.17 所示。

（3）对幻灯片选项进行设置，设置好以后保存幻灯片的位置，即可完成幻灯片的创建。

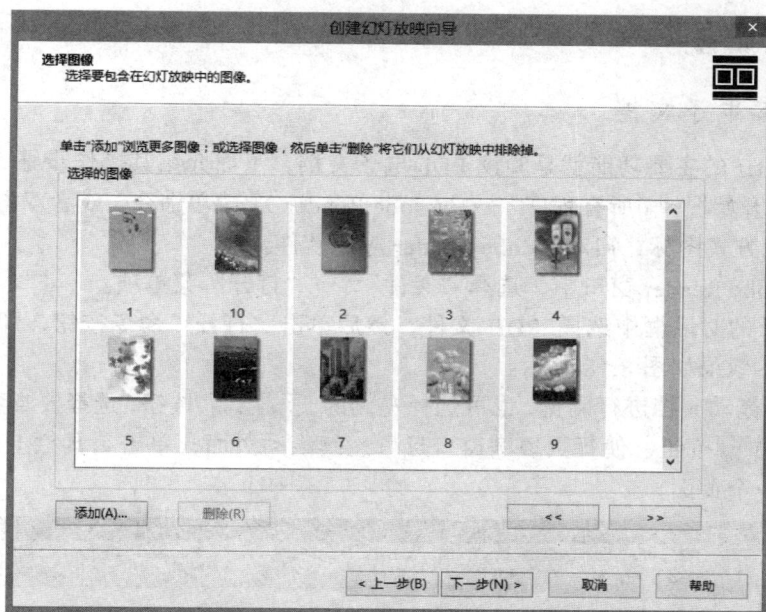

图 8.17　"创建幻灯片向导"对话框

3. 创建视频或 VCD 光盘

（1）点击"创建"→"创建视频或 VCD"菜单项，在打开的窗口中添加要创建的数码照片。

（2）设置好数码照片前的转场及播放的背影音乐。

（3）设置好创建文件的保存位置，点击"创建"按钮，就可以制作出一个非常精美的 VCD 视频，把其刻录到光盘上就可以在电视上播放。

任务三　文档阅读软件的使用

一、任务说明

Adobe Reader：它是查看、阅读和打印 PDF 文件的最佳工具，PDF （Portable Document Format）文件格式是电子文档的一种标准。

二、本任务知识点

（1）阅读电子文档；

（2）选择和复制文字；

（3）选择和复制图像；

（4）打印 PDF 文档。

三、实训指导

（一）阅读电子文档

Adobe Reader 的主要功能就是阅读 PDF 电子文档，下面介绍其操作步骤。

（1）选择"开始"→"所有程序"→"Adobe Reader 9"菜单命令，或者双击桌面上 Adobe Reader 9 的快捷方式图标，启动 Adobe Reader 应用软件。

（2）在 Adobe Reader 窗口中，选择"文件"→"打开"菜单项。

（3）在打开的对话框中选择 PDF 文件，然后单击"打开"命令按钮，即可打开选择的 PDF 文件，显示效果如图 8.18 所示。

（4）用鼠标拖动文档进行阅览，也可选择左侧的 ▭ 页面缩略图 按钮，选择要查看的具体页面；单击工具栏上的 ▤ 按钮，使每页填满窗口且可连续滚动页面；单击工具栏上的 ▣ 按钮，可以一次只显示一个页面。

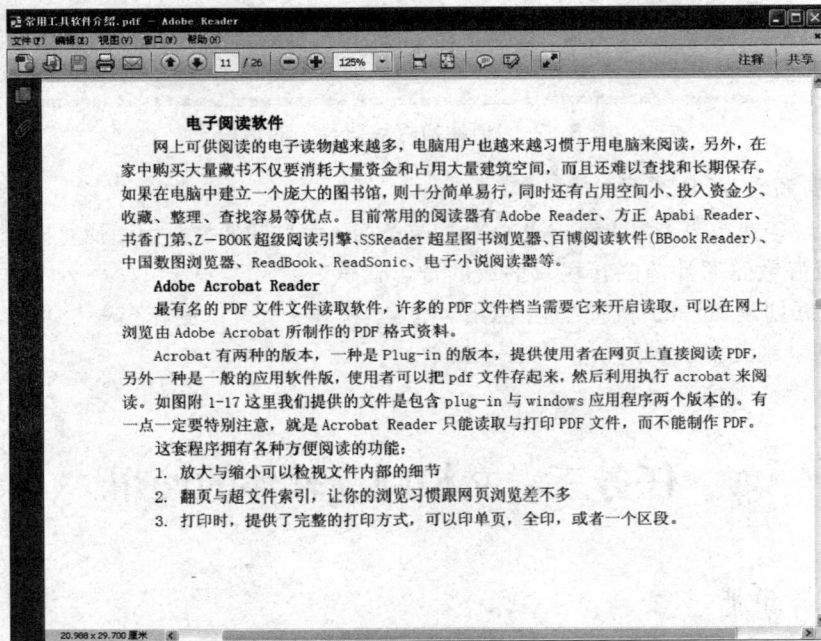

图 8.18　在 Adobe Reader 窗口中打开 PDF 文档

（二）选择和复制文字

使用 Adobe Reader 阅读 PDF 文件时，可以选择和复制其中的文字，下面就以将 PDF 文件中的第一段文字复制到 Word 文档中为例，介绍其操作步骤。

（1）在 Adobe Reader 窗口中，选择"工具"→"选择和缩放"→"选择工具"命令。

（2）选择 PDF 文件中的第一段文字，然后单击鼠标右键，从快捷菜单中选择"复制"命令；或者直接按【Ctrl+C】组合键，将复制后的第一段文字送到剪贴板中。

（3）打开需要粘贴内容的 Word 文档，单击右键，从弹出的快捷菜单中选择"粘贴"命令或直接按【Ctrl+V】组合键，就可以把 PDF 文件中的第一段文字复制到 Word 文档中。

（三）选择和复制图像

Adobe Reader 9 的快照功能，可以将选择的图像和文本以图像的形式复制到剪贴板。下面以将某 PDF 文件中的一个图形复制到 Word 文档中为例，介绍其操作步骤。

（1）在 Adobe Reader 窗口中，选择"工具"→"选择和缩放"→"快照工具"命令。

（2）选择 PDF 文件中需复制的图形，弹出"选定的区域已复制到剪贴板"提示框。

（3）打开需要粘贴指定图形的 Word 文档，单击右键，从弹出的快捷菜单中选择"粘贴"命令或直接按下【Ctrl+V】组合键，就可以把前面选定的图形复制到 Word 文档中。

（四）打印 PDF 文档

在 Adobe Reader 9 窗口的工具栏中单击"打印"按钮，打开"打印"对话框，在其中设置打印机、打印范围和打印份数等选项（相关打印设置的操作方法与 Word 软件打印设置操作中的类似，此处不再赘述），设置完成后，单击"确定"按钮，即可开始打印。

任务四 屏幕捕获软件 Snagit 的使用

一、任务说明

Snagit 是 Windows 的应用程序，可以捕获、编辑、共享用户计算机屏幕上的一切，它是一个非常著名的屏幕、文本、视频捕获、编辑与转换软件，可以捕获 Windows 屏幕、DOS 屏幕；RM 电影、游戏画面；菜单、窗口、客户区窗口、最后一个激活的窗口或用鼠标定义的区域。图像可保存为 BMP，PCX，TIF，GIF 或 JPEG 格式，也可以存为视频动画。

此外，Snagit 在保存屏幕捕获的图像之前，还可以用其自带的编辑器编辑；也可以选择自动将其送至 Snagit 虚拟打印机或 Windows 剪贴板中，或直接用 E-mail 发送。

二、本任务知识点

（1）熟悉 Snagit 的界面，认识各菜单项，了解软件的基本功能；

（2）捕获设置；

（3）捕获功能；

（4）编辑功能。

三、实训指导

（一）中文版 Snagit 10 的界面

单击"开始"菜单（或双击桌面 Snagit 10 快捷图标），选择"所有程序"→"Snagit"→"Snagit 10"命令，启动如图 8.19 所示的"Snagit 10"主窗口。

说明：启动 Snagit 10 后可以将窗口最小化，执行抓图操作时窗口会自动还原。

Snagit 主界面，顶部为菜单；左侧为导航菜单；中间为配置文件窗口，可以让用户不必通过菜单就可以快速选择捕获方式；最下面为配置文件设置窗口，通过它用户可以对每种捕获方式进行详细的设定。

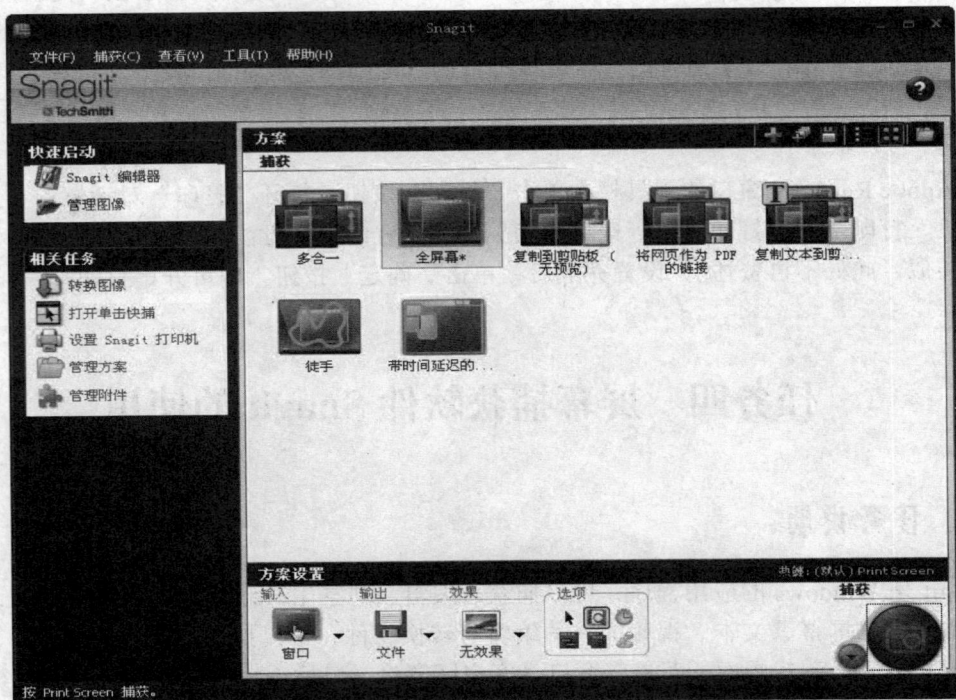

图 8.19　Snagit 10 主界面

（二）捕获设置

通过 Snagit 10 中的"输入"菜单来设置图像的抓取方案，就是该怎么抓；通过"输出"菜单来设置存储方式，就是该怎么存。

1."输入"菜单（见图 8.20）

全屏幕：捕获整个 Windows 桌面。

窗口：窗口输入将捕获用户指定窗口的全部或一部分。

活动窗口：捕获当前活动窗口。

区域：捕获用户指定的矩形区域。

固定区域：捕获一个用户指定的预置矩形范围。

对象：从屏幕捕获图标、按钮、工具栏或是控件。

菜单：捕获当前用户在屏幕中打开的菜单。

形状：设置捕获区域形状，有 5 个选项：手绘区域、椭圆、圆角矩形、三角形、多边形。

图 8.20　"输入"菜单

"输入属性"窗口（见图 8.21）：设置捕获参数，包括捕获背景颜色、固定区域的大小与起始点、菜单捕获设置、滚动捕获设置、选择扫描仪与照相机来源、扩展窗口。

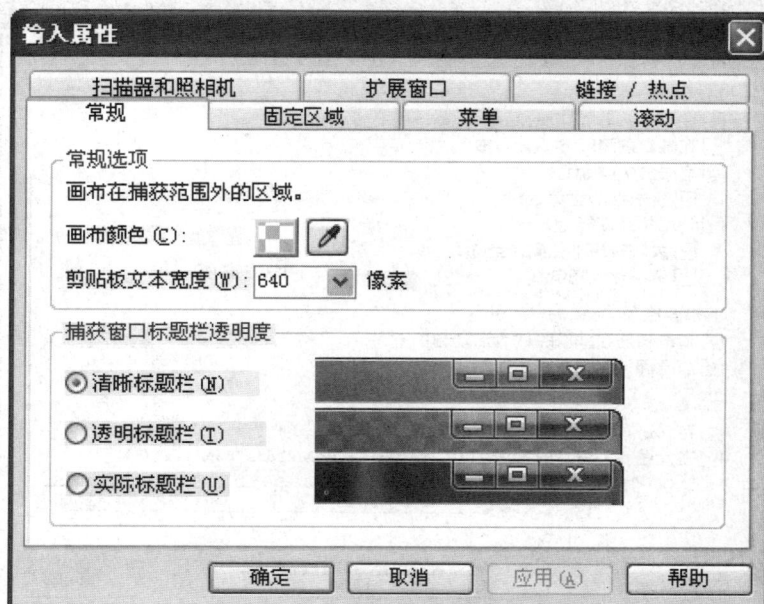

图 8.21　"输入属性"窗口

2. 程序参数设置

（1）热键设置：点击"工具"→"程序参数设置"，设置程序参数。"热键"选项设置抓图热键，用户可以按自己的喜好自由设置修改默认值，如图 8.22 所示。

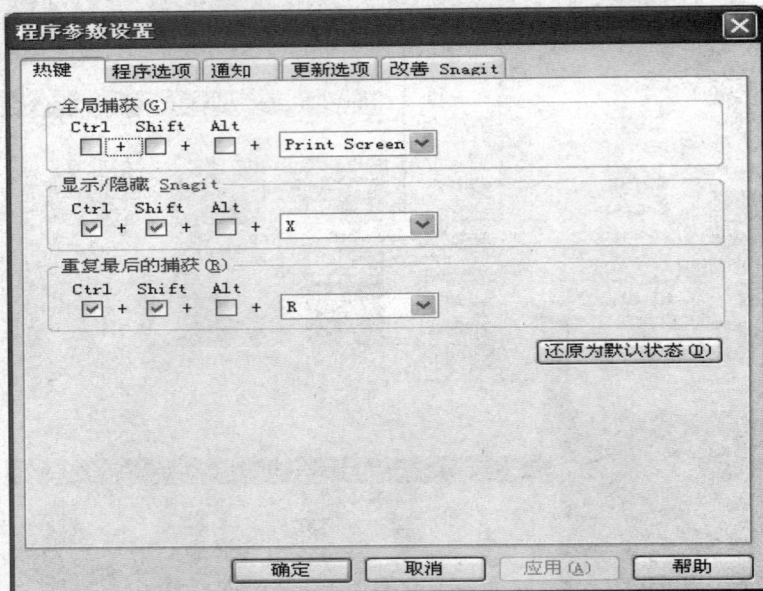

图 8.22　"热键"设置窗口

（2）程序选项设置："程序选项"中可设置是否在捕捉前隐藏 Snagit，系统启动是否随系统一起启动，以及其他一些选项，如图 8.23 所示。

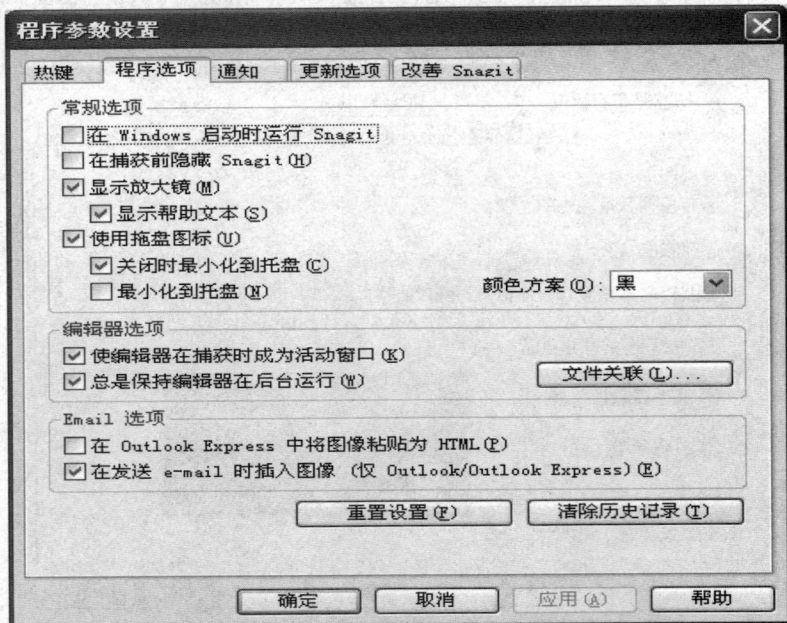

图 8.23　"程序选项"窗口

3. "输出"菜单

点击"输出"→"属性"菜单，设置输出属性，如图 8.24 所示。

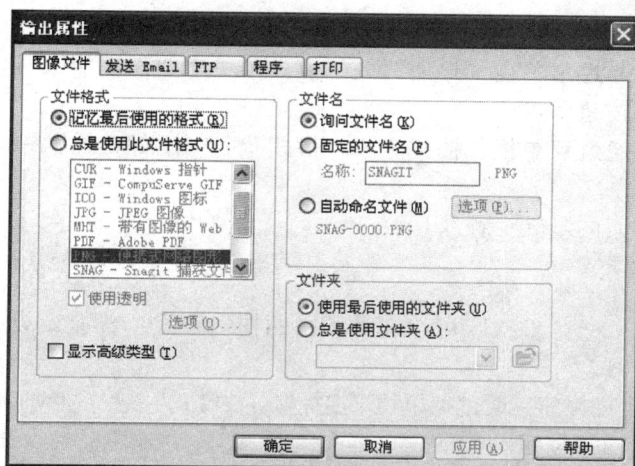

图 8.24 "输出属性"窗口

其中"打印"选项是设置将捕获的图像通过打印机打印;"图像文件"选项是设置输出图像格式、文件名与目的目录的。Snagit 10 输出的图像格式高达 23 种之多,几乎涵盖了所有常用的图像格式,选择一种格式还可以通过点击"选项"按钮调整其参数,Snagit 10 能自动生成文件名,自由定制文件名前缀,设置"索引阿拉伯数字"位数能按顺序自动保存。Snagit 10 能将抓取的图像直接输出到电子邮件与 FTP 服务器上。只要简单地设置一下服务器密码,即可传送。

(三)捕获功能

Snagit 可以通过菜单、配置文件按钮、热键进行图像、文字、视频及网络的捕获,并且针对每种模式,它还提供了多种不同的捕捉方式,同时 Snagit 在进行每次捕捉的时候都提供了详细的操作提示。

根据不同的需要通过菜单"捕获"→"模式"来选择不同的捕获模式。Snagit 共提供了 4 种捕获模式,分别是图像、文字、视频及网络捕获,如图 8.25 所示。

图 8.25 "捕获模式"菜单

1. 图像捕获

（1）捕捉屏幕：通过菜单栏"捉捕"→"模式"→"图像捉捕"→"输入"→"屏幕"命令，单击"捉捕"按钮即可。

（2）捕捉窗口：通过菜单栏"捕捉"→"模式"→"图像捉捕"→"窗口"命令，单击"捉捕"按钮即可。

其他的捉捕和前面的步骤一样。

2. 文字捕获

通过菜单"捕获"→"输入"可以选择不同的捕捉方式：普通、滚动及高级等，选好之后按"捕捉"按钮即可。

例如，捉捕桌面上的文字：通过菜单栏"捉捕"→"模式"→"文字捉捕"→"输入"→"屏幕"命令，单击"捉捕"按钮。

3. 视频捕获

首先将"输入"范围设置为"整个屏幕"，选择"视频"模式，再点击捕获按钮即可开始对视频的捕获（这里的视频其实就是用户在电脑上的操作步骤）。在开始捕获的时候，Snagit会出现如图 8.27 所示的窗口，点击"开始"按钮就可以捕获。

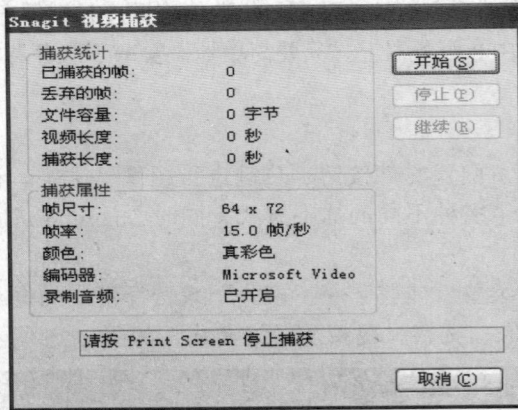

图 8.26 "视频捕获"窗口

例如，选择抓取方式为窗口，表示把某一窗口的动作抓取成动画。按下 Snagit 红色"开始捕获"按钮或热键，并把鼠标移动到某一窗口上时 Snagit 会显示出一个红色框，单击后即选中该窗口。Snagit 会用一个白色的框框住选中的窗口，同时出现一个"Snagit 视频捕获"窗口。单击"开始"按钮后即可录制，在选中的操作窗口中选中的内容都会被记录下来，同时，屏幕上选中的窗口也会闪烁，表示正在抓取当前窗口。不需要抓取时，只要再次按下捕获热键，然后在打开的窗口单击"停止"按钮，即可把捕获的结果放到"Snagit 捕获预览"窗口中，单击"另存为"按钮即可保存为 AVI 文件。

4. 网页捕获

（1）通过菜单"捕获"→"输入"可以选择不同的捕获方式。

捕获方式只有两种：固定地址和提示地址。就是通过某个设定网址或输入网址，来自动获取这个网站上的图片。

固定地址的界面，如图 8.27 所示。

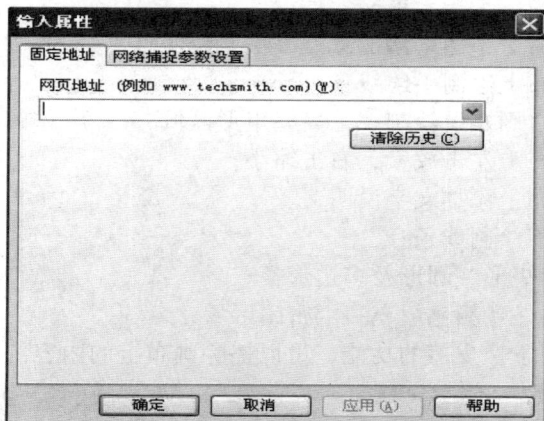

图 8.27 "固定地址"窗口

（2）点击捕获按钮，在弹出的对话框的文本行中输入要捕获的网站的地址。此处以捕获"百度"网为例来说明：在文本行里输入点击"确定"即可开始捕获。

（3）在捕获完成后将会出现"捕获摘要"对话框，在这里可以设置捕获后的文件存放的路径，同时还可以了解文件捕获出错的详细错误情况，以便能更好地去更正和重新捕获该文件。

（四）编辑功能

Snagit 提供了独立的图像编辑器，具备非常强大的图像处理功能，可以对捕获的图像进行编辑、加注、调色、旋转、标记、发送等多种处理，特别是它的绘制功能可以说超级强大，如图 8.28 所示。

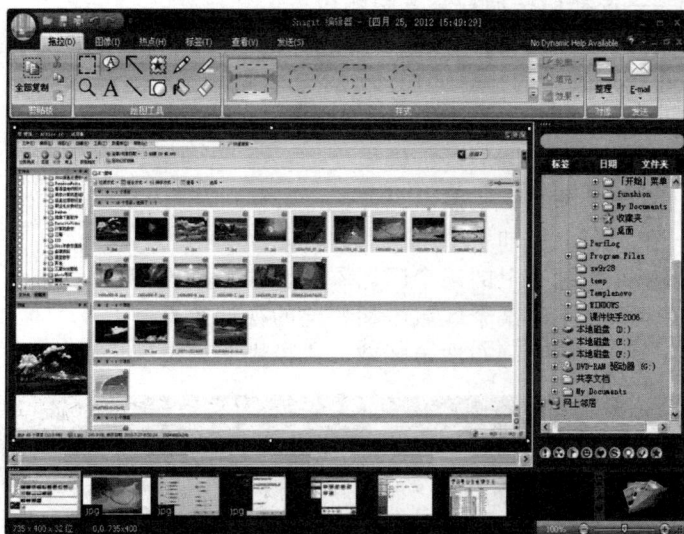

图 8.28 "图像编辑"界面

Snagit"绘制"（见图 8.29）包含了 12 类功能：

（1）选择——可以在画布上拖拉选择一个要移动、复制或剪贴的区域；

（2）提示插图——可以添加一个包含文字的外形，如矩形、云朵等；

（3）箭头——添加箭头来指示重要信息；

（4）印章——插入一个小图来添加重点或重要说明；

（5）钢笔——在画布上绘制手绘线；

（6）高亮区域——在画布上绘制一个高亮矩形区域；

（7）缩放——在画布上左击放大，右击缩小；

（8）文字——在画布上添加文字说明；

（9）线——在画布上绘制线条；

（10）外形——绘制矩形、圆形及多边形等；

（11）填充——使用任意颜色填充一个密闭区域；

（12）抹除——类似于橡皮擦的功能，可以擦除画布上的内容。

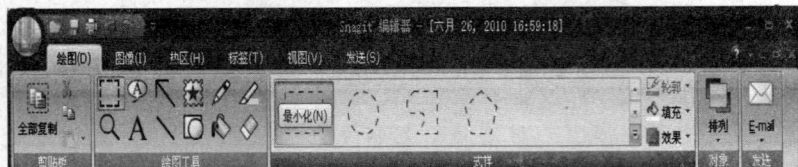

图 8.29 "绘图"工具

Snagit "图像"（见图 8.30）包含了 15 类功能：

（1）裁切——删除捕获中不需要的区域；

（2）剪除——删除一个垂直或水平的画布选取，并把剩下的部分合而为一；

（3）修剪——自动从捕获的边缘剪切所有未改变的纯色区域；

（4）旋转——向左、向右、垂直、水平翻转画布；

（5）调整大小——改变图像或画布的大小；

（6）画面颜色——选择用于捕获背景的颜色；

（7）边界——添加、更改、选择画布四周边界的宽度或颜色；

（8）效果——在选定画布的边界四周添加阴影、透视或修建特效；

（9）边缘——在画布四周添加一个边缘特效；

（10）模糊——将画布某个区域进行模糊处理；

（11）灰度——将整个画布变成黑白；

（12）水印——在画布上添加一个水印图片；

（13）色彩特效——为画布上的某个区域添加、修改颜色特效；

（14）滤镜——为画布上的某个区域添加特定的视觉效果；

（15）聚光和放大——放大画布选定区域，或模糊非选定区域。

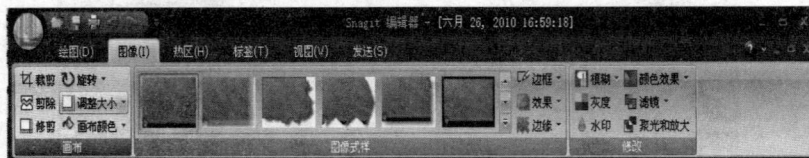

图 8.30 "图像"工具

任务五 屏幕录像专家的使用

一、任务说明

"屏幕录像专家"是一款专业的屏幕录像制作工具。使用它可以轻松地将屏幕上的软件操作过程、网络教学课件、网络电视、网络电影、聊天视频等录制成 FLASH 动画、WMV 动画、AVI 动画、FLV 动画或者自播放的 EXE 动画，也支持摄像头录像。本软件具有长时间录像并保证声音完全同步的能力，支持 Win7 下声音内录。本软件使用简单、功能强大，是制作各种屏幕录像、软件教学动画和制作教学课件的首选软件。

二、本任务知识点

（1）熟悉软件的界面，认识各菜单项，了解软件的基本功能；
（2）录制准备；
（3）录制设置；
（4）运行录像程序；
（5）其他视频格式输出。

三、实训指导

（一）熟悉软件的界面，了解软件的基本功能

单击"开始"→"所有程序"→"屏幕录像专家 V2011"（或双击屏幕录像专家 快捷图标），启动如图 8.31 所示的"屏幕录像专家"主窗口。

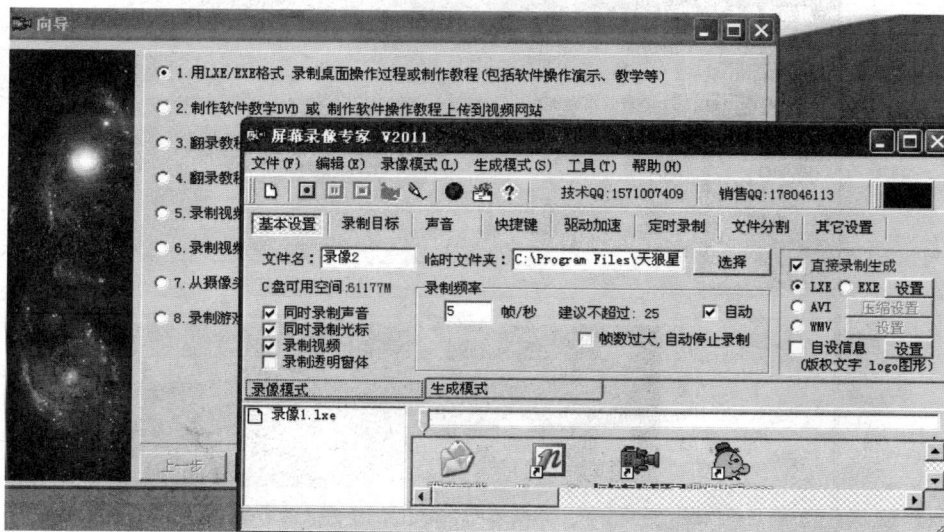

图 8.31 "屏幕录像专家"主窗口

（二）录像准备

（1）打开话筒或麦克风声音输入设备。

（2）打开音箱（声音输出设备）。

（3）屏幕设置为 1 024×768 像素、16 位颜色。

（三）录制设置

（1）单击"基本设置"，对输出文件（生成的结果文件）的总体进行设置，如图 8.32 所示。建议使用 EXE（或 AVI），录制频率 5 帧。文件名和文件夹设定后要记住。

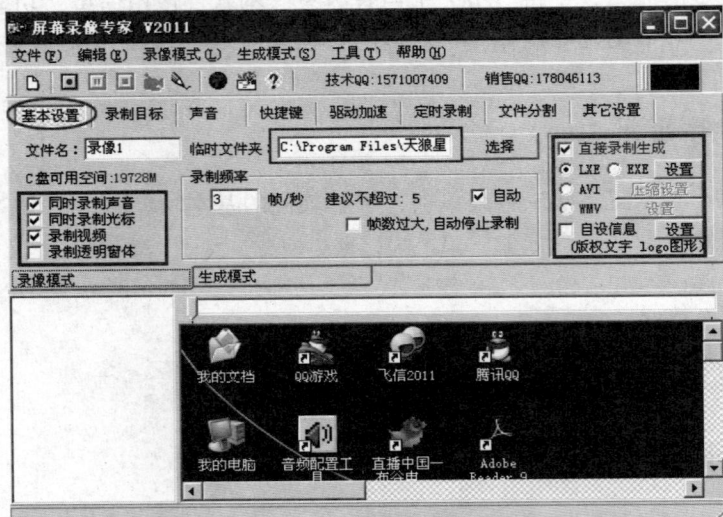

图 8.32　　"基本设置"界面

（2）录制目标设置：建议设置"全屏"，如图 8.33 所示。

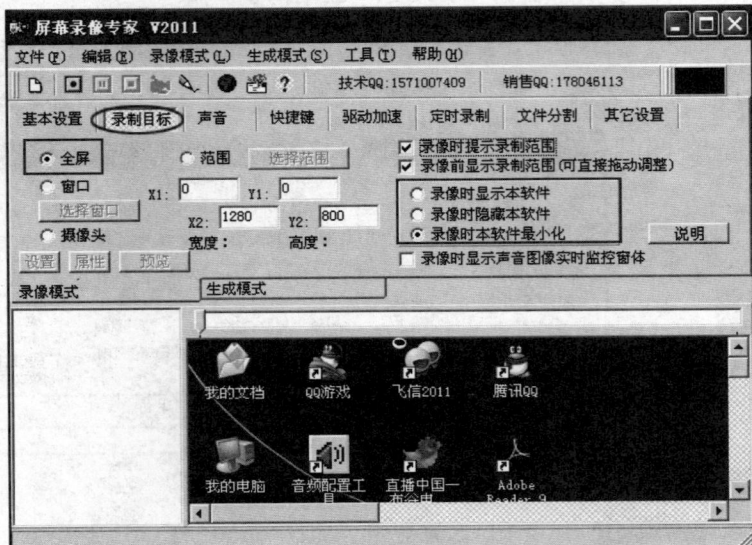

图 8.33　　"录制目标"设置界面

（3）声音设置和试录：建议采用原始设置，"声音来源"也可设置为麦克风 Microphone，如图 8.34 所示。

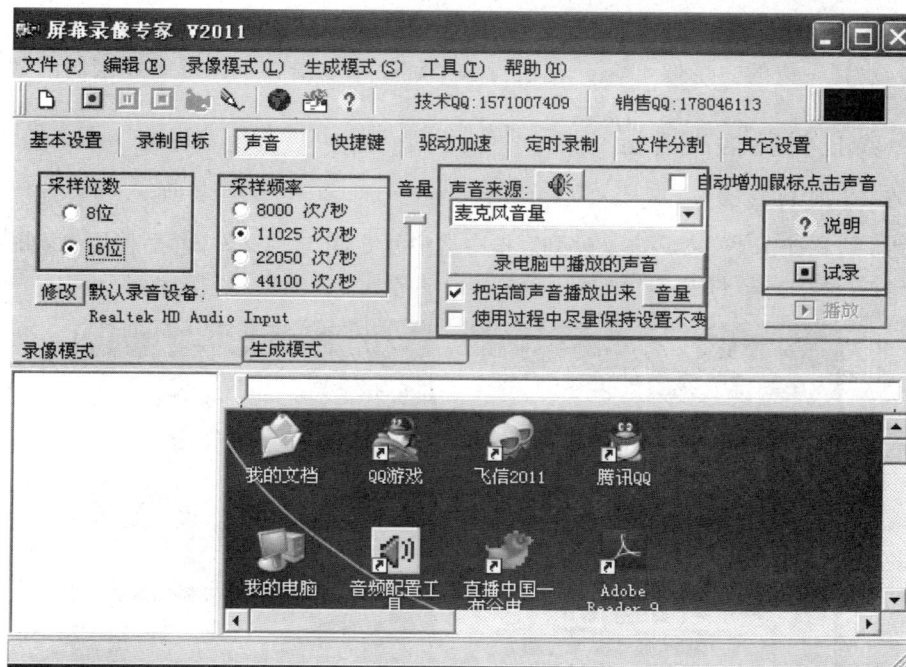

图 8.34　声音设置和试录界面

（4）快捷键的设置如图 8.35 所示。

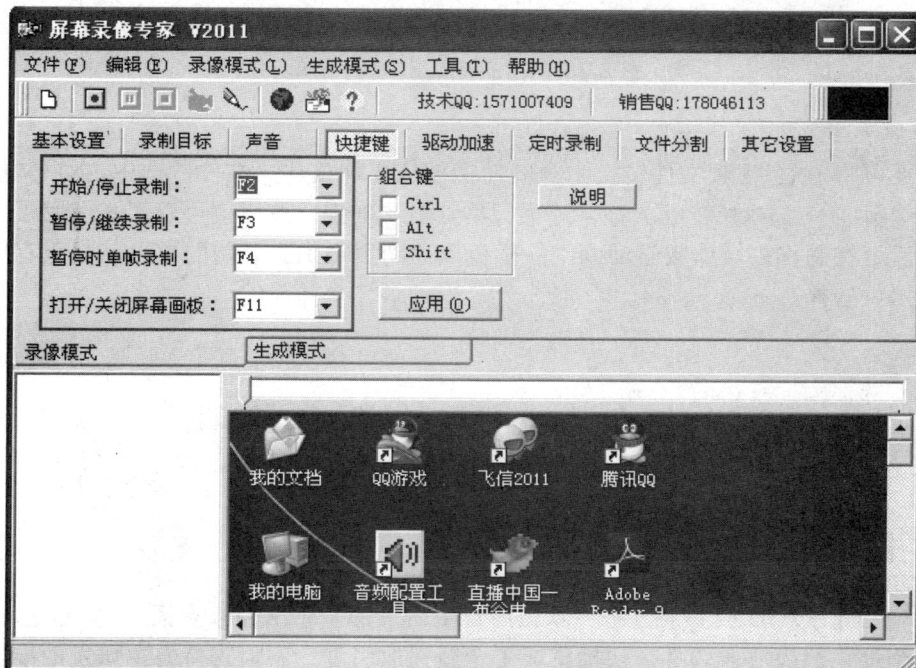

图 8.35　操作快捷键设置界面

（四）运行"屏幕录像专家"

对文件作必要设置后，运行要录像的程序。按 F2 键开始录制。配合程序的运行使用鼠标，并对着话筒讲话。中间暂停和继续按"F3"键，最后结束按 F2 键。在设定的"临时文件夹"中，找到生成的"录像1.exe"，运行这个程序（双击它）即可观看录制的效果。

（五）其他视频格式输出

1. 制作 FLASH 录像

先录制得到 EXE 文件，然后在文件列表框中选中此 EXE 录像文件，然后使用"编辑"→"EXE 转成 FLASH"命令，软件会弹出如图 8.36 所示的界面。

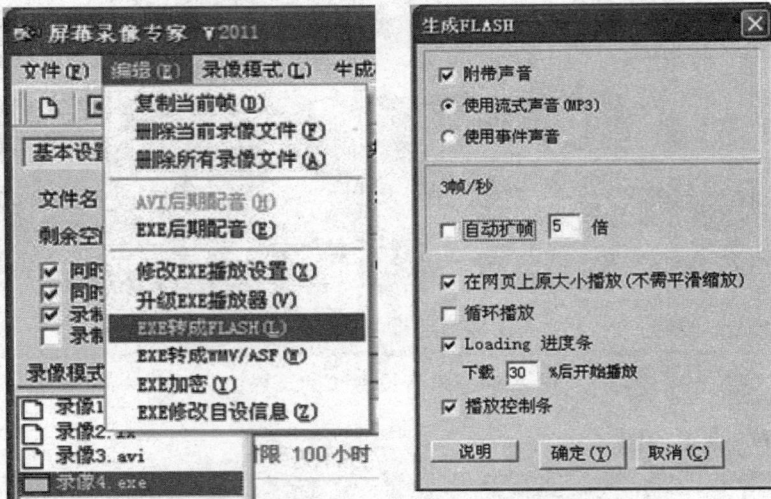

图 8.36　EXE 转成 FLASH 菜单

2. 生成 ASF

我们还可将 EXE 视频文件转换为 ASF（微软流媒体格式）文件。选中 EXE 文件后，点击菜单"编辑"→"EXE 转成 ASF"选项，再点击"确定"按钮就可以了。使用了"屏幕录像专家"后，在制作多媒体教学动画中一样可以达到用摄像头录制的效果，甚至有更多的视频格式输出供选择。

任务六　快播软件的使用

一、任务说明

快播（又叫 QVOD 或 Q 播）是一款国内自主研发的基于准视频点播（QVOD）内核的、多功能、个性化的播放器软件。快播集成了全新播放引擎，不但支持自主研发的准视频点播技术；而且是免费的 BT 点播软件，用户只需通过几分钟的缓冲即可直接观看丰富的 BT 影视节目。快播具有资源占用低、操作简捷、运行效率高、扩展能力强等特点，使其成为目前国内最受欢迎的万能播放器。

二、本任务知识点

（1）熟悉快播基本播放功能；
（2）微视频获取；
（3）截取缩放功能；
（4）桌面播放；
（5）设置功能。

三、实训指导

（一）基本播放功能

双击桌面快播图标 或单击"开始"→"所有程序"→"快播软件"→"快播"命令，启动如图 8.37 所示的"快播 5"主界面。

图 8.37　"快播 5"主界面

快播 5 崇尚简约美，播放器界面上的功能按键将以右键下拉列表的形式实现，使用播放器左上角新增的画质增强功能，一键就可将画面色度、亮度、对比度、饱和度整体调节到一个更平衡的状态，可获得更好的观影效果。而播放器右上角的模式切换键，能让用户根据使用习惯自由调节列表的显示方式，"视图模式"图文并茂、较为直观，"列表模式"则能显示更多的播放目录，列表中文件名右侧的关闭按钮也方便了用户选择是否保存任务。

1. 播放本地文件

从主菜单中选择"文件"→"打开文件"，或者按快捷键【Ctrl+O】，选中要播放的一个或者多个文件，点击"打开"，即可把所有选择文件加入本地列表中，并播放该系列文件，如图 8.38 所示。

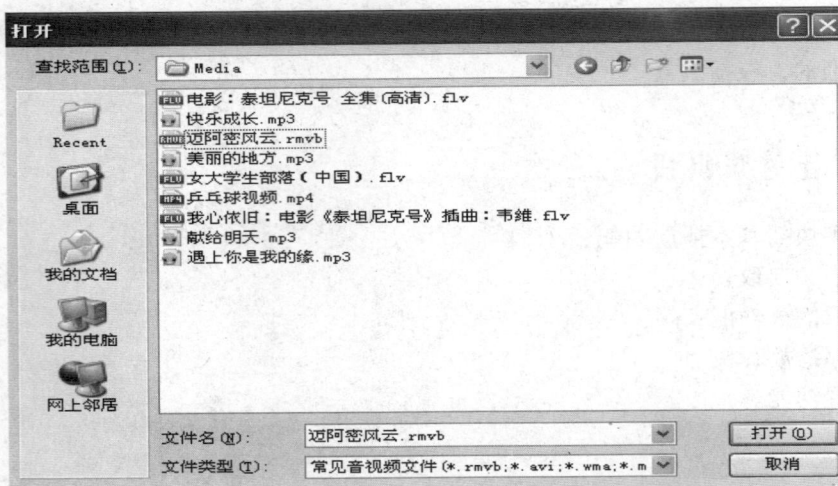

图 8.38　文件"打开"界面

2. 播放网络文件

从主菜单中选择"文件"→"打开 URL",或者按快捷键【Ctrl+U】,在"打开"文本框中输入文件地址,点击"确定"后,可以等待缓冲约 3 秒后即开始播放,如图 8.39 所示。

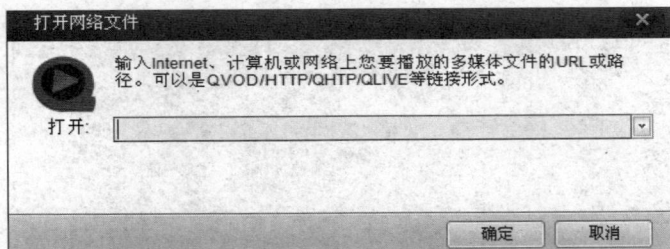

图 8.39　"网络文件打开"界面

3. 播放列表

默认播放列表:双击需要播放的本地文件,即可开始播放,并可创建多个新列表。

网络任务列表:启动 Qvod Player 后,网络列表中显示的是最近打开的网络文件。双击即可播放该文件内容。点击右键,会出现快捷菜单,可从中选择播放/停止、断开/接收、添加网络任务、删除任务等内容。点击"属性",可以查看该文件的网络接收状态。

4. 桌面播放

在播放影片时,点击"播放"→"桌面播放"项,就能马上将影片的画面转移到系统桌面上继续播放。而且在这个模式下,无论我们进行任何操作,都不会对影片的播放产生影响,非常适合办公室中的电影一族们使用。

（二）微视频获取

（1）点击"文件"→"打开网络地址"项,调出"打开网络地址"窗口。

（2）将视频节目所在页的网址粘贴到弹出窗口中的"视频网址"一栏。

（3）按动"获取"按钮，打开节目所在的网页。这时，随着视频的播放，软件便会自动获取到当前节目的真实地址。经过一段时间缓冲之后，用户便可以点击"播放"按钮，开始播放整部视频了。

说明： 当视频可以播放之后，也就意味着该节目已经被成功下载到了本地。这时，我们只要先在播放列表的视频节目上右击鼠标，然后执行"打开文件位置"命令，便可以通过资源管理器看到已下载的文件。而且这项方法还可以避免由于观看人数过多而导致的视频播放断续，正可谓一举两得。

（三）截取缩放功能

（1）在视频播放过程中按下 F7 键截取画面。

（2）超炫的拖曳截图。

执行截图动作时不需暂停画面，只要在按着 Alt 键的同时用鼠标将画面从播放窗口拖向目标文件夹所在位置，一张图片就生成在指定地点，方便用户随时操作。

（3）视频或音频截取。

将待处理的视频、音频，拖入播放列表中进行播放。然后等到目标位置，再点击"播放"→"截取视频或音频"一项，调出"截取"窗口，实现快速截取。

（4）随意缩放功能：只需在按住 Ctrl 键的同时滑动鼠标中键，画面就能以鼠标为原点自由缩放，还可以像使用电子地图一样拖动画面观看。这种神奇又有趣的缩放方式，被快播用户称之为快播 5 中最具想象力的功能，成为观看影片时一项全新的"拳头"功能。

截取功能如图 8.40 所示。

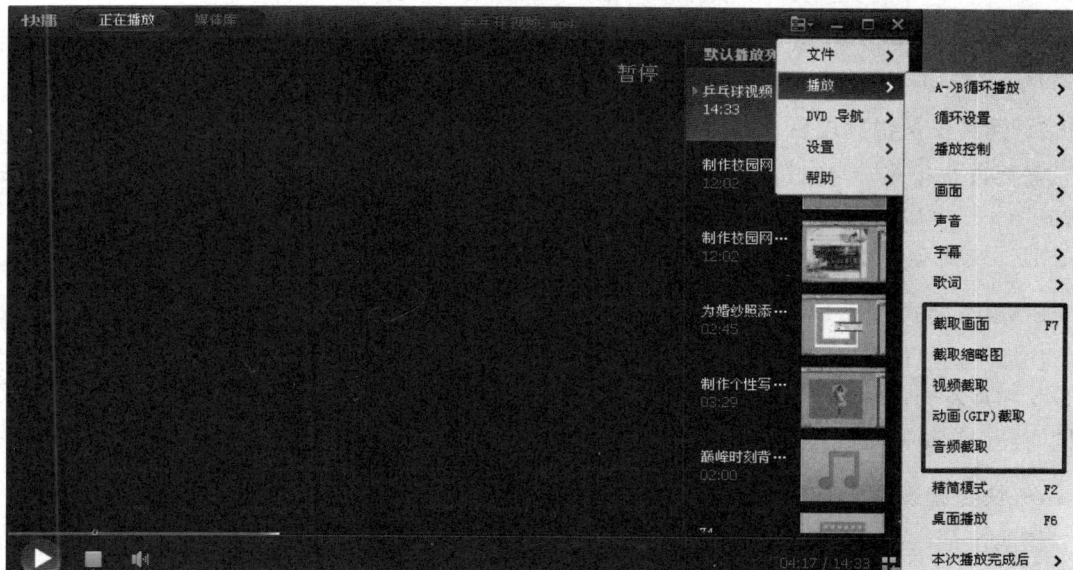

图 8.40　截取功能菜单

说明： 大多数播放器在执行截图操作时，都需要通过快捷键或者按键操作，按照操作步骤进行截图并设置路径保存到指定文件夹，然后找到文件夹调用截图。

（四）设置功能

快播的招牌功能——"边下边播"。快播 5.0 版本，增加了几项下载辅助功能，立志让"边下边播"更上一层楼。

1. 启用网络任务的连下连播功能

打开"主菜单"→"设置"→"选项"→"网络"，勾选"启用网络任务的连下连播功能"（见图 8.41），在一个任务下载完成后，即会自动接收下一个任务。要注意的是，该功能只是针对下一个未接收完成的任务自动打开接收，如果下一个任务已经接收完成，将终止任务自动打开接收，即使再下一个任务没有接收完成。

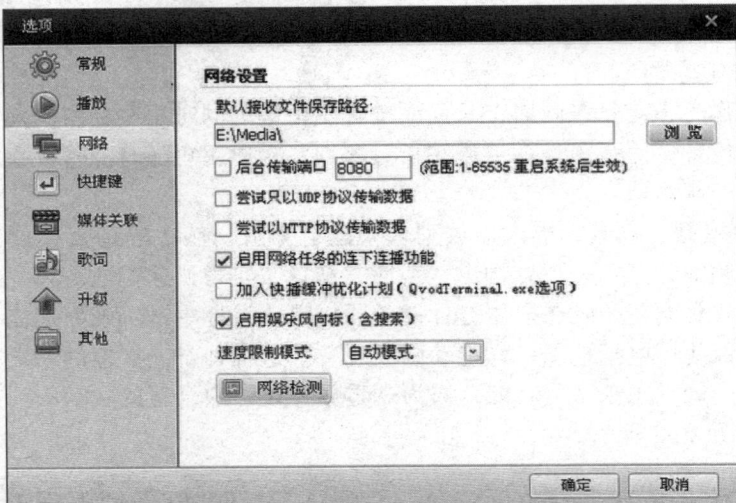

图 8.41 "选项"对话框

2. 网络任务都完成后，自动关闭电脑

需要接收很多节目文件而又不希望一直在电脑前等候关机，在快播 5.0 的"主菜单"→"播放"→"本次播放完成后"选项中设置了"接收完成后关机"选项，当所有的网络任务都完成后，快播会自动关闭电脑。

3. 限速模式

快播 5 还提供多种限速模式，只要在"主菜单"→"设置"下进行选择，就能根据需要分配流量。在观看影片时，为保证观看流畅，建议选择"无限制"或"自动调节"；如果在下载影片的同时还需浏览网页或其进行他工作娱乐项目，则可将流量设置到 50%以下或者禁止传输。

4. 快捷键设置

键盘上的一些常用按键作为操作快播播放器的快捷键，使用起来也是非常方便的。轻敲空格键，就可以"暂停播放"影片，Page Up 与 Page Down 则可以实现"上一个"和"下一个"影片的切换。左右方向键可使影片快进、快退，默认状态下每次快进、快退跳跃时长为 5 秒，在"主菜单"→"设置"→"选项"→"播放"中可调节每次跳跃时长。上下方向键与鼠标中键都可以调节视频播放音量。

任务七 下载软件迅雷 7 的使用

一、任务说明

迅雷使用先进的超线程技术基于网格原理，能够将存在于第三方服务器和计算机上的数据文件进行有效整合，通过这种先进的超线程技术，用户能够以更快的速度从第三方服务器和计算机获取所需的数据文件。这种超线程技术还具有互联网下载负载均衡功能，在不降低用户体验的前提下，迅雷网络可以对服务器资源进行均衡，有效降低了服务器负载。

二、本任务知识点

启动迅雷 7，熟悉软件界面，掌握软件下载的基本操作及其他常用功能。

三、实训指导

（一）启动迅雷 7，熟悉软件下载界面

双击桌面迅雷图标![icon]或单击"开始"→"所有程序"→"迅雷"→"启动迅雷 7"命令，启动如图 8.42 所示的"迅雷 7"主窗口。

说明：启动迅雷 7 后，会在桌面上弹出一个可以拖动的悬浮窗口![icon]，同时在任务栏通知区域中产生一个快捷图标![icon]，双击前者或单击后者都可以打开"迅雷 7"的主窗口；在图标上右击鼠标会弹出一个快捷菜单，可以对"迅雷 7"进行一些常规设置及操作。

图 8.42 "迅雷 7"主界面

（二）基本设置

（1）设置向导：软件运行后通过"设置向导"，点击"一键设置"，也可以点击"下一步"，按照自己喜欢的方式一步一步进行设置，如图 8.43 所示。

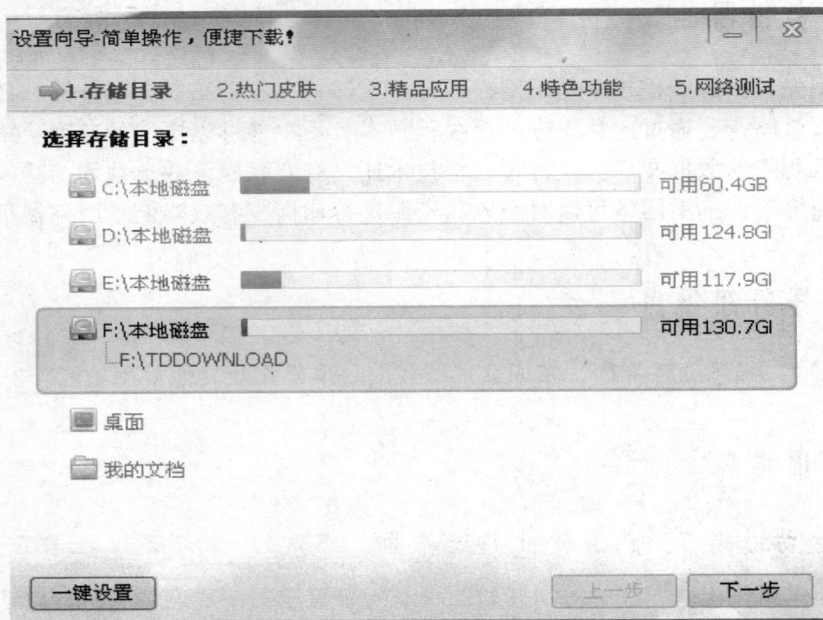

图 8.43　"设置向导"界面

（2）配置中心：打开配置进入配置中心，进行常规、安全、外观和消息提示等设置，如图 8.44 所示。

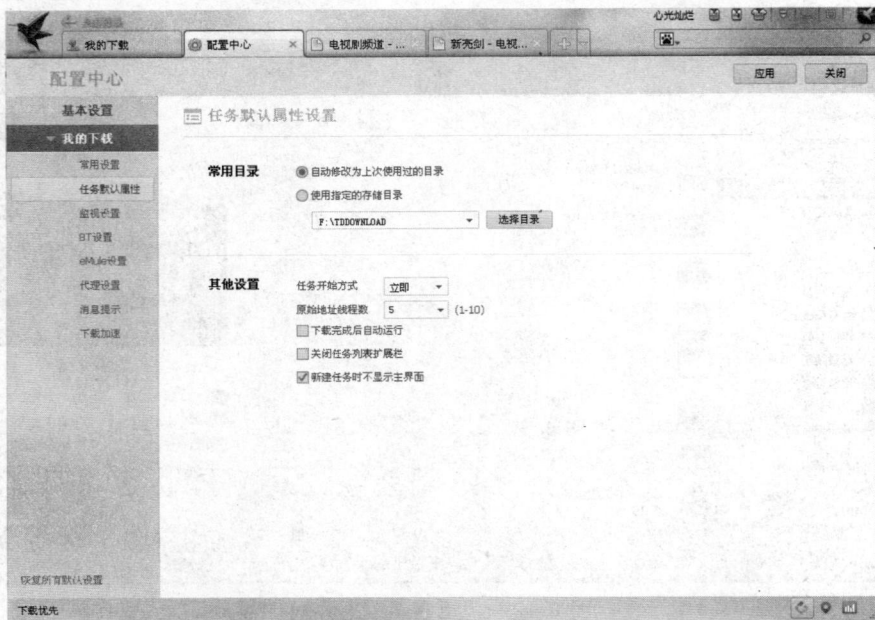

图 8.44　"配置中心"界面

（三）软件下载

下面以某网站下载一首 mp3 歌曲为例，进行说明。

1. 右键下载

首先打开 mp3 歌曲迅雷 7 的下载页面，在下载地址栏右键点击任一下载点，在弹出的右键菜单中选择"使用迅雷下载"，如图 8.45 所示。

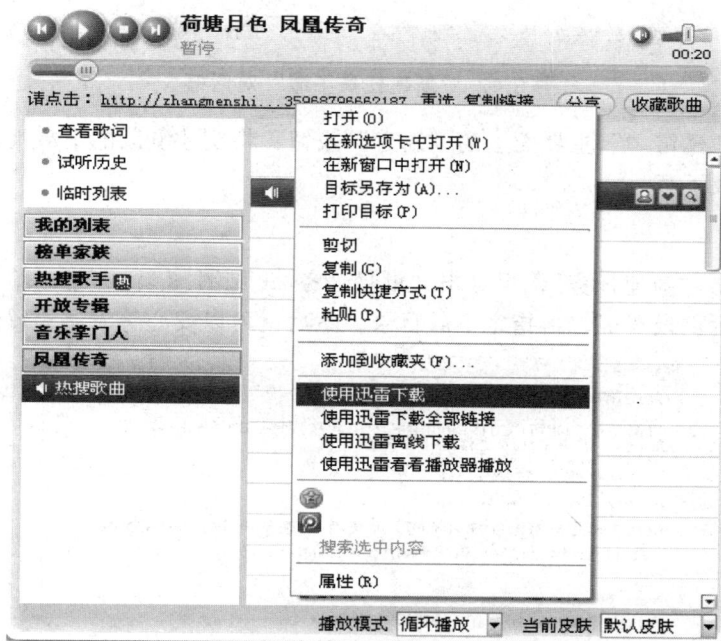

图 8.45 "文件下载"菜单

这时迅雷 7 会弹出新建任务框，如图 8.46 所示。此为默认下载目录，用户可自行更改文件下载目录。目录设置好后点"立即下载"。

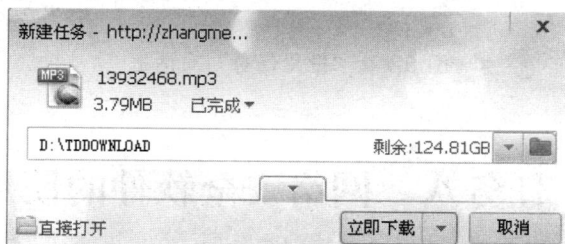

图 8.46 "新建任务"对话框

下载完成后的文件会显示在左侧"已完成"的目录内，用户可自行管理。

2. 直接下载

如果用户知道一个文件的绝对下载地址，例如 http：//zhangmenshiting2.baidu. com/data2/music/901304/901304.mp3，就可以先复制此下载地址，复制之后迅雷 7 会自动感应出来弹出新建任务下载框，如图 8.47 所示。

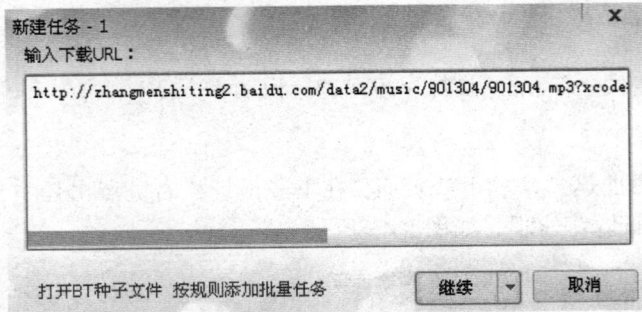

图 8.47　"新建任务下载"对话框

也可以点击"迅雷 7"主界面上的"新建"按钮，将刚才复制的下载地址粘贴在新建任务栏上，即可完成下载。

3. 批量下载

打开迅雷点击"新建任务"，再点击"批量任务"（见图 8.48），迅雷给了帮助信息，照着帮助信息里的示例设置好，再指定下载目录，然后就可以安心等着迅雷慢慢地下载完。

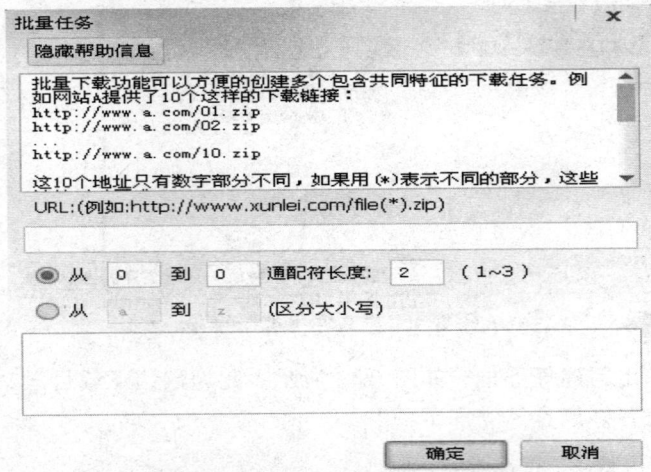

图 8.48　"批量任务"对话框

任务八　网络安全软件的使用

一、任务说明

360 杀毒是 360 安全中心出品的一款免费的云安全杀毒软件。360 杀毒具有以下优点：查杀率高、资源占用少、升级迅速等。同时，360 杀毒可以与其他杀毒软件共存，是一个理想的杀毒备选方案。360 杀毒是一款一次性通过 VB100 认证的国产杀毒软件。

360 安全卫士是当前功能最强、使用方便、最受用户欢迎的上网必备安全软件。拥有查杀木马、清理插件、修复漏洞、电脑体检等多种功能，并独创了"木马防火墙"功能，依靠抢先侦测和云端鉴别，可全面、智能地拦截各类木马，保护用户的账号、隐私等重要信息。360 安全卫士自身非常轻巧，同时还具备开机加速、垃圾清理等多种系统优化功能，可大大加快电脑运行速度，内含的 360 软件管家还可以帮助用户轻松下载、升级和强力卸载各种应用软件。

二、任务知识点

启动 360 杀毒软件和 360 安全卫士，熟悉软件操作界面，掌握病毒查杀、360 安全卫士基本功能的使用。

三、实训指导

（一）360 杀毒软件的使用

1. 病毒查杀

360 杀毒具有实时病毒防护和手动扫描功能，为系统提供全面的安全防护。360 杀毒主窗口如图 8.49 所示。

实时防护功能在文件被访问时对文件进行扫描，及时拦截活动的病毒。在发现病毒时会通过提示窗口警告用户。

360 杀毒提供了 4 种手动病毒扫描方式：快速扫描、全盘扫描、指定位置扫描及右键扫描。

（1）快速扫描：扫描 Windows 系统目录及 Program Files 目录；

（2）全盘扫描：扫描所有磁盘；

（3）指定位置扫描：扫描用户指定的目录；

（4）右键扫描：集成到右键菜单中，当用户在文件或文件夹上点击鼠标右键时，可以选择"使用 360 杀毒扫描"对选中文件或文件夹进行扫描，如图 8.50 所示。

图 8.49　360 杀毒主窗口　　　　　　图 8.50　360 杀毒快捷菜单

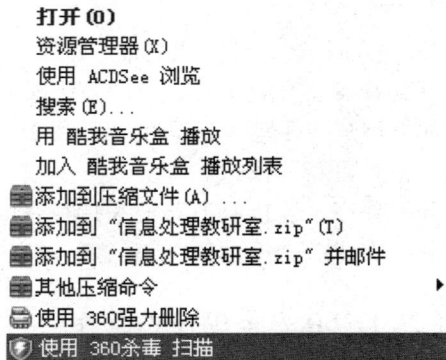

其中前三种扫描都已经在 360 杀毒主界面中作为快捷任务列出，只需点击相关任务就可以开始扫描。

启动扫描之后，会显示扫描进度窗口。在这个窗口中可看到正在扫描的文件、总体进度，以及发现问题的文件。

如果用户希望 360 杀毒在扫描完电脑后自动关闭计算机，请选中"扫描完成后关闭计算机"选项。请注意，只有将发现病毒的处理方式设置为"自动清除"时，此选项才有效。如果用户选择了其他病毒处理方式，扫描完成后不会自动关闭计算机，如图 8.51 所示。

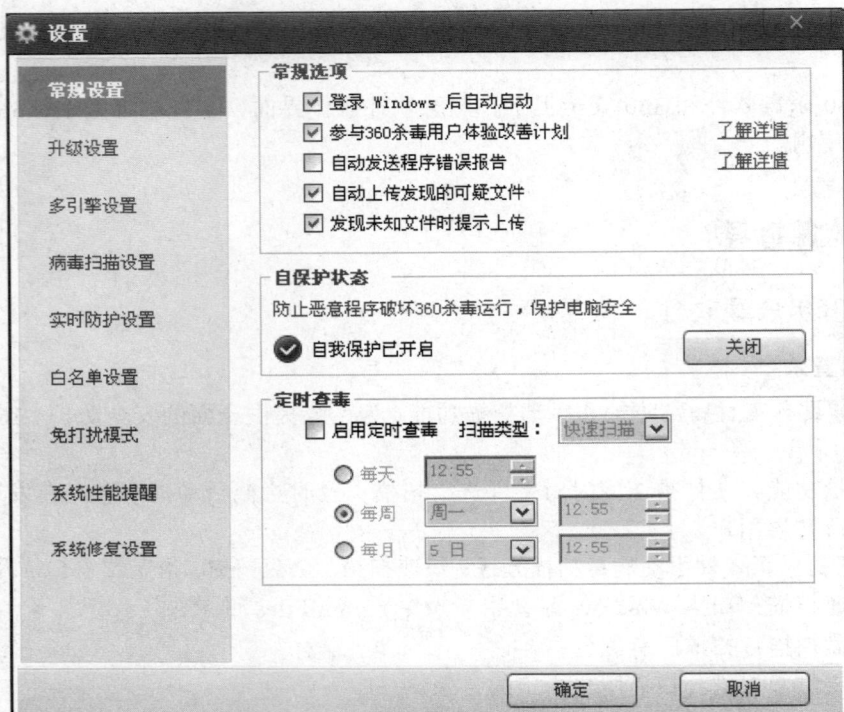

图 8.51 "设置"窗口

2. 升　级

360 杀毒具有自动升级功能，如果用户开启了自动升级功能，360 杀毒会在有升级可用时自动下载并安装升级文件。自动升级完成后会通过气泡窗口提示用户。

如果用户想手动进行升级，可在 360 杀毒主界面点击"升级"标签，进入升级界面，并点击"检查更新"按钮。

升级程序会连接服务器检查是否有可用更新，如果有的话就会下载并安装升级文件：

升级完成后会提示："恭喜您！现在，360 杀毒已经可以查杀最新病毒啦！"

（二）360 安全卫士的使用

1. 启动 360 安全卫士

双击桌面上的 360 安全卫士图标，首次运行 360 安全卫士，会进行第一次系统全面的检测，如图 8.52 所示。

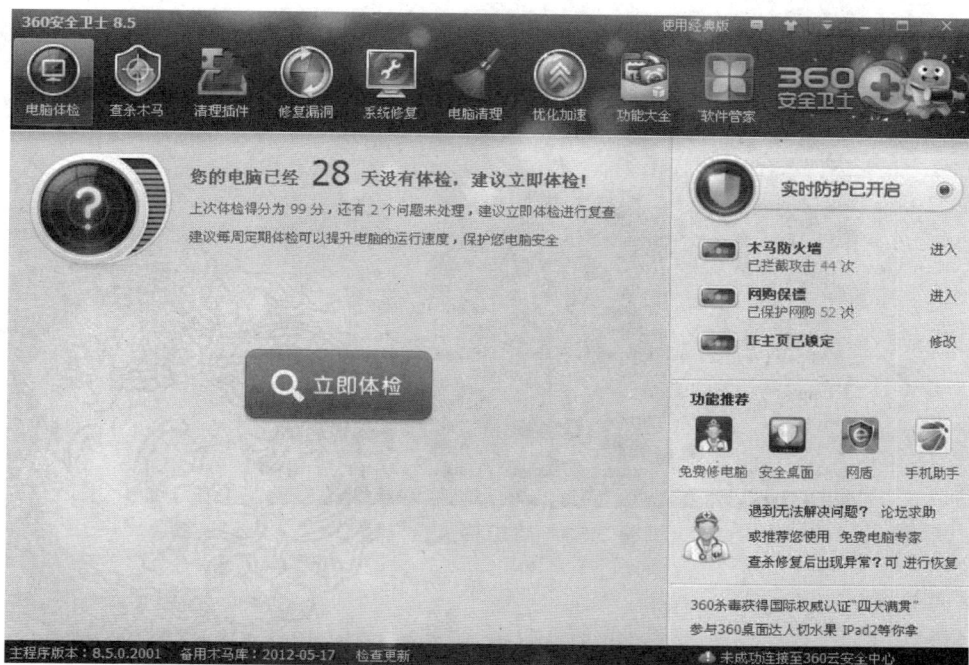

图 8.52　360 安全卫士主窗口

2. 360 安全卫士功能

由图 8.53 可以看到，360 安全卫士界面集"电脑体检、查杀木马、清理插件、修复漏洞、清理垃圾、清理痕迹、系统修复"等多种功能为一身，并独创了"木马防火墙"功能，同时还具备开机加速、垃圾清理等多种系统优化功能，可大大加快电脑运行速度，内含的 360 软件管家还可帮助用户轻松下载、升级和强力卸载各种应用软件，并且提供了多种实用功能。

（1）"电脑体验"：对电脑系统进行快速一键扫描，对木马病毒、系统漏洞、差评插件等问题进行修复，并全面解决潜在的安全风险，提高电脑运行速度。

（2）"查杀木马"：先进的启发式引擎，智能查杀未知木马和云安全引擎双剑合一，查杀能力倍增，如果使用常规扫描后感觉电脑仍然存在问题，还可尝试 360 强力查杀模式。

（3）"清理插件"：可以给浏览器和系统"瘦身"，提高电脑和浏览器速度；可以根据评分、好评率、恶评率来管理。

（4）"修复漏洞"：为用户提供的漏洞补丁均由微软官方获取。及时修复漏洞，保证系统安全。

（5）"清理垃圾"：全面清除电脑垃圾，最大限度提升系统性能，还用户一个洁净、顺畅的系统环境

（6）"清理痕迹"：可以清理使用电脑后所留下的个人信息的痕迹，这样做可以极大地保护用户的隐私。

（7）系统修复"：一键解决浏览器主页、开始菜单、桌面图标、文件夹、系统设置等被恶意篡改的诸多问题，使系统迅速恢复到"健康状态"。

（8）"功能大全"：提供了多种功能强大的实用工具，有针对性地解决电脑问题，提高电脑速度！

图 8.53　"工具大全"窗口

习　题

一、多项选择题

1. ACDsee 可以说是当今最流行的（　　　）。
   A. 图片编辑器　　　B. MP3 播放器　　　C. 抓图软件　　　D. 图片浏览器

2. ACDSee 能够对图片进行批量处理，能够做到（　　　）。
   A. 批量调整大小　　　　　　　　　B. 批量更改文件的日期
   C. 批量转换图像方向和镜像功能　　D. 批量修改文件名
   E. 批量图像格式转换

3. 下列软件中能够进行抓图的软件有（　　　）。
   A. 光影魔术手　　　B. Snagit　　　C. ACDSee　　　D. QQ 影音

4. 下列软件中常见的国外杀毒软件有（　　　）。
   A. 诺顿　　　　　　B. 瑞星　　　　C. 江民杀毒软件　D. 卡巴斯基

5. 下列软件中属于文件上传下载的软件有（　　　）。
   A. WinRar　　　　B. CuteFTP　　　C. 迅雷　　　　D. GHOST

6. 杀毒软件的功能和作用有（　　　）
   A. 查毒　　　　　　B. 杀毒　　　　C. 防毒　　　　D. 数据的恢复

7. 常见的音乐播放软件有（　　　），软件集播放、音效、转换、歌词等众多功能。
   A. 酷狗音乐　　　　B. 酷我音乐盒　C. 千千静听　　D. Winamp

8. 快播是一款国内自主研发的基于准视频点播 QVOD 内核的万能播放器，其特色为（　　　）。
   A. 边下边播　　　　B. 桌面播放　　　C. 方便截取　　　D. 微视频下载

9. 下列不属于媒体播放工具的是（　　　）。
   A. Winamp　　　　B. QQ 影音　　　C. Qvod Player　　D. WinRAR

10. 一般情况下 WINRAR 的压缩文件格式为（　　　）。

    A. GIF　　　　　　　B. ZIP　　　　　　　C. RAR　　　　　　　D. BMP

二、操作题

1. 选择一图片文件夹，利用 ACDSee 进行操作：① 制作成幻灯片；② 制作成屏保。

2. 用 Snagit 软件截取资源管理器窗口，并在图片上标注红色文字"资源管理器"。

3. 用 Snagit 软件将 Word 表格的创建过程进行捕获，并保存为 AVI 文件。

4. 用屏幕录像专家软件录制屏幕上某软件操作过程片段。

5. 使用快播打开一段视频，并将其中的某一段进行截取。

参考文献

[1]　教育部考试中心. 全国计算机等级考试一级 MS Office 教程[M]. 天津：南开大学出版社，2009.

[2]　茹立军，李玉宏. 计算机文化基础[M]. 天津：天津大学出版社，2010.

[3]　王琛. 精讲 Windows 7[M]. 北京：人民邮电出版社，2009.

[4]　郭燕. PowerPoint2010 演示文稿制作案例教程[M]. 北京：航空工业出版社，2011.

[5]　叶华. Photoshop CS5 中文版多功能教材[M]. 北京：电子工业出版社，2011.

[6]　石朝晖. 常用工具软件实例教程[M]. 北京：北京大学出版社，2012.